Clages · Der rote Faden

Grundlagen
Die Schriftenreihe der „Kriminalistik“

Der rote Faden

Grundsätze der Kriminalpraxis

Herausgegeben von

Horst Clages

Unter Mitarbeit von.

Professor Dr. Rolf Ackermann, Dr. Lutz Belitz, Horst Clages, Dr. Antje Hahn, Peter Hirsch, Professor Dr. Horst Howorka, Winfried Marquardt, Dr. Frank Menzer, Dr. Dieter Naumann, Michael Otto, Andreas Reich, Dr. Holger Roll, Uwe Rüffer, Rainer Schill, Kirstin Schneider, Dr. Benno Schultz, Prof. Dr. med. Dr. phil. Ingo Wirth

12., völlig neu bearbeitete Auflage

Kriminalistik

Der Herausgeber:
Horst Clages,, Leitender Kriminaldirektor a.D., Vizepräsident der Deutschen Gesellschaft für Kriminalistik e.V.

Bibliografische Information der Deutschen Nationalbibliothek

Die Deutsche Nationalbibliothek verzeichnet diese Publikation in der Deutschen Nationalbibliografie; detaillierte bibliografische Daten sind im Internet über <http://dnb.d-nb.de> abrufbar.

Bei der Herstellung des Werkes haben wir uns zukunftsbewusst für umweltverträgliche und wiederverwertbare Materialien entschieden. Der Inhalt ist auf elementar chlorfreies Papier gedruckt.

ISBN 978-3-7832-0807-8

E-Mail: kundenbetreuung@hjr-verlag.de

Telefon: +49 89/2183-7928
Telefax: +49 89/2183-7620

FSC
www.fsc.org
MIX
Papier aus verantwortungsvollen Quellen
FSC® C008492

www.kriminalistik-verlag.de
www.hjr-verlag.de

Satz: Gottemeyer, Rot
Druck: Beltz Druckpartner, Hemsbach

Vorwort

Der rote Faden liegt nunmehr in der 12. Auflage vor. Vor mehr als einem halben Jahrhundert im Jahre 1956 erschien *Der rote Faden* in der 1. Auflage mit der Bezeichnung „Richtlinien für die kriminalpolizeiliche Aufklärungsarbeit"; Autoren waren die Kriminalbeamten *Dorsch* und *Ester.* Ihr Anliegen war, bewährte Grundregeln für die polizeiliche Ermittlungsarbeit in Strafsachen als Broschüre in der Art eines „roten Fadens" zusammen zu fassen. Mit der 9. Auflage im Jahre 1980 übernahm sodann *Paul Berke-Müller* – zuletzt Direktor des Landeskriminalamtes Niedersachen – ein in Praxis und Theorie anerkannter und ausgewiesener Kriminalist, die Weiterführung des besonders von Kriminalpraktikern geschätzten Handbuches. Seitdem sind die Anforderungen an eine effektive Kriminalitätskontrolle allein auf Grund vielfältiger neuer Phänomene der kriminellen Szene sowie zahlreicher Gesetzesänderungen, im Besonderen im Straf- und Strafprozessrecht deutlich gestiegen. Bestimmte Prinzipien des kriminalistischen Denkens und Handelns gelten jedoch nach wie vor unverändert fort. Diesem Axiom fühlen sich Verlag und Herausgeber besonders verpflichtet durch den auch in der 12. Auflage beibehaltenen Untertitel: „Grundsätze der Kriminalpraxis", ohne dass damit der Blick auf die modernen Instrumente der Kriminalwissenschaften verstellt werden. Dies gilt nicht nur für die naturwissenschaftliche Kriminalistik einschließlich der Rechtsmedizin, sondern auch für die Weiterentwicklung und Verfeinerung der kriminalistischen Methodik. Praxis und Theorie der Fallanalytik und die rasante Weiterentwicklung der Datenverarbeitung sind hier exemplarische Beispiele.

Das vorliegende Werk vermittelt einen breit angelegten aktuellen Überblick über die Kriminalistik in Theorie und Praxis. Es werden unter anderem neue strategische, taktische und naturwissenschaftliche Ansätze bei der Aufklärung und Verhütung von Straftaten dargestellt und fortgeschrieben. Neu aufgenommen wurden die Phänomenologie und Forensik der Internetkriminalität. An der Überarbeitung der Neuauflage haben in bewährter Art Autoren aus verschiedenen Fachrichtungen der Kriminalistik und artverwandten wissenschaftlichen Disziplinen mitgewirkt. Besonderer Wert wird auf die Schilderung kriminalistischer Methodik in Theorie und praktischer Anwendung gelegt. Einen weiteren Schwerpunkt stellt die prozesskonforme Ausgestaltung des Ermittlungsverfahrens einschließlich der Beweisführung unter Fortschreibung der Gesetzeslage und der Rechtsprechung dar.

Die Publikation wendet sich insbesondere an Praktiker aus Polizei und Strafjustiz, an Lehrende in der polizeilichen Aus und Weiterbildung sowie an Studenten in der polizeilichen Fachhochschulausbildung; aber auch die Sicherheitsorgane der Wirtschaft und sonstige Institutionen, die sich mit Fragen der Kriminalitätsbekämpfung befassen, sind mit angesprochen.

Herausgeber und Verlag haben sich auf die Darstellung der wesentlichen kriminalistischen Tätigkeitsfelder beschränkt. Dies trifft auch auf ausgewählte Einzelthemen der speziellen Kriminalistik zu. Die Zusammenarbeit mit den Autoren war von hohem Engagement und Kooperationsbereitschaft geprägt. Der Herausgeber bedankt sich bei allen Mitwirkenden für die fruchtbare Zusammenarbeit bei der Zusammenführung der zum Teil sehr verschiedenartigen Themengebiete.

Im September 2012 *Horst Clages*

Inhaltsübersicht

Inhaltsverzeichnis

2. Kapitel
Das strafprozessuale Ermittlungsverfahren

3. Kapitel
Kriminaltaktik

4. Kapitel
Kriminaltechnik

5. Kapitel
Forensische Wissenschaften

6. Kapitel
Spezielle Kriminalistik

Abbildungsverzeichnis

Autorenverzeichnis

Prof. Dr. sc. jur. Rolf Ackermann, Diplom-Kriminalist; 47 Jahre als Sachbearbeiter, Kommissariatsleiter, Leiter Kriminalpolizei und Hochschullehrer für Kriminalistik tätig; zuletzt Vertreter des Präsidenten der Fachhochschule der Polizei des Landes Brandenburg. Verfasser zahlreicher kriminalistischer Fachbeiträge und Publikationen. 2011 Preisträger des Hans-Gross-Preises des BDK Brandenburg. Gründungsmitglied der Deutschen Gesellschaft für Kriminalistik.

Dr. sc. jur. Lutz Belitz, Diplom-Psychologe; Sektion Kriminalistik an der Humboldt-Universität zu Berlin in Lehre, Forschung und Gutachtentätigkeit bis zur Abwicklung 1994; 1990 Berufung zum Hochschullehrer für Forensische Psychologie; seit 1995 freiberuflich tätig als Dozent, Verhaltenstrainer und Ermittlungspsychologischer Sachverständiger. Gründungsmitglied der Deutschen Gesellschaft für Kriminalistik.

Horst Clages, Leitender Kriminaldirektor a.D.; 41 Jahre Polizeidienst in der kriminalistischen Praxis und in verschiedenen Leitungsfunktionen. Mehrjährige Lehrtätigkeit als Dozent für Kriminalwissenschaften an der Fachhochschule für öffentliche Verwaltung NRW, Vorsitzender von Prüfungskommissionen für den gehobenen Dienst der Polizei. Verfasser kriminalwissenschaftlicher Veröffentlichungen. Vizepräsident der Deutschen Gesellschaft für Kriminalistik seit Gründung im Jahr 2003.

Dr. rer. nat. Antje Hahn, Diplom-Chemikerin; vier Jahre wissenschaftliche Mitarbeiterin an der Martin-Luther-Universität Halle-Wittenberg; seit 2004 als Sachverständige für Gerichtschemie am Landeskriminalamt Brandenburg tätig.

Peter Hirsch, Kriminalhauptkommissar; seit 1983 im Polizeidienst, Studium an der Fachhochschule für öffentliche Verwaltung, Fachbereich Polizei; Studium der Kriminologie und Polizeiwissenschaft (M.A), Gastdozent beim Fortbildungsinstitut der bayerischen Polizei und an der Hochschule Augsburg, Fakultät für Informatik. Leiter der Arbeitsgruppe „Internetkriminalität" bei der Deutschen Gesellschaft für Kriminalistik.

Prof. Dr. sc. jur. Horst Howorka, Diplomjurist, Diplom-Kriminalist, Chemieingenieur; verantwortlicher Redakteur der Schriftenreihe „Kriminalistik und Forensische Wissenschaften“; Direktor der Sektion Kriminalistik der Humboldt-Universität zu Berlin. Verfasser insbesondere kriminaltechnischer Publikationen und Buchbeiträge, Sachverständiger für Forensische Schriftuntersuchung, Mitglied der Fachgesellschaft. Gründungsmitglied der Deutschen Gesellschaft für Kriminalistik.

Winfried Marquardt, Diplom-Kriminalist, Diplom-Ing. (FH) für Maschinenbau; seit über 35 Jahren Sachverständiger für Werkzeug- und Formspuren, tätig im Landeskriminalamt Brandenburg. Mitautor von Fachartikeln und Fachbüchern.

Dr. Frank Menzer, EKHK a. D.; Biologiestudium an der Humboldt-Universität zu Berlin; Sachverständiger am Kriminaltechnischen/Kriminalistischen Institut der Deutschen Volkspolizei. Dozent für Kriminalistik an der Fachhochschule der Polizei des Landes Brandenburg.

Dr. Dieter Naumann, polizeilicher Fallanalytiker; 1976 Promotion an der Humboldt-Universität zu Berlin (Wirtschaftswissenschaften); Bis 1994 Oberassistent an der Sektion Kriminalistik der Humboldt-Universität zu Berlin; Lehre und Forschung, Erwerb der Facultas docendi; Seit 1994 im Landeskriminalamt Brandenburgund, seit 1998 Leiter Operative Fallanalyse/ViCLAS im LKA Brandenburg. Mitwirkung an der bundesweiten Ausbildung von polizeilichen Fallanalytikern.

Michael Otto, Diplom-Sprechwissenschaftler; seit 1988 als Sachverständiger für Sprecher-Erkennung tätig. Ab 2001 Leiter Dezernat Klassische Kriminaltechnik im Landeskriminalamt Brandenburg.

Andreas Reich, Kriminaloberkommissar; 22 Jahre Polizeidienst in der Kriminalpolizei unter anderem in Führungsfunktionen. Schwerpunkbereiche: Bildgewinnung in der Observation, Einsatz und Auswertung operativer Foto-, Video und Ortungstechnik, Referent für Fotografie. Seit 2009 Sachverständiger für Kriminalistische Fotografie und Lichtbildvergleiche i. A.. Tätig im Landeskriminalamt Brandenburg.

Dr. Holger Roll, Diplom-Kriminalist; Studium an der Humboldt-Universität zu Berlin, Sektion Kriminalistik; bis 1987 Tätigkeit bei der Kriminalpolizei in Berlin; seit 1992 Studienbereichsleiter Kriminalwissenschaften und Dozent an der Fachhochschule für öffentliche Verwaltung, Polizei und Rechtspflege Mecklenburg-Vorpommern. Präsident der Deutschen Gesellschaft für Kriminalistik seit Gründung im Jahr 2003. Zahlreiche Veröffentlichungen zu kriminalistischen Themen.

Uwe Rüffer, Diplom-Kriminalist; Studium Humboldt-Universität zu Berlin, sozialpsychologischer Verhaltenstrainer, Supervisor (SG) und Coach, u.a. tätig in der Aus- und Fortbildung an Fachhochschulen für öffentliche Verwaltung mehrerer Bundesländer zum Thema Vernehmung und Führungskräftetraining. Vorstandsmitglied der Deutschen Gesellschaft für Kriminalistik.

Rainer Schill, Diplom-Ingenieur (FH), Diplom-Kriminalist an der Humboldt-Universität zu Berlin. Sachverständiger und Lehrtätigkeit im Kriminalistischen Institut und im Landeskriminalamt Brandenburg. Mitautor von Fachveröffentlichungen.

Kirstin Schneider, Diplom-Mineralogin; fünf Jahre wissenschaftliche Mitarbeiterin an der Technischen Universität Bergakademie Freiberg; seit 2002 als Sachverständige für physikalisch-technische Urkundenuntersuchung und Bodenuntersuchung im Landeskriminalamt Brandenburg tätig.

Dr. rer. nat Benno Schultz, Diplom-Chemiker; fünf Jahre wissenschaftlicher Mitarbeiter an der Humboldt Universität zu Berlin, seit 1988 als Sachverständiger für Gerichtschemie tätig; ab 1994 Leiter des Dezernates Forensische Chemie/Physik. Beratungstätigkeit im Rahmen internationaler Projekte in Kabul und Skopje. Seit 2009 Leiter des Kriminaltechnischen Instituts im Landeskriminalamt Brandenburg.

Prof. Dr. med. Dr. phil. Ingo Wirth, Studium der Medizin und Kriminalistik in Berlin, dort ab 1978 Gerichtsarzt; 1990 Hochschuldozent für Kriminalistik/Forensische Medizin an der Sektion Kriminalistik der Humboldt-Universität zu Berlin; 2000 Berufung zum Professor für Kriminalistik/Kriminologie an der Fachhochschule der Polizei des Landes Brandenburg.

1. Kapitel: Einführung in die Kriminalistik

I. Kriminalwissenschaften

von *Horst Clages*

1. System der Kriminalitätskontrolle

Unter **Kriminalitätskontrolle** (i. w. S.)[1] wird die Beeinflussung der Kriminalität als Massenerscheinung durch staatliche und gesellschaftliche Institutionen sowie Strategien und Sanktionen der strafrechtlichen Sozialkontrolle verstanden[2].

Die Umsetzung geschieht durch
- Kriminalprävention (Vorbeugung, Verhütung, Verhinderung im Vorfeld) und
- Strafverfolgung.

Die Kontrolle der Kriminalität als soziales Phänomen ist eine gesamtgesellschaftliche Aufgabe, die sich folglich nicht nur an die Sicherheitsorgane und an die Justiz richtet, sondern alle gesellschaftlichen Bereiche einschließlich der Wirtschaft und die Institutionen der informellen und formellen Sozialkontrolle einbezieht.

Örtlich wird diese Aufgabe der sog. *Kommunalen Kriminalprävention* zugeschrieben. Untersuchungsinstrumente sind u. a. Mittel der Kriminalgeografie und die Kriminologische Regionalanalyse

Unter **Kriminalitätskontrolle** (i. e. S.) wird nach neuerem Verständnis die direkte Verhütung und Aufdeckung sowie die Verfolgung von Straftaten und Straftätern verstanden. Als Synonym findet auch nach wie vor der Begriff **Verbrechensbekämpfung** Anwendung.

Unmittelbare Träger sind **Polizei** und **Staatsanwaltschaft** und sonstige mit der Strafverfolgung gesetzlich beauftragte staatliche Institutionen. Der gesetzliche Auftrag der Staatsanwaltschaft beschränkt

---

1 I.w.S. = im weiteren Sinne; auch als Verbrechenskontrolle bezeichnet.

2 *Kaiser*, S. 219 f.

sich unmittelbar auf die **repressive**, d.h. auf die strafverfolgende Tätigkeit, obwohl ihr Wirken auch auf Prävention ausgerichtet ist, so z.B. im sog. Jugendstrafverfahren. Die Aufgabe der Polizei erstreckt sich unmittelbar sowohl auf die vorbeugende als auch auf die strafverfolgende Verbrechensbekämpfung. Man spricht in diesem Zusammenhang auch von der *Doppelfunktionalität*[3] der polizeilichen Aufgabe.

Definitionen:

Kriminalität[4] ist die Summe aller Straftaten, definiert in Bezug auf einen Zeitraum, einen geografisch abgegrenzten Raum, zugeschrieben bestimmten Bevölkerungsgruppen oder geordnet nach Delikten und Deliktgruppen.

Verbrechen wird dagegen als die Einzeltat verstanden. Der Begriff Verbrechen orientiert sich nicht an den strafrechtlichen Kriterien des § 12 StGB, Verbrechen und Vergehen, der nach Art und Dauer der Strafandrohung für rechtswidrige Taten unterscheidet.

Der **kriminalistische Verbrechensbegriff**[5] orientiert sich am Kriminalstrafrecht allgemein. Der kriminalistische Verbrechensbegriff umfasst somit alle mit einer Kriminalstrafe bedrohten rechtswidrigen Taten, also Verbrechen und Vergehen.

Kriminalpolitik

Kaiser[6] unterscheidet zwischen wissenschaftlicher und praktischer Kriminalpolitik. Die „wissenschaftliche Kriminalpolitik" strebt die systematisch geordnete Darstellung der gesellschaftlichen Strategien, Taktiken und Sanktionsmittel zur Erzielung optimaler Verbrechenskontrolle an."
„Praktische Kriminalpolitik" hingegen beschränkt sich auf jene staatliche Tätigkeit, die vor allem mit den Grundsätzen, Verfahrensweisen und Mitteln des Kriminalstrafrechts auf Verbrechenskontrolle zielt und durch Strafjustiz und Polizei ausgeübt wird."

Die Institutionen der Kriminalitätskontrolle erhalten ihre Vorgaben von der **Kriminalpolitik**. Diese wiederum wird bestimmt und formuliert aufgrund der sich ständig in Umfang, Art und Schwere verändernden Kriminalität, dem sich wandelnden Normenverständnis der Gesellschaft sowie dem Sicherheitsbedürfnis bzw. der Verbrechensfurcht der Bürger. Die Kriminalpolitik hat als verfassungsmäßige

3 Zum Begriff der Doppelfunktionalität siehe *Tegtmeyer/Vahle*, S. 63.
4 Begriff unter Orientierung an *Mergen*, S. 17.
5 Vertiefende Ausführungen zum Verbrechensbegriff macht *Kaiser*, S. 323 ff.
6 *Kaiser*, S. 1070, mit weiteren Quellenangaben zum Inhalt und Begriff der Kriminalpolitik.

Beschränkung ihrer politischen Vorstellungen über eine wirkungsvolle Verbrechensbekämpfung das Gebot der **Rechtsstaatlichkeit** sicherheitspolitischen Handelns zu beachten.

System der Verbrechenskontrolle

Abb. 1

Das Gebot der Rechtsstaatlichkeit verbietet Kriminalitätskontrolle um jeden Preis.

Die Institutionen der Verbrechensbekämpfung erhalten ihren Auftrag – in Ausfüllung der kriminalpolitischen Zielsetzung – durch Gesetze. Dies sind im Wesentlichen für die Strafverfolgung (Repression) die Strafprozessordnung und für die Gefahrenabwehr (Prävention) die Polizeigesetze des Bundes und der Länder sowie das Jugendgerichtsgesetz.

Die Umsetzung des gesetzlichen Auftrags in der polizeilichen Praxis erfolgt auf der Grundlage von Kriminalitäts- und Verbrechensanalysen, die ihren Niederschlag in strategischen und operativen Kriminalitätslagebildern finden.

2. Kriminalwissenschaften[7]

Erkenntnisgrundlage der Kriminalitätskontrolle allgemein sind die Kriminalwissenschaften und hier insbesondere die Kriminologie. Methodik, Strategie und Taktik der präventiven und repressiven Verbrechensbekämpfung sind Instrumente der Kriminalistik, die wiederum ein wesentliches Element im Ordnungssystem der Kriminalwissenschaften repräsentiert.

Definitionen:

Kriminalwissenschaften
Den Kriminalwissenschaften werden jene Wissenschaftsdisziplinen zugeordnet, die sich primär mit dem kriminellen Verhalten von Menschen befassen.[8]

Juristische Kriminalwissenschaften
Zu den juristischen Kriminalwissenschaften zählen die Strafrechtswissenschaft und die Strafprozessrechtswissenschaft.

Kriminologie
Kriminologie ist die geordnete Gesamtheit des Erfahrungswissens über das Verbrechen, den Rechtsbrecher, die negativ soziale Auffälligkeit und über die Kontrolle dieses Verhaltens.[9]

7 Zur Kriminalistik als Wissenschaft im System der Kriminalwissenschaften grundsätzlich *Ackermann u.a.*, Kriminalistik 9/00, 595-598, 10/00, 655-660, 11/00, 731-736, 12/00, 799-801.

8 Unter Orientierung an *Groß/Geerds*, S. 12 ff.

9 *Kaiser*, S. 1.

Kriminalistik
Die Kriminalistik ist die Wissenschaft von der Aufdeckung, Untersuchung und Verhütung von Straftaten und kriminalistisch relevanten Sachverhalten. Ihr *Gegenstand* sind die Gesetzmäßigkeiten und Erscheinungen des Entstehens von Informationen (Spuren/Beweisen) bei der Begehung von Straftaten sowie die Methoden ihres Auffindens, Sicherns und Bewertens für Ermittlungs- und Beweiszwecke.

Ihre *Aufgabe* ist, Ereignisse mit kriminalistisch-strafrechtlicher Relevanz aufzudecken, deren Ablauf zu untersuchen, den Täter zu ermitteln und mit hinreichender Sicherheit (hinreichender Tatverdacht) zu überführen sowie Wirkungsmöglichkeiten in präventiver Hinsicht zu erkennen und anzuwenden.[10]

Institutionen der polizeilichen Kriminalitätskontrolle

– Überblick –

BUNDESLÄNDER – Polizei

Verfassungsrechtlicher Grundsatz:
Polizei Ländersache, Art. 30 GG

Ministerialebene:
- Polizeiabteilung im Innenministerium
- Landespolizeipräsidium
- Landeskriminalämter

Regional:
- Polizeipräsidien
- Polizeidirektionen / Kriminaldirektionen
- Polizeiinspektionen / Kriminalinspektionen/ZKB
- Polizeiwachen / Krim.-Kommissariate

Prinzipien:
- Schutz- und Kriminalpolizei sind gleichsam Träger der Kriminalitätskontrolle
- Arbeitsteilung, Spezialisierung
- Zuständigkeiten / Organisation: nach Delikten oder täterorientiert; zentral u. dezentral

Fortsetzung nächste Seite

10 Auszugsweise und sinngemäß zitiert nach *Ackermann* in: Handbuch der Kriminalistik, S. 13.

NATIONAL/
BUNDESREPUBLIK DEUTSCHLAND

Bundeskriminalamt
Bundespolizei
Zollfahndung/Zollkriminalamt

INTERNATIONAL

INTERPOL
EUROPOL
div. multilaterale Abkommen und Einrichtungen

Abb. 2

Ordnungssystem der Kriminalwissenschaften

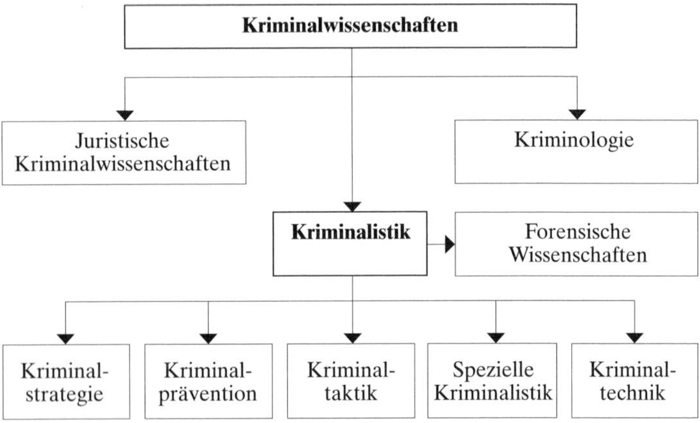

Abb. 3

Definitionen:

Kriminalstrategie

Unter Kriminalstrategie wird das rationale Zusammenwirken der polizeilichen Kräfte zur Verwirklichung der Ziele der Kriminalpolitik durch Ausrichtung der Gesamtorganisation Polizei auf die Bekämpfung der Kriminalität verstanden.[11]

Nach einer weitergehenden Definition umfasst Kriminalstrategie „das planmäßige Zusammenwirken *aller* gesellschaftlichen Kräfte, um Kriminalität zu bekämpfen."[12]

Kriminalprävention

Soweit kriminalpräventive polizeiliche Maßnahmen unmittelbar oder mittelfristig auf die Verhinderung von Straftaten oder auf die Reduzierung des Opferwerdens zielen, ist die Kriminalprävention der Kriminalistik zugeordnet (operative Kriminalprävention).

Kriminalprävention (im weiteren Sinne) umfasst alle Maßnahmen und Handlungen, die staatlicherseits und privat eingeleitet und realisiert werden, um Straftaten zu verhüten.

Sie zielt darauf ab, Kriminalitätsursachen und Kriminalitätsanreize sowie die Bereitschaft zu kriminellem Verhalten zu beseitigen, Straftaten und ihren Erfolg zu verhindern oder wenigstens zu erschweren[13].

Kriminalprävention ist nicht nur Aufgabe ausgewählter Institutionen, sondern Verpflichtung des Staates und seiner Einrichtungen einschließlich privatrechtlicher Institutionen und jedes einzelnen Bürgers. In diesem Sinne ist die Kriminalprävention nicht Teilgebiet der Kriminalistik.

Kriminaltaktik

Kriminaltaktik (auch operative Kriminalistik) ist die Lehre von den allgemeinen rationalen, ökonomischen, psychologischen kriminalistischen Methoden und Mitteln sowie deren Anwendung mit dem Ziel der effektiven Verbrechensbekämpfung.

Spezielle Kriminalistik

Darunter wird die auf bestimme Delikte, Deliktgruppen, Tätergruppen bezogene kriminalistische Ermittlungs- und Aufklärungsmethodik verstanden. Sie verbindet bei der Verbrechensbekämpfung Methoden und Mittel der Kriminaltaktik mit delikt- oder täterspezifischen Besonderheiten. Sie nimmt ihre Erkenntnisgegenstände u.a. aus dem Ergebnis kriminologischer Untersuchung und spezieller Analysen der Kriminalphänomenologie.

Kriminaltechnik

Unter Kriminaltechnik (auch naturwissenschaftlich-technische Kriminalistik) wird die Anwendung naturwissenschaftlicher Methoden und Erkenntnisse sowie der Einsatz technischer Mittel bei der Suche, Sicherung, Untersuchung und Auswertung von materiellen Spuren im Rahmen der Verbrechensbekämpfung verstanden.

11 Definition unter Orientierung an *Kube/Schreiber*, S. 3. Kritisch dazu *Ackermann u.a.*, Kriminalistik 10/00, 655 f.

12 Zitiert nach *Mohr*, in: Wörterbuch der Polizei, Stichwort: Kriminalstrategie.

13 Vgl. *Kube/Koch*, S. 8.

II. Kriminalistische Methodik

von *Horst Clages*

1. Allgemeine Aussagen zur kriminalistischen Methodik

Der Begriff „Methode" (griech.: méthodos)[14] beschreibt das wissenschaftlich begründete planmäßige und folgerichtige Verfahren bei der Verfolgung bestimmter Ziele; Methodik meint die Verfahrenslehre.

Unter kriminalistischer Methodik sind die Verfahrensweisen zu verstehen, die angewandt werden

- bei dem Erkennen strafrechtlich relevanter Sachverhalte,
- der Aufdeckung der Tat,
- der Ermittlung und beweiskräftigen Überführung des Täters (Repression) sowie
- bei der Verhinderung von Straftaten bzw. deren Fortsetzung (Prävention).

Die kriminalistische Methodik bildet die entscheidende Arbeitsgrundlage der kriminalistischen Tätigkeit.

Sie bedient sich allgemeiner wissenschafts-theoretischer und empirischer Methoden, die sie adaptiert und auf die Bewältigung kriminalistischer Aufgaben anwendet. Bestimmte Methoden dominieren den Wesensgehalt von Ermittlungshandlungen.

Das kriminaltaktische Vorgehen bei der *Aufdeckung, Untersuchung und Aufklärung von Straftaten*, also die Gestaltung der entsprechenden Ermittlungshandlungen (Vorbereitung, Durchführung, Ergebnisbewertung) ist vor allem von den folgenden Methoden geprägt:*

Das Prinzip der systematischen Informationserhebung durch Beobachtung, Besichtigung und Befragung.

- Techniken der Informationsverarbeitung über spezielle, anlassorientierte oder allgemeine Erkenntnisse zu Tat, Täter und Opfer.

14 DUDEN Deutsches Universalwörterbuch, Stichwort: Methode.

* Hinweis: Es ist keineswegs eine abschließende Aufzählung der Methodenvielfalt und stellt auch nicht ein systematisches Methodenkonstrukt dar.

- Schlussfolgernde Analyse- und Synthesetechniken, z.B. im Rahmen von kriminalistischen/kriminologischen Fallanalysen oder der Lagebilderstellung.
- Die Anwendung von Sätzen der Logik und des kombinatorischen kriminalistischen Denkens und Schließens, so z.B. bei der kriminalistischen Hypothesenbildung oder der Schlüssigkeit von Beweisen.
- Methoden der Planung und Entscheidung.
- Naturwissenschaftliche Methoden bei der Suche, Sicherung und Auswertung von materiellen Spuren sowie die kriminalistische Expertise.
- Methoden des Vergleichs, des Experiments und der Rekonstruktion zur Erschließung des Tatgeschehens und der Beweisführung.
- Die Anwendung prognostischer Methoden im Rahmen der Voraussage von Täterverhalten und der Entwicklung und des Verlaufs der Kriminalität.
- Mathematische Methoden zur Erfassung, Analyse und Berechnung von Bewegungsabläufen.
- Mathematisch-naturwissenschaftliche Methoden der Wahrscheinlichkeitstheorien bzw. der Wahrscheinlichkeitsprognosen.
- Methoden der forensischen Psychologie im Bereich der Aussagepsychologie, der Beurteilung von Prozessen der Wahrnehmung oder der Täterprofilerstellung.
- Die systematische Verwendung von Erfahrungswissen und intuitiver Eingebungen.

2. Kriminalistische Planung und Entscheidungsmethoden

2.1 Polizeiliche Lagebewältigung als Problemlösungsprozess

Die polizeiliche Lagebewältigung ist in der theoretische Planung und Entscheidung, in der polizeilichen Einsatzpraxis und in der kriminalistischen Fallbearbeitung grundsätzlich ein mehr oder weniger komplexer **Problemlösungsprozess**. Der Grad der Komplexität steht in grundsätzlicher Abhängigkeit von der Art und der Schwere des jeweiligen Einsatzanlasses oder des kriminalistisch zu klärenden Falles.

Beispiel: Für den Polizeipraktiker ist es offenkundig, dass z.B. die einsatzmäßige Lagebewältigung und die kriminalistische Aufklärung eines bewaffneten Bankraubes mit unbekannten flüchtenden Tätern an den polizeilichen Einsatz, an die Untersuchungsplanung und die Fallbearbeitung ungleich größere Anforderungen stellen, als dies regelmäßig für Fälle der einfachen und mittleren Kriminalität gilt, z.B. für den Ersten Angriff bei einem „normalen" Wohnungseinbruch und dessen kriminalistischer Aufklärung.

Ausgangspunkt von Problemlösungsprozessen sind stets offene, nicht gelöste Aufgaben und Fragestellungen, d.h. Probleme, die einer (polizeilichen) Lösung zugeführt werden müssen.

Problemstellungen zeigen sich in allen Phasen polizeilicher Reaktion auf ein bestimmtes Ereignis. Sie stellen sich somit keineswegs nur zu Beginn der Aufnahme kriminalistischer Aufklärungs- und Ermittlungshandlungen, sondern ziehen sich regelmäßig durch das gesamte Verfahren.

Bereits während des Ersten Angriffs, z.B. nach der ersten polizeilichen Kenntnisnahme einer Straftat steht der Polizeibeamte vor der Entscheidung über das richtige taktische anlassorientierte Vorgehen am Ort der Tat.

Weitere Probleme ergeben sich aus den Erfordernissen der
- sachlich zutreffenden Beurteilung des vorliegenden Ereignisses nach strafrechtlich und kriminalistisch-kriminologischen Kriterien,
- exakten und sachgerechten Tatortarbeit und Dokumentation des Tatgeschehens,
- zielgerichteten und effektiven Planung und Durchführung von Ermittlungshandlungen und
- prozesskonformer effektiver Beweisführung.

Der in der Verbrechensbekämpfung tätige polizeiliche Praktiker steht grundsätzlich vor jeder Entscheidung über sein polizeiliches Handeln oder bei der Übernahme eines neuen Falles vor verschiedenartigen, oft komplexen kriminalistischen Problemen, deren Bewältigung an das kriminalistische Wissen und die kriminalistischen Erfahrungen, an die kriminalistische Kombinationsgabe und Intuition, an das logische Denkvermögen sowie an die Folgerichtigkeit der Entscheidung, je nach der Art der Tat und dem Schwierigkeitsgrad der Tataufklärung, bestimmte Anforderungen an das *planmäßige Vorgehen* stellen.

Im Besonderen erfordern Problemlösungen allgemein und im Besonderen in der kriminalistischen Praxis einen bestimmten Grad an *rationaler und organisatorisch-planerischer Tätigkeit* und die *Anwendung wissenschaftlich abgesicherter Methoden.*[15]

Die einzelnen Schritte einer zielgerechten Planung, Entscheidung und Zielsetzung einschließlich der Maßnahmen zur Zielerreichung und Zielkontrolle zeigt das nachstehende Schaubild.

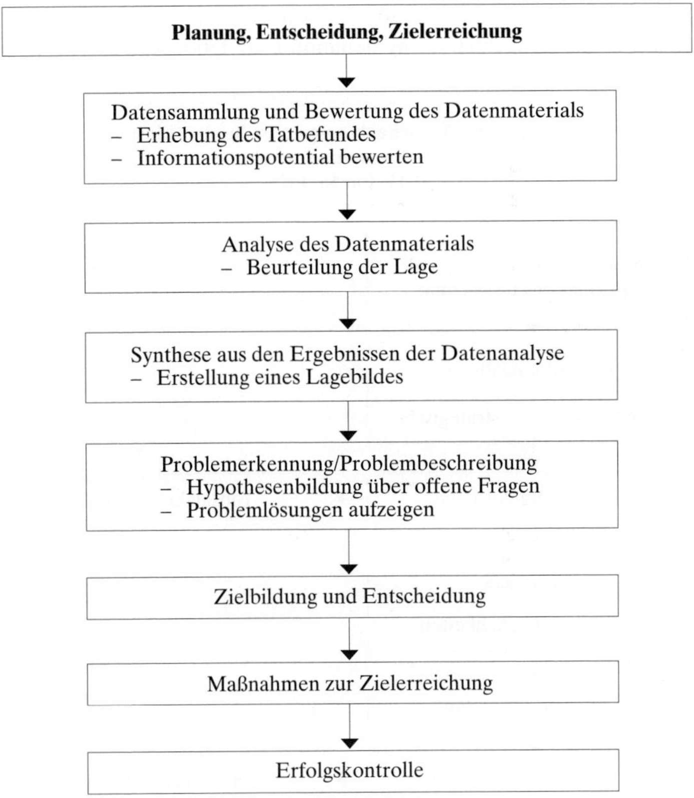

Abb. 4

15 Ausführlich setzte sich damit bereits *Walder* in seinem kriminalistischen Standardwerk „Kriminalistisches Denken" auseinander, neu aufgelegt von *Hansjakob*, 2009. Beiträge finden sich auch bei *Kube/Störzer/Brugger*, Kriminalistik.

2.2 Planungs- und Entscheidungssysteme für Einsatz und Ermittlung

2.2.1 Planungs- und Entscheidungssystem nach der PDV 100

Grundsätze, Struktur, Ablauf und inhaltliche Schwerpunkte der Planung und Entscheidung für polizeiliches Handeln sind in der PDV 100 unter Nr.[16]: 1.6.2 Planungs- und Entscheidungsprozess für den Einsatz; Einsatznachbereitung genannt. Eine Übersicht gibt Anlg. 1 zur PDV 100.

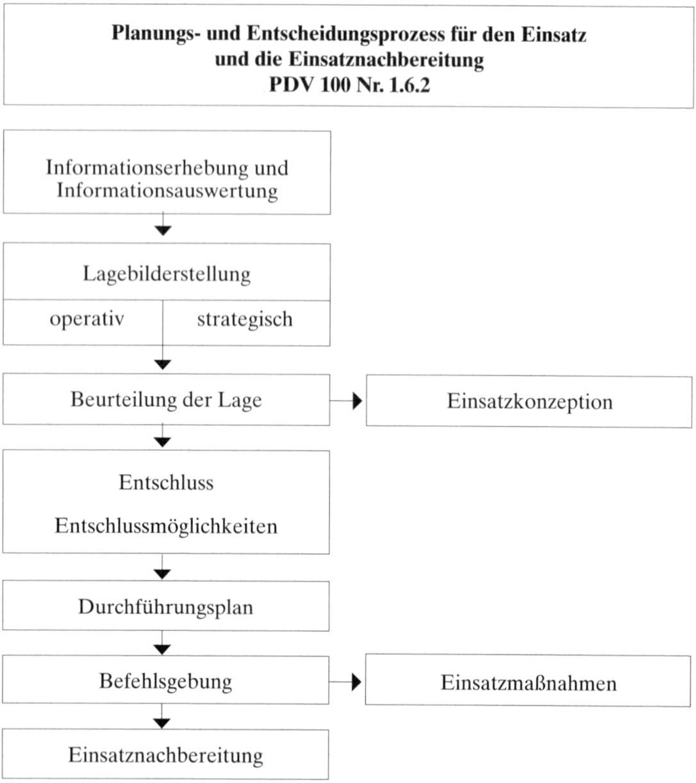

Abb. 5

16 Gemeint sind in der Folge die Gliederungsnummern der PDV 100.

Das Planungs- und Entscheidungssystem nach der PDV 100 stellt auf die *Führung und den Einsatz von Polizeikräften* ab. Es orientiert sich demgemäß im Wesensgehalt und in seiner Struktur an den Grundsätzen der Einsatzlehre. Als Beurteilungs-, Entscheidungs- und Planungssystem für kriminalistische Anlässe ist es folglich nur in seiner Grundstruktur geeignet.

2.2.2 Beurteilung der Lage (BdL)

Kernstück des Planungs- und Entscheidungssystems ist die *Beurteilung der Lage* (Nr. 1.6.2.2). Die Beurteilung der Lage nach der PDV 100 hat im Schwerpunkt die ereignisorientierte Planung und Entscheidung von polizeilichen Einsätzen nach einsatztaktischen Gesichtspunkten zum Inhalt.[17] Das Ergebnis der Lagebeurteilung ist Grundlage für die Entschlussfassung des Polizeiführers (Nr. 1.6.2.3). Der Entschluss stellt das taktische Konzept dar, mit dem der Polizeiführer das im Auftrag vorgegebene Ziel zu erreichen beabsichtigt. Er ist *Grundlage* für die Durchführungsplanung (Nr. 1.6.2.4) und die Befehlsgebung.

2.2.3 Kriminalistische Beurteilung der Lage

Die Beurteilung der kriminalistischen Lage stellt dagegen nach Struktur und Inhalt auf *kriminalistische Problemlösungen* ab, orientiert sich jedoch in der Grundstruktur an den in der PDV 100 Nr. 1.6.2 niedergelegten Prinzipien.

2.3 Planungs- und Entscheidungssystem für kriminalistische Lagen

Die Systematik, die der Beurteilung kriminalistischer Sachverhalte sowie der Entscheidung über einzusetzende kriminalistische Methoden und Mittel einschließlich der Planung und Durchführung von Ermittlungsmaßnahmen mit dem Ziel der Tataufklärung und Beweisführung zu Grunde gelegt ist, wird nachfolgend unter dem Begriff: **Kriminalistisches Konzept** zusammen gefasst.

---

17 Die Lagefelder, die in der BdL konkretisiert werden, nennt PDV 100 Nr. 1.6.2.2. Siehe ergänzend auch die Erläuterungen in: *Neidhardt* (Hrsg.), Handbuch für Führung und Einsatz der Polizei, Ausführungen zu Nr. 1.6.2.2 der PDV 100.

Das Konzept ist in der Zielsetzung vergleichbar der Beurteilung der Lage, dem Entschluss und der Befehlsgebung für polizeiliche Einsatzlagen nach der PDV 100.

Es stellt in den inhaltlichen Schwerpunkten jedoch maßgeblich auf kriminalistisch-kriminologische Beurteilungs- und Entscheidungskriterien und auf einsatztaktische Entscheidungs- und Einsatzprozesse der operativen Kriminalistik ab.

Anmerkung: Nach Auffassung des Verfassers berücksichtigt die PDV 100 die Spezifik der operativen Kriminalistik nur marginal. Kriminalistische Problemlösungsprozesse sind nur bedingt den Einsatzprozessen der Einsatzlehre vergleichbar, da ihre Zielsetzungen teils divergieren, denn der Schwerpunkt der Einsatzlehre liegt in der Bewältigung der polizeilichen Einsatzlage. Diese Zielsetzung spiegelt die PDV 100 umfassend wider. Dagegen verfolgt die Kriminalistik die Aufklärung des Tatgeschehens, die Ermittlung des Tatverdächtigen und dessen beweiskräftige Überführung. Die knappen Ausführungen der Vorschrift zu Nr. 2.2, Ermittlungen, werden diesen Anforderungen nicht gerecht.

Das **Kriminalistische Konzept** hat folgende Struktur.

I Kriminalistische Beurteilung der Lage
mit den Abschnitten:
- *Kriminalistische Fallanalyse*
- *Beurteilung der Einsatzlage*

II Kriminaltaktisches Konzept
mit den Abschnitten:
- *Kriminalistische Maßnahmen*
- *Durchführungs- und Untersuchungsplanung*
- *Befehlsgebung*
- *Berichte und Meldungen*

III Einsatznachbereitung/Erfolgskontrolle

Erläuterungen:

Zu I: Kriminalistische Beurteilung der Lage

Kriminalistische Fallanalyse

Struktur, Inhalt und Methodik der Kriminalistischen Fallanalyse werden im 3. Kap. dargestellt und ausführlich erläutert.

Beurteilung der Einsatzlage[18]

Im Hinblick auf die kriminalistische Lagebewältigung ist zu entscheiden, mit welchen Kräften, Führungs- und Einsatzmitteln und mit

18 Vertiefende Ausführungen bei *Clages*, Kriminalistik, 1997, S. 45.

welcher besonderen Aufbauorganisation (BAO) die Weiterführung der Ermittlungshandlungen erfolgen soll.

Weiterhin ist zu beurteilen, inwieweit sich die räumlichen Bedingungen des Einsatzraumes, Zeit und Wetter auf die Maßnahmen im Einzelnen sich auswirken.

Beurteilungskriterien

1. Einsatzkräfte
1.1. Stärke und Gliederung
1.2. Ausbildungsstand, Geeignetheit
1.3. Spezialeinsatzkräfte
1.4. Verfügbarkeit
1.5. Unterbringung und Versorgung

2. Führungs- und Einsatzmittel
2.1 – Einsatzfahrzeuge
– Einsatzgerät
– Sondereinsatzgerät
– Verfügbarkeit
2.2 Kommunikation, IuK-Mittel
2.3 Bewaffnung und Ausrüstung der Einsatzkräfte

3. Raum, Zeit, Wetter
3.1 Besonderheiten des Einsatzraumes
3.2 – Ereigniszeit
– Einsatzzeit
– Einsatzdauer
3.3 Wetterbedingungen

4. Unterstützung durch andere Behörden und Einrichtungen

Zu II: Kriminaltaktisches Konzept

Das Ergebnis der kriminalistischen Lagebeurteilung ist Grundlage für das Kriminaltaktische Konzept. Es stellt ein taktisches Handlungskonzept dar, mit dem bezweckt wird, die festgelegten Ermittlungsziele zu erreichen. In den Grundzügen ist es dem Entschluss nach der PDV 100, Nr. 1.6.2.3 vergleichbar, in der kriminalistischen Ausgestaltung jedoch differenzierter.

Kriminalistische Maßnahmen

Kriminalistische Feinziele

Voraussetzung für die Entscheidung über das kriminaltaktische Vorgehen ist die Festlegung von kriminalistischen Feinzielen. Sie sind Teil der kriminalistischen Untersuchungsplanung und orientieren sich an den Erfordernissen des konkreten Falles.

Maßnahmenalternativen
Maßnahmenalternativen (Entschlussmöglichkeiten) sind dann zu erwägen, wenn nach dem Ergebnis der Fallanalyse und der Hypothesenbildung (siehe 3. Kap.) alternative Maßnahmen nach ihrer Art und/oder in ihrer zeitlichen Abfolge geeignet erscheinen.

Maßnahmen zur Zielerreichung
Hier erfolgt die Festlegung der kriminalistischen Einsatz- und Ermittlungsmaßnahmen vergleichbar dem Entschluss (Nr. 1.6.2.3). In der kriminalistischen Praxis geht die Festlegung der Maßnahmen zur Zielerreichung jedoch deutlich stärker ins Detail, als dies bei der Formulierung einsatztaktischer Entschlüsse der Fall ist (siehe auch: Kriminalistische Untersuchungsplanung).

Durchführungs- und Untersuchungsplanung[19]
Für die Durchführungsplanung kriminalistischer Einsatzmaßnahmen gelten die Grundsätze der PDV 100 Nr. 1.6.2.4 sowie Anlg. 3.

Die systematische Vorbereitung der kriminalistischen Fallbearbeitung erfolgt nach den Prinzipien der Kriminalistischen Untersuchungsplanung.

Befehlsgebung
Die Befehlsgebung richtet sich nach der PDV 100 Nr. Nr. 1.6.2.5 sowie Anlg. 4.

Berichte und Meldungen
Berichts- und Meldepflichten orientieren sich generell an den Grundsätzen der PDV 100 Nr. 2.2.10, Auswertung, Meldedienste, Polizeiliche Kriminalstatistik. Darüber hinaus sind örtliche Regelungen und die landesrechtliche Vorschriftenlage zu beachten.

Zu III: Einsatznachbereitung/Erfolgskontrolle
Für die Einsatznachbereitung gilt PDV 100 Nr. 1.6.2.7. Mit der Erfolgskontrolle wird nach Abschluss der Einsatzmaßnahmen oder der Ermittlungshandlungen überprüft, ob und mit welcher Effektivität die angestrebten kriminalistischen Ziele erreicht worden sind oder ob ggf. zusätzliche Ermittlungshandlungen notwendig sind.

19 *Clages*, Kriminalistik, 1997, S. 46.

Der Gesamtvorgang ist vor Abgabe an die Staatsanwaltschaft in tatsächlicher und rechtlicher Hinsicht sorgfältig zu prüfen. Siehe dazu auch die Ausführungen zur Beweisführung im Ermittlungsverfahren im 2. Kap. und die Hinweise zur Beurteilung der Beweislage im Rahmen der Kriminalistischen Fallanalyse im 3. Kapitel.

3. Analytische Verfahren der Kriminalitätskontrolle

3.1 Verbrechens und Kriminalitätsanalysen

Grundsätzlich werden zwei Arten von Kriminalitätsanalysen nach ihren Zweckrichtungen unterschieden:
- *die strategische Kriminalitätsanalyse,*
- *die operative Kriminalitätsanalyse.*

Die strategische Kriminalitätsanalyse ist eine mittel- und langfristig angelegte Untersuchung der Kriminalitätsphänomene und ihrer zukünftigen Entwicklung. Die Ergebnisse finden ihren Niederschlag in Kriminalitätslagebildern, die wiederum Grundlage für kriminalstrategische und kriminalpolitische Entscheidungen sind.

Die operative Kriminalitätsanalyse stellt die systematische Auswertung von Informationen über die aktuelle Lageentwicklungen auf regionaler Organisations- und Aufgabenebene der Polizei (Polizeipräsidien, Polizeidirektionen, Polizeiinspektionen pp.) dar.

Sie ist Basis für das gegenwärtige, aktuelle Kriminalitätslagebild im jeweiligen Untersuchungsbereich und zielt ab auf das Erkennen von *Kriminalitätsbrennpunkten.* Damit bietet sie die Grundlage für zeitnahe, anlassorientierte, gezielte polizeiliche Maßnahmen der Kriminalitätskontrolle.[20]

20 International werden verschiedenartige Methoden und Formen der Auswertung praktiziert. Einen Überblick dazu geben *Büchler/Meywirth/Vogt*, Kriminalistik 4/97, S. 244.

3.2 Systematische Übersicht

Verbrechens- und Kriminalitätsanalysen

Untersuchungsfelder	**Strategische Analysen**	**Operative Analysen**
A	**B**	**C**
Straftaten	Entwicklung und Verteilung der Kriminalität nach Raum und Zeit Phänomenologische Straftatenanalysen/ Erkennen von Tatbegehungsmustern und neuen Kriminalitätsformen	Kriminalistische Einzelfall-Analysen Operative Kriminalitäts-Analysen
Straftäter	Allgemeine Profilanalysen von Straftätern/Serientätern Bildung von Standardversionen zur Tätertypisierung	Vergleichsfall-Analysen Analysen von Verbrechergruppen Spezifische Täter-Profilanalyse („Profiling“)
Untersuchungen zur Effizienz der Verbrechenskontrolle	Methoden-Analyse	Ermittlungsanalyse/ Erfolgskontrolle

Abb. 6

Erläuterungen:

Die erste Spalte (**A**) nennt in den beiden oberen Feldern die generellen Untersuchungscluster der in den Spalten zwei (**B**) und drei (**C**) genannten Analysebereiche.

In der unteren Zeile sind die jeweils korrespondierenden Kontroll- bzw. Validierungsmethoden aufgeführt.

Begriffe:

Strategische Verbrechens- und Kriminalitätsanalysen
Sie zielen auf die Gewinnung allgemeiner Erkenntnisse und Entwicklungen ab.

Untersuchungs- und Erkenntnisziele im Einzelnen sind:

a) Die Gewinnung eines Überblicks über die räumliche Verteilung der Kriminalität in einem geografisch abgegrenzten Raum innerhalb eines bestimmten Zeitraumes. Untersuchungsinstrumente sind z.B. die PKS, Untersuchungen zur Kriminalgeografie eines Raumes oder Kriminologische Regionalanalysen.
b) Erkennen von delikttypischen Tatbegehungsmustern und „neuen" Kriminalitätsformen. Untersuchungsinstrumente sind z.B. phänomenologische Deliktanalysen und Dunkelfelduntersuchungen.
c) Erkennen genereller und deliktbezogener Täterprofile. Untersuchungsinstrumente sind psycho-soziale Vergleichsuntersuchungen von Straftätern mit dem Ziel der Bildung von Täterkategorien (speziellen und generellen Tätertypen).

Operative Verbrechens- und Kriminalitätsanalysen
Mit operativen Analysen wird der Zweck verfolgt, ermittlungs- oder einsatzunterstützende Informationen durch Einzelfallanalysen (Kriminalistische Fallanalysen) oder ereigniszeitnahe Kriminalitätslagebilder für den örtlichen Bereich bereit zu stellen.

Vergleichsfall-Analysen
Vergleichsfall-Analysen zielen darauf ab, durch kriminalistisch-kriminologische Vergleichsarbeit mehrerer Einzelfälle Tat/Tat- und Tat/Täterzusammenhänge zu erkennen. Klassisches Untersuchungsinstrument ist der Kriminalpolizeiliche Melde- und Auswertungsdienst (KPMD).

Verbrechergruppen-Analysen
Verbrechergruppen-Analysen bezwecken das Erkennen agierender krimineller Gruppen oder von Bandentätigkeit.

Spezifischen Täter-Profilanalysen
Mit den spezifischen Täter-Profilanalysen soll durch die analytische Durchdringung des Täterverhaltens und der individuellen Tat- und Tatbegehungsmerkmale ein Einzelprofil des Täters gezeichnet werden (Profiling, siehe auch „Operative Fallanalyse" – OFA).

3.3 Kriminalistische Fallanalyse

Die kriminalistische Fallanalyse ist ein am Einzelfall orientiertes Analyse- und Syntheseverfahren, in dem nach kriminalistischen und kriminologischen Kriterien die über den Fall vorliegenden Informationen in einem analytischen Denkprozess durchdrungen, bewertet und nach der Methode der kriminalistischen Synthese zu einem Bild über Tat, Täter und Opfer zusammengefügt werden.

Ihr Zweck ist darauf gerichtet, Ergebnisse für die Aufklärung des einzelnen Kriminalfalles sowie für die Ermittlung und Überführung des Täters bereit zu stellen. Sie ist generell anwendbar auf alle Kriminalfälle.

Struktur, Inhalt und Methodik der Kriminalistischen Fallanalyse werden im 3. Kap. ausführlich behandelt.

3.4 Operative Fallanalyse

Der Begriff: „Operative Fallanalyse (OFA)" wird seit geraumer Zeit als Oberbegriff für kriminalistische einzelfallbezogene Analyseverfahren verwendet, die dazu dienen, das Tatgeschehen zu durchdringen und daraus Schlüsse für die Aufklärung der Tat zu ziehen.[21]

Das Hauptziel der OFA liegt in der Unterstützung der Aufklärung schwerwiegender Gewaltstraftaten wie Tötungsdelikte, Serienmorde, sexuell motivierte Gewalttaten, Erpressung oder Entführung.

Weitere Ausführungen zum Inhalt und zur kriminalistischen Methodik der „Operativen Fallanalyse" enthält das 3. Kap., Abschn. II, Teil B.

4. Polizeiliche Maßnahmen der Strafverfolgung

Die nachfolgende Abbildung zeigt eine Übersicht über die polizeilichen Prozesse und Standardmaßnahmen im strafprozessualen Ermittlungsverfahren. Weitergehende Ausführungen enthalten die nachfolgenden Kapitel.

21 Der Begriff wurde wesentlich geprägt durch die beim BKA 1993 gebildete Projektgruppe „Kriminalistisch-kriminologische Fallanalyse".

Ermittlungsverfahren
– Polizeiliche Maßnahmen der Strafverfolgung im Überblick –

Strafrechtlich relevanter Sachverhalt
Liegt Anfangsverdacht vor? – tatbezogen – täterbezogen

Anfangsverdacht liegt vor Einleitung eines Ermittlungsverfahrens durch Strafanzeige
Ziel: beweiskräftige – Aufklärung des Tatgeschehens – Ermittlung des Tatverdächtigen/Entlastung

Erhebung und Dokumentation des Tatbefundes

Kriminalistische Fallanalyse **Kriminalistischer Untersuchungsplan** **Maßnahmenkonzept**

Standardmaßnahmen – Ermittlung und Vernehmung von Zeugen – Wiedererkennungsverfahren – Ermittlung und Vernehmung von Tatverdächtigen – Fahndung nach Personen und Sachen – Auswertung polizeil. Informationsspeicher – Verdeckte Informationserhebung – Durchsuchung, Beschlagnahme, Suchmaßnahmen – Vorl. Festnahme/Verhaftung – Tatrekonstruktion

Abb. 7

Literatur

Ackermann, R., Einführung in die Kriminalistik, In: Ackermann/Clages/Roll, Handbuch der Kriminalistik – Kriminalistik für Praxis um Ausbildung, 4. Aufl., Boorberg Verlag, Stuttgart, 2011.

Clages, H., Kriminalistik, Lehrbuch für Ausbildung und Praxis, 3. Aufl., Boorberg Verlag, Stuttgart, 1997.

Geerds, F., Kriminalistik, 1980.

Groß, H., Geerds, F., Handbuch der Kriminalistik Bd. 1 u. 2. begr. als Handbuch für Untersuchungsrichter, 10. Aufl., Schweitzer Verlag, Berlin, 1977, 1978.
Kaiser, G., Kriminologie, Ein Lehrbuch, 3. völl. neub. Aufl., Verlag C.F. Müller, Heidelberg, 1996.
Kriminalistik, Monatszeitschrift für kriminalistische Wissenschaft und Praxis, Kriminalistik Verlag, Heidelberg.
Kube, E., Störzer, H. U., Timm, K. J. (Hrsg.), Kriminalistik. Handbuch für Praxis und Wissenschaft, Bd. 1, Boorberg Verlag, Stuttgart, 1992.
Mergen, A., Die Kriminologie, Eine systematische Darstellung, 3. Aufl., Verlag Vahlen, München, 1995.
Schwind, H.-D., Kriminologie, Eine praxisorientierte Einführung mit Beispielen, 21. Aufl., Kriminalistik Verlag, Heidelberg, 2011.
Walder, H., Hansjakob, Th., Kriminalistisches Denken, 8. überarb. Aufl., Kriminalistik Verlag, Heidelberg, 2009.
Wirth, I. (Hrsg.), Kriminalistik Lexikon, 4. Aufl., Kriminalistik Verlag, Heidelberg, 2011.

2. Kapitel: Das strafprozessuale Ermittlungsverfahren

I. Begriff und Wesen

von *Horst Clages*

1. Gliederung

Das Ermittlungsverfahren ist Teil des Strafverfahrens. Das Strafverfahren gliedert sich in folgende Verfahrensabschnitte[1]:
- das Vorverfahren (Ermittlungsverfahren)
- das Zwischenverfahren
- das Hauptverfahren
- das Vollstreckungsverfahren.

Das Vorverfahren beschränkt sich auf das staatsanwaltschaftliche Ermittlungsverfahren.

2. Ziel und Zweck des Ermittlungsverfahrens

Bei Vorliegen des Verdachts einer Straftat dient das strafprozessuale Ermittlungsverfahren dazu, den Sachverhalt soweit aufzuklären, dass die Staatsanwaltschaft die Entscheidung treffen kann, die öffentliche Klage zu erheben oder das Verfahren einzustellen.

2.1 Einleitung des Verfahrens

Das Ermittlungsverfahren beginnt mit der Entschließung der Strafverfolgungsbehörden, die Ermittlungen aufgrund eines Anfangsverdachts (§ 152 StPO) entweder gegen Unbekannt oder gegen eine verdächtige Person zu führen.

1 Einen Überblick zu den einzelnen Verfahrensabschnitten gibt *Kühne*, 2010, S. 2 ff.

Von Seiten der Staatsanwaltschaft (StA) erfolgt die Einleitung des Verfahrens im Regelfall durch eine Einleitungsverfügung, durch die Polizei durch Aufnahme einer Strafanzeige.

Anfangsverdacht liegt vor, wenn nach kriminalistischen Erfahrungen aufgrund von Tatsachen die Wahrscheinlichkeit besteht, dass eine Straftat vorliegen könnte oder/und eine bestimmte Person als Täter in Frage kommen könnte. Der Verdachtsgrad muss weder dringend (vgl. § 112 StPO) noch hinreichend sein (vgl. §§ 170 I u. 203 StPO). Der Verdacht muss aber ein gewisses Maß an Konkretisierung erreicht haben. Vermutungen oder kriminalistische Hypothesen allein genügen zu seiner Begründung nicht.[2] Anfangsverdacht setzt die Wahrscheinlichkeit voraus, dass eine tatbestandsmäßige, rechtswidrige und schuldhafte Tat verwirklicht worden ist.[3] Liegt ein Anfangsverdacht vor, sind Staatsanwaltschaft und Polizei verpflichtet, ein Ermittlungsverfahren einzuleiten (§§ 160, 163 StPO, Legalitätsprinzip, siehe unten).

Die Art der Kenntniserlangung ist für die Annahme eines Anfangsverdachts rechtlich ohne Bedeutung.[4]

Strafverfolgungsbehörden sind die Staatsanwaltschaft, die Polizei und die sonst nach dem Gesetz mit der Strafverfolgung beauftragten Behörden.

Die rechtliche Verantwortung für das Ermittlungsverfahren trägt die Staatsanwaltschaft (§ 160 I StPO). Sog. Generalermittlungsklausel für die StA ist § 161 StPO.

Daneben hat die Polizei nach dem Gesetz (§ 163 StPO) die Pflicht und das Recht, Straftaten selbständig zu erforschen. Sie beschränkt sich nicht nur auf Maßnahmen, die keinen Aufschub gestatten, sondern auf das gesamte Ermittlungsverfahren. In diesem Rahmen bestimmt die Polizei Art und Umfang der Ermittlungen sowie Art und Umfang ihrer Durchführung, solange und soweit die StA hierüber keine Anordnung trifft.

---

2 *Gercke*, in: *Julius* et. al., Strafprozessrecht, Heidelberger Kommentar, § 152, RN. 11; siehe auch *Meyer-Goßner*, Strafprozessordnung, § 152, RN. 4, mit ergänzenden Ausführungen und weiteren Quellenangaben.

3 *Ders.*, § 152 StPO RN. 10 u. 13.

4 Zur Problematik der Verwendung von Tatsachen, deren Ermittlung unmittelbar auf einem Verfahrensfehler beruht oder die einem Verwertungsverbot unterliegen siehe *Gerecke*, a.a.O., § 152 StPO RN. 12, dort mit weiteren Hinweisen.

2.2 Abschluss des Verfahrens

Das Ermittlungsverfahren findet seinen Abschluss mit der Entscheidung der Staatsanwaltschaft, die öffentliche Klage durch Einreichung der Anklageschrift bei Gericht zu erheben (§ 170 I StPO) oder das Verfahren einzustellen (§ 170 II StPO).[5]

Die Klageerhebung setzt voraus, dass „genügender Anlass" (§ 170 I StPO) besteht, d. h. der Beschuldigte einer Straftat hinreichend verdächtig (§ 203 StPO) ist. Hinreichender Tatverdacht besteht, wenn eine spätere Verurteilung wahrscheinlich erscheint.[6]

3. Gestaltung des Ermittlungsverfahrens

3.1 Sachleitungsbefugnis der Staatsanwaltschaft

Die Staatsanwaltschaft hat die Sachleitungsbefugnis für das gesamte Verfahren, auch wenn in der Praxis die Polizei die Ermittlungsvorgänge der leichten bis mittleren Kriminalität in der Regel erst nach Abschluss ihrer Ermittlungen der Staatsanwaltschaft vorlegt.

Aufgrund dieser Sachleitungsbefugnis kann die Staatsanwaltschaft jederzeit einen Vorgang an sich ziehen, ihn selbst bearbeiten oder der Polizei Anweisungen für Ermittlungshandlungen geben.

3.2 Durchführung der Ermittlungen

Zur Art der Durchführung der Ermittlungen enthält die Strafprozessordnung nur wenige grundsätzliche Regelungen.

In der Gestaltung des Ermittlungsverfahrens sind StA und Polizei frei, aber an gesetzliche Voraussetzungen insbesondere die Verfassung gebunden. Das Vorgehen und der Verlauf sind gesetzlich nicht schematisiert. Ziel des Ermittlungsverfahrens ist nicht die Überführung des Verdächtigen, sondern die Erforschung des Sachverhalts[7]. Nach dieser Prämisse sind die polizeilichen und die staatsanwaltlichen Ermittlungen zu gestalten.

---

5 Zu den Einstellungsgründen und dem weiteren Verfahren siehe *Meyer-Goßner*, § 170 StPO, RN. 5 ff.

6 *Ders.* § 203 RN. 2, unter Hinweis auf *BGH* 23, 304, 306.

7 *Kühne*, Strafprozessrecht, RN. 349.

Alle gesetzlich zulässigen Maßnahmen sind zu ergreifen, die unter Beachtung des jeweiligen Einzelfalles geeignet und erforderlich sind, das Ermittlungsziel zu erreichen. Sie bestimmen sich im Ablauf und der zeitlichen Folge sowohl nach kriminaltaktischen als auch nach naturwissenschaftlich-kriminaltechnischen Aspekten.

Bedeutsames Hilfsmittel für die systematische und zielgerichtete Durchführung der Ermittlungshandlungen ist die kriminalistische Untersuchungsplanung.

Grundsätze der Zusammenarbeit zwischen Staatsanwaltschaft und Polizei[8]:

- Staatsanwaltschaft und Polizei arbeiten als organisatorisch selbständige Behörden bei der Verfolgung von Straftaten eng und vertrauensvoll zusammen.
- Sie unterrichten sich gegenseitig.
- Nur ein gegenseitig abgestimmtes Zusammenwirken beider Strafverfolgungsbehörden, das sich auch veränderten Rahmenbedingungen anpasst, gewährleistet, dass die verfügbaren personellen und sächlichen Ressourcen effektiv und rationell eingesetzt werden.
- Eine enge Zusammenarbeit setzt auch das gegenseitige Verständnis für unterschiedliche Aufgaben und Arbeitsweisen voraus.

3.3 Zusammentreffen von Gefahrenabwehr und Strafverfolgung

Bestimmte Einsatzsituationen der Polizei sind dadurch gekennzeichnet, dass sowohl Belange der Strafverfolgung als auch der Gefahrenabwehr zu berücksichtigen sind (sog. Gemengelagen oder auch Doppelfunktionalität der Polizei).

Bei Zusammentreffen von Gefahrenabwehr und Strafverfolgung gilt der Rechtsgrundsatz, dass keiner der Rechtskreise gegenüber dem anderen Vorrang hat. Treffen bei polizeilichen Einsätzen im Einzelfall gleichzeitig Aufgaben der Gefahrenabwehr und der Strafverfolgung zusammen, ist zunächst die gleichzeitige angemessene Wahrnehmung der Aufgaben anzustreben.

8 Grundsätze der Zusammenarbeit zwischen Staatsanwaltschaft und Polizei sind niedergelegt in 15 Leitsätzen, die bereits 1975 von einer Kommission im Auftrag der Konferenzen der Justizminister/-senatoren und Innenminister/-senatoren erarbeitet und verabschiedet worden sind. Neuere Regelungen enthalten Richtlinien auf Landesebene, so für das Land Nordrhein-Westfalen die „Richtlinien für die Zusammenarbeit von Staatsanwaltschaft und Polizei“, Gem. RdErl. d. JM u. d. IM v. 1.8.1999 (MBl. NRW. S. 1060).

Ist dies nicht möglich, so ist nach dem Grundsatz der Güter- und Pflichtenabwägung jeweils für die konkrete Lage zu entscheiden, ob die Gefahrenabwehr oder die Strafverfolgung das höherwertige Rechtsgut ist.

Als allgemeine Beurteilungskriterien für die vorzunehmende Güter- und Pflichtenabwägung können herangezogen werden:
- die Schwere des zu verfolgenden Delikts im konkreten Fall,
- das gefährdete Rechtsgut,
- Ausmaß und Stärke der drohenden Gefahr,
- die besondere Gefährlichkeit des Täters,
- Art und Höhe des möglichen Schadens.

Richtlinien:

In der Zusammenarbeit zwischen Staatsanwaltschaft und Polizei sind weiterhin folgende Richtlinien von Bedeutung:
- Gemeinsame Richtlinien der Justizminister/-senatoren und Innenminister/-senatoren des Bundes und der Länder über die Anwendung unmittelbaren Zwanges durch Polizeibeamte auf Anordnung des Staatsanwalts (RistBV Anh 12, Anlage A).
- Richtlinien für die Inanspruchnahme von Publikationsorganen und die Nutzung des Internets sowie anderer elektronischer Kommunikationsmittel zur Öffentlichkeitsfahndung nach Personen im Rahmen von Strafverfahren (RistBV Anh 12, Anlage B).
- Gemeinsame Richtlinien der Justizminister/-senatoren und der Innenminister/-senatoren der Länder über die Inanspruchnahme von Informanten sowie über den Einsatz von Vertrauenspersonen (V-Personen) und Verdeckten Ermittlern im Rahmen der Strafverfolgung (RistBV Anh 12, Anlage D).
- Gemeinsame Richtlinien der Justizminister/-senatoren und Innenminister/-senatoren der Länder über die Zusammenarbeit von Staatsanwaltschaft und Polizei bei der Verfolgung der Organisierten Kriminalität (RistBV Anh 12, Anlage E).
- Richtlinien über die internationale Fahndung nach Personen, einschließlich der Fahndung nach Personen im Schengener Informationssystem (RistBV Anh 12, Anlage F).

4. Umfang und Grenzen der Strafverfolgungspflicht für die Polizei (Anzeigepflicht)

Bei dienstlicher Kenntnisnahme
Polizeibehörden und deren Beamte sind verpflichtet, bei dienstlicher Kenntnisnahme von Umständen, die einen Anfangsverdacht begründen, ein Ermittlungsverfahren einzuleiten.

Gesetzliche Grundlage ist § 163 I StPO (Erforschungspflicht, Beweissicherungspflicht). Die Einleitung von Ermittlungsverfahren zur Strafverfolgung durch die Polizei geschieht hauptsächlich durch die Aufnahme von Strafanzeigen, entweder von Amts wegen oder durch die Anzeige Dritter (Anzeigeerstatter) Vage Verdachtsgründe begründen zwar keinen Anfangsverdacht (siehe dort), sie dürfen jedoch nicht unbeachtet bleiben. Die Polizei hat in diesen Fällen durch zusätzliche Feststellungen zu prüfen, ob sich die vorliegenden Verdachtsindizien zu einem Anfangsverdacht verdichten oder sich anderenfalls nicht bestätigen.

Eine Strafanzeige hat der Polizeibeamte auch dann vorzulegen, wenn er berechtigte **Zweifel** an ihrer Richtigkeit des durch einen Anzeigeerstatter behaupteten Sachverhalts hat, denn es ist Ziel des Ermittlungsverfahrens, zu prüfen, ob die Angaben wahr sind. Die Entscheidung über das weitere Verfahren trifft die Staatsanwaltschaft.[9]

Eindeutig unsinnige Anzeigen (z. B. durch geistesgestörte/verwirrte Personen) müssen nicht aufgenommen werden.

Bei außerdienstlicher Kenntnisnahme
Eine Anzeigepflicht besteht nur dann, wenn die „Belange der Öffentlichkeit und der Volksgesamtheit" in besonderem Maße berührt sind.

Die Rechtsordnung billigt damit auch dem nach dem Legalitätsprinzip grundsätzlich zur Strafverfolgung verpflichteten Polizeibeamten im Rahmen des allgemeinen Persönlichkeitsrechts aus Art. 1 und 2 GG einen geschützten Bereich menschlicher Beziehungen (Privatsphäre) zu, der auch durch beamtenrechtliche Berufspflichten nur begrenzt eingeschränkt werden kann.[10]

Beachte: Die von der Rechtsprechung vorgenommene Differenzierung zwischen Anzeigepflicht und dem Verzicht auf Anzeigeerstattung bei privater Kenntnis ist schwierig und unbestimmt. In der polizeilichen Praxis ist die Abgrenzung im Einzelfall problematisch. Eine Anzeigepflicht bei

9 *Zöller*, § 163 RN. 8 StPO.

10 BGHSt v. 29. 10. 92, NJW 93, 544, 545. So der BGH, 6. Strafsenat in seinem Urteil vom 16.12.1953 unter Bezugnahme auf ein Urteil des Reichsgerichts, BGHSt 5, 225 ff. Weitere Hinweise zur Anzeigepflicht und deren Grenzen bei außerdienstlich erlangtem Wissen siehe Zöllner, a.a.O., § 158 StPO, RN. 8.

privat erlangter Kenntnis dürfte in Auslegung der Rechtsprechung bei Vergehenstatbeständen (§ 12 Abs. 2 StGB) im Allgemeinen nicht vorliegen, bei Verbrechenstatbeständen (§ 12 Abs. 1 StGB) stets.

Bestehen Zweifel, ob im Einzelfall bei außerdienstlicher privater Kenntnis von einer Straftat der Polizeibeamte zur Strafanzeige verpflichtet ist, wird empfohlen, eine Strafanzeige vorzulegen.

Strafvereitelung im Amt

Strafvereitelung im Amt (§ 258a StGB) begeht der Polizeibeamte, der es unterlässt, bei dienstlicher Kenntnisnahme von einer rechtswidrigen Tat diese anzuzeigen und damit absichtlich oder wissentlich einen Dritten ganz oder teilweise der Strafverfolgung entzieht (Verfolgungsvereitelung). Aufgabenzuweisungen nach dem Geschäftsverteilungsplan einer Polizeibehörde engen die Verpflichtung zur Strafverfolgung nicht ein.

Verfolgungsvereitelung liegt auch vor, wenn der Polizeibeamte nach Kenntnis von einer rechtswidrigen Tat die Vorlage einer Strafanzeige für längere Zeit unterlässt oder eine Sache längere Zeit unbearbeitet liegen lässt und damit den Täter für einen nicht unerheblichen Zeitraum der Strafverfolgung entzieht.

Ein Vorgesetzter, der eine Strafanzeige aus dem Geschäftsgang entfernt, weil er Zweifel an deren Richtigkeit hat, handelt tatbestandsmäßig i. S. von § 258a StGB.

Ist ein Verdeckter Ermittler (VE) oder ein nicht offen ermittelnder Polizeibeamter (NoeP) von der Strafverfolgungspflicht befreit?

VE und NoeP sind von der Strafverfolgungspflicht grundsätzlich nicht befreit. Soweit es aus kriminaltaktischen Gründen von der Sache her geboten ist, können erforderliche Ermittlungshandlungen vorübergehend zurück gestellt werden. In diesen Fällen ist die Zustimmung der Staatsanwaltschaft herbei zu führen bzw. in Eilfällen ist die StA unverzüglich zu unterrichten.[11]

Ist ein Polizeibeamter verpflichtet, Angehörige[12] anzuzeigen?

Die Strafvereitelung zugunsten eines Angehörigen ist *straffrei* (§ 258 VI StGB). Wer Angehöriger i. S. von § 258 VI StGB ist, bestimmt § 11 I Ziff. 1 StGB. Die Straffreiheit einer Strafvereitelung zugunsten

11 RiStBV II Nr. 2.6, Anlg. D

12 Zum Angehörigenbegriff siehe § 11 I Nr. 1 StGB.

eines Angehörigen gilt gem. § 258a III StGB für Amtsträger, die „zur Mitwirkung bei dem Strafverfahren …“ berufen sind, nicht.

Ausnahmen:
- die Kenntnis von der Straftat wurde auf privatem Wege erlangt und
- es handelt sich zweifelsfrei nicht um eine Straftat, die nach Art und Schwere für die öffentliche Sicherheit von besonderer Bedeutung ist,
- aus anderen Gründen im Einzelfall eine Anzeige für den Verpflichteten unzumutbar wäre[13].

Ist der Polizeibeamte verpflichtet, sich selbst anzuzeigen?
Die Strafvereitelungshandlung zu eigenen Gunsten (Selbstbegünstigung) ist im Regelfall straflos.

II. Strafanzeige

von *Horst Clages*

1. Begriff, Rechtsvorschriften

1.1 Begriff

Die Strafanzeige ist
- die Mitteilung eines strafrechtlichen Sachverhaltes oder
- die Beschuldigung einer bestimmten Person, eine Straftat begangen zu haben.

Normadressaten sind die Strafverfolgungsbehörden (§ 158 I StPO) oder deren Amtswalter. Zweck ist die Einleitung eines Strafermittlungsverfahrens.

Ist aufgrund einer Anzeige eines Bürgers Anfangsverdacht von vornherein nicht zu begründen, sind die mit der Anzeige vorgetragenen Verdachtsgründe zu prüfen, ggf. sind zusätzliche amtliche Maßnahmen zur Aufklärung des angezeigten Sachverhalts zu treffen.

13 *Fischer,* § 258a StGB, RN. 9 mit weiteren Literaturhinweisen.

Die Strafanzeige ist auch das Ergebnis einer durch die Strafverfolgungsbehörden von Amts wegen vorgenommenen Prüfung eines Verdachts, der auf die Strafbarkeit eines Sachverhaltes und/oder die Täterschaft einer Person hinweist. Die amtliche Strafanzeige setzt stets sogenannter Anfangsverdacht nach § 152 II StPO voraus. In der polizeilichen Praxis wird mit der Strafanzeige i. d. Regel das Strafermittlungsverfahren eingeleitet.

1.2 Rechtsvorschriften

Rechtsvorschriften im Überblick	
§ 152 StPO	Offizial- und Legalitätsprinzip
§ 152a StPO	Immunität der Abgeordneten
§ 158 StPO	Strafanzeige und -antrag
§ 159 StPO	Unnatürlicher Tod
§ 160 StPO	Ermittlungsverfahren
§ 160a StPO	Ermittlungsmaßnahmen bei Zeugnisverweigerungsrecht
§ 161 StPO	Ermittlungen; Verwendung von Daten aus verdeckten Ermittlungen
§ 163 StPO	Aufgaben der Polizei
§ 374 StPO	Privatklage
§ 469 StPO	Kostenpflicht des Anzeigenden
§ 470 StPO	Kosten bei Zurücknahme des Strafantrags
§§ 77–77 d StGB	Strafantrag, Ermächtigung, Rücknahme
§ 78 StGB ff.	Verjährung
§ 138 StGB	Nichtanzeige geplanter Verbrechen
§ 145d StGB	Vortäuschung einer Straftat
§ 160 StGB	Verleitung zur Falschaussage
§ 164 StGB	Falsche Verdächtigung
§ 258 a StGB	Strafvereitelung im Amt

2. Allgemeine Grundsätze

Wer hat das Recht zur Anzeigeerstattung?
Strafanzeige kann jeder Bürger erstatten, unabhängig vom Alter oder der Prozessfähigkeit. Sonderregelungen gelten bei Delikten, die nur auf Antrag verfolgt werden (§§ 77 ff. StGB).

Der Anzeigeerstatter muss von der Straftat nicht unmittelbar betroffen sein, d.h. es ist nicht erforderlich, dass der Anzeigende z.B. Opfer/Verletzte oder anderweitig Betroffene- der von ihm angezeigten Straftat ist.

Als Anzeigeerstatter kommen häufig in Frage:
(Aufzählung beispielhaft)
- Die durch die Straftat Verletzten oder die sonst Geschädigten. Die weit überwiegende Anzahl der Strafanzeigen wird von Bürgern erstattet (ca. 90%) d.h. welche Straftat den Strafverfolgungsbehörden bekannt und folglich verfolgt wird, entscheidet der Betroffene – der Bürger.
- Die Staatsanwaltschaft und die Polizei aufgrund ihrer gesetzlichen Strafverfolgungspflicht.
- Behörden der öffentlichen Verwaltung.
- Der Täter selbst in Form der Selbstanzeige.

Eine Anzeigepflicht für Jedermann besteht nur im Rahmen von § 138 StGB (Nichtanzeige geplanter Verbrechen).

Beachte: Anlass oder Grund von Strafanzeigen eines Bürgers sollten bereits zum Zeitpunkt der Anzeigeerstattung festgestellt werden, so dass der entgegennehmende Polizeibeamte den Sachverhalt und die zu Grunde liegenden Motive richtig beurteilen und entsprechend einzuschätzen vermag.

Verpflichtung zur Wahrheit
Der Anzeigeerstatter ist zur Wahrheit und Objektivität der von ihm vorgetragenen Beschuldigung oder des von ihm dargestellten Sachverhalts verpflichtet.

Bei bewusster Nichtbeachtung kann sich der Anzeigeerstatter u.a.
- der falschen Verdächtigung (§ 164 StGB),
- der Vortäuschung einer Straftat (§ 145d StGB),
- des Betruges (§ 263 StGB),
- der üblen Nachrede (§ 186 StGB) oder
- der Verleumdung (§ 187 StGB)

strafbar machen.

Der Anzeigeerstatter kann ggf. nach § 823 I BGB zum Schadensersatz verpflichtet werden. Wer jedoch im guten Glauben eine Strafanzeige erstattet, ist nicht schadensersatzpflichtig, wenn sich seine Anzeige später als unrichtig oder unaufklärbar erweist.[14] Bei Zweifel an der Richtigkeit des angezeigten Sachverhaltes ist der Anzeigeerstatter über seine Wahrheitspflicht und die Folgen der Nichtbe-

14 BVerfGE 74, 257, NJW 87, 192, zitiert nach *Meyer-Goßner*, § 158, RN 25.

achtung schriftlich zu belehren. Die Zweifel sind aktenkundig zu machen.

Merke: Der Polizeibeamte, der von Amts wegen eine Strafanzeige erstattet, ist in besonderem Maße dem Grundsatz der Wahrheit und Objektivität verpflichtet.

Wie ist bei Strafanzeigen von psychisch gestörten Anzeigeerstattern zu verfahren?
Strafanzeigen oder Beschuldigungen durch Personen, die als Querulanten amtsbekannt sind oder die einen erkannten krankhaften Hang zur Anzeigeerstattung haben, dürfen nicht von vornherein unbeachtet bleiben.

Liegen erkennbare haltlose Verdächtigungen vor, sollte wie folgt verfahren werden:
- Aktenvermerk mit Begründung aufnehmen,
- Anzeigeerstatter aktenkundig über die Folgen falscher Verdächtigungen oder Beschuldigungen belehren,
- bei schriftlich eingegangener Anzeige, entsprechenden Hinweis über vorliegende Erkenntnisse über die Person des Anzeigeerstatters und über die polizeilich begründete Bewertung des angezeigten Sachverhalts zur Anzeige nehmen,
- Vorgang ohne weitere Bearbeitung der zuständigen Staatsanwaltschaft zur Entscheidung zuleiten; keine polizeiinterne Ablage solcher Vorgänge.

3. Aufnahme von Strafanzeigen

3.1 Formen der Strafanzeige

Die Strafanzeige nach § 158 I StPO ist formfrei. Anders ist dies bei sog. Antragsdelikten (§ 158 II StPO).

Strafanzeigen können
- mündlich,
- schriftlich,
- zu Protokoll oder
- in anderer geeigneter Form

erstattet werden.

Grundsätzliche Verfahrenshinweise

- Mündlich oder fernmündlich erstattete Anzeigen sind zu beurkunden (§ 158 I StPO).
- Mündlich erstattete Anzeigen werden nach erfolgter Protokollierung des angezeigten Sachverhalts durch die Unterschriften des Aufnehmenden und des Anzeigenden beurkundet.
- Fernmündlich erstattete Anzeigen werden nach Niederschrift durch die Unterschrift des aufnehmenden Beamten beurkundet. Sie sollten aus Beweisgründen und um Missverständnisse auszuschließen, möglichst zu einem zeitnahen späteren Zeitpunkt vom Anzeigeerstatter unterschrieben werden. Werden Anzeigen über das Online-Portal der Polizei erstattet, ist entsprechend zu verfahren.
- Unterbleibt die Beurkundung durch den Anzeigenden oder verweigert er seine Unterschrift, hat dies keine strafprozessualen Auswirkungen auf die Strafanzeige.
- Auch bei schriftlichen Anzeigen wird rechtlich weder eine lesbare, noch eine Unterschrift des Anzeigenden überhaupt zwingend gefordert.
- Bei der Anzeigenaufnahme von weniger gravierenden Straftaten sind die länderspezifischen Regelungen über die vereinfachte Bearbeitung zu beachten.

3.2 Strafanzeige bei Antragsdelikten

Grundsätze

Straftaten, die nur auf Antrag verfolgt werden, nennt im Einzelnen das Strafgesetzbuch. Antragsdelikte sind auch überwiegend Privatklagedelikte.

Voraussetzung für die Strafverfolgung ist die Stellung eines **frist- und formgerechten Strafantrages** durch den Berechtigten. Der Strafantrag ist eine sog. *Prozessvoraussetzung*.

Der Strafantrag stellt die Erklärung des Verletzten dar, dass er die Verfolgung der Straftat wünscht. Der Inhalt der Erklärung muss zweifelsfrei das Verlangen nach Strafverfolgung erkennen lassen.
Die Staatsanwaltschaft kann auch ohne Strafantrag des Verletzten ein Ermittlungsverfahren einleiten, wenn wegen des besonderen öffentlichen Interesses eine Strafverfolgung von Amts wegen geboten erscheint.

Wer ist antragsberechtigt?

- Zur Stellung eines Strafantrages ist grundsätzlich der Verletzte (§ 77 Abs. 1 StGB) berechtigt. Verletzt ist derjenige, der durch die Tat in erster Linie betroffen ist, d. h. in dessen Rechte eingegriffen worden ist.[15]
- Andere Personen als der Verletzte haben ein Antragsrecht nach § 77 II-IV StGB, z. B. Ehegatten oder Kinder an Stelle des Verstorbenen.
- Bei Geschäftsunfähigkeit des Verletzten ist der gesetzliche Vertreter antragsberechtigt.
- In besonderen Fällen sind nach § 77a StGB neben dem Verletzten auch Dienstvorgesetzte antragsberechtigt.[16]

Antragsfrist

Die Antragsfrist beträgt im Regelfall drei Monate (§ 77b StGB). Ausnahmen regelt das Gesetz. Wird innerhalb dieses Zeitraumes ein Strafantrag nicht gestellt, ist die Tat nicht mehr verfolgbar. Die Frist beginnt, wenn der Berechtigte Kenntnis von der Tat und dem Täter erhält.

Antragsform und -Inhalt

Bei der Polizei ist der Strafantrag schriftlich zu erstatten. Dies geschieht regelmäßig mit der Strafanzeige. Die mit der Unterschrift des Antragsberechtigten und Datum versehene Erklärung, „Ich stelle Strafantrag für alle im Gesetz vorgesehenen Fälle“ oder „Ich stelle Strafantrag“ ist ausreichend. Die Angabe des Straftatbestandes wird nicht gefordert.

Bei Gerichten oder der Staatsanwaltschaft kann der Strafantrag schriftlich oder zu Protokoll angebracht werden (§ 158 II StPO).

Merke: Eine telefonische oder mündliche Stellung des Strafantrags durch den Berechtigten bei der Polizei mit anschließender Aktennotiz des aufnehmenden Beamten genügt nicht.

15 *Fischer*, § 77 StPO, RN 2.

16 Weitere Ausführungen zum Antragsrecht *Fischer*, § 77 StGB, hinsichtlich Minderjähriger siehe auch RN 11.

Kann ein Strafantrag zurück genommen werden?
- Der Berechtigte kann bis zum rechtskräftigen Abschluss des Strafverfahrens den Strafantrag zurück nehmen. Die Rücknahme ist unwiderruflich (§ 77d I StGB).
- Eine besondere Form der Rücknahme des Strafantrags sieht das Gesetz nicht vor. Es reicht aus, wenn der Berechtigte die zweifelsfreie Erklärung abgibt, die Strafverfolgung nicht weiter betreiben zu wollen.[17]
- Wird die Erklärung der Rücknahme bei der Polizei abgegeben, ist sie mit Datum und Unterschrift des Berechtigten zu protokollieren und von diesem unterschreiben zu lassen.
- Bei Rücknahme des Strafantrages durch den Berechtigten hat dieser im Regelfall gem. § 470 StPO die Kosten zu tragen.
- Es empfiehlt sich, auf die gesetzliche Kostenregelung und die Unwiderruflichkeit der Rücknahme hinzuweisen.

Polizeiliche Sofortmaßnahmen bei fehlendem Strafantrag
- Besteht die Gefahr, dass wichtige Beweismittel vor Stellung des Strafantrages verloren gehen, können diese in geeigneter Weise gesichert oder beschlagnahmt werden (RiStBV Nr. 6., Abs. 1).
- Die vorläufige Festnahme nach § 127 III StPO ist auch dann zulässig, wenn ein Strafantrag noch nicht gestellt worden ist.
- In diesen Fällen ist unverzüglich zu klären, ob der Verletzte beabsichtigt, Strafantrag zu stellen. Das Ergebnis ist ohne Verzug der Staatsanwaltschaft zur Entscheidung vorzulegen.[18]

3.3 Privatklagedelikte

Das Privatklageverfahren überlässt es dem Verletzten, bei Vorliegen eines Vergehens nach § 374 Abs. 1 StPO die Tat auf dem Privatklageweg zu verfolgen. Die Rechtsvorschrift nennt die in Frage kommenden Straftaten, bei denen es sich um Delikte geringer Bedeutung handelt, abschließend.

Den Gang des Privatklageverfahrens regeln die §§ 381 bis 383 StPO.

Wie ist bei der Anzeige von Privatklagedelikten zu verfahren?
Der Anzeigeerstatter ist in geeigneter Form darüber zu informieren,

---

17 *Fischer*, § 77d StGB, RN 3.
18 In diesem Sinne RiStBV Nr. 7.

- dass es sich bei der angezeigten Straftat um ein Delikt handelt, das im Wege der Privatklage zu verfolgen ist,
- dass eine Strafverfolgung von Amts wegen nur bei Vorliegen öffentlichen Interesses[19] erfolgt und die Entscheidung darüber die Staatsanwaltschaft trifft,

weiter

- über den Gang des Privatklageverfahrens,
- über den rechtlich vorgeschriebenen Sühneversuch (§ 380 StPO),
- über die Kostenregelung bei Privatklagedelikten (§ 471 StPO).

Sollte der Anzeigeerstatter trotz der Hinweise auf die Aufnahme einer Strafanzeige bestehen, ist diese entgegen zu nehmen und ohne weitere Ermittlungen an die Staatsanwaltschaft abzugeben. Die Verweisung auf den Privatklageweg obliegt der Staatsanwaltschaft.

Handelt es sich bei der angezeigten Straftat gleichzeitig um ein Antragsdelikt, ist ein schriftlicher Strafantrag gem. § 158 II StPO aufzunehmen.

3.4 Allgemeine Verhaltensgrundsätze

Psychologische Aspekte

- Der Anzeigeerstatter befindet sich regelmäßig in einer psychischen Problemsituation. Das trifft besonders dann zu, wenn er von der Straftat unmittelbar und aktuell betroffen ist. Er erwartet in dieser Situation Hilfestellung und Verständnis von der Polizei und dass sich die Polizei seiner Sache annimmt. Bürokratische oder abweisende Verhaltensweisen sind zu unterlassen.
- Verhalten Sie sich stets korrekt und höflich.
- Berührt die Tat die Intimsphäre oder der Ehrgefühl des Verletzten in besonderem Maße, ist angemessen taktvoll und rücksichtsvoll zu verfahren. Beachten Sie in diesem Zusammenhang die Verfahrensregeln gegenüber Opfern sexueller Gewalt.
- Berücksichtigen Sie im Umgang mit dem Anzeigeerstatter individuelle Persönlichkeitsmerkmale, Bildungsstand, gesellschaftliche Stellung und die aus dem anzuzeigenden Sachverhalt resultierenden besonderen Umstände. Sie bestimmen mit Ihrer Verhaltensweise ganz wesentlich die Einstellung der Bürger gegenüber der Polizei.

---

19 Zu Begriff „Öffentliches Interesse“: RiStBV Nr. 86 Abs. (2).

- Auf empörte oder aufgeregte Anzeigeerstatter reagieren Sie ruhig und sicher. Lassen Sie sich durch unsachliche Äußerungen nicht provozieren.
- Die Rechte und Befugnisse von Verletzten in Strafverfahren nach der Strafprozessordnung und dem Opferschutzgesetz sind bereits bei der Anzeigenaufnahme zu beachten.
- Händigen Sie bei der ersten Vernehmung des Verletzten das „Merkblatt über Rechte und Befugnisse von Verletzten in Strafverfahren“ aus.

Aufnahme und Überprüfung der Personalien

- Personalpapiere aushändigen lassen.
- Personalien vollständig notieren und ggf. als Kontrolle ergänzend erfragen.
- Überprüfung auf Gültigkeit und Prüfung der ausstellenden Behörde.
- Lichtbild des Personalausweises auf Übereinstimmung mit der Person des Anzeigeerstatters prüfen.
- Sichtprüfung der Ausweispapiere auf Fälschungsmerkmale vornehmen.
- Bei entsprechendem Anlass, Person und Personalpapiere unauffällig im INPOL-System überprüfen lassen, ggf. Überprüfung in örtlichen Informationssystemen vornehmen.

3.5 Entgegennahme und Dokumentation des angezeigten Sachverhalts

Allgemeine Hinweise

- Lassen Sie sich den Sachverhalt zunächst möglichst zusammenhängend schildern. Verzichten Sie möglichst auf Zwischenfragen; machen Sie sich ggf. Notizen zu aufkommenden Fragen.
  (Siehe auch die Ausführungen zum Thema: Vernehmung zur Sache.)
- Beurteilen Sie den Sachverhalt bereits in dieser Phase darauf hin, ob unverzüglich Sofortmaßnahmen zu veranlassen sind.
- Ist erkennbar, dass Aussage- und/oder Zeugnisverweigerungsrechte vorliegen, unterbrechen Sie den Anzeigenden und belehren sie ihn. Die Belehrung ist aktenkundig zu machen.

Anmerkung: Es ist zwar grundsätzlich davon auszugehen, dass der Anzeigeerstatter den von ihm angezeigten Tatbestand oder die Beschuldigung und die daraus resultierende Einleitung eines Strafverfahrens beabsichtigt, d. h. sich der Konsequenzen seiner Aussage bewusst ist. Aus Rechtsgründen sollte jedoch die Belehrung vorgenommen werden, besonders bei der protokollarischen Anzeige, die den Charakter einer Vernehmung hat.

- Werden Straftaten zur Anzeige gebracht, die spezielle Fachkenntnisse erfordern, empfiehlt es sich, dass die Anzeigeaufnahme durch die jeweilige Spezialdienststelle vorgenommen wird.
- Beginn und Ende der Anzeigenaufnahme sind zu dokumentieren.

Dokumentation
- Mündlich erstattete Strafanzeigen, bei denen der Anzeigeerstatter persönlich erscheint, sind in Protokollform aufzunehmen.
- In allen anderen Fällen der mündlichen Anzeige erfolgt die Niederschrift in Berichtsform.
- Bei Anzeigen von Amts wegen ist ebenfalls die Berichtsform zu wählen.
- Die protokollarische Anzeigenaufnahme erfolgt – wie bei Vernehmungen – in der „Ich-Form“. Ausdrucksweise und Wortwahl des Anzeigeerstatters sind zu beachten. Missverständliche Angaben sind zu klären. Besondere beweiserhebliche Angaben und Beschuldigungen sind wörtlich zu protokollieren.
- Erfolgt die Niederschrift des Anzeigetextes durch Diktat des Anzeigenden, ist die Formulierung: „nach Diktat …“ zu verwenden.

Fernmündliche Strafanzeige
Bei der Entgegennahme fernmündlich erstatteter Strafanzeigen sollten folgende Besonderheiten beachtet werden:
- Das Telefonat mit dem Anzeigeerstatter möglichst auf Tonträger aufzeichnen. Anrufer vorher davon in Kenntnis setzen.
- Genaue Personalien, deren Schreibweise, Anschrift, Ort und Fernsprechnummer, von der der Anzeigeerstatter aus anruft, erfragen und notieren.
- Uhrzeit und Ort der Anzeigenaufnahme notieren.
- Soweit in Einzelfall erforderlich, sind dem Anzeigeerstatter Verhaltensanweisungen zu geben.
- Besteht Anlass, ist zur Absicherung der Anzeige ein Rückruf vorzunehmen.
- Bei komplizierten und umfangreichen Sachverhalten sollte der Anzeigeerstatter veranlasst werden, die Anzeige schriftlich zu er-

statten oder auf der Polizeidienststelle mündlich zu Protokoll zu geben.
- Werden Anzeigen per E-Mail oder über Internetportale der Polizei erstattet, ist sinnentsprechend zu verfahren.

3.6 Inhalt der Strafanzeige

Grundsatz

Der Sachverhalt ist möglichst umfassend dokumentieren, so dass Rückfragen nicht erforderlich sind.

Für die inhaltliche Strukturierung der Strafanzeige ist es zweckmäßig, sich an den sog. „ W-Fragen" (auch als „7 goldene W" bezeichnet) zu orientieren. Damit ist die Gewähr gegeben, dass Wesentliches nicht übersehen wird und die Schilderung des Anzeigeinhaltes in sachlogischer Folge geschieht.

Strukturelemente der Strafanzeige – W-Fragen –	
WER?	*Wer zeigt an?* – Die vollständigen Personalien und die Anschrift des Anzeigeerstatters sind zu dokumentieren. – Die strafprozessuale Stellung des Anzeigenden ist zu klären und aufnehmen: Verletzter/Geschädigter, Zeuge, unbeteiligter Dritter. *Wer ist der Tat verdächtig?* – Personalien des Verdächtigen aufnehmen, soweit sie dem Anzeigenden bekannt sind. In welchem Verhältnis steht der Anzeigende zum Verdächtigen? – Gründe für den Verdacht sind sinngetreu aufzunehmen, erforderlichenfalls wortgetreu zu dokumentieren. – Möglichst genaue Personenbeschreibung des unbekannten Täters feststellen. – Ist der Anzeigeerstatter in der Lage, den Täter zu identifizieren? Ggf. noch während der Anzeigenaufnahme Einsichtnahme des Anzeigeerstatters in die Lichtbildvorzeigedatei zum Zwecke des Wiedererkennens des Täters veranlassen.
WANN?	*Wann wurde die Tat begangen oder entdeckt?* – Tatzeit, Beobachtungszeit, Zeitpunkt der Kenntniserlangung nach Datum und Wochentag festhalten. Bei ungenauer Erinnerung sind die Daten ggf. hilfsweise eingrenzen.

- Soweit von der Sache her erforderlich, sind Witterungsverhältnisse, Beleuchtungs- Sichtverhältnisse zum Zeitpunkt der Tat oder zur Beobachtungszeit festzuhalten.

WO? *Wo ist die Tat geschehen?*
- Fallbezogen ist zu unterscheiden nach Ereignisort, Tatort, Fundort.
- Die genaue Bezeichnung und Beschreibung der Örtlichkeit sowie die Lage des Tatortes ist erforderlichenfalls unter Verwendung von Kartenmaterial zu bestimmen.

WAS? *Was ist geschehen?*
- Bezeichnung der Straftat; eine umfassende strafrechtliche Subsumtion wird nicht gefordert.
- Welches Rechtsgut wurde konkret verletzt?
- Liegen körperliche Verletzungen vor? diese sind aus Beweisgründen ärztlich feststellen und dokumentieren zu lassen; ärztliches Attest zur Anzeige nehmen.
- Durch die angezeigte Straftat abhanden gekommene und/oder beschädigte Gegenstände sind mit genauer, identifizierungsfähiger Beschreibung aufnehmen, ggf. sind Fotos nachzufordern.
- Angaben zur Versicherung des Geschädigten; wann wurde die Versicherung informiert?
- Wie hoch ist der Schaden?
- Sonstige Folgen der Tat erfragen.
- Was wurde am Tatort verändert, wer nahm die Veränderungen vor?

WIE? *Wie wurde die Tat begangen?*
- Soweit bekannt, ist eine detaillierte Beschreibung des Tatablaufs nach Vortatphase, Haupttatphase und Nachtatphase aufzunehmen.
- Vorgehen und Besonderheiten des Täterverhaltens festhalten.
- Je nach Art des Delikts, Angaben zum Opferverhalten.
- Verhalten des Anzeigeerstatters nach der Tat.

WOMIT? *Womit wurde die Tat begangen?*
- Bezeichnung von Tatwerkzeugen, Beschreibung besonderer Begehungsweisen.
- Bei Verwendung eines Kfz. als Tatfahrzeug, möglichst Hersteller, Typ, Baujahr, Farbe, amtliches Kennzeichen; Besonderheiten beschreiben lassen.
- Bezeichnung von Beweismitteln, ggf. zur Anzeige nachreichen.

WARUM? *Warum wurde die Tat begangen?*
- Soweit erkennbar, welches Tatmotiv lag der Tat zu Grunde?
- Umstände, die die Tat begünstigten sind zu benennen.

4. Besondere Anzeigearten

4.1 Anonyme und pseudonyme Anzeigen

Charakteristische Merkmale

Mit der anonymen oder pseudonymen Mitteilung eines strafrechtlichen Sachverhaltes an die Strafverfolgungsbehörden oder der Beschuldigung einer Person wird der Zweck verfolgt, die Identität des Anzeigenden nicht zu offenbaren. Die Gründe für die Anzeigeerstattung und das Verschweigen der Identität sind vielfältig.

Einige Beispiele:
- Unlautere Motive wie z. B. Rache, Hass, Missgunst,
- psychopathologische Ursachen,
- Furcht vor Repressalien durch den Angezeigten,
- enge persönliche Beziehung zu dem Angezeigten, die dazu führen, nicht offen unter Nennung des Namens Anzeige zu erstatten,
- der Anzeigeerstatter scheut, in ein strafprozessuales Verfahren hineingezogen zu werden und verschweigt deshalb seine Identität.

Kriminaltaktische Verfahrensweise

- Anonyme oder pseudonyme Anzeigen dürfen nicht unbeachtet bleiben, auch wenn sie häufig dazu benutzt werden, missliebige Personen zu Unrecht zu beschuldigen.
- Sie sind sorgfältig zu prüfen. In vielen Fällen werden auf diese Art wichtige Hinweise für die Entdeckung und für die Aufklärung schwerer Straftaten gewonnen.
- Die Ermittlungen haben sich auf die Aufklärung des angezeigten Sachverhalts oder die Beschuldigung sowie auf die Ermittlung und Identifizierung des Anzeigenden zu erstrecken.
- Eine anonyme Anzeige allein begründet i. d. R. einen Tatverdacht nicht. Strafprozessuale Eingriffsmaßnahmen ausschließlich auf der Grundlage einer anonymen Beschuldigung sind grundsätzlich unzulässig.
- Der Angezeigte sollte erst dann vernommen bzw. angehört werden, wenn
  - der gegen ihn erhobene strafrechtliche Vorwurf durch polizeiliche Ermittlungen sich bestätigt hat und ein auf Tatsachen begründeter Anfangsverdacht vorliegt[20] oder
  - sich die Beschuldigung als nachweisbar unwahr erwiesen hat.

20 In diesem Sinne auch *Zöllner,* § 158 StPO, RN 8 unter Bezugnahme auf RiStBV Nr. 8, S.1 mit weiteren Ausführungen.

- Bei falscher Beschuldigung ist zu prüfen, ob gegen den Anzeigeerstatter in Ermittlungsverfahren nach §§ 164 (Falsche Verdächtigung), 145d (Vortäuschen einer Straftat)[21] StGB einzuleiten ist.
- Anderenfalls ist die Identifizierung des Anzeigeerstatters aus Beweisgründen ggf. als Zeuge erforderlich.

Beachte: Die Ermittlungen sind mit dem notwendigen „Fingerspitzengefühl" zu führen, um persönliche Herabsetzungen der Betroffenen in deren sozialem Umfeld möglichst zu vermeiden.

Verfahrenshinweise bei Eingang der Anzeige

Bei telefonischen Anzeigen:

- Der Anrufer ist möglichst zu veranlassen, seine Anzeige offen unter Nennung seiner Personalien zu erstatten.
- Im Gespräch ist geschickt versuchen, die Gründe für die Anonymität zu erfragen und nach Möglichkeit argumentativ den Anzeigenden davon zu überzeugen, seine Anzeige offen zu erstatten.
- Während des Gesprächs sollten möglichst Hinweise für eine sachgerechte Beurteilung des angezeigten Sachverhaltes und auf die Identifizierung des Anrufers erlangt werden.
- Das Gespräch ist möglichst tontechnisch aufzeichnen. Der Anruf sollte zurückverfolgt werden. Um Beweisverwertungsprobleme von vornherein auszuschließen, ist der Anrufer auf die Tonaufzeichnung des Gesprächs hinzuweisen

Bei schriftlichen Anzeigen:

- Bereits bei Eingang anonymer Schriftstücke ist alles zu unterlassen, was eine spätere kriminaltechnische Auswertung erschweren oder unmöglich machen könnte, z. B. dass die Schriftstücke und dazu gehörende Briefumschläge mit Eingangsstempel, Leit-, Sicht- oder Bearbeitungsvermerken versehen und eventuell vorhandene Spuren durch unsachgemäßen Umgang beeinträchtigt werden.
- Schriftstücke und Briefumschläge sind spurengerecht zu verwahren, und unverzüglich der KTU zur Spurensicherung und -auswertung zuleiten.

21 § 145b StGB ist gegenüber § 164 StGB subsidiär, *Fischer*, § 164 StGB, RN 16.

4.2 Vertrauliche Anzeigen

Charakteristische Merkmale

Der Anzeigeerstatter begehrt die Geheimhaltung seiner Identität gegenüber dem Angezeigten aus unterschiedlichen Gründen, z. B.

- er will vermeiden, in ein justizielles Verfahren einbezogen zu werden,
- befürchtet persönliche oder wirtschaftliche Repressalien auf Grund der Anzeige,
- steht in einer engen sozialen Beziehung zum Angezeigten.

Grundsatz

Die Zusage der vertraulichen Behandlung, d. h. der Geheimhaltung der Identität des Anzeigenden durch Polizei und Staatsanwaltschaft ist nur in sehr engen rechtlichen Grenzen und unter Beachtung bestimmter Verfahrensgrundsätze gestattet, die in folgenden Richtlinien niedergelegt und verbindlich für die Bundesländer in Kraft gesetzt sind: „Gemeinsame Richtlinien der Justizminister/-senatoren und der Innenminister/-senatoren der Länder über die Inanspruchnahme von Informanten sowie über den Einsatz von Vertrauenspersonen (V-Personen) und Verdeckten Ermittlern im Rahmen der Strafverfolgung".[22]

Danach ist die Zusicherung der Vertraulichkeit nur erlaubt

- bei Delikten der Schwerkriminalität, der Organisierten Kriminalität, des illegalen Betäubungsmittel- und Waffenhandels, der Falschgeldkriminalität und der Staatsschutzdelikte;
- bei Delikten der mittleren Kriminalität nur ausnahmsweise nach sorgfältiger Prüfung des Einzelfalles und nur dann, wenn durch die Massierung gleichartiger Straftaten die öffentliche Sicherheit ernsthaft gefährdet ist. Bei Delikten der Bagatellkriminalität ist die Zusicherung der Vertraulichkeit nicht statthaft. Bezüglich der Verfahrensweisen wird auf die landesrechtlichen Richtlinien verwiesen.

4.3 Selbstanzeigen

Der Selbstanzeige liegen häufig folgende Motive oder Anlässe zu Grunde:

22 Abgedruckt bei *Meyer-Goßner*, Strafprozessordnung, 54. Aufl., S. 2212 ff.

- Psychopathologische Selbstbezichtiger; sie treten nicht selten nach Aufsehen erregenden Straftaten aus Geltungsbedürfnis in Erscheinung, obwohl sie nicht Täter der Tat sind.
- Reue, Gewissenskonflikte oder ähnliche Motive, z. B. nach Affekttaten, wenn der Täter das Ausmaß seiner Tat und die Folgen seines Handelns erkennt.
- Bei länger zurückliegenden schweren Straftaten auf Grund anhaltender Gewissenskonflikte.
- Selbstanzeigen von Nötigungs- oder Erpressungsopfern.
- Verbesserung der Situation, wenn der Täter mit seiner alsbaldigen Entdeckung rechnet.

Wie ist in Fällen der Selbstanzeige zu verfahren?
- Vollständige Personalien des Anzeigeerstatter feststellen. Die Person unverzüglich dateimäßig überprüfen.
- Anzeigenden über das Aussageverweigerungsrecht belehren.
- Den Sachverhalt, der Gegenstand der Selbstanzeige ist, in einem Vorgespräch sorgfältig und umfassend erfragen. Motiv bzw. Anlass der Selbstanzeige feststellen.
- Bei der Befragung und Sachverhaltsschilderung Tatfakten erfragen, die Täterwissen sind.
- Bei bekannten Straftaten die Tatschilderung mit dem objektiven Tatbefund abgleichen.
- Anzeige in Protokollform als Wortprotokoll aufnehmen.
- In geeigneten Fällen richterliche Vernehmung des Selbstbezichtigers anregen.
- Ist spezielle Fachkompetenz bei der Aufnahme von Selbstanzeigen gefragt, sind ggf. Sachbearbeiter von zuständigen Fachdienststellen hinzuziehen.

4.4 Anzeigenaufnahme bei Sexualdelikten

Die Besonderheiten der Anzeigenaufnahme bei Sexualdelikten sind in Kap. 6. II., Sexualstraftaten, dargestellt.

4.5 Strafanzeigen gegen Kinder

Werden Kinder wegen der Begehung einer rechtswidrigen Tat auffällig, sind sie wegen der von ihnen begangenen Tat strafrechtlich nicht verfolgbar (§ 19 StGB, Schuldunmündigkeit). Dieser Rechtsstatus verbietet die Aufnahme von Strafanzeigen gegen Kinder. Der festgestellte Sachverhalt ist in Form eines Berichts unter Angaben der Personalien und der Anschrift des auffällig gewordenen Kindes, des Erziehungsberechtigten sowie des Geschädigten aufzunehmen.

Die polizeilichen Ermittlungen haben sich auf die Feststellungen zu beschränken, ob
- strafmündige Personen an der Tat beteiligt waren,
- eine Verletzung der Fürsorge- und Erziehungspflicht (§ 171 StGB) vorliegt,
- vormundschaftsgerichtliche oder behördliche Maßnahmen zu veranlassen sind.

Beachte: Die vorläufige Festnahme eines Kindes nach § 127 StPO ist unzulässig,[23] da eine verfolgbare Straftat nicht vorliegt. Strafprozessuale Maßnahmen, die als Voraussetzung die Verdächtigen- oder Beschuldigteneigenschaft fordern, sind aus gleichem Grund nicht zulässig.

Erforderliche Maßnahmen des Rechtes der Gefahrenabwehr sind davon unberührt.

4.6 Strafanzeigen gegen Abgeordnete des Deutschen Bundestages und der Landtage

Strafanzeigen gegen Abgeordnete sind von der Polizei entgegenzunehmen. Sie sind ohne weitere Ermittlungen unverzüglich an die Staatsanwaltschaft zu übersenden. Gleiches gilt für Strafanzeigen, die gegen diesen Personenkreis von Amts wegen erstattet werden. Das weitere Verfahren regeln Nr. 191 ff. der RiStBV.

4.7 Strafanzeigen gegen Diplomaten und andere bevorrechtigte Personen

Diplomaten und andere bevorrechtigte Personen sind nach §§ 18 bis 20 GVG von der deutschen Gerichtsbarkeit befreit. Strafanzeigen gegen diesen Personenkreis sind von der Polizei entgegenzunehmen und ohne Verzug der Staatsanwaltschaft zuzuleiten.

Werden Straftaten dieses Personenkreises von Amts wegen festgestellt, ist ein Bericht zu fertigen und der Staatsanwaltschaft zu übersenden. Verfahrensregelungen enthält die RiStBV, Nr. 193 ff.

23 *Meyer-Goßner*, § 127 StPO, RN 3a. Zur Vertiefung wird empfohlen: *Clages/ Nisse*, Bearbeitung von Jugendsachen, 2009, S. 77 ff.

III. Beweis- und Verdachtslehre

von *Horst Clages*

1. Der strafprozessuale Beweis

1.1 Beweisbegriff

Beweisen im Sinne der Strafprozessordnung ist keine Feststellung von einzelnen Tatsachen. Beweisen bedeutet vielmehr die Klärung unterschiedlicher beweisbedürftiger Sachverhalte.

Eine Legaldefinition des **Beweisbegriffes** kennt das Strafprozessrecht nicht.

In Auslegung allgemeiner Rechtsgrundsätze ist unter Beweisen zu verstehen,

> *dem beurteilenden Gericht einen Sachverhalt durch jedermann überzeugende und beliebig oft reproduzierbare Fakten so darzustellen, dass ein vernünftiger Zweifel an dem von den Strafverfolgungsorganen (Staatsanwaltschaft und Polizei) bei vorläufiger Tatbewertung angenommenen Tatgeschehen nicht möglich ist.*[24]

Der Beweis muss mit *prozessual zulässigen, lückenlosen, nachvollziehbaren* und *logischen* Argumenten erbracht werden, die *keinen vernünftigen Zweifel* daran lassen, dass ein bestimmtes Geschehen sich so und nicht anders zugetragen hat.

Bewiesen wird eine Tat oder die Täterschaft im Regelfall auch nicht mit einer beweiserheblichen Tatsache bzw. mit einem Beweismittel allein, sondern mit einer *Mehrzahl von Beweisen*, die in einem inneren logischen Zusammenhang stehen und von unterschiedlichem Beweiswert sind.

Die Beweisführung im Ermittlungsverfahren ist ein dynamischer Prozess, der ständig mit dem Fortgang der Beweiserhebung und des daraus resultierenden Erkenntnisstandes über die gegenwärtige Beweislage neu bewertet und überprüft werden muss.

---

24 Zur Erläuterung der strafprozessualen Beweisproblematik wird auf die Ausführungen *Meyer-Goßner*, Einl. RN 47 ff. verwiesen. Ausführliche Hinweise zur Beweisproblematik finden Sie bei *Westphal*, Der kriminalistische Beweis, 2010.

2. Beweismittel

Der Beweis in einer Strafsache wird mit den nach der Strafprozessordnung zulässigen Beweismitteln geführt.

Beweismittel nach der Strafprozessordnung sind:

Strafprozessuale Beweismittel
– Übersicht –

> Beweisen heißt, dem beurteilenden Gericht einen Sachverhalt durch jedermann überzeugende und beliebig oft reproduzierbare Fakten so darzustellen, dass ein vernünftiger Zweifel an dem von den Strafverfolgungsbehörden bei vorläufiger Tatbewertung angenommenen Tatgeschehen nicht möglich ist.

Beweismittel

Sachbeweis	Personalbeweis
AUGENSCHEIN URKUNDE	SACHVERSTÄNDIGER ZEUGE BESCHULDIGTER

Gegenstand des Beweises

Innere Tatsachen	Äußere Tatsachen

Formen des Beweises

Direkter Beweis	Indirekter Beweis

Abb. 8

Sachverständiger, §§ 72 ff. StPO
Unter den Begriff Sachverständiger fällt, wer durch seine Sachkunde die richtige Auswertung der festgestellten Tatsachen ermöglicht. Er hat auf einem bestimmten Wissensgebiet eine dem Richter i.d.R. fehlende spezielle Sachkunde, die für die Beurteilung bestimmter beweiserheblicher Sachverhalte von Bedeutung ist. Der Sachverständige ist einerseits Gehilfe des Richters, andererseits Beweismittel wie jedes andere.

In bestimmten Fällen ist die Hinzuziehung des Sachverständigen nach dem Gesetz verpflichtend:
- § 87 StPO, Leichenschau und Leichenöffnung,
- § 91 StPO, Vergiftungsverdacht,
- § 92 StPO, Gutachten bei Geld- und Wertzeichenfälschungen.

Die Befugnis für die Hinzuziehung des Sachverständigen im Ermittlungsverfahren haben sowohl die Staatsanwaltschaft als auch die Polizei.

Augenschein, § 86 StPO
Beweismittel des Augenscheins sind Augenscheinsgegenstände wie Sachen oder Sachgegebenheiten jeder Art, ferner der lebende Mensch, auch seine Verhaltensweisen und seine Reaktionsfähigkeit. Alles ist Augenschein, was sinnlich wahrnehmbar ist.[25] Augenscheinsobjekte spielen in der kriminalistischen Ermittlungs- und Beweispraxis eine herausragende Rolle, so u.a. in der naturwissenschaftlichen Spurenkunde.

Als Augenscheinsobjekte gelten u.a. Formspuren, Materialspuren, Gegenstandsspuren, gasförmige Spuren, räumliche Situationsspuren.

Gegenstand des Augenscheins können ferner sein: Filme, Fotos, Magnetbildaufzeichnungen, Röntgenaufnahmen u.Ä. sein.

Tatort- und Unfallskizzen sind nur dann Gegenstand des Augenscheins, wenn sie amtliches Kartenmaterial oder amtliche Lage- bzw. Baupläne zur Grundlage haben. Sind Tatort- und Unfallskizzen aufgrund persönlicher Wahrnehmungen des Tatortbeamten gefertigt, zählen sie nicht zu den Mitteln des Augenscheins, sondern werden durch Vernehmung des Beamten in die Hauptverhandlung eingeführt.

25 *Lemke*, § 86 StPO RN 6 ff.

Der lebende Mensch kann z.B. dann Gegenstand des Augenscheins sein, wenn er am Körper beweiserhebliche Merkmale oder Verletzungen hat. Das gilt auch für den Leichnam eines Menschen.[26]

Urkunde, § 249 StPO
Der Urkundsbeweis besteht in der Auswertung des Gedankeninhaltes von Schriftstücken.

Zeuge, §§ 48 ff. StPO
In Bezug auf eine bestimmte Straftat bekundet der Zeuge aufklärungs- und beweiserhebliche Tatsachen, über die er Wahrnehmungen gemacht hat.

Der sachverständige Zeuge (§ 85 StPO) ist eine Sonderform des Zeugenbeweises. Er bekundet Tatsachen, für deren Wahrnehmung eine besondere Sachkunde erforderlich ist.

Beschuldigter, § 157 StPO
Der Beschuldigte (Angeschuldigter oder Angeklagter) zählt nicht zu den förmlichen Beweismitteln im Strafprozess. Seine Aussagen oder Einlassungen zur Sache gehen jedoch in die Beweisführung und die Beweiswürdigung ein. Der Beschuldigte ist insoweit Beweismittel i. w. Sinne.

3. Allgemeine Rechtsgrundsätze

3.1 Aufklärungspflicht und deren Grenzen

Ob eine Straftat als bewiesen gilt und der Tatverdächtige auch tatsächlich als schuldiger Täter verurteilt wird, ist Aufgabe des Gerichts. Grundlage sind die mit den strafprozessualen Beweismitteln und unter Beachtung bestimmter Beweisgrundsätze erbrachten Beweise.

Im Strafermittlungsverfahren ist es u.a. Aufgabe von Polizei und Staatsanwaltschaft, die gerichtliche Entscheidung durch Aufklärungs- und Ermittlungshandlungen vorzubereiten.

Folglich hat die Polizei im Ermittlungsverfahren ihr Handeln stets nach strafprozessualen Grundsätzen zu gestalten. Dieses Rechtsprinzip hat zur Folge, dass

26 Die Aufzählung ist zitiert nach *Clages*, in: Ackermann/Clages/Roll, Handbuch der Kriminalistik, 2011, RN 22.

- sich die Polizei nur der strafprozessual zulässigen Beweismittel bedienen darf und
- die rechtlichen zulässigen Beweiserhebungsgrundsätze beachten muss.

Beweisbedürftig sind alle Sachverhalte, die für den Beweis von Tat und Täterschaft oder für die Unschuld des Verdächtigen entscheidungserheblich sind. Die Beurteilung, welche Sachverhalte verfahrensrechtlich von Relevanz sind, richtet sich nach den Beweisanforderungen im Einzelfall.

3.2 Beweisverbote

Beweiserhebungen und der Verwertung von Beweisen können rechtliche Verbote entgegenstehen. Es wird unterschieden nach
- Beweiserhebungsverboten und
- Beweisverwertungsverboten.[27]

Beweiserhebungsverbote richten sich an die Strafverfolgungsbehörden und an die Gerichte. Im Ermittlungsverfahren schließen sie bestimmte Beweisgewinnungsmaßnahmen aus, z. B. die Gewinnung von Aussagen unter Anwendung unerlaubter Vernehmungsmethoden.

Beweisverwertungsverbote bezeichnen die Grenzen der Verwertung von Beweisergebnissen im Strafprozess.

Aus der Tatsache, dass Beweise unter Verstoß gegen das Beweiserhebungsverbot erhoben worden sind, folgt nicht notwendig ein Beweisverwertungsverbot.

Die Rechtslehre unterscheidet zwischen
- absoluten und
- relativen

Verwertungsverboten.

Absolute Verwertungsverbote haben die Rechtsfolge, dass die unter Verstoß gegen Beweiserhebungsverbote erhobenen Beweise im Strafprozess definitiv nicht verwertet werden dürfen.

Ein solches absolutes Verwertungsverbot enthält z. B. § 136a III StPO bei der Anwendung unerlaubter Vernehmungsmethoden.[28]

---

27 Zur Vertiefung siehe *Meyer-Goßner*, Einl. RN 35, 50.

28 § 136a I u. II StPO i. V. m. § 163a IV S. 2 StPO.

Bei relativen Verwertungsverboten ist aufgrund des Einzelfalles zu entscheiden, ob ein Beweismittel verwertbar oder unverwertbar ist.[29] Dies kann der Fall sein, wenn ein Beweis auf strafbare Weise erlangt worden ist, z. B. durch die Verletzung der Vertraulichkeit des Wortes und wenn die Verletzung durch Notwehr oder Nothilfe gerechtfertigt wäre.[30]

4. Gegenstand des Beweises

Gegenstände des Beweises sind *Tatsachen und Erfahrungssätze*, die für die Entscheidung in einer Strafsache von Bedeutung sind.

Als **Tatsachen** im Sinne der StPO gelten konkrete Umstände, die Ereignisse, Vorgänge, Gegebenheiten, Eigenschaften und Zusammenhänge eines Geschehens widerspiegeln. Sie können in der Vergangenheit liegen oder sich in der Gegenwart ereignet haben. Darunter fallen z. B. Handlungen von Menschen, deren psychischer Zustand oder ihre Absichten und Motive, der Zustand oder die Eigenschaft von Sachen, der Ablauf eines Tatgeschehens u. Ä.[31] Negativ abzugrenzen dazu sind Beurteilungen und Wertungen, die keine Tatsachen darstellen.[32]

Erfahrungssätze sind Regeln, die sich auf wissenschaftliche Erkenntnisse oder auf allgemeine Lebenserfahrungen begründen. Soweit Erfahrungssätze keine Ausnahme zulassen, haben sie im Sinne des Beweiswertes eine mit an Sicherheit grenzende Wahrscheinlichkeit zum Inhalt.[33]

29 Die Rechtslage ist hier keineswegs eindeutig. Zur Vertiefung wird auf die Ausführungen bei *Meyer-Goßner*, Einl. RN 55a hingewiesen.

30 Nicht darunter fallen Informationen, die durch eine sog. „Hörfalle" gewonnen worden sind. Sie unterliegen nicht dem Verwertungsverbot, wenn es sich um eine zu verfolgende Straftat von erheblicher Bedeutung handelt und wenn der Einsatz anderer Ermittlungsmethoden erheblich weniger Erfolg verspricht oder wesentlich erschwert wäre dazu: Rechtsprechung des BGH GSSt v. 13.5.1996, veröffentl. in: Rechtsprechungsübersicht (RÜ) 11/96, S. 463, siehe auch *Gercke*, § 110c StPO RN 6.

31 Definition unter Orientierung an *Peters*, a. a. O., S. 638.

32 Zur Vertiefung des Tatsachenbegriffs siehe die Ausführungen bei *Clages*, 1997, S. 55.

33 Definition unter Orientierung an *Meyer-Goßner*, § 337 StPO, RN 31.

Erfahrungssätze sind in der kriminalistischen Praxis besonders bei der Beweiswürdigung von sog. Indizienbeweisen von Bedeutung.

Die Ansicht, dass dem Sachbeweis gegenüber dem Personalbeweis ein höherer Beweiswert zu kommt, wird in der einschlägigen Fachliteratur und in der kriminalistischen Praxis überwiegend vertreten, obwohl prinzipiell Sachbeweis und Personalbeweis rechtlich gleich bedeutend sind. Nicht zu verleugnen ist jedoch die Tatsache, dass der Personalbeweis, d. h. der Mensch mit seinen Unzulänglichkeiten, die Objektivität des Beweises auf Grund von Aussagen nachträglich beeinflussen kann. Daraus ist zu folgern, dass an die Beweiserhebungsmaßnahmen des Personalbeweises ein besonderes Maß an Sorgfalt und kritischer Überprüfung anzulegen sind.

6. Formen des Beweises

Beweisformen werden unterschieden nach
- direktem Beweis und
- indirektem Beweis.

Direkter Beweis
Der direkte Beweis ist dann gegeben, wenn die beweiserhebliche Tatsache unmittelbar auf den zu beweisenden Sachverhalt hinweist.

Beispiel: In einer Raubsache sagt der Zeuge A aus, er habe beobachtet, wie der Beschuldigte X dem Opfer Y die Handtasche entrissen habe. Voraus gegangen war ein Wiedererkennungsverfahren, in dem der Zeuge A den Beschuldigten X zweifelsfrei als den Täter in der Sache identifiziert hatte.

Es liegt ein direkter Beweis für die Täterschaft des X vor.

Indirekter Beweis
Der indirekte Beweis wird dadurch charakterisiert, dass von einer mittelbaren Tatsache, einem Indiz, unter Anwendung von Denkgesetzen und Erfahrungssätzen auf eine unmittelbar entscheidungserhebliche Tatsache geschlossen werden muss. Der indirekte Beweis wird deshalb auch als Indizienbeweis bezeichnet.

Beispiel: Die Tatsache, dass an einem Einbruchstatort eine Schuheindruckspur gefunden worden ist, die einer bestimmten Person zugeordnet werden kann, beweist lediglich die Anwesenheit des Spurenverursachers am Tatort, zunächst nicht die Täterschaft. Hinzu muss die zweifelfreie Feststellung kommen, dass die Spur nur vom Täter stammen kann.

7. Prozess der Beweisführung

7.1 Vorbemerkungen[34]

Das gesamte Ermittlungsverfahren und auch die sich daran ggf. anschließenden Verfahrensabschnitte sind durch das Suchen nach Beweisen, der Beweiserhebung, der Würdigung von Beweisen und der sich daraus ergebenden Folgerungen bestimmt.

Der gleiche Prozess findet auch Anwendung bei der Entscheidung über Maßnahmen, die der eigentlichen Beweisführung voraus gehen und die nur einen bestimmten Verdachtsgrad erfordern wie z. B. die Kriterien, ob überhaupt Anfangsverdacht begründet ist, dringender Tatverdacht vorliegt oder genügender Anlass (hinreichender Tatverdacht) für die Erhebung der öffentlichen Klage gegeben ist.

Festzustellen ist, dass Ausgangspunkt polizeilichen Handelns im Ermittlungsverfahren die kriminalistische Verdachtsschöpfung ist, die sodann zum Beweisverfahren führt.

Die kriminalistische Praxis zeigt, dass der (kriminalistische) Verdacht in der Methodik der Verbrechensbekämpfung, insbesondere der Verbrechenserkennung und Verbrechensaufklärung, eine zentrale Bedeutung hat. Worin die Bedeutung begründet ist, liegt auf der Hand, denn Straftat und Täterschaft liegen in den meisten Fällen nicht so offen, dass sie für den Kriminalisten ohne weiteres erkennbar und beweisbar sind. Es liegt in der Natur des Straftäters, dass er bemüht ist, die Straftat erst gar nicht offenbar werden zu lassen. Sein Bemühen wird weiterhin sein, als Täter unerkannt zu bleiben. Die Aufdeckung von Tat und Täterschaft erfordert also in vielen Fällen die gezielte Informationsgewinnung, um überhaupt erst einmal Verdacht schöpfen zu können, d.h. mit kriminalistischer Zielsetzung zu objektivieren oder aber um einen bereits bestehenden konkreten Verdacht bis zur Gewissheit zu verdichten.

Charakteristisch für den Verdacht ist, dass der Mensch hinter einer Wahrnehmung, die er macht, mehr oder etwas Anderes vermutet, als sich zunächst nach dem Informationsgehalt bei unbefangener Betrachtung zeigt.

Verdacht entsteht auch durch rationale Analyse und objektive Beurteilung von Sachverhalten, wenn gewisse Verdachtsindizien Anlass dazu geben, Verdacht zu schöpfen. Aber auch regelrechte Verdachts-

---

34 Unter Orientierung an *Clages*, 1997, S. 50 ff.

gewinnungsstrategien, bei denen gezielt aufgrund von Verdachtsindikatoren nach verdächtigen Umständen geforscht wird, sind in der kriminalistischen Praxis üblich. Als exemplarisches Beispiel seien Verdachtsgewinnungsstrategien im Bereich der Organisierten Kriminalität genannt.

Der Kriminalist hat sich jedoch stets die Frage zu stellen und diese sorgfältig und objektiv zu prüfen, ob es für den Anlass seines Verdachts (die Abweichung vom Normalen) eine legitime Erklärung gibt. Daraus folgt der kriminalistische Grundsatz, dass jeder Verdacht auch unter dieser Prämisse gewertet werden muss.

Der Verdacht kann sich im Ergebnis folglich sowohl als berechtigt wie auch als unberechtigt erweisen.

7.2 Der Verdacht im Prozess der Beweisführung

7.2.1 Begriff und Grundlage

Verdachtsschöpfung und Verdachtsgewinnung sind Grundlagen und Ausgangspunkt der Beweiserhebung und der Beweisführung im Ermittlungsverfahren. Verdacht und Beweis stehen insoweit in einem engen Kontext.

Im Gegensatz zu den strafprozessualen Verdachtsstufen, die durch Gesetz definiert und durch die Rechtsprechung ausgestaltet sind, ist der kriminalistische Verdacht begrifflich eher unbestimmt. Dies trifft auch auf den Prozess der kriminalistischen Verdachtsgewinnung zu.

Kriminalistischer Verdachtsbegriff
Verdacht schöpfen im kriminalistischen Sinne heißt mehr oder anders vermuten als sich zunächst objektiv zeigt Der Verdacht wird durch Sachverhalte geweckt, die die Annahme begründen, es könnte ein kriminalistisch bedeutsames Ereignis vorliegen.

Es sind Wahrscheinlichkeitsbewertungen, mit der das Vorliegen, der Grad oder die Verneinung eines Verdachts festgestellt werden.

Grundlage des Verdachts
Der Verdacht begründet sich auf Anzeichen, d. h. Indizien, gegenständlicher oder nichtgegenständlicher Art, die einen Schluss auf einen noch ungeklärten Sachverhalt zulassen. Insoweit hat der kriminalistische Verdacht eine enge Verwandtschaft zur kriminalistischen Hypothese (siehe dort).

Es können z. B. Verhaltensweisen oder Aussagen von Personen, das Vorhandensein oder der Zustand von Sachen oder die Art eines Ereignisses sein, die Anlass geben, Verdacht zu schöpfen.

Der Wahrscheinlichkeitsgrad des Verdachts wird wesentlich bestimmt durch den Informationsgehalt vorliegender Verdachts- oder Beweisanzeichen.

7.2.2 Prozess der Verdachtsgewinnung

Verdacht haben oder Verdacht schöpfen ist eine Verhaltensweise des täglichen Lebens. Die Frage, ob und warum der Kriminalist auf Grund einer Wahrnehmung Verdacht schöpft, ist abhängig von seiner individuellen, berufsbestimmten Erwartungshaltung. Liegen Anzeichen vor, dass Umstände oder Handlungsabläufe aus der Sicht des Betrachters von der Normalität abweichen, werden diese im Sinne eines kriminalistischen Verdachts interpretiert. Der Prozess des Verdachtschöpfens ist folglich im Wesentlichen subjektiv geprägt.

- Verdacht kann entstehen aufgrund von Intuition. Man hat die Eingebung, dass sich hinter einem wahrgenommenen Lebenssachverhalt mehr oder etwas Anderes verbirgt, als sich zunächst objektiv zeigt.
- Eine subjektive Einschätzung, ein Gefühl „etwas könne nicht in Ordnung sein“, kann Ausgangspunkt von Ermittlungen zur Aufklärung dieses vagen Verdachts sein. Es ist eine zunächst nicht auf Tatsachen beruhende Beurteilung eines Sachverhaltes.
- Andererseits können Verdachtsindizien auch von vornherein auf einen hohen Grad an Wahrscheinlichkeit im Sinne eines Verdachts hindeuten, so dass mit an Sicherheit grenzender Wahrscheinlichkeit von dem Vorliegen eines kriminalistisch bedeutsamen Sachverhaltes auszugehen ist.
- Aber auch Verdachtsgewinnungsstrategien, bei denen gezielt aufgrund von Verdachtsindikatoren nach verdächtigen Umständen geforscht wird, sind in der kriminalistischen Praxis üblich. Der Verdacht entsteht hier durch rationale Analyse und objektive Beurteilung von Sachverhalten.

7.2.3 Der strafprozessuale Verdacht

Die Strafprozessordnung sieht nach Art und Schwere unterschiedliche Eingriffe in die Grundrechte der Bürger vor. Je nach der Bedeutung des Grundrechtseingriffs fordert das Gesetz das Vorliegen bestimmter Tatbestände.

Beispiele: Die Begründung
- des Anfangsverdachts nach § 152 II StPO,
- der Verdächtigeneigenschaft nach § 102 StPO,
- des dringenden Tatverdachts einschließlich der Flucht- oder Verdunkelungsgefahr bei vorläufiger Festnahme nach 127 II StPO,
- der Beschuldigteneigenschaft, z. B. als Voraussetzung für die erkennungsdienstliche Behandlung nach § 81b StPO,
- des hinreichenden Verdachts als Voraussetzung für die Erhebung der Anklage nach § 170 I StPO.

Tatbestände, die einen bestimmten strafprozessualen Verdacht begründen, bedürfen jeweils des Nachweises, dass sie auf Tatsachen beruhen. Die Beweisanzeichen müssen jedoch keineswegs immer den Grad der Gewissheit haben. Es genügt vielmehr eine auf Tatsachen begründete Wahrscheinlichkeit, die umso höher und konkreter sein muss, desto gravierender der Rechtseingriff ist.

7.2.4 Verdachts- und Beweiskriterien

Die folgenden Ausführungen zeigen eine Übersicht über Verdachts- und Beweiskriterien, die bei der Gewinnung und Prüfung des kriminalistischen Verdachts als Elemente und als Vorstufe des strafprozessualen Beweisverfahrens relevant sind.

Kriminalistische Erfahrungen
Der Begriff „kriminalistische Erfahrungen“ wird im Zusammenhang mit der Begründung verschiedener Verdachtsgrade in Literatur und Rechtsprechung wiederholt gebraucht. Er ist begrifflich unscharf und nur bedingt objektivierbar. Der Begriffsinhalt kann nur so verstanden werden, dass gesichertes und allgemein anerkanntes kriminalistisches Erfahrungswissen über das Verhalten von Verdächtigen/Beschuldigten, ihre Lebensumstände und Beziehungen, über die Abläufe von Lebenssachverhalten sowie über den Zustand von Sachen und Ähnliches mehr für eine bestimmte Annahme bzw. *für* einen bestimmten Verdacht sprechen als *dagegen*.

Als kriminalistische Erfahrungstatsache wird z. B. gewertet, dass die Neigung des Beschuldigten zur Flucht umso größer ist, je höher die zu erwartende Strafe sein wird. Auch die Neigung des Beschuldigten zur Begehung bestimmter Straftaten (bei Wiederholung) kann als kriminalistische Erfahrung verdachtsbegründend sein.

Bestimmte Tatsachen
Das Vorliegen *bestimmter* Tatsachen fordert ein höheres Maß der Konkretisierung von Verdachts- oder Beweisanzeichen als dies bei den kriminalistischen Erfahrungstatsachen allgemein der Fall ist. Der Schwere der Grundrechtseingriffe entsprechend, wird der auf *bestimmten Tatsachen begründete Verdacht* (strafprozessualer Tatsachenverdacht) als Voraussetzung für bestimmte strafprozessuale Eingriffsmaßnahmen gefordert.

Die (Erfolgs-)Vermutung
§ 102 StPO, Durchsuchung beim Verdächtigen, lässt die Durchsuchung zu, wenn die (Erfolgs-) Vermutung besteht, dass der Zweck der Durchsuchung erreicht werden kann. Als Mindestvoraussetzungen müssen für die Begründung der Vermutung kriminalistische Erfahrungen vorliegen, die den Erfolg der Durchsuchung wahrscheinlich erscheinen lassen.

Der Anfangsverdacht
Der Anfangsverdacht, § 152 II StPO (zureichende tatsächliche Anhaltspunkte), liegt vor, wenn nach kriminalistischen Erfahrungen aufgrund von Tatsachen die Wahrscheinlichkeit besteht, dass eine Straftat vorliegen könnte oder/und eine bestimmte Person als Täter in Frage kommen könnte. Der Verdachtsgrad muss weder dringend (vgl. § 112 StPO) noch hinreichend sein (vgl. §§ 170 I u. 203 StPO). Der Verdacht muss jedoch ein gewisses Maß an Konkretisierung erreicht haben. Vermutungen oder kriminalistische Hypothesen allein genügen zu seiner Begründung nicht. Anfangsverdacht im Hinblick auf das Vorliegen einer Straftat setzt stets voraus, dass die Straftat auch verfolgbar ist.

Der (einfache) Tatverdacht
Die Begründung des Tatverdachts setzt voraus, dass stets Tatsachen vorliegen müssen, die auf die nahe Möglichkeit der Täterschaft schließen lassen. Der Verdacht besteht schon, wenn Anhaltspunkte vorliegen, die die Täterschaft (oder Teilnahme) der betroffenen Person als möglich erscheinen lassen.

Der dringende Tatverdacht
Dringender Tatverdacht besteht, wenn nach dem gegenwärtigen Stand der Ermittlungen die Wahrscheinlichkeit groß ist, dass der Beschuldigte schuldiger Täter oder Teilnehmer ist. Der Verdacht muss stets auf bestimmten Tatsachen beruhen. Bloße Vermutungen

reichen nicht aus (siehe auch oben zum Tatsachenbegriff). Er ist stärker als der „hinreichende Tatverdacht" nach § 203 StPO. Da die Verdachtsbegründung aufgrund des gegenwärtigen Standes der Ermittlungen erfolgt, die Ermittlungen also noch nicht abgeschlossen sind, kann sich der zunächst begründete dringende Tatverdacht im Zuge des Ermittlungsverfahrens auch noch ändern, d. h. er kann faktisch schwächer werden oder sich auch im Nachhinein durch neue Ermittlungsergebnisse als unbegründet erweisen.

Genügender Anlass
§ 170 I StPO bestimmt für den Fall, dass das Ergebnis der Ermittlungen „genügenden Anlass" zur Erhebung der öffentlichen Klage gibt, dass die Staatsanwaltschaft die Klage durch Einreichen der Anklageschrift bei dem zuständigen Gericht zu erheben hat. Mit der Entscheidung, dass genügender Anlass besteht, ist die Feststellung des „hinreichenden Tatverdachts" verbunden.

Der hinreichende Tatverdacht
Hinreichender Tatverdacht besteht bei vorläufiger Tatbewertung, jedoch nach Abschluss und auf der Grundlage des Ermittlungsverfahrens, in der späteren Wahrscheinlichkeit der Verurteilung des Beschuldigten. Hinreichender Tatverdacht ist die Voraussetzung für die Eröffnung des Hauptverfahrens nach § 203 StPO.

Die Prognose setzt die Prüfung der Beweislage voraus. Weiterhin müssen Rechtswidrigkeit und Schuld vorliegen sowie die Verneinung persönlicher Strafausschließungs- oder Strafaufhebungsgründe. Auch Verfolgungshindernisse dürfen einer Strafverfolgung nicht entgegenstehen.

Kriminaltaktische Leitsätze
- Der Verdacht ist eine kriminalistische Annahme oder Überzeugung, die stets der Überprüfung und Absicherung bedarf. Er ist Grundlage und der Ausgangspunkt polizeilichen Handelns.
- Je normaler ein Geschehen sich darstellt, desto schwieriger ist es, Verdacht zu schöpfen.
- Verdachtsstrategien und -taktiken sowie Beweisgewinnungsmaßnahmen sind stets auf ihre rechtliche Zulässigkeit und auf ihre Effizienz zu prüfen.

Informationsquellen für die Verdachtsgewinnung sind vorwiegend
- Daten, die mit der Aufnahme des Tatbefundes gewonnen worden sind,

- Aussagen von Zeugen, Geschädigten und Beschuldigten,
- das Verhalten von Personen oder der Zustand von Sachen,
- die Auswertung systematisch geführter Datensammlungen über Sachverhaltsdaten und personenbezogene Daten,
- die Auswertung kriminaltechnischer Untersuchungen,
- Ergebnisse aus gezielten, verdeckt oder offen durchgeführten Verdachtsgewinnungsmaßnahmen.

7.3 Beurteilung der Beweislage

Ausgangspunkt der Beweisführung im Ermittlungsverfahren ist der Status der Beweislage regelmäßig
- nach Abschluss des Ersten Angriffs oder
- nach Kenntnisnahme einer Straftat, bei der erste Beweiserhebungsmaßnahmen durchgeführt und dokumentiert worden sind.

Die Beurteilung der Beweislage vor Beginn weiterer Ermittlungshandlungen ist Teil einer umfassenden kriminalistischen Fallanalyse (siehe dort: 3. Beweislage).

Bei **der Beurteilung der Beweislage** ist wie folgt zu verfahren:

In einem ersten Schritt ist
- festzustellen, welche beweiserheblichen Tatsachen vorliegen und ob es sich um Beweismittel des Personalbeweises oder des Sachbeweises handelt;
- zu prüfen, ob die vorliegenden Beweismittel mit der Tat im Zusammenhang stehen,
- zu prüfen, ob die Beweise rechtsfehlerfrei erhoben worden sind;
- zu überprüfen, ob die erhobenen beweiserheblichen Tatsachen als gesichert gelten können oder ob sie hinsichtlich ihres Informationswertes bestimmte Unsicherheitsfaktoren aufweisen;
- zu beurteilen, mit welchem Wahrscheinlichkeitswert das einzelnen Beweismittel auf eine bestimmte beweiserhebliche Tatsache hinweist.

Sodann sind die einzelnen vorliegenden Beweismittel in einer schlussfolgernden Bewertung zusammenzufassen und einer logischen gedanklichen Prüfung zu unterziehen.

Es ist zu fragen:
- Was wird aufgrund der vorliegenden Beweismittel mit welchem Wahrscheinlichkeitsgrad bewiesen?

- Sind Beweislücken, Widersprüche, logische Brüche oder Zweifel vorhanden?
- Sind zusätzliche ergänzende Beweiserhebungsmaßnahmen erforderlich, wenn ja, welche und in welcher sachlogischen Reihenfolge?

Das Ergebnis dieser Beurteilung findet seinen Niederschlag in der kriminalistischen Untersuchungsplanung, in der u. a. die Festlegung der Ermittlungshandlungen unter der Zielvorgabe der Beweisführung erfolgt.

Vor Abschluss des Ermittlungsverfahrens durch die Polizei und der Abgabe an die Staatsanwaltschaft ist eine abschließende Beurteilung der Beweislage vorzunehmen. Sie stellt die Gesamtbeurteilung der über eine Straftat und deren Umstände erhobenen Beweise dar. Es handelt sich stets um eine vorläufige Tatbewertung über eine Tat aufgrund des vorliegenden erhobenen Sachstandes.

Nach den Richtlinien für die Polizeiliche Kriminalstatistik gilt eine Tat im Ermittlungsverfahren bereits dann als aufgeklärt, wenn nach dem polizeilichen Ermittlungsergebnis mindestens eine namentlich bekannte oder auf frischer Tat ergriffener Person im Sinne des Anfangsverdachts als tatverdächtig in Frage kommt.

IV. Aktenführung im strafprozessualen Ermittlungsverfahren

von *Horst Clages*

1. Begriff und Funktionen der Ermittlungsakte

1.1 Begriff

Allgemein ist unter dem Begriff „Akte“ die Dokumentation von Ereignissen oder deren Abläufen zu verstehen.

Der Begriff „Akte“ wird vorwiegend in der Amtssprache verwendet. Ihre Funktion ist in erster Linie verwaltungstechnischer Art. Dies wird u. a. auch deutlich durch Entscheidungen der Verwaltung nach Aktenlage.

Im strafprozessualen Ermittlungsverfahren sind Bezeichnungen wie *Ermittlungsakte* oder *Ermittlungsvorgang* übliche Bezeichnungen für Unterlagen, die aus der polizeilichen Ermittlungsarbeit in Strafsachen entstehen.

1.2 Funktionen, Bedeutung, Anforderungen

Die Ermittlungsakte hat im strafprozessualen Verfahren im Allgemeinen folgende Funktionen:

Sie
- enthält Anlass und Begründung für die Einleitung des Ermittlungsverfahrens, und zwar sowohl in der Sache als auch in Bezug auf bestimmte Personen (Anfangsverdacht),
- dokumentiert Geschehensabläufe über die Tat und den festgestellten Tatbefund,
- ist Grundlage für die Entscheidung über strafprozessuale Eingriffsmaßnahmen,
- gibt Auskunft über Ermittlungsergebnisse bei der Aufklärung von Straftaten und deren Zustandekommen (Verlauf der Beweiserhebungsmaßnahmen),
- ist Entscheidungsgrundlage für die Entschließung der StA über die Klageerhebung oder Einstellung des Verfahrens,
- dient der Verteidigung des Beschuldigten durch Einsichtnahme des Verteidigers in die Ermittlungsakt,
- hat in der Hauptverhandlung Orientierungsfunktion für das zuständige Gericht.

Daraus ergeben sich Forderungen an Inhalt und Gestaltung von Ermittlungsakten.

Zwingend geboten sind:
- Umfassende, lückenlose Dokumentation aller Ermittlungshandlungen und für die Tat- und Täterbeurteilung wesentlicher Fakten,
- Folgerichtigkeit der Darstellung,
- schlüssige und hinreichende Begründung aller Maßnahmen und Ergebnisse,
- Übersichtlichkeit des Aktenaufbaus, besonders bei umfangreichen Ermittlungsverfahren.

2. Rechts- und Dienstvorschriften

2.1 Strafprozessrecht

Die StPO enthält keine Rechtsvorschriften, die direkt die Aktenführung regeln oder verbindlich vorschreiben, dass überhaupt Akten zu führen sind. Folgende Rechtsbestimmungen geben jedoch direkt oder indirekt Hinweise auf die Führung oder die Verwendung von Akten im Ermittlungsverfahren:

- § 163 II S. 1 StPO: *„Die Behörden und Beamten des Polizeidienstes übersenden ihre Verhandlungen ohne Verzug der Staatsanwaltschaft.“* Mit dem Begriff „Verhandlungen“ sind hier die von der Polizei angelegten Ermittlungsakten gemeint.
- § 199 StPO, Vorlegung der Anklageschrift bei Gericht.
- § 147 StPO, Akteneinsicht durch den Verteidiger.

Die RiStBV enthält Hinweise über Verfahrensweisen und den Umgang mit (Ermittlungs-)Akten, u. a. im Zusammenhang mit der Gewährung von Akteneinsicht und der Führung von Sammelverfahren.

Darüber hinaus haben sich in einer Vielzahl von Urteilen die Obergerichte mit Rechtsfragen zu Prozessakten befasst wie z. B. der Vorlagepflicht und dem Einsichtsrecht von Spurenakten, Beiakten pp.

2.2 Dienstvorschriften

Generelle Ausführungen zur Aktenhaltung macht die PDV 100. Sonstige polizeiinterne Dienstvorschriften enthalten eine Fülle von Einzelvorschriften, die sich auf die Führung von Akten und Aktenteilen beziehen, z. B. Vermerke über Vernehmungsdauer, Behandlung von Asservaten, Führung der Statistik u. Ä.

Weiterhin haben die Grundsätze der Dokumentation polizeilichen Einsatzhandelns Auswirkungen auf die Aktenführung im Ermittlungsverfahren.

Auszug aus der PDV 100:

> „2.2.11 Aktenführung
>
> Der Aktenführung im Ermittlungsverfahren ist besondere Sorgfalt zu widmen. Im Einzelfall kann eine frühzeitige Abstimmung mit der Staatsanwaltschaft notwendig sein.
>
> Aus Gründen der Amtsverschwiegenheit oder aus Geheimhaltungserfordernissen kann es geboten sein, bestimmte Aufzeichnungen gesondert zu führen. Über deren Herausgabe entscheidet die oberste Dienstbehörde.

Für die Aktenführung sollen dv-gestützte Verfahren genutzt werden.

In umfangreichen oder komplexen Ermittlungsverfahren können Schlussberichte, ggf. Zwischenberichte, erforderlich sein, um insbesondere
- einzelne Ermittlungsergebnisse zusammenzufassen und
- die daraus zu folgernden Schlüsse darzustellen."

Festzuhalten ist: Eine einheitliche verbindliche Systematik für die Führung von Ermittlungsakten existiert nicht.

2.3 Einsichtnahme in Ermittlungsakten

Das Einsichtsrecht in Ermittlungsakten steht dem Beschuldigten grundsätzlich nicht zu[35]. Einsichtsrecht hat nach § 147 StPO der gewählte oder bestellte Verteidiger. Die Gewährung der Akteneinsicht erfolgt durch die StA. Sie kann verweigert werden, wenn die Ermittlungen noch nicht abgeschlossen sind (§ 169a StPO, Abschlussvermerk durch die StA) und wenn durch die Akteneinsicht der Untersuchungszweck konkret gefährdet wäre.

Der Polizei steht das Recht, Akteneinsicht zu gewähren, nach herrschender Rechtsmeinung *nicht* zu, auch dann nicht, wenn sich die Ermittlungsakten noch bei der Polizei befinden, ohne dass sie der StA vorgelegen haben.

Für den Umfang der Akteneinsicht gilt der Grundsatz der Aktenvollständigkeit, d. h. das Recht der Akteneinsicht bezieht sich auf alle verfahrensrechtlichen Akten und Aktenteile. Ausgenommen vom Akteneinsichtsrecht sind sog. Handakten, Verschlusssachen und Aktenstücke, die mit behördlichen Sperrvermerken (§ 96 StPO) versehen sind.[36]

Akteneinsicht kann unter den Voraussetzungen des § 147 II StPO versagt werden.[37]

Wird Akteneinsicht gewährt, werden die Akten i. d. Regel dem Verteidiger ausgehändigt, soweit keine wichtigen Gründe entgegen stehen.[38] Hinsichtlich der Verwertung der Akten gilt, dass der Vertei-

35 Mit Ausnahme des sich selbst verteidigenden Beschuldigten in einfach gelagerten Strafsachen. Näheres siehe *Julius*, S. 542.

36 Zur Akteneinsicht wird auf die umfassende Darstellung bei *Julius*, zu § 147 StPO verwiesen.

37 Weitere Ausführung zur Beschränkung der Akteneinsicht bei *Meyer-Goßner*, § 147 StPO RN 24, 25.

38 *Meyer-Goßner*, § 147 StPO RN 28.

diger berechtigt ist, Kopien des Akteninhaltes dem Beschuldigten auszuhändigen.[39]

3. Aktenordnung

3.1 Allgemeine Grundsätze

Wenn auch verbindliche Vorschriften über den Aufbau von Ermittlungsakten fehlen, bestehen allein aus Sachzwängen für bestimmte Verfahrensarten Ordnungsprinzipien für den Aktenaufbau und die Aktenführung, so z. B. für umfangreiche Wirtschaftsstraftaten, Kapitaldelikte und sonstige komplexe Straftaten.

Auch nach Einführung der elektronischen Datenverarbeitungstechnik bei der Vorgangsbearbeitung hat dies bisher nicht dazu geführt, dass Ermittlungsakten ausschließlich rechnergestützt dokumentiert werden. Nach wie vor wird die Ermittlungsakte herkömmlich als Aktenstück erstellt.

Im Wesentlichen stellt sich die Aktenführung als ein Problem der Informationsverarbeitung und der Dokumentation des Verfahrens und deren Ergebnisse dar. So werden vorwiegend in Großverfahren aus arbeitsökonomischen Gründen für die Bewältigung von Teilaufgaben dv-gestützte Dokumentations- und Recherchesysteme eingesetzt. Soweit dv-gestützte Aktendokumentationssysteme verwendet werden, ist die Struktur der Aktenführung programmabhängig.

Bedeutsame Kriterien für eine sachorientierte Aktenordnung sind
- Übersichtlichkeit,
- Klarheit und
- Zweckgebundenheit.

Der Inhalt und die Abfolge der Aktenordnung orientieren sich folglich an den Erfordernissen und den Besonderheiten des einzelnen Verfahrens, so dass Abweichungen im Detail von der folgenden Aufzählung sehr wohl üblich und notwendig sind.

Inhalt und Abfolge:
- Strafanzeige oder Ereignisbericht mit Einleitungsverfügung,
- Einsatzbericht der ersten Kräfte am Tatort,
- Tatortbefundbericht mit Lichtbildmappe,
- Spurensicherungsbericht,

39 *Meyer-Goßner*, § 147 StPO RN 20.

- Berichte über die Fortführung der Ermittlungen und deren Ergebnisse (Ermittlungsberichte),
- Zeugenvernehmungen,
- Beschuldigtenvernehmungen,
- Berichte über die Durchführung von Wiedererkennungsverfahren,
- Bericht zur vorläufigen Festnahme/Festnahmeanzeige,
- Durchsuchungsbeschlüsse einschließlich der Protokolle und Berichte,
- Aufstellung der beschlagnahmten Gegenstände,
- Personen- und Sachfahndungen, die unmittelbar zum Tatverdächtigen oder zur Sicherstellung von Beweismitteln/der Tatbeute führten,
- Vorführberichte, Haftbefehlsantrag der StA, Haftbefehle,
- Schlussbericht.

Beachte: Die einzelnen Ermittlungsschritte im Verfahren sind in der Ermittlungsakte zu dokumentieren und zu begründen, so dass auch Dritte Personen, die mit dem Verfahren nicht vertraut sind, die Verfahrensschritte und die Ergebnisse lückenlos nachvollziehen können.

3.2 Aktenaufbau

Grundsätzlich werden zwei Arten des Aktenaufbaus unterschieden:

Chronologische Aktenordnung
Bei einfach und übersichtlich strukturierten Straftaten, werden die Aktenstücke chronologisch nach dem Datum ihres Ereignisses in der Ermittlungsakte abgeheftet. Die einzelnen Aktenblätter werden durchnummeriert, um die Vollständigkeit zu dokumentieren und ggf. auf einzelne Aktenblätter verweisen zu können.

Sachorientierte Aktenordnung
Bei komplexen Straftaten, die umfangreiche, meist über einen längeren Zeitraum andauernde Ermittlungen erfordern, erfolgen Aktenaufbau und Aktenführung sachorientiert nach den speziellen Strukturen und Anforderungen der Delikte.

Der sachorientierte Aktenaufbau erfolgt üblicherweise bei folgenden Straftaten (Beispiele):
- Allgemein bei Straftaten mit mehreren Tatkomplexen oder einer Vielzahl von Tätern,

- Tötungsdelikten,
- Ermittlungen in Katastrophenfällen,
- umfangreichen Wirtschaftsstraftaten,
- umfangreichen Brandermittlungen,
- Straftatenserien,
- Organisierter Kriminalität u.Ä.[40]

Den Aktenstücken ist regelmäßig ein Inhaltsverzeichnis mit Angabe von Seitennummern vorgeheftet. Bei umfangreichen Ermittlungsakten ist es zweckmäßig, einen dv-gestützten Index mit Suchbegriffen anzulegen.

3.3 Sachorientierte Aktenordnung

Bei umfangreichen Ermittlungsverfahren gelten, unabhängig von der Art der Informationsverarbeitung der Daten, folgende Ordnungsprinzipien:

Hauptakte

Die Hauptakte ist das Kernstück des Ermittlungsverfahrens. In ihr werden alle beweiserheblichen Feststellungen und Ergebnisse zum Tatgeschehen und Art der Beweiserhebung zusammengefasst und dokumentiert. Sie ist das Spiegelbild des Verfahrens.

Die Hauptakte ist von allen Schriftstücken freizuhalten, die nicht unmittelbar das Tatgeschehen betreffen.

Bei umfangreichen Ermittlungsverfahren empfiehlt sich aus Gründen der Übersichtlichkeit die Anlage von *Teilakten* innerhalb der Hauptakte.

Teilakten können nach folgenden Ordnungsaspekten angelegt werden (Grobgliederung):

Teilakte A	Sachverhalt Tatortbefundbericht mit Lichtbildmappe Spurensicherungsbericht Feststellungen zum Opfer Gutachten, Obduktionsbericht bei Todesermittlungssachen, Schlussbericht

40 Eine umfangreiche Übersicht gibt *Burghard* [1979], S. 156 ff.

Teilakte B	Tatverdächtige Beschuldigtenvernehmungen Ermittlungsberichte, die sich auf die Person des Tatverdächtigen beziehen – Beweismittel – Haftbefehle
Teilakte C	Zeugen. Zeugenvernehmungen, gegliedert nach unmittelbaren Tatzeugen, Wiedererkennungszeugen, sonstigen Hinweisgebern mit verfahrensrelevanten Aussagen. Je nach Verfahrensart und -umfang kann die Teilakte C als gesonderte Spurenakte bei den Nebenakten geführt werden.
Teilakte D	Fahndungsmaßnahmen. Berichte über Fahndungsmaßnahmen, die unmittelbar zum Tatverdächtigen führten, sollten zweckmäßigerweise Bestandteil der Teilakte B sein. Bei umfangreichen Fahndungsmaßnahmen wird die Anlage einer gesonderten Nebenakte empfohlen.
Teilakte E	Sonstige verfahrensrelevante Schriftstücke.

Grundsätzlich genügt es, wenn neben der Original-Hauptakte ein Zweitakte geführt wird. Teilakten können auch, soweit erforderlich, in Mehrausfertigungen erstellt werden.

Nebenakten

Je nach Verfahrensart und Ermittlungsumfang werden Teile der Hauptakte als sog. Nebenakten geführt. Die Nebenakten sind zwar in sich nach Aufbau und Führung eigenständige Aktenstücke, jedoch stets Teil der Hauptakte, d. h. bestimmte Teilbereiche werden unter Ordnungsaspekten und besserer Übersichtlichkeit in Einzelaktenstücke ausgegliedert.

Nebenakten werden üblicherweise geführt als (Aufzählung nicht abschließend)

- Spurenakten bei hohem Spurenaufkommen,[41]
- Beweismittelband bei Verfahren mit komplexer Beweislage, häufig bei Serienstraftaten,
- Täterakten bei einer Mehrzahl von Tätern z. B. in Großverfahren,
- Fallakten bei Serienstraftaten,

41 „Spur" wird hier nicht ausschließlich verstanden als Spur im materiellen Sinne, sondern auch als Hinweis, Information mit Abklärungserfordernis.

- Kostenakte, in der Unterlagen über entstandene Verfahrenskosten enthalten sind.

Handakte

Zu jedem Ermittlungsvorgang ist nach Möglichkeit eine Handakte zu führen. Bei Bagatelldelikten entfällt i. d. R. dieses Erfordernis. Die Handakte ist nicht Teil der Ermittlungsakte, sondern eine interne Akte des den Ermittlungsvorgang verantwortlich bearbeitenden Kriminalisten. In ihr werden alle Unterlagen, Schriftstücke, Vermerke pp. gesammelt, die interne polizeiliche Angelegenheiten betreffen und nicht unmittelbar verfahrensrelevant sind.

Behördeninterne Akten
Berichte über verdeckte Informationsgewinnung wie Observationen, Einsatz von V-Personen, Verdeckten Ermittlern, Erkenntnisgewinnung unter Einsatz von Informanten, Überwachung der Telekommunikation usw. gehören im Original nicht in die Hauptakte. Sie enthalten Angaben, die der Geheimhaltung bedürfen und regelmäßig auch unter die eingeschränkte Aussagegenehmigung (§ 62 BBG)[42] des Beamten fallen. Über die Art der Aktenführung in diesen Fällen bestehen innerdienstliche landesrechtliche Regelungen.

Die Erkenntnisse aus diesen Vorgängen werden durch besondere Ermittlungs- oder Erkenntnisberichte unter Nennung der grundsätzlichen Art der Informationsgewinnung in das Verfahren eingebracht.

Zwar besteht die rechtliche Möglichkeit, seitens des zuständigen Gerichts aus dem Beweiserhebungsgebot (§ 244 StPO) die Vorlage der Unterlagen zu verlangen. Die oberste Dienstbehörde kann jedoch bei Vorliegen der Versagensvoraussetzung gem. § 96 StPO eine sog. Sperrerklärung abgeben, die für das Gericht bindend ist. Entsprechendes gilt für die Beschränkung der Aussagegenehmigung in Bezug auf bestimmte Tatkomplexe (§§ 62 BBG i.V.m. 54 StPO).[43]

42 *Meyer-Goßner*, § 54 StPO RN 6.
43 *Meyer-Goßner*, § 96 StPO RN 12 und § 54 StPO RN 22.

3. Kapitel: Kriminaltaktik

I. Sicherung und Dokumentation des Tatortbefundes

A. Erster Angriff

von *Horst Clages*

1. Begriff

Unter „Erster Angriff“ werden alle unaufschiebbaren polizeitaktischen Maßnahmen
- zur Abwehr von Gefahren
  und/oder
- zur Aufklärung von Straftaten verstanden.

Die PDV 100 Nr. 2.2.3[1] verzichtet auf eine Definition.

Anlg. 20, Grundbegriffe, werden die Maßnahmen des Ersten Angriffs wie folgt beschrieben:

„Unaufschiebbare Feststellungen und Maßnahmen zur Aufklärung von rechtswidrigen Taten und Handlungen; er besteht grundsätzlich aus Sicherungsangriff und Auswertungsangriff“

2. Rechtsgrundlagen

2.1 Strafverfolgung

Rechtsgrundlage für den Ersten Angriff bei dem Verdacht einer Straftat ist § 163 StPO. Danach haben die Behörden und Beamten

1 Zu den taktischen Maßnahmen beim Ersten Angriff siehe *Niewald:* In *Neidhardt* (Hrsg.), Handbuch für Führung und Einsatz der Polizei – Kommentar zur PDV 100- Nr. 2.2.3.

des Polizeidienstes Straftaten zu erforschen und alle keinen Aufschub gestattenden Anordnungen zu treffen, um die Verdunkelung der Sache zu verhüten.

§ 163 StPO überträgt der Polizei nach allgemein anerkanntem Rechtsverständnis damit eine
- eigenständige Erforschungspflicht,
- das Recht, Straftaten zu untersuchen und
- die Pflicht zur Beweissicherung,

ohne erst Aufträge der Staatsanwaltschaft abwarten zu müssen. Der polizeiliche Strafverfolgungsauftrag beschränkt sich nicht auf den „ersten Zugriff“. Es sind vielmehr von der Polizei alle rechtlich zulässigen Maßnahmen zu ergreifen, um die beweiskräftige Aufklärung sicherzustellen. Dies bedeutet, dass alle notwendigen Maßnahmen unverzüglich einzuleiten oder zu tätigen sind, die der Beweissicherung, der Tataufklärung, der Täterergreifung und der Beweisführung dienen.

Aufgrund der Sachleitungsbefugnis der Staatsanwaltschaft ist die Polizei verpflichtet, unverzüglich die StA zu unterrichten, soweit es sich um einen Fall handelt, der rechtlich oder der Sache nach schwierig oder bedeutsam ist. Dadurch wird sichergestellt, dass die StA erforderlichenfalls schon in der frühen Phase der Strafverfolgung ihre gesetzliche Befugnis im Ermittlungsverfahren ausüben kann.

2.2 Gefahrenabwehr

Der gesetzliche Auftrag zur Gefahrenabwehr im Ersten Angriff ergibt sich aus den Polizeigesetzen der Länder. Der Auftrag ist gesetzlich begrenzt auf
- die Verhütung von Straftaten,
- die Vorsorge für die Verfolgung zukünftiger Straftaten, die Vorbereitung für die Hilfeleistung,
- das Handeln in Gefahrenfällen.

In allen anderen unaufschiebbaren Fällen trifft die Polizei notwendige Maßnahmen der Gefahrenabwehr nur dann, wenn die eigentlich zuständige Behörde nicht rechtzeitig tätig werden kann[2].

2 Die gesetzliche Ausgestaltung des Rechts der Gefahrenabwehr kann aufgrund der Gesetzeskompetenz der Länder von Bundesland zu Bundesland voneinander abweichen.

2.3 Schutz privater Rechte

Der Schutz privater Rechte im Ersten Angriff ist der Polizei für Fälle übertragen, in denen gerichtlicher Schutz nicht rechtzeitig zu erlangen ist und wenn ohne polizeiliche Hilfe die Verwirklichung des Rechts vereitelt oder wesentlich erschwert werden würde.

2.4 Zusammentreffen von Strafverfolgung und Gefahrenabwehr

Es ist für den Ersten Angriff charakteristisch, dass in vielen Fällen Maßnahmen der Gefahrenabwehr und der Strafverfolgung zusammen fallen. Aus diesen sog. „Gemengelagen" ergeben sich regelmäßig für das Einsatzhandeln zwei rechtliche Problemkreise.

Zu entscheiden ist,
- ob sich die anzuwendenden Befugnisnormen der polizeilichen Maßnahmen nach dem Polizeirecht oder nach dem Strafprozessrecht zu richten haben?
- welchen Maßnahmen bei Aufgabenkollision zwischen der Gefahrenabwehr und der Strafverfolgung der Vorrang einzuräumen ist?

Mit dem Begriff „Gemengelagen" werden Einsatzlagen der Polizei umschrieben, in denen sich Aufgaben der Gefahrenabwehr und der Strafverfolgung überschneiden.

Merke: Bei doppelfunktionalem Handeln richtet sich die Rechtsgrundlage danach, welchem rechtlichen Schwerpunkt der angestrebte Zweck zuzuordnen ist.

Treffen bei polizeilichen Einsätzen im Einzelfall gleichzeitig Aufgaben der Gefahrenabwehr und der Strafverfolgung zusammen, ist zunächst die gleichzeitige angemessene Wahrnehmung der Aufgaben anzustreben.

Ist eine Festlegung in diesem Sinne nicht möglich, so spricht man von einer sog. Aufgabenkollision. In diesen Fällen ist nach dem Grundsatz der Güter- und Pflichtenabwägung zu entscheiden, nämlich, ob die Gefahrenabwehr oder die Strafverfolgung das höherwertige Rechtsgut ist[3].

---

3 Niedergelegt in: „Gemeinsame Richtlinien der Justizminister/-Senatoren und der Innenminister/-Senatoren des Bundes und der Länder über die Anwendung unmittelbaren Zwanges durch Polizeibeamte auf Anordnung des Staatsanwalts", zugl. Anlg. A der RiStBV. Veröffentl. BAnz. Nr. 240, abgedruckt bei *Meyer-Goßner,* S. 2202.

2.5 Eingriffsmaßnahmen im Ersten Angriff

Als Standardmaßnahmen mit Eingriffscharakter kommen im Ersten Angriff häufig in Frage:

Informationserhebung am Ereignisort
Regelmäßig wird durch die zuerst am Ereignisort eintreffenden Polizeikräfte eine allgemeine Befragung der am Einsatzort anwesenden Personen über das vorliegende Ereignis vorgenommen[4]. Sie hat den Zweck, einen ersten Überblick über das Geschehen zu gewinnen. Dieses erste Einholen von Informationen am Ereignisort wird als Phase des „Herumfragens" bezeichnet.

Es ist zu klären, welche verfahrensrechtliche Stellung die am Ereignisort anwesenden Personen nach dem vorliegenden Sachstand haben. Sind sie Opfer, sonstige Zeugen, Verdächtige, Beschuldigte oder Unbeteiligte? Die Klärung dieser Frage entscheidet über die rechtlich zulässigen und gebotenen polizeilichen Maßnahmen.

Weitere Ausführungen zum Thema enthält: A) Kriminalistische Tatortarbeit, Nr. 2.3.

Identitätsfeststellung
Werden am Ereignisort Personen angetroffen, die als Tatbeteiligte i.w. Sinne in Frage kommen und sind ihre Personalien nicht bekannt, ist die Polizei nach Maßgabe der einschlägigen gesetzlichen Bestimmungen aus Gründen der Beweissicherung verpflichtet und ermächtigt, ihre Identität festzustellen.

Weitere Ausführungen zum Thema enthält: A) Kriminalistische Tatortarbeit, Nr. 2.2.

Störung von Amtshandlungen
§ 164 StPO ermächtigt die Polizei, Personen, die am Ereignisort die amtliche Tätigkeit vorsätzlich stören oder sich den rechtmäßigen Anordnungen widersetzen, vorübergehend bis zur Beendigung seiner Amtsverrichtungen, jedoch nicht über den nächstfolgenden Tag hinaus festzunehmen. Die Verhältnismäßigkeit der Maßnahme sowie der Richtervorbehalt für die Freiheitsentziehung sind zu beachten. Die Festnahme oder das Festhalten des Störers können erforderlichenfalls auch mit unmittelbarem Zwang durchgesetzt werden.

4 Zum Recht der Befragung von Personen durch die Polizei siehe die umfassenden Ausführungen bei *Tegtmeyer/Vahle*, s. 108 ff.

In geeigneten Fällen kann die Verhinderung oder Fortdauer einer Störung durch Dritte auch mit dem Mittel des *Platzverweises* nach Polizeirecht durchgeführt werden.

Weitere Ausführungen zum Thema enthält: A) Kriminalistische Tatortarbeit, Nr. 2.5.

Vorläufige Festnahme
Die vorläufige Festnahme von Personen im Ersten Angriff am Tatort oder in unmittelbarer Verfolgung flüchtiger Tatverdächtiger richtet sich nach §§ 127 i. V. m. 112 StPO.

Tatverdächtiger: Als tatverdächtig gilt diejenige Person, bei der aufgrund von Tatsachen auf die nahe Möglichkeit der Täterschaft zu schließen ist. Der Verdacht besteht schon, wenn Anhaltspunkte vorliegen, die die Täterschaft (oder Teilnahme) der betroffenen Person als möglich erscheinen lassen. Bloße Vermutungen reichen nicht aus.
Dringender Tatverdacht besteht, wenn nach dem gegenwärtigen Stand der Ermittlungen die Wahrscheinlichkeit groß ist, dass der Beschuldigte schuldiger Täter oder Teilnehmer ist.

Beschlagnahme
Die Sicherung des Tatortbefundes zum Zweck der Tataufklärung und Beweisführung für das Strafverfahren ist eine wesentliche Aufgabe der polizeilichen Tatortarbeit. Nach § 94 Abs. 1 StPO können sowohl der Tatort in seiner räumlichen Ausdehnung als auch Gegenstände, die als Beweismittel von Bedeutung sein können, in Verwahrung genommen oder auf andere Weise sichergestellt werden. Dies erfolgt durch formlose Sicherstellung oder durch förmliche Beschlagnahme. Als Beweisgegenstände kommen alle beweglichen und unbeweglichen körperlichen Gegenstände in Betracht. Die Vermutung der Beweiserheblichkeit genügt.

Für Grundstücke wird erforderlichenfalls ein Betretungs- und/oder Veränderungsverbot ausgesprochen. Allseits umschlossene Räume sind zu versiegeln.

Genügt die Sicherung einzelner Spuren am Tatort, kann unter Umständen auf die Beschlagnahme des Tatortes verzichtet werden.

Die Beschlagnahme von Gegenständen zum Zwecke der Gefahrenabwehr nach dem Polizeirecht bleibt unberührt[5].

5 *Clages* (2011), S. 103.

3. Der Erste Angriff nach der PDV 100

3.1 Grundstruktur des Ersten Angriffs

Die PDV 100 Nr. 2.2.3 geht davon aus, dass das polizeiliche Handeln im Ersten Angriff in zwei Phasen abläuft, und zwar dem Sicherungsangriff und dem sich daran anschließenden Auswertungsangriff.

Grundstruktur des ersten Angriffs

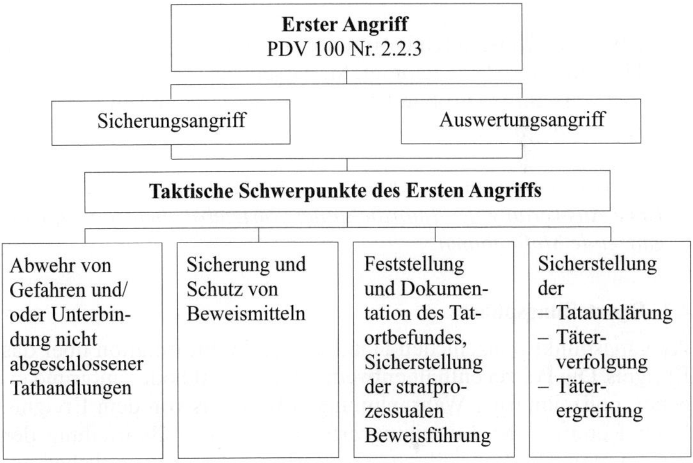

Abb. 9

3.2 Maßnahmenkatalog nach der PDV 100

Für beide Einsatzphasen nennt die Vorschrift einen umfangreichen Katalog[6] von taktischen Verhaltensweisen und Maßnahmen, bei denen es sich jedoch nicht um einen abschließenden Katalog handelt. Danach ist der Sicherungsangriff weitestgehend von Sofortmaßnahmen geprägt. Der Auswertungsangriff hat in der Hauptsache die Aufnahme und Dokumentation des Tatgeschehens zum Zweck.

Umfang und Ausmaß der im Ersten Angriff[7] zu treffenden Maßnahmen sowie die sich anschließende weitere Bearbeitung des Ver-

6 Siehe PDV 100 Nr. 2.2.3; auf die Aufzählung wird hier verzichtet.

7 Ausführliche Erläuterungen der im Ersten Angriff zu treffenden Maßnahmen sind bei *Clages*, (1997) S. 167-241, zu finden.

fahrens richten sich nach der Art und Schwere sowie den Tatumständen des Einzelfalles. Erforderlichenfalls sind Ermittlungsgruppen oder Sonderkommissionen einzusetzen, ggf. in einer „Besonderen Aufbauorganisation“ (BAO)[8].

4. Beurteilungs-, Entscheidungs- und Einsatzprozesse im Ersten Angriff

Der Erste Angriff ist durch bestimmte Beurteilungs-, Entscheidungs- und Handlungsprozesse geprägt. Sie lassen sich nach ihren inhaltlichen Schwerpunkten grob in vier Phasen gliedern, und zwar in

- *Beurteilungsphase,*
- *Sofortphase,*
- *Beweissicherungs- und Dokumentationsphase,*
- *Erste Auswertung des Tatortbefundes sowie abschließende und Ergänzende Maßnahmen.*

4.1 Beurteilungsphase

Ausgangspunkt polizeilichen Handelns ist die Information über das Ereignis. Die Polizei enthält entweder durch Dritte oder aufgrund eigener, polizeiinterner Wahrnehmungen Kenntnis von dem Ereignis. Nach Kenntnis der Mitteilung erfolgt eine erste Beurteilung der Information. Die Beurteilung konzentriert sich im Wesentlichen auf folgende Fragestellungen:

- Was liegt vor; auf welchen mutmaßlichen Anlass lässt die Ereignisinformation schließen?
- Liegt eine Gefahrenlage, eine Straftat vor oder ist eine Gemengelage gegeben?
- Liegt ein Anlass vor, der ein unverzügliches polizeiliches Tätigwerden erfordert; ist eine Sofortlage gegeben?
- Kann der mit der Erstinformation mitgeteilte Informationsinhalt als gesichert gelten?
- Wie kann ggf. ein größeres Maß an Klarheit über das Ereignis erlangt werden?

8 Zum Begriff der BAO: PDV 100 Anlg. 20, Grundbegriffe.

Phasen der polizeilichen Lagebewältigung im Ersten Angriff

Abb. 10

4.2 Sofortphase

Führt die Beurteilung der Ereignisinformation zu dem Ergebnis, dass eine Sofortlage vorliegt, schließt sich die Sofortphase des polizeilichen Einsatzes an. Es sind Maßnahmen des Sicherungsangriffs einzuleiten oder durchzuführen. Die Sofortphase ist hauptsächlich von einsatztaktischen Abläufen geprägt.

4.3 Beweissicherungs- und Dokumentationsphase

Mit der Beweissicherungs- und Dokumentationsphase beginnt der Auswertungsangriff. Diese Phase ist gegliedert nach
- objektivem Tatortbefund und
- subjektivem Tatortbefund einschließlich erster Ermittlungen.

Hier wird die eigentliche kriminalistische Tatortarbeit geleistet, d. h. die Erhebung des objektiven Tatortbefundes – die Tatortbefundaufnahme – sowie die beweissichernde Dokumentation.

Die Erhebung des subjektiven Tatortbefundes hat im Wesentlichen die Feststellung von Tatbeteiligten und Zeugen sowie deren Aussagen zum Tatgeschehen zum Inhalt.

Die Dokumentation der Tatortbefundaufnahme erfolgt mit dem Tatortbefundbericht.

Weitere Ausführungen zum Thema enthält: B) Kriminalistische Tatortarbeit (s.u.).

4.4 Erste Auswertung des Tatortbefundes, abschließende und ergänzende Maßnahmen

Nach der Aufnahme des objektiven und des subjektiven Tatortbefundes wird eine erste Auswertung der Ergebnisse vorgenommen. Die Auswertung verfolgt den Zweck, auf Grund der zu diesem Zeitpunkt vorliegenden Informationen ein erstes Bild über das Tatgeschehen, Opfer, Täter, Tatmotiv und Beweissituation zu erhalten. Darüber hinaus sollen Erkenntnisse über unverzüglich vorzunehmende Folgemaßnahmen gewonnen werden.

Weiterhin ist damit der Zweck verbunden, durch kritische Analyse das Ergebnis des Ersten Angriffs, insbesondere des Auswertungsangriffs zu überprüfen.

Literatur:

Ackermann, R., Clages, H., Roll, H., Handbuch der Kriminalistik – für Praxis und Ausbildung –, 4. Aufl., Kap. IV Erster Angriff, Boorberg Verlag, Stuttgart, 2011.
Clages, H., Kriminalistik, Lehrbuch für Ausbildung und Praxis, FH Schriftenreihe Polizei, 3. Aufl., Boorberg Verlag, Stuttgart 1997.
Guth, R., Checklisten für den Ersten Angriff, Boorberg Verlag, Stuttgart, 2000.
Leonhardt, R., Roll, H., Schurich, F.-R., Kriminalistische Tatortarbeit – Leitfaden für Studium und Praxis – Grundlagen Kriminalistik, Bd. 40, Kriminalistik Verlag, Heidelberg, 1995.
PDV 100, Ausgabe 1999, Stand 05/2010, Ziff. 2.2.3.
Roll, H., Tatortarbeit, Lehr- und Studienbriefe Kriminalistik/Kriminologie, Bd. 8, VDP Hilden, 2008.

B. Kriminalistische Tatortarbeit

von *Holger Roll*

1. Theoretische Grundlagen

1.1 Begriff

Um die Tatortarbeit zu definieren, bedarf es einer Definition des Tatortes. In der Fachliteratur werden kriminalistisch relevante Orte differenziert beschrieben. Bei der Definition des Tatortes selbst ist zu unterscheiden zwischen dem Tatort im
- juristischen und
- kriminalistischen Sinn.

Nach § 9 I StGB ist der Tatort der Ort, an dem der Täter gehandelt hat (Tätigkeitstheorie) oder im Falle des Unterlassens hätte handeln müssen oder an dem der zum Tatbestand gehörende Erfolg eingetreten ist (Erfolgstheorie) oder nach der Vorstellung des Täters eintreten sollte.

Weitere Tatorte ergeben sich aus dem Geltungsbereich des StGB:
- § 3 StGB – Straftaten im Inland,
- § 4 StGB – Schiffe und Luftfahrzeuge,
- § 5 StGB – Auslandstaten gegen inländische Rechtsgüter,
- § 6 StGB – Auslandstaten gegen internationale Rechtsgüter,
- § 7 StGB – Auslandstaten allgemein.

Der kriminalistische Tatortbegriff ist zu unterscheiden zwischen dem Tatort im engeren und im weiteren Sinn.

Der Tatort im engeren Sinn[9] „ist der Ort, an dem sich die Tat unmittelbar ereignet hat und Veränderungen in der Außenwelt, d. h. Spuren im Zusammenhang mit dem Geschehen erwartet werden können. Dies können z. B. sein: Kampfspuren, Kontaktspuren, Anhaftungen bei Tätern und Opfern, Blut- oder Sekretspuren, Fingerabdrücke, Fußabdrücke, Situationsspuren wie zerstörte oder beschädigte Einrichtungen usw.".

Zum Tatort im weiteren Sinn zählen Örtlichkeiten, die mit dem Ereignis im Zusammenhang stehen. Dazu können solche Orte gehören wie der Vorbereitungsort, der Annäherungsweg des Täters an das Tatobjekt, die nähere und die weitere Umgebung der Tatörtlichkeit, der eigentliche engere Tatort, der Fundort des Opfers, der Fluchtweg des Täters, Fluchtmittel, Fluchtfahrzeuge, der Verbringungs- und Verbergungsort der Beute oder Versteckorte von Tatwerkzeug.

Neben dem Tatort sind in der Kriminalistik weitere Örtlichkeiten von Bedeutung. Man unterscheidet u. a.:
- den Ereignisort,
- den Fundort,
- den Feststellungsort,
- den Brandort.

Unter dem Ereignisort ist ein Oberbegriff zur Kennzeichnung eines Raumes oder Ortes zu verstehen, in dem sich ein kriminalistisch relevantes Ereignis oder ein die öffentliche Sicherheit beeinträchtigender Sachverhalt ereignete.

Der Begriff gibt seinem Wesen nach nur eine allgemeine inhaltliche Charakterisierung derartiger Räume bzw. Orte und sollte deshalb nur dann verwendet werden, wenn die konkrete Situation, die Art oder der spezifische Charakter der Handlung bzw. des Geschehens noch nicht eindeutig bestimmt werden können.

Der Fundort ist ein Ereignisort, an dem Gegenstände, Sachen oder Personen aufgefunden werden, die mit einer Straftat oder anderen kriminalistisch relevanten Handlungen in Verbindung stehen bzw. gebracht werden können.

9 *Clages*, Kriminalistik 3/02, S. 216.

Der Feststellungsort ist der Ort, an dem ein kriminalistisches Ereignis entdeckt wird. Vor allem bei Straftaten unter Ausnutzung des Transports ist es ein Ort, an dem eine mit dem Transportprozess auf Bahngebiet, im Güterkraftverkehr, aber auch in der Binnen- und Hochseeschifffahrt sowie in der Luftfahrt verbundene Rechtsverletzung (Ladungsdiebstahl, Ladegutbeschädigung usw.) festgestellt wurde.

Der Brandort ist der Ereignisort eines Brandes. Als Brandort wird sowohl das Brandobjekt als auch der Brandraum bezeichnet. Das Brandobjekt ist das gesamte vom Brand geschädigte Objekt (Gebäude, landwirtschaftliche Kulturen usw.) Als Brandraum wird der räumlich begrenzte Teil eines Brandobjekts bezeichnet, in dem sich die Brandausbruchstelle befindet.

Die Differenzierung des jeweiligen Ortes ist für die kriminalistische Untersuchung von Bedeutung, da der spezifische Charakter des Ereignisses durch die Klassifizierung des Ortes sichtbar wird. Das ermöglicht die Durchführung zielgerichteter Ermittlungshandlungen und bewirkt eine Effektivitätserhöhung der einzuleitenden Untersuchungsmaßnahmen am Tatort. Einschränkend bleibt festzuhalten, dass nicht in jedem Fall von vornherein eine konkrete Kennzeichnung des Ortes realisierbar ist.

Darüber hinaus ist bei kriminalistisch relevanten Sachverhalten nicht immer ein örtlicher Bereich als Tatort zu bestimmen. So wird z.B. bei Delikten der Wirtschaftskriminalität, des Betrugs, der Strafvereitelung im Amt, des Meineides eher ein funktionaler Tatort festgelegt.

Für Delikte der Internetkriminalität[10] verweist Siegert[11] darauf, dass der rechtliche Prozess der Bewertung des Phänomens Internet auch hinsichtlich der Einschätzung des Ortes der Handlungen noch nicht abgeschlossen ist. Schwarzenegger[12] und Eser[13] zeigen auf, dass aus juristischer Sicht die Bestimmung des Ortes des Handelns (i.S. der §§ 3-7 StGB) vom jeweiligen Sachverhalt abhängig ist und fallbezogen ermittelt werden muss, um die Zuständigkeiten nach § 9 StGB abzuleiten.

10 Vgl. 6. Kapitel, IV. Internetkriminalität.

11 *Siegert*, S. 155 ff.

12 *Schwarzenegger*, Ch.(2000).

13 *Eser*, S. 305 ff.

1.2 Bedeutung des Tatortes

Der Tatort hat bei vielen Sachverhalten eine erhebliche Bedeutung für den kriminalistischen Erkenntnis- und Beweisführungsprozess. Die Bedeutung ist abhängig vom konkreten Delikt und vom Spurenaufkommen des jeweiligen Delikts.

Der Tatort ermöglicht es, formale Kriterien der Straftat zu erkennen und kriminalistische Hinweise zu gewinnen.

Bedeutung des Tatortes

Erkennen von formalen Kriterien des Sachverhalts	Gewinnung fallspezifischer kriminalistischer Hinweise

– Begründung der örtlichen Zuständigkeit der Polizei,
– Begründung des Gerichtsstandes im ersten Rechtszug,
– erste strafrechtliche Qualifizierung des Delikts.
	– Feststellen von Spuren und anderen materiellen Wirkungen des Ereignisses, z. B.:
	  – Bestimmung zeitlicher Abläufe,
	  – Ermittlung der Begehungsweise,
	  – Hinweise zum Tatverdächtigen, Hinweise zu verwendeten Tatwerkzeugen und Tatmitteln,
	– Feststellen von Zeugen und Verdächtigen am Tatort und seiner Umgebung,
	– Erarbeiten eines gedanklichen Modells (Version) zum Ereignis,
	– Möglichkeit der Überprüfung von Informationen.

Abb. 11

1.3 Zielstellungen

Die Tatortarbeit ist einzuordnen in den Ersten Angriff[14]. Sie ist wesentlicher Bestandteil des Auswertungsangriffs.

Die Ziele der Tatortarbeit sind somit Bestandteil der Ziele des Ersten Angriffs. Unter spezifisch kriminalistischen Gesichtspunkten sind hervorzuheben:

14 Eine Darstellung des Ersten Angriffs erfolgt an dieser Stelle nicht. Es werden lediglich die Elemente aus dem Sicherungs- und Auswertungsangriff beschrieben, die einen kriminalistischen Bezug zur Tatortarbeit aufweisen.

- die Aufnahme des objektiven und subjektiven Tatortbefundes,
- die Sicherung der für das weitere Verfahren notwendigen Beweismittel (einschließlich der Beweisführung),
- die Dokumentation von Beweismitteln für das weitere Verfahren,
- die gedankliche Rekonstruktion (Modell, Version) des Tatgeschehens auf der Grundlage der vorgefundenen Situation am Ereignisort,
- das Gewinnen von Anhaltspunkten für die Täterermittlung vom Ereignisort aus (z. B. Erlangen von Hinweisen zur Person zur Einleitung von Fahndungsmaßnahmen).

Der Begriff der Tatortarbeit findet in der kriminalistischen Fachliteratur keine einheitliche Definition.

Leonhard/Roll/Schurich[15] beschreiben die Tatortarbeit als ein komplexes, in sich strukturiertes System von gedanklicher und praktischer Tätigkeit der Ermittlungsbeamten am Tatort zur Suche, Sicherung und Bewertung von Informationen, das sich in spezifischer Weise in den Ermittlungsablauf einordnet.

Damit wird die Tatortarbeit als Maßnahmensystem zur Erhebung des objektiven und subjektiven Tatortbefundes gekennzeichnet. Gleichzeitig bezieht diese Definition die gedankliche Arbeit des am Tatort ermittelnden Polizeibeamten ein.

1.4 Erkenntnistheoretische Grundlagen

In der Regel handelt es sich bei einem kriminalistisch relevanten Ereignis um einen Sachverhalt, bei dem der Verdacht einer Straftat nicht auszuschließen ist. Das Ereignis ist gekennzeichnet durch:

- Örtliche Komponenten
  Diese begrenzen meist den Tatortbereich. Mitunter sind jedoch auch mehrere örtliche Komponenten des Ereignisses (Tatort, Fundort) festzustellen. Auch diese Aspekte müssen berücksichtigt werden.
- Zeitliche Komponenten
  Die zeitlichen Komponenten eines Ereignisses beziehen sich insbesondere auf den Ereigniseintritt (Tatzeit) und auf die Reihenfolge der Handlungen einzelner Tatabschnitte.

15 Vgl. *Leonhard/Roll/Schurich*, S. 146.

- Modale Komponenten
  Die modalen Komponenten beschreiben die Art und Weise des Verlaufs des Ereignisses, insbesondere die Aspekte der Begehungsweise.
- Personale Komponenten
  Jedes kriminalistisch relevante Ereignis wird durch die Personen (Zeugen, Beschuldigte, Opfer, Geschädigte), die am Ereignis beteiligt sind, bestimmt.
- Motivale Komponenten
  Diese beschreiben die Ursachen, den Antrieb und die Auslösersituation des Ereignisses.

Diese ereigniskennzeichnenden Aspekte sind die Basisbedingungen für die Tatortanalyse und die Tatortbefundaufnahme.

Neben diesen Komponenten existieren Besonderheiten des kriminalistisch relevanten Sachverhaltes, die den Erkenntnisprozess von anderen unterschieden. Diese Aspekte sind folgende:
- Die Einmaligkeit des Ereignisses in der am Tatort vorgefundenen Situation (Individualereignis).
- Erkenntnisse, die nicht aufgenommen wurden, sind unwiederbringlich.
- Das Ereignis liegt in der Vergangenheit.
- Es gibt eine Zeitdifferenz zwischen dem Ereignis und der Untersuchung (unterschiedliche Situationen: Sofortlage oder Ermittlungslage).
- Das Ereignis ist nicht der direkten Beobachtung durch den Kriminalisten zugänglich (Wahrnehmung).
- Das Ausgangsmaterial der kriminalistischen Arbeit sind „Spuren" des Ereignisses. Diese unterteilen sich in:
  - materielle Widerspiegelungen in der objektiven Realität und
  - ideelle Widerspiegelungen im Bewusstsein.
- Das Handeln erfolgt unter regelmäßigem Informationsdefizit (wichtig für Versionsbildung).
- Die Informationen können vielfach differenziert interpretiert werden.
- Es gibt nur selektive Kenntnisse.

Zusammenfassend muss man feststellen, dass der kriminalistische Erkenntnisprozess auf einem in der Vergangenheit liegenden Ereignis beruht. Dieses Ereignis widerspiegelt sich materiell und ideell. Diese Widerspiegelungen festzustellen, aufzunehmen, zu verarbeiten, zusammenzufassen, zu werten und die richtigen Schlüsse zu ziehen, ist eine wesentliche Aufgabe der Tatortarbeit.

2. Rechtliche Grundlagen

2.1 Allgemeines

Die rechtlichen Grundlagen der Tatortarbeit werden bestimmt durch strafverfolgende und gefahrenabwehrende Aspekte.

In Abhängigkeit vom einzelnen Sachverhalt ist zu prüfen, welche Ermächtigungsgrundlage im konkreten Einzelfall maßgebend ist. Kriterien zur Prüfung[16] sind:
- die Schwere des Delikts,
- die Intensität der Straftat,
- das gefährdete Rechtsgut,
- die Möglichkeit der Wiederholung des Ereignisses,
- das Ausmaß und die Stärke der drohenden Gefahr,
- die Gefährlichkeit des Täters,
- die Art und Höhe des eingetretenen oder möglichen Schadens.

Folgende Grundsätze für die Anwendung der Rechtsgrundlage werden formuliert[17]:
- Treffen bei polizeilichen Einsätzen gleichzeitig Aufgaben der Gefahrenabwehr und der Strafverfolgung zusammen, ist zunächst die gleichzeitige angemessene Wahrnehmung der Aufgaben anzustreben.
- Sollte dies nicht möglich sein, so ist nach dem Grundsatz der Güter- und Pflichtenabwägung jeweils für die konkrete Lage festzulegen, ob die Gefahrenabwehr oder die Strafverfolgung das höherwertige Rechtsgut ist.

Grundsätzlich sind bei den Rechtsgrundlagen zu unterscheiden
- die Ermächtigungsgrundlage für die Tatortarbeit insgesamt,
- die Ermächtigungsgrundlagen für die einzelnen am Tatort durchzuführenden Ermittlungshandlungen.

---

16 *Leonhard/Roll/Schurich*, S. 11.

17 Gemeinsame Richtlinie der Justizminister/-senatoren und der Innenminister/-senatoren des Bundes und der Länder über die Anwendung unmittelbaren Zwanges durch Polizeibeamte auf Anordnung des Staatsanwalts, Anlg. A zu den RiStBV, BAnz. Nr. 240, AV v. 15.12.1973, in Kraft gesetzt durch landesrechtl. Erlasse.

In der Abbildung 12 werden die möglichen Rechtsgrundlagen überblicksmäßig dargestellt.

Im Einzelnen leiten sich aus den unterschiedlichen Rechtsgrundlagen verschiedene taktische Maßnahmen ab. In diesem Abschnitt werden lediglich strafprozessuale Grundlagen dargestellt.

Rechtsgrundlagen der Tatortarbeit			
strafprozessuale Grundlagen (Strafverfolgung)		**polizeirechtliche Grundlagen[18] (Gefahrenabwehr)**	
Tatortarbeit insgesamt	**am Tatort durchzuführende Maßnahmen**	**Tatortarbeit insgesamt**	**am Tatort durchzuführende Maßnahmen**
Erforschungspflicht Erforschungsrecht Beweissicherungspflicht § 163 I StPO § 152 II StPO §160 I StPO § 152 I GVG	Identitätsfeststellung §§ 163b und 163c StPO Informatorische Befragung, Vernehmung §§ 163a V, 52, 55 StPO § 163a IV StPO Sicherung des Tatortbefundes zu Beweiszwecken § 94 StPO Einzuleitende Maßnahmen bei Störhandlungen § 164 StPO	Gefahrenabwehrklausel in den Polizeigesetzen der Länder	Identitätsfeststellung Informatorische Befragung Sicherung des Tatortbefundes Einzuleitende Maßnahmen bei Störhandlungen

Abb. 12

2.2 Identitätsfeststellung

Die Identitätsfeststellung dient dazu, die Personalien von Personen, die sich am Ereignisort aufhalten, festzustellen.

Identitätsfeststellungen zur Strafverfolgung sind nach §§ 163b und 163c StPO zulässig.

18 Auf eine beispielhafte Darstellung an Hand eines Landesgesetzes wird verzichtet. Es werden lediglich die möglichen Maßnahmen ohne rechtliche Grundlage benannt.

§ 163b StPO unterscheidet zwischen Verdächtigen und Nichtverdächtigen (Opfer, Geschädigte, Zeugen), deren Identität festgestellt werden kann.

Eingriffsmaßnahmen zur Feststellung der Identität bei Verdächtigen sind weitergehender.

Bei Unverdächtigen berechtigt der § 163b StPO zur Identitätsfeststellung, wenn diese Maßnahme „zur Aufklärung einer Straftat geboten ist".

Meyer-Goßner[19] stellt dazu fest: „Das ist der Fall, wenn im Zeitpunkt der beabsichtigten Identitätsfeststellung konkrete Anhaltspunkte dafür bestehen, dass die Person als Zeuge oder als Augenscheinsobjekt (...) benötigt wird. Hauptfall: Ein Unverdächtiger, der als Zeuge in Betracht kommt, will sich gerade vom Tatort entfernen."

Das hat zur Folge, dass hier eine Auswahl der „Unverdächtigen" vorgenommen wird. Nur bei Zeugen (im weiteren Sinn gehören Opfer und Geschädigte zu den Zeugen) dürfen demzufolge Maßnahmen der Identitätsfeststellung vorgenommen werden.

Zur Identitätsfeststellung können die „erforderlichen Maßnahmen" eingeleitet werden. Grundlage für die Maßnahmen zur Identitätsfeststellung ist die Beachtung des Verhältnismäßigkeitsgrundsatzes.

Für die Tatortarbeit von Bedeutung sind:
- **Anhalten** einer Person (kein eigenständiger Eingriff, sondern lediglich Voraussetzung für die Identitätsfeststellung).
- **Personalienfeststellung** (§ 111 OWiG legt den Umfang der zu erfragenden Informationen fest).

Die Personalienfeststellung wird durch Aushändigen des Personalausweises oder anderer geeigneter Dokumente (z. B. Führerschein, Dienstausweis) erreicht.
- Klärung des rechtlichen Status der Person,
  - Verdächtiger (Belehrung des Verdächtigen über die Straftat und den Anlass der Identitätsfeststellung gem. § 163a IV StPO),
  - Unverdächtiger (Belehrung darüber, zur Aufklärung welcher Straftat seine Identitätsklärung dienen soll, gem. § 69 I Satz 2 StPO),
- **Festhalten** (gem. § 163 b I Satz 2 i. V. m. § 163 c StPO)
  Das Festhalten ist ein Eingriff in die persönliche Freiheit im Sinne von Artikel 104 GG. Für die Tatortarbeit von Bedeutung ist

19 *Meyer-Goßner*, § 163b StPO, RN 15.

das Festhalten für den Zeitraum der Überprüfung der Personalien. Ist die Identität geklärt, darf die Freiheitsentziehung nicht länger andauern.

- **Verbringen zur Polizeidienststelle** (gem. § 163b I Satz 2 i. V. m. § 163c StPO)
  Das Verbringen wird von den Bestimmungen des Festhaltens mit erfasst.
- **Durchsuchen** der Person und der mitgeführten Sachen (§ 163b I Satz 3 i. V. m. Satz 2)
  Diese Maßnahme darf nur gegenüber Verdächtigen durchgeführt und unter Beachtung des Verhältnismäßigkeitsgrundsatzes auch mittels Zwang durchgesetzt werden.
- **Erkennungsdienstliche Behandlung** (gem. § 163b I Satz 3 i. V. m. Satz 2 StPO und i. V. m. § 81b 1. Alt. StPO)
  Die erkennungsdienstlichen Maßnahmen stellen den schwerwiegendsten Eingriff in die Persönlichkeitsrechte des Betroffenen dar. Bei Verdächtigen dürfen sie nur durchgeführt werden, wenn die Identität auf andere Weise nicht oder nur mit erheblichen Schwierigkeiten festgestellt werden kann; bei Unverdächtigen nicht gegen den Willen der Betroffenen. In der Regel wird bei der Tatortarbeit die erkennungsdienstliche Behandlung nur in Ausnahmefällen vor Ort durchgeführt werden. In den meisten Fällen erfolgt die Verbringung des Betroffenen zur Polizeidienststelle (z. B. zur Abnahme von Vergleichsmaterial).

2.3 Informatorische Befragung und Vernehmung

Das Ziel der informatorischen Befragung besteht darin, einen ersten Überblick zu erhalten. Neben der Inaugenscheinnahme ist diese Maßnahme insbesondere dann von Bedeutung, wenn unzureichende Informationen zur Einschätzung der polizeilichen Lage vorliegen. Inhaltlich geht es darum, am Tatort angetroffene Personen zu befragen.

In der Rechtsprechung wird diese Art von Befragen als keine, einer Vernehmung ähnliche Befragung dargestellt. Als Rechtsgrundlage gilt der § 163 StPO (strafprozessuale Erforschungspflicht).

Inhalt dieser Befragungsphase ist es, festzustellen:

- ob der **Verdacht einer Straftat** gegeben ist,
- welche gefahrenabwehrenden und strafverfolgenden Maßnahmen unverzüglich einzuleiten sind,

- ob am Tatort angetroffene Personen **Zeugen**, **Tatverdächtige** oder **Unbeteiligte** sind.

Die Prüfung dieser Fragen verlangt keine Belehrung.

Die Klärung des Status dieser Personen ist insbesondere wichtig für einzuleitende Folgehandlungen, wie z. B.
- Erhebung von Informationen zur Person,
- Belehrungen,
- strafprozessuale Zwangsmaßnahmen (wie Durchsuchung und Beschlagnahme, vorläufige Festnahme, erkennungsdienstliche Behandlung).

Nach Feststellung des Status als Zeuge oder Beschuldigter sind die Personen vor der Durchführung der weiteren Befragung zum Sachverhalt entsprechend zu belehren.

Belehrung von Zeugen	
Zeugnisverweigerungsrecht (§§ 52, 53, 53a StPO)	Auskunftsverweigerungsrecht (§ 55 StPO)
– aus persönlichen, verwandtschaftlichen Gründen § 52 StPO – Angehörige, – Verlobte des Beschuldigten, – Ehegatten des Beschuldigten, auch wenn Ehe nicht mehr besteht, – diejenigen, die mit Beschuldigten in gerader Linie verwandt oder verschwägert sind oder waren, – diejenigen, die mit dem Beschuldigten in der Seitenlinie bis zum 3. Grad verwandt oder bis zum 2. Grad verschwägert sind oder waren, – Verwandtschaft § 1589 BGB, – Schwägerschaft § 1590 BGB, – aus beruflichen oder berufshelferischen Gründen §§ 53, 53a StPO – Schweigepflicht in bestimmten Berufen, – Vernehmungsverbot von Richtern, Beamten oder anderen Personen im öffentlichen Dienst, Aussagegenehmigung	Ein Zeuge braucht sich mit seiner Aussage nicht selbst zu belasten

Abb. 13

Dem Beschuldigten ist zu Beginn der Vernehmung zu eröffnen, dass er der Tat verdächtig ist und gegen ihn ein Ermittlungsverfahren eingeleitet wurde (§ 160 StPO). Er ist darüber zu informieren, welche Tat ihm zur Last gelegt wird (§§ 136 I, 163a IV Satz 1 StPO) und welche konkreten Strafvorschriften in Betracht kommen (§ 163 I StPO). Die letztgenannte Regelung ist kein Erfordernis bei polizeilichen Vernehmungen.

Der Beschuldigte wird über sein Recht der Aussagefreiheit und darüber belehrt, dass er Beweisanträge stellen darf. Er ist darauf hinzuweisen, dass er einen Rechtsbeistand konsultieren und befragen kann und sich zum Sachverhalt schriftlich äußern kann.

2.4 Sicherung des Tatortbefundes zu Beweiszwecken

Aufgabe der polizeilichen Tatortarbeit ist es, Beweise zu sichern und Hinweise zum Täter zu erlangen. Die Spurensuche und -sicherung ist Bestandteil des Beweissicherungsverfahrens. Als Rechtsgrundlage für die Suche und vor allem für die Sicherung der Beweise gilt der § 94 I StPO.

Durch diese Regelung können Gegenstände und Spuren, die durch die Tatortarbeit als Beweismittel gesichert wurden, für das Verfahren nutzbar gemacht werden. Ebenso kann der gesamt Tatort als Beweismittel in Verwahrung genommen werden. Dies geschieht durch formlose Beschlagnahme oder Sicherstellung (insbesondere bei beweglichen Gegenständen). Bei Grundstücken erfolgt das Aussprechen eines Betretungs- und/oder Veränderungsverbotes. Umschlossene Räume (z. B. Wohnungen, Büros) werden versiegelt.

2.5 Einzuleitende Maßnahmen bei Störhandlungen

Bei der Einleitung von Maßnahmen, die Störungen durch Personen verhindern sollen, gilt es zu unterscheiden zwischen strafverfolgender und gefahrenabwehrender Tatortarbeit. Störungen können in der polizeilichen Praxis im Allgemeinen von Schaulustigen, von Verfahrensbeteiligten (z. B. Zeugen und Beschuldigten) und in bestimmten Fällen auch von Medienvertretern ausgehen.

Als strafprozessuale Grundlage für die Beseitigung der Störung kann der § 164 StPO (Festnahme von Störern) benannt werden.

Bei der Tatortarbeit liegt eine Störung vor, wenn eingeleitete Maßnahmen erschwert oder unmöglich gemacht werden. Um diese Störung aufzuheben, ist der Polizeibeamte berechtigt, auch unmittelbaren Zwang auszuüben. Generell muss der Grundsatz der Verhältnismäßigkeit beachtet werden. Danach besteht die Pflicht, die Maßnahme zu ergreifen, die den Betroffenen am wenigsten in seinen Rechten beeinträchtigt, z. B. Verweisung aus dem Tatortbereich.

Eine Störung ist **aktives** Tun, um strafprozessuale Maßnahmen zu behindern, zu erschweren oder unmöglich zu machen. Sie erfolgt auf Grund der Intensität der Störhandlung. Bedingter Vorsatz ist dafür ausreichend. Die Widersetzlichkeit ist eine Beeinträchtigung durch Unterlassen (**passives** Verhalten), sofern es nur unter Anwendung physischer Kraft überwunden werden kann. Eine Festnahme ist bei Überwindung der Widersetzlichkeit nicht zulässig.

Eine Festnahme von Störern ist möglich bis zum Beenden der Maßnahme. Spätestens am der Festnahme folgenden Tag ist der Festgenommene zu entlassen.

Der Unterbringungsort ist nicht festgelegt, (z. B. Unterbringung im Dienst-PKW, Unterbringung im Polizeigewahrsam). Die Anordnung erlässt der leitende Beamte der Tatortarbeit. Die Durchführung im Ermittlungsverfahren stellt einen Grundrechtseingriff dar. Die Anordnung trifft bei Anwesenheit der Staatsanwalt, ansonsten der diensthöchste/dienstälteste Beamte.

3. Taktisch-methodische Grundlagen

3.1 Allgemeines

Die methodischen Grundlagen der Tatortarbeit beziehen sich auf einen Erkenntnisgewinn (z. B. Versionsbildung) und auf die praktische Vorgehensweise zur Erhebung des materiellen und ideellen Tatortbefundes. Diese Vielfältigkeit der methodischen Ansätze widerspiegelt sich in unterschiedlichen Verfahren der Tatortarbeit.

Als *allgemeine Methoden* sind zu nennen:
- Analyse/Synthese,
- Beobachtung, Besichtigung,
- Prognose,
- Hypothesenbildung,
- Befragung,
- Vergleich,
- Rekonstruktion, Experiment,

- Modellbildung,
- Messung,
- mathematische Methoden.

Adaptiert in Bezug auf die Tatortarbeit finden sie ihre spezifische kriminalistische Prägung z.B. in derAnalyse des objektiven Tatortbefundes (Analyse/Synthese), der Versionsbildung zum Täter (Prognose/Hypothesenbildung), der gedanklichen Rekonstruktion der Begehungsweise (Rekonstrultion), der Vernehmung von Zeugen und Beschuldigten (Befragung).

Um das methodische Vorgehen darzustellen, ist es erforderlich, die Struktur und Methodik der Vorgehensweise der Tatortarbeit festzulegen.

Die Tatortarbeit ist Bestandteil des Ersten Angriffs. Der Erste Angriff, bestehend aus Sicherungs- und Auswertungsangriff, umfasst alle unaufschiebbaren Maßnahmen, die beim Verdacht einer Straftat von der Polizei eingeleitet werden, um Gefahren abzuwehren und Straftaten aufzuklären.

Die Tatortarbeit ist in den Auswertungsangriff einzuordnen, wobei jedoch nicht zu vernachlässigen ist, dass bestimmte *Phasen* des Sicherungsangriffes Voraussetzung für die Tatortarbeit sind.

Im Einzelnen sind aus dem Ersten Angriff für die Tatortarbeit folgende Phasen von Bedeutung:
- Tatortsicherung,
- Tatortbesichtigung,
- Tatortuntersuchung,
- Ermittlungen im Wahrnehmbarkeitsbereich,
- Ergebnisbewertung,
- Einleitung von Maßnahmen zur Täterverfolgung/-feststellung unmittelbar vom Tatort aus,
- Dokumentation der Ergebnisse der Tatortarbeit.

3.2 Tatortsicherung

Die Tatortsicherung umfasst das Einleiten von Maßnahmen zum Schutz des objektiven und subjektiven Tatortbefundes.

Die Zielstellungen der Sicherung des objektiven Tatortbefundes bestehen u. a. darin:
- mögliche Spuren vor äußeren Einflüssen (Natureinwirkungen, menschlichem Handeln) zu schützen,

- eine rechtzeitige und umfassende Absperrung[20] der tatrelevanten Orte (einschließlich der Zu- und Abgangswege) vorzunehmen (möglichst weiträumig),
- die Situation, die bei Eintreffen der ersten Einsatzkräfte vorlag, beizubehalten,
- jegliche Veränderungen, mit Ausnahme solcher Veränderungen, die durch Maßnahmen der Gefahrenabwehr hervorgerufen worden sind, zu verhindern.

Die Sicherung des subjektiven Tatortbefundes beinhaltet das Feststellen von am Tatort anwesenden Personen und Aufnahme ihrer Personalien sowie den Schutz der Zeugen vor aussageverändernden Einflüssen. Die Durchführung der Tatortsicherung sollte nach folgenden taktisch-methodischen Grundsätzen erfolgen:

- Prüfung, welche gefahrenabwehrenden Maßnahmen durchzuführen sind.
  Dabei gilt der Grundsatz, dass der Schutz von Leib und Leben Vorrang vor der Strafverfolgung hat. Das bedeutet, dass zuallererst Hilfsmaßnahmen zur Sicherung des Lebens und der Gesundheit von Personen eingeleitet werden müssen. Dazu gehören neben den konkreten Opferschutzmaßnahmen auch Maßnahmen zur Abwendung von Gefahren unbeteiligter Personen (z. B. Löscharbeiten bei Bränden, Beseitigung von Störungen, Warnungen der Anwohner z. B. beim Austreten gesundheitsgefährdender Stoffe). Eine ausgewogene Interessenabwägung sollte jedoch vorgenommen werden.
- Erste Analyse der vorgefundenen Situation.
  Diese Situationsanalyse ist darauf ausgerichtet zu prüfen, ob überhaupt ein kriminalistisch relevanter Sachverhalt gegeben ist. Dabei ist festzustellen,
  - ob Gefahrensituationen vorliegen,
  - wie die Ausdehnung (territoriale Grenzen), die Art (z. B. Wohnung, freies Gelände, Gebäude) und die Lage des Tatortes einzuschätzen ist,
  - welchen allgemeinen Charakter das Ereignis trägt,
  - welche Personen am Ereignis beteiligt waren,

20 Vgl. *Clages*, Kriminalistik 3/02, S. 216.

- welche Personen am Tatort angetroffen wurden und welche Gründe sie für ihre Anwesenheit hatten.

Diese Informationen sind zu dokumentieren.

- Feststellen und Festlegen der Tatortgrenzen.
  Die Festlegung der Tatortgrenzen wird durch die ersten Versionen zum Täterverhalten und die örtlichen Verhältnisse bestimmt. Dabei sind die Zu- und Abgangswege ebenso zu sichern wie der eigentliche Ort, an dem der Täter handelte. In Abhängigkeit von den baulichen oder örtlichen Gegebenheiten sollte der Tatort möglichst weiträumig gesichert werden. Das trifft insbesondere auf Tatorte im Freien zu.

- Absperren des Tatortes.
  Das Absperren des Tatortes umfasst solche Maßnahmen, die geeignet sind, nichtberechtigten Personen den Zutritt zum Tatort zu verweigern. Das kann durch Sicherungskräfte erfolgen, aber auch durch technische Hilfsmittel (z. B. Markierungsbänder).
  Kann der Zutritt aus berechtigten Interessen nicht verweigert werden, sollte der Zustand des Tatortes vor Betreten weiterer Personen dokumentiert werden. Veränderungen, die hervorgerufen wurden, sind zu markieren und zu registrieren.

- Schutz des objektiven Tatbefundes.
  Der Schutz des objektiven Tatbefundes beinhaltet den Schutz von Spuren und anderen materiellen Beweismitteln vor Veränderungen. Dazu gehören z. B.[21]:
  - das Abdecken von Spuren und Beweismitteln,
  - die luftdichte Verpackung zum Schutz vor Austrocknen,
  - die fotografische Sicherung,
  - die Notsicherung,
  - die Notasservierung von gefährdeten Gegenständen,
  - die Sicherung von Substanzen, die sich durch biologische oder chemische Prozesse selbst auflösen.

  Vorgenommene Maßnahmen sind sorgfältig zu dokumentieren.

- Schutz des subjektiven Tatbefundes.
  Personen, die am Tatort anwesend sind, müssen identifiziert werden. Der Grund ihrer Anwesenheit ist festzustellen.

21 Vgl. *Leonhard/Roll/Schurich*, S. 91.

Ihr rechtlicher Status ist zu ermitteln, damit einzuleitende Maßnahmen der jeweiligen Ermächtigungsgrundlage entsprechen. Im Einzelnen ist folgendes durchzuführen:

- Identitätsfeststellung,
  - Trennung potentieller Zeugen,
  - Aufforderung an Zeugen, bei Möglichkeit den Tatort nicht zu verlassen, damit ihre Aussagen für die aktuelle Ermittlungsführung genutzt werden können (z. B. territoriale Eingrenzung des Tatortes, Beschreibung des Fluchtweges),
  - Durchführung von Vernehmungen (so, dass andere Personen nicht über deren Inhalt informiert sind),
  - Registrierung der am Tatort angetroffenen Personen und Dokumentation ihrer Erstbekundung.

3.3 Tatortbesichtigung

Die **Tatortbesichtigung** wird durchgeführt, um eine allgemeine Beurteilung und Analyse der Situation am Tatort vorzunehmen.

Ziele der Tatortbesichtigung sind:

- Prüfung der Relevanz des Sachverhaltes aus gefahrenabwehrender und kriminalistischer Sicht,
- Einleitung dringend notwendiger Sofortmaßnahmen (z. B. Einleitung von gefahrenabwehrenden Maßnahmen, Schutz oder Notsicherung von Spuren),
- Präzisierung der eingeleiteten Sicherungsmaßnahmen,
- Prüfung des Einsatzes weiterer Kräfte oder Spezialisten (z. B. Gerichtsmediziner),
- Einleitung von sofortigen Täterverfolgungsmaßnahmen,
- Bestimmung der methodischen Vorgehensweise der Tatortuntersuchung.

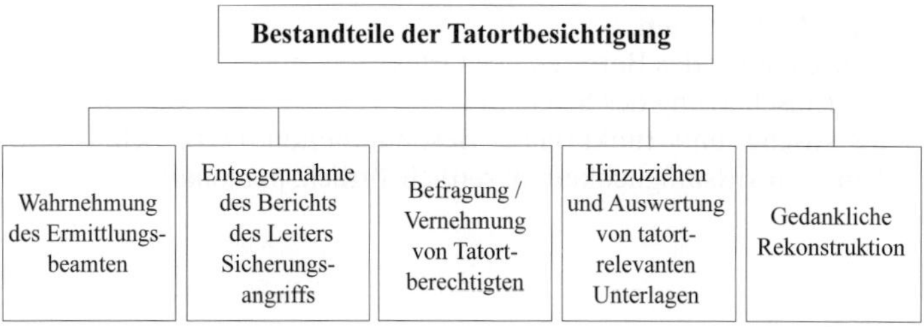

Abb. 14

Die **eigene Wahrnehmung** ist Grundlage, um[22]:
- die Folgen des Tatgeschehens zu erfassen,
- gedanklich die Begehungsweise zu rekonstruieren,
- Anhaltspunkte zu gewinnen für Zu- und Abgangswege des Täters,
- Ansatzpunkte für den einzusetzenden Fährtenhund zu erhalten,
- Wahrnehmungsmöglichkeiten von Zeugen festzustellen.

Die **Entgegennahme des Berichtes des Leiters der Sicherung des Tatortes** dient dazu:
- Hinweise auf die Relevanz des vorliegenden Sachverhalts zu erhalten,
- Kenntnisse zu erlangen über
  - eingeleitete Maßnahmen, insbesondere Maßnahmen der Gefahrenabwehr, der ersten Beweissicherung und Täterverfolgung,
  - vorgenommene Veränderungen,
  - eingesetzte und weitere angeforderte Kräfte,
  - eventuelle Zeugen und deren Aufenthalt,
  - die Auffindesituation bei Eintreffen,
  - eine erste Wertung des Sachverhaltes zu erfahren.

Die **Befragung von Tatortberechtigten** erfolgt um festzustellen, welche Beziehung diese Person zum Ereignis hat (z. B. Geschädigter, Opfer, Zeuge, unbeteiligte Person, Verdächtiger). Nach Einschätzung des rechtlichen Status der Person ist diese entsprechend zu belehren und zu vernehmen.

Inhaltliche Schwerpunkte dieser Vernehmungen von Zeugen sind insbesondere:
- die Art der Wahrnehmung,
- die Beschreibung der Auffindesituation,
- Hinweise zum Tatverdächtigen,
- das Benennen von vorgenommenen Veränderungen und eingeleiteten Maßnahmen,
- Ursachen für das Betreten des Ortes,
- die Einschätzung des Schadens,
- logistische und funktionale Besonderheiten (z. B. Schlüsselregime, Zutrittsmöglichkeiten: zeitlich, örtlich, personal).

22 *Leonhard/Roll/Schurich*, S. 93.

Die **Einsichtnahme in Unterlagen** des Tatortes dient dazu:
- spezielle bauliche Besonderheiten festzustellen,
- den Tatort in seiner räumlichen Ausdehnung und Anordnung einzuschätzen,
- bestimmte technologische Abläufe am Tatort festzustellen.

Das Ergebnis der Tatortbesichtigung soll in einem Modell zum Ereignis (**gedankliche Rekonstruktion**) münden, das Grundlage für die weiteren am Tatort durchzuführenden Ermittlungshandlungen ist. Es sollte Klarheit geben (zumindest als Version) über die Begehungsweise, über einzuleitende Präzisierungen der Tatortsicherung, über Maßnahmen der Täterverfolgung und die durchzuführende methodische Vorgehensweise der Spurensuche und -sicherung.

Methodisch lässt sich für die Tatortbesichtigung ableiten:
- Entgegennahme des Berichtes des Leiters des Sicherungsangriffs,
- gemeinsames Abgehen des Ereignisortes des Leiters des Sicherungsangriffs und des Verantwortlichen für die Tatortuntersuchung unter Beachtung eventueller Spuren und bereits vorgenommener Veränderungen,
- Befragung/Vernehmung tatortberechtigter Personen,
- Einsichtnahme in Unterlagen zum Tatobjekt,
- Gedankliche Rekonstruktion des Ereignisses,
- Präzisierung der Tatortsicherung,
- Einleiten von Maßnahmen zur Täterverfolgung,
- Festlegen eines Ansatzpunktes für den Einsatz eines Fährtenhundes,
- Festlegen der Methodik der Spurensuche/-sicherung.

3.4 Tatortuntersuchung

3.4.1 Allgemeines

Die Tatortuntersuchung umfasst die Aufnahme des objektiven Tatortbefundes.. Nach der PDV 100 Ziff. 2.2.3 sind folgende Handlungen zu realisieren:"
- Bilder und Skizzen einschließlich der Vermessung des Tatortes zu fertigen,
- Spuren zu suchen, zu sichern und auszuwerten,
- nach Beweismitteln zu suchen und diese sicherzustellen"[23].

23 PDV 100, Nr. 2.2.3.

Die Tatortbefundaufnahme soll ein objektives, vollständiges und fehlerfreies Bild über die am Ereignisort vorgefundene Situation liefern. Gleichzeitig soll die Dokumentation über die Tatortuntersuchung Grundlage für die Beweisführung im Strafverfahren und u. U. auch selbst Beweismittel sein.

3.4.2 Spurensuche

Ziel der Spurensuche ist es, Sachbeweise und Spuren festzustellen. Die Durchführung der Spurensuche ist abhängig von verschiedenen Faktoren:

Bei der *Planung* der Spurensuche sind insbesondere zu berücksichtigen
- Varianten des Tatablaufs,
- Entstehungsmöglichkeiten der Spuren,
- örtliche Gegebenheiten.

Der *Kräftebedarf* für die Spurensuche soll festgelegt werden nach
- Bedeutung der Tat,
- Größe des Tatortbereiches,
- Art der zu suchenden Spuren.

Entsprechend den unterschiedlichen Spurenarten sind verschiedene Hilfsmittel (z. B. optische Geräte, Licht) zu verwenden, um latente Spuren sichtbar zu machen.

Von Bedeutung für die Spurensuche ist es, die spurentragenden Bereiche für das jeweilige Delikt festzustellen:
- Ereignisort (Fundort, Tatort, Verbringungsort),
- Zu- und Abgangswege,
- Tatopfer (z. B. bei Sexualdelikten),
- Verdächtige (z. B. Verletzungen durch Gegenwehr des Opfers),
- Gegenstände (z. B. Tatwerkzeuge, Tatmittel, Beute).

Bis auf den Tatverdächtigen (der wird im Regelfall nicht am Ereignisort sein) sind für die Tatortuntersuchung alle anderen spurentragenden Bereiche von Bedeutung.

Die Vorgehensweise zur Spurensuche ist abhängig von verschiedenen Faktoren, wie z. B.:
- der Art und Schwere des Delikts,
- der aktuellen polizeilichen Lage,
- der Jahres- und Tageszeit,
- den Witterungsverhältnissen,

- der Struktur des Ereignisortes,
- dem Zeitraum zwischen Feststellung der Tat und Untersuchung dieser.

Als besonderer Faktor gilt die Kenntnis über die Begehungsweise der Straftat. Ist es möglich, konkrete Fakten zum Vorgehen des Täters (z. B. auf Grund der Analyse der vorgefundenen Situation oder der Auswertung von Zeugenaussagen) zu gewinnen, wird danach die methodische Vorgehensweise der Spurensuche festgelegt.

Man unterscheidet dabei:
- die subjektive (heuristische)
- die objektive (systematische) Vorgehensweise
- eine Kombination beider Methoden.

Die **subjektive** Methode wird angewandt, wenn im Ergebnis der Tatortbesichtigung Versionen zum Tatgeschehen (gedankliche Rekonstruktion) gebildet werden können, die mit einer hohen Wahrscheinlichkeit dem tatsächlichen Vorgehen des Täters entsprechen. Die Spurensuche wird dann auf die mutmaßlich spurentragenden Bereiche konzentriert.

Voraussetzung für die Anwendung dieser Methode ist, dass unzweifelhaft feststeht:
- wie der Täter die Tat ausgeführt hat,
- welche Zu- und Abgangswege er genommen hat,
- was er verändert oder hinterlassen hat und
- an welchen Orten er bei seiner Handlung Spuren hinterlassen hat.

Diese methodische Vorgehensweise bietet den Vorteil, dass sie relativ effizient erfolgen kann, der Kräfteaufwand eher gering ist, dass eine Konzentration auf wesentliche Tat-/und Täterspuren erfolgt, dass eine selektive Spurensuche erfolgt und dass auch Mikrospuren festgestellt werden können.

Als methodische Hinweise für das subjektive Vorgehen sind abzuleiten:
- Beginn der Spurensuche am Ort des Betretens des Tatortes und Verfolgen des Täterweges,
- Suche nach latenten Spuren und Mikrospuren,
- keine Veränderungen in dem den Suchbereich angrenzenden Gebieten vornehmen,
- andere Bereiche des Tatortes auf weitere Spuren absuchen (Version kann nicht richtig sein).

Als Nachteil ist anzusehen, dass es zur Vernichtung vorhandener Spuren kommen kann, wenn eine falsche Version zugrundegelegt wird. Ebenso ist einzuschätzen, dass gefundene Spuren dem Ereignis zugeordnet werden, die aber tatsächlich keinen Ereignisbezug aufweisen. Nicht geeignet ist die Methode, wenn in einem räumlich sehr eng begrenzten Bereich nach Spuren gesucht werden soll.

Bei der objektiven Methode unterteilt der Ermittlungsbeamte den Ereignisort und führt schematisch nach jeweils einem vorgegebenen Prinzip die Spurensuche lückenlos durch.

Die **objektive Methode** findet dann Anwendung, wenn nur sehr wenige Erkenntnisse zum Tatablauf vorliegen und keine Version zur Vorgehensweise des Täters ableitbar ist, der Tatort eine relativ große Ausdehnung hat oder die Suche ausgerichtet ist auf das Auffinden von Gegenständen (z. B. Tatwerkzeuge, Tatmittel, Tatbeute).

Man unterscheidet verschiedene Formen[24] der objektiven Vorgehensweise:
- spiralförmig zentripetal (spiralförmiges Absuchen von der Peripherie zum Zentrum des Tatortes),
- spiralförmig zentrifugal (spiralförmiges Absuchen vom Zentrum zur Peripherie des Tatortes),
- linienförmig (frontal) (sukzessives bzw. paralleles Absuchen in festgelegten Bahnen),
- diagonal (Absuche in festgelegten Bahnen von verschiedenen Seiten mit Überkreuzung),
- sektoral,
- abschnittsweises Absuchen, der natürlichen Strukturierung folgend, wobei innerhalb der Abschnitte wieder zentripetal, zentrifugal, linienförmig oder diagonal gesucht werden kann.

Von Vorteil ist, dass sehr viele Spuren gesichert werden können.

Nachteile der objektiven Suchmethodik bestehen darin, dass ein relativ hoher Zeit- und Kräfteaufwand erforderlich ist. Durch die fehlenden Informationen zur Begehungsweise besteht die Gefahr, dass Mikrospuren vernichtet werden. Als problematisch ist anzusehen, dass viele Spuren gesichert werden, die erst im Laufe der Ermittlungen z. B. als Trugspuren ausgeschlossen werden können.

24 Vgl. *Leonhard/Roll/Schurich*, S. 100.

Als methodische Hinweise lassen sich für die objektive Suchmethode folgende Hinweise ableiten:

- Zuweisung der Suchbereiche,
- um Spurenverluste zu vermeiden, sollten die Suchbereiche überlappend festgelegt werden,
- Kennzeichnung der bereits abgesuchten Bereiche,
- eindeutige Kennzeichnung der Suchbereiche, um später bei der Dokumentation eine Eindeutigkeit zu gewährleisten.

In der kriminalistischen Praxis werden häufig beide Suchmethoden miteinander kombiniert, um eine optimale Spurensuche zu gewährleisten.

3.4.3 Spurensicherung

Die Spurensicherung dient dazu, Sachbeweise so zu sichern, dass sie für das Verfahren nutzbar gemacht werden können.

Im Einzelnen umfasst die Sicherung folgende Abschnitte

- Wahrnehmen/Erkennen,
- Fotografie der unbeeinflussten Spur,
- Kennzeichnung/Nummerierung,
- verbale Erfassung/Beschreibung,
- fotografische/videografische Sicherung,
- kriminaltechnische Sicherung,
- Verpackung und Beschriftung,
- Beschaffen von Vergleichsmaterial,
- Mitnahme und Übergabe an eine Auswertungsstelle,
- Dokumentation.

Erkennen von Spuren

Das Erkennen von Spuren besitzt zwei Aspekte: zum einen bedeutet Erkennen das Wahrnehmen einer Spur, zum anderen das Einordnen der Spur in einen Tatzusammenhang.

Die Spuren können wie folgt zugeordnet werden:

- Tatspuren

  Diese Spuren dokumentieren die Handlungsabläufe im Sachverhalt.
- Täterspuren

  Dabei handelt es sich um Spuren, die Hinweise auf den Tatverdächtigen geben. Dabei wird unterschieden in direkte oder indirekte Spuren. Mit direkten Spuren ist es möglich, eine Person zu identifizieren (z. B. daktyloskopische Spuren, DNA-Spuren). Indirekte Spuren ermöglichen diese Identifizierung des Täters nicht. Man gelangt jedoch zu Hinweisen über den Täter, z. B. zur Bekleidung des Täters über Faserspuren, zu getragenen Schuhen über Schuhein- oder -abdruckspuren.

- Anwesenheitsspuren
  Diese Spuren geben Hinweise darauf, welche weiteren Personen sich am Tatort aufgehalten haben (z. B. Tatortberechtigte, Geschädigte, Zeugen, Unbeteiligte). Von besonderer Bedeutung ist hierbei festzustellen, ob zwischen Spurenverursachung und kriminalistisch relevantem Sachverhalt ein zeitlicher Zusammenhang besteht.
- Objekte/Gegenstände
  Hier gilt es zu erkennen, ob diese Objekte eine Tatrelevanz aufweisen. Sie können:
  - vom Täter an den Tatort mitgebracht worden und dort verblieben sein,
  - vom Täter an den Tatort mitgebracht und wieder mitgenommen worden sein,
  - vom Täter am Tatort gefunden und mitgenommen worden sein,
  - vom Täter am Tatort gefunden, genutzt worden und verblieben sein,
  - durch den Täter am Tatort in Lage, Beschaffenheit, Struktur verändert worden sein.

  Durch das Wahrnehmen und Erkennen der Spuren erfolgt eine erste Einteilung in tatrelevant bzw. tatirrelevant.
  Mit dem Erkennen (z. T. auch schon beginnend in der Sicherungsphase) erfolgt ein Schutz vor Zerstörung oder Vernichtung der Spur. Der Schutz richtet sich Zerstörung/Vernichtung durch Menschen oder Umwelteinflüsse bzw. selbständige Zerstörung (z. B. Wirkung durch chemische Prozesse).

Als Beispiele für einen Schutz sind zu nennen:
- Abdecken mit Folie,
- Schutz vor Wind,
- Notsicherung.

Eine **Notsicherung** wird durchgeführt, wenn der Schutz der Spur bis zur Aufnahme des objektiven Tatbefundes nicht gewährleistet werden kann. Es erfolgt in diesen Fällen eine fotografische und kriminaltechnische Sicherung der Spur. Die Anforderungen, die an eine

Notsicherung gestellt werden, bestehen darin, dass genau dokumentiert werden muss, wer die Spur mit welchem Verfahren gesichert hat und welcher Spurenträger vorlag.

Kennzeichnung/Nummerierung der Spur
Die erkannte Spur ist mittels Nummerntafel zu kennzeichnen. Die einmal gewählte Kennzeichnung bleibt konstant, d. h. in den Dokumenten der Tatortarbeit (z. B. Spurensicherungsbericht oder Tatortbefundbericht) ist dieselbe Benennung zu benutzen. Die Kennzeichnung der Spuren kann mit fortlaufender Nummer erfolgen. Bei größeren Tatorten empfiehlt es sich, eine Strukturierung des Tatortes vorzunehmen. Die einzelnen Bereiche des Tatortes sind zu bezeichnen (z. B. numerisch, alphanumerisch) und dieser Bezeichnung ist dann die jeweilige Spurennummer zuzuordnen.

Verbale Erfassung/Beschreibung
Die Tatortbeschreibung hat so zu erfolgen, dass die vorgefundene Situation objektiv gekennzeichnet wird. Der Form nach kann die Beschreibung mündlich (z. B. mittels Diktiergerät), schriftlich, per Videoaufzeichnung und Fotografien sowie durch Skizzen und Zeichnungen vorgenommen werden.

Die Beschreibung hat systematisch zu erfolgen, bei größeren Tatorten läuft sie parallel zur Spurensuche.

Methodisch sollte so vorgegangen werden, dass:
- eine sektorale Beschreibung erfolgt,
- ein Fixpunkt, von dem man ausgeht und beschreibt, festgelegt wird,
- vorhandene Gegenstände (exakte Beschreibung) und konkrete Maße benannt werden,
- die Beschreibung in der räumlichen Abfolge im Uhrzeigersinn erfolgt,
- eine einmal gewählte Beschreibungssystematik beibehalten wird,
- eine Ergänzung durch Skizzen, Pläne und Zeichnungen erfolgt.

In der Beschreibung ist die Lage der Spuren zueinander zu erfassen.

Vor dem Betreten von Räumen sind die Stellung und der Zustand von Türen und Türschlössern (keine Schließversuche) zu dokumentieren. Eine fotografische Überblicksaufnahme des gesamten Raumes ist zu fertigen. Nach dem Betreten von Räumen sind
- der Zustand und die Stellung der Fenster,
- die Stellung der Lichtschalter,

- der Zustand elektrischer Beleuchtung und Beleuchtungskörper (Hinweise zur Tatzeit),
- die Stellung von Gashähnen und Heizkörpern (und vergleichbare Feststellungen) im Protokoll aufzunehmen.

Ebenso sind Gerüche zu beschreiben und die Wohntemperatur ist festzustellen. Die situativen Verhältnisse am Tatort (z. B. durchwühltes Mobiliar) sind festzuhalten.

Neben der Beschreibung des Tatortes hat eine Beschreibung der einzelnen Spur zu erfolgen. Es gilt zu erfassen:
- die Nummer der Spur,
- die Art der Spur,
- der Auffindeort,
- der Spurenträger,
- Merkmale der Spur,
- Besonderheiten (z. B. Lage der Spur, Fremdsubstanzen in der Spur).

Diese Beschreibung ist dann auch Grundlage für die Speicherung der Informationen im anzufertigenden Spurensicherungsbericht[25] oder Tatortbefundbericht[26]. Die Lage der Spuren zueinander und zu Objekten des Tatortes ist zu vermessen.

Fotografieren/Videografieren
Die Fotografie/Videografie gilt als erste Sicherungsmethode von Spuren. Sie erfolgt so, dass die Spur, die entsprechende Kennzeichnung und der Maßstab auf der jeweiligen Abbildung erkennbar sind. Der Maßstab und die Kennzeichnung müssen für alle Dokumente einheitlich erfolgen.

Man unterscheidet in der Tatortfotografie folgende Aufnahmen:
- Orientierungsaufnahmen
  Sie geben einen Überblick über die Lage des Tatortes zu seiner Umgebung.
- Übersichtsaufnahmen
  Sie erfassen den eigentlichen Tatort in seinem gesamten Umfang.
- Teilübersichtsaufnahmen
  Sie werden gefertigt, um einen präzisen Überblick über Teilbereiche des Tatortes zu erhalten.

25 Vgl. Kriminalistische Tatortarbeit, Anlage 1.
26 Vgl. Kriminalistische Tatortarbeit, Anlage 2.

- Spuren-/Detailaufnahmen
  Dies sind Aufnahmen einzelner relevanter Spuren und Gegenstände oder Ausschnitte von ihnen, die im Zusammenhang mit dem Ereignis bestehen. Es empfiehlt sich, von diesen Detailaufnahmen zwei zu fertigen, um die Lage der Spur auf dem Spurenträger zu dokumentieren und die Spur selbst abzubilden.

Generell sind alle Spuren zu fotografieren. In Ausnahmefällen können Spuren auch gezeichnet oder skizziert werden.

Kriminaltechnische Spurensicherung
Die kriminaltechnische Spurensicherung erfolgt nach den festgelegten Grundsätzen. Auf eine ausführliche Darstellung wird hier verzichtet.

Folgende Möglichkeiten der Spurensicherung sind z. B. gegeben:
- Abformung,
- Mitnahme (separat oder mit Spurenträger),
- Folienabzug.

Eine fotografische Sicherung der Spur (mit Maßstab und Nummer) ist generell vor der kriminaltechnischen Sicherung zu realisieren.

Verpackung und Beschriftung
Die Verpackung der gesicherten Spuren hat so zu erfolgen, dass eine Spurenzerstörung oder -änderung ausgeschlossen ist. Dies ist besonders bei Spuren zu berücksichtigen, die einer natürlichen Veränderung (z. B. Fäulnis, Verwesung, chemische Reaktionen bei Substanzen) unterliegen.

Die Verpackung ist zu beschriften mit der Spurennummer, der Art der Spur und mit dem Namen des Spurensichernden. Einzelspuren müssen separat verpackt werden.

Beschaffen von Vergleichsmaterial
In Abhängigkeit von den gesicherten Spuren ist festzustellen, welche Vergleichsmaterialien erhoben werden müssen.

Vergleichsmaterialien können sich:
- auf die am Tatort vorgefundenen Bedingungen (z. B. Sicherung von Bodenspuren als Vergleichsmaterial) und
- auf Personen, die als Spurenverursacher in Frage kommen (z. B. Schuhabdruckspuren, daktyloskopische Spuren von tatortberechtigten Personen, Blut vom Opfer) beziehen.

Als rechtliche Grundlage für die Abnahme von Vergleichsmaterial von Personen gelten die §§ 81a-g StPO.

Die Sicherung des Vergleichsmaterials ist ebenfalls zu dokumentieren[27]. Es ist festzuhalten:
- die Art des Vergleichsmaterials,
- der Zeitpunkt der Sicherung des Vergleichsmaterials,
- der Ort der Abnahme des Vergleichsmaterials,
- von wem das Vergleichsmaterial stammt,
- der die Abnahme durchführende Ermittlungsbeamte.

Das Vergleichsmaterial ist nach den gleichen Grundsätzen wie das Spurenmaterial zu verpacken und zu beschriften. Verwechslungsmöglichkeiten des Vergleichsmaterials untereinander oder mit Spurenmaterial müssen ausgeschlossen werden.

Mitnahme und Übergabe an eine Auswertungsstelle
In Abhängigkeit von der kriminaltechnischen Auswertungsmöglichkeit und der Nutzbarkeit als Beweismittel im Verfahren werden die Spuren der jeweiligen Untersuchungsstelle (z. B. LKA, gerichtsmedizinische Institute) zugeleitet. Es erfolgt eine Beantragung auf eine kriminaltechnische Untersuchung des Spurenmaterials[28].

Dokumentation
Die Tatortuntersuchung ist zu dokumentieren. An dieser Stelle wird auf den Abschnitt 3.8 verwiesen, in dem die Dokumentation der gesamten Tatortarbeit dargestellt ist.

3.4.4 Operative Spurenauswertung

Die operative Spurenauswertung ist Bestandteil der Tatortuntersuchung. Sie ist die zusammenhängende Beurteilung der Informationen und sachlichen Beweismittel, um weitere Erkenntnisse zu gewinnen über die Vorbereitung und die Planung der Tat sowie das Tatgeschehen und den Handlungsablauf.

Sie ist **diagnostischer Natur**, das bedeutet, dass die Gruppenzugehörigkeit eines Objektes und individuelle Merkmale festgestellt werden.

27 Vgl. Kriminalistische Tatortarbeit, Anlage 3.
28 Vgl. Kriminalistische Tatortarbeit, Anlage 4.

Sie ist **identifikatorischer Natur**, das bedeutet, dass erste Identifizierungsaufgaben (z. B. Ausschluss Tatortberechtigter) gelöst werden.

Die Ziele der operativen Spurenauswertung bestehen darin:
- die vorgefundenen sachlichen Beweismittel hinsichtlich ihrer Relevanz zu prüfen,
- Anhaltspunkte für Versionsbildung und Untersuchungsplanung zu finden,
- Anhaltspunkte für die Feststellung weiterer Spuren zu gewinnen,
- Anhaltspunkte für die Beschaffung von Vergleichsmaterial zu erhalten,
- Anhaltspunkte für den Ausschluss von Tatortberechtigten festzustellen,
- Präzisierung der Sachverständigenanforderung vorzunehmen,
- neue Ermittlungsrichtungen festzulegen,
- Anhaltspunkte für fahndungsrelevante Informationen zu gewinnen.

3.4.5 Hauptfehlerquellen der Tatortuntersuchung

Folgende Hauptfehlerquellen lassen sich bei der Spurensuche und -sicherung ableiten:
- Kontakt von Spuren und Vergleichsmaterial
  Dieser Kontakt kann z. B. im Rahmen der Sicherung und des Transportes erfolgen. Bei Wechselwirkungen zwischen Vergleichsmaterial und Spurenmaterial können Merkmale verändert bzw. übertragen werden, so dass nur ein eingeschränkter Aussagewert der Spur erhalten bleibt.
- Experimentieren mit Beweismaterial
  Durch das Experimentieren kommt es zu Veränderungen des Beweismaterials, z. B. Einpassversuche von Gegenständen in Spuren (Schuheindruckspuren, Werkzeugspuren, Schließversuche am Schloss).
- Unvollständiges Protokollieren der Beweismittelsicherung
  Die Fehlerquelle lässt häufig Lücken im Beweisführungsprozess entstehen, die dann im Gerichtsverfahren besondere Bedeutung erlangen (z. B. die Möglichkeit des Ausschlusses, dass das untersuchte Material nicht von einer anderen als der beschuldigten oder angeklagten Person stammt).
- Mängel bei der Kennzeichnung bzw. Bezeichnung von Beweismitteln

Eine eindeutige Kennzeichnung ist schon am Tatort vorzunehmen. Damit wird das Beweismittel individualisiert und ein Vertauschen ausgeschlossen. Dazu gehört auch, dass vorhandene Spuren einheitlich (einheitliches Dokumentationssystem) erfasst werden.

- Nichtbeachten der Beweiserfordernisse
  Vorhandenes Beweismaterial wird nicht richtig in die Beweislage eingeordnet.
- Nichtbeachten der Komplexität der Beweisführung
  Unterschiedliche Spurenarten werden als Beweismittel isoliert für die Untersuchung gesichert und ausgewertet.
- Undifferenzierter Umgang mit materiellen Beweismitteln
  Es erfolgt eine unkritische Sicherung von Beweismitteln am Tatort. Die Suche, Sicherung und operative Auswertung von Spuren erfolgt nicht als zusammenhängender Prozess, sondern die einzelnen Phasen werden isoliert voneinander durchgeführt. Trugspuren werden als relevante Spuren aufgenommen.
- Nichtbeachten der Kompetenzen von Sachverständigen und Ermittlungsbeamten
  Diese Fehlerquelle bereitet Schwierigkeiten bei der Beweisaufnahme, insbesondere dann, wenn eine Trennung der Pflichten des Ermittlungsbeamten und des Sachverständigen nicht erfolgte. Generell ist davon auszugehen, dass ein Sachverständiger, um tätig werden zu können, einen konkreten Untersuchungsauftrag erhält und in diesem Rahmen seine Untersuchungen durchführt.
- Die Unversehrtheit der Beweismittel wird nicht gewährleistet
  Beweismaterial wird durch Eingriffe verändert (Besichtigung, Kontrolle, Entnahme eines Teils, Vorproben). Die Veränderungen des Beweismaterials werden nicht dokumentiert und so lassen sie sich nicht auf konkrete Ursachen zurückführen.

3.5 Ermittlungen im Wahrnehmbarkeitsbereich

Der Wahrnehmbarkeitsbereich ist ein Bereich um den Ereignisort, in dem Personen die Möglichkeit hatten, optische, akustische, odorologische oder andere Wahrnehmungen zum kriminalistisch relevanten Sachverhalt zu machen.

Der Wahrnehmbarkeitsbereich ist größer als der eigentliche Tatort (Zu- und Abgangswege). Die Festlegung der Grenzen des Wahrnehmbarkeitsbereiches ist abhängig von den konkreten Umständen

Methodik der Ermittlung von Zeugen im Wahrnehmbarkeitsbereich[29]

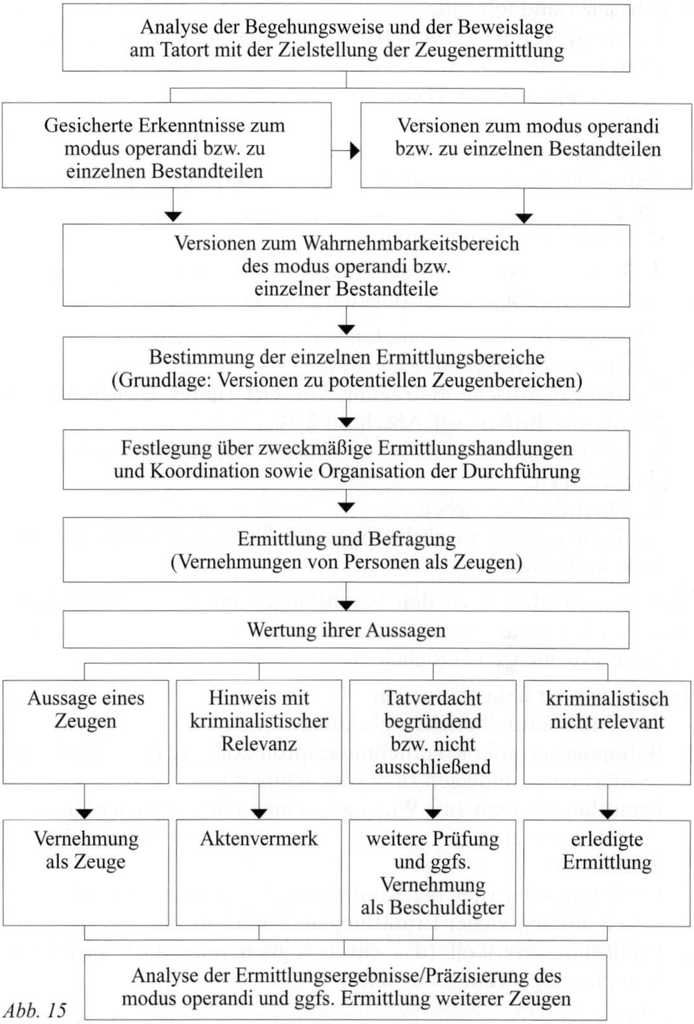

Abb. 15

29 Vgl. *Leonhard/Roll/Schurich*, S. 110.

des Ereignisses (z. B. Art des Delikts, Wahrnehmungsart, konkrete Begehungsweise). Die Ziele der Ermittlungen im Wahrnehmbarkeitsbereich sind folgende:

- Feststellung von Zeugen (Erhebung des subjektiven Tatortbefundes),
- Feststellung weiterer Verdächtiger,
- Feststellen Tatortberechtigter,
- Feststellen weiterer Tatbeteiligter,
- Auffinden weiterer Spuren, Gegenstände, Verstecke, Tatwerkzeuge,
- Feststellen von Transportmitteln.

Die Festlegung des Wahrnehmbarkeitsbereiches erfolgt auf der Grundlage der Analyse der Begehungsweise.

Als mögliche Ermittlungshandlungen für das Feststellen von Zeugen im Wahrnehmbarkeitsbereich gelten:

- die informatorische Befragung vor Ort (unter Beachtung der Rechtsvorschriften, vgl. Abschnitt 2.3),
- die Absuche des unmittelbaren Umfelds des Tatortes nach möglichen Zeugen,
- die Öffentlichkeitsarbeit,
- die Beobachtung an nächstfolgenden Tagen zur Tatzeit (Berufsverkehr, Pendler).

Die Dokumentation zu den Ermittlungen im Wahrnehmbarkeitsbereich kann in unterschiedlicher Art und Weise realisiert werden. Folgende Formen sind möglich:

Integration der Erkenntnisse in

- den Tatortbefundbericht (vgl. Anlage 2),
- Befragungsprotokoll/Vernehmungsprotokoll (dabei sind die rechtlichen Grundlagen zu berücksichtigen),
- Ermittlungsbericht (als Widerspiegelung der sachlichen, inhaltlichen, territorialen und zeitlichen Umstände des Ablaufs der Ermittlungen),
- Ermittlungsfilm (der die Kontinuität, Systematik und Folgerichtigkeit umfangreicher Ermittlungen deutlich macht),
- Ermittlungsprotokoll (das chronologisch oder nach sachlichen Komplexen geordnet sein kann).

3.6 Ergebnisbewertung

Noch am Tatort erfolgt eine Auswertung der im objektiven und subjektiven Tatortbefund festgestellten Informationen.

In dieser Phase erfolgt eine Auswertung aller im Zusammenhang mit dem zu untersuchenden Sachverhalt erhobenen Informationen und gefertigten Dokumente (z. B. erste Fahndungsberichte, Protokolle zur Anzeigenaufnahme, Tatortbefundbericht, Bericht über den Einsatz eines Fährtenhundes).

Ziele dieser Auswertung sind:

- Erschließung des Tatgeschehens
  Neben der Analyse der Begehungsweise gilt es auch festzustellen, welche Zu- und Abgangswege der Täter nutzte, welche Handlungen, die tatrelevant oder irrelevant waren, er realisiert hat, welche Handlungen das Opfer durchführte. Dies lässt wiederum Rückschlüsse zum Tatgeschehen zu und ermöglicht u. U. auch das Erkennen neuer Ansatzpunkte für die Spurensuche.
- Zusammenfassen von Informationen zum Täter
  Diese Informationen beziehen sich auf:
  - vorhandene Spuren zur Identifizierung des Täters,
  - Analyse von Merkmalen des Äußeren der Person des Täters,
  - genutzte Tatmittel und Tatwerkzeuge,
  - Feststellen der Fluchtrichtung oder des Abgangsweges,
  - Motivation des Täters,
  - Fähigkeiten und Fertigkeiten des Täters.

  Ziel ist es, Informationen zur Fahndung oder zur schnellen Täterermittlung zu erheben, die in unmittelbaren Folgemaßnahmen umgesetzt werden können.
- Erschließung weiterer Ermittlungsrichtungen.

3.7 Einleitung erster vom Tatort ausgehender Maßnahmen

Diese Maßnahmen können während der gesamten Tatortarbeit vollzogen werden. Voraussetzung ist, dass ein entsprechendes Informationspotential zur Durchführung dieser Ermittlungshandlungen vorhanden ist.

Ziel ist es, auf der Grundlage der bei der Tatortarbeit gewonnenen Informationen unverzüglich den Täter festzustellen bzw. zu ergreifen. Als Maßnahmen kommen dafür in Betracht:

- Fahndung,
- Verfolgung des Täters (Nacheile),
- vorläufige Festnahme/Verhaftung.

Diese Maßnahmen werden in der Regel auch nach Beendigung der Tatortarbeit fortgesetzt.

3.8 Dokumentation

Die Dokumentation der Tatortarbeit erfolgt in den meisten Sachverhalten mittels Tatortbefundbericht.

Der Tatortbefundbericht stellt das Ergebnis der gesamten polizeilichen Tätigkeiten am Ereignisort dar.

> In der PDV 100 Nr. 2.2.3[30] heißt es dazu: „Über den Ersten Angriff ist ein Tatbefundbericht zu fertigen, der die
> - Feststellungen beim Eintreffen am Tatort
> - Beschreibung des Tatortes, des Tatobjektes, des Opfers, der Spurensuche und der Spurensicherung (objektiver Befund)
> - Darstellung von Tathergang, Tatumständen, Zeugenaussagen und eigenen Schlussfolgerungen (subjektiver Befund)
> - getroffenen Maßnahmen enthalten soll."

Ziele der Dokumentation über die Tätigkeit am Ereignisort sind:
- Schaffung und Darstellung von Beweismitteln, die die Situation am Ereignisort bei Eintreffen der Polizei widerspiegeln,
- Grundlage für gutachtehrliche Untersuchungen,
- Grundlage für das Festlegen von Ermittlungsrichtungen und -handlungen,
- Mittel der Kommunikation zwischen Verfahrensbeteiligten (z. B. zwischen Polizei und Staatsanwaltschaft oder Gericht),
- Beschreibung des objektiven und subjektiven Ereignisortbefundes.

Zu den Unterlagen, die geschaffen werden, gehören z. B.:
- der Tatortbefundbericht[31],
- die Bildanlagenkarte (bzw. Videoaufzeichnung, Ereignisortskizzen und -zeichnungen),
- der Spurensicherungsbericht[32],

30 PDV 100, Zff. 2.2.3.

31 Vgl. Kriminalistische Tatortarbeit, Anlage 2.

32 Vgl. Kriminalistische Tatortarbeit, Anlage 1.

- das Protokoll zur Abnahme von Vergleichsmaterialien[33],
- der Antrag auf kriminaltechnische Untersuchung[34],
- der Bericht über den Einsatz eines Fährtenhundes[35].

Der Tatortbefundbericht ist schriftlich abzufassen und kann durch Skizzen, Zeichnungen und Fotografien ergänzt und illustriert werden.

Es ist folgende Gliederung des Tatortbefundberichtes zu empfehlen:
- allgemeine Angaben zum Einsatzgeschehen,
- objektiver Tatortbefund,
- subjektiver Tatortbefund,
- Schlussfolgerungen,
- abschließende Maßnahmen.

Der Antrag auf kriminaltechnische Untersuchung wird dann gestellt, wenn bestimmte Spuren gutachterlich ausgewertet werden sollen.

Inhalt des Untersuchungsantrages[36] sind:
- Schilderung des Sachverhalts,
- Bezeichnung des Tatortes/Fundortes,
- Skizzen,
- Bilder/Fotos,
- Tatzeit und Zeitpunkt der Sicherstellung des Objekts,
- eindeutige und vollständige Bezeichnung der Untersuchungsobjekte,
- klare Formulierung des Untersuchungszieles,
- Mitteilung aller möglichen Veränderungen, die auf das Untersuchungsobjekt eingewirkt haben könnten,
- Mitteilung über Angaben des Tatverdächtigen über angebliche Entstehungsursache bzw. Herkunft der Spuren an Untersuchungsobjekten, die beim Verdächtigen sichergestellt wurden,
- Mitteilung über Umstände, die eine ordnungsgemäße Sicherung und Verpackung verhinderten,
- Mitteilung, ob Untersuchungsobjekte teilweise bzw. völlig zerstört werden dürfen,
- Mitteilung, ob Gegenstände nach Abschluss der Untersuchung vernichtet werden können oder ob sie als Beweismittel weiterhin von Bedeutung sind,

33 Vgl. Kriminalistische Tatortarbeit, Anlage 3.
34 Vgl. Kriminalistische Tatortarbeit, Anlage 4.
35 Vgl. Kriminalistische Tatortarbeit, Anlage 5.
36 Vgl. *Ackermann/Clages/Roll*, Handbuch der Kriminalistik, S. 136.

- Hinweis auf besondere Dringlichkeit (z. B. Verjährung),
- Name der Dienststelle und des spurensichernden Beamten.

Die Gliederung des Untersuchungsantrages sollte nach den Komplexen:

- Sachverhalt
  Dieser sollte so kurz wie möglich und so detailliert wie nötig dargestellt werden.
- Zeitpunkt und Umstände der Spurensicherung, Aufbewahrung, Verpackung
  Von besonderer Bedeutung sind hier Veränderungen, die das Spurenmaterial beeinflusst haben können. Veränderungen können hervorgerufen werden durch:
  - Menschen (z. B. Täter/Mittäter, Begünstigte, Zeugen, Unbeteiligte, Tatortberechtigte, Geschädigte/Opfer, eingesetzte Ermittlungsbeamte),
  - Witterung,
  - Tiere (z. B. Leichenfraß, Insekten, Bakterien),
  - Technische Einflüsse (Verkehrsmittel, Flugzeugabsturz, Verkehrsunfälle), Katastrophen, Störfälle in der Industrie,
  - Maßnahmen der Gefahrenabwehr,
  - Zeitfaktoren (biologische Prozesse, technische Prozesse),
- Asservate aus dem Besitz Tatverdächtiger
  Die Asservate sollten so beschrieben werden, dass sie Angaben über den Grad der Verbindung zu
  - Tatorten,
  - Leichenfundorten,
  - Opfer,
  - Wohngemeinschaften,
  - Verwandtschaften, Bekanntschaften,
  - Kontakte (Wohn- und Aufenthaltsorte) enthalten.
- Auftrag
  Dieser sollte nicht global formuliert werden, sondern die Fragen sind bezogen auf das Untersuchungsmaterial, die Umstände der Sicherung und den Zweck der Untersuchung zu stellen.
- Verhältnismäßigkeit
  In Abhängigkeit von dem zu untersuchenden Ereignis, den zu erwartenden Kosten- und Zeitaufwand und dem prognostizierten Ergebnis (Individualidentifizierung, Gruppenidentifizierung) ist der Auftrag zu stellen.

Anlage 1: Spurensicherungsbericht

Polizeibehörde

Tgb.Nr./AZ .... , den ....

Spurensicherungsbericht

Tatort: ....

Tatzeit: ....

Straftat: ....

Geschädigter: ....

Beschuldigter: ....

Eintreffen am Tatort:...

a) Datum:..

b) Uhrzeit: ....

c) Lichtverhältnisse: ....

d) Wetterverhältnisse: ....

Spuren wurden – nicht gefunden

Nr.	Art	Ort	Sicherungs-verfahren	Foto ja/nein	Skizze ja/nein	Spuren-träger	Vgl.-material	Ver-bleib Spuren	Verbleib Vgl.-material	Bemer-kungen

....

Name, Amtsbezeichnung

Anlage 2: Tatortbefundbericht

Behörde

Tgb.Nr./AZ .... , den ....

Tatortbefundbericht

I. Allgemeine Angaben zum Einsatzgeschehen:

1. Anlass und Eingang der Meldung: ....
2. Zeitpunkt des Polizeieinsatzes: ....
3. Eingesetze Kräfte: ....
4. Zeitpunkt des Eintreffens am Tatort: ....
5. Am Tatort angetroffene Personen: ....
6. Hinzugezogene Personen: ....
7. Eingesetzte Führungs- und Einsatzmittel: ....
8. Benachrichtigungen: ....
9. Leitender Beamter der Tatortbefundaufnahme: ....

II. Objektiver Tatortbefund

1. Witterungsverhältnisse: ....
2. Ablauf der Tatortbefundaufnahme: ....
3. Beschreibung des Tatortes
   a) Allgemeine Lage: ....
   ....
   b) Eigentlicher Tatort: ....
   ....
   c) Tatobjekt: ....
   ....

4. Beweismittel und Spuren

Nr.	Art	Ort	Sicherungs-verfahren	Foto ja/nein	Skizze ja/nein	Spuren-träger	Vgl.-material	Ver-bleib Spuren	Verbleib Vgl.-material	Bemer-kungen

– 2 –

Anlage 2: Tatortbefundbericht – Fortsetzung –

III. Subjektiver Tatortbefund

1. Am Tatort angetroffene Personen

Name	**Vorname**	**geb.**	**whft.**	**Status**	**a) Feststellungen über Reaktionen und Verhalten** **b) wesentliche Aussage** **c) vorgenommene Veränderungen**
					a) b) c)
					a) b) c)

IV. Schlussfolgerungen

V. Abschließende Maßnahmen

1. Zeitpunkt der Beendigung der Tatortbefundaufnahme: ....
   ....
2. Eingeleitete Maßnahmen: ....
   ....
   ....
   ....
   ....
   ....
3. Anforderung Fährtenhund: ....
   ....
4. Abgesetzte Meldungen: ....
   ....

...., den ....

Name, Amtsbezeichnung Ort, Datum

Anlage 3: Protokoll zur Abnahme von Vergleichsmaterial

Behörde

Tgb.Nr./AZ .... , den ....

Protokoll zur Abnahme von Vergleichsmaterial

Vergleichsmaterial wurde von folgenden Personen/Gegenständen abgenommen:

Personen

Person A	Person B	Person C
Name:	Name:	Name: ....
Vorname:	Vorname:	Vorname: ....
geb.:	geb.:	geb.: ....
whft.:	whft.:	whft.: ....

Vergleichsmaterialien wurden abgenommen

Lfd.Nr.	Art des Materials	Bedingungen der Abnahme	Zuordnung zu Person	Vergleichsmaterial zur Spur Nr.

Auswertungsfragen

Objekte/Gegenstände/Spuren

Lfd.Nr.	Art des Materials	Bedingungen der Abnahme	Zuordnung zu Person	Vergleichsmaterial zur Spur Nr.

Auswertungsfragen

...., den ....

Name, Amtsbezeichnung Ort, Datum

Anlagen

Anlage 4: Antrag auf kriminaltechnische Untersuchung

Behörde

Tgb.Nr./AZ .... , den ....

Staatsanwaltschaft
....
....

Antrag auf kriminaltechnische Untersuchung

± Antrag auf kriminaltechnische Untersuchung

± Antrag auf DNA – analytische Untersuchung gem. § 81e StPO (Spuren und/oder Vergleichsmaterial)
Im Antrag und auf den Asservaten sind die Namen aller Personen, von denen Vergleichsmaterial vorliegt, zu anonymisieren (Initialen Vor- und Zuname). Zusätzlich angeben: Geschlecht, Geburtsort, Geburtsjahr, Nationalität)

± Antrag auf Einstellung/Recherche von Tatortspuren in die/der DNA-Analysedatei (offene Spuren von erheblicher Bedeutung)

Besondere Dringlichkeit ....
Sachverhalt/Straftat ....
Feststellungszeit ....
Tatzeit ....
Ereignisort
a) Tatort ....
b) Feststellungsort ....
c) Fundort ....
Tatverdächtiger
Name: ....
Vorname: ....
geb.: ....
whft.: ....
Geschädigter/Opfer
Name: ....
Vorname: ....
geb.: ....
whft.: ....
Schaden: ....

Der Sachbearbeiter .... beantragt
Name, Amtsbezeichnung, Tel.-Nr.

Anlage 4: Antrag auf kriminaltechnische Untersuchung – Fortsetzung –

Fragestellung

Lfd. Nr.	Aufgaben-/Fragestellung

Ergebnisse von bereits vorgenommenen Auswertungen:

a) Operative Auswertung am Tatort
b) Auswertung von kriminalpolizeilichen Sammlungen und Datenspeichern
c) Andere Institutionen und Einrichtungen

Schilderung der Begehungsweise:

Fotografien/Skizzen gefertigt_: ± ja ± nein

Lfd. Nr.	Aufgaben-/Fragestellung

Gesicherte Spuren/sachliche Beweismittel/Vergleichsmaterial

Nr.	Art	Ort	Sicherungs-verfahren	Foto ja/nein	Skizze ja/nein	Spuren-träger	Vgl.-material	Ver-bleib Spuren	Verbleib Vgl.-material	Bemer-kungen

Veränderungen am Spurenmaterial

a) durch Witterung, Sicherung, Verpackung, Transport
b) durch natürliche Vorgänge
c) durch bereits vorgenommene Untersuchungen

Zeitangabe der Spurensicherung

Zeit: ....

Spurensichernder Beamter: ....

Anlage 4: Antrag auf kriminaltechnische Untersuchung – Fortsetzung –

Tatbeteiligte Personen:

Ohne Anonymisierung (Name, Vorname, Geburtsdatum)

Mit Anonymisierung (personenbezogenes Vergleichsmaterial für DNA-analytische Untersuchung)
(Initialen, Vor- und Zuname, Geschlecht, Geburtsort, Geburtsjahr, Nationalität, bekannte Verwandschaftsverhältnisse sollten angegeben werden)

Geschädigte:
- G 1
- G 2
- G 3

Beschuldigte:
- B 1
- B 2
- B 3

Zeugen:
- Z 1
- Z 2
- Z 3

Bemerkungen:
1. Mitteilung der Angaben des Verdächtigen/Beschuldigten über angebliche Entstehungsursache bzw. Herkunft von Spuren an Untersuchungsobjekten, die beim Verdächtigen/Beschuldigten sichergestellt wurden.
2. Beschädigung des Spurenträgers zulässig: ± ja ± nein
3. Verbleib des Untersuchungsmaterials:
   ± zurück ± beim LKA mit dem Ziel einer späteren Vernichtung
4. Kostenträger

Angaben für die DNA-analytische Untersuchung:
1. Freiwillig abgegebenes Vergleichsmaterial
   ± Bestätigung der Freiwilligkeit liegt vor Abgegeben am: ....
2. Richterliche Anordnung gem. § 81f Abs. 1 StPO
   ± liegt vor ± liegt nicht vor
   Gericht:. .... AZ: .... Datum: ....

Mit der Untersuchung beauftragtes Institut: ....
....

Anlagen:

...., den ....
Name, Amtsbezeichnung Ort, Datum

Anlage 5: Protokoll über den Einsatz eines Fährtenhundes

Behörde

Tgb.Nr./AZ .... , den ....

Protokoll über den Einsatz eines Fährtenhundes

Anforderung

1. Anforderung
   vom: Datum: .... Uhrzeit: ....
   durch: Name: ....
2. Abfahrt zum Tatort: ....
3. Ankunft am Tatort: ....
4. Einsatzzeit: von: .... bis. ....

Hundeführer/Fährtenhund

1. Name des Hundeführers: ....
2. Behörde: ....
3. Registriernummer des Hundes: ....

Situation am Tatort

1. Zustand der Tatortsicherung: ....
2. Beschreibung des Tatortes: ....
3. Mögliche Ansatzpunkte: ....
4. Fährtenalter: ....
5. Witterungsverhältnisse: ....

Sachverhalt:

Ansatz des Fährtenhundes

1. Beschreibung des Ansatzpunktes ....
   - Alter des Fährtenansatzes: ....
   - Gegenstand: ....
   - Person: ....
   - Objekt: ....
   - Ort: ....
   - Beschreibung der Lage zum Tatort: ....
2. Begründung der Auswahl des Ansatzpunktes: ....
   ....
   ....

Anlage 5: Protokoll über den Einsatz eines Fährtenhundes – Fortsetzung –

Fährtenverlauf

1. Beschreibung der Bodenverhältnisse: ....
2. Ansatzpunkt: ....
3. Beschreibung des Fährtenverlaufs
   a) örtlicher Verlauf: ....
   b) Verhalten des Hundes: ....
   c) Besonderheiten: ....
4. Fährtenlänge: ....
5. Skizze zum Fährtenverlauf:

Ergebnisse:

a) als Verdächtiger wurde festgestellt:

Name: ....
Vorname: ....
geb.: ....
whft.: ....

b) als Zeugen wurden ermittelt:

Name:	Name:	Name: ....
Vorname:	Vorname:	Vorname: ....
geb.:	geb.:	geb.: ....
whft.:	whft.:	whft.: ....

c) als Beweismittel/Spuren wurden gesichert:

Nr.	Art	Ort	Sicherungs-verfahren	Foto ja/nein	Skizze ja/nein	Spuren-träger	Vgl.-material	Ver-bleib Spuren	Verbleib Vgl.-material	Bemer-kungen

Bemerkungen:

...., den ....
Name, Amtsbezeichnung Ort, Datum

II. Methodik der kriminalistischen Fallbearbeitung

A. Kriminalistische Fallanalyse

von *Rolf Ackermann*[37]

1. Einführung

Die **Kriminalistische Fallanalyse (KFA)** ist eine kriminaltaktische Aufgabe die an vorderster Stelle jeder kriminalistischen Untersuchung von Straftaten steht. Sie wird gedanklich oder in Schriftform durchgeführt, wenn ein gewisses Maß an gesicherten Informationen zur Sache vorliegt. Das ist im Regelfall nach dem Ersten Angriff der Fall oder wenn ausreichend tragfähige Informationen bei sogenannten Ermittlungslagen vorhanden sind, die analytischen Anforderungen entsprechen. Die Kriminalistische Fallanalyse wird nicht nur bei der Untersuchung von Straftaten mit unbekanntem Täter angewandt. Obwohl viele Modelle und Empfehlungen zum Aufbau und zur methodischen Gestaltung von Fallanalysen von dieser Zielstellung ausgehen, ist sie ebenso eine Methode zur umfassenden Aufklärung von Straftaten mit bekanntem Täter. Die Fallanalyse beim bekannten Täter ist notwendig, um bei komplizierten Sachverhalten, vielfachen Tathandlungen und bei mehreren Beteiligten die Tatzusammenhänge analytisch aufzubereiten um daraus Schlussfolgerungen für die weitere Sachverhaltsaufklärung und Beweisführung ableiten zu können. Sie dient demzufolge der weiteren Planung der Untersuchung. Untersuchungsplanung impliziert, sich gedanklich Vorstellungen über die weiteren taktischen Maßnahmen zur Ermittlung des noch unbekannten Täters oder der umfassenden Tataufklärung zu machen sowie Vorstellungen, Annahmen, Ideen und Möglichkeiten zu entwickeln, die in der Kriminalistik als „Versions- oder Hypothesenbildung“ bekannt sind.

Einführend soll auf ein grundsätzliches aktuelles Problem aufmerksam gemacht werden: Die Kriminalistische Fallanalyse wird unterschätzt. Der praktische Nutzen und Wert von Kriminalistischen Fall-

37 Der Überarbeitung des vorliegenden Kapitels liegt das durch *Horst Clages* verfasste Kapitel „Kriminalistische Fallanalyse“ der 11. Auflage zugrunde.

analysen ist unterbewertet. Es genügt im Zeitalter einer rasant voranschreitenden Informations- und Kommunikationswissenschaft nicht mehr, spärliche Erfahrungen zur Fallanalyse zu bündeln und wiederzugeben. Beurteilungskriterien, Analysefelder, Eckpunkte u.a. müssten wissenschaftlich auf erkennbare Gesetzmäßigkeiten untersucht werden, um daraus einen wissenschaftlich objektivierten Standard für Aussagen aus der Kriminalistischen Fallanalyse zu gewinnen, wie dies bereits bei der **Operativen Fallanalyse** (OFA) gehandhabt wird. Auch wenn die kriminalistische Fallanalyse zur Vertiefung des Fallverständnisses in einem einzelnen Ermittlungsverfahren (bzw. bei Serienstraftaten) beiträgt, können keine Qualitätsstandards, wie sie bei der Operativen Fallanalyse seit 2003[38] gültig sind, gefordert werden. Sie gelten jedoch als eine wegweisende Orientierung für die gewissenhafte und vorurteilsfreie Bewertung der einzelnen Analysefelder, insbesondere zur Objektivierung der individuellen Daten bei der Fallanalyse. Die Objektivierung von Falldaten, und damit die Feststellung ihres Wertes für weitere Empfehlungen zur Tataufklärung und Entscheidungen zu taktischen Maßnahmen der weiteren Untersuchung, sind zur Überwindung allein empirischer Ableitungen notwendig. Dem Trend, auch nicht naturwissenschaftlich-technisch und mathematisch begründete Gesetzmäßigkeiten schrittweise auch im geisteswissenschaftlichen Bereich zu erkennen und damit zu objektivieren sollte sich die Kriminalistik forschend zuwenden. Auch die vielen und häufig wechselnden Sachverhalte, Ausgangssituationen und Tatabläufe sowie Tätermerkmale dürfen kein Hinderungsgrund zur verallgemeinerungswürdigen Verdichtung von erkannten Gesetzmäßigkeiten sein. Es sollte erforscht werden, welche relativ stabilen wiederkehrenden Merkmale eines Sachverhaltes im Beziehungsgefüge zueinander häufig auftreten und als Standard gelten könnten. Diese Fragestellung ist zukunftsrelevant. Auf diesen Verweis soll auch in einem auf die Methodik und praktische Anwendung der KFA gerichteten Schrift nicht verzichtet werden. Wie naheliegend diese Forderung ist, zeigt der folgende Vergleich: Der Chemiker führt Analysen durch, indem er stofflich vorliegende flüssige, feste oder gasförmige Materialien aufspaltet, also zerlegt, um die Bestandteile chemischer Verbindungen, die Inhaltsstoffe und deren Verbindungen feststellen zu

38 *Bundeskriminalamt* (Hrsg.): Projektgruppe der Polizeien des Bundes und der Länder, Fallanalyse bei der deutschen Polizei, 2. Auflage, Wiesbaden 2004.

können. Durch solche gerichtschemischen Analysen gewinnt der kriminalistische Sachverständige eine Vielzahl von Informationen über die stoffliche Beschaffenheit von gesicherten Spuren, die letztlich zur Täterermittlung und Beweisführung beitragen können (*z.B. das Vorkommen, wo und wie ein solcher Stoff verarbeitet wird, in welchem Verhältnis seine Bestandteile bzw. Anteile zum Ganzen stehen usw.*). Durch die Zerlegung eines Stoffes in die Vielzahl seiner einzelnen Bestandteile ist es möglich, neue Erkenntnisse zu gewinnen. Der (neue) Erkenntnisgewinn resultiert nicht allein aus der Betrachtung der einzelnen stofflichen Bestandteile und Details sondern als Ergebnis der nachfolgenden **Synthese**, indem neue, bisher nicht erkennbare **Zusammenhänge** sichtbar werden und Schlussfolgerungen, Vorstellungen oder Annahmen im Sinne der kriminalistischen Versions- bzw. Hypothesenbildung möglich sind.

Nicht adäquat, jedoch ähnlich, verhält es sich mit der Kriminalistischen Fall**analyse**. Es liegt eine in ihren sachlichen, zeitlichen, örtlichen und personalen Rahmen bestimmte kriminelle Tat, ein durch Fakten und Beweise umrissener Sachverhalt *(wie beim Gerichtschemiker der Stoff)* vor, der zu analysieren ist. Ohne Zweifel ist das schwieriger, weil ein Sachverhalt keine stoffliche Konsistenz hat. Die Vielfalt der Tatbegehungsweisen, der beteiligten Personen und der Detailreichtum einer Tat prägen einen Sachverhalt. Dennoch lässt ein Sachverhalt sich methodisch ebenso analytisch in seine einzelnen Bestandteile zerlegen. **Die Analyse ist eine grundlegende Voraussetzung zur Gewinnung von neuen Erkenntnissen aus dem Sachverhalt, insbesondere durch die Herstellung von Zusammenhängen und die Erklärung der Beziehungen zwischen den erkannten Details**. Es ist ein Prozess kriminalistischer Tatsachenfeststellung in be- und entlastender Hinsicht und keine richterliche Beweiswürdigung. Deshalb ist es wichtig, dass die Kriminalistische Fallanalyse nicht nur als bloßes Nachdenken über einen Fall begriffen wird. Vielmehr muss bewusst werden, dass es sich um eine an Kriterien bzw. Vorgaben *(Analysefelder)* gebundene „wissenschaftlich-praktische“ Analyse handelt. Sie muss als solche im Untersuchungsdenken begriffen und realisiert werden. In der heutigen Zeit geht es darum, die Aussagekraft von Kriminalistischen Fallanalysen zu objektivieren. Es dürfen keine “Gedankenspielereien“ sein. Die Aussagen bzw. Schlussfolgerungen der Fallanalyse müssen gestaltet werden, um sie als Grundlage für die weitere Falluntersuchung und die Bestimmung der Ermittlungsaufgaben **empfehlend** nutzen zu können. Schon das Prädikat „empfehlend" sagt aus, dass es dabei nicht um mathematische Konstanten geht.

2. Struktur, Inhalt und Methodik der Kriminalistischen Fallanalyse

2.1 Kriminalistische Analyseverfahren

Die Kriminalistik und Kriminologie kennen eine Vielzahl von Analyseverfahren wie die kriminalistische Lagebeurteilung, Kriminalitätsanalyse, Täter- und Opferanalyse, Vergleichsfallanalyse *(Straftatenvergleich)* Diebesgutanalyse, Tatortanalyse, Geografische Fallanalyse und viele andere. Außerdem stehen ausreichend soziologische Analyseverfahren zur Verfügung. Ihnen allen ist gemeinsam, dass zunächst Sachverhalte bzw. Einzelfälle analytisch beurteilt werden müssen, um später daraus in synthetischer Zusammenfügung der einzelnen analysierten Teile neue Erkenntnisse zu gewinnen und Zusammenhänge herstellen zu können. Insofern gelten auch für die Kriminalistische Fallanalyse die allgemein gültigen wissenschaftlichen Methoden für die Analyse.

Analyse
bedeutet die gedankliche Zerlegung eines kriminalistisch relevanten Einzelfalles als Ganzes in seine einzelnen Bestandteile, die tatsachenbezogenen Inhalte, sowie die kritische Untersuchung jedes einzelnen Details. Das ist eine Voraussetzung, um später die Zusammenführung *(Synthese)* der einzelnen Bestandteile auf einer höheren Erkenntnisstufe vornehmen zu können. Methodisch geschieht das, indem der Sachverhalt aufgelöst, zerlegt, zergliedert und untersucht wird.

Clages beschreibt die Kriminalistische Fallanalyse (KFA) als ein am Einzelfall orientiertes Analyse- und Syntheseverfahren, indem nach kriminalistischen und kriminologischen Kriterien die über den Fall vorliegenden Informationen in einem analytischen Denkprozess durchdrungen, bewertet und nach der Methode der kriminalistischen Synthese zu einem Bild über Tat, Täter und Opfer zusammengefügt werden. Der Zweck ist darauf gerichtet, Ergebnisse für die Aufklärung des einzelnen Kriminalfalles sowie für die Ermittlung und Überführung des Täters bereit zu stellen. Sie ist generell anwendbar auf alle Kriminalfälle.[39]

39 *Clages, H.*, S. 19.

Ein weiteres spezielles Analyseverfahren neben der Kriminalistischen Fallanalyse ist die **Operative Fallanalyse**. Der Begriff „Operative Fallanalyse (OFA)" wird seit geraumer Zeit als Oberbegriff für das kriminalistische, auf den Einzelfall schwerer Verbrechen bezogene, Analyseverfahren verwendet, welches dazu dient, das Tatgeschehen zu durchdringen und daraus Schlüsse für die Aufklärung dieser Tat zu ziehen. Das Hauptziel der OFA liegt in der Unterstützung der Aufklärung schwerwiegender Gewaltstraftaten wie Tötungsdelikte, Serienmorde, sexuell motivierte Gewalttaten, Erpressung oder Entführung.

Definition
„Bei der (Operativen) Fallanalyse handelt es sich um ein kriminalistisches Werkzeug, welches das Fallverständnis bei Tötungs- und sexuellen Gewaltdelikten sowie anderen geeigneten Fällen von besonderer Bedeutung auf der Grundlage von objektiven Daten und von möglichst umfassender Informationen zum Opfer mit dem Ziel vertieft, ermittlungsunterstützende Hinweise zu erarbeiten."[40]

Die Operative Fallanalyse richtet sich auf einen begrenzten und auf Opfer bezogenen Kreis von Straftaten. Mit dem Analyseverfahren „Kriminalistische Fallanalyse" sollen dagegen für das **gesamte Spektrum täglich anfallender Straftaten** bzw. kriminalistisch relevanter Ereignisse ermittlungsunterstützende Hinweise erarbeitet werden.

Auf diese wesensgleiche jedoch methodisch unterschiedliche Art und Weise des Vorgehens bei diesen beiden Analyseverfahren (KFA und OFA)wird bereits an dieser Stelle verwiesen, um einerseits den engen Zusammenhang zwischen beiden Methoden und andererseits ihre unterschiedlichen Zwecksetzungen sowie methodischen Vorgehensweisen zu verdeutlichen. Ausführlich wird die Methodik der Operativen Fallanalyse in Kapitel 3. II B. von *Neumann* beschrieben.[41]

2.2 Begriff und Methodik der Kriminalistischen Fallanalyse

Die Kriminalistische Fallanalyse ist hauptsächlich eine gedankliche Tätigkeit. Kriminalistisches Denken im Rahmen einer Fallanalyse ist seiner Natur nach ein Problemlösungsprozess. Die Denktätigkeit

40 Bundeskriminalamt 2011.
41 Vgl. *Neumann*, Kap. 3. II. B.

richtet sich zunächst darauf, die bei der Untersuchung einer Straftat anfallenden ungeklärten, widersprüchlichen oder offenen Probleme zu erkennen und, wenn diese sichtbar geworden sind, zu lösen. Das stellt vor allem auch an die nachfolgende Synthese hohe Anforderungen. Bei der Analyse beurteilte Details dürfen nicht nur nebeneinander gestellt werden. Der Kern der Synthese ist die Zusammenführung der Detailerkenntnisse aus der Analyse. Vor allem gilt es die zwischen den einzelnen Details bestehenden Zusammenhänge herzustellen, z.B. zwischen der Tatortwahl, der Tatzeit, den Umgebungsbedingungen oder möglicherweise sogar auf den Tatort bezogene Witterungsverhältnisse. Es sind drei- und mehrdimensionale Betrachtungsweisen notwendig, um aus der Beurteilung der einzelnen Analysefelder ein neues Fallverständnis herzustellen. Die Kriminalistische Fallanalyse ist für die Falluntersuchung insbesondere dann nützlich, wenn bei der Synthese neue Sichtweisen gewonnen werden, die zu weiteren Ermittlungsansätzen führen.

Zur begrifflichen Zusammenführung dieser analytischen Methode gibt es verschiedene Definitionen. So bietet die oben von *Clages* zitierte Definition einen guten Ansatzpunkt. Eine weitere Definition lautet: *„Kriminalistische Fallanalyse, ein strukturiertes Verfahren zur gedanklichen Zergliederung eines kriminalistisch relevanten Ereignisses in seine wesentlichen Bestandteile und deren Bewertung. Mögliche Analysefelder sind die Verdachtslage, die Tatsituation, die Beweislage, Tat- und Täterversionen, die Fahndungslage und die Rechtslage. Die Kriminalistische Fallanalyse ist die Basis für die Erarbeitung des Kriminaltaktischen Konzepts und der Durchführungsplanung“.*[42]

Es gibt auch Auffassungen, wonach die Kriminalistische Fallanalyse sich in den letzten Jahren zu einem juristischen Instrument entwickelt habe. Selbstverständlich kann sich die Fallanalyse nur in ihrem rechtlichen Rahmen bewegen, deshalb werden nicht nur die Beweise sondern auch die Beweissituation des Falles analysiert. Sie ist keine vorweggenommene richterlicher Beweiswürdigung, dient der Verdachtsschöpfung und demnach ist sie vor allem ein kriminaltaktisches Instrument.

Zwangsläufig stellt sich die Frage, wie der **Analysevorgang** praktisch verläuft, was wie analysiert werden soll und welche Methoden dazu genutzt werden können. Wie bereits erwähnt, gibt es noch keine ein-

42 *Wirth, I.* (Hrsg.), S. 346.

heitlichen Standards, die systematisiert erfassen, auf welche Daten sich die Fallanalyse konzentrieren sollte. Die in der Literatur und Lehre unterschiedlich existierenden „Beurteilungskriterien" beruhen auf empirischen Erfahrungswerten. Es hat sich als zweckmäßig erwiesen, diese nicht zu detailliert aufzuspreizen und in formale Modelle zu pressen. Das hat in der Vergangenheit dazu geführt, sich mit Kriterien auseinandersetzen zu müssen, die für den jeweiligen Fall oft nicht zutreffend waren. Jeder zu untersuchende Fall ist individuell und nach dem Ermittlungsstand unterschiedlich gelagert. Allein von diesen spezifischen auf den konkreten Fall bezogenen Falldaten ist abzuleiten, **was** zu analysieren ist. Beurteilungskriterien sollen sich auf Wesentliches konzentrieren. In der Vergangenheit oft publizierte polizeiliche Beurteilungskriterien wurden deshalb verschlankt. Nunmehr orientieren sich Beurteilungskriterien stärker auf das zu untersuchende kriminelle Geschehen. Dabei hat sich die Analyse nach **„Analysefeldern"** bewährt. Diese geben die Möglichkeit, variabel auf die inhaltlichen Fragestellungen einzugehen. Andererseits können auch Analysefelder oder Beurteilungskriterien nicht ohne jede Systematisierung auskommen. Mit der Auswahl und der inhaltlichen Strukturierung von Analysefeldern soll erreicht werden, ein möglichst umfassendes Analysesystem bereit zu stellen, das auf viele mögliche Fallkonstellationen anwendbar ist. Deshalb bedarf es auch der individuellen Differenzierung innerhalb der einzelnen Analysefelder.

Es sollte Klarheit darüber bestehen, dass bei den unterschiedlichen Fallgestaltungen in der kriminalistischen Wirklichkeit das Analysesystem *(bei aller Vielfältigkeit)* nur eine begrenzte Auswahl von Beurteilungskriterien erfassen kann. Folglich werden im Einzelfall – je nach Erfordernis – die Analysekriterien von dem Anwender zu ergänzen und zu modifizieren sein. Das ist sogar eine notwendige Bedingung, um der Individualität des jeweiligen Falles gerecht zu werden. Dabei kann es auch notwendig sein, die inhaltliche Struktur der Fallanalyse zu variieren, d.h. einzelne Strukturelemente anders – als nachfolgend dargestellt – zu positionieren.

Die Durchführung der kriminalistischen Fallanalyse ist sehr zeitaufwändig und arbeitsintensiv. Es liegt auf der Hand, dass in der polizeilichen Alltagspraxis bei einfach gelagerten Fällen der leichten bis mittleren Kriminalität eine umfassende Fallanalyse weder kriminalistisch notwendig noch arbeitsmäßig realisierbar ist. Hier genügt es regelmäßig, bei den kriminalistischen Überlegungen zum Fall und seiner Aufklärung arbeitsökonomisch sinnvoll die Grundprinzipien der Fallanalyse anzuwenden.

Für kompliziert aufzuklärende Straftaten ist dagegen die Kriminalistische Fallanalyse in der dargestellten Form eine unverzichtbare Voraussetzung für die zielgerichtete und effiziente Planung der weiteren Untersuchung.

Hinweis für die Aus- und Fortbildung:
Für die kriminalistische Ausbildung sollten die Studierenden der Polizei mit dem Analyseverfahren vertraut gemacht werden*(vergleichbar mit der Beurteilung der Lage, denn sie ist ja auch ein Element der übergreifenden „Kriminalistischen Lagebeurteilung")* und durch Übung an Hand von Fällen, mindestens mit einem mittleren Schwierigkeitsgrad, befähigt werden, die Fallanalyse in der Praxis anzuwenden. Grundvoraussetzung dafür ist, dass die Studierenden zunächst das erforderliche Basiswissen in Kriminologie und Kriminalistik erworben haben. Es ist von Nutzen zugleich, die aus der Fallanalyse gewonnenen Erkenntnisse so aufzubereiten, dass sie für die weitere Planung der Untersuchung genutzt werden können.

2.3 Analysefelder

Analysefelder erfassen die bei der Falluntersuchung am häufigsten wiederkehrenden Faktoren, die nach allen Seiten hin analysiert werden – sie sind kein Dogma. Bei der Analyse werden nur diejenigen Aspekte beurteilt, die dem Sachverhalt entsprechen. In den Analysefeldern fehlende Aspekte des Falles müssen sachorientiert hinzugefügt werden. Handelt es sich beispielsweise um eine Straftat ohne Diebesgut/Beute oder sind keine Fahndungsmaßnahmen relevant, so müssen dazu keine Aussagen getroffen werden. Alle nicht zutreffenden Analysefelder werden vernachlässigt, um bereits von vorn herein jeden Formalismus zu vermeiden. Wichtig ist, dass bei der Analyse strukturiert vorgegangen wird. d.h., dass der Sachverhalt systematisch, planmäßig und klar gegliedert durchdacht wird.

Unabhängig von der Möglichkeit, weitere Analysefelder in Betracht zu ziehen, wird empfohlen, nach der Systematik der folgenden Analysefelder vorzugehen. Diese bilden das Grundgerüst einer Kriminalistischen Fallanalyse.

Analysefelder[43]

1. Verdachtslage
2. Tatsituation
   - 2.1 Tatort
   - 2.2 Tatzeit
   - 2.3 Tatbegehungsweise (Modus Operandi)
   - 2.4 Tatmittel
   - 2.5 Beute/Diebesgut/Vorteil
   - 2.6 Tatmotiv
   - 2.7 Opfer
   - 2.8 Täter/Tatverdächtige
   - 2.9 Personalisierte Verdachtslage
   - 2.10 Zusammenfassende Beurteilung der Tatsituation
3. Beweislage
   - 3.1 Personalbeweis
   - 3.2 Sachbeweis
   - 3.3 Zusammenfassende Beurteilung der Beweislage
4. Tat- und Täterhypothesen
5. Fahndungslage
6. Rechtslage

Hinweise zur Erläuterung der Analysefelder:

Die Erläuterungen zu den Analysefeldern zielen darauf ab, dem in der Analysepraxis Ungeübten Anleitung und Hilfestellung bei der Kriminalistischen Fallanalyse zu geben. Sie berücksichtigen dabei stets wiederkehrende kriminalistische Fragestellungen zu den einzelnen Beurteilungskriterien der Analyse.

Die einzelnen Strukturelemente *(Gliederungspunkte)* der Analysefelder stellen keineswegs ein starres Gerippe dar, das bei der einer Fallanalyse lückenlos abgearbeitet werden muss. Es ist vielmehr ein Analyseschema, das auf möglichst unterschiedliche Sachverhalte mit differenzierten kriminalistischen Problem- und Fragestellungen Anwendung finden soll.

43 Ursprüngliche Beurteilungsschemata der KFA gehen auf Bemühungen der kriminalistischen Praxis zurück. Erste Konturen für ein Beurteilungsschema der Fallanalyse wurden durch die Kriminalistik-Lehrer *Nezemskal/Seyfried* von der Landespolizeischule Freiberg (1975/1976) und *R. Magulski* (1982) entwickelt. Alle weiteren nuancierten Darstellungen in Fachbeiträgen von *Brodag, Weihmann, Clages, Schmelz, Roll, Ackermann* und anderen, gehen im Prinzip auf die ursprüngliche Form dieser ehemals „Beurteilungsschema" genannten Kriterien zurück.

Die nachstehend ergänzenden Erläuterungen der Einzelkriterien geben die analytische Beschäftigung mit regelmäßig auftretenden kriminalistischen Beurteilungskriterien im Detail wieder. Sie sind keineswegs lückenlos, sondern müssen – je nach dem zu bearbeitenden Fall – ergänzt oder modifiziert werden. Um Verständnis und Anschaulichkeit zu erhöhen wird ein **Beispiel** vorangestellt, auf welches ***in einzelnen Analysefeldern*** Bezug genommen wird. *(Die ausführliche Bezugnahme zu allen Feldern würde den Rahmen der Arbeit sprengen).*

Beispiel: Brandstiftung an Kraftfahrzeugen

In der Stadt Berlin wurden vom 01.01.2011 bis 23.10.2011 an 470 unterschiedlichen Tatorten zur Nachtzeit 470 Autos angezündet und weitere 183 daneben stehende Kfz durch Flammenwirkung beschädigt. Die Tatorte erstreckten sich über das gesamte Stadtgebiet. Neben hohen materiellen Schäden entstanden vielfach Gefährdungssituationen, weil das Feuer auf Wohngebäude übergriff, nahe einer Tankstelle entfacht wurde, ein Seniorenheim vollständig geräumt werden musste, usw.

Am 23.10.2011 wurde der 27-jährige Andre H. festgenommen. Er gestand vom 27. Juni bis 27. August 2011 hauptsächlich in den Bezirken Spandau, Mitte und Charlottenburg 67 Autos angezündet und weitere 30 daneben stehende Kfz beschädigt zu haben. Sein Wohnort war Berlin-Moabit. Verdachtsgründe entstanden aus der **fallanalytischen Beurteilung der örtlichen Lage eines Tatortes** in Spandau, an welchem fünf Autos angezündet wurden. Dieser lag in einem abgelegenen Stadtviertel. Eine von mehreren Versionen war, dass der Täter mit der U-Bahn gekommen und wieder geflüchtet sein könnte. Auf dem Video der Überwachungskamera des U-Bahnhofs Hasselhorst entdeckten die Ermittler schließlich einen Mann, der am 23. August 2011 gegen 00:30 h fünfzehn Minuten **vor** dem ersten Brand aus dem U-Bahnhof ging und vier Minuten **nach** dem letzten zurückkehrte. Über ein den nächtlich eingesetzten Observationskräften der „Brandstreife" zur Verfügung gestelltes Bild gelang es den Verdächtigen zu entdecken, zu verfolgen, den Wohnort festzustellen, ihn zu identifizieren, eine Zeit lang weiter zu observieren und dann festzunehmen. Nach dem 23. August 2011 beging H. bis zu seiner Festnahme am 23. Oktober 2011 keine weiteren Brandstiftungen.

Aus der Analyse ging hervor, dass die Brandstiftungen durch bezuglose Einzeltäter, Mehrfachtäter und u.U. unterschiedliche Serientäter begangen worden sein könnten. Die örtlichen und zeitlichen Zusammenhänge sowie die Analyse der Tathandlungen an sich verlangen eine **Eingrenzung**, wenn eine Fallanalyse und nicht nur eine Lagebilddarstellung erfolgen soll

Am Beispiel wird deutlich, dass es Aufgabe einer Fallanalyse ist, sämtliche Analysefelder tiefgehend und in mehrdimensionalen Betrachtungen auf mögliche bestehende Zusammenhänge zu prüfen und daraus Versionen abzuleiten.

*Da das Beispiel in den nachfolgenden Analysefeldern nicht durchgängig abgehandelt werden kann, wird unter der Abkürzung **Bsp**. auf einige Faktoren eingegangen.*

3. Inhaltliche Aspekte der Analysefelder

3.1. Verdachtslage

3.1.1 Verdachtslage im Hinblick auf eine Straftat

3.1.2 Verdachtslage gegen Personen

3.1.3 *Allgemeine augenscheinliche Beurteilung des Ereignisses*

Erläuterungen:
Die Frage, ob auf Grund der vorliegenden Informationen zureichende tatsächliche Anhaltspunkte den Verdacht einer Straftat begründen und/oder ob sich der Verdacht der Täterschaft gegen eine bestimmte Person oder Personengruppe richtet, steht regelmäßig am Beginn der Fallanalyse, denn die Begründung des Anfangsverdachts i.S. v. § 152 II StPO ist wesentliche Voraussetzung für die Aufnahme strafprozessualer Ermittlungen.

Es ist folglich zunächst zu prüfen, ob die gegebene Verdachtslage überhaupt ausreicht, um ein Ermittlungsverfahren einzuleiten, bzw. die Ermittlungen gegen eine Person als Tatverdächtigen zu betreiben.

Die Beurteilung der Verdachtslage steht in engem sachlichen Bezug zum Ergebnis der Untersuchung der Tatsituation und der Frage nach dem oder den Tatverdächtigen.

An dieser Stelle sollten konkrete Aussagen zur Verdachtslage deshalb nur gemacht werden, wenn
- sie ohne weitergehende Prüfung augenscheinlich oder zweifelsfrei sind,
- ein Tatverdächtiger auf frischer Tat betroffen wird bzw. von Zeugen der Tat beschuldigt wird oder
- wenn die Feststellungen zur augenscheinlichen Verdachtslage unterschiedliche Tathypothesen zulassen.

Diese Beschränkungen sind notwendig, um überflüssige Überschneidungen zu späteren Beurteilungsergebnissen zu vermeiden.

Bei der ersten Bewertung der Ausgangslage ist, soweit möglich, auch eine kriminologische Deliktzuordnung vorzunehmen und die strafrechtlich-kriminalistische Bedeutung des Falles festzustellen, so z.B. Sexualmord an einem Kind mit unbekanntem Täter, Raubüberfall auf Geldtransport mit Schusswaffengebrauch durch die Täter; Täter unbekannt, Täter unbekannt und flüchtig.

Ebenfalls ist das besondere öffentliche Interesse an einem Fall zu berücksichtigen. Spektakuläre Fälle beunruhigen nicht nur die Bevölkerung, sondern finden auch Aufmerksamkeit bei den Nachrichtenmedien. Berichterstattungen zum Fall können sich fördernd, oft aber auch negativ auswirken *(Trittbrettfahrer)*. Diese Aspekte sind deshalb bei der Beurteilung mit einzubeziehen.

Beispiel: *Die mediale Berichterstattung durch detailreiche Schilderung von Tatbegehungsweisen und mangelnden Aufklärungsresultaten fördert die Nachahmung und ermuntert Täter mit dem Motiv einer diffusen Machtdemonstration und dem Abbau von Frustationsgefühlen und führt zu politischen Machtkämpfen in der Tatregion.*[44]

Die Beurteilung der Verdachtslage endet im Regelfall mit der Prüfung und Begründung des Anfangsverdachts.

3.2 Tatsituation

3.2.1 Tatort

- Räumliche Ausdehnung des Tatortes[45]
- Ereignisort-Tatort-Fundort
- Veränderungen am Tatort; sind Veränderungen möglich oder den Umständen nach wahrscheinlich?
- Wahrnehmungsmöglichkeiten durch Zeugen (*Wahrnehmungsbereich*)
- Bei fortdauernden Straftaten oder sog. Dauerdelikten operative Einwirkungsmöglichkeiten der Polizei?[46]
- Kriminalistische Bedeutung des Tatortes im umfassenden Sinne

Erläuterungen:

Die Feststellung der räumlichen Ausdehnung ist ein bedeutsames Kriterium für die lückenlose Aufnahme des Tatortbefundes, insbesondere der materiellen Spuren der Tat und von Wahrnehmungsmöglichkeiten.

Liegt der Tatort im Freien oder in geschlossenen Räumen? Ist mit der Tatortbefundaufnahme der gesamte Tatortbereich erfasst worden?

Weiterhin sind Überlegungen darüber anzustellen, welcher der engere und welcher der weitere Tatortbereich ist. Die Spurenlage oder die hypothetischen Modelle zum mutmaßlichen Tatablauf können im Zweifel bei der Beantwortung dieser Frage hilfreich sein.

Erfolgte die Tathandlung an verschiedenen Tatorten? Ist der Fundort (*z.B. einer Leiche*) überhaupt der Tatort? Falls Unklarheit darüber be-

44 Vgl. dazu *Meyer, R.*, S. 596-597.

45 LKA Berlin, Presseerklärung vom 23.10.2011; Berliner Zeitung, S. 1 und 17.

46 *Meyer, R.*, S. 595-599 beschreibt z.B., welche polizeilichen Präventionsmaßnahmen im Ergebnis der Fallanalyse von 145 Kfz-Brandstiftungen, wirksam werden können.

steht, ist zu prüfen, ob und wie der eigentliche Tatort eingegrenzt oder gefunden werden kann.

Veränderungsmöglichkeiten der Tatsituation nach der Tat sind zu bedenken.

- Sind eventuelle Veränderungen am Tatort vom Täter in der Absicht vorgenommen worden, eine andere Deliktrichtung vorzutäuschen, z.B. Sexualmord, um von der Tötung aus anderen Motiven abzulenken?
- Hat möglicherweise das Opfer selbst den Tatort in seiner Ursprünglichkeit verändert?
- Weitere Möglichkeiten der Veränderung der objektiven Tatortsituation können durch den Entdecker der Tat, durch Neugierige, Angehörige, Rettungskräfte oder Einsatzkräfte der Polizei, durch Witterungseinflüsse, Tiere usw. verursacht worden sein.

Der Wahrnehmungsbereich des Tatortes ist festzulegen. Die Feststellung ermöglicht u.a. die Ermittlung noch unbekannter Zeugen der Tat oder die Überprüfung von Zeugenaussagen.

Soweit Straftaten noch andauern, ist der oder sind die Tatorte unter dem Aspekt zu beurteilen, inwieweit unter räumlich-situativen Bedingungen polizeiliche Einwirkungsmöglichkeiten vorhanden sind, um mit präventiver Zielsetzung weitere Tathandlungen zu verhindern.

Die kriminalistisch-kriminologische Bedeutung der Tatortwahl ist zu beurteilen. Sind aus der Lage oder Besonderheiten der Örtlichkeit des Tatortes kriminalistische Schlüsse zu ziehen?

- Wurde der Tatort vom Täter bewusst gewählt?

  Bsp. *Die Tatorte sind oft bewusst ausgewählt, um z.B. das Ziel, Reiche zu schädigen, erfüllen zu können. Bei Einzelstraftaten sind es häufig zufällige Orte, die nach Veranstaltungsende, Besuch von Gaststätten, in der Nähe von Freunden, Bekannten oder anderweitig situativ bedingt, ausgewählt werden.*

- Weist er Besonderheiten auf, die den Täter veranlasst haben gerade diesen Tatort zu wählen?

Gibt es vergleichbare Tatorte mit ähnlichem modus operandi?

- Lässt der Tatort Rückschlüsse auf eine Beziehungstat zu?
- Muss der Täter den Tatort vor der Tat gekannt haben?

Diese Feststellungen sind u.a. von Bedeutung für die Erstellung des Tatprofils und des Persönlichkeitsprofils vom Täter, insbesondere im Kontext mit dem Tatmotiv.

(Die Aufzählung der Kriterien ist nicht abschließend)

3.2.2 Tatzeit

- Steht die Tatzeit fest, ist sie eingrenzbar?
- Lichtverhältnisse und Witterung zur Tatzeit
- Beobachtungsmöglichkeiten durch Zeugen zur Tatzeit?
- Kriminalistische Bedeutung der Tatzeit

Erläuterungen:
Die Tatzeit ist möglichst präzise zu bestimmen oder einzuengen. Sie lässt erkennen welchen zeitlichen Vorsprung der Täter hat und welche Fluchtstrecke er bereits zurückgelegt haben kann *(nur bei frischer Tat)*. Sie lässt Feststellungen zu, unter welchen besonderen Bedingungen *(Wetter-, Licht- und Verkehrsverhältnisse)* die Tat ausgeführt wurde und gibt Hinweise zur möglichen Ermittlung noch unbekannter Zeugen. Die genauere Überprüfung bzw. Festlegung der Tatzeit ist darüber hinaus für Alibiüberprüfungen von Wichtigkeit. Bei Serienstraftaten hilft sie Tatzusammenhänge zu erkennen und ermöglicht unter Verwertung von Tatortinformationen operative Maßnahmen zur Täterermittlung auf frischer Tat einzuleiten.

Bsp. *Die durchweg in den Nachtstunden liegenden Tatzeiten lassen sich meistens gut erfassen. Das Hauptproblem ist eine tatortbezogene stärkere Eingrenzung vorzunehmen.*

3.2.3 Modus operandi

- Tathergang
- Tathergangshypothesen *(Versionen zum Tathergang)*
- Tattypische Begehungsmerkmale
- Persönlichkeitsgebundene Merkmale, spezielle Kenntnisse und Fertigkeiten
- Auswertbarkeit unter Perseveranzaspekten
- Tatzusammenhänge mit anderen gleichgelagerten Fällen erkennbar?

Erläuterungen:
Bei der Frage nach dem Tatgeschehen unter modus operandi-Aspekten sind alle Tatphasen, d.h. Vortat-, Haupttat- und Nachtatphasen in die analytische Betrachtung einzubeziehen. Nach Art der Straftat und der Tatbegehung können die einzelnen Phasen von unterschiedlich ausgeprägter Bedeutung sein und beispielsweise das Verhalten nach der Tat mehr Anhaltspunkte liefern als die Tat selbst.

Es ist stets zu berücksichtigen, ob der Tathergang eindeutig feststeht oder verschiedene Tatversionen/Tathergangshypothesen in Frage kommen können.

Es ist auch zu prüfen, ob der augenscheinliche Hergang der Tat mit typischen Tatbegehungsmerkmalen des Delikts übereinstimmt oder ob atypische Abweichungen vorliegen.
- Lässt das Täterhandeln auf bestimmte persönlichkeitsgebundene Merkmale schließen?
- Ist der Täter in seinen Tathandlungen über das notwendige Maß, das für den Taterfolg notwendig war, erkennbar hinausgegangen? *(Siehe auch: Persönlichkeitsprofil des Täters.)*

- Waren für die Begehung der Tat speziellen Kenntnisse, Fähigkeiten oder Fertigkeiten erforderlich, die einen Schluss auf den Täter zulassen?

Ein wesentlicher Aspekt liegt in der Feststellung, ob der modus operandi Auswertungsansätze für die kriminalpolizeiliche Nachrichtensammlung und -auswertung bietet, d.h. weist der modus operandi eine spezielle Begehungsweise auf, die es zulässt, Tat/Täter- oder Tat/Täterzusammenhänge mit anderen ähnlich gelagerten Taten zu erkennen; sind daraus Ermittlungsansätze ableitbar?

Bsp. *Bei Brandstiftungen an Kfz sind typische Tatbegehungsweisen die Verwendung von Grillanzündern, die auf die Reifen gelegt werden sowie die Verwendung von brandfördernden Mittel, meistens getränkte Lappen, die auf Reifen gelegt oder nach Zerschlagen von Scheiben in das innere von Kfz geworfen werden. Die mediale Verbreitung von Tatbegehungsweisen führt oft zur Nachahmung der Tastbegehungsweise. Dadurch verliert die Tathandlung an tätergebundener Individualität. Man muss sich stärker auf andere Merkmale z.B. Herkunft des Zündmittels, konzentrieren.(Vgl. Abschnitt 3.2.4)*

Im Fall des ermittelten Täters Andre H. hatte sich als typisch herausgestellt, dass „die Brände wie an einer Perlenschnur gelegt" waren. Mit solch einem Tatmerkmal lassen sich die Individualität der Tat und Zusammenhänge erkennen.

3.2.4 Tatmittel

- Tatwerkzeuge, Tatwaffen, Tatfahrzeuge
- Beförderungs-, Transport- und Fluchtmittel
- Verbleib der Tatmittel
- Ermittlungs- und Fahndungsansätze aus den Tatmitteln

Erläuterungen:

Welche Sachgegenstände *(z.B. Brandbeschleuniger, Grillanzünder)* Werkzeuge, Tatwaffen oder Transportmittel hat der Täter eingesetzt oder müsste er nach den am Tatort hinterlassenen Spuren benutzt haben?

Lassen die Tatmittel Schlussfolgerungen
- auf den Täter,
- auf spezielle Kenntnisse und Fertigkeiten
- auf vergleichbare Straftaten zu?
- Auf den ursprünglichen oder früheren Gebrauch der Tatmittel; lassen sich darüber Informationen zum Täter ableiten?
- Bieten sie Ermittlungs- oder Fahndungsansätze?

Waren Transportmittel für den Abtransport der Beute erforderlich und wenn ja, welche? Hinweise auf ein vom Täter eingesetztes Kfz können wichtige Fahndungs- und Ermittlungsansätze bieten.

Die kriminalistische Beurteilung der Tatmittel hat stets im Kontext mit der Spuren- und Beweislage sowie Fahndungslage zu geschehen.

3.2.5 Tatbeute

- Erlangtes Diebesgut
- Verwendung und Verwertbarkeit der Beute
- Ermittlungs- und Fahndungsansätze aus der Beute
- Identifizierungsmöglichkeiten

Erläuterungen:
Bei der kriminalistischen Beurteilung der aus der Tat resultierenden Beute sind folgende Aspekte von Bedeutung:
- Die Tatbeute lässt Schlüsse auf das mögliche Motiv des Täters zu.
- Sie gibt Hinweise auf die Verwendbarkeit und ermöglicht Sachfahndungsmaßnahmen.
- Sind aus der Art der Beute im Kontext mit übrigen Tatbegehungsmerkmalen Hinweise auf organisierte Beuteverwertung erkennbar?
- Wo ist die Beute eventuell verborgen?
- Ist die Tatbeute eindeutig identifizierbar?

Der Besitz der Tatbeute kann ein wichtiges Indiz für die Täterschaft sein bzw. den „roten Faden" zu finden, der zum Täter führt. Bei Delikten ohne materielle Beute sind im Kontext mit dem Motiv (3.2.6) Anhaltspunkte zu suchen, ob der Täter den angestrebten Erfolg, das Ziel, z.B. bei einer Sachbeschädigung oder Brandstiftung erreicht hat. Ziele sind motivationsgebunden, unterscheiden sich jedoch von der inneren Motivationsstruktur eines Täters.

3.2.6 Tatmotiv

- Tatmotiv erkennbar?
- Versionen zur Motivlage aus Sachverhalt ableiten!
- Möglicher Anlass, Ursache, tatbegünstigende Umstände?
- Vortäuschung des Tatmotivs?
- Tatziel erreicht? Wiederholungsgefahr gegeben?
- Wer hat Nutzen aus der Tat?
- Wer hat Schaden im nichtmateriellen Sinn?
- Eingrenzungsmöglichkeiten des Täters durch das Tatmotiv?

Erläuterungen:
Welche tatauslösenden Faktoren könnten vorliegen? Sind ggf. mehrerer Motive bzw. Motivbündel erkennbar?

Ist
- Das aus der Tataugenscheinlich erkennbare Motiv eventuell vorgetäuscht?
- Der vom Täter beabsichtigte Erfolg eingetreten?
- Der eingetretene Erfolg vom Täter gewollt oder ungewollt?

- Wer hat Nutzen aus der Tat?
- Besteht bei nicht eingetretenem Erfolg Wiederholungsgefahr?
- Ist auf Grund des erkennbaren Tatmotivs eine Eingrenzung des in Frage kommenden Täters oder des Täterkreises möglich? *(Siehe auch Ausführungen zur Täterpersönlichkeit - Nr. 3.2.8)*

Bsp. *Die Palette möglicher Motive bei Brandstiftungen an Kfz ist sehr breit. Sie lassen sich nur im Zusammenhang (in Beziehung setzen) mit angegriffenen Objekten, Tatorten und besonderen Tatumständen und der Frage, ob es sich um Einzeltäter oder Serientäter handelt, näher bestimmen. Ausgewählte allgemein anzutreffenden Motive sind: Autonome Szene, Linksextremismus, politisches Tatmotiv, Fremdenhass, anarchistischer Bestrebungen, Reichenhass, Hass auf Reichtum (Autohändler; Konzerne, Wirtschaftsträger), Verdeckung vorausgegangener Straftaten am oder mit dem Kfz, Betrug gegenüber Versicherungen, Frust- bzw. Stressabbau; Machtdemonstration u.a.*

Der im Beispiel genannte Täter handelte nach eigenen Angaben aus Frustration (diffusem Sozialneid) über seine Arbeitslosigkeit. Der gelernte Maler und Lackierer lebte jahrelang von Hartz IV, fand zeitweilig einen Aushilfsjob bei einer Zeitarbeitsfirma und besserte sein Einkommen durch Flaschensammeln auf. Seit Ende August 2011 verübte er keine neuen Taten, später stellte sich heraus, dass er einen Aushilfsjob gefunden hatte und offenbar die „Frustration“ abgenommen hatte.

3.2.7 Opfer/Geschädigte

- Ist das Opfer identifiziert oder bestehen Identifizierungsmöglichkeiten?
- Opferpersönlichkeit
- Soziales Umfeld des Opfers
- Opferverhalten, Beteiligung des Opfers an der Entstehung und dem Verlauf der Tat
- Opferaussagen
- Täuschungskriterien des Opfers im Hinblick auf die Tat bzw. auf den Tatablauf oder im Hinblick auf bestimmte Tatphasen
- Welche Sachen, Gegenstände, Rechtsverhältnisse, Eigentümer oder andere Geschädigte wurden angegriffen?

Beispiel: *Der Täter konzentrierte sich auf eine bestimmte Opfergruppe (vermeintlich Reiche). Angegriffen hat er ausschließlich Kraftfahrzeuge der Marken Audi, Mercedes und BMW.*

- Warum wurden Einzelpersonen oder Personengruppen angegriffen?

Erläuterungen:
Sofern die Person des Opfers nicht sofort zweifelsfrei feststeht, gelten die ersten Überlegungen der Identifizierung des unbekannten Opfers.

Es ist, soweit auf Grund von Besonderheiten der Tat geboten und möglich, ein psychologisches Persönlichkeitsprofil des Opfers zu erstellen.

Kann das Opfer einer bestimmten Opferkategorie zugeordnet werden? In welchem sozialen Umfeld lebt/lebte das Opfer, wie war sein Sozialverhalten?

Das soziale Umfeld ist ebenfalls unter dem Aspekt der vordeliktischen Opfer-Täter-Beziehungen zu beurteilen.

Liegen Hinweise vor, dass es sich um eine Beziehungsstraftat handelt *(enge interpersonale Beziehung, aus der sich die Tat erklärt)*, d.h. waren die Beziehungen tatauslösend oder –begründend? Sind daraus Hinweise für die Ermittlung des unbekannten Täters abzuleiten?

Welchen Anteil hatte das Opfer an der Entstehung der Tat?

Wie ist das Verhalten des Opfers vor, während und nach der Tat zu werten? Sind auf Seiten des Opfers Täuschungsindizien erkennbar und wie sind diese ggf., zu bewerten?

3.2.8 Tatverdächtiger/-verdächtige

- Tatverdächtiger: bekannt/unbekannt?
- Bei unbekanntem Täter, Eingrenzung des Täterkreises möglich?
- Wer verfügt über besondere Fähigkeiten und Fertigkeiten, die für die Tatbegehung erforderliche Voraussetzungen sind?
- Wer hat Beweggrund zur Tat?
- Liegen physische oder psychische Wirkungen der Tat auf den Täter vor wie z.B. Verletzungen, Schock u.a.?
- Identifizierungsmöglichkeiten des Tatverdächtigen?
- Liegt eine Personenbeschreibung des Täters durch Zeugen vor? Ist eine Wiedererkennung des Täters möglich oder wahrscheinlich?
- Gibt es eine Beschreibung der Kleidung und/oder mitgeführter Sachen/Gegenstände
- Können Videoaufzeichnungen aus dem öffentlichen Raum ausgewertet werden?
- Können an Hand der vorliegenden Erkenntnisse *(z.B. Videoaufzeichnungen zu Bahn-Schlägern)* Maßnahmen der Öffentlichkeitsfahndung oder sogar ein Täterprofil erstellt werden?
- Hinweise auf Tätertyp und Gefährlichkeit des Täters
- Kann die Tat durch der Polizei bereits bekannte Personen begangen worden sein?

- Ermittlungsansätze aus erkennbaren Merkmalen zur Täterpersönlichkeit nach dem unbekannten Täter oder dem bekannten flüchtigen Tatverdächtigen
- Rückfall-, Wiederholungs- bzw. Serientäter?

Erläuterungen:
Häufig wird die Frage nach dem Täter nicht sofort eindeutig zu beantworten sein, so dass Überlegungen anzustellen sind, ob die über den Fall bekannten Informationen Hinweise auf den noch unbekannten Täter enthalten. Wie sie ggf. zu erlangen sind oder wie der in Frage kommende Täterkreis eingegrenzt werden kann.

In diesem Zusammenhang ist die Informationslage unter folgenden Aspekten zu analysieren:

- Ist die Tat von einem Einzeltäter begangen oder waren mehrere Täter an der Tat beteiligt, mutmaßliche Anzahl der Täter?

  Beispiel: *Auch nach der Festnahme von Andre` H. gingen die Brandstiftungen weiter. Es musste von der Existenz weiterer Serienstraftäter, Einzeltäter und Tätergruppen ausgegangen werden. Im Ergebnis der Ermittlungs- und Observationsmaßnahmen wurden weitere Einzel- und Gruppentäter ermittelt und festgenommen.*
- Welche Fakten sind über den Täter bekannt?
- Über welche Eigenschaften, Fähigkeiten und Fertigkeiten muss der Täter verfügen?
- Ist der Täter professionell, routiniert oder anscheinend stümperhaft vorgegangen?
- Über welche Werkzeuge oder andere Tatmittel und Bewaffnung verfügt der Täter?

Auf welche Persönlichkeitsmerkmale *(Täterprofil)* ist auf Grund des bekannten Tatgeschehens zu schließen? *(Siehe auch Tatmotiv 3.2.6.)* Wer hat Nutzen aus der Tat, wer ist durch das Ereignis begünstigt?

Wie gefährlich ist der Täter?

Hat die Tat beim Täter Spuren hinterlassen, die zu seiner Ermittlung oder Identifizierung führen können?

Liegt eine identifizierungsfähige Personen- bzw. Bekleidungsbeschreibung des Täters vor?

Hat er möglicherweise sein Äußeres verändert?

Ist die Täteridentifizierung anhand der materiellen Spurenlage oder Zeugenaussage *(Wiedererkennung)* möglich?

Eignen sich Zeugenaussagen, um ein Fahndungsbild vom Täter zu erstellen?

Kann auf Grund der Auswertungsergebnisse der Tat- und Tätermerkmale auf weitere unaufgeklärte Straftaten oder auf Serientäterschaft geschlossen werden?

Welche inneren Zusammenhänge gibt es zwischen der Tat und dem vermuteten Täter?

Haben mehrere Täter die Tat begangen, ist für jeden von ihnen getrennt eine Täteranalyse vorzunehmen.

Merke:
Diese, wie auch die zu allen anderen Analysefeldern gegebenen Hinweise sind nicht vollständig. Bei der Analyse sind alle merkmalsbezogenen Kriterien zu hinterfragen. Die isolierte Beschreibung einzelner Kriterien in diesem Buch ist aus didaktischen Gründen nötig. Jede isolierte Beurteilung eines Einzelmerkmals verlangt den Zusammenhang zu anderen Merkmalen herzustellen, beispielsweisemit zwischen Tatort und Tatzeit. Die wiederholte Aufzählung und Bewertung der einzelnen Kriterien und ihr Vergleich mit anderen Faktoren dient letztlich der Herstellung von Zusammenhängen bei der abschließenden synthetischen Zusammenfügung der einzelnen Bestandteile.

3.2.9 Verdachtslage gegen bestimmte Personen

- Be- und entlastende Verdachtsindizien, die für/gegen die Täterschaft bestimmter Personen sprechen
- Zeigen bestimmte Personen Schuldsymptome, sind diese im Sinne eines Täterverdachts zu werten?
- Wertung der be- und entlastenden Umstände
- Wie konkret ist der Täterverdacht?
  - Verdächtiger,
  - Beschuldigter,
  - dringend Tatverdächtiger?

Erläuterungen:
Die Analysefelder 3. 2.8. und 3.2.9 stehen in engem sachlichen Zusammenhang, da die Verdachtslage gegen bestimmte Personen wesentlich durch die Analyseergebnisse aus Nr. 2.8 beeinflusst wird.

Richtet sich der Verdacht gegen bestimmte Personen, so sind die be- und entlastenden Verdachtsmomente herauszuarbeiten und strafprozessual zu bewerten.

Werden bestimmte Personen durch Dritte *(Zeugen)* der Täterschaft beschuldigt? *(Siehe dazu auch Ziff.4.1 Personalbeweis: Beschuldigung gegen bestimmte Personen.)*

Es ist zu beurteilen, wie der Grad des Tatverdachts ist, der für die Täterschaft einer bestimmten Person spricht, da sich nach dieser Feststellung

- die Entscheidung orientiert, ob das Verfahren gegen diese Person zu betreiben ist,

- die verfahrensrechtliche Stellung des Betroffenen *(Zeuge-Beschuldigter)* bestimmt,
- eventuell zu treffende strafprozessuale Eingriffsmaßnahmen gegen bestimmte Personen richten.

3.2.10 Zusammenfassende Beurteilung der Tatsituation

Als ein Zwischenergebnis wird die Beurteilung der Gesamtheit der Tatsituation abschließend durch Zusammenführung aller Teilbeurteilungsergebnisse aus den bis dahin bekannten Informationen zur Tat vorgenommen. Die Ergebnisse der analytischen Bewertung der einzelnen Kriterien in den Analysefeldern werden in ihrem wechselseitigen Zusammenhang und mit Schlussfolgerungen zusammengefasst.

Zu fragen ist insbesondere, ob
- der dokumentierte objektive und subjektive Tatbefund lückenlos erhoben wurde, welche Informationslücken ggf. vorhanden sind, bestimmte Nachermittlungen oder ergänzende Befunderhebungen erforderlich sind und
- die Ergebnisse in der Gesamtschau der Tatsituation folgerichtig und widerspruchsfrei sind.
- Welche neuen Fakten und Zusammenhänge erkannt worden sind.
- Welche weiteren ermittlungsunterstützenden Empfehlungen zur objektiven Feststellung der Tatsituation noch erforderlich sind.

4. Beweislage

Wie bereits im 3. Kapitel III. Beweisführung ausführlich beschrieben, wird unter Beweisen im Sinne des Strafermittlungsverfahrens keine Feststellung von einzelnen Tatsachen verstanden. **Beweisen bedeutet vielmehr die Klärung unterschiedlicher beweisbedürftiger Sachverhalte.**

Der Beweis darf nur mit prozessual zulässigen Beweismitteln und -verfahren erbracht werden. Die vorliegenden Beweise sind bei der Beurteilung der Beweislage besonders darauf hin zu überprüfen, ob sie nach prozessualen Beweisgrundsätzen erhoben worden sind, insbesondere ob ggf. Beweiserhebungsverbote verletzt worden sind.

Die Beweisführung muss mit lückenlosen, nachvollziehbaren und logischen Argumenten *(Plausibilitätsprüfung)*, die keinen vernünftigen Zweifel daran lassen, dass ein bestimmtes Geschehen sich so und nicht anders zugetragen hat, erfolgen.

Bewiesen wird eine Tat oder die Täterschaft im Regelfall nicht mit einer einzigen beweiserheblichen Tatsache bzw. mit einem Beweismittel allein, sondern mit einer Mehrzahl von Beweisen, die in einem inneren sich gegenseitig bedingenden logischen Zusammenhang stehen und von unterschiedlichem Beweiswert sind.

In diesem Sinne sind die zum Zeitpunkt der Fallanalyse vorliegenden Beweise zu sichten und zunächst einzeln und dann in ihrer Gesamt zu bewerten.

Die Beurteilung der Beweislage erfolgt zweckmäßig nach Personal beweis und Sachbeweis.

4.1 Personalbeweis

- Geständnis
- Zeugenaussagen
- Beschuldigungen gegen bestimmte Person?
- Bewertung der Aussageinhalte
- Mögliche noch unbekannte Informationsquellen, die zu weiteren Zeugenführen könnten

Erläuterungen:
Liegt das Geständnis eines Tatverdächtigen vor, ist es hinsichtlich der Stimmigkeit mit anderen Beweismitteln sorgfältig zu prüfen.

Wesentliche Prüfungskriterien:
- Ist die Übereinstimmung des Geständnisses mit dem objektiven Tatgeschehen gegeben oder sind Widersprüche oder Abweichungen vorhanden?
- Ist das Geständnis vorgetäuscht, liegt ggf. nur ein partielles Geständnis vor?
- Wie ist das Geständnis zustande gekommen?
- Welches sind die Gründe, die beim Beschuldigten zum Geständnis geführt haben?
- Ist Täterwissen festgestellt?
- Will der Geständige, ohne dass er der wirkliche Täter ist, nur auf sich aufmerksam machen, den wirklichen Täter decken oder von anderen Taten ablenken?

Welche Zeugen kommen in Betracht; welche beweiserheblichen Aussagen kann der einzelne Zeuge machen?

Zeugenaussagen sind auf ihren Inhalt, ihr Objektivität und Glaubwürdigkeit hin zu prüfen.

Sind die Zeugen überhaupt in der Lage, Aussagen über Tatsachen zum Tatgeschehen zu machen oder vermischen sie Wahrgenommenes mit Fantasie?

Liegen Zeugenaussagen vor, durch die bestimmte Personen der Täterschaft beschuldigt oder mit denen Verdächtigungen ausgesprochen werden?

Wurden bei Straftaten mit unbekanntem Täter alle auf den Täter bezogenen Beweismittel festgestellt?

Sind Hinweise vorhanden, die auf eine falsche Anschuldigung oder auf Wahrnehmungs- bzw. Erinnerungsfehler der Aussageperson schließen lassen? *(Siehe auch 3.2.9 Verdachtslage gegen bestimmte Personen.)*

Ist der Zeuge fähig, eine brauchbare Personen-/Bekleidungsbeschreibung von Tatverdächtigen abzugeben? Kommt er als Wiedererkennungszeuge in Frage?

Mögliche Beziehungen von Zeugen zum Tatverdächtigen oder zum Opfer sind bei der Beurteilung der Zeugenaussagen zu berücksichtigen.

Zur Frage, wie noch unbekannte Zeugen ermittelt werden können, sind eingehende Überlegungen anzustellen. Ist der Tatort bekannt, muss – ggf. unter Beachtung von Fallhypothesen - geprüft werden, welche optischen und akustischen Wahrnehmungsmöglichkeiten *(Wahrnehmbarkeitsbereich)* Zeugen gehabt haben können. *(Siehe auch 3. 2.1)*

4.2 Sachbeweis

- Vorhandene Spuren der Tat
- Andere sachliche Beweismittel wie: Sachen, Gegenstände, Tatwerkzeuge, Urkunden bzw. weitere Augenscheinsgegenstände
- Kriminaltechnische Auswertungsmöglichkeiten der Spuren und deren Beweiskraft
- Nach der Tatbegehung zu erwartende Spuren
- Dokumentation von Sachbeweisen

Erläuterungen:
Sämtliche mit dem Tatortbefund erhobenen materiellen Spuren sind in die Fallbeurteilung einzubeziehen und sorgfältig zu prüfen.

Die kriminaltechnischen Auswertungsmöglichkeiten, deren Aussage- und Beweiskraft sind unter Orientierung am Fall zu beschreiben und zu bewerten. Im Regelfall wird dies lediglich eine vorläufige Bewertung sein, da die kriminaltechnisch-naturwissenschaftlich gewonnenen Auswertungsergebnisse erst abzuwarten sind

Widersprüche aus der Spurenlage zum objektiv festgestellten Tatgeschehen sowie zu Verdächtigen- und Zeugenaussagen sind herauszuarbeiten.

Es ist kritisch zu hinterfragen, ob die Spuren Tatzusammenhang aufweisen. Sind Spuren ggf. in Täuschungsabsicht bewusst gelegt worden?
Auch die nach den Tathandlungen zu erwartenden, jedoch nicht vorhandenen (oder nicht entdeckten) Spuren sind für die Fallbeurteilung von Bedeutung. Sie können Hinweise auf bestimmte Tathandlungen, Vortäuschungen, auf falsche Tathypothesen oder auf unvollständige Spurensuche (bzw. Fehler bei der Spurensicherung!!!) geben.
Es kann nützlich sein, zwischen Spuren von Tathandlungen und Spuren zur Täteridentifizierung zu unterscheiden.

4.3 Zusammenfassende Beurteilung der Beweislage

Als ein Zwischenergebnis ist die Beweislage in ihrer Gesamtheit zu beurteilen. Die einzelnen zur Fallanalyse angesprochenen Kriterien werden zwar im Detail gründlich überprüft und bewertet, jedoch erst ein Gesamtbild der Tat sowie der Verdachts- und Beweissituation ergeben die ganzheitliche Zusammenschau der Beweislage. Es sind Überlegungen zu allen im Zuge der Analyse herauskristallisierten Fakten anzustellen, welche die Beweislage charakterisieren. Dabei stellt man sich die Frage: Was wird durch wen oder was bewiesen oder ad absurdum geführt?

In der zusammenfassenden Beurteilung ist im Schwerpunkt auf folgende Beweisfragen einzugehen:
- Was kann an Hand der vorliegenden Beweise zweifelsfrei bewiesen werden?
- Welche Beweise sind unsicher oder zweifelhaft?
- Beweislücken vorhanden oder widersprechen sich einzelne Beweisfeststellungen?

Erst die Zusammenführung aller Fakten, Informationen und Beurteilungsergebnisse ermöglicht einen Überblick über die Beweislage und gibt Hinweise auf Beweislücken sowie ggf. zusätzlich erforderliche Beweiserhebungsmaßnahmen.

5. Tat- und Täterversionen/-hypothesen

Kriminalistische Hypothesen, die auch als Versionen bezeichnet werden, sind variante, alternative Erklärungsmodelle zu offenen, auf Grund der vorliegenden Informationen nicht eindeutig zu beantwortenden Fragen zum Tatgeschehen, zum Opfer oder Täter. Es besteht ein Informationsdefizit und im Ergebnis der fallanalytischen Betrachtung werden begründete Vermutungen, Annahmen oder Vorstellungen entwickelt, wie sich was zugetragen haben könnte bzw. wie die offene Fragestellung erklärt werden kann. Alternative Versionen/Hypothesen zu bestimmten offenen Untersuchungsfragen, sind gegenüber zu stellen, gegeneinander abzuwägen und durch kriminaltaktische Ermittlungsmaßnahmen zu prüfen, um schließlich festzustellen, welche zutreffend oder nicht zutreffend sind.[47]

Zur Vervollständigung eines lückenhaften Bildes über die Tat, Täter und Opfer müssen sämtliche mutmaßlichen Fakten aus dem bisher Bekannten logisch abgeleitet werden, um ein hypothetisches, dem tatsächlichen Sachverhalt möglichst weitestgehend angenähertes Bild zu erlangen. Dieses ist sodann Grundlage für die Entscheidung über weitere Ermittlungsmaßnahmen zur Tataufklärung.

Kriminalistische Versionen/Hypothesen sind zu allen Aspekten der Tat und der Täterschaft aufzustellen, zu denen *offene Untersuchungsfragen* bestehen. Nur selten liegen das Tatgeschehen und die Täterschaft zu Beginn der kriminalistischen Fallbearbeitung völlig offen, so dass die Versionsbildung eine häufig angewandte Methode der Fallbewältigung ist.

Im Ergebnis werden sich für den Kriminalisten regelmäßig – je nach Fallkonstellation – folgende offene Fragen stellen:
- Was für eine Tat liegt vor?
- Wie wird die Tat abgelaufen sein?
- Wie lassen sich die einzelnen Spuren und Informationen über die Tat zu einem kriminalistisch begründbaren Gesamtbild zusammenfügen?
- Wer kommt als Täter in Frage?
- Wie ist die Fahndungslage?
- Was kann mit welchen Beweismitteln bewiesen werden?
- Welche offenen Untersuchungsfragen sind sonst noch vorhanden?
- Wie muss die weitere Untersuchungsplanung aussehen?

Es kann auch zweckmäßig sein, Versionen/Hypothesen zum Tatgeschehen, zum Opfer und Täter unmittelbar im Anschluss an die jeweilige Prüfung des einzelnen Analysefeldes zu bilden. Der Vorteil dieser Vorgehensweise liegt in der engen sachlichen Nähe zu dem

47 *Ackermann, R.*, 2010, S. 102-138; vergl. auch *Ackermann, R./Clages, H,/ Roll, H.*, Kap. V S. 149 ff.

zu beurteilenden Kriterium. Die einzelnen Versionen sind dann an dieser Stelle als Tat- und Täterversionen nur noch einmal zusammenzufassen.

6. Fahndungslage

- Fahndungsinformationen
  - Welche Fahndungsinformationen liegen vor?
  - Sind die Fahndungsinformationen lückenlos und vom Inhalt her gesichert?
  - Ist der Täter flüchtig, ist die Person des Täters bekannt/unbekannt?
  - Ist der Aufenthaltsort der/des Tatverdächtigen bekannt?
  - Liegen Erkenntnisse über die räumliche oder persönliche Hinwendungsmöglichkeiten auf der Flucht vor?
- Erfolgsaussichten einer allgemeinen oder zielgruppenorientierten Öffentlichkeitsfahndung
- Dringlichkeit der Fahndung
- Sachfahndungsmöglichkeiten nach der Tatbeute oder den Tatmitteln ebenso nach weiteren gegenständlichen Beweismitteln, einschließlich Vergleichsmaterial?
- Fahndungsräume und Fahndungsarten
- Sind alle Möglichkeiten der Öffentlichkeitsfahndung gem. § 131 ff. StPO ausgeschöpft?

Erläuterungen:

In einem ersten Schritt sollten die vorliegenden Fahndungsinformationen systematisch aufgelistet und nach ihrem Fahndungswert beurteilt werden. Es ist zu prüfen, ob die Fahndungsinformationen

- lückenlos sind,
- Ihrem Inhalt nach als gesichert gelten und ob
- zusätzliche Fahndungsinformationen erhoben werden müssen.

Ist der Täter flüchtig, ist zu prüfen, ob Hinweise vorliegen, die gezielte Fahndungsmaßnahmen nach dem Flüchtigen ermöglichen oder wie diese gewonnen werden können.

Bei flüchtigen bekannten Tätern ist zu klären,

- ob Erkenntnisse über Fluchtverhalten aus früheren Fällen vorliegen,
- ob daraus auf mögliche Verbergungsorte/Anlaufstellen geschlossen werden kann und
- inwieweit sich diese Erkenntnisse für aktuelle Fahndungsmaßnahmen eignen.

Es sind Überlegungen zur Dringlichkeit von Fahndungsmaßnahmen anzustellen. Sind im Ersten Angriff bereits Sofortfahndungsmaßnahmen eingeleitet worden wie z.B. die Tatortbereichsfahndung oder die Ringalarmfahndung, sind deren Ergebnisse in den Beurteilungsprozess einzubeziehen.

Es ist zu fragen: Wie groß ist der zeitliche und räumliche Tätervorsprung? Dazu sind unter Beachtung der Fluchtmöglichkeiten, des Fluchtmittels, des erkennbaren Fluchtverhaltens sowie der Fluchtwege Weg-Zeit-Berechnung vorzunehmen.

Weiterhin ist zu beurteilen, ob der mit den beabsichtigten Fahndungsmaßnahmen verbundene Aufwand zur Straftat und zum erwarteden Erfolg in einem angemessenen Verhältnis steht *(z.B. Aufrechterhaltung von Ringalarmfahndungen).*

Zu prüfen ist, ob sachfahndungsgeeignete Informationen vorliegen oder ob und wie sie gewonnen werden können und inwieweit sie Personenfahndungsmaßnahmen unterstützen können.

Die Fahndungsinformationen sind daraufhin auszuwerten, ob Fahndungsräume festzulegen oder einzuengen sind.

Ferner sind die sachlichen und rechtlichen Voraussetzungen für die in Frage kommenden Fahndungsarten zu prüfen und insbesondere die Vor- und Nachteile für den Fahndungserfolg abzuwägen.

7. Rechtslage

7.1 Rechtliche Beurteilung des Ereignisses

Straftat(en)
- Vergehen
- Verbrechen

Gefahr(en)
- Art
- Schwere und
- zeitliche Dringlichkeit

7.2 Rechtliche Schwerpunkte polizeilichen Handelns
- Gefahrenabwehr
- Strafverfolgung
- Aufgaben- und Pflichtenkollisionen aus der Doppelfunktion der Polizei

7.3. Rechtscharakter getroffener polizeilicher Maßnahmen

7.4. Befugnisnormen für polizeiliche Eingriffsmaßnahmen

7.5 Besondere Zuständigkeiten

Erläuterungen:
Der zu beurteilende Fall ist strafrechtlich zu subsummieren. Eine differenzierte juristische Einstufung kann in vielen Fällen jedoch erst dann erfolgen, wenn alle dafür bedeutsamen objektiven und subjektiven Fakten und Tatsachen ermittelt sind, also nach Abschluss der Untersuchungen. Folglich wird es sich bei der strafrechtlichen Beurteilung des Falles i.d. Regel um ein vorläufiges Ergebnis handeln.

Die Unterscheidung zwischen Vergehen und Verbrechen und Schwere der Straftat haben u. a. Bedeutung für die Intensität polizeilicher Einsatz- und Ermittlungshandlungen und regelmäßig Einfluss auf die Anwendbarkeit gesetzlicher Eingriffsbefugnisse.

Die Herausarbeitung infrage kommender gesetzlicher Tatbestände wird bei schwerwiegenden oder komplexen Taten regelmäßig notwendig sein, um die für die Aufklärung der Tat erforderlichen konkreten Untersuchungshandlungen festlegen zu können.

Weiterhin ist der Fall daraufhin zu bewerten, ob von dem vorliegenden Ereignis weiterhin Gefahren ausgehen bzw. fortbestehen. Das kann z.B. der Fall sein, wenn eine Straftat noch andauert oder noch weitere Taten zu erwarten sind. Grad und Ausmaß der Gefahren sind ggf. einer Gefahrenanalyse zu unterziehen.

Der rechtliche Schwerpunkt des polizeilichen Handelns ist festzustellen. Im Regelfall wird dies die Strafverfolgung sein.

Soweit die Lage dazu Anlass gibt, sind Aufgaben- und Pflichtenkollisionen, die sich aus der Aufgabenzuweisung zur Gefahrenabwehr einerseits und zur Strafverfolgung andererseits ergeben, zu erörtern.

Bereits getroffene polizeiliche Maßnahmen sind rechtlich kurz zu bewerten. Darüber hinaus sind die rechtlichen Voraussetzungen für erkennbar zukünftiges Verhalten polizeiliches Handeln zu prüfen, z.B. im Hinblick auf die Erhebung personenbezogener Daten, verdeckte Maßnahmen der Informationsgewinnung, wie kurz- oder längerfristige Observationen, Ausschreibungen zur Fahndung, vorläufige Festnahme, Durchsuchungsmaßnahmen, Wiedererkennungsmaßnahmen und andere.

Auf umfangreiche juristische Abhandlungen zur Rechtslage sollte jedoch verzichtet werden, soweit dazu nicht besonderer Anlass besteht. Soweit sich zu beachtende besondere örtliche oder sachliche Zuständigkeiten ergeben, sind diese in die rechtliche Beurteilung mit einzubeziehen.

8. Abschluss der Kriminalistischen Fallanalyse

Die Kriminalistische Fallanalyse schließt mit der gedanklichen oder schriftlichen Zusammenfassung der wesentlichen Ergebnisse ab. Es ist nicht notwendig den gesamten Analyseverlauf niederzuschreiben. Wichtig ist, die aus der Analyse und synthetischen „Zusammenschau“

gewonnenen Erkenntnisse darzustellen, welche geeignet sind, den Fortgang der Ermittlung hinsichtlich neuer Denk- und Verfolgungsansätze zu unterstützen. Das wesentliche Ziel der KFA ist, neue Ermittlungsansätze zu finden. Das Analyseergebnis führt in der Regel zur Neubewertung der bisherigen Aufklärungsstrategie und -taktik. Im Regelfall ergeben sich daraus neben aufs Detail gerichteten neuen Ermittlungs- und Prüfungsaufgaben auch andere notwendige operative Maßnahmen. Das können, um im vorn genannten Beispiel zu bleiben, die zeitliche und örtliche Verlagerung von Observationsschwerpunkten, Kräftedislozierung, die Anordnung zur Kontrolle von Handy-Verbindungsdaten[48] u.a. sein. Die Analyseergebnisse und neuen Ermittlungsmaßnahmen finden ihren Niederschlag im jeweiligen Untersuchungsplan oder auch in neuen Einsatzanordnungen, taktischen Konzepten oder weiteren Planungsinstrumenten.

Literatur

Ackermann, R., Kriminalistische Fallanalyse, Lehr- und Studienbriefe Kriminalistik/Kriminologie Heft 13 Verlag Deutsche Polizeiliteratur Hilden, 2010.

Ackermann, R./Clages, H./Roll, H., Handbuch der Kriminalistik – Kriminaltaktik für Praxis und Ausbildung, Richard Boorberg Verlag Stuttgart, 4. Auflage, 2011.

Bundeskriminalamt, Der Begriff „Operative Fallanalyse", 18.10.2011.

Berliner Zeitung, Nr. 248 vom 24.10.2011; Nr. 20 vom 24.01.2011.

LKA Berlin, Pressemeldung vom 23.10.2011.

Magulski, R., Fallbeurteilung, Fallbearbeitung und kriminalistisches Denken, Kriminalistik Verlag Heidelberg 1982.

Meyer, R., Brandstiftungen an Kraftfahrzeugen, Kriminalistik 10/2011.

48 Es soll nicht unerwähnt bleiben, dass in diesem Fall mit vorliegendem richterlichem Beschluss ca. 4.2 Millionen Verbindungsdaten zur Standortbestimmung erfasst und verglichen wurden und das, im Innenausschuss des Berliner Senats zu erheblichen Kontroversen führte. Vgl. Berliner Zeitung Nr. 20, vom 24. Januar 2012.

B. Operative Fallanalyse

von *Dr. Dieter Naumann*

1. Begriffsbestimmungen

Operative Fallanalyse ist der in Deutschland gebräuchliche Oberbegriff zum einen für die analytische Aufarbeitung von Kriminalfällen mit dem Ziel, polizeipraktisch umsetzbare Hinweise für die ermittelnde Dienststelle zu liefern (Fallanalyse und Täterprofil, vergleichende und geografische Fallanalyse). Zum anderen umfasst Operative Fallanalyse mit ViCLAS eine computergestützte Anwendung, die die Zusammenführung von Wiederholungs- und Serienstraftaten unterstützt.

In den USA ist als Oberbegriff für fallanalytische Tätigkeit „Criminal Investigative Analysis“ gebräuchlich.

Mit einer **Fallanalyse** wird der Versuch unternommen, Hintergründe und Verlauf eines Falles so aufzuhellen, dass eine „neue Sicht“ auf das, was geschehen ist, möglich wird. Aus diesem neuen Fallverständnis resultieren Ermittlungsansätze, Hinweise zu Vernehmungsstrategien und andere polizeitaktische oder ganz pragmatische Empfehlungen an die Ermittler.

Erreicht wird das, indem alle objektiven Daten des Falles sachlich und zeitlich geordnet sowie umfassend interpretiert werden und in die Rekonstruktion der Tat und der Tatumstände einfließen. Kernstück sind dabei Rekonstruktion und Interpretation des Täterverhaltens.

Gesicherte fallanalytische Methoden existieren in Deutschland insbesondere für den Bereich der Tötungs- und sexuellen Gewaltkriminalität sowie für Fälle von Erpressungen und erpresserischem Menschenraub. Fallanalytiker einzelner Bundesländer und des BKA haben aber auch bei der Anwendung fallanalytischer Prinzipien auf andere schwerwiegende Straftaten Erfahrungen gesammelt.

Sofern eine entsprechende Datenbasis vorliegt, kann im Ergebnis einer Fallanalyse ein sogenanntes **Täterprofil** erstellt werden, das den wahrscheinlichen Typ des Täters möglichst signifikant von anderen Personen abhebt.[49] Daraus können für die Ermittler wiederum Ermittlungshinweise, aber z. B. auch Ausschlusskriterien für einen bereits bekannten Kreis von Tatverdächtigen resultieren.

Spezielle Formen der Fallanalyse finden Anwendung bei der Bestimmung möglicher Ankerpunkte (z. B. Wohnort, Ort von Freizeitaktivitäten) eines unbekannten Serientäters (**geografische Fallanalyse**[50]) und bei der Prüfung eines möglichen Tatzusammenhanges von zwei und mehr Taten (**vergleichende Fallanalyse**).

ViCLAS (**Vi**olent **C**rime **L**inkage **A**nalysis **S**ystem), das computergestützte Analysesystem zur Verknüpfung von Gewaltstraftaten, zielt darauf ab, regional und überregional begangene Einzelstraftaten als mögliche Bestandteile von Tatwiederholungen oder Serien eines Täters zu recherchieren, zu erkennen und zu beschreiben. In der Folge können die Ermittlungsergebnisse zu den Einzeltaten zusammengeführt und damit ein neuer Informationsstand über den Tatverdächtigen und seine Taten erreicht werden. Durch die für ViCLAS notwendige strukturierte Fallbeschreibung und die bundesweite Recherchierbarkeit werden Defizite traditioneller Melde- und Recherchemöglichkeiten weitgehend ausgeglichen.

Institutionelle Basis der Operativen Fallanalyse sind in Deutschland die Dienststellen für Operative Fallanalyse, kurz OFA-Einheiten, die in allen Bundesländern in den Landeskriminalämtern (Ausnahme Bayern: Polizeipräsidium München) und im Bundeskriminalamt (KI 13) bestehen. Sie sind für die Durchführung von Fallanalysen und die Erstellung von Täterprofilen sowie die Erfassung (ausgenommen das BKA) und Recherche (das BKA nur bei vermuteten internationalen Tatzusammenhängen) von ViCLAS-Fällen verantwortlich. Das BKA zeichnet (teilweise zusammen mit OFA-Einheiten der Länder) auch verantwortlich für zahlreiche Studien zu fallanalytisch relevanten Themen sowie die Ausbildung zu ViCLAS- bzw. Fallanalytikern in Deutschland.

49 Täterprofile (besser: Tätertyphypothesen oder Täterversionen) sind folglich weder alleiniges Ziel noch die „Krone" fallanalytischer Tätigkeit. Insofern sind die häufig für Fallanalyse bzw. Fallanalytiker genutzten anglo-amerikanischen Begriffe „profiling" resp. „profiler" nicht korrekt, allerdings umgangssprachlich verbreitet.

50 Tests des BKA mit computergestützten geografischen Analysesystemen haben zu keinen befriedigenden Ergebnissen geführt.

2. Fallanalyse

2.1 Historie

Anfänge fallanalytischen Vorgehens bei der Aufklärung von Tötungs- und schweren Sexualdelikten gab es bereits in der Vergangenheit. So hat der langjährige Leiter der Berliner Mordinspektion Ernst Gennat schon in den 20er und 30er Jahren in seinen Aufsätzen zur Morduntersuchung auf die Bedeutung des Tatortes und der Spuren am Opfer für die Ermittlung des Täters hingewiesen.[51] Viele seiner damals formulierten Grundsätze der Arbeit am Tatort sind noch heute gültig und durch nachfolgende Generationen von Kriminalisten präzisiert und weiterentwickelt worden. Beispielhaft sei dazu auf den hohen Stand fallanalytischer Ansätze in Theorie und Praxis der Versionsbildung der DDR-Kriminalistik hingewiesen.[52]

In den USA hatte in den 70er Jahren das dramatische Absinken der Aufklärungsquote bei Tötungsdelikten von ehemals 90 auf unter 70 Prozent die Frage nach den Ursachen und nach neuen Ermittlungsmethoden herausgefordert.

Durch erste Analysen stieß man auf zwei grundsätzliche Phänomene: Zum einen war der Anteil der Tötungsdelikte ohne erkennbare Täter-Opfer-Beziehungen angestiegen. Der klassische Ermittlungsansatz, nämlich den Täter zuerst im Familien-, Bekannten-, Berufs- oder sonstigen Beziehungskreis des Opfers zu suchen, lief dadurch nicht selten ins Leere. Zum anderen sah man eine weitere Erklärung für die neue Situation im überdurchschnittlichen Anstieg der vermeintlich motivlos begangenen Serienmorde.

Gerade das zuletzt genannte Phänomen führte in Verbindung mit definitorischen und statistischen Ungereimtheiten (so wurden Massenmorde mit unter dem Begriff des Serienmordes erfasst, Taten ohne Vorbeziehung bzw. mit unbekannter Motivlage wurden teilweise unbesehen als Serienmorde klassifiziert) zu einem regelrechten „Serienmord-Boom" in den USA. Von den deutschen Autoren, die dieses Phänomen wieder

---

51 *Wirth/Strauch*, Ernst Gennat (1880–1939) und die moderne Kriminalistik, in: Kriminalistik 8/99, S. 525-531.

52 S. dazu ausführlich *Belitz*, Wege der Aufklärung, Theorien und Methoden der Ermittlungspsychologie, in: Musolff/Hoffmann (Hrsg.), Täterprofile bei Gewaltverbrechen. Mythos, Theorie und Praxis des Profilings, Springer 2002, S. 127-149.

auf den Boden der Tatsachen gestellt haben, sei exemplarisch verwiesen auf *Dern*[53].

Ressler u. a. haben sich im Rahmen eines vom FBI in den 80er Jahren aufgelegten Forschungsprojektes dem Phänomen der sexuell motivierten Serienmorde durch die Befragung von 36 verurteilten Sexualmördern (25 von ihnen Serienmörder) angenähert. Im Ergebnis ihrer Untersuchungen wurden die Kenntnisse über den Deliktsbereich Sexualmord in den USA bedeutend erweitert und vertieft. Darauf aufbauend haben sie die Bedeutung des Tatortes als „Spiegelbild" des Täterhandelns herausgearbeitet, eine Kategorisierung von Tätertypen vorgenommen (disorganized oder organized) sowie Analysemethoden zur Untersuchung des Tatortes (crime scene analysis) und zur Bestimmung des Tätertyps (profiling im engeren Sinne) entwickelt.

Obwohl sich in der Folgezeit die Bedeutung von Untersuchungsergebnissen zu serienmäßig begangenen Sexualmorden auch in den USA deutlich relativiert hat,[54] bleibt ein Verdienst von Ressler u. a.: Sie haben mit ihrer Methode der strukturierten „Befragung" des Falles wesentliche Grundlagen für die Methode der Fallanalyse geliefert.

In der Bundesrepublik kann die zielgerichtete Befassung mit fallanalytischen Methodiken auf den Anfang der 90er Jahre datiert werden. Anregungen dazu gab es, nachdem man sich durch Forschungen des BKA sowie Untersuchungen im Ausland mit der Kriminalphänomenologie und Viktimologie von Gewaltstraftaten, speziell Sexualdelikten[55], beschäftigt hatte und dabei auf Defizite in den Untersuchungsmethodiken stieß.

53 *Dern*, Operative Fallanalysen bei Tötungsdelikten oder: Eine notwendige Abgrenzung zum „Täter-Profiling", in: Kriminalistik 8/00, S. 533-541, mit zahlreichen weiterführenden Literaturhinweisen.

54 Einige der statistischen Untersuchungen von *Ressler* u. a. konnten in späteren Analysen nicht bestätigt werden. Auch die von ihnen vorgenommene Unterteilung in eher planmäßig und eher chaotisch-zufällig agierende Täter ist heute durch exaktere Täterdifferenzierungen ersetzt worden.

55 Vgl. u. a. die Untersuchungen von Baurmann: *Baurmann,* Sexualität, Gewalt und psychische Folgen. Eine Längsschnittuntersuchung bei Opfern sexueller Gewalt und sexueller Normverletzung anhand von angezeigten Sexualkontakten, in: BKA-Forschungsreihe, Bd. 15, 1996.

1993 wurde mit dem Projekt „Kriminalistisch-kriminologische Fallanalyse (KKF)“ der erste Schritt zur Entwicklung des Methodenbündels getan, das wir heute als Operative Fallanalyse bezeichnen. Zunächst entwickelt für den Bereich der Erpressung und des erpresserischen Menschenraubes, übertrug das BKA den fallanalytischen Ansatz schrittweise auch auf den Bereich der Tötungs- und schweren Sexualdelikte und entwickelte ihn zugleich weiter. Dazu wurden kriminologisch-phänomenologische Untersuchungen verbunden mit der Entwicklung von Analyse- und Untersuchungsmethodiken – eine Verknüpfung, die auch heute noch als wesentlicher Garant für die Fortentwicklung der fallanalytischen Methoden zu betrachten ist.

Von den weiteren Entwicklungsetappen, Einflussfaktoren und Partnern bei der Entwicklung der Fallanalyse in Deutschland sollen stellvertretend genannt werden Thomas Müller vom Kriminalpsychologischen Dienst in Wien, der erste Fallanalyselehrgänge in Deutschland durchgeführt hat, die OFA-Einheit Bayerns am Polizeipräsidium in München, die frühzeitig erste Fallanalysen erarbeitet hat oder die permanenten Kontakte deutscher Fallanalytiker zur britischen National Crime Faculty in Bramshill und den amerikanischen Kollegen des National Center for the Analysis of Violent Crime. Im Übrigen kann dazu auf die BKA-Forschungsreihe[56] verwiesen werden.

Die aktuellen Bemühungen zur Konsolidierung und Weiterentwicklung der Fallanalyse sind neben der entsprechenden Aus- und Fortbildung der Mitarbeiter der OFA-Einheiten vor allem auf die Festschreibung und Sicherung von bundesweit einheitlich gültigen Qualitätsstandards und den unverzichtbaren Erfahrungsaustausch der Fallanalytiker untereinander gerichtet.

2.2 Aufgaben und Ziele der Fallanalyse

Durch die im Rahmen einer Fallanalyse erfolgende sorgfältige Informationserhebung, die Tathergangsrekonstruktion und die daraus abgeleitete Verdeutlichung des Täterverhaltens ergibt sich eine neue, in ihrer Herleitung für den Ermittler transparente „Sicht auf den Fall“. Diese „neue Sicht auf den Fall“ ermöglicht fallspezifische Ermittlungshinweise und Aussagen zu Motiv und Persönlichkeit des Täters.

56 Bundeskriminalamt (Hrsg.), Methoden der Fallanalyse. Ein internationales Symposium, in: BKA-Forschungsreihe, Bd. 38.1. Bundeskriminalamt Wiesbaden, 1998 und *Hoffmann/Musolff,* Fallanalyse und Täterprofil, in: BKA-Forschungsreihe, Bd. 52, 2000.

Dazu gehören u. a.:
- Verdeutlichung des Informationsbedarfes und damit von Ansatzpunkten für Nachermittlungen,
- Priorisierung und Begrenzung von Ermittlungsrichtungen,
- Bekräftigung oder Falsifizierung bisheriger Versionen bzw. Hypothesen der Ermittler über das Tatgeschehen,
- Verdeutlichung der Persönlichkeit und der Motivation des Täters und daraus abgeleitet Hinweise zur Konkretisierung von Fahndungsansätzen oder die Begrenzung von Massenuntersuchungen (z. B. DNA-Untersuchung),
- Aussagen zur Gefährlichkeit des Täters bzw. zum Gefährdungsgrad anderer Personen durch den Täter,
- Hinweise zur Öffentlichkeitsarbeit bei einem laufenden Verfahren,
- Ansatzpunkte für proaktive Strategien zur „Provozierung" eines bestimmten Verhaltens des Täters,
- strategische Hinweise zur Vernehmung eines Täters, um möglichst wahrheitsgetreue Aussagen zu erhalten bzw. Schutzbehauptungen abzuwehren.

In Fällen mit ausreichender Datenbasis kann im Ergebnis einer vorherigen Fallanalyse ein Täterprofil erstellt werden. Sein Ziel ist es, den Typ des möglichen Täters soweit zu charakterisieren, dass er sich möglichst signifikant von anderen Personen abhebt. Es wird also nicht **der individuelle Täter** beschrieben, sondern eine möglichst trennscharfe Kategorie, **ein Typ von Menschen**, unter denen sich der noch **unbekannte** Täter aller Wahrscheinlichkeit nach befinden kann.

Ein Täterprofil ist **nicht geeignet**, einen bekannten Tatverdächtigen der Tat zu überführen.

2.3 Anwendungsbereiche

Die fallanalytische Tätigkeit konzentriert sich im Kern auf die Analyse des offenkundigen bzw. rekonstruierbaren individuellen, spezifischen Verhaltens eines Täters. Deliktskategorien, die dem Täter kaum Spielräume lassen, sich überhaupt individuell zu entfalten, oder solche, wo individuelles Verhalten nicht sichtbar wird, sind deshalb für Fallanalysen kaum geeignet. Prägnante Beispiele sind Straftaten im Bereich der Organisierten Kriminalität, bei denen die „ungeschriebenen Gesetze" kaum Individualität zulassen, und Delikte mit Opfern aus der höchsten Risikogruppe (z. B. Prostituierte auf dem Straßenstrich), die auf die unterschiedlichste Art und Weise und durch einen kaum begrenzbaren Kreis von Täterpersönlichkeiten kontaktiert und angegriffen worden sein können.

Fälle mit vermissten oder skelettierten Opfern, mit unbekannten oder völlig zerstörten Tatorten oder Jahre zurückliegende Fälle, für die es keinen Akten- und damit Informationsrückhalt mehr gibt, sind weitere Beispiele, bei denen eine Fallanalyse kaum oder gar nicht möglich ist.

Verfrüht erscheint eine Fallanalyse in der Regel dann, wenn der betreffende Fall noch nicht klassisch ausermittelt ist. Insbesondere die Auswertung von daktyloskopischen und DNA-Spuren sollte zunächst abgewartet werden, weil sie schneller und vor allem **direkt** zum individuellen Täter führen können, was von der Fallanalyse nicht zu erwarten ist.

Ungeachtet dessen werden in jüngster Zeit Fallanalytiker zunehmend bereits in frühen Ermittlungsstadien als Berater hinzugezogen. Vorrangig geht es dabei um die Beurteilung außergewöhnlicher Tatortsituationen, untypischer Tathandlungen, möglicher Motive des Täters und die (ViCLAS-) Recherche nach vergleichbaren Taten etc. Nicht selten geht diese Art von Beratung über in eine „richtige" Fallanalyse

In folgenden Anwendungsbereichen sind bisher fallanalytische Methoden und Erfahrungen durch die OFA-Einheiten des Bundes und der Länder eingebracht worden:

Erpressung und erpresserischer Menschenraub waren die ersten Deliktsbereiche, für die das BKA die fallanalytische Methodik entwickelt und inzwischen mehrfach erfolgreich angewendet hat.[57] Ansprechpartner sind in derartigen Fällen die Verhandlungsgruppen der Länder, die schrittweise durch das BKA in die fallanalytische Methodik eingeführt werden, und die OFA-Einheit des BKA (KI 13).

---

57 Vgl. dazu: Bundeskriminalamt (Hrsg.), Methoden der Fallanalyse. Ein internationales Symposium, in: BKA-Forschungsreihe, Bd. 38.1, 1998. Während dieses Symposiums wurde ein Tötungsdelikt mit anschließender Erpressung fallanalytisch bearbeitet.

Quantitativ und qualitativ liegt der Anwendungsschwerpunkt von Fallanalysen durch die OFA-Einheiten derzeit eindeutig bei Tötungs- und schweren Sexualdelikten.[58]

Die OFA-Einheiten einzelner Länder und des BKA sind aber darüber hinaus inzwischen auch bei anderen Delikten bzw. Vorkommnissen tätig gewesen und haben dabei einzelne fallanalytische Prinzipien und Methoden erfolgreich angewendet. Fälle von Kindesentführungen, Brandstiftungen und Gefangenenentweichungen aus Straf- oder Maßregelvollzugseinrichtungen, Staatsschutzdelikte, Delikte mit unkonventionellen Spreng- und Brandvorrichtungen, Vermisstenfälle und schwere Raubstraftaten sind nur einige Beispiele.

An Bedeutung hat das in den USA bereits seit langem praktizierte Cold Cases Management, das heißt die fallanalytische Betrachtung von Altfällen, insbesondere Tötungsdelikten, gewonnen. Hier geht der Nutzen von Fallanalysen unter Umständen weit über den von bloßen Ermittlungshinweisen hinaus – nämlich dann, wenn die Gründe für den „kalten" Zustand herausgearbeitet und alte Fälle neu aufgerollt, asservierte Spurenträger neuen Analysemethoden zugeführt werden etc.

Ob es bei einem konkreten Delikt möglich ist, eine Fallanalyse (und ein Täterprofil) zu erstellen, kann die betreffende Dienststelle mit der OFA-Einheit ihres Landes klären. Hier kann auch beraten werden, welche andere Form fallanalytischer Unterstützung (z. B. Vernehmungsstrategie, Gefährdungsanalyse) gegebenenfalls an Stelle einer vollständigen Fallanalyse geleistet werden kann.

So ist z. B. bei Fällen, in denen bereits fundiert und gezielt gegen einen konkreten Tatverdächtigen ermittelt wird, zu prüfen, ob eine Fallanalyse tatsächlich noch notwendig ist. Wenn bereits ausreichend Spuren und Kenntnisse über den Tatverlauf vorliegen, die den Tatverdacht gegen die betreffende Person begründen, kann die Fallanalyse möglicherweise kaum noch Neues herausarbeiten.

2.4 Voraussetzungen

Wird seitens einer sachbearbeitenden Dienststelle fallanalytischer Beratungsbedarf signalisiert, nimmt die OFA-Einheit direkten Kontakt zum zuständigen Leiter (Leiter K, MK-Leiter o. ä.) auf. Auf

58 Sofern im Folgenden fallanalytische Prinzipien und Methodiken beschrieben werden, wird deshalb auch von diesen Deliktsbereichen ausgegangen.

der Basis der Sachverhaltsschilderung, des aktuellen Ermittlungsstandes und des konkreten Beratungsbedarfes wird entschieden, welche Form der Unterstützung seitens der OFA-Einheit erforderlich bzw. möglich ist. Besteht in einer frühen Ermittlungsphase mit noch defizitärem Informationsvolumen akuter Beratungsbedarf, verbietet sich in der Regel zunächst eine vollständige, zeitaufwändige Fallanalyse. Stattdessen kann Unterstützung in Form von fallanalytischen Beratungen zu Einzelaspekten (Versionsbildung, Tatsituation, Tätermotivation etc.) sinnvoll sein.

Dagegen bietet sich bei einem klassisch weitgehend ausermittelten Fall eine Fallanalyse an, die durch die „andere Sicht" auf den Fall neue Ermittlungen auslösen kann.

Ist die Entscheidung für eine Fallanalyse getroffen, hat es sich bewährt, dass die sachbearbeitende Dienststelle einen verantwortlichen Ermittler bestimmt, der als orts- und sachkundiger Ansprechpartner gegenüber der OFA-Einheit fungiert.

Mit ihm wird zunächst der Informationsbedarf für die Analyse abgestimmt.

Folgende exemplarische Informationen sind in der Regel als Datenbasis für eine Fallanalyse erforderlich:
- Daten zum Umfeld, in dem die Straftat begangen wurde (u. a. sozioökonomische Daten, wie Verkehrsverhältnisse, ländlicher oder städtischer Charakter der Region),
- Daten zum Tatbereich (Luftbildaufnahmen, Kartenausschnitte etc.),
- Angaben zu den ersten Maßnahmen am Tatort durch Polizei und Rettungskräfte (sie sind häufig von Bedeutung für die Beurteilung der Unversehrtheit bzw. die gedankliche Rekonstruktion des ursprünglichen Tatortes),
- Chronologie der Untersuchung des Tatortes,
- Tatspuren am Tatort (Spurenfotografien, Tatortuntersuchungsprotokolle),
- Tatspuren am Opfer (Spurenfotografien, Obduktionsbericht und -fotografien),
- objektivierte Daten zu den Lebens- und Verhaltensumständen des Opfers (Opferbild).

Die Beschaffung fehlender Informationen kann mit zeitaufwändigen Nachermittlungen für die sachbearbeitende Dienststelle verbunden sein.

In dieser Phase sind auch die erforderlichen räumlichen, technischen und organisatorischen Voraussetzungen zu schaffen. Sofern die Fallanalyse nicht in Räumen der zuständigen OFA-Einheit durchgeführt werden soll, ist ein genügend großer, von der Hektik täglicher Ermittlungsarbeit abgeschotteter Raum bereitzustellen, in dem ausreichend Platz für Akten und Materialien besteht. Die Bereitstellung von Computer, Drucker, Kopierer und Telefon ist ebenfalls zu gewährleisten.

2.5 Methodik

Die Tatsache, dass sich mit einem zur Fallanalyse vorgesehenen Fall in der Regel zuvor bereits die Ermittler befasst haben, mag zu der skeptischen Frage verleiten, was denn die Fallanalytiker „besser" können als die Ermittler. Fallanalyse ist aber weder in der Lage noch dafür vorgesehen, die kriminalistische Arbeit des Sachbearbeiters an seinem Fall lediglich kritisch zu reproduzieren. Fallanalyse soll die kriminalistische Arbeit auch nicht ersetzen, sondern durch eine spezifische Methodik ergänzen. Die richtige Frage ist deshalb, was machen die Fallanalytiker „anders" als die Ermittler.

Die fallanalytische Methodik ist gekennzeichnet durch
- höchstmögliche Objektivität,
- Arbeit mit Hypothesen und statistisch-empirischem Wissen,
- Teamansatz und
- sehr streng strukturiertes Vorgehen von der Datenerhebung bis zur Präsentation.

Die *Objektivität* wird im Wesentlichen gewährleistet zum einen durch die Auswahl der Datenbasis, zum anderen durch die Distanz zur Ermittlungstätigkeit.

Fallanalytische Arbeit konzentriert sich auf objektive bzw. objektivierbare Informationen als Datenbasis. Das bedeutet z. B., dass Zeugenaussagen wegen ihres häufig subjektiven Charakters nur im unbedingt notwendigen Umfang (z. B. Opferaussagen zum Tathergang oder Zeugenangaben zur Präzisierung des sogenannten Opferbildes[59]) und nach sorgfältiger Prüfung Eingang in eine Fallanalyse fin-

59 Damit sind alle die Entwicklung, die Lebens- und Verhaltensweise, die Persönlichkeit und andere das Opfer betreffenden tatrelevanten Informationen gemeint, z. B. biologischer, emotionaler und geistiger Entwicklungsstand, Wohn- und Familienverhältnisse, wirtschaftliche Situation, soziale, allgemeine

den. Es gehört ebenso im weitesten Sinne zur Gewährleistung der Objektivität der Datenbasis, dass die Fallanalytiker nicht selbst ermitteln, sondern sich die notwendigen Daten durch die sachbearbeitende Dienststelle zuarbeiten lassen. Auch die Inaugenscheinnahme der Tatörtlichkeiten durch das Analyseteam stellt keine Form von „Ermittlung“ dar, sondern dient dem objektiven Eindruck vom Tatort, der allein über den Tatortbefundsbericht sowie das Karten- und Fotomaterial nur unzureichend gewährleistet würde.

Eine gewisse Distanz zur Ermittlungstätigkeit ist ebenfalls nicht allein ein Erfordernis der Abschottung von der Hektik einer Soko oder BAO mit ständig wechselnder Informationslage. Sondern sie ist in erster Linie ein Gebot der Vermeidung von Fehlern: Zum einen sollen die Ermittler Zeit haben, die Fakten ihres Falles auszuermitteln. Jede verfrühte Fallanalyse kann eine qualitativ und quantitativ unvollständige Datenbasis und damit fallanalytische Fehlinterpretationen zur Folge haben. Zum anderen sollen die Fallanalytiker fern gehalten werden von allen Aspekten „heißer“ Arbeit am Tatort, die ihre Unvoreingenommenheit bei der späteren Bewertung und Interpretation negativ beeinflussen könnten – seien es die Aussagen von Zeugen aus dem Wahrnehmbarkeitsbereich vor Ort, die Kenntnis von Tatverdächtigen, seien es operative Versionen zum Tatgeschehen u. ä.

Fallanalyse beinhaltet weiterhin die *Arbeit mit Hypothesen*, d. h. mit begründeten Annahmen, die derzeit noch nicht bewiesen oder falsifiziert werden können, *und mit statistisch-empirischem Wissen.* Vor allem bei der Tatrekonstruktion und beim Täterprofil kommen hypothetische Aussagen zur Anwendung, die Lücken in der Datenbasis ausgleichen sollen.

Dabei werden die hypothetischen Annahmen ständig auf ihre plausible Verknüpfung mit gesicherten Aussagen und Fakten überprüft und gegebenenfalls radikal modifiziert oder verworfen.

Ebenso wichtig ist es immer wieder zu verdeutlichen, welche Aussagen und Interpretationen tatsächlich durch objektive Fakten untersetzt sind und welche nach wie vor unsicheres Wissen darstellen. Nur auf diese Weise kann vermieden werden, dass eine Hypothese

---

und tagtägliche Aktivitäten, Stressverhalten, Reaktionen auf Gewaltandrohung etc. Gerade hierzu sind häufig zeitaufwändige und schwierige Nachermittlungen durch die sachbearbeitende Dienststelle erforderlich.

auf die nächste aufbaut und somit ein Kartenhaus aus unsicherem Wissen entsteht, dass mit einem einzigen nachermittelten Fakt zum Einsturz gebracht werden kann.

Ähnliches gilt bei der Verwendung statistisch-empirischen Wissens: Auch die vermeintlich gesicherte statistische Aussage kann sich gerade im konkreten Einzelfall als nicht zutreffend erweisen. Empirie fließt deshalb nur in Form von Hintergrundwissen und als Stütze für hypothetische Annahmen in die Fallanalysen ein.

Eines der wichtigsten fallanalytischen Prinzipien besteht in der *Teamarbeit.* „Aus der Psychologie der Kleingruppen weiß man, dass die in den einzelnen Gruppenmitgliedern vorhandenen Wissensbestände sich in einer Weise zu einem Gesamtwissen verdichten, das in der Lage ist, viele der ansonsten unausweichlichen „weißen Flecken" mit Farbe zu füllen."[60] Tatsächlich wäre der einzelne Fallanalytiker schnell in der Gefahr, ungewollt Kleinigkeiten zu übersehen, Fakten falsch zu deuten, Alternativen nicht zu beachten. Die Gruppe wirkt hier als Korrektiv, ohne dass dadurch begründete Einzelmeinungen etwa der Gruppenauffassung „angepasst" würden. Ganz im Gegenteil: Solange eine von der Gruppenposition abweichende Einzelinterpretation z. B. einer Spur oder eines Handlungselementes des Täters nicht widerlegt werden kann, bleibt sie gleichberechtigt akzeptiert. Im Extremfall wird sie auch eigenständiger Bestandteil des Analyseberichtes an die sachbearbeitende Dienststelle.

Gruppenarbeit in diesem Sinne kann natürlich nur funktionieren, wenn die Teilnehmer offen sind auch für scheinbar ungewöhnliche Lösungen, wenn sie unvoreingenommen abweichende Auffassungen anderer Teilnehmer akzeptieren, wenn sie die Bereitschaft besitzen, eigene Positionen kritisch zu überdenken und erforderlichenfalls zu korrigieren.

Ein Fallanalyseteam besteht mindestens aus drei ausgebildeten Fallanalytikern, aus denen der verantwortliche Fallanalytiker bestimmt wird. Er hat unter anderem die Aufgabe den Analyseprozess zu leiten und ist – neben weiteren Aufgaben – für die Protokollierung des Analyseverlaufes und die Vertretung der Analyseergebnisse vor der sachbearbeitenden Dienststelle und gegebenenfalls vor Gericht verantwortlich. Im Übrigen bleibt er jedoch Primus inter

60 *Dern,* Operative Fallanalysen bei Tötungsdelikten oder: Eine notwendige Abgrenzung zum „Täter-Profiling", in: Kriminalistik 8/00, S. 537.

Pares, hat also keine Meinungsführerschaft gegenüber den anderen Teammitgliedern.

Bei der Bildung des Analyseteams wird über die Einbeziehung weiterer (sachkundiger) Personen entschieden. In Abhängigkeit vom konkreten Fall können das z. B. Rechtsmediziner und Psychologen sein, die aber nicht in die Ermittlung des zu analysierenden Falles eingebunden sein dürfen. Anderenfalls könnte es vor Gericht zum Vorwurf der Interessenkollision kommen. Die Tendenz geht bei einigen OFA-Einheiten dahin, sich ständige Ansprechpartner vor allem aus dem Bereich von Rechtsmedizin und (forensischer) Psychologie zu suchen, die die erforderliche Sachkompetenz besitzen, um auch bei „fremden" Fällen zu Spezial- und Grenzfragen konsultiert werden zu können. Teilweise durchlaufen diese Ansprechpartner sogar die Ausbildung zum Fallanalytiker.

In dieser Phase wird in Abstimmung mit der Dienststelle auch zu prüfen sein, ob ein Sachbearbeiter in das Analyseteam eingegliedert werden soll oder nicht. Die Einbeziehung hat den Vorteil, dass Sach- und Ortskenntnis einfließen können, die fallanalytische Arbeitsweise transparenter und die Akzeptanz bei der sachbearbeitenden Dienststelle erhöht wird. Nachteile können sich dann ergeben, wenn der Sachbearbeiter bereits über verfestigte Tat- und Täterversionen verfügt und wenn es auch bei ihm zu Interessenkollisionen vor Gericht kommen könnte. Zu beachten ist außerdem, dass der Sachbearbeiter für die Zeit der Fallanalyse der Dienststelle nicht zur Verfügung steht.

Insgesamt besteht ein Analyseteam damit in der Regel aus drei bis sieben Mitgliedern.

Strukturiertes Vorgehen umfasst u. a. die methodisch strenge, schrittweise, disziplinierte und immer wieder hinterfragende Arbeitsweise in allen Etappen der Fallanalyse. Der Weg zur Fallanalyse gliedert sich dazu in die Grundetappen

- Datenerhebung und Bestandsaufnahme,
- Datenbewertung und -interpretation,
- Darstellung der Analyseergebnisse und
- Präsentation der Fallanalyse.[61]

Jede dieser Etappen ist nochmals in Einzelabschnitte gegliedert.

61 Bund-Länder-Projektgruppe, Qualitätsstandards der Fallanalyse für die Polizeien des Bundes und der Länder, 2010, S. 17 ff.

Die Etappe der *Datenerhebung und Bestandsaufnahme* beinhaltet u. a. die persönliche Inaugenscheinnahme der Tatörtlichkeiten durch das Analyseteam gemeinsam mit dem Ansprechpartner der sachbearbeitenden Dienststelle. Damit wird ein besserer Eindruck von örtlichen und räumlichen Verhältnissen möglich, als ihn der Tatortbefundsbericht und das Karten- und Fotomaterial liefern können. Weiterhin lassen sich vor Ort die Lichtverhältnisse, Fußgänger- und Fahrzeugfrequenz, Einsehbarkeit, Entfernungen und andere Verhältnisse zur Tatzeit besser einschätzen.

Sofern Rechtsmediziner, Psychologe, Sachbearbeiter und andere Personen nicht von vornherein Mitglieder des Analyseteams sind, werden sie in dieser Phase kontaktiert, um die Datenbasis für die Analyse zu vervollständigen. Datenlücken (z. B. ein fehlendes Protokoll) oder Unklarheiten (z. B. über die Entstehung einer Aussage zum Opfer oder fachspezifisches Vokabular) werden hier weitestgehend beseitigt.

Mit der *Bestandsaufnahme* erfolgt die Sichtung der Datenbasis auf qualitative und quantitative Vollständigkeit, erforderlichenfalls die Anregung von Nachermittlungen durch die sachbearbeitende Dienststelle und die sorgfältige Einarbeitung aller Teammitglieder in die vorliegenden Daten.

Den Endpunkt bildet die systematisierte Dokumentation aller vorhandenen objektiven Daten.

In der Etappe der *Datenbewertung und -interpretation* wird mit der Rekonstruktion der Tat und des Täterverhaltens das Kernstück jeder Fallanalyse realisiert.

Hier wird die „neue Sicht auf den Fall" begründet und die Basis für die Ermittlungshinweise geschaffen.

In diesem schwierigen und häufig zeitaufwändigsten Abschnitt (hier sind bis zu zwei Tage zu veranschlagen[62]) werden hohe Anforderungen an die Objektivität und Unvoreingenommenheit, das Wissen und die Kreativität sowie die Disziplin der Teilnehmer einerseits und die geschickte Bündelung und Kanalisierung dieser Eigenschaften und Fähigkeiten durch den verantwortlichen Fallanalytiker gestellt.

62 Die gesamte Fallanalyse dauert in der Regel drei bis fünf Tage. Nicht eingerechnet ist dabei das vorherige Aktenstudium aller Mitglieder des Analyseteams.

Die Schwierigkeit, letztlich aber auch das Erfolgversprechende von Tathergangsrekonstruktion und Analyse des Täterverhaltens bestehen in der Ganzheitlichkeit und zugleich Strukturierung der Fallbetrachtung sowie in ihrer ständig kontrollierenden Hinterfragung.

Die Tathergangsrekonstruktion kann grob als die Verbindung von Hypothesen und objektiven Daten charakterisiert werden.

Mit Hilfe der Hypothesen wird versucht, die zeitliche und sachliche Abfolge des noch ungeordnet erscheinenden Geschehens darzustellen. Sinnvoll ist dabei eine abschnittsweise, sequentielle Darstellung. Das heißt, der wahrscheinliche Handlungsablauf wird zunächst in relativ grobe Abschnitte unterteilt,[63] die anschließend Schritt für Schritt unter Hinzuziehung der objektiven Daten präzisiert, ergänzt oder korrigiert werden.

Wie sorgfältig dabei vorgegangen wird, kann hier nur skizziert werden:

Jede einzelne Spur wird hinsichtlich der Art und Weise, des Zeitpunktes, des Zeitaufwandes und der Bedingungen ihrer Entstehung bewertet. So analysiert, wird auch Spur für Spur zueinander in sachliche und chronologische Beziehung gesetzt. Es geht dabei also nicht nur um die Anordnung der Spuren auf dem Zeitstrahl der Tat, sondern auch um die Beurteilung ihrer wechselseitigen Beeinflussung, Bedingung und Plausibilität.

Zugleich wird Spur für Spur mit den hypothetisch ermittelten Handlungsetappen abgeglichen. Erweist sich eine Spur als „nicht passfähig", werden die hypothetischen Handlungsetappen überprüft und gegebenenfalls korrigiert. Eine ansonsten abgesicherte Hypothese kann jedoch auch zu der Feststellung führen, dass eine Spur „fehlt" oder nicht zum Tatgeschehen gehört (Trugspur).

Schrittweise und ständig hinterfragt entsteht so ein Verständnis dafür, was überhaupt geschehen ist. Das, was sich durch Art und Lage der Spuren bisher nur als eine Art von Momentaufnahme dargestellt hat (Tatortbefund), wird jetzt als nachvollziehbarer Prozess transparent.

Auf dieser Grundlage wird eine Reihe von fallspezifischen Aspekten deutlich, die später Ausgangspunkt für die Beurteilung der

63 Hier kann der empirisch untersetzte typische Ablauf der betreffenden Deliktskategorie als Ausgangsbasis hilfreich sein, z. B. der im statistischen Sinne typische Verlauf einer Vergewaltigung.

Persönlichkeit und des Verhaltens des Täters sowie für die Ermittlungshinweise sind.

Das betrifft u. a.:
- die Motivation des Täters (war z. B. die Tötung des Opfers von vornherein vorgesehen oder Ergebnis einer Eskalation),
- die Risikofaktoren (z. B. das Entdeckungsrisiko bei der Tatbegehung aus Sicht des Täters),
- die Dynamik der Tat (hat der Täter das Tatgeschehen über alle Etappen beherrscht oder musste er z. B. mehrfach ansetzen, um das Opfer unter Kontrolle zu halten),
- die Interaktion mit dem Opfer (wie hat der Täter z. B. auf Widerspruch, Widerstand oder Passivität des Opfers reagiert),
- die eventuelle Eskalation im Tatgeschehen (ist der Täter durch eine Störung oder das Verhalten des Opfers in Panik oder in Rage geraten),
- den Planungsgrad des Täters (war der Täter gezielt auf Opfersuche oder ist er zufällig im Rahmen einer Alltagsroutine auf das Opfer gestoßen; hat der Täter z. B. Waffen und Fesselungsmaterial bei sich gehabt oder zufällig am Tatort befindliche Materialien genutzt und anschließend auch zurückgelassen),
- die Zeitfaktoren (wie lange hat sich der Täter insgesamt am Tatort aufgehalten und welche Zeit hat er für jede einzelne Handlung benötigt).

Eng damit verbunden ist die Analyse des Täterverhaltens. Hierbei geht es um weit mehr als nur um die bloße Erklärung, durch welche zeitliche und sachliche Handlungsfolge der Täter die Spuren am Tatort und am Opfer verursacht hat.

Bestandteil der ganzheitlichen Fallbetrachtung ist vielmehr auch die Analyse der Entscheidungsprozesse des Täters, die zu seinem Verhalten geführt haben. Gerade die Antwort auf die Frage, für welche der ihm unter gegebenen Bedingungen zur Verfügung stehenden Handlungsalternativen sich der Täter entschieden hat, kann viel über seine Persönlichkeit aussagen und damit zur weiteren Aufhellung des Tatgeschehens beitragen.

Von besonderer Bedeutung für die Beurteilung der Täterpersönlichkeit können Handlungen sein, mit denen der Täter seine „Handschrift“[64] offenbart.

64 Auf die Unterscheidungen zwischen „Personifizierung“, „Handschrift“ und „Verhaltensstil“ kann hier nur hingewiesen werden; vgl. *Dern*, Operative

Ihre Herausarbeitung erfolgt während der Fallanalyse insbesondere über zwei Fragestellungen:

- Was hat der Täter getan, was er nicht hätte tun müssen?
- Was hat der Täter unterlassen, obwohl er die Möglichkeit dazu hatte?

Die erste Frage zielt auf solche Handlungen, die – über den Modus operandi hinausgehend – nicht funktional begründet sind. Zur Tötung ungeeignete Schnittverletzungen, Fesselungen, die nicht der Kontrolle über das Opfer dienen, oder in Körperhöhlen des Opfers zurückgelassene Gegenstände sind Beispiele für derartig nichtfunktionale Handlungen.

Zum anderen kann sich der Täter bewusst dazu entschieden haben etwas zu unterlassen, was man nach dem bisherigen effektiven Tatablauf eigentlich erwartet hätte (zweite Fragestellung). Ein Beispiel ist der Täter, der sein überfallenes, entkleidetes und kontrolliertes weibliches Opfer nicht vaginal penetriert, sondern am Tatort masturbiert.

Beide Alternativen hat der Täter ohne Zwang gewählt – weder waren die Handlungen zur Tatdurchführung erforderlich, noch waren die Unterlassungen durch äußere Einflüsse (Störung durch Dritte, Handlungen des Opfers o. ä.) bedingt. Die Entscheidung lag ganz allein beim Täter.

Die besondere Bedeutung der „Handschrift" resultiert daraus, dass sie im Gegensatz zu den funktional geprägten Handlungen deutlich weniger Veränderungen bei der Tatgestaltung unterworfen ist: Seinen Modus operandi passt der Täter nicht selten problemlos den äußeren Tatumständen an, da er für ihn nur Mittel zum Zweck darstellt. Hingegen können die seine „Handschrift" charakterisierenden nichtfunktionalen Handlungen auf Vorstellungen über Sexualität, Dominanz etc. hindeuten und stellen nicht selten gar den Tatauslöser dar. Diese Handlungen kann und/oder will der einzelne Täter unter Umständen nicht plötzlich gravierend modifizieren.

Die Analyse der „Handschrift" trägt somit erheblich zur Beurteilung der Persönlichkeit des Täters und damit zur weiteren Transparenz

Fallanalysen bei Tötungsdelikten oder: Eine notwendige Abgrenzung zum „Täter-Profiling", in: Kriminalistik 8/00, S. 537.

des Fallgeschehens bei.[65] Dementsprechend ist große Sorgfalt erforderlich, um äußere Störungen, Opferreaktionen etc. als Ursachen für die betreffenden Handlungen des Täters fallanalytisch tatsächlich weitgehend auszuschließen.

Auf ebenfalls persönlichkeitscharakterisierende, aber nur selten anzutreffende Sonderformen von Täterentscheidungen (emotionale Wiedergutmachung/undoing, Inszenierung/staging, Eskalation/overkill) kann hier wiederum nur hingewiesen werden.[66]

Bei ausreichender Datenbasis kann sich der Rekonstruktion von Tat und Täterverhalten ein Täterprofil anschließen.

Die logische Ausgangsbasis ist, dass der Täter das rekonstruierte Tatgeschehen nur deshalb ausführen konnte, weil er über bestimmte Fähigkeiten und Fertigkeiten, bestimmte Persönlichkeitsmerkmale verfügt.

Obwohl das Tatgeschehen häufig detailliert und genau reproduziert werden kann, muss die darauf aufbauende Tätertyphypothese allein schon wegen ihrer vermittelten Ableitung (objektive Daten + Hypothesen → Tathergangsrekonstruktion + Hypothesen + empirisches Wissen → Tätertyphypothese) eine geringere Treffsicherheit aufweisen.

Im Detail kann ein *Täterprofil* hypothetische Aussagen zu folgenden *Typmerkmalen* enthalten:
- physische Charakteristika (Anzahl, Alter, Geschlecht, Konstitution, körperliche Merkmale etc.),
- psychischer Typus (Intelligenz, Belastbarkeit in Stresssituationen, Emotionalität, kommunikative Fähigkeiten, Umgang mit Autoritäten etc.),
- Ausbildung (schulischer und beruflicher Werdegang, Fähigkeiten und Fertigkeiten, spezielle Kenntnisse etc.),
- aktuelle Lebenssituation (Familienstand, Partnerschaft, soziale Einbindung, Gewohnheiten, Vorlieben, Mobilität etc.),

---

65 Die „Handschrift" deutet zugleich auf Individuelles und Wiederholbares im Handeln des konkreten Täters hin. Dies macht sie auch für die Ziele von ViCLAS bedeutungsvoll.

66 Ausreichend dazu *Witt/Dern*, Operative Fallanalyse bei Tötungsdelikten, in: Egg (Hrsg.), Tötungsdelikte – mediale Wahrnehmung, kriminologische Erkenntnisse, juristische Aufarbeitung –, in: Kriminologie und Praxis (KUP). Schriftenreihe der Kriminologischen Zentralstelle, Bd. 36, S. 121 f., 2002.

- polizeiliche Vorerkenntnisse (strafrechtlich relevante Verstöße und sozialabweichendes Verhalten),
- Lebensraum (geografischer Lebensmittelpunkt),
- Vor- und Nachtatverhalten (z. B. Wechsel des Wohnortes und der Arbeitsstelle nach der Tat).

Datenbewertung und -interpretation schließen ab mit der Erarbeitung von Ermittlungshinweisen.[67]

In der Etappe *Darstellung der Analyseergebnisse* werden das Protokoll über den Ablauf der Fallanalyse und ein schriftlicher Bericht über die Analyseergebnisse und die Ermittlungshinweise erstellt. Beides wird in der praktischen fallanalytischen Arbeit zunehmend zu einem Dokument verknüpft. Die Schriftform stellt ein wesentliches Qualitätsmerkmal der Fallanalyse durch die OFA-Einheiten dar. Sie soll nicht nur die Ermittlungshinweise, sondern auch die Art ihrer Entstehung nachvollziehbar dokumentieren.

Der Bericht ist in *zwei Teile* gegliedert,

Teil A

Administrativer Teil, der u. a. Auftraggeber und Auftrag, Teilnehmer, Materialbasis und Methode, Ort und Dauer sowie eventuelle Besonderheiten der Analyse aufzeigt.

Teil B

Ergebnisdarstellung, die neben der Materialbewertung, den Informationen zum Opfer sowie zum Tatort insbesondere Motivation und Persönlichkeit des Täters, den Tathergang, sonstige fallspezifische Feststellungen und die Ermittlungshinweise umfasst.[68]

Die Übergabe der Ergebnisse einer Fallanalyse in Schriftform wird zumeist mit dem Angebot von Folgeanalysen verknüpft, wenn sich durch weitere Ermittlungen wesentliche Fallkonstellationen verändern sollten.

Die wesentlichen Analyseschritte und -ergebnisse werden darüber hinaus durch den verantwortlichen Fallanalytiker vor der sachbearbeitenden Dienststelle „verteidigt“ (*Präsentation der Fallanalyse*). Großer Wert wird dabei auf die transparente Darstellung des Weges zu den Ergebnissen und Hinweisen gelegt, weil es für Unbeteiligte

67 S. nochmals unter 2.2 „Aufgaben und Ziele der Fallanalyse“.

68 Bund-Länder-Projektgruppe, Qualitätsstandards der Fallanalyse für die Polizeien des Bundes und der Länder, Bundeskriminalamt Wiesbaden 2010, S. 37.

häufig nicht nachvollziehbar ist, wie bestimmte Interpretationen und Schlussfolgerungen zustande gekommen sind.

3. ViCLAS-Datenbank- und Recherchesystem

3.1 Historie

Das ViCLAS-Datenbank- und –Recherchesystem stammt aus Kanada, wo es in den 90er Jahren durch die Royal Canadian Mounted Police nach Auswertung anderer Systeme[69] entwickelt und 1995 landesweit in Betrieb genommen wurde. Einer der Anlässe soll der Fall des *Paul Bernardo* gewesen sein, der innerhalb von sechs Jahren und unter häufigen Wohnungswechseln mindestens 18 Frauen vergewaltigte und zwei junge Mädchen tötete. Insbesondere das Fehlen eines Systems zum überörtlichen Straftatvergleich in Kanada wurde als einer der Gründe für die späte Verhaftung *Bernardos* festgestellt.

Da das Konzept inhaltlich überzeugte und der strukturierte Aufbau eine mehrsprachige Nutzung ermöglicht, die Software außerdem kostenlos durch die kanadischen Behörden abgegeben wurde, fand sie bald internationale Verbreitung.

Nach Österreich und den Niederlanden erhielt Deutschland eine der ersten Versionen, die 1997 als Pilotprojekt im Polizeipräsidium München getestet wurde.

Der erfolgreich bestandene Test war Anlass, das System ab 1999 bundesweit einzuführen. Seit 2000 verfügen alle OFA-Einheiten der Bundesländer und des BKA über das ViCLAS-Programm, seit 2002 kann auf die Datenbank sowohl zur Eingabe als auch zur Recherche im Online-Betrieb zugegriffen werden (Server und Datenbank beim BKA). Mit Stichtag 10.8.2011 enthielt die Datenbank mehr als 22 000 ViCLAS-Fälle.

3.2 Ziel

Ziel von ViCLAS ist die Zusammenführung von Einzelstraftaten, bei denen insbesondere auf Grund vergleichbaren Täterverhaltens die Begehung durch ein und denselben Täter vermutet wird. Es geht also um die Feststellung von Tatwiederholungen bzw. -serien, nicht

69 Z. B. die FBI-Datenbank VICAP (Violent Criminal Apprehension Program).

um die Ermittlung von Tätern. ViCLAS ist auch nicht die statistische Basis für die Erstellung von Tätertyphypothesen (Täterprofilen), wie vereinzelt vermutet wird.

ViCLAS erweitert damit die Möglichkeiten der Formen von Tatzusammenführungen, die hauptsächlich auf Spurenvergleich basieren (z. B. AFIS, DNA-Datei) um den Vergleich von Verhalten.

Die Zusammenführung der Einzelstraftaten ermöglicht den betreffenden Ermittlern ihre bisher isolierten Ermittlungsergebnisse abzustimmen und zu kombinieren, was einen erhöhten Ermittlungsdruck auf den unbekannten Täter zur Folge haben kann. Einem bereits bekannten Täter können mit Hilfe von ViCLAS-Recherchen bisher ungeklärte Straftaten potentiell zugeordnet werden.

3.3 Voraussetzungen und Methodik

Die vorrangige Orientierung auf die Recherche nach vergleichbarem Täterverhalten zwingt zur Konzentration auf solche Delikte, in denen die Täter Entscheidungsspielräume haben, die individuelles Verhalten überhaupt erst ermöglichen. Hinzu kommt, dass ViCLAS konzeptionell von den kanadischen Behörden auf sexuell motivierte Gewaltstraftaten ausgerichtet wurde.

Aus diesen Voraussetzungen resultieren die in Deutschland in ViCLAS darstellbaren und recherchierbaren Deliktsfelder:

- *Tötungsdelikte* (geklärt, ungeklärt, einschließlich Versuche) mit sexuellem oder unbekanntem Motiv, mit Ausnahme persönlich motivierter Taten mit partnerschaftlicher Vorbeziehung und ohne besondere Tatumstände.
- *Sexualdelikte* unter Anwendung oder Androhung von physischer oder psychischer Gewalt mit den analogen Ausschließungsgründen.
- *Vermisstenfälle*, bei denen die Gesamtumstände ein Verbrechen nicht ausschließen.
- Fälle des *verdächtigen Ansprechens von Kindern*, wenn konkrete Anhaltspunkte für eine geplante Straftat vorliegen, die nur auf Grund günstiger Umstände oder entsprechender Opferreaktionen nicht zur Ausführung gekommen ist.

Die bei den Tötungs- und Sexualdelikten genannten Ausschließungsgründe zeigen, dass die Einsatznotwendigkeit von ViCLAS nicht überschätzt wird: Bei Tötungsdelikten aus einer persönlichen Motivation heraus ist ViCLAS in der Regel nicht erforderlich. Hier sind die klassischen Ermittlungsmethoden ausgereift genug, um den Täter zu ermitteln. Im Übrigen kann zumeist auch davon ausgegangen werden, dass mit dem Wegfall des Motivs durch die Tötung keine Wiederholungsgefahr besteht.

Bei Straftaten im Bereich einer Familie oder Partnerschaft wird mit der Anzeige zumeist das ganze Ausmaß der Straftat – also auch mögliche Tatwiederholungen und -serien – deutlich, so dass hier ViCLAS ebenfalls nicht benötigt wird. Auch kann angenommen werden, dass die Anzeige und der meist folgende Auseinanderfall von Familie und Partnerschaft die Bedingungen für weitere Tatwiederholungen aufgehoben haben.

In beiden Fällen ist jedoch die Existenz *besonderer Tatumstände* zu prüfen. Sie können Anzeichen dafür sein, dass das vermeintlich persönliche Motiv nur vorgeschoben ist bzw. die Partnerschaft nur aktuell tatbegünstigend ausgenutzt wird. In Wahrheit verfolgt der Täter möglicherweise spezifische gewaltsexuelle oder dominanzorientierte Motive, die er künftig mangels Familie oder Partnerschaft auch an fremden Opfern zu befriedigen versucht. Besondere Tatumstände in diesem Sinne sind bei Tötungsdelikten u. a.
- psychische Auffälligkeiten des Täters,
- Anwendung erheblicher Gewalt,
- postmortale Verletzungen,
- Wehrlosmachen des Opfers.

Bei *Sexualdelikten* kommen neben den psychischen Auffälligkeiten des Täters, der Anwendung erheblicher Gewalt und dem Wehrlosmachen des Opfers als besondere Tatumstände u. a. hinzu
- Einsatz einer Waffe,
- Einführung von Gegenständen, Verletzung der Genitalien, nichtfunktionale (sexuelle) Fesselung,
- außergewöhnliche, gewalttätige Sexualpraktiken.

Eine besondere Position nehmen die Fälle des *verdächtigen Ansprechens von Kindern* ein. Täter, die Kinder sexuell missbrauchen oder gar töten wollen, müssen ihre Opfer zumeist dem Einfluss- und Beobachtungsbereich der Eltern oder anderer Erwachsener entziehen und zur Tatausführung an einen anderen Ort bringen. Da das gewaltsame Verbringen für den Täter mit einem zu hohen Risiko verbunden ist, wird häufig versucht, die Kinder durch Ansprechen zu bewegen, in das Fahrzeug des Täters zu steigen oder ihm auf andere

Weise zu folgen. Für außenstehende Beobachter muss das zwangsläufig weniger auffällig oder gar völlig harmlos erscheinen.

Typische Formen des sogenannten *verdächtigen Ansprechens* sind u. a.

- die verbale Drohung mit Gewalt oder sonstigen Nachteilen,
- die Vorspiegelung falscher Tatsachen (Auftreten des Täters als falscher Polizist, Vortäuschen des Unfalls eines Elternteiles, zu dem das Kind angeblich gebracht werden soll),
- Anbieten von Geld, Geschenken oder anderen Annehmlichkeiten,
- Vortäuschen der Hilfebedürftigkeit durch Krankheit, Verletzung o. ä.,
- Bitte um Wegbeschreibung, Information etc.

Da derartige Fälle sich noch im nichtstrafbaren Vorstadium befinden, werden sie nur nach besonders sorgfältiger Prüfung in ViCLAS aufgenommen.

Die Einheitlichkeit und Vergleichbarkeit der Falldarstellungen – zwingende Voraussetzungen für Fallverständnis und Recherche – werden mit Hilfe eines standardisierten Erhebungsbogens gewährleistet. Seine 168 Fragen (überwiegend im Multiple-Choice-Verfahren zu beantworten) zwingen zur Beschränkung und Genauigkeit. Dennoch (oder gerade deshalb) werden Spezifik und Kontext des Falles durch die Antwortalternativen und einige Freitextfelder auch den ViCLAS-Analytikern deutlich, obwohl sie in die eigentliche Fallbearbeitung nicht eingebunden sind.

Die Hauptpositionen des ViCLAS-Erhebungsbogens erfassen

- Opferinformationen (Beschreibung und auffällige Merkmale, Bekleidung, Lebensstil, Familienstand etc.),[70]
- Täterinformationen (Beschreibung, Identifizierungsmöglichkeiten, auffällige Merkmale, Verhaltensauffälligkeiten etc.),
- Tatortinformationen (Beschreibung aller feststellbaren Tatörtlichkeiten von der Kontaktaufnahme bis zum Ort der Leichenablage bzw. der Flucht oder Freilassung des Opfers),

70 Zunehmend werden lediglich Opfergeschlecht, -wohnort, -alter etc. erfasst. Für die Recherche ist z. B. der Name des Opfers unerheblich (ausgenommen bei vermissten oder getöteten Personen). Auch die äußerliche Beschreibung ist zumeist verzichtbar, da die wenigsten Täter gezielt nach einem Opfer mit bestimmtem Aussehen suchen, sondern eher eine sich bietende Gelegenheit ausnutzen.

- Daten zu wesentlichen Aspekten der Straftat (Täter-Opfer-Beziehung, Ausmaß der Gewaltanwendung, physisches, verbales und sexuelles Täterverhalten etc.),
- Beschreibung von Fahrzeugen (Art der Einbeziehung und Beschreibung),
- verwendete Waffen (Art des Einsatzes, Herkunft und Verbleib),
- Angaben zur Leiche (Auffindesituation, Verletzungen, Todesursache),
- Abfolge der Ereignisse (chronologische Aufreihung aller einzelnen Tathandlungen und der Interaktionen zwischen Täter und Opfer),
- Zusammenfassung (Raum für eine strukturierte, kurze und prägnante Beschreibung des Sachverhaltes).

Ob der Bogen durch den Sachbearbeiter in der ermittelnden Dienststelle ausgefüllt und an die OFA-Einheit geschickt wird oder die ViCLAS-Stelle die Daten aus Aktenkopien oder mit Hilfe von Vorgangsbearbeitungssystemen selbst erfasst, wird in den Bundesländern unterschiedlich gehandhabt. Der Trend geht eindeutig in Richtung Selbsterfassung durch die OFA-Einheit. Neben der Entlastung der Sachbearbeiter (Ein ungeübter Sachbearbeiter braucht zum Ausfüllen des ViCLAS-Bogens je nach Delikt bis zu 90 Minuten!) erhöht sich die Qualität der Datenerfassung und die OFA-Einheit erhält möglicherweise rechercherelevante Detailkenntnisse zum Fall, die über den Rahmen des Erhebungsbogens hinausgehen.

Die Daten werden durch die ViCLAS-Analytiker in den OFA-Einheiten in die ViCLAS-Datenbank eingegeben und stehen nach Abspeicherung sofort bundesweit für online-Recherchen zur Verfügung.

Bezüglich der ViCLAS-Recherche wird von Außenstehenden nicht selten eine Art Selbstlauf des Computers angenommen, der nach wenigen Tastaturbetätigungen die möglichen Tatzusammenhänge auswirft. Tatsächlich ist der Computer aber „nur“ Hilfsmittel, um die ständig wachsende Datenmenge schnell, präzise und sicher beherrschen zu können.

Der Recherche selbst geht die Fallbeurteilung durch den ViCLAS-Analytiker voraus. Er muss das Typische, das Wiederholbare, das Spezifische des Falles herausarbeiten. Er muss analysieren, welche dieser Aspekte bei einer Tatwiederholung durch denselben Täter erneut in Erscheinung treten würden. Vorrangig wird es sich dabei um

Verhaltenselemente des Täters handeln. Das müssen keinesfalls nur Merkmale einer „Handschrift" sein, ein spezieller Modus operandi kann den gleichen Recherchewert besitzen. Fallabhängig können auch Elemente der Täterbeschreibung (eine sichtbare Tätowierung, eine Narbe, ein Dialekt, ein Piercing etc.), das für die Tat genutzte Fahrzeug u. ä. zum Recherchekriterium werden.

In jedem Falle ist allerdings zu beachten, dass selbst bei ein und demselben Täter keine Tat der anderen gleicht. Es muss also bei der Beurteilung der Fallspezifik berücksichtigt werden, dass

- ein Täter vor allem hinsichtlich des Modus operandi lernfähig ist,
- sich die Tatbedingungen verändern,
- Opfer unterschiedlich reagieren und dementsprechend andere Täterreaktionen erfolgen,
- Taten aus den verschiedensten Gründen abgebrochen werden können,
- Taten aus unterschiedlichsten Gründen eskaliert sein können,
- der Täter unterschiedlich beschrieben werden kann oder sich tatsächlich äußerlich verändert hat etc.

Das Vorgehen bei der Fallbeurteilung gleicht deshalb in vielem dem bei der Fallanalyse, weicht aber hinsichtlich der prognostizierenden Elemente auch durchaus davon ab.

Sind die charakterisierenden Merkmale des Falles bestimmt, werden sie als zur Verknüpfung geeignete Recherchekriterien dem Computer eingegeben, der sie dann durch den gesamten Bundesdatenbestand laufen lässt.[71] Im Ergebnis wirft der Computer alle die Fälle aus dem Datenbestand aus, auf die die Recherchekriterien exakt zutreffen.[72]

Diese selektierten Fälle sind nun durch den ViCLAS-Analytiker einzeln dahingehend zu prüfen, ob es über die recherchierten Kriterien hinaus weitere Anhaltspunkte dafür gibt, dass mit hoher Wahrscheinlichkeit von ein und demselben Täter auszugehen ist. Auch hier wird wiederum nach fallanalytischen Prinzipien vorgegangen.

71 Die Recherche kann auch auf den Datenbestand des eigenen Bundeslandes oder z. B. nur den der benachbarten Bundesländer begrenzt werden.

72 Hier wird nur die am häufigsten praktizierte Recherchevariante beschrieben. Es ist z. B. auch möglich so zu recherchieren, dass gerade die Fälle, auf die die eingegebenen Kriterien zutreffen, ignoriert werden, es können Variantenkombinationen abgefragt werden usw.

Nimmt der ViCLAS-Analytiker einen Zusammenhang zwischen zwei oder mehr Taten an, wird durch einen anderen Analytiker eine zweite, von der ersten unabhängige Analyse als Gegenkontrolle durchgeführt. Erst wenn diese zum gleichen Ergebnis kommt, werden die für die Fälle zuständigen Sachbearbeiter mit einem Analysebericht über den potenziellen Tatzusammenhang informiert. Der Bericht enthält u. a. Angaben zu den Recherchekriterien und den für bzw. gegen den potentiellen Tatzusammenhang sprechenden Aspekten, ggf. Ermittlungshinweise sowie natürlich Kontaktinformationen für die beteiligten sachbearbeitenden Dienststellen.

Auf dieser Basis sind die zuständigen Sachbearbeiter in der Lage, ihre Ermittlungspotentiale zu kombinieren. Die OFA-Einheiten bieten dazu ihre Unterstützung an, die z. B. in einer vergleichenden Fallanalyse bestehen kann: Dabei werden zunächst die als potentiell zusammengehörend eingeschätzten Fälle jeweils einzeln und anschließend der Tatzusammenhang einer Fallanalyse unterzogen. Im Ergebnis kann der potenzielle Tatzusammenhang bekräftigt und durch Ermittlungshinweise ergänzt werden, oder er ist zu verwerfen.

Eine häufig gestellte Frage ist die nach dem Erfolg des Datenbank- und Recherchesystems. Dabei ist Folgendes zu beachten:

Mit Hilfe von ViCLAS wird nach Fällen mit vergleichbarem bzw. identischem Täterverhalten recherchiert. Solange in diesen Fällen der Täter bisher unbekannt ist und keine übereinstimmenden daktyloskopischen oder DNA-Spuren vorliegen, muss ein noch so zwingend erscheinender potenzieller Tatzusammenhang als unbestätigt gelten. Erst wenn der Täter wenigstens für einen der einbezogenen Fälle ermittelt und – z. B. in Fällen sexueller Nötigung – von den beteiligten Opfern wiedererkannt wird und/oder die Taten zugibt, kann sich dieser Status wandeln.

Ähnliches gilt, wenn einem bekannten Täter über ViCLAS eine Tat wegen des vergleichbaren Verhaltens zugeordnet, wegen fehlender Spuren, fehlenden Geständnisses oder Nichterkennens durch das Opfer aber nicht nachgewiesen werden kann.

Literatur:

Baurmann, Sexualität, Gewalt und psychische Folgen. Eine Längsschnittuntersuchung bei Opfern sexueller Gewalt und sexueller Normverletzung anhand von angezeigten Sexualkontakten, in: BKA-Forschungsreihe, Bd. 15. Bundeskriminalamt Wiesbaden, 1996.

Bundeskriminalamt (Hrsg.), Methoden der Fallanalyse. Ein internationales Symposium, in: BKA-Forschungsreihe, Bd. 38.1. Bundeskriminalamt Wiesbaden, 1998.

Bund-Länder-Projektgruppe, Qualitätsstandards der Fallanalyse für die Polizeien des Bundes und der Länder, Bundeskriminalamt Wiesbaden, 2010.

Dern, Operative Fallanalysen bei Tötungsdelikten oder: Eine notwendige Abgrenzung zum „Täter-Profiling", in: Kriminalistik 8/00, S. 533-541.

Hoffmann/Musolff, Fallanalyse und Täterprofil, in: BKA-Forschungsreihe, Bd. 52. Bundeskriminalamt Wiesbaden, 2000.

Musolff/Hoffmann (Hrsg.), Täterprofile bei Gewaltverbrechen. Mythos, Theorie und Praxis des Profilings, Springer 2002.

Witt/Dern, Operative Fallanalyse bei Tötungsdelikten, in: Egg (Hrsg.), Tötungsdelikte – mediale Wahrnehmung, kriminologische Erkenntnisse, juristische Aufarbeitung –, in: Kriminologie und Praxis (KUP). Schriftenreihe der Kriminologischen Zentralstelle, Bd. 36, S. 109-128, 2002.

C. Kriminalistische Hypothesenbildung

von *Horst Clages*

1. Begriff und Wesen der Hypothese

1.1 Wissenschaftliche Hypothese

Begrifflich ist die Hypothese eine auf Tatsachen begründete Annahme über einen bis dahin nicht eindeutig und umfassend geklärten Sachverhalt. Nach dem Wortsinn wird unter dem Begriff Hypothese (gr.) eine „wohlerwogene, theoretisch begründete, empirisch nahe liegende, aber (noch) nicht allseitig gesicherte Erklärung" verstanden.[73] In diesem Sinne ist die Hypothese der Übergang zur wissenschaftlich bewiesenen Theorie.

Das *Wesen* der Hypothese besteht in einem gedanklichen Modell im Regelfall über ein in der Vergangenheit liegendes Ereignis. Bestimmte Tatsachen über das Ereignis liegen vor, die jedoch kein vollständiges und lückenloses Bild über die Sachlage bieten. Zur Vervollständigung müssen weitere mutmaßliche Fakten aus dem bisher Bekannten logisch schlussfolgernd abgeleitet werden, um ein

73 *Dorsch*, Stichwort: „Hypothese", S. 293.

hypothetisches, dem tatsächlichen Sachverhalt weitestgehend angenähertes Bild zu erlangen.

1.2 Kriminalistische Hypothese

Das Prinzip der Hypothesenbildung findet auch in der Kriminalistik Anwendung, um Sachverhalte, über die unvollständige, lückenhafte Informationen vorliegen, durch schlussfolgernde Analyse zu einem angenäherten Tatbild zu vervollständigen.

Die kriminalistische Praxiserfahrung zeigt, dass im Regelfall die vorliegenden Informationen über ein polizeilich bedeutsames Ereignis nicht von vornherein ausreichen, um ein vollständiges und gesichertes Bild über einen Sachverhalt zu liefern. Besonders in der ersten Phase der Kenntnisnahme von einem Ereignis oder bei der Aufnahme von Ermittlungshandlungen stellen sich stets offene Fragen zum Sachverhalt, die der Klärung bedürfen. Diese Situation zwingt dazu, sich zunächst auf der Basis des vorliegenden Informationsstandes ein vorläufiges Bild über das Ereignis zu machen. Es wird eine gedankliche Hilfskonstruktion aufgestellt; es werden eine oder mehrere alternative Hypothesen über das Ereignis gebildet.

Mit der Methode der kriminalistischen Hypothese wird folglich durch Analyse der vorliegenden Informationen und Synthese der Ergebnisse versucht, Informationslücken über eine Tat, über einzelne Tatabläufe oder über den Täter pp. auszufüllen.

Daraus resultieren sodann zusätzliche gezielte Informationserhebung und die Verdichtung der Informationen, mit der die hypothetischen Annahmen verifiziert und das Tatbild vervollständigt wird.

Das Problem offener, klärungsbedürftiger Fragen zieht sich – abgestuft nach dem jeweiligen Informationspotenzial in einer Sache – durch das ganze Verfahren. Die kriminalistische Hypothesenbildung ist somit ein Prozess, der das gesamte polizeiliche Einsatz- und Ermittlungsgeschehen betrifft.

Die Anwendung der Methode der Hypothesenbildung auf kriminalistische Sachverhalte zeigt, dass sich oft variante oder alternative Erklärungsmöglichkeiten ergeben, wenn wesentliche ungeklärte Fragen und Probleme zu einem bestimmten Sachverhalt vorliegen. Je mehr gesicherte Informationen im Prozess der Informationsgewinnung über einen Fall vorliegen, desto stärker verengt sich das

Tatbild. Bestimmte Tatvarianten, die noch zu Anfang bestanden, werden eliminiert, andere verdichten sich zu einem hohen Grad an Wahrscheinlichkeit.

Zielsetzung und Formulierung kriminalistischer Hypothesen orientieren sich stets an kriminalistisch-forensischen Untersuchungszwecken. Insoweit unterscheidet sich die kriminalistische Hypothesenbildung von der wissenschaftlichen Hypothese.

Für diese Art der Hypothesenbildung hat die Kriminalistik der DDR den Begriff der kriminalistischen Version entwickelt.[74] Der Versionsbegriff ist grundsätzlich wesensgleich dem Begriff der Hypothese. Im allgemeinen kriminalistischen Sprachgebrauch hat sich die Bezeichnung „kriminalistische Version" bundesweit bisher jedoch nicht etabliert, obwohl sie im Kern die spezifische Zielsetzung der Methode genauer beschreibt.

Ackermann[75] führt dazu aus: „Ihrem Wesen nach sind kriminalistische Versionen Hypothesen. In der Kriminalistik tragen für den kriminalistischen Untersuchungszweck formulierte Versionen dazu bei, vom unvollkommenen Wissen zum vollständigen, umfassenden und sicheren Wissen über einen bestimmten Erkenntnisgegenstand zu gelangen, nämlich zu allen Fakten, die im Ermittlungsverfahren noch aufzuklären oder festzustellen sind.

Zusammenfassung:

Kriminalistische Hypothesen (Versionen) sind auf Tatsachen begründete, in der Regel variantenhafte bzw. alternative Erklärungsmodelle für kriminalistisch relevante Sachverhalte.

Mit der Bildung kriminalistischer Hypothesen wird der Zweck verfolgt, ein Bild über einen noch nicht geklärten Sachverhalt durch auf Tatsachen begründete Annahmen über die Tat/den Täter zu erhalten, um daraus gezielte spezifische Planungs- und Ermittlungshandlungen zur Aufklärung und Beweisführung ableiten zu können.

Grundlage kriminalistischer Hypothesen sind die über einen Fall erhobenen und in einem Analyseprozess (kriminalistische Fallanalyse) herausgearbeiteten kriminalistisch relevanten Tatsachen. Es sind keine unbegründeten Vermutungen oder Annahmen bzw. gefühlsmäßig begründete Vorstellungen. Es handelt sich um eine spezielle Art kriminalistischen Denkens. Kriminalistische Hypothesen sind prinzipiell zu allen Aspekten einer Tat aufstellbar.

74 *Roll*, Kriminalistik 1/94, S. 69 ff.

75 Siehe *Ackermann* (2010), S. 101 ff.

2. Arten kriminalistischer Hypothesen

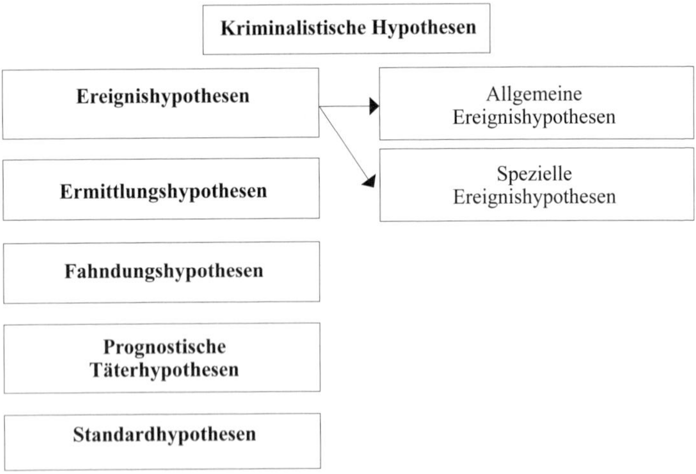

Abb. 16

Anmerkung: Einen im Detail abweichenden Raster kriminalistischer Versionsarten (Hypothesen) stellt *Ackermann*[76] vor.

Ereignishypothesen

Als kriminalistische Ereignishypothesen werden schlussfolgernde Aussagen über eines in der Vergangenheit oder in der Gegenwart liegendes polizeilich relevantes Ereignis bezeichnet. Charakteristisch sind offene Fragestellungen zur Art und zur Deliktsspezifik des Ereignisses.

Mit der Bildung von Ereignishypothesen sollen der Entschluss über den betroffenen Rechtskreis (Strafverfolgung-Gefahrenabwehr?) und über die Zielrichtung und das Ausmaß der polizeilichen zu treffenden Maßnahmen in Bezug auf das Ereignis gefördert werden.

Allgemeine Ereignishypothesen

Allgemeine Ereignishypothesen sollen bei lückenhaftem Informationsstand Antwort auf die Frage geben, welches mutmaßliche Ereignis sowohl nach strafrechtlichen als auch nach kriminalistisch-kriminologischen Kriterien vorliegt, d. h.

76 *Ackermann* (2010) S. 105.

- ist Anfangsverdacht in Bezug auf eine Straftat begründet?
- wenn ja, welche Straftat kommt nach dem ersten Augenschein in Betracht?
- wie ist deren kriminalistisch-kriminologische Einordnung vorzunehmen?

In der kriminalistischen Praxis wird es sich zu Beginn der polizeilichen Lagereaktion überwiegend um vorläufige, wenig gesicherte Aussagen handeln, da die vorliegenden Daten über das Ereignis meist nur partiell aussagefähig sind. Sie basieren häufig auf einer ersten Inaugenscheinnahme des Ereignisortes oder der Entgegennahme einer lückenhaften Ereignisinformation.

Ihre praktische Bedeutung besteht darin, dass sie ganz wesentlich über die Zielrichtung und das Ausmaß der zu treffenden polizeilichen Maßnahmen im Ersten Angriff entscheiden.

Beispiel: Von Spaziergängern wird während der Winterzeit in einem Waldstück im dichten Unterholz die Leiche einer unbekannten weiblichen Person aufgefunden. Der Leichnam ist bekleidet. Die Leiche weist bereits fortgeschrittene Verwesungserscheinungen auf. Augenscheinlich sind Verletzungen am Körper der Toten nicht zu sehen.
Die Polizei muss sich eine Vorstellung darüber bilden, „was liegt mutmaßlich vor?“. Das Ergebnis der Ereignisbeurteilung hat wesentlichen Einfluss auf die Intensität der polizeilichen Maßnahmen und die Zielrichtung der folgenden polizeilichen Aufklärungsmaßnahmen.

Alternative Kriminalistische Hypothesen zum vorliegenden Ereignis:

1. Zum Todeszeitpunkt:
   Der Tod ist offenbar schon vor längerer Zeit eingetreten (Verwesungserscheinungen).
2. Zur Art des Ereignisses:
   - Es liegt natürlicher Tod vor?
   - Es handelt es sich um Unfalltod?
   - Es liegt der Fall einer Selbsttötung vor?

Spezielle Ereignishypothesen

Mit der Aufstellung spezieller Ereignishypothesen wird der Zweck verfolgt, ungeklärte spezifische Fragen zur Tat herauszuarbeiten, Informationsdefizite zu einzelnen Tatkomplexen deutlich zu machen und im Ergebnis Klarheit sowohl über wesentliche Teilaspekte der Tat als auch über die Tat in ihrer Gesamtheit zu erlangen.

Es handelt sich vor allem um offene Fragen im Hinblick auf

- die kriminologische Deliktseinordnung
- die Tatentstehung

- die Tathandlungen
- den Tatablauf
- die Tatzeit
- den Tatort oder Fundort
- den modus operandi
- das Tatmotiv
- Tatbeteiligte
- den oder die mutmaßlichen Täter u. Ä.

Ermittlungshypothesen
Mit der Aufstellung von Ermittlungshypothesen wird der Zweck verfolgt, bestimmte noch zu ermittelnde beweiserhebliche Sachverhalte oder Teilkomplexe zu erkennen und herauszuarbeiten, um auf der Grundlage der Ergebnisse die Ermittlungsrichtungen und die Priorität der Ermittlungen festzulegen. Ermittlungshypothesen stehen in einer engen Beziehung zu den Ergebnissen spezieller Ereignishypothesen und bauen regelmäßig darauf auf. Sie bestimmen in Verbindung mit den allgemeinen Erkenntnissen der Kriminalistik (Kriminaltaktik und Kriminaltechnik) und den strafprozessualen Bestimmungen das zukünftige Ermittlungshandeln zur Tataufklärung und Beweisführung im Rahmen des kriminaltaktischen Konzepts.

Fahndungshypothesen
Mit der Aufstellung von Fahndungshypothesen soll die Entscheidung über polizeiliche Fahndungsmaßnahmen nach flüchtigen bekannten oder unbekannten Tätern oder nach Fahndungsobjekten wie z. B. nach der Tatbeute oder dem Fluchtfahrzeug überstützt werden.

Fahndungshypothesen können u.a. nützlich sein im Hinblick auf die Beurteilung des möglichen Fluchtverhaltens des Täters nach der Tat oder um Vorstellungen zu entwickeln über das gegenwärtige oder zukünftige Fluchtverhalten bzw. die Nutzung bestimmter Hinwendungs- oder Verbergungsorte (siehe auch Kriminalistische Fallanalyse, Kap. II, Teil A., 5. Fahndungslage).

Prognostische Täterhypothesen
Prognostische Täterhypothesen stellen im Schwerpunkt darauf ab, schlussfolgernde Aussagen über zukünftiges Täterhandeln zu machen. Grundlagen sind im Wesentlichen Analyseergebnisse aus vorliegenden individualisierbaren Informationen zur Persönlichkeit eines Täters, seinen Motiven, seines speziellen modus operandi, zur

kriminellen Kapazität und dem Grad seiner kriminellen Neigungen. Prognostische Täterhypothesen haben eine ausgeprägte inhaltliche Nähe zu typologischen Individualprognosen und finden u. a. Anwendung bei der Täterprofilerstellung der OFA.

Praktische Bedeutung haben prognostische Täterhypothesen auch bei der Beurteilung eines Täters nach seiner Gefährlichkeit, sowohl für die Allgemeinheit als auch bei polizeilichen Zugriffsmaßnahmen.

Standardhypothesen
Standardhypothesen sind keine kriminalistischen Hypothesen im eigentlichen Sinne. Es handelt sich vielmehr um Hilfskonstruktionen für die kriminalistische Hypothesenbildung, die es dem Beurteiler erleichtern, kriminalistische Sachverhalte nach typischen wiederkehrenden Ausgangssituationen oder deliktsspezifischen Tatabläufen zuzuordnen.

Sie sind das Ergebnis der Analyse und der wissenschaftlichen Verallgemeinerung empirisch gewonnener Erkenntnisse im Sinne von Handlungs- und Tatbegehungsmustern.

(Siehe auch dazu die Ausführungen zu „strategischen Analysen" in Kap. II, Kriminalistische Methodik.)

Ihre Gültigkeit erstreckt sich folglich nicht auf den einzelnen Fall allein, sondern auf eine Kategorie von Ereignissen[77]. So können z.B. die Ergebnisse von Deliktsanalysen hier eingeordnet werden. Exemplarisch dafür sind z. B. Standardhypothesen in Vermisstenfällen (siehe dort).

3. Methodische Grundsätze

3.1 Methodische Schritte

Folgende methodische Schritte sollten bei der Aufstellung kriminalistischer Hypothesen Berücksichtigung finden:

1. Beurteilung der Informationslage, d. h. Bewertung des vorliegenden Informationspotentials auf ihren Aussagegehalt.
2. Herausarbeiten von Informationslücken und der daraus resultierenden Fragestellungen und Probleme für die Tataufklärung.

77 So auch u. a. *Roll*, Kriminalistik, 1/94, S. 70.

3. Kriminalistisch-kriminologische Beurteilung der Ergebnisse und Formulierung der Hypothesen mit Begründungen, ggf. Aufstellung varianter Versionen.
4. Folgerichtigkeit der Argumentation kritisch prüfen; Kontrolle der Hypothesen auf inhaltliche Widersprüche der Begründungen unter Beachtung wissenschaftlicher (kriminalwissenschaftlicher) Kriterien und gesicherter kriminalistischer Erfahrungen.
5. Ggf. Falsifizieren der aufgestellten Hypothesen.

Methodischer Ablauf der kriminalistischen Hypothesenbildung

Beurteilung des Info-Potentials

↓

Definition offener Fragen

↓

Formulierung kriminalistischer Hypothesen

↓

- Überprüfung auf Folgerichtigkeit
- Beachtung wissenschaftlicher Aussagen und kriminalistischer Erfahrungen

↓

Ggf. Falsifizierung der Hypothesen

Abb. 17

3.2 Inhaltlich-methodische Anforderungen

- Hypothesen sind auf der Grundlage von festgestellten und nicht von angenommenen Bedingungen der kriminellen Tat zu bilden.
- Die zur Grundlage der Hypothesenbildung heranzuziehenden Informationen müssen in ihrem Informationsgehalt als gesichert gelten.
- Ihr Aussagegehalt muss auf kriminalistischem Erfahrungswissen oder wissenschaftlich bewiesenen Tatsachen beruhen.
- Werden im Ausnahmefall *nicht gesichert* geltende Informationen in den Prozess der Hypothesenbildung mit einbezogen, ist dies bei der Aussage zum Grad der Wahrscheinlichkeit zu berücksichtigen.

- Es sind ausnahmslos alle relevanten Informationen bei der Hypothesenbildung zu beachten. Die Beurteilung der Informationen muss nach objektiven Maßstäben erfolgen, kein Wunschdenken zulassen.
- Hypothesen müssen in sich und zu den festgestellten Fakten widerspruchsfrei sein. Sie dürfen nicht im Gegensatz zu wissenschaftlichen Erkenntnissen oder zu gesichertem kriminalistischen Erfahrungswissen stehen (siehe auch oben). Ergeben sich bei varianten Hypothesen Widersprüche, sind diese herauszuarbeiten und zur Grundlage von Überprüfungen zu machen (siehe Kriminaltaktisches Konzept).
- Variante Hypothesen müssen die unterschiedlichen Wahrscheinlichkeiten berücksichtigen.
- Es sind sach- und lebensnahe Hypothesen zu bilden, keine Phantasiegebilde!

3.3 Hinweise zur Formulierung

- Hypothesen müssen eindeutig und klar formuliert sein. Jeder neue Gedanke oder jede neue Aussage ist in einen eigenständigen Satz zu kleiden.
- Inhaltlich müssen sie das Wesentliche der als wahrscheinlich angenommenen Erklärungen enthalten. Die Fakten, die Grundlage der Hypothese sind, müssen ausdrücklich genannt werden.
- Hypothesen sind zu begründen. Variante Hypothesen sind gegenüber zu stellen und gegeneinander abzuwägen.
- Hypothesen sollten so formuliert sein, dass daraus Untersuchungsfragen abgeleitet werden können, ohne dass sie die Untersuchungsfragen bereits enthalten oder benennen.

Beachte: Die Bildung kriminalistischer Hypothesen ist unerlässliche Grundlage für die anschließende Untersuchungsplanung sowie für den Fortgang der Ermittlungshandlung zur Aufklärung und Beweisführung von Tat- und Täterschaft, soweit ungeklärte Sachverhalte und offene Fragen vorliegen.

Hypothesen sind jedoch nie als Wahrheit anzusehen; auch wenn sie der Wahrheit nahezu entsprechen können, tragen sie doch nur Wahrscheinlichkeitscharakter. Es sind keine Beweise, sondern allenfalls eine Zwischenstufe zum Beweis.

III. Polizeiliche Vernehmung

von *Horst Clages*

1. Allgemeine Grundlagen der Vernehmung

1.1 Begriff Vernehmung, Bedeutung und Abgrenzung

Begriff „Vernehmung" im Strafverfahren
Die Vernehmung[78] im Ermittlungsverfahren ist die Anhörung oder Befragung (Vernehmung) von Zeugen oder Beschuldigten unter Beachtung der einschlägigen Rechtsvorschriften mit dem Ziel, deren Wissen über einen strafrechtlich relevanten Sachverhalt möglichst vollständig zu erheben und für das spätere Verfahren beweisverwertbar zu protokollieren.

Vernehmungen im rechtstechnischen Sinne
In Abgrenzung zu sonstigen Informationserhebungen der Strafverfolgungsorgane ist nicht jede herbeigeführte Äußerung eines Beschuldigten eine Vernehmung im Rechtssinn, die auch als „förmliche Vernehmung" bezeichnet wird. Nach dem Schrifttum[79] wird mindestens gefordert, dass der Beschuldigte zu der Beschuldigung in einer Vernehmungssituation eine Aussage macht. Dies ist in der Regel nur dann gegeben, wenn eine gegen ihn eröffnete Beschuldigung vorliegt „und ihm bekannt ist, dass er dazu in verwertbarer Weise aussagen soll".[80]

- Mithören von Äußerungen
  Wird ein Polizeibeamter zufällig Zeuge von tatrelevanten Äußerungen einer Person, noch bevor der Polizeibeamte als solcher von der sich äußernden Person als solcher wahrgenommen worden ist, liegt folgerichtig keine Vernehmung vor. Die Äußerungen sind zu dokumentieren. Sie sind verwertbar und werden durch Vernehmung des Beamten in das Verfahren eingeführt.

---

78 Das Strafprozessrecht kennt keine Legaldefinition der Vernehmung, so dass in der einschlägigen Literatur abweichende Begriffsdefinitionen zu finden sind. Zum formellen Vernehmungsbegriff BGHSt. 42, 145 ff., zitiert nach *Zöller*, § 163a StPO, Rn. 3.

79 Siehe dazu *Rogall*, § 136a StPO, Rn. 18.

80 *Rogall*, ebd.

- Spontanäußerung
  Eine Spontanäußerung liegt vor, wenn sich eine Person gegenüber der Polizei ungefragt oder unaufgefordert zur Sache äußert oder von sich aus Mitteilungen macht.[81] Sie sind bezüglich ihrer Verwertbarkeit im Strafprozess problematisch, jedoch nach überwiegend herrschender Meinung prinzipiell verwertbar. Inhalt und Umstände, unter denen Spontanäußerungen zu Stande gekommen sind, müssen exakt in einem Vermerk des entgegen nehmenden Beamten nieder gelegt werden. Die Einführung in die Hauptverhandlung erfolgt durch Vernehmung des betreffenden Polizeibeamten.[82]
  „Der Vernehmende ist nicht gehalten, den Redefluss eines sich spontan äußernden Beschuldigten zu unterbrechen."[83]
- Informatorische Befragung
  Die Vernehmung ist begrifflich und inhaltlich abzugrenzen zur sog. „informatorischen Befragung" im Stadium der Vorermittlungen, in der die Polizei Feststellungen trifft, ob überhaupt eine verfolgbare Straftat vorliegt, wer Tatbeteiligter, d. h. Zeuge oder Verdächtiger ist und gegen wen ggf. das Verfahren als Beschuldigter zu führen ist. Diese Phase des Umherfragens ist eine *informelle informatorische Befragung*, bei der es sich nicht um eine Vernehmung im Rechtssinne[84] handelt. An einem Ereignisort dürfen Polizeibeamte die Anwesenden zunächst formlos befragen, um beurteilen zu können, gegen wen ggf. die Ermittlungen als Beschuldigte zu führen sind.
- Kontaktgespräch
  Das Kontaktgespräch dient der Gesprächsaufnahme zwischen Verhörsperson (der Person, die die Vernehmung führt) und der Aussageperson (die Person, die vernommen wird). Zweck ist die Schaffung einer positiven Vernehmungsatmosphäre, die vor der Vernehmung stattfindet. Vernehmungsrelevante Sachverhalte werden nicht angesprochen. Geschieht dies, handelt es sich um eine rechtsförmige Vernehmung.

81 *Artkämper/Schilling*, 2010, S. 49 mit weiteren Hinweisen.
82 Ebda., S. 49 mit Beispiel aus der polizeilichen Einsatzpraxis.
83 *Habschick*, 2006, S. 113 unter Bezug auf *Kramer*, Grundbegriffe des Strafverfahrensrechts, 2. Aufl., Rn. 28a, mit weiteren Quellenangaben.
84 *Meyer-Goßner*, Einl. Rn. 78, 79; *Lemke u. a.*, § 163a StPO Rn. 2.

Das Vorgespräch

Unter den Vernehmungsbegriff fällt des auch das sog. *Vorgespräch.*

Im Vorgespräch erfolgt eine mündliche Erörterung des Vernehmungsgegenstandes zwischen der Verhörsperson und der Aussageperson. Das Gesprächs geht zwar der eigentlichen Vernehmung voraus, ist aber dem Wesen nach Teil der Vernehmung. Es handelt sich um eine vernehmungstaktische Maßnahme, über deren Durchführung der Vernehmungsbeamte[85] entscheidet.

- Rechtliche Relevanz
  Ist eine Vernehmung im Rechtssinne gegeben (förmliche Vernehmung), sind Zeugen oder Beschuldigte vor Beginn der Vernehmung über ihre Rechte zu belehren. (Bezüglich der Belehrung von Zeugen und Beschuldigten siehe nachstehenden Ausführungen.)

Merke: Informationserhebungen, die *nicht als förmliche Vernehmung* zu qualifizieren sind, unterliegen nicht dem Belehrungsvorbehalt.

1.2 Vernehmungsziele, Vernehmungsarten

Vernehmungsziele

Mit der Vernehmung werden folgende rechtspolitische Ziele verfolgt:

- Die Vernehmung dient der Erhebung und Sicherung des Personalbeweises im Ermittlungsverfahren.
- Mit der Vernehmung soll dem Beschuldigten vor Abschluss (spätestens) des Ermittlungsverfahren die Möglichkeit des rechtlichen Gehörs gegeben werden.

Insoweit dient die Vernehmung einerseits der Sachverhaltserforschung und Beweissicherung und andererseits der Verteidigung.

Vernehmungsarten

Die Strafprozessordnung trifft im Hinblick auf die anzuwendenden Rechtsvorschriften und die zu beachtenden Förmlichkeiten Unterscheidungen zwischen

- polizeilicher Vernehmung,
- staatsanwaltschaftlicher Vernehmung und
- richterlicher Vernehmung.

85 Aus redaktionellen Gründen wird die männliche Form gewählt.

Eine Unterscheidung nach der Art der Vernehmung wird vorgenommen nach
- Vernehmung zur Person,
- Vernehmung zur Sache.

Nach dem kriminaltaktischen Zweck wird unterschieden zwischen
- Ermittlungsvernehmung,
- Bestätigungsvernehmung.

Die *Ermittlungsvernehmung* dient dem Sammeln von Informationen und Beweisen, die *Bestätigungsvernehmung* der Überprüfung vorliegender Ermittlungsergebnisse, bestimmter beweiserheblicher Feststellungen und der Aussagen von Zeugen und Beschuldigten durch Vernehmung.

1.3 Rechtsposition der Aussageperson im Strafverfahren

Wesentlichen Einfluss auf die Vernehmung hat die Rechtsposition des zu Vernehmenden im Verfahren, sowohl im Hinblick auf die zu beachtenden Rechtsvorschriften als auch in Bezug auf die praktische Durchführung der Vernehmung. Die Strafprozessordnung unterscheidet zwischen Beschuldigten und Zeugen.

Beschuldigter
Beschuldigter ist der Tatverdächtige, gegen den polizeiliche oder staatsanwaltschaftliche Ermittlungen wegen des Verdachts einer Straftat geführt werden. Die Beschuldigteneigenschaft setzt stets den Willensakt der zuständigen Strafverfolgungsbehörde voraus, das Verfahren gerade gegen den Tatverdächtigen zu betreiben.[86] Niemand wird automatisch zum Beschuldigten. Die Beschuldigteneigenschaft ist jedoch auch dann gegeben, wenn gegen den Betroffenen Maßnahmen ergriffen werden, die erkennbar darauf abzielen, gegen ihn wegen des Verdachts einer Straftat zu ermitteln.[87]

(Tat-)Verdacht allein genügt für die Begründung der Beschuldigteneigenschaft *nicht*. Es müssen vielmehr Tatsachen vorliegen, die auf eine nahe liegende Wahrscheinlichkeit der Täterschaft (Teilnahme) schließen lassen.[88] Hier haben Staatsanwaltschaft und Polizei einen Beurteilungsspielraum, der jedoch nicht beliebig interpretiert werden darf.

86 *Gerke*, § 157 StPO Rn. 1, unter Bezug auf BGHSt 10,12 NJW 1987, S. 1955.
87 Ebd., Einl. Rn. 76.
88 *Meyer-Goßner*, a. a. O., Einl. Rn. 77.

Liegen gegen mehrere Personen zureichende tatsächliche Anhaltspunkte vor, die für ihre Täterschaft sprechen, obwohl nur eine Person als Täter in Frage kommen kann, *sind alle Personen als Beschuldigte zu behandeln.*

Kinder können nicht Beschuldigte sein, da sie strafunmündig sind (§ 19 StGB).

Zeuge
Zeugen sind Personen, die in einem Verfahren, das nicht gegen sie selbst gerichtet ist, Auskunft über beweiserhebliche Tatsachen machen können. Zeugen können Geschädigte, Verletzte oder sonst Dritte Personen sein.

Auch Kinder oder geistesgestörte Personen können Zeugen sein, soweit sie in der Lage sind, Wahrnehmungen zu bekunden.[89]

Von der Zeugenschaft ausgeschlossen ist der Privatkläger, nicht jedoch der Nebenkläger, der gesetzliche Vertreter oder der Erziehungsberechtigte.[90]

Ein Zeuge kann Verdächtiger sein, ohne bereits als Beschuldigter zu gelten (siehe oben). Kommt es zu einer Verstärkung des Tatverdachts und ist das Verfahren gegen ihn zu betreiben, ist die Rechtsposition des Zeugen in die des Beschuldigten umzusetzen.

1.4 Strafprozessuale Verfahrensgrundsätze

Der Beschuldigte hat Anspruch auf ein justizförmiges „faires" Verfahren. Dieser Grundsatz ist Ausfluss des Rechtsstaatsprinzips und findet seinen Niederschlag in den Bestimmungen der Strafprozessordnung und den daraus resultierenden Verfahrensgrundsätzen. Sie sind für das gesamte Strafverfahren verbindlich. Soweit sie auf die Vernehmung im Ermittlungsverfahren zutreffen, sind nachfolgend einige bedeutsame Grundsätze genannt:

- **Keine Strafverfolgung oder Wahrheitserforschung um jeden Preis**. Das Grundgesetz für die Bundesrepublik Deutschland enthält unantastbare Grundrechte, die jeder Einwirkung durch die öffentliche Gewalt entzogen sind. Sie ergeben sich in der Hauptsache aus Art. 2 I GG i. V. m. Art. 1 I GG. Für die Gestaltung des

89 Weitergehende Ausführungen zur Zeugenfähigkeit von Kindern bei *Gerke*, Vor § 48 StPO Rn. 7.

90 Ebd., Vor § 48 StPO Rn. 11.

Ermittlungsverfahrens allgemein und für die Vernehmung im Besonderen resultieren daraus bestimmte Beweiserhebungs- und Beweisverwertungsverbote, so z. B. verbotene Vernehmungsmethoden nach § 136a StPO .

- **Der Beschuldigte hat Anspruch auf rechtliches Gehör.**
  Der Beschuldigte ist spätestens vor Abschluss des Ermittlungsverfahrens zu vernehmen (§ 163a Abs. 1 StPO). Ihm ist Gelegenheit zu geben, vorgebrachte Verdachtsgründe zu beseitigen oder Tatsachen geltend zu machen, die zu seinen Gunsten sprechen (§ 136 Abs. 2 StPO). Dies kann u. a. geschehen in der Vernehmung selbst oder z. B. durch seinen Antrag der Aufnahme von Beweisen, die seiner Entlastung dienen (§ 163a Abs. 2 StPO).
- **Der Beschuldigte hat das Recht auf Verteidigerkonsultation.**
- **Niemand ist verpflichtet, sich selbst oder einen Angehörigen zu belasten und der Gefahr der Strafverfolgung auszusetzen.**
  Der Beschuldigte hat das Recht, zu den Beschuldigungen auszusagen oder die Aussage zu verweigern. Aus dem Gebrauch des Schweigerechtes dürfen keine für den Beschuldigten nachteiligen Schlüsse gezogen werden. Ausfluss dieses Rechtsprinzips sind auch die Zeugnisverweigerungsrechte.
- Für den Beschuldigten besteht **keine aktive Mitwirkungspflicht** an der Aufklärung des Strafvorwurfs. Der Beschuldigte hat jedoch bestimmte Duldungspflichten, so u. a. die Gegenüberstellung (§ 58 StPO), körperliche Untersuchung (§ 81a StPO), erkennungsdienstliche Behandlung (§ 81b StPO), Identitätsfeststellung (§ 163b StPO).
- Beschuldigte und Zeugen haben einen **Rechtsanspruch,** über die ihnen zustehenden Rechte im Ermittlungsverfahren **angemessen belehrt** zu werden.

2. Rechtsgrundlagen der Vernehmung

2.1 Allgemeine Rechtsproblematik

§ 136a StPO verbietet die Anwendung von Vernehmungsmethoden, mit denen die Freiheit der Willensentschließung und Willensbetätigung des Beschuldigten beeinträchtigt wird. Das Verbot gilt gleichermaßen auch für die Zeugen- und die Sachverständigenvernehmung. Normadressaten sind Richter, Staatsanwälte und Polizeibeamte. Gleiches gilt, wenn sich die Strafverfolgungsbehörden privater Personen bei verbotener Beweisbeschaffung bedienen.

Abzugrenzen von den verbotenen Vernehmungsmethoden sind bestimmte erlaubte *taktische Handlungsspielräume*, denn die Polizei ist in der Wahl ihrer Ermittlungsmethoden grundsätzlich frei, soweit kein gesetzliches Verbot oder gesetzliche Einschränkungen oder Vorgaben bestehen.

Die nachstehende Aufzählung von grundsätzlich erlaubten Vernehmungsmethoden ist beispielhaft. Aufgeführt sind ausgewählte, häufig wiederkehrende Problem- bzw. Fragestellungen der Abgrenzung von erlaubten zu verbotenen Vernehmungsmethoden. In der polizeilichen Vernehmungspraxis konzentriert sich die Frage: Was ist verboten – was ist erlaubt? hauptsächlich auf Abgrenzungsfragen von erlaubten vernehmungstaktischen Handlungsspielräumen zur Täuschung und auf die Problematik der Ermüdung, denn das Gesetz fordert eine gewisse Erheblichkeit der Beeinträchtigung. So ist z. B. die Frage von Relevanz: wann ist bei der Aussageperson grundsätzlich der Grad von Ermüdung erreicht, der die Freiheit der Willensentschließung und Willensbetätigung in einem Maße beeinträchtigt, dass bei objektiver Betrachtung der Verhaltensspielraum nachhaltig reduziert ist. Gleiches gilt in Abgrenzung von verbotener bewusster Entstellung oder der Vorspiegelung von Tatsachen zur kriminalistischen List.[91]

2.2 Erlaubte vernehmungstaktische Handlungsspielräume

Grundsätzlich erlaubt sind:[92]

- Die Auswahl und Bestimmung des Vernehmungsortes, des Vernehmungszeitpunktes sowie der Tageszeit der Vernehmung.
- Die Auswahl des Vernehmungspersonals und der Hilfskräfte durch das Vernehmungsorgan (hier: Polizei).
- Der Wechsel des Vernehmungspersonals während der Vernehmung oder bei Nachvernehmungen.
- Vernehmungspsychologisch geschicktes Vorgehen, um einen aussageunwilligen Beschuldigten zur Aussage zu veranlassen. *Beachte* die Grenzen zur Täuschungshandlung!
- Die Wahl der Vernehmungs- bzw. Fragetechnik durch die Verhörsperson. Es besteht grundsätzlich keine Beschränkung der Fragetechnik.

91 Weitergehende Ausführungen zur Abgrenzung bei *Lemke*, § 136a StPO, Abs. III.

92 Unter Orientierung an *Bender/Wartemann*, a. a. O., S. 556, 557 und *Lemke*, a. a. O., § 136a StPO.

- Es ist zulässig, Fragen zu stellen, die den Beschuldigten veranlassen, sich in Widersprüche zu verwickeln[93]; auch Fangfragen können gestellt werden.
  Beachte: Fragestellungen können Täuschungselemente enthalten!
- Geschicktes Ausnutzen von Situationen, die durch zulässige Beweissicherungs- oder Eingriffsmaßnahmen entstanden sind wie die Durchführung der Vernehmung unmittelbar nach einer vorläufigen Festnahme oder einer erfolgreichen Durchsuchung nach Beweismitteln.
- Die Vernehmung nach einer Wahlgegenüberstellung.
- Das Einführen vorhandener Beweismittel in die Vernehmung nach Entscheidung der Verhörsperson zu einem für die Vernehmung „günstigen" Zeitpunkt.
- Der Vorhalt von Ermittlungsergebnissen, die den Einlassungen der Aussageperson widersprechen oder der Vorhalt früherer, widersprüchlicher Aussagen des Vernommenen.
- Das Aufrechterhalten eines Irrtums bei dem Beschuldigten über Tatsachen, z. B. der Irrtum über das Vorliegen von Beweisen, die gegen den Beschuldigten sprechen, denn eine Aufklärungspflicht seitens der Verhörsperson besteht nicht.
  Beachte: Zusätzlichen Erklärungen der Verhörsperson, mit denen der Irrtum vertieft wird, sind nicht statthaft. Ein erkennbarer Irrtum über die Aussagefreiheit des Beschuldigten muss durch die Verhörsperson aufgeklärt werden!
- Der Hinweis auf die Möglichkeit der strafmildernden Auswirkung eines Geständnisses oder der Vermeidung von Untersuchungshaft bei bestehender Verdunkelungsgefahr.
  Beachte: Kein Versprechen oder keine bindende Zusage eines Vorteils durch die Verhörsperson gegenüber den Beschuldigten sowie kein Hinweis auf mögliche Vorteile bei Ablegen eines Geständnisses, die das Gesetz nicht vorsieht!

2.3 Verbotene Vernehmungsmethoden

Der im § 136a StPO aufgeführte Katalog verbotener Vernehmungsmethoden ist nicht abschließend, sondern vielmehr nur beispielhaft. Darunter fallen alle Einwirkungen, die geeignet sind, die Freiheit der Willensentschließung und Willensbetätigung in nicht unerheblichem Maße zu beeinträchtigen. Die nach dem Gesetz verbotenen

93 *Lemke,* a. a. O., § 136a StPO Rn. 18 unter Bezugnahme auf sog. Fangfragen.

Vernehmungsmethoden überschneiden sich im Einzelnen auch in Art und Wirkung. Das Verbot der im § 136a Abs. 1 u. 2 StPO näher bezeichneten Vernehmungsmethoden gilt unabhängig von der Einwilligung des Vernommenen.

Zu den verbotenen Mitteln zählen insbesondere:
- Körperliche Misshandlung,
- Quälerei,
- körperlicher Eingriff, Verabreichung von Mitteln,
- Ermüdung,
- Täuschung,
- Zwang,
- Versprechen oder Gewährung von Vergünstigungen oder Vorteilen,
- Drohung,
- Hypnose,
- Beeinträchtigung des Erinnerungsvermögens und der Einsichtsfähigkeit.

Körperliche Misshandlung
Der Tatbestand entspricht der körperlichen Misshandlung nach § 223 StGB. Darunter fällt jedes unangemessene Behandeln, das entweder die körperliche Unversehrtheit oder das körperliche Wohlbefinden nicht nur unerheblich beeinträchtigt.[94]

Beispiele:
- Schläge, Fußtritte, Ohrfeigen, Würgen,
- Beifügen von Verletzungen,
- Behandlung mit Elektroschocks,
- systematischer Schlafentzug,
- Entzug des Essens – jedoch nicht ein Rauchverbot,
- Anstrahlen mit grellem Licht während der Vernehmung,
- Unterbringung in Dunkelzellen,
- Herbeiführen körperlicher Unterkühlung.

Quälerei
Unter Quälerei wird das Bereiten länger andauernder oder sich wiederholender körperlicher oder seelischer Schmerzen oder Leiden verstanden. Quälerei kann durch Wort oder Tat begangen werden.

94 *Fischer*, § 223 StGB Rn. 3a unter Bezug auf BGHSt. 14, 269, 271.

Psychische Qualen müssen geeignet sein, die seelischen Widerstandskräfte zu zermürben und dadurch die freie Willensbetätigung zu beseitigen.[95] Normale psychische Belastungen, die sich aus der Vernehmungssituation ergeben, gehören nicht dazu.

Beispiele:
- Gravierende Beschimpfungen oder Kränkungen,
- entwürdigende Behandlung,
- Hervorrufen von Angst oder
- die Erzeugung erheblichen seelischen Drucks wie z. B. durch die Konfrontation des Tatverdächtigen mit der Leiche des Opfers, um durch Ausnutzen der seelischen Belastung ein Geständnis zu erlangen.[95]

Körperlicher Eingriff/Verabreichung von Mitteln
Körperliche Eingriffe sind alle Maßnahmen, die auf die Verletzung der körperlichen Integrität gerichtet sind. Körperliche Eingriffe sind zumeist verbunden mit der Verabreichung von Mitteln wie z. B. der Gabe von narkoanalytischen Medikamenten, die den körperlichen oder geistigen Zustand des Beschuldigten beeinträchtigen. Es sind hauptsächlich einschläfernd, enthemmend oder betäubend wirkende Mittel. Auch sog. Weckmittel zählen dazu, jedoch nicht Stärkungs- oder Erfrischungsgaben wie Kaffee oder auch Tabak.

Unzulässig ist
- die Vernehmung, wenn der Vernommene durch Alkohol- oder Rauschmittelkonsum sich zumindest in einem Zustand der verminderten Steuerungs- und Entscheidungsfähigkeit befindet. Hier ist stets ein Arzt hinzu zu ziehen, um den Zustand zu begutachten;
- die Verabreichung von Alkohol oder alkoholhaltigen Getränken.

Ermüdung
Ermüdung ist ein Zustand, in dem das Ruhebedürfnis des Vernommenen so stark ist, dass der Übermüdungszustand sich auf die freie Willensentscheidung auswirkt. Dabei kommt es nicht darauf an, ob der Zustand durch die Polizei herbeigeführt wurde oder ohne ihr Zutun entstanden ist.

Die Vorschrift enthält das Verbot, die Vernehmung trotz erkennbar eingetretener Übermüdung fortzusetzen oder die Vernehmung

95 *Rogall*, 136a StPO Rn. 45.
96 *Artkämper/Schilling*, S. 202, 203, unter Hinweis auf die Rechtsprechung des BGHSt zu § 136a StGB.

trotz erkennbarer Übermüdung zu beginnen. Wann ein Zustand der Übermüdung gegeben ist, hängt von den Umständen des Einzelfalles ab.

Beispiele:
Ermüdung kann vorliegen,
- wenn der Beschuldigte durch große Anstrengung erschöpft ist und offensichtlich mit dem Schlaf kämpft,
- bei fehlender Nachtruhe, gepaart mit Alkoholgenuss oder Überanstrengung,
- durch langandauernde Vernehmung, insbesondere zur Nachtzeit;
- *jedoch*: Vernehmungen zur Nachtzeit sind, wenn sachlich geboten, durch § 136a StPO nicht generell ausgeschlossen.

Vernehmungstaktische Hinweise
Wenn Anlass für die Annahme besteht, dass Ermüdung bei der Aussageperson nicht auszuschließen ist, sollte besonderer Wert auf die Dokumentation des Ablaufs der Vernehmung gelegt werden; festzuhalten sind u. a.: Beginn der Vernehmung, Unterbrechungen, Reichen von Erfrischungen, Dauer und Ende der Vernehmung. Weiterhin sollte sich die Verhörsperson wiederholt vergewissern, dass der Beschuldigte noch in der Lage ist, der Vernehmung zu folgen; Nachfragen und entsprechende Antworten sind ebenfalls zu dokumentieren.

Erfolgt die Vernehmung zur Nachtzeit, ist deren Notwendigkeit zu begründen.

Täuschung
Täuschung ist die bewusste Irreführung des Vernommenen.[97] Schwierig ist die Abgrenzung zwischen Täuschung und zulässiger List, denn die Vorschrift schließt nicht jedes vernehmungstaktische Verhalten aus, soweit es nicht auf bewusste Irreführung abzielt. Der Begriff der List ist jedoch unklar, ebenfalls was die List von der die Lüge beinhaltenden Täuschung trennt.

Deshalb beachte:
Wegen der inhaltlichen Nähe der List zur verbotenen Täuschung und der Gefahr der unzulässigen Beeinflussung des Aussageverhaltens des Beschuldigten sollte nach Möglichkeit auf die Anwendung von List in der Vernehmung verzichtet werden. Dafür sprechen so-

97 Ausführlich zum Tatbestand der Täuschung, insbesondere auch in Abgrenzung zu kriminalistischen List s. *Lemke*, § 136a StPO Rn. 17 ff.

wohl grundsätzliche rechtspolitische als auch kriminaltaktische Erwägungen im Hinblick auf die Gefahr der Unverwertbarkeit bedeutsamer Beweismittel im Verfahren.

Nach kriminalistischer Erfahrung wird im Regelfall nicht nur mit *einem* Beweismittel, hier z. B. dem Geständnis, die Beweisführung erfolgen. Regelmäßig stehen im Einzelfall auch noch andere Beweismittel zur Verfügung, deren Erhebung und Auswertung zuverlässiger und unproblematischer sind als das Geständnis, das möglicherweise unter zweifelhaften Bedingungen zu Stande gekommen ist.

Beispiele *für das Vorliegen von Täuschungshandlungen*:
Eine Täuschung liegt regelmäßig vor, wenn
- dem Vernommen wahrheitswidrig vorgespiegelt wird, eine wegen des Verdachts der Mittäterschaft vorläufig festgenommene Person habe die Tat bereits gestanden;
- dem Tatverdächtigen gegenüber wahrheitswidrige Angaben über die Beweislage zu seinen Lasten gemacht werden, z. B. wenn entgegen der tatsächlichen Spurenlage vorgetäuscht wird, dass die gesicherten Beweismittel seine Täterschaft eindeutig beweisen;
- ein Mithäftling veranlasst wird, den inhaftierten Tatverdächtigen auszuhorchen.

Versprechen von Vorteilen
Hierunter fallen das Versprechen gesetzlich nicht vorgesehener Vorteile oder deren Inaussichtstellung. Erfasst sind auch Zusagen, auf die die Verhörsperson keinen Einfluss hat.

Als Vorteil im Sinne der Vorschrift gelten Vergünstigungen, die geeignet sind, das Aussageverhalten des Betroffenen zu beeinflussen, soweit es sich nicht um Bagatellen handelt, so z. B. eine Raucherlaubnis.[98]

Zwang/Drohung
Zwang ist dann eine verbotene Vernehmungsmethode, wenn das Strafverfahrensrecht die Zwangsmaßnahme nicht zulässt und das Mittel des Zwanges zur Herbeiführung einer Aussage angewandt wird, z.B. die rechtlich objektiv nicht zulässige vorläufige Festnahme einer verdächtigen Person zur Herbeiführung einer Aussage.

Wird mit einer unzulässigen Zwangsmaßnahme gedroht, liegt der Tatbestand der Drohung vor.

98 *Meyer-Goßner*, § 136a StPO Rn. 23 unter Hinweis auf BGHSt. 5, S. 290.

Der Hinweis auf eine zulässige Zwangsmaßnahme wie z. B. die Durchsuchung, die Gegenüberstellung zum Zwecke der Identifizierung mit einer zwangsweisen Veränderung der Haar- und Barttracht, stellt keine unzulässige Drohung oder keinen Zwang im Sinne von § 136a StPO dar.

Beeinträchtigung des Erinnerungsvermögens oder der Einsichtsfähigkeit
Geschütztes Rechtsgut ist ..."die Fähigkeit, in der Vergangenheit liegende Tatsachen und Geschehnisse mittels eigener Denkarbeit zu vergegenwärtigen".[99] Die Manipulation dieser Fähigkeit durch geeignete Mittel und Methoden ist unzulässig. In Frage kommen hier u.a. Hypnose, Narkoanlayse, Elektroschocks.

Die gem. § 136a Abs. 2 StPO verbotene Beeinträchtigung des Erinnerungsvermögens und der Einsichtsfähigkeit ist im Wesentlichen durch die im Abs. 1 der Vorschrift genannten verbotenen Vernehmungsmethoden mit abgedeckt. In der Vernehmungspraxis haben Manipulationen der genannten Art nur geringe Bedeutung.

2.4 Spezielle Rechtsprobleme unerlaubter Vernehmungsmethoden

Heimliche Tonbandaufzeichnung
Verboten ist die heimliche Tonbandaufnahme der Vernehmung, auch zum Zecke der Stimmidentifizierung. Hier handelt es sich nicht um eine Katalogtat nach § 136a StPO. Vielmehr resultiert das Verbot aus der damit verbundenen Verletzung des Persönlichkeitsrechts des Betroffenen.[100]

Gleiches gilt für die akustische Verfolgung eines Vernehmungsgesprächs durch heimlich anwesende Zeugen zum Zwecke der Stimmidentifizierung.

In einem Urteil aus dem Jahr 2002 hat des BVerfG entschieden, dass in einem Fall schwerer Kriminalität aus Gründen überwiegenden Interesses der Allgemeinheit Tonaufzeichnungen einer Vernehmung auch ohne Einwilligung des Beschuldigten gerechtfertigt sein können, um mit Hilfe der Stimmaufnahme einen Straftäter zu identifizieren.[101]

99 *Erbs*, NJW 1951, 386, 389, zitiert nach *Lemke*, § 136a StPO Rn. 30.
100 *Meyer-Goßner*, § 136a StPO Rn. 18.
101 BVerfG NJW 2002, 3619, 3624, zitiert nach *Lemke*, § 136a StPO Rn. 21.

Polygraphie
Der BGH ist in seiner Rechtsprechung aus dem Jahr 1998 von der früheren Rechtseinschätzung, nach der die Verwendung des Polygraphen in der Vernehmung ein Verstoß gegen die verfassungsmäßig garantierte Menschenwürde darstellt und nach § 136a StPO unter die verbotenen Vernehmungsmethoden fällt, abgerückt. Erfolgt der Einsatz des Polygraphen mit Zustimmung des Betroffenen, sieht der BGH nunmehr darin keinen Verstoß gegen § 136a StPO.

Hinsichtlich der Verwertung des Polygraphentests stellt der BGH in seinen Urteil vom 17.12.1998 jedoch unzweifelhaft klar, dass die Testergebnisse ein ungeeignetes Beweismittel im Strafprozess i.S. von § 244 Abs. 3 S. 2 StPO sind. Damit erübrigt sich jede Diskussion über die Anwendung der Polygraphie im Ermittlungsverfahren.

Die einschlägigen Ausführungen von *Artkämper/Schilling*[102], werden ausdrücklich empfohlen.

2.5 Rechtsfolgen

2.5.1 Verwertungsverbot

Nach § 136a Abs. 3 S. 2 StPO dürfen Aussagen, die unter Verletzung des Verbots zustande gekommen sind, nicht verwertet werden. Das trifft auch zu, wenn der Beschuldigte (ebenso der Zeuge oder Sachverständige) der Verwertung zustimmt. Das Verwertungsverbot gilt für alle Abschnitte des Strafverfahrens und sowohl für belastende als auch entlastende Aussagen.

Sind zunächst bei einer Vernehmung unzulässige Methoden angewandt worden, kann die Vernehmung später in ordnungsgemäßer Weise in Form einer sog. qualifizierten Vernehmung wiederholt werden. Bleibt der Betroffene bei seiner ursprünglichen Aussage, bzw. erneuert diese, kann die erneute Aussage verwertet werden.[103] Ob unter Verstoß gegen § 136a StPO erlangte Beweismittel eine Fernwirkung des Beweisverbots entfalten, d.h. als Grundlage für weitere

102 *Artkämper/Schilling*, 2012, S. 185-187; weitere Quellen: *Lemke*, § 136a StPO Rn. 29, *Meyer-Goßner*, § 136a StPO Rn. 24.

103 *Lemke*, § 136a StPO Rn. 36. Weitere Ausführungen zum Verwertungsverbot bei Anwendung unerlaubter Vernehmungsmethoden bei *Rogall*, § 136a StPO Rn. 79 ff.

Ermittlungen ausscheiden, ist in der einschlägigen Literatur umstritten. Grundsätzlich besteht das Fernwirkungsverbot jedoch nicht.[104]

2.5.2 Strafrechtliche Folgen

Aussageerpressung, § 343 StGB
Die Herbeiführung einer Aussage unter Anwendung verbotener Vernehmungsmethoden durch Strafverfolgungsorgane stellt regelmäßig eine Aussageerpressung (§ 343 StGB) dar. Daneben können, je nach Art und Folgen der angewandten verbotenen Vernehmungsmethoden, §§ 223 ff. und § 340 StGB einschlägig sein.

Verletzung der Vertraulichkeit des Wortes, § 201 StGB
§ 201 Abs. 1 Nr. 1 StGB stellt die unbefugte (ohne gesetzliche Erlaubnis) Aufnahme des nicht öffentlich gesprochenen Wortes auf Tonträger unter Strafe. Darunter fällt die heimliche Aufnahme des Vernehmungsgesprächs auf Tonträger.[105]

Nicht darunter fällt die Aufnahme von Anrufern zur Abwehr krimineller Handlungen.

Abs. 3 der Rechtsvorschrift enthält als Qualifikationstatbestand eine Strafverschärfung für Amtsträger.

3. Planung und Vorbereitung der Vernehmung

Vernehmungen sollten *systematisch geplant und vorbereitet werden.* Planung und Vorbereitung stehen in Abhängigkeit von der kriminalistischen Ausgangssituation. Auswirkung auf Art und Grad der Planung und Vorbereitung haben:
- die Komplexität der Tat und der Beweislage,
- die Eilbedürftigkeit der Vernehmung bzw. die Dauer der zur Verfügung stehenden Planungs- und Vorbereitungszeit.

Es ist offensichtlich, dass eine ad hoc-Vernehmung, z. B. nach Festnahme eines Tatverdächtigen auf frischer Tat, nicht so gründlich vorbereitet werden kann, wie eine Vernehmung, die einen zeitlichen Vorlauf hat.

104 Ebd. § 136a StPO Rn. 37.
105 *Fischer*, § 201 StGB Rn. 7, dort mit weiteren Beispielen und Hinweisen zu Rechtfertigungsgründen.

In einfach gelagerten, übersichtlichen Fällen werden kurze Notizen zur Vorbereitung genügen. In schwierigen Fällen empfiehlt es sich, die Vernehmung sorgfältig zu planen und vorzubereiten, erforderlichenfalls einen genauen Ablaufplan der Vernehmung anzulegen.

3.1 Allgemeine Grundsätze

Planung und Vorbereitung der Vernehmung sollten sich im Schwerpunkt auf folgende Bereiche erstrecken:

Die Verhörsperson sollte über
- genaue Sachverhalts- und Aktenkenntnisse verfügen. Dies geschieht durch intensives Aktenstudium; je komplexer ein Verfahren, desto gründlicher das Aktenstudium. Wichtige Passagen sind herausarbeiten;
- detaillierte, möglichst persönliche Ortskenntnisse vom Tatort verfügen. Erforderlichenfalls sind Karten, Pläne, Lichtbildmappen usw. bereit zu halten.

Die strafrechtliche Subsumtion der Tat ist vorzunehmen; offensichtlich in Frage kommende objektive und subjektive Tatbestandsmerkmale sind mit Blick auf die zu klärenden speziellen strafrechtlichen Vernehmungskomplexe herauszuarbeiten.

Die Beweislage ist an Hand der vorliegenden Beweismittel zu beurteilen; die durch Vernehmung zu klärenden offenen Beweisfragen sind festzulegen.

Die Verhörsperson sollte sich ein Bild über die Persönlichkeit der zu vernehmenden Personen verschaffen. Wichtig sind mindestens folgende Informationen:
- Geschlecht, Alter der zu vernehmenden Personen, besonders im Hinblick auf Minderjährige,
- Überprüfung der Personen an Hand vorliegender Erkenntnisse aus polizeilichen Datenspeichern,
- Verhalten bei früheren Vernehmungen.

Ggf. ist auf Erkenntnisse anderer Sachbearbeiter zurückzugreifen.

Vernehmungsplan
Der Ablauf der Vernehmung sollte auch in einfach gelagerten Fällen durchdacht und vorgeplant werden, ohne dass es der Aufstellung eines regelrechten Vernehmungsplanes bedarf.

Die Anlage eines Vernehmungsplanes empfiehlt sich stets dann, wenn ein schwerwiegendes Delikt mit komplizierter Beweislage vorliegt, mehrere Personen vernommen werden müssen und besondere Vernehmungsbedingungen zu beachten sind.

Ein *Vernehmungsplan* sollte wie folgt strukturiert sein:
- Festlegung der Reihenfolge der zu vernehmenden Personen.
- Bestimmung von Zeitpunkt und Ort der Vernehmung.
- Festlegung der Teilnehmer an der Vernehmung; falls erforderlich, Hinzuziehung von Fachpersonal wie Jugendsachbearbeiter, Dolmetscher, Psychologen pp.
- Planung und Bereitstellung von notwendigen technischen Hilfsmitteln wie Ton- oder Filmaufzeichnungsgeräten zur Dokumentation der Vernehmung.
- Ggf. sollte der Vernehmungsplan den Ablauf der Vernehmung im Detail enthalten.
- Die Zeitdauer der einzelnen Vernehmung ist mit Blick auf die zu vernehmenden Personen und unter Berücksichtigung der zu klärenden Beweisfragen vorplanen. Dabei ist zu beachten, dass ein Zusammentreffen von Zeugen und Beschuldigten vermieden wird und lange Wartezeiten der zu Vernehmenden nicht entstehen.
- Offene Fragen zum Sachverhalt und zur strafrechtlich-tatbestandlichen Einordnung sowie die zu klärenden beweisrelevanten Einzelfragen sind in Bezug auf die Aussagepersonen herauszuarbeiten. Gleiches gilt für Widersprüche und Vorhalte.
- Vorhandene Beweismittel sind zu benennen.

3.2 Vorladung

Zeugen oder Beschuldigte sind zum Zweck der Vernehmung vorzuladen. Verfahrensvorschriften für die Vorladung von Zeugen und Beschuldigten enthalten die RiStBV Nr. 44 und Nr. 64. Für die Polizei bestehen keine rechtlich bindenden Formvorschriften für die Vorladung. Wegen der Justizförmigkeit des Verfahrens sollten die für die StA geltenden Regelungen der RiStBV jedoch auch von der Polizei beachtet werden.

Zeugen/Beschuldigte sind *nicht* verpflichtet, der polizeilichen Vorladung im Ermittlungsverfahren Folge zu leisten. Eine zwangsweise Vorführung zur Vernehmung ist folglich *nicht* statthaft, anders bei der Vorladung durch die StA.

3.2.1 Vorladungsformen und -inhalt

Übliche Vorladungsformen sind:
- persönliche Vorladung,
- fernmündliche Vorladung,
- schriftliche Vorladung.

Wenn auch eine bestimmte Form der Vorladung für die Polizei nicht vorgegeben ist, sollte in jedem Fall die Vertraulichkeit der Vorladung gegenüber Dritten gewahrt werden.

Persönliche/fernmündliche Vorladung
Von persönlich/fernmündlichen Vorladungen sollte dann Gebrauch gemacht werden, wenn die Vernehmung eilbedürftig ist und die schriftliche Vorladung zu zeitlich nicht vertretbaren Verzögerungen führen würde.

Schriftliche Vorladung
In der Regel erfolgt die Vorladung schriftlich unter Verwendung eines Vordruckformulars als Postbrief.

Die Vorladung sollte
- den Hinweis enthalten, ob die vorgeladene Person als Zeuge oder Beschuldigter vernommen werden soll. Der Hinweis ist nicht verbindlich vorgeschrieben, sollte jedoch beachtet werden;
- den Gegenstand der Vorladung nennen; es genügt i. d. Regel ein allgemeiner Hinweis wie „Betrug z. N.X" oder „Ihre Anzeige vom … gegen …";
- detaillierte Angaben werden dann notwendig, wenn sich der Zeuge z. B. auf bestimmte Fragenkomplexe vorbereiten muss oder Unterlagen bzw. Beweismittel mitbringen sollte.

Belehrungen in der Vorladung
Für die polizeiliche Vorladung bestehen *keine* Belehrungspflichten darüber, dass die vorgeladene Person
- der Vorladung nicht Folge leisten zu muss,
- bei der Polizei zur Sache nicht aussagen muss,
- in geeigneten Fällen sich schriftlich äußern kann.

In geeigneten Fällen ist es jedoch zweckmäßig, darauf hinzuweisen, dass der Beschuldigte in der Vernehmung die Möglichkeit hat, zu seiner Entlastung beizutragen.

Bei der Vorladung von Zeugen, die gleichzeitig Verletze i. S. des Gesetzes sind, empfiehlt sich die Beifügung des Merkblattes über

Rechte von Verletzten und Geschädigten im Strafverfahren gem. § 406h StPO.[106] Mit der Aushändigung des Merkblattes wird der Hinweispflicht nach § 406h StPO genügt.

3.2.2 Vorladung Minderjähriger

Vorladungen Minderjähriger sind an die Erziehungsberechtigten bzw. die gesetzlichen Vertreter zu richten (PDV 382 Nr. 3.3). Wohnen Jugendliche nicht in häuslicher Gemeinschaft mit den Erziehungsberechtigten, sind Vorladungen an sie unmittelbar zu senden. In diesen Fällen sind die Erziehungsberechtigten von der Vorladung zeitgleich zu informieren. Soweit kriminaltaktische Erwägungen nicht entgegen stehen, ist den Erziehungsberechtigten der Grund der Vernehmung mitzuteilen; bei Nichterreichbarkeit kann dies auch nachträglich geschehen.

3.3 Vernehmungsort

Beachten Sie bei der Wahl des Vernehmungsortes folgende Aspekte:

- Vernehmungen sollen in der Regel im Dienstzimmer der Polizei durchgeführt werden; im Ausnahmefall ist auch ein anderer Ort zulässig.
- Falls gesonderte Vernehmungszimmer zur Verfügung stehen, sind diese zu benutzen.
- Die Vernehmung von Kindern sollte in kindgerecht eingerichteten Vernehmungszimmern erfolgen. Gleiches ist bei Kinderwartezimmern zu beachten.
- Der Vernehmungsraum muss vor Störungen durch Dritte (Beamte oder Amtsbesucher) geschützt sein; Telefonapparat im Vernehmungszimmer für ankommende Gespräche sperren.
- Ein Beschuldigter/Verdächtiger sollte möglichst nicht in seiner gewohnten Umgebung bzw. seiner Wohnung vernommen werden.
  Gründe:
  - Im gewohnten Milieu fühlt sich der Betroffene regelmäßig psychologisch gestärkt oder überlegen.
  - Störungen durch Angehörige lassen sich oft nicht vermeiden.
  - Die Verhörsperson ist beim Betreten fremder Wohnungen prinzipiell stets gewissen Gefahren ausgesetzt.

106 Herausgegeben von den Justizministern und -senatoren des Bundes und der Länder; es steht den Polizeidienststellen zur Aushändigung zur Verfügung.

  - Der Vernommene kann jederzeit von seinem Hausrecht Gebrauch machen und die Verhörsperson aus seiner Wohnung weisen.
- Verhörsperson und Aussageperson sollten sich grundsätzlich so gegenübersitzen, dass der zu Vernehmende gänzlich beobachtet werden kann und im Licht sitzt.
- Auf Eigensicherung achten! Z. B. keine Scheren, spitzen Gegenstände oder sonstige als Werkzeug einzusetzende Gegenstände in Reichweite der Aussageperson lassen.
- Erforderlichenfalls sind Vorkehrungen gegen Flucht zu treffen.

3.4 Vernehmungszeitpunkt

In der Wahl des Vernehmungszeitpunktes ist der ermittlungsführende Vernehmungsbeamte frei. Maßgeblich für die Festlegung des Zeitpunktes sind ermittlungstaktische bzw. vernehmungstaktische Überlegungen. Der Beschuldigte ist jedoch spätestens vor Abschluss der Ermittlungen zu vernehmen (§ 163a StPO).

Grundsätzlich sollten beachtet werden:
- Vernehmungen sollten möglichst zeitnah durchgeführt werden.
- Zeugen sind in der zeitlichen Reihenfolge prinzipiell vor Beschuldigten zu vernehmen.
- Dieser Grundsatz korrespondiert mit der Forderung, dass ein hinreichender Kenntnisstand über die Sache vorliegen sollte, bevor der Beschuldigte mit dem Tatvorwurf konfrontiert wird und der Vernehmungsbeamte regelmäßig eine günstigere Ausgangsposition hat.
- Bei der Festlegung der Reihenfolge der Vernehmungen ist die Gefahr möglicher Absprachen oder Abstimmung zwischen Tatbeteiligten bzw. Zeugen und Beschuldigten zu bedenken.
- Wiederholte Nachvernehmungen sind nach Möglichkeit zu vermeiden.
- Sind Minderjährige zu vernehmen, ist der Vernehmungszeitpunkt so zu wählen, dass nach Möglichkeit nur *eine* umfassende Vernehmung erforderlich ist.
- Bedeutsame und erkennbar langwierige Vernehmungen sollten in die Vormittagsstunden gelegt werden. Das trifft auch dann zu, wenn zu erwarten ist, dass sich strafprozessuale Maßnahmen an die Vernehmung anschließen werden.
- Bei der Festlegung des Vernehmungszeitpunktes ist die Verfügbarkeit hinzuzuziehender Personen zu berücksichtigen.

4. Durchführung der Vernehmung

4.1 Vernehmung als Kommunikationsprozess

Die Vernehmung ist ein Kommunikationsprozess unter besonderen Bedingungen. Es handelt sich um eine einseitig, durch die Strafverfolgungsbehörden oder die Gerichte veranlasste (Zwangs-)Kommunikation zwischen der Aussageperson und der Verhörsperson. Der Status des Vernommenen als Beschuldigter/Verdächtiger oder Zeuge bestimmt im Wesentlichen das Kommunikationsverhalten der Beteiligten.

Generelle Einflussfaktoren sind
- die Kommunikationsfähigkeit des Vernehmenden,
- die Aussagebereitschaft der Aussageperson,
- die situativen Bedingungen, unter denen die Vernehmung stattfindet.

Erfahrungsgemäß stellt schon die Vernehmung an sich für den Betroffenen (Zeuge/Verdächtiger/Beschuldigter) eine Ausnahmesituation dar. Häufig sind auch Vorbehalte seitens der Aussageperson gegenüber der Polizei oder umgekehrt vorhanden, die die Vernehmungssituation überdies komplizieren. Die Ausgangssituation für die Schaffung einer günstigen Vernehmungsatmosphäre ist insoweit zunächst prinzipiell nachteilig. Sie kann durch negative Einflüsse zusätzlich verstärkt aber auch seitens der Aussageperson bewusst positiv beeinflusst werden.

Bedeutsamen Einfluss auf die Vernehmungsatmosphäre hat das von der Verhörsperson praktizierte Vernehmungsgespräch. Die Fachliteratur nennt eine Vielzahl unterschiedlicher sog. Vernehmungsmethoden wie z. B. die „Überrumpelungstaktik, Zick-Zack-Verhör, Gefühlstour“ usw. Die genannten Methoden sind nicht nur bedenklich, sondern im Sinne eines sachgerechten Vernehmungsergebnisses äußerst fragwürdig. Das Bemühen des Vernehmenden sollte vielmehr von vornherein auf die Schaffung einer vertrauensvollen und entspannten Vernehmungsatmosphäre gerichtet sein. Nachweislich sind dadurch am ehesten positive Vernehmungsergebnisse zu erwarten.[107]

107 Ausführlich dazu *Hermanutz*, in: KR 3/94, S. 215 ff.

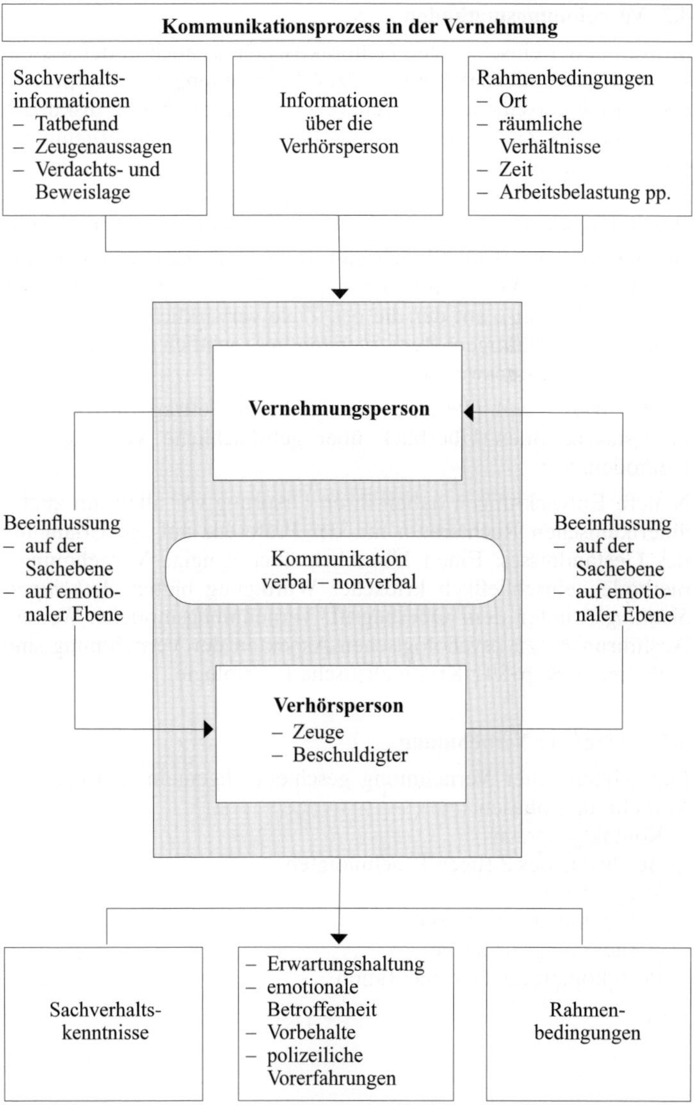
Kommunikationsprozess in der Vernehmung
Sachverhalts-informationen
– Tatbefund
– Zeugenaussagen
– Verdachts- und Beweislage
Informationen über die Verhörsperson
Rahmenbedingungen
– Ort
– räumliche Verhältnisse
– Zeit
– Arbeitsbelastung pp.
Vernehmungsperson
Beeinflussung
– auf der Sachebene
– auf emotionaler Ebene
Kommunikation verbal – nonverbal
Beeinflussung
– auf der Sachebene
– auf emotionaler Ebene
Verhörsperson
– Zeuge
– Beschuldigter
Sachverhalts-kenntnisse
– Erwartungshaltung
– emotionale Betroffenheit
– Vorbehalte
– polizeiliche Vorerfahrungen
Rahmen-bedingungen

Abb. 18

4.2 Vernehmungsmethoden

Sowohl in der einschlägigen fachpraktischen als auch in der wissenschaftlich orientierten Literatur zur Vernehmung im Strafprozess werden die verschiedenartigsten Vernehmungsmethoden diskutiert, vor allem im Zusammenhang mit der Beschuldigtenvernehmung. Die Methodenvielfalt zeichnet sich insgesamt dadurch aus, den inkriminierten Tatbestand möglichst lückenlos aufzuklären und den Beschuldigten zu einem beweiskräftigen Geständnis zu veranlassen.

Bereits *Geerds* (1976)[108] beschreibt unter Darlegung von Vor- und Nachteilen drei Vernehmungsstrategien (Überrumpelung, Zermürbung, Sondierung), mit der die o.a. Ziele verwirklicht werden können, eine nach heutigem Rechtsverständnis rechtlich nicht unproblematische Verfahrensweisen.

Bender/Wartemann (1992), geben in ihrem Beitrag zur Vernehmungstaktik einen Überblick über gebräuchliche Vernehmungsmethoden.

Neuere Entwicklungen haben ihren Ursprung vor allem im angloamerikanischen Rechtsraum mit der Präferenz auf die Erlangung des Geständnisses. Einen Überblick über gängige Vernehmungsmethoden einschließlich kritischer Würdigung bieten *Artkämper/Schilling*[109] unter dem Oberbegriff: Vernehmungsmodelle. Weitere Ausführungen zu psychologischen Aspekten der Vernehmung sind enthalten in Kap. 5/II: Kriminalistische Psychologie.

4.3 Ablauf der Vernehmung

Der Ablauf einer Vernehmung geschieht allgemein in folgenden Vernehmungsphasen:
- Kontaktgespräch
- Belehrung des Zeugen/Beschuldigten
- Vorgespräch
- Vernehmung zur Person
- Vernehmung zur Sache
- Protokollierung/Dokumentation

108 Zitiert nach *Hermanutz/Litzke*, 2009, S. 149.
109 *Artkämper/Schilling*, 2012, S. 99 ff.

4.3.1 Kontaktgespräch

Spannungen und Vorbehalte können durch ein Kontaktgespräch zwischen Vernehmungsperson und Aussageperson abgebaut werden. Eine Kontaktphase zu Beginn einer Vernehmung ermöglicht es, mit der Aussageperson überhaupt erst einmal ins Gespräch zu kommen. Diese Phase beginnt bereits mit der Begrüßung, die ungezwungen, aber korrekt sein sollte. Man kann zunächst allgemeine Themen ansprechen oder z. B. Kaffee anbieten, um auf den zu Vernehmenden individuell einzugehen. Es kommt für eine erfolgreiche Vernehmung darauf an, über einen Grundkontakt hinaus ein Verhältnis zu schaffen, das im Idealfalle offen und Vertrauen erweckend ist. Ob der Kontakt zu Stande kommt, hängt wesentlich ab von den auf beiden Seiten beteiligten Persönlichkeitstypen, der Kontaktfähigkeit und dem Vermögen der Vernehmungsperson, sich z. B. durch Tonfall, Wortwahl pp. auf den Vernommenen einzustellen.

Das Kontaktgespräch ist auch geeignet, dem Vernehmungsbeamten eine Einschätzung über das Wesen, die Ausdrucksfähigkeit und die Aussagebereitschaft sowie Rückschlüsse auf die Merkfähigkeit, Beobachtungsgabe und Gedächtnisleistung der Aussageperson zu vermitteln.

Das Kontaktgespräch kann Hinweise darauf geben, in welcher Weise der Betroffene belehrt werden kann. Dies ist besonders bei Personen minderer Bildung wichtig.

4.3.2 Vorgespräch

Das Vorgespräch ist Teil der Vernehmung. Zeugen und Beschuldigte sind zu Beginn rechtlich zu belehren.

Im Vorgespräch wird der in Rede stehende Sachverhalt zunächst zwischen Aussageperson und Vernehmer in groben Zügen erörtert. Bereits in dieser Phase kann es zweckmäßig sein, der Aussageperson Gelegenheit zu gegeben, den Sachverhalt aus ihrer Sicht im Überblick zu schildern. Der Vernehmer erhält dadurch einen ersten Eindruck über den Inhalt der Aussage und das Aussageverhalten und ist in der Lage, sein Vernehmungsverhalten darauf einzustellen.

Beachte: Keine Erörterungen zur Sache, bevor die Aussageperson nicht belehrt worden ist!

4.4 Vernehmung des Zeugen

4.4.1 Allgemeine vernehmungstaktische Grundsätze

Der Zeuge ist grundsätzlich verpflichtet, zur Sache auszusagen, soweit Zeugnis- oder Auskunftsverweigerungsrechte nicht dagegen stehen. Eine Aussagepflicht bei der Polizei besteht nicht, wohl aber vor der Staatsanwaltschaft.

Der Zeuge ist verpflichtet, wahrheitsgemäß auszusagen. Ob ein Zeuge wahrheitsgemäß aussagt, ist regelmäßig kritisch zu überprüfen.

Hinweise auf den Wahrheitsgehalt können regelmäßig geben
- der Abgleich seiner Aussage mit dem objektiven Tatgeschehen und mit anderen Zeugen- oder Beschuldigtenaussagen,
- die Stellung, die der Zeuge zum Beschuldigten hat; liegen eventuell Hinweise auf verabredete Aussagen vor?
- die Feststellung, ob der Zeuge selbst in den Fall involviert ist; verspricht er sich ggf. von seiner Aussage Vorteile?
- die Klärung der Frage, ob der Zeuge bei wahrheitsgemäßer Aussage Repressalien gegen sich oder sein soziales Umfeld durch den Tatverdächtigen befürchtet oder eine mögliche Konfrontation mit dem Beschuldigten vor Gericht scheut,
- die Auswertung von Erkenntnissen über das Aussageverhaltens eines Zeugen in vorausgegangenen Fällen.

Im Vorgespräch ist möglichst die Aussagebereitschaft des Zeugen zu wecken oder zu fördern. Dies kann dadurch geschehen, dass der Zeuge von der Bedeutung seiner Zeugenaussage für das Strafverfahren argumentativ überzeugt wird.

Besteht Anlass, sollten dem Zeugen die strafprozessual zulässigen Hilfs- und Schutzmaßnahmen erläutert werden.

Beachte: Der Zeuge könnte auch unbewusst über Wahrnehmungen falsch aussagen, z. B. aufgrund von Erinnerungslücken, fehlerhafter Einordnung von Geschehensabläufen pp.

4.4.2 Gegenstand der Zeugenvernehmung

- Mit der Zeugenaussage sollen Wahrnehmungen des Zeugen über beweiserhebliche Tatsachen erhoben und in das Ermittlungsverfahren einfließen.

- Gegenstand der Zeugenaussage sind Tatsachen, nicht Schlussfolgerungen oder Mutmaßungen. Die Literatur[110] unterscheidet Tatzeugen, die über den Tatvorgang selbst etwas aussagen können, von sog. Ergänzungszeugen, die über Umstände Angaben machen können, die außerhalb des Tatvorgangs liegen.
- Der Zeuge ist stets zu fragen, worauf sein Wissen beruht (sog. Filterfragen); sind es selbst beobachtete Tatsachen, Wissen vom „Hören-Sagen" oder Schlussfolgerungen aus Wahrnehmungen oder Ähnliches? Auch Fragen nach den Umständen seiner Wahrnehmung sind zu stellen.
- Wahrnehmungen des Zeugen können mit dem Tatgeschehen, mit der Persönlichkeit des Täters oder des Opfers oder mit deren Verhalten nach der Tat im Zusammenhang stehen. Sie können sich auch mittelbar auf die Tat beziehen oder auf Äußerungen Dritter, so beim Zeugen vom Hörensagen.
- Gegenstand von Zeugenaussagen können auch einfache Bewertungen sein.
- Zu Charaktereigenschaften eines Dritten (z. B. des Beschuldigten) sollte der Zeuge nur vernommen werden, wenn er über tatsächliche Umstände aussagen kann, die einen Schluss darauf zulassen.

4.4.3 Vernehmung zur Person

Zu Beginn der Vernehmung sind vom Zeugen Angaben zur Person zu erheben. Die Angaben dienen der Feststellung der Identität des Vernommenen.

Die Verpflichtung zur Angabe der Personalien bezieht sich gem. § 111 OwiG auf
- Familien- oder Geburtsnamen, Vornamen,
- Geburtstag- und -ort,
- Familienstand,
- Beruf,
- Wohnort- und Aufenthaltsort,
- Staatsangehörigkeit.

Die Angaben werden i. d. Regel unter Verwendung eines Vordrucks erhoben.

110 *Peters*, S. 319.

Die Verweigerung der Angabe der Daten oder die Falschangabe stellt eine Ordnungswidrigkeit nach § 111 OwiG dar. Die Aussageperson ist erforderlichenfalls darüber zu belehren.

4.4.4 Vernehmung zur Sache

Belehrung des Zeugen
Zu Beginn der Vernehmung zur Sache wird der Zeuge mit dem Gegenstand seiner Vernehmung vertraut gemacht.

Der Zeuge wird ferner befragt, ob ein Zeugnisverweigerungsrecht nach § 52 Abs. 1 StPO besteht oder ggf. die Mitwirkung des gesetzlichen Vertreters notwendig ist (sog. Generalfragen[111]).

Die Verpflichtung zur Zeugenbelehrung in der polizeilichen Vernehmung (§ 163a Abs. 5 StPO) umfasst
- die Erläuterung des Zeugnisverweigerungsrechtes nach § 52 StPO;
- ggf. die Erläuterung des Zeugnisverweigerungsrechtes im Hinblick auf das Auskunftsverweigerungsrecht nach § 55 StPO zu Sachverhalten, die den Zeugen oder einen nahen Angehörigen (§ 52 StPO) selbst belasten oder der Strafverfolgung aussetzen könnte;
- den Hinweis auf die Freiwilligkeit der Aussage bei der Polizei und die Wahrheitspflicht, wenn sich der Zeuge zur Aussage entschließt (abgeleitet aus § 57 StPO) und die möglichen strafrechtlichen Folgen der Verletzung der Wahrheitspflicht.

Die genannten Rechtsvorschriften sind, dem Bildungsstand und der Auffassungsgabe des Zeugen entsprechend, inhaltlich zu erklären.

Belehrung minderjähriger Zeugen
Kinder und Jugendliche, die ein Zeugnisverweigerungsrecht haben, sind nach § 52 Abs. 3 StPO zu belehren, ebenso zum Auskunftsverweigerungsrecht nach § 55 Abs. 2 StPO. Die Art und Weise der Belehrung muss dem geistigen Entwicklungsstand angepasst sein. Die Erläuterungen sind so vorzunehmen, dass der Belehrte den Sinn erkennt.

Der gesetzliche Vertreter ist ebenfalls über die Rechte des Minderjährigen zu belehren.

111 *Meyer-Goßner*, § 161a StPO Rn. 7.

Versteht ein Minderjähriger die Bedeutung seines Zeugnisverweigerungsrechtes nicht, darf er nur vernommen werden, wenn er aussagebereit ist und der gesetzliche Vertreter zustimmt. Bestehen Zweifel an dem Verständnis, ist gleichermaßen zu verfahren.

Merke: Der minderjährige Zeuge muss in der Lage sein zu erkennen, dass dem Beschuldigten vorgeworfen wird, etwas Unrechtes getan zu haben, ihm hierfür Strafe drohen kann und dass die Aussage möglicherweise zu dessen Bestrafung führen kann (BGH NJW 1967, 360). In einem Vermerk ist darzulegen, aus welchen Umständen geschlossen werden kann, dass der minderjährige Zeuge nicht in der Lage war, die Belehrung zu verstehen.

Ist der minderjährige Zeuge zugleich Verletzter, sind er und der gesetzliche Vertreter nach § 406h StPO auf die dem Verletzten zustehenden besonderen Befugnisse im Verfahren hinzuweisen (siehe auch PDV 382 Nr. 3.5.6). Der Hinweis ist aktenkundig zu machen.

Erhebung der Zeugenaussage

Die Erhebung der Zeugenaussage erfolgt im Regelfall in drei Phasen (siehe auch die ausführlichen einschlägigen Hinweise zur Beschuldigtenvernehmung):

- Dem Zeugen wird Gelegenheit gegeben, den Sachverhalt bzw. seine Wahrnehmungen zur Sache zusammenhängend zu schildern.
- Daran schließt sich die Phase der ergänzenden Befragung des Zeugen durch den Vernehmer an, soweit seine Schilderung Lücken aufweist bzw. unvollständig ist.
- In einer dritten Phase erfolgt – je nach Komplexität und Umfang der Aussage – die Erörterung des Aussageinhaltes zwischen Vernehmer und Vernommenen im Vernehmungsgespräch. Soweit Widersprüche zu klären sind oder Vorhalte sich ergeben, werden sie in dieser Vernehmungsphase zu erörtern sein.

4.5 Vernehmung des Beschuldigten

4.5.1 Allgemeine vernehmungstaktische Grundsätze

Die Vernehmung des Beschuldigten zur Sache dient einerseits der Sachverhaltserforschung und Beweissicherung und andererseits der Verteidigung des Beschuldigten – Gewährung rechtlichen Gehörs.

Dem Beschuldigten steht es frei, zur Sache auszusagen, zu schweigen oder nur partiell zum Tatvorwurf Stellung zu nehmen.

Anders als der Zeuge ist der Beschuldigte nicht verpflichtet, die Wahrheit zu sagen. Die Grenzen der unwahren Aussage liegen dort, wo er wider besseres Wissen Dritte belastet oder gegen Strafgesetze verstößt.

In der Vernehmungspraxis wird zwischen *freiem Bericht* und *Befragung* unterschieden.

Der *Bericht* ist die zusammenfassende Schilderung des Sachverhaltes durch die Aussageperson.

Die *Befragung* stellt eine Ergänzung zum Bericht dar. Sie wird von der Vernehmungsperson geführt und zwar vorwiegend durch

- ergänzende Fragen zum Aussageinhalt oder zu klärenden Tatfragen,
- Vorhalte aufgrund anderslautender Aussagen von früheren Angaben, die von den aktuellen Aussagen der Aussageperson abweichen oder
- Konfrontation mit abweichenden Feststellungen zum Tatgeschehen oder zu vorliegenden Beweismitteln.

In der Literatur sind Fragetechniken unterschiedlicher Art publiziert. An dieser Stelle soll darauf nicht näher eingegangen werden, denn ihre Wirkungen auf die Aussage sind teils umstritten (s. auch oben). Generell sollte mit sog. „offenen" Fragestellungen gearbeitet werden, die zwar konkret auf die zu klärende Sachfrage im Detail formuliert sein sollen, ohne dass die Antwort bereits in einem bestimmten Sinne beeinflusst wird oder den Beschuldigten veranlasst, nur mit „ja" oder „nein" zu antworten.[112]

4.5.2 Vernehmung zur Person

Zu Beginn der Vernehmung sind vom Beschuldigten Angaben zur Person zu erheben. Die Angaben dienen der Feststellung der Identität des Vernommenen.

Die Verpflichtung zur Angabe der Personalien bezieht sich gem. § 111 OwiG auf

- Familien- oder Geburtsnamen, Vornamen,
- Geburtstag- und -ort,

112 Weitere Hinweise zur Fragetechnik der Zeugen- und Beschuldigtenvernehmung gibt *Nack*, Vernehmungslehre, in: KR 6/95, S. 398 ff.

- Familienstand,
- Beruf,
- Wohnort- und Aufenthaltsort,
- Staatsangehörigkeit.

Die Angaben werden i. d. Regel unter Verwendung eines Vordrucks erhoben.

Auch wenn der Beschuldigte nach Belehrung von seinem Aussageverweigerungsrecht Gebrauch macht, ist er zur Angabe der o. a. Daten verpflichtet. Die Verweigerung dieser Angabe oder die Falschangabe stellt (wie beim Zeugen, siehe oben) eine Ordnungswidrigkeit nach § 111 OwiG dar.

Der Beschuldigte ist im Weigerungsfall darüber zu belehren.

Die darüber hinausgehende Ermittlung der persönlichen Verhältnisse des Beschuldigten (§ 136 Abs. 3 StPO) sind Teil der Vernehmung zur Sache (siehe unten).

4.5.3 Vernehmung zur Sache

Belehrung des Beschuldigten

Der Beschuldigte ist bei der ersten Vernehmung durch die Polizei darüber zu belehren (§136 StPO i. V. m. § 163a Abs. 4 StPO),

- welche Tat ihm zur Last gelegt wird,
- dass es ihm freisteht, zur Sache auszusagen oder zu schweigen,
- dass er die Möglichkeit hat, jederzeit, auch schon vor der Vernehmung, einen Verteidiger zu befragen,
- dass er das Recht hat, zu seiner Entlastung Beweisanträge zu stellen,
- dass er – in geeigneten Fällen – sich auch schriftlich äußern kann.

Die Belehrung ist zu Beginn der Vernehmung mit verständlichen Formulierungen vorzunehmen und ausführlich zu erläutern. Wie der Belehrungsinhalt vermittelt wird, hängt auch vom Intelligenzniveau bzw. dem geistigen Entwicklungsstand der Aussageperson ab (s. oben). Deshalb kann die Verwendung von Vernehmungsformularen mit vorgedruckter Belehrung unangebracht sein.

Die Belehrung sollte nicht völlig kommentarlos abgegeben werden. Es empfiehlt sich der Hinweis, dass eine Aussage auch die Möglichkeit enthält, sich selbst zu entlasten bzw. zu dem Tatvorwurf Stellung zu nehmen.

Hinsichtlich der Eröffnung des Tatvorwurfs in der polizeilichen Belehrung empfiehlt sich die Wiedergabe des tatsächlichen Geschehens unter Verzicht auf eine im Einzelfall vorzunehmende differenzierte rechtliche Einordnung eines im Regelfall noch nicht voll ausermittelten Tatgeschehens[113].

Erklärt der Beschuldigte, vor der Vernehmung einen Verteidiger befragen zu wollen, ist ihm dazu Gelegenheit zu geben. Kommt die Konsultation mit einem Verteidiger nicht zu Stande, ist die Vernehmung nur dann fortzusetzen, wenn der Vernehmungsbeamte ernsthaft bemüht war, den Beschuldigten bei der Herstellung des Kontakts zu unterstützen[114] und der Beschuldigte seiner Vernehmung ohne vorherige Konsultation mit seinem Verteidiger nunmehr zustimmt.

Belehrung Minderjähriger

a) Kinder:

Eine Belehrungspflicht gegenüber Kindern, die verdächtig sind, mit Strafe bedrohte Handlungen begangen zu haben, besteht auf Grund mangelnder Strafmündigkeit dieser Altersgruppe grundsätzlich nicht. Es empfiehlt sich jedoch, Kinder über die Straflosigkeit ihres Tuns zu informieren.

Zu beachten ist jedoch die Belehrung des Kindes als Zeuge, soweit sich die Befragung des Kindes auf die Erforschung von Straftaten Dritter bezieht.

b) Jugendliche:

Jugendliche Beschuldigte sind vor der ersten Vernehmung in einer ihrem geistigen Entwicklungsstand angemessenen Art und Weise über ihre Rechte nach § 163a Abs. 4 und § 136 StPO zu belehren. Vor der Belehrung sollte ihnen die Möglichkeit der Rücksprache mit einem Erziehungsberechtigten oder gesetzlichen Vertreter eingeräumt werden. Deren Einwilligung ist allerdings nicht erforderlich. Ihr Widerspruch ist jedoch aktenkundig zu machen.

Ergeben sich für den Vernehmenden Anhaltspunkte dafür, dass der Jugendliche

- auf Grund seiner geistigen und sittlichen Reife den Sinn der Belehrung nicht versteht oder
- keine Einsicht in die Tragweite seiner Entscheidung hat oder

113 In diesem Sinne auch *Artkämper/Schilling*, S. 262.

114 *Zöller*, § 163a StPO Rn. 22.

- zur Zeit der Tat nach seiner sittlichen und geistigen Entwicklung nicht reif genug war, das Unrecht seiner Tat einzusehen und nach dieser Einsicht zu handeln,

ist von der förmlichen Belehrung und damit der Vernehmung als Beschuldigter Abstand zu nehmen. Die Gründe sind aktenkundig zu machen.

Der jugendliche Beschuldigte kann als beschränkt Geschäftsfähiger einen Verteidiger in Anspruch nehmen. Darüber ist der Jugendliche zu unterrichten. Wird ein Verteidiger in Anspruch genommen, hat sich dieser um die Einwilligung/Genehmigung der Erziehungsberechtigten oder des gesetzlichen Vertreters selbst zu bemühen. Erziehungsberechtigte/gesetzliche Vertreter des Beschuldigten sind darüber zu unterrichten, dass sie das Recht haben, nach § 137 Ab. 2 StPO und § 67 Abs. 3 JGG[115] einen Verteidiger in Anspruch zu nehmen.

Vernehmung zur Tat
Ist der Beschuldigte nach erfolgter Belehrung zur Aussage bereit, sollte er den Sachverhalt umfassend und zusammenhängend schildern (freier Bericht). Unterbrechungen durch die Vernehmungsperson sind nach Möglichkeit zu vermeiden. Die zusammenhängende Schilderung fördert das Erinnerungsvermögen und die Reproduktion der Wahrnehmung. Der Bericht enthält zwar regelmäßig inhaltliche Lücken bzw. Auslassungen, die Aussage kommt jedoch zunächst ohne Einflussnahme durch Fragen pp. zu Stande. Erforderlichenfalls ist die Aussageperson zu einem ergänzenden ausführlicheren Bericht zu veranlassen.

Die Verhörsperson sollte sich zum Aussageinhalt und zu bereits jetzt erkennbaren Fragen Notizen machen.

Daran schließt sich, je nach Notwendigkeit und Komplexität der Aussage, eine Erörterung des Aussageinhaltes in Form konkreter Fragen an (Befragungsphase).

Generell sollten durch die Vernehmung zur Tat zumindest folgende Tatfragen geklärt werden:
- die Form der Täterschaft,
- Beteiligte an der Tat und deren Tatbeiträge,
- die Entstehung und Vorbereitung der Tat,
- Tatablauf und einzelne Tathandlungen in der Haupttatphase,
- das Verhalten in der Nachtatphase,

115 Dazu *Schatz*, 2011, § 67 Abs. 3 JGG.

- gezielte Feststellungen zu den objektiven und subjektiven Tatbestandsmerkmalen der in Frage kommenden strafgesetzlichen Bestimmungen, insbesondere zu den Motiven der Tat und den angestrebten Tatzielen,
- Aspekte der Rechtfertigung und der Schuldfähigkeit.

Verweigert der Beschuldigte Angaben zur Tat, d. h. macht er von seinem Aussageverweigerungsrecht Gebrauch, sollte im Ergebnis die Entscheidung des Beschuldigten respektiert werden. Keineswegs muss dies aber kommentarlos hingenommen werden. Der Hinweis, dass ein Geständnis sich strafmildernd im Urteil auswirken kann, ist keineswegs ein unzulässiges Versprechen.

Ermittlung der persönlichen Verhältnisse
Gem. § 136 Abs. 3 StPO sollen bei der ersten Vernehmung des Beschuldigten die persönlichen Verhältnisse des Beschuldigten erhoben werden. Durch Verweis auf § 163a Abs. 4 StPO hat diese Bestimmung auch für die polizeiliche Vernehmung des Beschuldigten Gültigkeit. Die Erhebung der persönlichen Verhältnisse stellt einen Annex zur Sache dar. Die Angaben unterliegen der Freiwilligkeit der Aussage.

Es sind nur jene persönlichen Verhältnisse zu erheben, die nach dem aktuellen Erkenntnisstand für die Sache von Bedeutung sind. Darüber hinausgehende Erhebungen wären ein unerlaubtes Eindringen in die Privatsphäre (Einzelheiten sind in den RiStBV Nr. 13 geregelt).

Die Erhebung der persönlichen Verhältnisse hat besondere Relevanz im Jugendstrafverfahren nach dem JGG.

In der Vernehmung soll auf die Familienverhältnisse des beschuldigten Minderjährigen sowie auf das persönliche und soziale Umfeld eingegangen werden, soweit dies für die Beurteilung der Delinquenz des Tatverdächtigen bedeutsam ist. Aber auch auf das Erlangen von Hinweisen, die für eine mögliche Gefährdung des Minderjährigen sprechen oder die Anlass zu anderweitigen Ermittlungen geben, sollte sich die Vernehmung erstrecken.

Geständnis
Das Wesen des Geständnisses besteht darin, dass der Beschuldigte einen Sachverhalt einräumt und Umstände darstellt, mit denen er sich selbst der Begehung einer Straftat bezichtigt.

Das Geständnis ist als Einlassung des Beschuldigten Beweismittel. Das Geständnis ist keineswegs die „Krone des Beweises“, sondern es ist eines unter anderen strafprozessualen Beweismitteln.

Ermittlungstechnisch ist die Bedeutung des Geständnisses dadurch begründet, dass auf Grund des gewonnenen Informationsgehaltes prinzipiell weitere Ermittlungs- und Beweisansätze erlangt werden können.

Geständnisse können den wahren Begebenheiten entsprechen, nur in Teilen die Tatsachen wiedergeben oder auch falsch sein. Geständnisse sind stets sorgfältig zu überprüfen. Die unterschiedlichen Geständnismotive nennt *Haas*[116] unter Bezug auf *Busam*.

Beachte: Teilgeständnisse können den Zweck haben, andere strafrechtliche Sachverhalte zu verheimlichen oder davon abzulenken.

Vor der Polizei abgelegte Geständnisse werden später vor Gericht häufig widerrufen. Wiederkehrende häufige Widerrufsbegründungen sind:
- Die Beschuldigtenbelehrung durch die Polizei sei fehlerhaft erfolgt oder unterlassen worden,
- die Einwendung, das Geständnis sei unter Zwang, durch Täuschung oder Ermüdung herbeigeführt worden,
- die Wiedergabe der Aussage des Beschuldigten in der Vernehmung sei von der Verhörsperson missverstanden worden, falsch wiedergegeben und protokolliert worden.

Das Geständnis unterliegt der Beweiswürdigung durch das Gericht. Auch widerrufene Geständnisse können durch das Gericht zur Beweisführung herangezogen werden.

Wesentlich für die Beweiswürdigung des Geständnisses durch das Gericht sind regelmäßig folgende Faktoren:
- Ist die Dokumentation der Vernehmung präzise und in sich widerspruchslos?
- Sind die dem Beschuldigten in der polizeilichen Vernehmung zustehenden prozessualen Rechte lückenlos gewährt worden? Wie erfolgte die Belehrung des Beschuldigten, wurde die Belehrung inhaltlich verstanden?
- Sind die Umstände bzw. ist die Vernehmungssituation, die zum Geständnis führten, insbesondere: Zeitpunkt der Vernehmung,

116 *Haas,* in KR 2/96, S. 126.

Dauer der Vernehmung, Unterbrechungen, Reichen von Erfrischungen, augenscheinlich physischer und psychischer Zustand des Beschuldigten lückenlos aus der Vernehmungsniederschrift nachvollziehbar?
- Hat die Aussageperson in der Vernehmung Täterwissen offenbart, d. h. sind durch die Vernehmung des Beschuldigten Informationen zur Tat erlangt worden, über die nur der Täter verfügen konnte? Entspricht das Geständnis im Detail dem objektiven Tatbefund?
- Ist die Aussage des Beschuldigten mit seinen eigenen Worten wiedergegeben worden, d. h. enthält das Geständnis die wortgetreue Dokumentation des Aussageinhaltes?[117]

4.6 Glaubwürdigkeit der Aussage

In der Vernehmungspraxis stellt sich regelmäßig die Frage nach der Glaubwürdigkeit von Aussagepersonen, nämlich ob ein Zeuge oder Beschuldigter die Wahrheit sagt, nur Teilwahrheiten berichtet oder lügt .

Lügen ist die bewusste Verdeckung der Wahrheit. *Fröhlich*[118] macht einen wesentlichen Unterschied zwischen *Lügen* und *Leugnen*. Lügen trägt den Charakter des Wahrheitswidrigen, Leugnen kann bei Nichttätern oder Unschuldigen auch den Charakter des Wahrheitsgemäßen tragen.

Lügen ist keineswegs stets ein Indiz für Täterschaft oder Schuldbewusstsein. Lügen können auch andere Motive haben wie Furcht vor peinlichen Enthüllungen, Vermeidung von Unannehmlichkeiten, familiäre oder persönliche Rücksichten, Renommiersucht u. Ä.

Offensichtliche Unwahrheiten sollten vorerst ruhig hingenommen werden. Die Verhörsperson sollte sich fragen, ob es eine einleuchtende Erklärung für die unwahre Darstellung gibt.

Auch eindeutig erkennbare Lügen sollten zunächst unwidersprochen entgegen genommen werden. Jede Lüge zieht i. d. Regel weitere Lügen nach sich. Je mehr die Aussageperson mitteilt und Teilwahrheiten unwahre oder geschönte Darstellungen gibt, desto eher

117 Beachte auch RiStBV Nr. 45 Abs. 2.

118 *Fröhlich*, Psychologische Voraussetzungen von Aussagen, in: Kriminalistik u. forensische Wissenschaften 30/1980, S. 23.

wird sie sich in ihrem „Lügengewirr" verfangen und selbst zur Überführung beitragen.

Die Konfrontation mit einer eindeutigen gegenteiligen Beweislage erleichtert im Regelfall sodann die Geständnisbereitschaft.

Die Beurteilung des Aussageverhaltens unter den Aspekten des Lügens oder Leugnens stellt einen schwierigen Vorgang dar, da die Faktoren, die die Aussage beeinflussen, außerordentlich komplex sind, so dass sich voreilige Schlüsse verbieten.

Wesentliche Faktoren des Aussageverhaltens sind nach *Vrij*[119]
- die Situation des potentiellen Lügners,
- seine Persönlichkeit und Intelligenz,
- sein normales Ausdrucksverhalten,
- Stressbelastung und
- die Komplexität der Lügengeschichte.

Ferner ist zu bedenken, dass die Beurteilung von Verhaltensweisen der Aussageperson durch die Verhörsperson stets subjektive Merkmale trägt und prinzipiell fehlerhaft sein kann.

Die Anwendbarkeit sog. typischer Lügensignale oder -symptome bei der Bewertung von Aussagen auf ihre Glaubwürdigkeit ist umstritten. Klarheit bringt allenfalls eine akribische Aussageanalyse.

Einen ausführlichen Überblick zur Thematik der Glaubwürdigkeitsprüfung von Aussagen geben *Nack* sowie *Hermanutz et.al.*[120]

5. Dokumentation der Vernehmung

5.1 Allgemeine Hinweise

Gem. § 168b Abs. 2 StPO ist über die Vernehmung von Beschuldigten, Zeugen und Sachverständigen ein Protokoll aufzunehmen. Diese Soll-Vorschrift gilt auch für die polizeiliche Vernehmung.

Die Dokumentation der Vernehmung geschieht grundsätzlich durch
- die Anfertigung eines Vernehmungsprotokolls in Form einer Vernehmungsniederschrift,

119 Zitiert nach *Weber/Berresheim*, in: KR 12/01, S. 789.

120 *Nack*, Glaubwürdigkeit und Glaubhaftigkeit – Kriterien zur Prüfung, ob eine Auskunftsperson lügt, in: KR 4/95, S. 257 ff.; *Hermanutz u.a.*, 2011, in: Polizeiliche Vernehmung und Glaubhaftigkeit; *Hermanutz/Litzcke*, 2009, in: Vernehmung in Theorie und Praxis.

- Tonbandaufzeichnung und Videoaufzeichnung in geeigneten Fällen und
- ergänzende Vermerke über Besonderheiten des Vernehmungsgeschehens, soweit dies erforderlich ist.
- Eine besondere Form der Dokumentation stellt die Zeugenvernehmung auf Bild- und Tonträger nach § 58a StPO dar. Sie dient dem Schutz des Zeugen (s. auch oben 2. Rechtsgrundlagen der Vernehmung).

Merke: Inhalt, Ablauf und Besonderheiten der Vernehmung sind lückenlos zu dokumentieren.

Die Aushändigung von Protokolldurchschriften auf Wunsch der Aussageperson sollte regelmäßig nicht entsprochen werden. Der Beschuldigte ist auf die Möglichkeit der Akteneinsicht durch den Verteidiger nach § 147 StPO hinzuweisen.

Für Zeugen enthält die Strafprozessordnung keine ausdrückliche Regelung über die Aushändigung einer Protokolldurchschrift. Es empfiehlt sich hier der Hinweis auf die Entscheidung der Staatsanwaltschaft.

5.2 Anforderungen an das Vernehmungsprotokoll

Grundsatz
Das Vernehmungsprotokoll soll die aussagegetreue lückenlose Aussage des Vernommenen wiedergeben und die Umstände dokumentieren, wie eine Aussage zu Stande gekommen ist.

Das praktische Problem liegt darin, die jeweilige spezifische und einmalige Situation in ihrer Vollständigkeit und Komplexität festzuhalten.

Protokollierungsfehler
Folgende, immer wiederkehrende Protokollierungsfehler können die Aussageoriginalität verfälschen:

- *Auslassungen*, die durch Straffung des Aussageinhaltes zu Stande kommen. Die Protokollierung beschränkt sich in diesen Fällen auf Aussageinhalte, die nach Ansicht des Vernehmers bedeutsam sind. Andere werden weggelassen. Anhand des Protokolls sollte jedoch das Zustandekommen von Aussagen, so u. a. von Geständnissen oder Widerrufen, nachvollziehbar sein.

- Umformulierungen, indem der Aussageinhalt in juristische Tatbestandsformulierungen gefasst wird oder Formulierungen gebraucht werden, die erkennbar nicht von der Aussageperson gebraucht worden sind. Äußerungen der Aussageperson sollten möglichst im Original protokolliert und nicht in „Amtsdeutsch" oder juristische Formulierungen übersetzt werden.
- Fragen und Vorhalte werden nicht voll ausformuliert. Floskeln wie: „Auf Frage:" oder „Auf Vorhalt:" werden gebraucht. Sie sollten vermieden werden. Fragen und Vorhalte sind präzise auszuformulieren und zu protokollieren.

Das Vernehmungsprotokoll soll enthalten
- Ort, Beginn und Ende der Vernehmung.
- Belehrung des Zeugen/Beschuldigten über die ihm nach der Strafprozessordnung zustehenden Rechte (s. oben). In einem Zusatzvermerk ist darzulegen, ob die Aussageperson die Belehrung verstanden hat.
- Dokumentation über die Eröffnung des Tatvorwurfs gegenüber dem Beschuldigten.
- Die Entscheidung der Aussageperson, zur Sache auszusagen oder die Aussage zu verweigern bzw. von ihrem Zeugnisverweigerungsrecht Gebrauch zu machen. Ggf. ist das Zeugnisverweigerungsrecht zu begründen.
- Modalitäten über die Hinzuziehung eines Rechtsbeistandes; ggf. Verzichtserklärung auf Hinzuziehung.
- Hinweis, dass der Zeuge über den Gegenstand der Vernehmung informiert worden ist.
- Teilnehmer an der Vernehmung und deren Anwesenheitszeiten.
- Zeitliche Unterbrechungen, Reichen von Mahlzeiten oder Erfrischungen, Einnahme von Medikamenten pp.

Nach Abschluss der Vernehmung
- Unterschrift der Verhörsperson,
- soweit eingesetzt, Unterschrift des Protokollführers, des Dolmetschers mit der Versicherung der Richtigkeit der Übersetzung der Aussage,
- Unterschrift der Aussageperson, nachdem diese das Protokoll durchgelesen und sowohl sprachlich als auch inhaltlich genehmigt hat. Üblich ist folgende, möglichst handschriftliche Formulierung: „Selbst gelesen, genehmigt und unterschrieben", danach folgt die Unterschrift mit Vor und Zunamen der Aussageperson. Bei mehr-

seitigen Vernehmungsprotokollen sollte jede einzelne Seite von der Aussageperson unterschrieben werden.

Besondere Auffälligkeiten, die der Vernommene während der Vernehmung insgesamt oder zu bestimmten Aussageinhalten zeigt, sind ggf. in einem ergänzenden Aktenvermerk zu dokumentieren. Dabei ist Wert auf die objektive Beschreibung der Verhaltensauffälligkeiten zu legen.

5.3 Protokollierungsformen

a) Frage-Antwort-Schema

Merkmale:
- Die Verhörsperson stellt an die Aussageperson eine Frage, die kurz, treffend und unmissverständlich formuliert ist.
- Die Aussageperson wird veranlasst, eindeutig nur auf die gestellte Frage zu antworten.
- Die Antwort soll erst dann erfolgen, wenn die Frage niedergeschrieben worden ist.
- Fragen und Antworten werden wörtlich protokolliert.

Vorteile dieser Verfahrensweise:
- Wortlaut und Ausdrucksweise werden genau festgehalten.
- Umsetzungsfehler werden vermieden.
- Der Inhalt der Aussage ist in der Hauptverhandlung nur schwer angreifbar; relativ hoher Beweiswert des Aussageinhalts.
- Ablauf der Vernehmung und Zustandekommen der Aussage kann lückenlos nachvollzogen werden.

Nachteile:
- Es besteht ein hoher Grad an zwangskommunikativer Strukturierung der Vernehmung. Der Vernommene hat keine Möglichkeit, die Aussage zu kommentieren und aus seiner Sicht heraus verständlich zu machen.
- Es besteht die Gefahr, dass vor allem freiwillige und spontane Informationen nicht gegeben werden.

b) Sinngemäße Protokollierung nach einzelnen Fragekomplexen

Merkmale:

Die sich aus dem Vorgespräch ergebenden Fragekomplexe werden mit der Aussageperson durchgesprochen; sodann wird die Aussage von der Verhörsperson sprachlich nach dem verbalen Vermögen und dem Ausdrucksverhalten der Aussageperson formuliert, laut diktiert und in der „Ich-Form“ niedergeschrieben.

Diese Form der Protokollierung stellt erhebliche Konzentrationsbelastungen an die Verhörsperson durch das Erfordernis, aus der Fülle von Informationen das Wesentliche zu erkennen und sinnentsprechend unter Berücksichtigung des Ausdruckvermögens der Aussageperson zu formulieren. Sie erfordert ein hohes Maß an Vernehmungskompetenz.

Vorteile dieser Verfahrensweise:
- Die Aussageperson kann an der vorformulierten Aussage Korrekturen und Zusätze anbringen.
- Sie kann aufgrund der freien Strukturierung des Vernehmungsverlaufs ihre eigene Sicht einbringen.
- Informationen werden breiter gestreut; spontane freiwillige Informationen werden eher gegeben.

Nachteile:
- Es wird nur ein Ausschnitt des wirklichen Vernehmungsgeschehens durch die Niederschrift dokumentiert. Die Gefahr der Verzerrung des Aussageinhaltes durch die Vorformulierung der Aussage seitens der Verhörsperson besteht dann, wenn die Aussageperson von der Möglichkeit der Korrektur sinnverfälschender Abänderungen oder von Verständnisfehlern auf Grund der besonderen Vernehmungssituation keinen Gebrauch macht.
- Eine wörtlich protokollierte Aussage liegt nicht vor. Andererseits suggeriert die „Ich-Form“ den Eindruck, als habe die Aussageperson die Formulierungen selbst vorgenommen. Prinzipiell ist der Beweis der Aussage dadurch angreifbar.

c) Kombination der Protokollierungsformen a) und b)

Merkmale:
Diese Protokollierungsform besteht aus verbalen Teilen mit zusammenhängender Dokumentation nach Aussagekomplexen und aus protokollierten Fragen und Antworten. Die Antworten können auch zusammenhängende Schilderungen sein. Die Aussagen des Vernommenen werden möglichst wortgetreu wiedergegeben.

Formulierungshilfen werden dann gegeben, wenn die Aussageperson nicht in der Lage ist, verständlich und sicher zu formulieren. Dieser Umstand ist in einem Zusatzvermerk zu dokumentieren.

- Vorhalte werden wörtlich formuliert, die Antworten darauf ebenso.
- Vorformulierte Fragen werden auf ihren Sinngehalt nachgefragt.
- Besondere beweiserhebliche Tatsachen werden wörtlich nach dem „Frage-Antwort-Schema" gestellt und protokolliert.

Diese Form der Vernehmungsniederschrift gibt zwar auch keine Gewähr, dass Aussageverfälschungen nicht entstehen können, mindert jedoch bei Beachtung vernehmungstaktischer Grundsätze die Gefahr von Sinn- und Inhaltsverfälschungen.

Protokollierung von Kinderanhörungen
Die Niederschrift der Vernehmung von Kindern erfolgt formlos. Kinder unterschreiben nicht. Die Authentizität ihrer Aussagen hat der Vernehmende zu bestätigen. Anwesende Erziehungsberechtigte sollten die Niederschrift unterschreiben.

Im Anschluss an die Vernehmungsniederschrift ist zu vermerken, welchen persönlichen Eindruck der Vernehmende von dem vernommenen Kind gewonnen hat und welche Beobachtungen und Feststellungen dem zu Grunde liegen.

Es sind alle Tatsachen festzuhalten, die für eine spätere Beurteilung der Glaubwürdigkeit von Bedeutung sein können. Von einem eigenen Urteil über die Glaubwürdigkeit ist abzusehen (PDV 382 Nr. 3.6.14). Der Vermerk sollte auch Hinweise auf die Einschätzung der sittlichen und geistigen Reife im Sinne von § 3 JGG enthalten.

Literatur:

Ackermann, R., Clages, H., Roll, H., Handbuch der Kriminalistik – für Praxis und Ausbildung –, Kap. XIII Polizeiliche Vernehmung, 4. Aufl.2011.
Arntzen, F., Vernehmungspsychologie, 3. Aufl. 2008.
Arntzen, F., Psychologie der Zeugenaussage, 4. Aufl. 2007.
Artkämper, H., Schilling, K., Vernehmung, 2. Aufl. 2012.
Habschick, K., Erfolgreich Vernehmen, 2. Aufl. 2010 (3. Aufl. 2012).
Hermanutz, M., Litzcke, M., Vernehmung in Theorie und Praxis, 2.Aufl. 2009.
Jansen, G., Zeuge und Aussagepsychologie, 2. Aufl. 2012.
Mohr, M., Schimpel, F., Schröer, N., Die Beschuldigtenvernehmung, Lehr- und Studienbriefe Kriminalistik/Kriminologie, Bd. 5, 2006.

IV. Wiedererkennungsverfahren

von *Horst Clages*

1. Inhalt, Ziel und Bedeutung des Wiedererkennungsverfahrens

1.1 Inhalt und Ziel

Das Wiedererkennungsverfahren stellt eine gezielte, geplante und systematische forensische Methode zur
- Wiedererkennung des Täters und/oder zur
- Überprüfung der äußeren Erscheinung des Tatverdächtigen

durch einen Zeugen mit dem Ziel dar, die Identität oder Nichtidentität des Tatverdächtigen mit einer früher wahrgenommenen Person festzustellen.

Das Wiedererkennen soll unter kriminalistischer Zielsetzung
- Beweis für die Täterschaft erbringen,
- den unschuldig Verdächtigen entlasten,
- den Tatverdächtigenkreis einengen oder
- Ermittlungs-/Fahndungshinweise nach dem Tatverdächtigen zur Verfügung stellen.

Das Wiedererkennungsverfahren stützt sich auf Aussagen von Zeugen über das vom Tatverdächtigen wahrgenommene äußere Erscheinungsbild. Hierbei handelt sich um einen äußerst komplexen, individuellen Prozess der Informationsverarbeitung, d. h. der Wahrnehmung, der Erinnerung, der Wiedergabe des Wahrgenommenen und des Wiedererkennens. Dieser Prozess ist abhängig von vielfältigen Variablen. Es besteht eine enge inhaltliche Beziehung zur Aussagepsychologie (siehe dort, Kap. 5./II.).

Neben der äußeren Erscheinung kann auch die Stimme eines Tatverdächtigen mit der von einem Zeugen wahrgenommenen Täterstimme verglichen werden (akustisches Wiedererkennungsverfahren).

Das Wiedererkennungsverfahren wird (unter Bezug auf § 52 Abs. 2 StPO) verkürzt als Gegenüberstellung bezeichnet. Abzugrenzen zur Gegenüberstellung zum Zweck des Wiedererkennens ist die ebenfalls auf Abs. 2 fußende Vernehmungsgegenüberstellung. Sie gehört nicht zum Verfahren der Wiedererkennung. Mit ihr wird vielmehr in der Vernehmung die Aufklärung von Widersprüchen verschiedener Aussagepersonen verfolgt, nicht aber die Wiedererkennung von Personen.

1.2 Forensische Bedeutung

Die forensische Bedeutung der Wiedererkennung des Täters durch Zeugen wird dadurch begründet, dass es nicht selten das einzige oder aber ein bedeutsames Beweismittel für die Verurteilung des Angeklagten im Strafprozess ist.

Nachweislich besteht die Gefahr, dass fehlerhaftes Wiederkennen zur Entstehung von justiziellen Fehlurteilen führen kann.[121]

Die Fehler können generell im individuellen Wiedererkennungsprozess seitens des Zeugen als auch in der Durchführung des Wiedererkennungsverfahrens begründet sein.

Erschwerend kommt hinzu, dass sich die Wiederholung eines einmal durchgeführten Wiedererkennungsverfahrens zum Zwecke der Überprüfung des Ergebnisses verbietet, folglich auch in einer strafprozessualen Hauptverhandlung.

Merke: Die erste Gegenüberstellung des Wiedererkennungszeugen mit dem Tatverdächtigen ist für die Beweisrelevanz entscheidend. Es ist deshalb alles zu vermeiden, was das Erinnerungsbild des Zeugen vom Täter vor der ersten Gegenüberstellung beeinträchtigen könnte.

In der kriminalistischen Praxis ist das Wiederkennungsverfahren eine häufig angewandte Methode, einen Tatverdächtigen zu überführen oder den Kreis der Verdächtigen einzuengen. Darüber hinaus wird der Tatverdächtige nach erfolgtem Wiedererkennen und der Konfrontation mit dem Ergebnis eher bereit sein, seine Täterschaft einzuräumen bzw. ein Geständnis abzulegen, ohne dass damit eine unzulässige Einflussnahme auf die freie Willensentscheidung im Sinne von § 136a StPO gegeben ist.

Für die Durchführung sachgerechter Gegenüberstellungsmaßnahmen sind als wesentliche Voraussetzungen zu nennen:

- Kenntnisse über die psychologischen Prozesse der individuellen Informationsaufnahme und -verarbeitung und des Wiedererkennens,

121 *Odenthal*, S. 21, unter Bezug auf *Seelig*; ergänzend *Peters*, S. 95, mit Beispielen aus der Gerichtspraxis.

- Wissen über die forensische Bedeutung und über potenzielle Fehlerquellen und deren prozessuale Folgen,
- kriminalistisches Methodenwissen in der praktischen Durchführung des Wiedererkennungsverfahrens.

2. Arten des Wiedererkennungsverfahrens

Es können folgende Arten des Wiedererkennungsverfahrens unterschieden werden:
- Identifizierungsgegenüberstellung
- Lichtbildvorlage
- Identifizierung an Hand einer Lichtbildvorzeigedatei
- Stimmidentifizierung
- Identifizierung im Rahmen der Sofortfahndung
- Spontanes Wiedererkennen

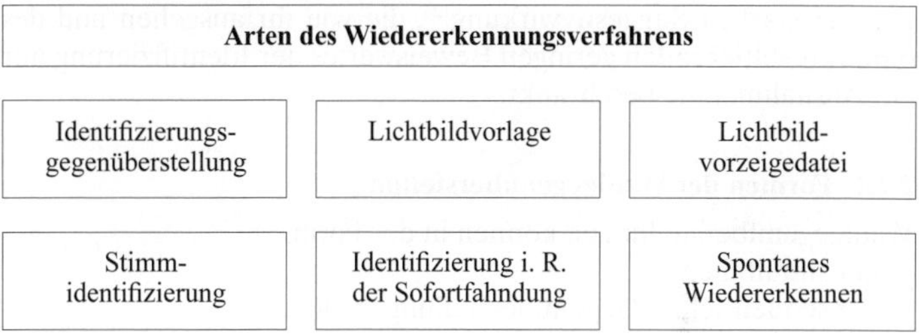

Abb. 19

Zur Identifizierung eines Tatverdächtigen durch einen Zeugen ist aus Beweisgründen grundsätzlich eine Wahlgegenüberstellung bzw. eine Wahllichtbildvorlage durchzuführen (siehe nachfolgende Ziff. 5.1, Allgemeine Verfahrensregeln). Andere Formen sind nur ausnahmsweise zulässig!

2.1 Bedeutung der Personenbeschreibung

Mit der Personenbeschreibung wird kriminalistisch generell die Identifizierung von Personen bezweckt.[122] Sie zählt jedoch nicht zu den Verfahren der Wiedererkennung, ist jedoch wesentliche

122 Nähere Ausführungen zur Personenbeschreibung sind bei *Roll*, in: Ackermann/Clages/Roll, Handbuch der Kriminalistik, S. 317 nachzulesen.

Grundlage für das Verfahren der Wiedererkennung, denn sie stellt die systematische und geordnete Zusammenfassung aller prinzipiell sichtbaren und von der Aussageperson wahrgenommenen äußeren Merkmale einer Person dar.

Daraus folgt, dass die Beschreibung der Person des durch den Zeugen wahrgenommenen Tatverdächtigen obligatorisch für das Wiedererkennungsverfahren ist.

2.2 Identifizierungsgegenüberstellung[123]

Die Identifizierungsgegenüberstellung unterscheidet verschiedene Formen.

Die häufigste Form ist die *Wahlgegenüberstellung*. Sie ermöglicht dem Wiedererkennungszeugen die Auswahl aus einer Gruppe von mehreren Personen.

Einzelgegenüberstellungen zum Zwecke der Identifizierung sind wegen der starken Suggestivwirkung[124], die von ihr ausgehen und des daraus resultierenden geringen Beweiswertes der Identifizierung nur auf Ausnahmefälle beschränkt.

2.2.1 Formen der Wahlgegenüberstellung

Wahlgegenüberstellungen können in der Form
- der simultanen oder
- der sequentiellen Gegenüberstellung erfolgen.

Sie können
- gedeckt,
- offen,
- verdeckt,
- als persönliche Wahlkonfrontation oder als Videoaufzeichnung durchgeführt werden.

123 Mit der Theorie und Praxis des Wiedererkennungsverfahrens setzen sich ausführlich *Mertn/Schwarz/Walser*, Kriminalistik 6/98, S. 421-428, auseinander.

124 Siehe die Ausführungen bei *Odenthal*, S. 30 ff., zu suggestiven und verfälschenden Einflüssen bei der Identifizierung.

2.2.2 Simultane und sequentielle Wahlgegenüberstellung

Bei der simultanen Wahlgegenüberstellung werden der Tatverdächtige und sämtliche Vergleichspersonen dem Wiedererkennungszeugen gleichzeitig in einer Gruppe gegenübergestellt.

Dagegen erfolgt bei der sequentiellen Wahlgegenüberstellung die Konfrontation des Wiedererkennungszeugen mit dem Tatverdächtigen und den Vergleichspersonen nacheinander, d. h. es wird jeweils nur eine Person gegenübergestellt (siehe auch die nachstehenden Ausführungen unter Ziff. 5.3.).

Die simultane Wahlgegenüberstellung ist die klassische Form der Gegenüberstellung. In neueren Veröffentlichungen[125] wird auf die Vorteile der sequentiellen gegenüber der simultanen Wahlgegenüberstellung hingewiesen, die auf Grund von vergleichenden experimentellen Untersuchungen eine höhere Treffergenauigkeit aufweisen soll.

2.2.3 Gedeckte und offene Wahlgegenüberstellung

Bei der *gedeckten* Wahlgegenüberstellung ist der Wiedererkennungszeuge für die Vergleichspersonen und den Tatverdächtigen nicht sichtbar (gedeckt).

Bei der *offenen* Wahlgegenüberstellung tritt der Wiedererkennungszeuge dem Personenkreis von Angesicht zu Angesicht gegenüber.

Gedeckte oder offene Wahlgegenüberstellungen werden als sog. *persönliche Wahlkonfrontationen* bezeichnet.

Die persönliche Wahlkonfrontation ist in der Regel eine gedeckte Gegenüberstellungsmaßnahme. Der Vorteil liegt darin, dass kein direkter Kontakt zwischen Vergleichspersonen/Tatverdächtigen und dem Zeugen besteht und somit die Gefahr der Beeinflussung reduziert wird.

2.2.4 Verdeckte Wahlgegenüberstellung

Die verdeckte Wahlgegenüberstellung erfolgt ohne Kenntnis des Tatverdächtigen. Diese Form der Gegenüberstellung wird häufig gewählt, wenn die Identifizierungsmaßnahme aus kriminaltaktischen Gründen gegenüber dem Tatverdächtigen verborgen bleiben soll.

---

125 *Mertn/Schwarz/Walser*, Kriminalistik 6/98, S. 421-428.

Der Wiedererkennungszeuge wird im Regelfall mit einer unbestimmten Anzahl von Personen konfrontiert, unter denen sich der Tatverdächtige befindet. Charakteristisch für diese Wiedererkennungsmaßnahme ist, dass die Gruppe der Vergleichspersonen keiner Auswahl unterzogen werden kann. Deshalb besteht prinzipiell die Gefahr, dass der Beschuldigte die einzige Person in der Personengruppe ist, die eine Ähnlichkeit mit dem beschriebenen Täter aufweist und deshalb als Täter identifiziert wird.

Die verdeckte Wahlgegenüberstellung kann in der Form der direkten Konfrontation oder indirekt durch Videoaufzeichnung erfolgen.

2.3 Lichtbildvorlage

Die Lichtbildvorlage erfolgt regelmäßig als Wahllichtbildvorlage.

Wann ist eine Wahllichtbildvorlage zur Täteridentifizierung angezeigt?

- Wenn eine Wahlgegenüberstellung nicht realisierbar oder aus kriminalistischen Gründen nicht zweckmäßig ist,
- wenn das Ziel der Maßnahme in der Einengung des Tatverdächtigenkreises liegt.

Das Verfahren der Wiedererkennung des Täters wird durch Vorlage von Lichtbildern oder durch Projektion von Lichtbildern aus Bilddatenbänken durchgeführt. Es kann simultan oder sequentiell nach den Grundsätzen der Wahlgegenüberstellung erfolgen, d. h. dem Wiedererkennungszeugen werden eine Anzahl von Lichtbildern von Vergleichspersonen vorgelegt oder projiziert, unter denen sich das Lichtbild des Tatverdächtigen befindet.

Bei der Projektion der Lichtbilder aus Bilddatenbänken wird es sich i. d. Regel um eine sequentielle Wahllichtbildvorlage handeln.

Gegenüber der Wahlgegenüberstellung hat die Lichtbildvorlage gewisse Nachteile für den Wiedererkennungsprozess:

- Der Wiedererkennungszeuge hat nur eine flächenhafte, keine räumliche Sicht auf die Personen.
- Es fehlt die Bewegungsdynamik, soweit sie für das Wiedererkennen von Relevanz ist.
- Insbesondere das reale Bild des Tatverdächtigen kann durch fotografische Einflüsse verfälscht sein.
- Eine spätere, zusätzliche Wahlgegenüberstellung verbietet sich aus Beweisgründen.

– Insoweit kann die Lichtbildvorlage nur als Ersatz für eine Wahlgegenüberstellung gelten.

2.4 Identifizierung an Hand der Lichtbildvorzeigedatei

Eine Sonderform der Lichtbildvorlage ist die Einsichtnahme des Zeugen in die sog. Lichtbildvorzeigedatei, in der jene bereits kriminalpolizeilich in Erscheinung getretenen Personen gespeichert sind, für die auf Grund ihres Täterprofils eine Rückfallwahrscheinlichkeit besteht. Mit der Einsichtnahme wird in der Hauptsache das Ziel verfolgt, an Hand der Lichtbilder Hinweise auf den noch unbekannten Tatverdächtigen zu erhalten.

Vor Durchführung dieser Maßnahme ist zu bedenken, dass bei einem Wiedererkennen des Täters an Hand der Lichtbildvorzeigedatei sich nachfolgend eine Identifizierungsgegenüberstellung verbietet.

2.5 Stimmidentifizierung

Für die Identifizierung eines Tatverdächtigen aufgrund eines Stimmvergleichs gelten die allgemeinen Verfahrensgrundsätze des Wiedererkennungsverfahrens. Dementsprechend soll der Zeuge die Stimme des Verdächtigen nicht isoliert, sondern neben anderen Stimmen hören. Es ist sicherzustellen, dass die Vergleichsstimmen eine gewisse Klangähnlichkeit aufweisen. Fremdländische Akzente oder Dialekte sind dabei zu berücksichtigen.

Eine ausschließlich akustische (Stimm-)Identifizierung hat nur eingeschränkten Beweiswert. Sie kann aber ein nicht unwesentliches Indiz unter mehreren sein.

2.5.1 Identifizierung im Rahmen der Sofortfahndung

Eine Einzelkonfrontation zwischen Tatverdächtigen und Wiedererkennungszeugen kann dann in Frage kommen, wenn im Rahmen einer Sofortfahndung nach dem Täter ein Verdächtiger überprüft wird, auf den die von dem Zeugen/Opfer abgegebene Personenbeschreibung zutrifft und von dem Ergebnis der Identifizierungsmaßnahme z. B. die Entscheidung über eine Freiheitsentziehung abhängt.[126] Der prozessuale Beweiswert des Wiedererkennens in diesen Fällen ist stets problematisch.

126 Siehe dazu *Artkämper*, Kriminalistik 7/97, S. 505 ff.

Erkennt der Zeuge/das Opfer den Täter, so sind die Umstände des Wiedererkennens für die Bewertung der Beweiskraft genau zu dokumentieren. Wesentlich für die Beweisrelevanz ist hier, ob der Tatverdächtige sich im Umfeld anderer Personen bewegt hat, wie z. B. in einer Diskothek, einem Lokal, in einer Fußgängerzone, d. h. aus einer Anzahl von anderen Personen erkannt worden ist oder ob er sich allein durch die Umstände des Antreffens verdächtig gemacht hat, z. B. durch Flucht beim Anblick von Polizei und Zeugen.

Erkennt der Zeuge den Tatverdächtigen aus einer Gruppe von gleichartigen Personen, so sind die Besonderheiten des Wiedererkennungsvorganges von Bedeutung, d. h. an welchen besonderen Merkmalen, die ihn aus der Gruppe herausheben, hat der Zeuge den Täter wiedererkannt.

Eine spätere zusätzliche Wahlgegenüberstellung verbietet sich aus den dargelegten Gründen. Zum Beweis der Täterschaft sollten sich die Ermittlungsmaßnahmen im Besonderen auf die Beibringung zusätzlicher Beweismittel erstrecken.

2.5.2 Spontanes Wiedererkennen

Die spontane situative Identifizierungsmahnahme (Wiedererkennen) des Täters ist dadurch gekennzeichnet,

- dass die Wiedererkennung zufällig, spontan in bestimmten Situationen erfolgt, z. B. Zeuge und Täter treffen zufällig zusammen. Anlässlich des Zusammentreffens erfolgt spontan die Identifizierung des Täters durch den Zeugen oder
- dass der Zeuge an Hand eines veröffentlichten Fahndungsfotos in anderer Sache den Täter erkennt.

Im Prinzip handelt es sich um eine Einzelidentifizierungsmaßnahme mit einem grundsätzlich eingeschränkten Beweiswert. Jedoch dürfte die spontane Identifizierung in ihrem Beweiswert höher einzustufen sein, da es sich nicht um ein inszeniertes Szenario handelt. Von besonderer Bedeutung ist allerdings die exakte, differenzierte Dokumentation der Umstände, die zu der Identifizierungsmaßnahme führte.[127]

127 *Artkämper/Schilling*, 2012, S. 336.

3. Rechtsgrundlagen

3.1 Rechtsgrundlage für die Identifizierungsgegenüberstellung

3.1.1 Rechtsgrundlage nach § 58 II StPO?

Gem. § 58 StPO Abs. 2 StPO ist im Vorverfahren eine Gegenüberstellung des Zeugen u. a. mit dem Beschuldigten zulässig, wenn es für das weitere Verfahren geboten erscheint.

Absatz 2 ist Rechtsgrundlage für die sog. „Vernehmungsgegenüberstellung“, bei der Widersprüche zwischen einer Zeugenaussage und den Angaben des Beschuldigten oder eines anderen Zeugen durch Rede und Gegenrede, Fragen und Vorhalte geklärt werden sollen.

Ob § 58 Abs. 2 StPO auch als Rechtsgrundlage für die Identifizierungsgegenüberstellung in Frage kommt, ist im Schrifttum umstritten.[128] Die überwiegende Rechtsmeinung verneint die Anwendbarkeit des Abs. 2 als Rechtsgrundlage für die Identifizierungsgegenüberstellung.

3.1.2 Ermächtigungsgrundlage aus § 81a StPO?

Nach herrschender Rechtsauffassung[129] ist die Identifizierungsgegenüberstellung eine Maßnahme nach. § 81a Abs. 1 S. 1 StPO. Sie stellt eine einfache körperliche Untersuchung durch das Betrachten der Beschaffenheit des menschlichen Körpers dar. Gemäß Abs. 1 darf eine körperliche Untersuchung des Beschuldigten zur Feststellung von Tatsachen angeordnet werden, die für das Verfahren von Bedeutung sind.

Die Anordnung der Maßnahme (Gegenüberstellung) steht nach Abs. 2 dem Richter oder bei Gefahr im Verzuge der Staatsanwaltschaft und deren Ermittlungspersonen zu.

Folglich ist vor Durchführung der Identifizierungsgegenüberstellung gegen den Willen des Beschuldigten stets die richterliche Anordnung

128 So *Odenthal*, S. 79; ebenfalls in diesem Sinne *Gercke*, § 58 StPO, Rn. 8, da es sich im Prinzip um eine Zwangsmaßnahme (Pflicht des Beschuldigten auf Duldung der Gegenüberstellung) handelt, die durch § 58 Abs. 2 StPO nicht gedeckt ist.

129 Siehe *Odenthal*, S. 79 ff., mit ausführlicher Begründung dieser Rechtsauffassung.

einzuholen. Gefahr im Verzuge dürfte nur im Ausnahmefall begründbar sein.

Gleiches trifft auch auf den von der Polizei vorläufig festgenommenen Tatverdächtigen zu.

Wird allerdings die Gegenüberstellung mit Einwilligung des Beschuldigten, d. h. freiwillig durchgeführt, kann die Polizei auf § 163 StPO als Rechtsgrundlage zurückgreifen, da in diesem Fall der Zwangscharakter der Maßnahme entfällt. Eine richterliche Anordnung wäre folglich nicht erforderlich.

3.2 Duldungspflicht des Beschuldigten

Der Beschuldigte hat die Gegenüberstellung zu dulden, auch wenn er in der Sache von dem ihm zustehenden Aussageverweigerungsrecht Gebrauch macht. Befindet sich der Beschuldigte auf freiem Fuß, wird er zur Gegenüberstellung geladen. Einer Vorladung der Polizei muss er nicht Folge leisten.

Erscheint er nicht, so kann die Staatsanwaltschaft gem. § 163a Abs. 3 StPO die Ladung und Vorführung veranlassen, die regelmäßig von der Polizei vollstreckt wird.

3.3 Veränderungen des Erscheinungsbildes

Zur Vorbereitung der Identifizierungsgegenüberstellung darf die Veränderung des äußeren Erscheinungsbildes beim Beschuldigten angeordnet und auch gegen dessen Willen zwangsweise durchgeführt werden, so durch eine Veränderung der Haar- und Barttracht, das Aufsetzen oder Absetzen einer Perücke, dem Entfernen von Schminke.

Wird zwangsweise in die Substanz der Haar- und Barttracht eingegriffen, z. B. durch Bart- oder Haarscheren, ist eine eigenständige richterlichen Anordnung der Maßnahme nach § 81a StPO erforderlich. Gefahr im Verzug wird hier regelmäßig nicht zu begründen sein.

Rechtssatz zur Anwendbarkeit von 81a StPO, vgl. BVerfGE 47, S. 247:
„§ 81a StPO gestattet die zwangsweise Veränderung der Haar- und Barttracht eines Beschuldigten – bis hin zu Eingriffen in die Substanz seiner Haar- und Barttracht – zum Zwecke der Gegenüberstellung mit Zeugen, wenn diese Maßnahme der Identifizierung des Beschuldigten als Person oder Täter dient und ihm ein Aussehen gegeben werden soll, das nach dem Stande der Ermittlungen demjenigen entspricht, welches er zu einem früheren Zeitpunkt frei gewählt hat.“

3.4 Sonstige Rechtsfragen

Fotografieren/Videografieren des Beschuldigten
Werden zum Zweck der Identifizierung Lichtbilder oder Videoaufzeichnungen gefertigt, die den Beschuldigten und mehrere andere Personen zeigen, ist die Maßnahme nach § 81a StPO zulässig.

Verdecktes Videografieren des Beschuldigten
Das verdeckte Videografieren des Beschuldigten in der Öffentlichkeit als Voraussetzung für eine sequentielle oder simultane Video-Wahlgegenüberstellung ist ohne Kenntnis des Tatverdächtigen nach § 100h Abs. 1 Ziff.1. StPO zulässig, wenn auf andere Weise die Erforschung des Sachverhalts weniger erfolgversprechend oder erschwert wäre.

Eine richterliche Anordnung wird nicht gefordert.[130]

Vernehmung des Wiedererkennungszeugen
Für den Wiedererkennungszeugen ist die Gegenüberstellung Teil der Vernehmung. Der Zeuge ist zur Mitwirkung verpflichtet, sofern er kein Aussageverweigerungsrecht nach §§ 52 ff. StPO hat. Lassen Zeugen erkennen, dass sie der Vorladung der Polizei zur Gegenüberstellung nicht Folge leisten, werden Sie von der Staatsanwaltschaft nach § 161a Abs. 1 StPO zu dem Termin der Gegenüberstellung geladen.

4. Wahrnehmung und Reproduktion im Wiedererkennungsverfahren

Für das Wiedererkennen von Tätern durch Zeugen gelten generell die Prozesse der menschlichen Wahrnehmung, des Erinnerns und der Reproduktion des Wahrgenommenen. Wie in der Vernehmungspsychologie beschrieben, können individuelle Fehlleistungen und äußere Einflüsse das Erinnerungsbild verfälschen und den Wiedererkennungsvorgang negativ beeinflussen.

Diesen Aspekten sollte im Wiedererkennungsverfahren besondere Aufmerksamkeit gewidmet werden.

130 *Gercke*, § 100h StPO, Rn. 1.

4.1 Wahrnehmungsbedingungen

Wesentlich für die durch den Wiedererkennungszeugen tatsächlich aufgenommenen Informationen über das Aussehen des Täters sind die Bedingungen, unter denen die Wahrnehmung erfolgte. Sie sind bereits in der ersten Vernehmung des Zeugen genau zu protokollieren und kritisch zu überprüfen.

Bedeutsame Faktoren sind:
- Ort und Sichtverhältnisse,
- Entfernung zum Täter,
- Lichtverhältnisse zum Zeitpunkt der Wahrnehmung,
- Zeitdauer bzw. Intensität der Beobachtung des Täters,
- äußerliche Besonderheiten beim Täter,
- persönliche Faktoren, welche die Wahrnehmungs- und Wiedergabeleistung des Zeugen betreffen.

4.2 Prozess des Wiedererkennens

Nach gesicherten psychologischen Erkenntnissen ist die Wiedererkennung des Täters durch den Zeugen ein einmaliger Vorgang. Er ist nicht wiederholbar, denn die Verlässlichkeit eines erneuten Wiedererkennens ist außerordentlich fragwürdig.

Grundsätzlich wird von einer Beeinflussung des Zeugen durch ein vorangegangenes Wiedererkennen auszugehen sein, da im Regelfall der beim ersten Wiedererkennen gewonnene Eindruck das ursprünglich wahrgenommene Erscheinungsbild überlagert. Deshalb kommt einem wiederholten Wiedererkennen nur geringe oder keine Beweisrelevanz zu.

Unter diesem Aspekt ist bei der Veröffentlichung eines Phantombildes oder des Lichtbildes eines Tatverdächtigen zu Fahndungszwecken in der Presse zu bedenken, dass hierdurch der Wiederkennungsvorgang durch Verfälschung des Erinnerungsbildes negativ beeinflusst werden kann.

4.3 Aussageverhalten

Starke Gefühlsreaktionen des Zeugen im Gegenüberstellungsverfahren können den Prozess des Wiedererkennens fehlerhaft beeinträchtigen. Dies kann besonders bei sog. Opferdelikten durch Scham, Angst oder Erinnerung an die persönlich erlebte Tat der Fall sein. Häufig sind diese Reaktionen bei Opfern sexueller Gewalt zu finden. Gleiches gilt für Opfer-Zeugen im Kindesalter.

Bei der Entscheidung über die Art der Durchführung des Verfahrens und bei der Vorbereitung des Zeugen auf die Gegenüberstellung sollte dieser Gesichtspunkt fallbezogen berücksichtigt werden.

Zu vermeiden ist, dass der Wiedererkennungszeuge sich „genötigt" fühlt, den Täter bei der Gegenüberstellung zu identifizieren, z. B. auf Grund seiner früheren Aussage, den Täter mit Sicherheit wieder erkennen zu können. Durch eine angemessene Einweisung des Zeugen vor der Gegenüberstellungsmaßnahme kann ein möglicherweise bei dem Zeugen vorhandener „Erfolgsdruck" vermieden werden.

5. Vorbereitung und Durchführung der Identifizierungsgegenüberstellung

5.1 Verfahrensregelungen

Allgemeine Verfahrensregelungen zur Durchführung des Wiedererkennungsverfahrens sind in folgenden Vorschriften enthalten:
- PDV 100, Nr. 2.2.7, Vernehmung, Gegenüberstellung
- RiStBV Nr. 18, Gegenüberstellung
- PDV 382, Nr. 3.7, Gegenüberstellung von Minderjährigen.

PDV 100, Nr. 2.2.7 und RiStBV, Nr. 18 regeln inhaltlich im Wesentlichen Gleiches. Besonderheiten in Bezug auf das Wiedererkennungsverfahrens unter Beteiligung von Minderjährigen enthält PDV 382, Nr. 3.7.
Katalog der allgemeinen Verfahrensregeln:

Zusammenfassend enthalten die o. a. Vorschriften folgende allgemeine Regelungen. Sie sind teilweise in den vorstehenden Ausführungen bereits berücksichtigt worden.
- Gegenüberstellungen sind grundsätzlich als Wahlgegenüberstellungen in gedeckter Form durchzuführen. Bei minderjährigen Zeugen ist stets die gedeckte Form zu wählen.
- Neben der persönlichen Wahlkonfrontation kommen die sequentielle Video-Gegenüberstellung oder die (Wahl-)Lichtbildvorlage in Betracht.
- Vergleichspersonen sollen den Tatverdächtigen insbesondere nach Geschlecht, Aussehen und Verhaltensweisen entsprechen.
- Eine Beeinflussung von Zeugen ist auszuschließen.

- Es ist durch geeignete Maßnahmen sicher zu stellen, dass sich Zeugen einerseits und Vergleichspersonen sowie Tatverdächtige andererseits vor der Gegenüberstellung und vor Abschluss der Vernehmung nicht begegnen.
- Bei minderjährigen Zeugen soll bei der Gegenüberstellungsmaßnahme diejenige Person zugegen sein, die die Zeugenvernehmung durchgeführt hat.
- Besonders kindliche Zeugen und jüngere Jugendliche sind auf die Situation sowohl hinsichtlich des Ablaufs der Gegenüberstellung als auch in psychologischer Hinsicht vorzubereiten.
- Bei der Aufklärung von Sexualdelikten sind persönliche Wahlkonfrontationen zwischen Kindern und Tatverdächtigen möglichst zu vermeiden. Sollte dennoch eine Gegenüberstellung notwendig werden, sind die Kinder sorgfältig durch qualifiziertes Personal auf die Situation vorzubereiten.
- Gegenüberstellungen sind so zu planen, dass minderjährige Zeugen vor Durchführung der Gegenüberstellung eine möglichst geringe Wartezeit haben.
- Der Verlauf der Gegenüberstellung ist durch Bild- oder Videoaufzeichnung zu dokumentieren und schriftlich zu protokollieren.

5.2 Kriminaltaktische Vorfragen

Zunächst ist abzuklären, ob das angestrebte Ziel – die beweiskräftige Täteridentifizierung – mit der Maßnahme der Identifizierungsgegenüberstellung erreicht werden kann.

In diesem Sachzusammenhang stellen sich insbesondere folgende Fragen:
- Wie waren die Bedingungen der Wahrnehmung des Täters durch den Zeugen?
- Ist der Tatzeuge auf Grund der Wahrnehmungsbedingungen und seiner persönlichen Konstellation in der Lage, den Täter zweifelsfrei zu identifizieren?
- Liegt eine detaillierte Beschreibung der Person des Täters durch den Zeugen vor, die darauf schließen lässt, dass er den Täter mit Sicherheit wiedererkennt?
- Weist die Beschreibung des Täters besondere, identifizierungsgeeignete Merkmale auf?
- Sind Wiedererkennungszeuge und Tatverdächtiger nach der Tat noch einmal zusammengetroffen und hat das Zusammentreffen

eventuelle Auswirkungen auf den Prozess des Wiedererkennens, z. B. durch die suggestive Beeinflussung des erneuten Zusammentreffens? Sind Umstände erkennbar, die sich auf die Objektivität des Wiedererkennens negativ auswirken könnten, z. B. nach Veröffentlichung eines Fahndungsfotos vom flüchtigen Tatverdächtigen?

Weiterhin muss geprüft werden,
- ob dem Zeugen in seiner Opfereigenschaft eine Konfrontation mit dem Tatverdächtigen im Rahmen der Wiedererkennungsmaßnahme überhaupt zuzumuten ist,
- welche Art der Wiedererkennungsmaßnahme unter Berücksichtigung der Bedingungen des Einzelfalles in Betracht kommt,
- welche Form der Identifizierungsgegenüberstellung im konkreten Fall zweckmäßig ist,
- ob mit der freiwilligen und das Verfahren nicht beeinträchtigenden Mitwirkung des Tatverdächtigen gerechnet werden kann,
- ob der Tatverdächtige seit der Tat sein Äußeres verändert hat, so dass die Wiedererkennung erschwert oder verhindert sein könnte, z. B. durch die Veränderung seiner Haar- und Barttracht,
- ob richterliche Beschlüsse im Hinblick auf die Anordnung und Durchführung des Wiedererkennungsverfahrens zu veranlassen sind?

5.3 Vorbereitung

Der Phase der Vorbereitung geht die Entscheidung über Art und Form der Wiedererkennungsmaßnahme voraus.

Bei der Entscheidung ist zu bedenken, dass dynamische Prozesse ganz allgemein besser wahrgenommen und erinnert werden als statische. Dementsprechend können sie auch regelmäßig zuverlässiger reproduziert werden.

Jede Gegenüberstellungsmaßnahme ist sowohl in personeller Hinsicht als auch materiell-technisch vorzubereiten.

Art und Umfang der Vorbereitungsmaßnahmen sind u. a. abhängig
- von der Form des Wiedererkennungsverfahrens, d. h. ob die Maßnahme gedeckt, offen oder verdeckt durchgeführt wird, ob es sich um eine simultane oder um eine sequentielle Gegenüberstellung handelt, ob Bild- und Tonaufzeichnungsgeräte Verwendung finden;

- von den im Einzelfall zur Verfügung stehenden Räumlichkeiten und Mitteln.

Für jede Gegenüberstellungsmaßnahme ist ein Leiter zu bestimmen. Ob es sich dabei um den/die mit der Fallbearbeitung betrauten Sachbearbeiter/in handeln sollte, ist in der Literatur strittig.

Zeitpunkt und Ort der Gegenüberstellungsmaßnahme sind rechtzeitig festlegen,

Auswahl und Bereitstellung der Vergleichspersonen bei Durchführung einer Wahlgegenüberstellung sind zu veranlassen.

Rechtliche Aspekte sind sorgfältig zu prüfen; ggf. ist eine Vorbesprechung mit der Staatsanwaltschaft angezeigt.

In Abhängigkeit vom Einzelfall:
- Vorladung von Wiedererkennungszeugen und Beschuldigten zur Gegenüberstellung durch die Staatsanwaltschaft,
- erforderliche richterliche Beschlüsse durch die Staatsanwaltschaft herbeiführen,
- über Anwesenheit von Erziehungsberechtigten oder Verteidiger entscheiden,
- Einweisung der Beteiligten in den Ablauf der Gegenüberstellungsmaßnahme.

Erforderlichenfalls müssen der Tatverdächtige und die Vergleichspersonen gleichermaßen in bestimmte Bewegungsabläufe oder in das Verlesen von vorbereitetem Text eingewiesen werden.

Vor der Identifizierungsmaßnahme ist der Wiedererkennungszeuge zur Täterbeschreibung und zu besonderen Wiedererkennungsmerkmalen sorgfältig und detailgenau zu vernehmen. Die Täterbeschreibung ist mit den Merkmalen beim Tatverdächtigen abzugleichen. Sind Abweichungen festzustellen, bedarf dies einer Klärung.

Zu berücksichtigen ist, dass viele Menschen nicht in der Lage sind, Personen exakt verbal zu beschreiben. Jedoch, selbst wenn einzelne Merkmale nicht beschrieben werden können, kann trotzdem ein zuverlässiges Wiedererkennen aufgrund des Gesamteindrucks möglich sein.

5.4 Hinweise zur Durchführung der Identifizierungsgegenüberstellung

5.4.1 Persönliche Wahlkonfrontation

Die simultane, gedeckte Wahlgegenüberstellung

- Die Durchführung der Wahlgegenüberstellung sollte grundsätzlich in einem dafür speziell hergerichteten Gegenüberstellungsraum erfolgen.
- Die Anzahl der Vergleichspersonen sollte sechs bis acht Personen betragen.
- Die Aufstellung der Personengruppe erfolgt nebeneinander in Front zum Wiedererkennungszeugen.
- Jede Person erhält eine Nummerntafel ihrem Standort gemäß.
- Der Tatverdächtige wählt seinen Platz in der Gruppe nach eigener Entscheidung.
- Danach erfolgt die Wahlkonfrontation des Wiedererkennungszeugen mit der Personengruppe; der Zeuge bleibt gegenüber der Gruppe gedeckt, d. h. nicht erkennbar. Darauf ist regelmäßig die Gegenüberstellungsmaßnahme mit veränderter Position zu wiederholen.[131]
- Der Zeuge ist über das Ergebnis der Wahlkonfrontationen – jeweils im unmittelbaren Anschluss an die Durchführung – ausführlich zu vernehmen.

Die sequentielle gedeckte Wahlgegenüberstellung
Eine Alternative bietet die sequentielle gedeckte Wahlgegenüberstellung, bei der die Vergleichspersonen und der Tatverdächtige dem Wiedererkennungszeugen nicht als Gesamtgruppe, sondern einzeln und nacheinander gegenüber gestellt werden. Im Übrigen entspricht der Verfahrensablauf dem der simultanen Wahlgegenüberstellung.

5.4.2 Die sequentielle Video-Wahlgegenüberstellung

Bei dieser Form der Gegenüberstellung werden an Stelle der persönlichen Konfrontation dem Wiedererkennungszeugen mittels Videoaufzeichnung nacheinander Einzelaufnahmen des Tatverdächtigen und der Vergleichspersonen vorgeführt.

131 Ablehnend dazu *Odenthal*, S. 49.

Die Herstellung der Videoaufzeichnung bedarf allerdings einer entsprechenden Vorbereitung und eines zeitlichen Vorlaufes. Andererseits hat diese Methode den Vorteil, dass Tatverdächtiger und Vergleichspersonen nach entsprechender Verfügbarkeit aufgenommen werden können.

Bei der Herstellung der einzelnen Video-Sequenzen ist zu beachten, dass eine vergleichbare unbeeinflusste Wahlmöglichkeit besteht.

Weitere Vorteile gegenüber der direkten Wahlgegenüberstellung bestehen darin, dass

- die oft für den Zeugen belastende persönliche Konfrontation mit dem Tatverdächtigen entfällt,
- direkte Beeinflussungen durch den Tatverdächtigen vermieden werden,
- bei zahlreichen Wiedererkennungszeugen Terminabsprachen und Koordinierungen entfallen.

6. Dokumentation

Die für den Wiedererkennungsakt bedeutsamen Umstände sind aus Beweisgründen umfassend zu dokumentieren. Wegen der Einmaligkeit des Wiedererkennungsvorgangs für das gesamte Strafverfahren ist eine Wiederholung in der Hauptverhandlung nicht möglich. Deshalb muss das mit der Sache befasste Gericht unter Rückgriff auf die Dokumentation in der Lage sein, den Hergang des Wiedererkennens lückenlos nachzuvollziehen, um deren Beweiswert einschätzen zu können. Dem erkennenden Gericht muss also das polizeiliche Wiedererkennungsverfahren als Beweisgrundlage dienen.

Vorbereitete Formulare, mit denen die Dokumentation erleichtert wird, sollten nur für die Fixierung objektiver Abläufe verwendet werden, nicht für das Ergebnis des Wiedererkennungsverfahrens, z. B. durch Ankreuzen von Wahlalternativen.

Die Dokumentation „Wahlgegenüberstellung“ sollte regelmäßig Folgendes enthalten:

- Positionierung und Namen der Vergleichspersonen und des Tatverdächtigen.
- Zahl der Durchgänge mit den jeweils zugeteilten Nummerntafeln.
- Schilderung des Ablaufs und von Besonderheiten der Wahlgegenüberstellung. Reaktionen und Verhaltensweisen des Identifizie-

rungszeugen während der Gegenüberstellung sind durch Vermerk festzuhalten. Mündliche Bekundungen sind wörtlich zu vermerken.
- Es sind Signale zu beachten und zu dokumentieren, die auf die Zuverlässigkeit des Wiedererkennungsaktes schließen lassen.
- Schriftliche Vernehmungen der Anerkennungszeugen sind vor der Gegenüberstellung zur Personenbeschreibung und nach der Gegenüberstellung zu den Wiedererkennungsmerkmalen durchzuführen.
- Farbfotos, ggf. Videoaufzeichnung der Gegenüberstellungssituation sind von jedem Durchgang zu fertigen.
- Bei einer Wahlbildvorlage müssen dem Gericht alle dem Zeugen vorgelegten Lichtbilder oder originalgetreue Abzüge den Akten beigefügt werden. Bei Identifizierung an Hand der Lichtbildvorzeigedatei sind ersatzweise die vorgezeigten Dateiteile genau zu bezeichnen, so dass sie bei Bedarf durch das Gericht beigezogen werden können.

V. Polizeiliche Fahndung

von *Horst Clages*

1. Begriffsbestimmung, Struktur

Arbeitsgrundlagen für Maßnahmen der polizeiliche Fahndung sind die Polizeidienstvorschriften
- Fahndung, PDV 384.1, VS-NfD.,[132]
- Polizeiliche Beobachtung, PDV 384.2, VS-NfD.,[133]

Sie enthalten als verbindliche Vorgaben bundeseinheitlich für die Polizei des Bundes und der Länder detailliert die wesentlichen Formvorschriften, Regelungen und polizeitaktischen Grundsätze der örtlichen und überörtlichen polizeilichen Fahndung sowie der multinationalen Zusammenarbeit in Fahndungsangelegenheiten.

132 PDV 384.1, Ausgabe 2004, Stand 12/2009.
133 PDV 384.2, Ausgabe 2004, Stand 12/2009.

Für den Bund und die Bundesländer gelten ergänzende Vorschriftenteile. Die Fahndungsmaßnahmen werden präzisiert durch die zur PDV 384.1 veröffentlichten Anlagen.

Beide Vorschriften sind als Verschlusssachen eingestuft, so dass sich im Rahmen dieser Veröffentlichung eine umfassende Darstellung der Vorschriftenlage verbietet und auch wegen der detaillierten inhaltlichen Ausgestaltung der Fahndungsvorschriften nicht zweckmäßig ist. Die nachfolgenden Ausführungen beschränken sich folglich auf allgemein zugängliche und bekannte Informationsinhalte zur Theorie und Praxis der polizeilichen Fahndung in der Form eines Überblicks.

Fahndungsmaßnahmen nach vermissten Personen enthält die PDV 389, Vermisste, unbekannte Tote, unbekannte hilflose Personen.

Die PDV 384.2, Polizeiliche Beobachtung, regelt bundeseinheitlich die polizeiliche Beobachtung. Sie ist nicht den klassischen Fahndungsmaßnahmen zuzuordnen, sondern der verdeckten Informationsgewinnung, so dass auf eine Erörterung hier verzichtet wird.

1.1 Begriff

Polizeitaktisch umfasst die polizeiliche Fahndung alle Maßnahmen zur planmäßigen, allgemeinen oder gezielten Suche nach Personen oder Sachen im Rahmen der Strafverfolgung, Strafvollstreckung, Gefahrenwehr sowie der Durchführung ausländerrechtlicher Maßnahmen. Als erkennende Fahndung dient sie außerdem der Verdachtsgewinnung.[134]

Die PDV 100[135] versteht unter *polizeilicher Fahndung* die planmäßige allgemeine oder gezielte Suche nach Personen oder Sachen.

Im Hinblick auf die begriffliche Beschreibung der polizeilichen Fahndungstätigkeit sind beide Definitionen nicht sehr aussagefähig.

Allgemeine Charakteristik der Fahndung
Die polizeiliche Fahndung ist ein wichtiges polizeiliches Tätigkeitsfeld. Sie dient sowohl der *Gefahrenabwehr* als auch der *Verbrechensbekämpfung*. Fahndungsarbeit ist auch ohne ausdrücklichen Auftrag Aufgabe eines jeden Polizeibeamten im täglichen Dienst.

134 Unter Orientierung an der PDV 384.1 Nr. 1.1.
135 PDV 100, Führung und Einsatz der Polizei, Anl. 20, Grundbegriffe, Ausgabe 1999, Stand: 5/2010.

Die Praxis der polizeilichen Fahndung ist vielfältig. Grundsätzlich kann zwischen generellen Fahndungstaktiken und Fahndungsmaßnahmen im Einzelfall unterschieden werden.

Die polizeiliche Fahndungspraxis unterscheidet sich in der Art der Maßnahmen von polizeilichen Ermittlungshandlungen häufig nur durch ihre Zielsetzungen. Fahndungs- und Ermittlungsmaßnahmen gehen in der Fallbearbeitung oft nahtlos ineinander über oder überschneiden sich. Fahndungsmaßnahmen dienen im Wesentlichen dem Aufspüren oder der Ortsbestimmung von Personen und/oder Sachen und der Identifizierung. Bei polizeilichen Ermittlungen steht die Erforschung von Sachverhalten im Vordergrund.

Art, Umfang und Ausmaß von Fahndungsmaßnahmen richten sich nach der Schwere der Taten, der kriminellen Intensität des Täters, der Ausdehnung und den Besonderheiten des Fahndungsraumes sowie der Wirkung der Taten auf die Bevölkerung.

1.2 Grundstruktur der Fahndung

Die polizeiliche Fahndung hat folgende Grundstrukturen, die das Fahndungshandeln bestimmen:
- Fahndungsobjekte
- Fahndungstaktik
- Fahndungsbereiche

Fahndungsobjekte sind gesuchte Personen und/oder Sachen.

Folgerichtig unterscheidet die PDV 384.1 grundsätzlich nach
- *Personenfahndung* und
- *Sachfahndung*.

Anlässe der Personen- oder Sachfahndung können sowohl strafverfolgende als auch gefahrenabwehrende Gründe haben oder sich auch in ihrer Zielsetzung überschneiden.

Nach der Art der *Fahndungstaktik* werden unterschieden:

- *Gezielte Fahndung:*
  Unter gezielter Fahndung wird die Suche nach Personen oder Sachen aufgrund konkreter Hinweise verstanden.
- *Allgemeine Fahndung*
  Als allgemeine Fahndung wird die Suche ohne bestimmte, konkrete Hinweise auf gesuchte Personen oder Sachen bezeichnet.

Darunter fällt auch die Fahndung zur Verdachtsgewinnung nach bestimmten Verdachtsgewinnungsstrategien.

Offene bzw. *verdeckte* Fahndung sind kriminaltaktische Begriffe der Fahndungspraxis. Offene Fahndung bezeichnet das Fahndungshandeln, das im Prinzip für Jedermann erkennbar ist. Dagegen sollen verdeckte Fahndungsmaßnahmen insbesondere mit Blick auf gesuchte Personen/Sachen aus Fahndungs- oder Ermittlungserwägungen zunächst möglichst verborgen bleiben.

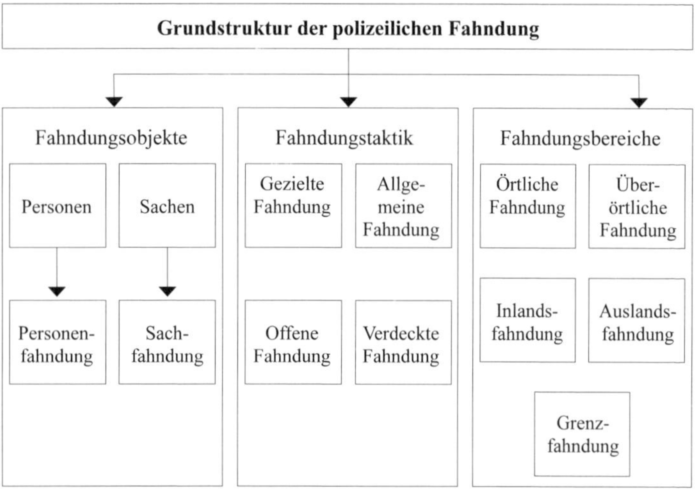

Abb. 20

Hinsichtlich der *Fahndungsbereiche* ist festzustellen, dass Ausgangspunkt der polizeilichen Fahndung grundsätzlich der örtliche Bereich ist = *örtliche Fahndung*, d.h. z. B. der Tatort oder der Wohnort der gesuchten Person. Diese Feststellung trifft sowohl auf die der Tat unmittelbar folgenden Fahndungsmaßnahmen im Rahmen der sogenannten Sofortfahndung[136]) als auch auf die Erhebung von Fahndungsinformationen zu.

136 Der Begriff: „Sofortfahndung“ ist eine fahndungstaktische Bezeichnung, die sich in der PDV 384.1 nicht findet, jedoch in der Fahndungspraxis erste Fahndungsmaßnahmen in engem zeitlichen Bezug zur Tat und im Übergang zur Tatortbereichsfahndung definiert.

Die *überörtliche Fahndung* wird dann ausgelöst, wenn davon auszugehen ist, dass die gesuchte Person den örtlichen Bereich verlassen hat bzw. die gesuchte Sache aus dem örtlichen Bereich verbracht worden ist. Die Auslösung der überörtlichen Fahndung als Nationale Fahndung (Inlandsfahndung) ist regelmäßig dann gegeben, wenn konkrete Fahndungsinformationen nicht dagegen stehen.

Nationale Fahndung:
Die Nationale Fahndung umfasst planmäßige Maßnahmen der allgemeinen und gezielten Fahndung nach Personen und/oder Sachen im örtlichen und überörtlichen Bereich. Die damit verfolgten Fahndungsziele der Personen- und Sachfahndung sind umfassend in der Vorschrift genannt[137], Gleiches gilt für die Internationale Fahndung[138].

Internationale Fahndung:
Die Internationale Fahndung umfasst die Suche nach Personen und nach Sachen im Ausland auf Ersuchen einer zuständiger inländischen Stelle und im Inland auf Ersuchen einer ausländischen zuständigen Stelle.

2. Rechtsgrundlagen

Fahndungen sind nur im Rahmen gesetzlicher Bestimmungen zulässig.

Der Auftrag für die Polizei zur Fahndung in der Strafverfolgung ergibt sich als Generalauftrag aus § 163 StPO, in der Gefahrenabwehr aus den Polizeigesetzen der Länder.

Fahndungsmaßnahmen sind von unterschiedlich rechtlicher Qualität. Die Erforderlichkeit der beabsichtigten Fahndungsmaßnahmen und das Vorliegen entsprechender Eingriffsermächtigungen sind deshalb in jedem Einzelfall unter Beachtung der einschlägigen Rechtsvorschriften zu prüfen.

137 PDV 384.1 Nr. 2 Nationale Fahndung.
138 PDV 384.1 Nr. 3 Internationale Fahndung.

Rechtsvorschriften im Überblick

§ 81b StPO	Erkennungsdienstliche Behandlung
§ 98a StPO	Rasterfahndung
§ 98c StPO	Datenabgleich
§ 102 StPO	Durchsuchung beim Verdächtigen
§ 103 StPO	Durchsuchung bei anderen Personen
§ 104 StPO	Nächtliche Hausdurchsuchung
§ 111 StPO	Kontrollstellen
§ 112 StPO	Verhaftung
§ 112a StPO	Wiederholungsgefahr
§ 114 StPO	Haftbefehl
§ 114a StPO	Aushändigung des Haftbefehls
§ 114b StPO	Belehrungspflicht
§ 114c StPO	Benachrichtigung von Angehörigen
§ 115 StPO	Vorführung vor den zuständigen Richter
§ 116 StPO	Aussetzung des Vollzugs
§ 116a StPO	Aussetzung gegen Sicherheitsleistung
§ 126a StPO	Einstweilige Unterbringung
§ 127 II StPO	Vorläufige Festnahme
§ 131 StPO	Ausschreibung zur Festnahme
§ 131a StPO	Ausschreibung zur Aufenthaltsermittlung
§ 131b StPO	Veröffentlichung von Abbildungen
§ 131c StPO	Anordnung und Bestätigung von Fahndungsmaßnahmen
§ 132 StPO	Sicherheitsleistung
§ 134 StPO	Vorführung
§ 163 StPO	Aufgaben der Polizei
§ 163b StPO	Identitätsfeststellung
§ 163d StPO	Netzfahndung (Schleppnetzfahndung)
§ 163e StPO	Polizeiliche Beobachtung
§ 163f StPO	Längerfristige Observation
§ 457 StPO	Vorführungs-, Haftbefehl durch Vollstreckungsbehörden
§ 657 BGB	Auslobung

Weitere Rechtsvorschriften:

- Gesetz zu dem Schengener Übereinkommen vom 10. Juni 1990 betreffend den schrittweisen Abbau der Kontrollen an den gemeinsamen Grenzen vom 15.8.1993.
- Übereinkommen zur Durchführung des Schengener Abkommens vom 10.6.1990 (SDÜ).
- Richtlinien für das Straf- und Bußgeldverfahren (RiStBV), Nr. 39-43, Fahndung.
- Richtlinien über die Inanspruchnahme von Publikationsorganen und die Nutzung des Internets sowie anderer elekronischer Kommunikationsmittel zur Öffentlichkeitsfahndung nach Personen im Rahmen von Strafverfahren, Anl. B zu den RiStBV[139].

139 In den Bundesländern durch Erlassregelungen 2005 verbindlich in Kraft gesetzt.

- Richtlinien über die internationale Fahndung nach Personen, einschließlich der Fahndung nach Personen im Schengener Informationssystem, Anl. F zu den RiStBV[140].

3. Fahndungsarten

Die PDV 384.1 nennt und beschreibt die in einer Grafik nachfolgend aufgeführten Fahndungsarten. Auf die ausführliche Erläuterung wird verzichtet. Weitergehende Informationen zu den fahndungstaktischen Zielsetzungen und der praktischen Durchführung der Fahndungsarten im Einzelnen entnehmen Sie der zitierten Fahndungsvorschrift[141].

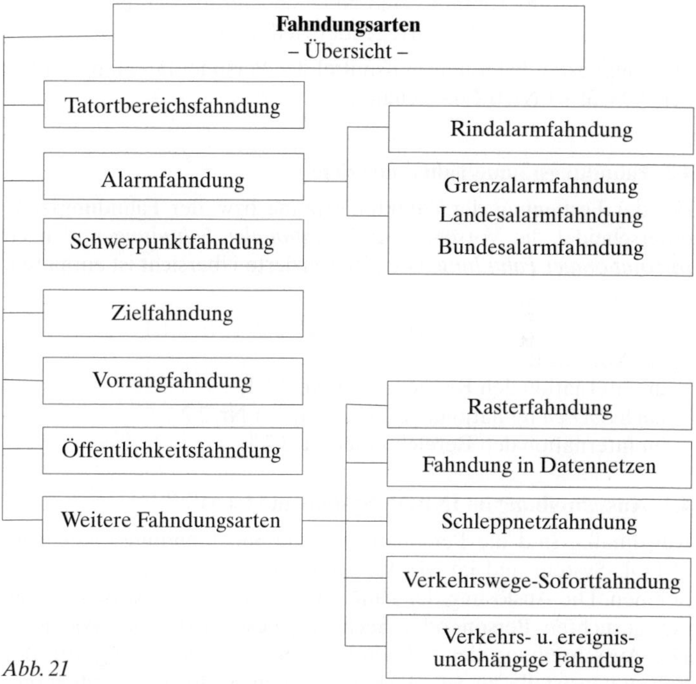

Abb. 21

140 Wie vorstehend, in Kraft gesetzt 1993.
141 PDV 384.1 Nr 5 Fahndungsarten.

4. Personen- und Sachfahndung

Objekte der polizeilichen Fahndung sind Personen und Sachen, die zum Zwecke der Gefahrenabwehr oder/und der Strafverfolgung gesucht werden (siehe oben).

4.1 Hilfsmittel der Personen- und Sachfahndung

Für die Fahndung nach Personen oder Sachen stehen diverse Hilfsmittel zur Verfügung. Fahndungshilfsmittel sind polizeiliche Einrichtungen, Informationssysteme, Dateien und sonstige Mittel, mit denen Fahndungen ermöglicht, betrieben oder unterstützt werden. Sie werden unterschieden nach internen, externen und sonstigen Fahndungshilfsmitteln. Kenntnis und Nutzung sind für den polizeilichen Fahndungserfolg von hervorragender Bedeutung.

Die wichtigsten Fahndungshilfsmittel der Personenfahndung sind in der PDV 384.1 Nr. 6.2-6.4 genannt.

4.2 Fahndungsräume/Fahndungsziele

Bei der Festlegung der Fahndungsräume bzw. der Fahndungsziele unterscheidet die Vorschrift nach *Nationaler Fahndung* und nach *Internationaler Fahndung.* Die differenzierte Übersicht ist enthalten:

für die Fahndung

- nach *Personen* im nationalen Bereich unter Nr. 2.1.1 der Vorschrift,
  im internationalen Bereich unter Nr. 3.1.1,
- nach *Sachen* im nationalen Bereich unter Nr. 2.2.1,
  im internationalen Bereich unter Nr. 3.2.1.

4.3 Ausschreibung im INPOL-System und im SIS[142]

Regelmäßig sind die Personen- und die Sachfahndungsdateien im INPOL-System und im SIS für Fahndungszwecke in Anspruch zu nehmen. Die Auslösung der Fahndung erfolgt durch Ausschreibung der gesuchten Person oder Sache in diesen Fahndungssystemen. Die Ausschreibung der Fahndungsdaten ist ohne Verzug von der Polizeidienststelle zu veranlassen, die den Sachverhalt aufgenom-

142 Schengener Informationssystem.

men hat bzw. welcher der Sachverhalt zur Kenntnis gebracht wurde (Nr. 2.1.3 und 2.2.3). Ausschreibungen sind grundsätzlich befristet und können je nach Anlass räumlich beschränkt werden.

Die Verfahren für die Ausschreibung gesuchter Personen und Sachen im INPOL-System enthalten

- Anlage 2 zur PDV 384.1 „Regelungen für die Fahndung nach Personen im Informationssystem der Polizei“
- Anlage 3 zur PDV 384.1 „Regelungen für die Fahndung nach Sachen im Informationssystem der Polizei“

Anlage 4 zur PDV 384.1 enthält die „Regelungen für die Fahndung nach Personen und Sachen im Schengener Informationssystem“.

Ausschreibungsreglungen für Vermisste finden sich in der PDV 389, Vermisste, unbekannte Tote, unbekannte hilflose Personen.

Die „Regelungen für die Ausschreibung im Bundeskriminalblatt und in den Landeskriminalblättern …“ sind in der Anlage 5 zur PDV 384.1 enthalten.

4.3.1 Rechtsgrundlagen für die Ausschreibung gesuchter Personen

Rechtsgrundlagen der Ausschreibung zur Festnahme oder zur Aufenthaltsermittlung von Personen enthalten die §§ 131, 131a, 131c StPO, aus Gründen der Gefahrenabwehr das Gefahrenabwehrrecht der Länder.

Ausschreibung zur Festnahme gem. § 131 StPO:
Abs. 1 ermächtigt zur Ausschreibung zur *Festnahme bei Vorliegen eines Haft- oder Unterbringungsbefehls.* Die Anordnung zur Ausschreibung treffen grundsätzlich der Richter oder die Staatsanwaltschaft, bei Gefahr im Verzuge auch die Ermittlungspersonen der Staatsanwaltschaft.

Abs. 2 ermöglicht die Ausschreibung durch die Staatsanwaltschaft oder deren Ermittlungspersonen zur Festnahme in Fällen, in denen Haft- oder Unterbringungsbefehl noch nicht erlassen sind, die Voraussetzungen für den Erlass jedoch vorliegen und für die Ausschreibung eine besondere Eilbedürftigkeit besteht, z. B. bei plötzlicher Flucht dringend Tatverdächtiger und der Notwendigkeit, zum Zweck der vorläufigen Festnahme überörtliche Fahndungsmaßnahmen unverzüglich einleiten zu müssen.

Nach Abs. 2 S. 2 ist in diesen Fällen die Entscheidung über den Erlass eines Haft- oder Unterbringungsbefehls unverzüglich, spätestens binnen einer Woche herbeizuführen.

Ausschreibung zur Aufenthaltsermittlung gem. § 131a StPO:
Gem. Abs. 1 können Beschuldigte oder Zeugen zur Aufenthaltsermittlung ausgeschrieben werden.

Abs. 2 ermächtigt die Ausschreibung des Beschuldigten zur
- Sicherstellung eines Führerscheins,
- erkennungsdienstlichen Behandlung,
- Anfertigung einer DNA-Analyse,
- Feststellung seiner Identität.

§ 131c StPO enthält gesetzliche Regelungen über die Anordnungskompetenz und der Bestätigung von Fahndungsmaßnahmen.

4.3.2 Ausschreibung zur Sachfahndung

Regularien zur Ausschreibung von Sachen in den Fahndungshilfsmitteln enthalten u.a. ausführlich die Anlagen 3, 4 und 5 zur PDV 384.1. Auf eine Darstellung wird hier verzichtet.

Eine spezielle Rechtsgrundlage für die Ausschreibung zur Sachfahndung, vergleichbar §§ 131 ff. StPO, enthält die Strafprozessordnung nicht.

Personen- und Sachfahndung ergänzen einander. Soweit möglich, sind daher Verknüpfungen und Verweisungen anzustreben.

5. Fahndungstaktik

5.1 Allgemeine Grundsätze der Fahndungstaktik

Umfang und Intensität der Fahndung:
Die Wahl der Fahndungsart, Umfang, Intensität und Formen der Fahndung stehen ganz wesentlich in Abhängigkeit von
- der Schwere der Tat und deren Wirkung auf die Bevölkerung,
- der konkreten Gefährdung, die von der gesuchten Person oder Sache ausgeht oder der Art und dem Grad der Gefährdung, die der gesuchten Person droht,
- dem Stand der vorliegenden Fahndungsinformationen,
- den einschlägigen rechtlichen Voraussetzungen für die beabsichtigte Fahndungsmaßnahme.

Fahndungshypothesen:
Gezielte polizeiliche Fahndungsmaßnahmen orientieren sich bei der Personenfahndung am vermuteten oder festgestellten Fluchtverhalten, bei der Sachfahndung an der vermuteten oder festgestellten Beuteverwertung bzw. Gegenstandsverwendung.

Es muss das Anliegen der Polizei sein, schon im engen zeitlichen Bezug zur Tat die für die Fahndung bedeutsamen Informationen zu erheben.

Auf der Grundlage der vorhandenen Fahndungsinformationen sind sog. Fahndungshypothesen(-versionen) aufzustellen.[143] Fahndungshypothesen sind eine bedeutende Basis für den Entschluss über Art und Richtung von Fahndungsmaßnahmen, soweit gezielte Fahndungsinformationen fehlen bzw. lückenhaft sind. Sie bieten die Möglichkeit, durch systematische und folgerichtige Analyse des Täterverhaltens Fahndungsobjekte erfolgreich aufzuspüren.

Bei der Aufstellung von Fahndungshypothesen sind allgemeine und personenbezogene kriminalistische Erkenntnisse und Erfahrungen zum Täterfluchtverhalten einzubeziehen.

Bei identifizierten Flüchtigen ist es unabdingbar notwendig, genaue Informationen über die Person, die persönlichen Verhältnisse, die familiären und sozialen Bezüge sowie, je nach Art der Tat, über die Vermögensverhältnisse zu erheben.

Fahndungsraum:
Ausgangspunkt jeder Fahndung ist stets der örtliche Bereich. Damit wird der kriminalistischen Erkenntnis gefolgt, dass im Besonderen der Tatortbereich Träger fahndungsrelevanter Informationen ist. Gleiches gilt für den letzten Wohn- oder Aufenthaltsort der gesuchten Person.

Die Fahndung kann sich, je nach den Erkenntnissen und Erfordernissen im Einzelfall, begrenzt auf Einzelobjekte, auf bestimmte, festzulegende Regionen, auf das gesamte Inland aber auch auf das Ausland erstrecken. Internationale Fahndungen werden nur dann ausgelöst, wenn Hinweise dafür vorliegen, dass sich die gesuchte Person oder Sache im Ausland befindet.

Aufgrund der allgemein hohen Mobilität der Täter wird neben örtlichen Fahndungsmaßnahmen regelmäßig die überörtliche Fahndung

143 Siehe dazu die grundsätzlichen Ausführungen zur Hypothesenbildung.

im Inland zu veranlassen sein, soweit die rechtlichen und tatsächlichen Voraussetzungen vorliegen.

Bei der Festlegung des Fahndungsbereichs im Rahmen der Sofortfahndung ist Grundlage für die Bestimmung des Fahndungsraumes eine Raum-Zeit-Berechnung. Unter Berücksichtigung

- des Fluchtzeitpunktes,
- des Fluchtmittels (z. B. Pkw, zu Fuß, mit öffentlichen Verkehrsmitteln) und
- aufgrund von Erkenntnissen über das Fluchtverhalten ist

der bis zur Auslösung der Fahndung zurückgelegte Weg des/der Gesuchten hypothetisch festzulegen und der Fahndungsraum zu bestimmen. Es ist also eine sog. Fahndungsversion zum Fahndungsraum aufzustellen.

Generell ist festzustellen, dass bei kurzem Zeitablauf zwischen Tat und Flucht der Täter der Flucht- oder Ruheraum eher im örtlichen als im überörtlichen Bereich zu suchen sein wird, häufig nur vorübergehend, um den ersten polizeilichen Fahndungsmaßnahmen zu entgehen und die Flucht später fortzusetzen.

Der Täter wird die Verbergungsorte wählen, die seine Flucht begünstigen oder seine Entdeckung erschweren. Die Entscheidung wird wesentlich beeinflusst vom Zeitablauf zwischen der Tat und der Tatentdeckung, der Tätermobilität und der Fluchtplanung.

Der Täter bevorzugt im Regelfall einen Ort, den er kennt, der ihm vertraut ist und an dem er sich gut verbergen kann, z. B. das eigene Wohnumfeld. Er taucht an Orten unter, an denen er sich möglichst unauffällig bewegen oder aufhalten kann, z. B. in milieugerechter Umgebung. Es kann sich auch um Orte handeln, die öffentlich zugänglich sind wie z. B. Kaufhäuser, Bahnhöfe, Kinos, Kirchen, Menschenansammlungen im Citybereich einer Großstadt.

Aus Gründen der Fahndungsökonomie und der Fahndungseffizienz muss das Bemühen stets darauf gerichtet sein, den Fahndungsraum möglichst zu begrenzen.

5.2 Fahndungsmaßnahmen im Ersten Angriff

Typische Fahndungsmaßnahmen im Ersten Angriff sind die

- Sofortfahndung
- Nacheile

- Tatortbereichsfahndung
- Ringalarmfahndung.

5.2.1 Sofortfahndung

Die Sofortfahndung dient strafverfolgenden und gefahrenabwehrenden Zwecken. Sie wird ausgelöst, wenn zwischen dem auslösenden Ereignis und der Kenntnisnahme durch die Polizei ein enger zeitlicher Zusammenhang besteht und Fahndungsmaßnahmen unverzüglich einzuleiten sind. Sie ist die Vorstufe der Tatortbereichsfahndung und taktisches Element des Ersten Angriffs. In der PDV 384.1 ist die Sofortfahndung nicht ausdrücklich genannt.

Auslösung und Durchführung orientieren sich an
- der Schwere der Tat,
- der Art und dem Grad der drohenden Gefahr,
- dem Zeitraum, der zwischen dem Ereignis und dem Kenntniserlangen durch die Polizei liegt,
- den vorliegenden konkreten Fahndungsinformationen.

In der polizeilichen Einsatzpraxis wird es sich hauptsächlich um sog. ad-hoc-Fahndungen nach konkret gefährdeten Personen wie z. B. vermissten Kindern, flüchtenden Tätern oder nach dem Fluchtfahrzeug unmittelbar nach der Tat handeln.

Eine besondere Art der Sofortfahndung ist die *Nacheile*. Es ist die gezielte Verfolgung von Rechtsbrechern auf frischer Tat.

Sie wird erfolgen, wenn
- zwischen Tatbegehung, Flucht der Täter und Eintreffen der Polizeikräfte am Tatort ein enger zeitlicher und räumlicher Zusammenhang, ggf. auch auf Sicht, besteht und
- die Verfolgung mit dem Ziel der Ergreifung der flüchtenden Täter auf frischer Tat Aussicht auf Erfolg verspricht.

Je nach Fahndungsanlass und Fahndungsziel werden im Rahmen der Sofortfahndung Mitfahndungsersuchen oder unterstützende Fahndungsmaßnahmen einzuleiten sein:

Mitfahndungsersuchen richten sich hauptsächlich an
- Dienststelle der Bundespolizei, besonders an Bahnhöfen, Flughäfen oder im grenznahen Bereich,
- Kräfte der Feuerwehr und des Gemeindevollzugsdienstes,
- Feldjäger,
- Kräfte des Zolldienstes.

Fahndungsunterstützung können leisten
- öffentliche Verkehrsbetriebe,
- Taxibetriebe,
- Rettungsdienste,
- private Sicherheitsdienste pp.

Fahndungsunterstützungen haben den Zweck, fahndungsrelevante Beobachtungen zu erhalten.

5.2.2 Tatortbereichsfahndung

Die Tatortbereichsfahndung ist in der Sofortphase des polizeilichen Einsatzes (Sicherungsangriff) eine systematische und gezielte Suche nach Personen oder Sachen in einem begrenzten Raum um den Tatort.

Voraussetzung für die Auslösung der Tatortbereichsfahndung ist das Vorliegen von Anhaltspunkten, die dafür sprechen, dass der/die Täter im Tatortbereich noch ergriffen oder Fahndungshinweise gewonnen werden können.

Weitere Ausführungen zur Tatortbereichsfahndung entnehmen Sie der PDV 384.1 Nr. 5.1.

5.2.3 Ringalarmfahndung

Die Ringalarmfahndung ist eine besondere Art der Alarmfahndung. Sie wird ausgelöst, wenn ein bedeutsamer polizeilicher Anlass vorliegt. Die Anlässe für die Auslösung von Alarmfahndungen allgemein nennt die PDV 384.1, Nr. 5.2.

Die Ringalarmfahndung umfasst die Tatortbereichsfahndung und die Fahndung an Kontrollstellen. Fahndungstaktik und die Durchführung von Ringalarmfahndungsmaßnahmen sind Nr. 5.2.1 der Vorschrift zu entnehmen.

5.2.4 Einrichtung von Kontrollstellen im Ersten Angriff

Die Einrichtung von Kontrollstellen im Ersten Angriff kann sowohl zu Zwecken der Strafverfolgung als auch der Gefahrenabwehr erfolgen. Sie ist eine einsatztaktische Maßnahme, die insbesondere bei der Ringalarmfahndung Anwendung findet.

Gesetzliche Grundlage für Zwecke der Strafverfolgung ist § 111 StPO, für Zwecke der Gefahrenabwehr die einschlägigen Eingriffsnormen der Polizeigesetze.

Wegen der Schwere des Rechtseingriffs rechtfertigen nur bestimmte, in § 111 Abs. 1 StPO genannte Straftaten die Einrichtung von Kontrollstellen auf Straßen oder Plätzen, Flughäfen, Bahnhöfen und vergleichbaren Orten.

Es müssen bestimmte Tatsachen vorliegen, die den Verdacht einer solchen Straftat gegen einen bekannten oder einen noch unbekannten Täter begründen[144].

An Kontrollstellen ist jede Person verpflichtet, ihre Identität feststellen zu lassen. Diese Verpflichtung gilt für Verdächtige und Unverdächtige. Für die Durchführung der Identitätsfeststellung gilt § 163b StPO.

Die an den Kontrollstellen angehaltenen Personen und Sachen, auch Transportmittel, können nach Beweismitteln durchsucht werden. Eine Erfolgsvermutung wird nicht verlangt, soweit ein Zusammenhang mit den gesuchten Tätern nicht von vornherein auszuschließen ist.

Die Anordnung zur Einrichtung von Kontrollstellen trifft der Richter, bei Gefahr im Verzuge die Staatsanwaltschaft und deren Ermittlungspersonen.

6. Fahndungsmaßnahmen in der Fallbearbeitung

6.1 Erhebung von Fahndungsinformationen

Die gezielte Fahndung nach gesuchten Personen oder Sachen erfordert vor der Einleitung von Fahndungsmaßnahmen die systematische Erhebung von Informationen zum *Fahndungsobjekt.*

Erforderlich sind mindestens folgende Fahndungsinformationen:

Auslösender polizeilicher Anlass:
- Welcher Gefährdungstatbestand liegt vor? Art und Grad der Gefährdung?
- Welche Straftat ist Anlass zur Fahndung? Ist dringender Tatverdacht begründet?

144 *Meyer-Goßner*, § 111 StPO Rn. 4.

- Liegt ein Haft- oder Unterbringungsbefehl vor?
- Ist die Fahndungsauslösung von besonderer Eilbedürftigkeit?
- Liegt eine Ausschreibung der gesuchten Person oder Sache in den polizeilichen Informationssystemen vor? Sachbearbeitende Polizeibehörde?

Bereits vorhandene Informationsquellen sind regelmäßig zu nutzen wie
- polizeiliche Erstinformation über das Ereignis/den Fall,
- erstattete Strafanzeigen/Vermisstenanzeigen,
- Erkenntnisse aus dem Ersten Angriff,
- Ergebnisse der Ereignisortuntersuchung
- erste Befragungen/Vernehmungen von Zeugen und Auskunftspersonen,

Erkenntnisse über Flucht- oder Verbergungsverhalten gesuchter Personen aus früheren Verfahren,
- benutzte Transport- und/oder Fluchtmittel.

Angaben zur gesuchten Person:
- Vollständiger Name, genaue Schreibweise, Geschlecht, akademischer Grad, Geburtsort und Geburtsdatum, Staatsangehörigkeit,
- Wohnung oder letzter Aufenthaltsort,
- führt die gesuchte Person Personalpapiere mit?
- Berufsausbildung,
- Personenbeschreibung, ggf. markante Merkmalsausprägungen,
- Beschreibung der zuletzt getragenen Bekleidung, Auffälligkeiten und Besonderheiten,
- Vorstrafen, Persönlichkeits- und Charaktereigenschaften, Gefährlichkeit, Verhalten der gesuchten Person bei Antreffen,
- körperliche Verfassung und Gesundheitszustand,
- liegen besondere fluchtfördernde berufliche Fähigkeiten oder Fertigkeiten vor? Sprachkenntnisse?

Liegen Hinweise vor auf
- begleitende Personen, mitgeführte oder benutzte Gegenstände?
- das Fluchtziel oder Versteck, auf mögliche Anlaufstellen wie Verwandte oder Kontaktpersonen?
- Waffen-, Munitions-, Sprengstoffbesitz.

Angaben zu gesuchten Sachen:
- Genaue Art und Bezeichnung, Beschreibung, Individualnummern,
- individuelle Besonderheiten, Beschädigungen, Farbe der gesuchten Sache,

- Eigentümer, Ort, Zeit und Umstände, unter denen Gegenstände in Verlust geraten sind,
- gehen Gefahren von der gesuchten Sache aus? ggf. Art und Grad der Gefährdung.

6.2 Standardmaßnahmen der Fahndung

Als Standardmaßnahmen der polizeilichen Fahndung bei der Fallbearbeitung kommen, je nach Fahndungsanlass und -ziel, in Frage:

- Personen- und Sachfahndung durch Aufklärung an erkannten Brennpunkten der Kriminalität und bevorzugten Aufenthaltsorten Krimineller bzw. vermisster Personen.
- Gezielte Observationen von Kontaktpersonen Gesuchter und inkriminierten Örtlichkeiten.
- Standobservationen
  - an mutmaßlichen Aufenthalts- bzw. Hinwendungsorten der Gesuchten,
  - an erkannten Fluchtfahrzeugen der Täter oder an sonstigen Fluchtmitteln, wenn mit der Rückkehr der Flüchtigen gerechnet werden kann,
  - im Bereich möglicher Fluchtwege,
  - an erkannten oder möglichen Beutedepots.
- Fahndung unter Einbeziehung von Informanten und V-Personen.
- Fahndung durch Personenkontrollen, Sicht- und Durchfahrtkontrollen an Kontrollstellen, Feststellen von Verdachtsindikatoren.
- Kontrollmitteilungen bei Antreffen verdächtiger Personen und Sachen, z. B. durch sog. Anhaltemeldungen.
- Niederlegung von Suchvermerken in Dateien anderer Behörden wie z. B. Einwohnermeldeamt, Straßenverkehrsamt, Sozialamt pp.
- Fahndungsabfragen zu
  - Hinweisgebern, Zeugen, Anzeigeerstattern,
  - Verdächtigen, Beschuldigten,
  - Verkehrsteilnehmern bei Kontrollen,
  - Sachen, z. B. Kraftfahrzeugen, Kfz-Kennzeichen, identifizierbaren Gegenständen u. Ä.
- Kontaktpflege/Gespräche mit der Bevölkerung.

6.3 Maßnahmen der Personenfahndung

Kriminaltaktische Grundsätze:
Ausgangspunkt der Personenfahndung ist grundsätzlich der örtliche Bereich, und zwar
- der Wohnort oder der letzte Aufenthaltsort der gesuchten Person,
- der Tat- bzw. der Ereignisort.

Bei Vorliegen der Voraussetzungen ist unverzüglich die Ausschreibung der gesuchten Person im INPOL-System bzw. im SIS zu veranlassen. Bei dem hohen Grad der Tätermobilität kann nur dadurch die überörtliche gezielte Fahndung tatsächlich sichergestellt werden.

Je nach den Erfordernissen des Einzelfalles sind folgende *zusätzliche Maßnahmen* der Fahndung nach gesuchten Personen zu veranlassen:
- Auswertung polizeilicher Unterlagen im Hinblick auf fahndungsrelevante Informationen und Verwertung von Erkenntnissen anderer Behörden,
- Anlegen von Suchvermerken in Dateien anderer Behörden und Institutionen, soweit davon ein Fahndungserfolg zu erwarten ist,
- Durchführung von Fahndungskontrollen, -streifen und Observationen an lokalen Kriminalitätsbrennpunkten,
- gezielte Suche an Orten, an denen sich die gesuchte Person verborgen halten könnte.

Soweit es von der Sache her geboten erscheint, können an der Fahndung beteiligt werden:
- Außendienste oder Fachdienste anderer Behörden,
- Berufs- und Fachverbände,
- Geldinstitute und Versicherungen,
- Werkschutz und Bewachungsunternehmen,
- öffentliche Verkehrsbetriebe,
- sonstige für die Fahndung geeignete Institutionen.

Überörtliche Fahndungen werden in der Regel als Mitfahndungsersuchen an andere Polizeibehörden gestellt.

Die überörtliche Fahndung ist auszulösen, wenn
- die gesuchte Person den örtlichen Bereich vermutlich verlassen hat,
- Fahndungsinformationen vorliegen, die eine gezielte Fahndung in begrenzten überörtlichen Bereichen möglich machen,
- die Ausdehnung der Fahndung über den örtlichen Bereich hinaus verhältnismäßig ist.

Für die *Internationale Fahndung nach Personen* gilt PDV 384.1 Nr. 3.1.

6.4 Maßnahmen der Sachfahndung

Kriminaltaktische Grundsätze:
Besonders bei der Bekämpfung der organisierten Diebstahls- und der Hehlereikriminalität bietet die systematische Sachfahndung erfolgversprechende Möglichkeiten, da die Täter das Diebesgut wirtschaftlich verwerten bzw. absetzen, so dass bei Vorliegen der Voraussetzungen die unverzügliche Ausschreibung der gesuchten Sache im INPOL-System bzw. im SIS erfolgen soll. Dadurch ist fahndungstaktisch sicher gestellt, dass Fahndungserfolge noch zum Zeitpunkt der Beuteverwertung oder bei der Überprüfung von Verdächtigen ermöglicht werden.

Die Fahndung nach nicht nummerierten Gegenständen setzt voraus, dass die Gegenstände individuelle identifizierungsfähige Merkmale aufweisen.

Fahndungsrelevante Daten zur Sachfahndung sind möglichst schon bei der Anzeigenaufnahme bzw. der Tatbefundaufnahme zu erheben.

7. Besondere Fahndungsarten

7.1 Öffentlichkeitsfahndung

7.1.1 Begriff

Begriff, Inhalt sowie allgemeine Grundsätze für die Öffentlichkeitsfahndung enthält die PDV 385.1, Nr. 5.6 Öffentlichkeitsfahndung. Für die Einleitung von Maßnahmen der Öffentlichkeitsfahndung bei Vermisstenfällen enthält die PDV 389 ergänzende Regelungen.

Nach Nr. 5.6.1 der Vorschrift wird unter Öffentlichkeitsfahndung verstanden:

> *„Die Öffentlichkeitsfahndung ist die Suche nach Personen oder Sachen unter Inanspruchnahme der Bevölkerung. Sie wendet sich an eine bestimmte Zielgruppe oder an einen unbestimmten Teil der Bevölkerung“.*

Die Öffentlichkeitsfahndung kann sowohl aus repressiven als auch aus präventiven Gründen erfolgen.

Zielgruppenorientierte Öffentlichkeitsfahndung:
Sie richtet sich an einen bestimmten Personenkreis (Zielgruppe), von dem anzunehmen ist, dass er Informationen über die gesuchte Person oder Sache geben kann. Sie erfolgt im Regelfall durch Veröffentlichungen in der jeweiligen Fachpresse oder durch gezieltes Anschreiben oder unter Einbeziehung digitaler Fachmedien. Ihr ist gegenüber der allgemeinen Öffentlichkeitsfahndung grundsätzlich der Vorrang zu geben.

Allgemeine Öffentlichkeitsfahndung:
Sie richtet sich an einen unbestimmten Teil der Bevölkerung durch Publikationen in allgemein zugänglichen Informationsmedien.

Dies sind vorwiegend Presse, Hörfunk, Fernsehen, Internet. Andere geeignete Mittel sind die Auslobung, Verteilung von Handzetteln, Postwurfsendungen, Plakataushang, Ausstellung von fahndungsrelevanten Gegenständen, Telefonansage und Lautsprecherdurchsagen[145].

Bei der räumlichen Ausdehnung der Öffentlichkeitsfahndung wird unterschieden zwischen Medien mit lokalem, regionalem und überregionalem Verbreitungsgebiet.

Auslobung von Belohnungen:
Fahndungsaufrufe können mit Hinweisen auf die Auslobung von Belohnungen verbunden werden.

7.1.2 Rechtsgrundlagen

Die Durchführung der Öffentlichkeitsfahndung nach Beschuldigten und Zeugen im Strafverfahren regeln §§ 131 Abs. 3, 131a Abs. 3 u. Abs. 4 StPO.

Die Rechtsgrundlage für die Veröffentlichung von Abbildungen (Fotos, visuelle Fahndungshilfen (Phantombilder), Täterlichtbilder von Überwachungskameras u. Ä.) der sog. Aufklärungs- oder Identitätsfahndung[146] nach Beschuldigten oder Zeugen enthält § 131b StPO. Die Maßnahme setzt den Verdacht einer Straftat von erheblicher Bedeutung voraus. Bezieht sich die Veröffentlichung auf Zeugen, muss erkennbar sein, dass es sich nicht um den Beschuldigten handelt.

145 Siehe auch PDV 384.1 Nr. 5.6.5.
146 *Lemke*, § 131b StPO Rn. 1 u. 4.

Die Anordnungskompetenz für Maßnahmen der Öffentlichkeitsfahndung im Strafverfahren regelt § 131c StPO. Die Öffentlichkeitsfahndung zur Gefahrenabwehr richtet sich nach dem Gefahrenabwehrrecht der Länder, z.B. die Fahndung zum Zwecke der Ingewahrsamnahme von Personen.

Beachte: Wegen der Eingriffstiefe in die Persönlichkeitsrechte der Betroffenen steht die Öffentlichkeitsfahndung unter dem Gebot der Verhältnismäßigkeit. In jedem Einzelfall ist eine sorgfältige Abwägung zwischen den mit der Öffentlichkeitsfahndung verfolgten Zweck einerseits und den Schutzwürdigen Interessen des Gesuchten bzw. der Betroffenen vorzunehmen.[146]

Weitere einschränkende und präzisierende Bestimmungen für die Voraussetzungen und die Durchführung der Öffentlichkeitsfahndung enthalten die *„Richtlinien über die Inanspruchnahme von Publikationsorganen und die Nutzung des Internets sowie anderer elektronischer Kommunikationsmittel zur Öffentlichkeitsfahndung nach Personen im Rahmen von Strafverfahren"*, Anl. B zu den RiStBV, gleichzeitig Anlage 13[148] zur PDV 384.1

7.1.3 Ausgestaltung der Öffentlichkeitsfahndung

- Bei der Schilderung des Sachverhaltes ist zu vermeiden, dass der Täter mehr als unvermeidbar über den Stand der Ermittlungen informiert wird.
- Einzelheiten des Tatgeschehens, die den Umständen nach nur der Täter kennen kann und die geeignet sind, ihn als Täter beweiskräftig zu überführen, gehören nicht in den Fahndungstext.
- An die Öffentlichkeit bzw. an die Zielgruppe, an die sich die Öffentlichkeitsfahndung richtet, sind konkrete fahndungsrelevante Fragen an die stellen.
- Fragen sollten kurz, eindeutig und verständlich formuliert sein.
- Fahndungsaufrufe sind erforderlichenfalls mehrsprachig zu gestalten.
- In geeigneten Fällen sind Fahndungsaufrufe mit Vorbeugungs- bzw. Warnhinweisen zu verbinden.

147 PDV 384.1 Nr. 5.6.3.2 mit der Aufzählung eines Beispielskatalogs.
148 In der Fassung vom 1.11.2007.

7.1.4 Ausgewählte Formen der Öffentlichkeitsfahndung

Besondere Formen der Öffentlichkeitsfahndung sind hauptsächlich:

Plakatfahndung:
Sie ist eine Fahndungsform durch Plakataushang, meistens an Stellen mit großem Publikumsverkehr. Von ihr wird häufig bei Kapitalverbrechen oder in Vermisstensachen, beim Auffinden unbekannter Toter flankierend zu anderen Fahndungsmaßnahmen Gebrauch gemacht.

Ausstellung von Gegenständen:
Ausgestellt werden z. B. Gegenstände aus einer Straftat oder die mit einer Straftat in Verbindung stehen, um Identifizierungs- oder Ermittlungshinweise zu erhalten.

Fahndung mittels aufgezeichneter Täterstimme:
Die Fahndung hat das Ziel, durch Abspielen der mit Tonträger aufgezeichneten Täterstimme Täterhinweise auf den unbekannten Täter zu erhalten. Sie erfolgt i. d. Regel im Rundfunk, als Fernsehfahndung, durch Abfragedienste im öffentlichen Telefonnetz oder werden im Internet bereit gestellt.

Fahndung im Internet:
Der Fahndungsaufruf erfolgt im Internet durch Einrichtung einer Homepage (siehe z. B. die Fahndungsaufrufe in der Homepage der BKA zur Personen- und Sachfahndung). Fahndungsaufrufe können erfolgen in Wort, Schrift, Bild oder Grafik.

Fahndungsaufrufe im Fernsehen:
Siehe: *„Grundsätze für die bundesweite Ausstrahlung von Fernsehmeldungen im Fernsehen“*[149], Anlage 11 zur PDV 384.1.

8. Fahndung durch Datenabgleich

Fahndungen, die unter Ausnutzung maschinellem Datenabgleichs erfolgen, sind
- Schleppnetzfahndung,
- Rasterfahndung,

149 In der Fassung vom 24.7.1987.

- „einfacher“ Datenabgleich.
- Fahndung in Datennetzen.

Diese Fahndungsmethoden sind dadurch gekennzeichnet, dass mit ihnen ausgewählte personenbezogene Daten und personenbezogene Umstände oder Verhaltensweisen, die als Verdachtsindizien für bestimmte Fälle gelten, mit anderen Datenmengen verglichen und nach einem bestimmten Verdachtsmuster Daten selektiert und herausgefiltert werden. Ziel ist die Einengung eines Personenkreises aufgrund eines Verdächtigenprofils. Die herausgefilterten Personen werden sodann einer weiteren Überprüfung unterzogen, ob sie als Verdächtige in Frage kommen bzw. als unbeteiligte Dritte auszuscheiden sind.

In allen Fällen handelt es sich um Eingriffe in die Persönlichkeitsrechte der Betroffenen, zumal bei der Schleppnetz- und der Rasterfahndung notwendigerweise Daten von Unverdächtigen abgeglichen werden.

8.1 Schleppnetzfahndung

Die Schleppnetzfahndung oder auch Netzfahndung ist eine Fahndungsmethode, mit der bestimmte Daten, die bei Personenkontrollen der Polizei an der Grenze oder an Kontrollstellen nach § 111 StPO erhoben worden sind, computergestützt ausgewertet werden. Rechtsgrundlage ist § 163d StPO.

Die Anordnung für die Durchführung der Schleppnetzfahndung trifft der Richter, bei Gefahr im Verzuge die Staatsanwaltschaft oder deren Ermittlungspersonen.

8.2 Rasterfahndung

Charakteristisch für die Rasterfahndung ist der automatisierte Abgleich personenbezogener Daten aus Dateien, die für *andere* als für Zwecke des Strafverfahrens gespeichert worden sind.

Rechtsgrundlage für die Durchführung der Rasterfahndung sowie die Befugnis zur Anordnung regeln die §§ 98a, 98b StPO.

Die Polizeigesetze der Länder enthalten Befugnisse zur Durchführung der Rasterfahndung für präventivpolizeiliche Zwecke.

Zur Durchführung der Rasterfahndung werden fallspezifische tätertypische Merkmale i. S. eines Verdächtigenprofils in der Form eines

Rasters zusammengestellt und als Suchkriterien mit Daten, die an anderen Stellen und aus anderen Gründen gespeichert sind, maschinell abgeglichen. Der Zweck liegt in dem Herausfiltern von Personen, die dem vorgegebenen Raster entsprechen und die sodann durch weitere Ermittlungsmaßnahmen kriminalistisch abgeklärt werden müssen.

8.3 Datenabgleich

Rechtsgrundlage für den maschinellen Fahndungsabgleich ist § 98c StPO. Fallspezifische Daten von Personen oder Sachen, die bei Ermittlungshandlungen oder Kontrollen erhoben wurden, werden mit Daten abgeglichen, die zur Strafverfolgung, Strafvollstreckung oder zur Gefahrenabwehr in den polizeilichen Informationssystemen gespeichert sind.

Mit dieser Form des Datenabgleichs wird der Zweck verfolgt, Informationen zu gewinnen, die geeignet sind, einen strafprozessualen Verdacht zu begründen oder zu verdichten bzw. Ansatzpunkte für weitere gezielte Ermittlungsmaßnahmen zu erhalten.

8.4 Fahndung in Datennetzen

Bei der Fahndung in Datennetzen handelt es sich um eine systematische Suche nach strafrechtlich relevanten Sachverhalten in den nationalen und internationalen Datennetzen, im World Wide Web, in Chatforen, Netzwerken oder Online-Diensten. Recherchen können sowohl offen als auch verdeckt erfolgen. Sie können im Einzelfall strafverfolgende oder präventive Zwecke verfolgen.

VI. Durchsuchung

von Rolf Ackermann[150]

1. Begriff und Ziel

Die Durchsuchung ist eine planmäßige und lückenlose Suche in Räumen oder freiem Gelände nach Personen, Sachen, Spuren und anderen Beweisgegenständen.

Je nach der Zielrichtung der Durchsuchungsmaßnahmen handelt es sich um einen Akt der Gefahrenabwehr oder der Strafverfolgung. Insoweit hat sie doppelfunktionalen Charakter. In der polizeilichen Praxis fallen Durchsuchungshandlungen zur Gefahrenabwehr und der Strafverfolgung oft zusammen.

Kriminalistisch ist die Durchsuchung das in der Strafprozessordnung geregelte Verfahren zur Feststellung und Sicherung von Beweismitteln und zur Ergreifung von Verdächtigen sowie zur Suche und Beschlagnahme von Verfalls- und Einziehungsgegenständen[151].

Die PDV 100 enthält unter Nr. 3.6 Durchsuchung, wesentliche Führungs- und Einsatzgrundsätze zur polizeilichen Durchsuchung sowohl zum Zwecke der Gefahrenabwehr als auch der Strafverfolgung. Im Einzelnen wird in Nr. 3.6.1 Zweck, bestimmt, dass die Durchsuchung dem Auffinden von Personen, Tieren, Sachen, Daten oder Spuren sowie der Gewinnung von Erkenntnissen und der Eigensicherung dient.

Nr. 3.6.2 legt taktische Grundsätze der Vorbereitung, des Kräfteeinsatzes und der Durchführung von Durchsuchungsmaßnahmen fest, die, insbesondere beim Einsatz von Formationen, grundsätzlich zu beachten sind. (Auf deren Darstellung an dieser Stelle wird verzichtet. Es wird auf den Text der Vorschrift verwiesen.)

Die folgenden Ausführungen befassen sich im Schwerpunkt mit strafprozessualen Durchsuchungsmaßnahmen im Ermittlungsverfahren. Nach dem Zweck einer Durchsuchung wird unterschieden zwischen
- Ergreifungsdurchsuchung und
- Ermittlungsdurchsuchung.

150 Überarbeitung auf der Grundlage von Kap. VI der 11. Auflage von *Horst Clages.*

151 *Meyer-/Goßner*, § 102 StPO RN 13, 14.

2. Rechtsgrundlagen

2.1 Rechtsvorschriften

Die folgende Übersicht gibt einen Überblick über die wichtigsten Rechtsvorschriften, die bei der Durchsuchung aus strafprozessualen Gründen zu beachten sind:

Ausgewählte grundgesetzliche und strafprozessrechtliche Grundlagen der Durchsuchung	
Art. 2 Abs. 2 GG	Freiheit der Person
Art. 13 Abs. 1 GG	Unverletzlichkeit der Wohnung (§ 123 StGB – Hausfriedensbruch)
Art. 13 Abs. 2 GG	Zulässigkeit von Hausdurchsuchungen
Art. 104 Abs. 1 GG	Freiheitsbeschränkung der Person
§ 102 StPO	Durchsuchung bei Verdächtigen
§ 103 StPO	Durchsuchung bei anderen Personen
§ 104 StPO	Durchsuchung zur Nachtzeit
§ 105 StPO	Zuständigkeit Anordnung; Ausführung; Hinzuziehung von Unbeteiligten
§ 106 StPO	Zuziehung des Inhabers
§ 107 StPO	Mitteilung; Verzeichnis
§ 108 StPO	Beschlagnahme von Sachen und Gegenständen zu anderen Straftaten (Zufallsfunde)
§ 109 StPO	Kennzeichnung der beschlagnahmten Gegenstände
§ 110 StPO	Durchsicht von Papieren
§ 111 StPO	Kontrollstellen (Durchsuchung von mitgeführten Sachen)
§ 163b Abs. 1 StPO	Durchsuchung von Personen zur Identitätsfeststellung
§ 163b Abs. 2 StPO	Eingeschränkte Durchsuchungsmöglichkeit für nicht verdächtige Personen
§ 81a StPO	Körperliche Untersuchung; Blutprobe

2.2 Durchsuchung beim Verdächtigen

Nach § 102 StPO ist die Durchsuchung zulässig

- zur Ergreifung des Verdächtigen oder
- wenn zu vermuten ist, dass die Durchsuchung zum Auffinden von Beweismitteln führen wird.

Voraussetzung ist, dass zumindest ein Anfangsverdacht im Hinblick auf das Vorliegen einer Straftat gegeben ist.

Wer ist Verdächtiger nach § 102 StPO?

Verdächtiger im Sinne von § 102 StPO ist eine Person, gegen die sich zumindest auf Grund tatsächlicher Anhaltspunkte oder kriminalistischer Erfahrungen der Täterverdacht richtet, ohne dass der Verdacht bereits soweit konkretisiert ist, um die Beschuldigteneigenschaft zu begründen. Durchsuchungen nach § 102 StPO sind nach herrschender Rechtsmeinung deshalb auch zulässig, wenn die Person noch als Zeuge zu hören wäre[152].

Erfolgsvermutung
Hinsichtlich der Durchsuchung nach § 102 StPO ist darzulegen, dass die Voraussetzungen für ein Ergreifen der gesuchten Person bzw. für das Auffinden von Beweismitteln gegeben sind. Es reicht aus, wenn zu vermuten ist, dass der Durchsuchungszweck erreicht wird. Diese (Erfolgs-)Vermutung braucht nur allgemeiner Art sein. Wenn auch eine hohe Erfolgsaussicht nicht erforderlich ist, so muss die Vermutung dennoch auf tatsächlichen Anhaltspunkten und/oder kriminalistischen Erfahrungen beruhen. Es genügt nicht, nur von vagen Hinweisen auszugehen.

Die bloße Ausforschungsdurchsuchung ist unzulässig.

Strafmündigkeit
Die Durchsuchung bei Strafunmündigen, die einer rechtswidrigen Tat verdächtig sind, kann nicht auf § 102 StPO begründet werden, da Strafunmündigkeit die Verdächtigeneigenschaft ausschließt. Bei ihnen kommt nur eine Durchsuchung nach 103 StPO in Betracht[153].

Durchsuchungsobjekte
- Wohnungen und Räume, die der Verdächtige tatsächlich innehat. Hierzu gehören auch Arbeits-, Betriebs- und Geschäftsräume, auch wenn sie nur vorübergehend genutzt werden wie Hotelzimmer oder auch nur mitbenutzt werden sowie das umfriedete Besitztum wie Höfe oder Gärten. Keine Wohnungsdurchsuchung ist die bloße Nachschau[154].
- Die Durchsuchung von Personen besteht in der Suche nach Sachen oder Spuren sowohl in als auch unter der Kleidung, die am Körper getragen wird und an der Körperoberfläche und in natürlichen Körperöffnungen ohne medizinischen Eingriff.
- Durchsuchung von Sachen bezieht sich auf das vom Verdächtigen mitgeführte Habe. „Ihm gehörende Sachen" bezieht sich auf

152 Vgl. *Meyer-Goßner*, § 102 StPO RN 3 sowie ebd. zum Tatverdacht Einleitung 77.
153 *Pfeiffer*, § 102 StPO RN 1; *OLG Bamberg* NStZ 1989, 40.
154 *Lemke*, § 102 StPO RN 10.

die in seinem Gewahrsam befindlichen Sachen, auch wenn sie im Umkreis abgestellt sind, z.B. Koffer, Taschen, Rucksäcke oder sich im Kofferraum eines Kraftfahrzeuges befinden. Sind die Sachen im Gewahrsam eines Nichtverdächtigen, gilt § 103 StPO.
- Für Datenverarbeitungsanlagen gilt, dass deren Inbetriebnahme zum Auffinden von Beweismitteln zulässig ist.

2.3 Durchsuchung bei anderen Personen

Bei anderen Personen (bei Unverdächtigen i. w. S.) sind Durchsuchungen nach § 103 StPO
- zur Ergreifung des Beschuldigten,
- zur Verfolgung von Spuren einer Straftat oder
- zur Beschlagnahme bestimmter Gegenstände

zulässig.

Was ist unter dem Rechtsbegriff „andere Personen" zu verstehen?
Andere Personen im Sinne von § 103 I S. 2 StPO sind solche, die nicht Tat- oder teilnahmeverdächtig sind oder bei denen auf Grund von Strafverfolgungs-/Prozesshindernissen eine Strafverfolgung ausscheidet. Darunter fallen auch juristische Personen.

Die Voraussetzungen der Durchsuchung nach § 103 StPO sind gegenüber § 102 StPO deutlich enger gefasst.

Hinsichtlich der Ergreifung von Personen
- muss der Tatverdacht soweit konkretisiert sein, dass die gesuchte Person als Beschuldigter gilt und dass
- auf Grund festgestellter Tatsachen auf die Anwesenheit in den zu durchsuchenden Räumen geschlossen werden kann.

Hinsichtlich des Auffindens von Spuren und Beweismitteln wird gefordert,
- dass auf Grund bestimmter bewiesener Tatsachen die Erfolgsannahme gerechtfertigt ist.
- Außerdem wird verlangt, dass die Durchsuchung dem Auffinden bestimmter Beweismittel dienen soll, d. h. es ist erforderlich, die gesuchten Gegenstände konkret zu bezeichnen.

Die einschränkenden Bestimmungen nach § 103 I S. 1 StPO werden gemäß Abs. 2 nicht für Räume gefordert, in denen der Beschuldigte ergriffen worden ist oder die er während der Verfolgung betreten hat. Hier gelten die Voraussetzungen nach § 102 StPO entsprechend.

Durchsuchungsobjekte:
- Durchsuchungsobjekte nach § 103 StPO sind die gleichen wie nach § 102 StPO.
- Eine Sonderregelung trifft § 103 I S. 2 StPO für die Gebäudedurchsuchung zum Zweck der Ergreifung eines Beschuldigten, der dringend verdächtig ist, eine Straftat nach § 129a StGB, Bildung terroristischer Vereinigungen oder eine der in der Vorschrift bezeichneten Straftaten begangen zu haben.

Durchsuchungen bei Strafunmündigen
Durchsuchungen bei Kindern sind allenfalls nach § 103 StPO zulässig. Ist das Kind alleiniger Täter, entfällt die Durchsuchung nach § 103 StPO, da ein Strafverfahren gegen strafunmündige Personen als Voraussetzung für die Durchsuchung nicht in Frage kommt[155], anders, wenn zugleich Tatverdacht gegen eine strafmündige tatbeteiligte Person besteht.

2.4 Durchsuchungszwecke

Nach dem Zweck der Durchsuchung wird unterschieden zwischen
- Ergreifungsdurchsuchung und
- Ermittlungsdurchsuchung.

2.4.1 Ergreifungsdurchsuchung

Die Ergreifungsdurchsuchung dient im Ermittlungsverfahren dazu, meist flüchtige Tatverdächtige oder Personen unbekannten Aufenthalts aufzuspüren und festzunehmen. Im Rahmen der Gefahrenabwehr dient sie Personen zur Ingewahrsamnahme aufzufinden die gefährdet sind oder von denen im polizeirechtlichen Sinne eine Gefahr ausgeht.

Infrage kommen alle Fälle zulässiger Zwangsmaßnahmen nach der StPO und dem Gefahrenabwehrrecht der Länder.

Beispielhafte Aufzählung: Vorläufige Festnahme von flüchtigen dringend Tatverdächtigen, Verhaftung auf Grund eines Haftbefehls, einstweilige Unterbringung, Vorführung des Beschuldigten, Vorführung des Angeklagten, Ingewahrsamnahme usw.

155 *Große-Schürmann*, S. 735. Eine andere Rechtsmeinung wird vom OLG Bamberg vertreten, siehe FN 4.

2.4.2 Ermittlungsdurchsuchung

Strafprozessual soll die Ermittlungsdurchsuchung zum Auffinden beschlagnahme fähiger Beweismittel (§ 94 StPO) führen. Neben der Vernehmung ist die Durchsuchung eine der im Strafprozess am häufigsten angewandten Methoden, um Spuren und andere Beweisgegenstände aufzufinden, die der Täterermittlung bzw. der umfassenden Aufklärung der Tatzusammenhänge dienen. Bei der Durchsuchung von Sachen ist es nicht wesentlich, ob sie unmittelbar als Beweismittel in Frage kommen. Die Durchsuchung dient als zulässige kriminalistische Methode - auch dazu, weitere Anhaltspunkte für Beweismittel zu gewinnen, beispielsweise Vergleichsmaterialien für die Expertisentätigkeit. Entscheidend ist die potenzielle Beweisbedeutung der zu suchenden Gegenstände.

Beweismittel
Als Beweismittel gelten alle beweglichen und unbeweglichen Sachen, soweit sie unmittelbar oder mittelbar für die Tat oder die Umstände ihrer Begehung Beweis erbringen[156]. Die Feststellung für welche Beweisführung im Einzelnen die Sache in Betracht kommt, wird nicht gefordert. Es genügt die Beweisgeignetheit.

In Frage kommen z. B. der Tatort, die Tatbeute, das Tatwerkzeug, Gegenstandsspuren, Spurenträger Vergleichsmaterialien u. a.

Verfalls- und Einziehungsgegenstände
Für das Auffinden von Verfalls- und Einziehungsgegenständen gelten die §§ 102-110 StPO entsprechend (§ 111b IV StPO). Jeder nach § 111b ff. StPO beschlagnahmte Gegenstand kann auch als Beweismittel verwandt werden[157].

2.5 Anordnung der Durchsuchung

2.5.1 Richterliche Anordnung

Das Recht zur Anordnung der Durchsuchung ist in § 104 I b StPO geregelt. Im Regelfall erfolgt die Durchsuchung auf richterliche Anordnung. Die richterliche Anordnung erfolgt regelmäßig auf Antrag der Staatsanwaltschaft. Dem Ersuchen geht im Allgemeinen ein Ersuchen der ermittlungsführenden Polizeidienststelle voraus.

---

156 *Lemke*, § 94 StPO, RN 7.
157 *Lemke*, § 111b StPO, RN 1.

Form
Die Durchsuchungsanordnung ist nicht an eine bestimmte Form gebunden. Üblich ist der schriftliche richterliche Durchsuchungsbefehl, der zugleich die Beschlagnahmeanordnung impliziert. Die Anordnung kann auch mündlich, telefonisch oder fernschriftlich erfolgen.

Inhaltliche Anforderungen
Aus rechtstaatlichen Aspekten werden besonders in jüngster Zeit hohe Anforderungen an die Erteilung eines Durchsuchungsbefehls gestellt. Das Verlangen der Polizei an die Staatsanwaltschaft, mit dem dieser ersucht wird, einen Durchsuchungsbeschluss bei Gericht zu erwirken, muss mindestens die folgenden inhaltlichen Anforderungen erfüllen:
- Die Anordnung muss die Straftat konkret benennen, die Anlass zur Durchsuchung ist.
- Es müssen Zweck, Ziel und Ausmaß der Durchsuchung bezeichnet werden.
- Die Beweismittel, denen die Durchsuchung gilt, sind zumindest annähernd zu benennen. Allgemeine Angaben über die möglicherweise aufzufindenden Beweismittel genügen nach herrschender Rechtsauffassung nicht.

2.5.2 Anordnung bei Gefahr im Verzuge

Gemäß § 105 I StPO. 2. Halbsatz, dürfen die Staatsanwaltschaft und deren Ermittlungspersonen bei Gefahr im Verzug die Durchsuchung anordnen.

Begriff: *Gefahr im Verzug*
Gefahr im Verzug liegt vor, wenn die richterliche Anordnung nicht eingeholt werden kann, ohne dass der Zweck der Maßnahme gefährdet ist[158], d.h. wenn Ergreifungs- oder Beweismittelverlust drohen.

Der Entscheidungsspielraum von Staatsanwaltschaft und Polizei, Wohnungsdurchsuchungen bei Gefahr anordnen zu dürfen, ist auf Grund der Rechtsprechung des BVerfG deutlich eingeengt. Das Bundesverfassungsgericht hat den Handlungsspielraum von Staatsanwaltschaft und Polizei fühlbar eingeschränkt und dabei den Vor-

158 *Meyer-Goßner*, § 98 StPO, RN 6, dort mit weiteren Quellenangaben.

rang der Gerichte bei der Anordnung von Durchsuchungen betont[159].

Folgerungen für die polizeiliche Praxis

- In jedem Fall ist von den handelnden Beamten eine strikte Einzelfallprüfung der Eilsituation vorzunehmen. Dabei sind insbesondere kriminaltaktische Aspekte zu beurteilen. Es ist die Frage zu beantworten, inwieweit eine verzögerte Durchsuchung zu einem Beweismittelverlust oder weiterer Flucht einer zu ergreifenden Person führen kann.
- Die konkreten Umstände, auf die sich die Anordnung der Durchsuchung bei Gefahr im Verzug gründet, sind für den Einzelfall darzulegen und in den Ermittlungsakten zu dokumentieren

Rechtliche Anforderungen an die Anordnung der Wohnungsdurchsuchung

(Unter Orientierung an dem nichtamtlichen Leitsatz, veröffentlicht in KR 7/2001, S. 488)

1. Eine Wohnungsdurchsuchung darf nur im Ausnahmefall ohne richterliche Anordnung – bei Gefahr im Verzug – angeordnet bzw. durchgeführt werden.
2. Der Begriff Gefahr im Verzug ist eng auszulegen. Bloße Vermutungen oder spekulative Annahmen genügen nicht. Es müssen vielmehr auf den speziellen Einzelfall bezogene Tatsachen vorliegen, dass anderenfalls durch Zeitverlust (die Ergreifung des Verdächtigen gefährdet ist) oder Beweismittel verloren gehen.
3. Die Frage, ob Gefahr im Verzug vorliegt, unterliegt der unbeschränkten richterlichen Kontrolle; ein Ermessens- oder Beurteilungsspielraum der Strafverfolgungsbehörden besteht insoweit nicht.
4. Regelmäßig müssen die handelnden Behörden die Grundlage ihrer Entscheidung – Durchsuchung ohne richterliche Anordnung – hinreichend dokumentieren, insbesondere muss zeitnah dargelegt werden, auf Grund welcher Umstände der handelnde Beamte die Gefahr des Beweismittelverlustes angenommen hat und ob er versucht hat, einen Ermittlungsrichter zu erreichen.
5. Zu berücksichtigen ist allerdings, unter welchen konkreten Bedingungen die Beamten über eine Durchsuchung entschieden haben und welcher zeitliche Rahmen ihnen gesteckt war.

159 *BVerfG*, Urteil vom 20.02.01 – 2 BvR 1444/00, siehe weitere Erläuterungen in: *Vahle*, S. 488.

Durchsuchung nach Strafprozessrecht

Durchsuchung bei Verdächtigen
§ 102 StPO

Adressaten
Verdächtig der
- Täterschaft
- Teilnahme
- Begünstigung
- Strafvereitelung
- Hehlerei

Zweck
- Ergreifen des Verdächtigen
- Auffinden von Beweismitteln

Voraussetzungen
Erfolgsvermutung

Durchsuchungsobjekte
- Wohnung u. andere Räume wie Geschäftsräume, umfriedeter Besitz, Hotelzimmer usw.
- Personen oder ihnen gehörende Sachen

Durchsuchung bei Nichtverdächtigen
§ 103 StPO

Adressaten
Personen,
- die nicht der Täterschaft oder der Teilnahme verdächtig sind
- bei denen Strafverfolgungs-/Prozesshindernisse vorliegen

Zweck
- Ergreifen des Beschuldigten
- Verfolgung von Tatspuren
- Beschlagnahme bestimmter Gegenstände

Voraussetzungen
- Vorliegen bestimmter Tatsachen; Beschränkung gilt nicht für Räume nach § 103 II StPO

Durchsuchungsobjekte
- wie § 102 StPO
- Gebäudedurchsuchung nach § 103 I S. 2 StPO

Anordnung
§ 105 I StPO
- grundsätzlich durch den Richter
- bei Gefahr im Verzuge durch StA oder Hilfsbeamte
- bei Gebäudedurchsuchung Richter oder StA bei Gefahr im Verzuge

– Fortsetzung S. 280 –

Durchsuchung nach Strafprozessrecht – Forsetzung

↓

Nächtliche Hausdurchsuchung
§ 104 StPO

Grundsätzlich keine Raumdurchsuchung zur Nachtzeit

Ausnahmen:
- Verfolgung auf frischer Tat
- Gefahr im Verzuge

Abb. 22

- Der Hinweis auf fallunabhängige kriminalistische Erfahrungen oder Versionen/Hypothesen, die nicht verifiziert sind, genügt für die Begründung nicht.
- Der abstrakte Hinweis, dass erfahrungsgemäß eine richterliche Entscheidung zu einem bestimmten Zeitpunkt bzw. innerhalb eines bestimmten Zeitraumes nicht zu erreichen sei, ist nicht ausreichend. In jedem Fall muss konkret der Versuch unternommen werden, eine richterliche Anordnung herbei zu führen. Dies ist ebenfalls zu dokumentieren.
- Die richterliche Durchsuchungsanordnung ist – unter Beachtung der konkreten Umstände – rechtzeitig, ohne vermeidbaren Verzug zu beantragen.

3. Durchsuchungstaktik

3.1 Allgemeine taktische Grundlagen

Durchsuchungstaktik umfasst die Vorbereitung, die Planung, das zweckmäßige taktische Vorgehen bei der Durchsuchung und die Auswertung des Durchsuchungsergebnisses. An die Durchsuchung als kriminaltaktische Methode der Beweisfindung und -sicherung sind ebenso hohe Anforderungen wie an die Tatortuntersuchung zu stellen. Demzufolge gelten dabei die modifizierten strengen Regeln des taktischen Vorgehens im Besonderen.

Durchsuchungsmaßnahmen sind unter Einschluss der Erfüllung der strafprozessualen Anforderungen grundsätzlich zu planen und vorzubereiten. Planung und Vorbereitung richten sich generell nach

- der Art und Schwere der Straftat oder beweisrechtlichen Bedeutung im jeweiligen Verfahrensstadium,
- dem Zweck der Durchsuchung,
- Art, Größe, Beschaffenheit der Durchsuchungsobjekte,
- dem Grad und der Art der Gefährdung für Einsatzkräfte und -mittel,
- der Eilbedürftigkeit der Durchsuchungsmaßnahme.

Grundlagen der Planung und Durchführung sind
- das Ergebnis der kriminalistischen Analyse des individuellen Falles,
- die Erkenntnisse aus der kriminalistischen Lagebeurteilung,
- bisher erarbeitete Versionen/Hypothesen über die Möglichkeiten zur Auffindung von Beweismaterialien (oder gesuchten Personen) bzw. Fahndungsobjekten.

Die Planung erfolgt
- Im Rahmen der Kriminalistischen Untersuchungsplanung, nach kriminaltaktischen Konzepten sowie auf der Grundlage spezieller Durchsuchungspläne.
- Unter Verwendung polizeilicher Entschlüsse oder Durchführungspläne, das sind Planungsdokumente insbesondere für Einsätze mit großem Kräfteeinsatz, z.B. bei Großverfahren und Teilnahme mehrerer beteiligter Behörden, bei Fahndungseinsätzen oder zur Suche von Opfern bzw. Vermissten.

Die Durchsuchungsmaßnahme ist, soweit erforderlich, mit der Staatsanwaltschaft und Fachdiensten abzustimmen. Soweit von der Sache her geboten, sollte ein Richter bzw. Vertreter der Staatsanwaltschaft während der Durchsuchung anwesend sein.

Planmäßiges und systematisches Vorgehen bilden den Grundpfeiler für einen Durchsuchungserfolg. Daher sollten die Durchsuchungsobjekte, bzw. Räume, vor allem im freien Gelände in überschau- und beherrschbare Abschnitte gegliedert und schrittweise durchsucht werden.

Durchsuchungen sollten unter Orientierung auf den Durchsuchungszweck und die Besonderheiten des Durchsuchungsobjektes stets von mehreren Polizeibeamten durchgeführt werden. Durchsuchungsmaßnahmen sind, sowohl aus Erfolgsgründen als auch aus Gründen der Eigensicherung, nie allein vorzunehmen.

Soweit von der Sache her geboten, sind für Durchsuchungsmaßnahmen Spezialeinheiten oder Spezialkräfte sowie Orts- und fachkundige Personen hinzuzuziehen. Wird auf polizeifremde Kräfte (z.B. Hausmeister, Belüftungstechniker ectr.) zurückgegriffen, ist stets die Frage der Geheimhaltung in die Entscheidung einzubeziehen.

Werden nicht direkt in die Vorgangsbearbeitung eingebundene Kräfte einbezogen, sind diese besonders sorgfältig einzuweisen. Das betrifft vorrangig das Ziel und die Taktik des Vorgehens bei der Durchsuchung. Ebenso die Erläuterung des Durchsuchungszweckes, die Beschreibung gesuchter Gegenstände/Personen bzw. Beweismittel, zu erwartende objektbezogene Schwierigkeiten und Zusammenhänge zu dem die Grundlage bildenden Strafverfahren.

Sollen in einer Sache mehrere Objekte, die räumlich voneinander getrennt liegen, durchsucht werden, ist die Gefahr der Warnung von anderen Beteiligten und somit des Vernichtens oder Beiseiteschaffens von Beweismitteln gegeben. Eine enge zeitliche Abstimmung, insbesondere bei Einsatzmaßnahmen, ist bereits bei der Planung und Vorbereitung der Durchsuchung zu gewährleisten.

Besonderheiten des Geländes, der Vegetation, der Topografie und der Zeit- und Wetterlage sind bei Durchsuchungen im Freien besonders zu berücksichtigen. Vor allem bei Durchsuchungsaktionen mit hohem Kräfteeinsatz wie bei der Durchsuchung von Geländeabschnitten zur Suche vermisster Personen oder im Ereigniszusammenhang stehender Sachen.

3.2 Planung und Vorbereitung der Durchsuchung

3.2.1 Grundsätze

Durchsuchungen erfordern eine besonderes Maß an intellektueller Vorbereitung im Sinne von „Vorausdenken“, da sonst die Umstände und Örtlichkeiten der Durchsuchung, ebenso wie mögliche Handlungen Beteiligter, den Durchsuchungsverlauf beeinträchtigen können und damit das Ergebnis in Frage gestellt werden kann.

Durchsuchungen sollten in jedem Fall sorgfältig geplant und vorbereitet werden. Nicht selten werden aber Notwendigkeit und Zeitpunkt von aktuellen operativen Entwicklungen der Untersuchung bestimmt. Das bedeutet, die Durchsuchungsmaßnahme muss ohne Vorlaufzeit ad hoc erfolgen. Das erfordert umso mehr, die Grundsätze der Durchführung von Durchsuchungen zu beherrschen und diese Sachverhalts- und umstandsbezogen beim taktischen Vorgehen umzusetzen.

Auch für die Durchsuchung gilt das Prinzip der kriminalistischen Untersuchungsplanung in jedem Fall zu planen, entweder gedanklich oder schriftlich.

Wichtige Planungsgrundsätze sind:
- Die Planung und Vorbereitung sollte so rechtzeitig wie möglich erfolgen,
- Durchsuchungen sollten zeitnah durchgeführt und dementsprechend rechtzeitig geplant werden,
- Besonderheiten des Einzelfalles müssen auch in das gedankliche Konzept oder die Planung eingehen, wenn Durchsuchungen ohne Vorlaufzeit notwendig werden,
- generell gilt: Je länger der Zeitraum zwischen Tatbegehung und Durchsuchungsmaßnahme ausfällt, desto größer ist die Gefahr der Erfolgsminderung oder des Misserfolgs,
- es ist unabdingbar, die rechtlichen Voraussetzungen zu beachten und ein Mindestmaß an einsatztaktischen Überlegungen vor Durchführung einfach gelagerter oder zeitlich dringlicher Durchsuchungsaufgaben anzustellen,
- für die spätere Beweisführung ist es neben der Auflistung in einem Beschlagnahmeprotokoll notwendig, auch den Durchsuchungsverlauf, Verstecke, Art und Weise des Verbergens von Sachen, Verhalten Beteiligter usw. zu dokumentieren,
- Durchsuchungen zählen zu den sogenannten Standardmaßnahmen polizeilichen Handelns, deshalb sollten neben den rechtlichen Grundlagen vor allem auch die **taktischen Grundsätze des Vorgehens** sicher beherrscht und geübt werden.

3.2.2 Vorbereitungskriterien

Auf Grundlage der oben genannten Grundsätze vollzieht sich die unmittelbare Vorbereitung und Planung der Durchsuchungsmaßnahmen. Damit werden nicht nur die Voraussetzungen für die Planung geprüft, sondern sorgfältig alle verfahrensbezogenen Umstände beurteilt, die es ermöglichen, die Durchsuchung erfolgversprechend zu planen. Ein Beurteilungskriterium ist auch die polizeiliche Lage. Sie korrespondiert mit der anlassbezogenen Informationslage, d.h. mit dem Informationspotenzial und auch nach notwendiger zusätzlicher Informationserhebung zum Durchsuchungszweck, zum Adressaten und zum Durchsuchungsobjekt. Über diese Fragen verschafft sich der für die Durchsuchung Verantwortliche Klarheit, bevor er seinen **„Durchsuchungsplan“** (vgl. Abschnitt 3.2.) **gedanklich oder schriftlich** fasst. Einen Überblick gibt die nachfolgende Übersicht.

Beurteilungskriterien der Untersuchungsplanung	
Beurteilungskriterien	**Fragestellung/Prüfung**
Rechtslage	Sind die rechtlichen Voraussetzungen gegeben? – Richterliche Durchsuchungsanordnung – Anordnung durch StA oder Ermittlungsperson bei Gefahr im Verzug? – Erfolgsvermutung begründbar? – Vorliegen von Tatsachen bei Unverdächtigen? – Was begründet die Eilbedürftigkeit? – Welche Formvorschriften sind noch zu beachten (Teilnahme StA, Unbeteiligte Zeugen)?
Adressat der Durchsuchung	– Bei wem soll durchsucht werden? – Steht die Identität fest? – Status: Beschuldigter, Verdächtiger, Unverdächtiger? – Welche Erkenntnisse liegen über die Person vor? – Was ist noch zur Personenaufklärung erforderlich?
Ziel/Durchsuchungszweck	– Ziel der Durchsuchung, zu welchem Zweck soll durchsucht werden? – Ergreifungsdurchsuchung? – Haft-, Vorführungs- oder Vollstreckungsbefehl? – Vorläufige Festnahme? – Ermittlungsdurchsuchung? – Welche Beweismittel werden gesucht? – Art, Beschreibung, Besondere Kennzeichen – Einziehungs- oder Verfallsgegenstände? – Beschlagnahmeanordnung?
Durchsuchungsobjekt	– Wo und was soll durchsucht werden? – Durchsuchung innerhalb von Wohnungen oder umschlossenen Räumen? – Durchsuchung in Behörden, Büros, Geschäftsräumen, Clubs oder Gaststätten? – Befriedetes Besitztum, Gärten, Lauben, Scheunen, Nebengebäude? – Gebäude- oder Fabrikkomplexe, stillgelegte Fabriken ectr.

	– offenes oder bewachsenes Gelände, Wälder, Hanglagen, Flüsse, Seen? – Sind die Erkenntnisse zum Durchsuchungsobjekt ausreichend? – Welche Versionen/Hypothesen gibt es zum möglichen Versteck/Aufenthaltsort von Personen oder Beweisgegenständen?
Zeitpunkt der Durchsuchung	– Wann soll durchsucht werden? – Wann ist der taktisch günstige Zeitpunkt? – Korrespondenz mit anderen gleichzeitig früher oder später laufenden Ermittlungsmaßnahmen beachten – Zur Nachtzeit; Sind die Voraussetzungen gegeben? Kann u.U. bis zum Tagesanbruch gewartet werden? – Verfolgung auf frischer Tat? – Wiederergreifung eines entwichenen Gefangenen oder Flüchtigen? – Gefahr im Verzug? – Findet die Durchsuchung an einem sogenannten verrufenen Ort statt?

Im Ergebnis der Beantwortung dieser und weiterer sachverhaltsbezogener Fragestellungen des Ermittlungsverfahrens und der Beweislage oder zu anderen polizeilich relevanten Ereignissen (z.B. Katastrophen, Vermisstenfällen) wird letztlich der fallbezogene Durchsuchungsplan erarbeitet.

3.2.3 Durchsuchungsplan[160]

In **komplexen Fällen** ist es erforderlich, einen **Durchsuchungsplan** zu erstellen. Der Durchsuchungsplan konkretisiert das im Rahmen der kriminalistischen Fallbearbeitung festgelegte operative Konzept im Hinblick auf die vorzunehmenden Durchsuchungsmaßnahmen. Er gewährleistet systematisches und planvolles Vorgehen und bildet das Handlungskonzept für die beteiligten Kriminalbeamten bzw. die nicht in die Vorgangsbearbeitung eingebundenen Einsatzkräfte. Bei komplexen Großverfahren oder Einsatzmaßnahmen sind Planungsdokumente unerlässlich.

160 *Ackermann/Clages/Roll*, S. 456 ff.; *Ackermann*, S. 119 ff.

Der Durchsuchungsplan sollte zumindest folgende Festlegungen enthalten:
- Polizeilicher Anlass,
- Rechtsgrundlagen,
- Adressaten der Durchsuchungsmaßnahme,
- Durchsuchungsziele und Zweck,
- Ort und Zeitpunkt der Durchsuchung,
- Durchsuchungsobjekte, Räumliche Objektbeschreibungen,
- Identifizierbare Beschreibung gesuchter Personen und Sachen;
- von ihnen möglicherweise ausgehende Gefahren,
- Verhalten bei Antreffen gesuchter Personen und bei Auffinden von Spuren und Beweismitteln und verdächtigen Gegenständen,
- Durchsuchungsablauf, Reihenfolge der einzelnen Maßnahmen,
- Grundsätze zur Art und Weise des taktischen Vorgehens; Eigensicherung; Aufgabenfestlegung für Durchsuchungs- und Sicherungskräfte,
- Kommunikation vor Ort und mit anderen beteiligten Einsatzkräften,
- Festlegungen zu abschließenden Maßnahmen.

Der Untersuchungsplan ist ein verfahrensbezogenes Hilfsmittel. Er wird unter bestimmten Umständen durch einen ***Durchführungsplan***[161] und den ***Einsatzbefehl***[162]bzw. eine ***Einsatzkonzeption*** gem. PDV 100, Ziff. 1.6.2.6 ergänzt. Erfordert es die polizeiliche Lage Durchsuchungen, z.B. von stillgelegten Fabrikanlagen, Wäldern, Ortsteilen u. ä. als polizeiliche Einsatzmaßnahmen durchzuführen, werden diese Pläne auch eigenständig gefertigt. Sie enthalten ebenso Inhalte eines Untersuchungsplanes, konzentrieren sich jedoch auf „Durchführung" der einzelnen Maßnahmen, das taktische Vorgehen und die gründliche Einweisung der Einsatzformationen und ihres Zusammenwirkens.

3.2.4 Logistische Vorbereitung/Einsatzbesprechung

Neben den bereits behandelten Maßnahmen der Planung und Vorbereitung auf die Durchsuchung ist auch an die materiell-technische und logistische Vorbereitung zu denken, soweit diese noch nicht im

161 PDV 100 Nr. 1.6.2.4 und Anlage 5.
162 Siehe dazu auch Möglichkeiten der grafischen Befehlsgebung gem. PDV 100 Anlage 5.

Durchsuchungsplan oder einem anderen Planungsdokument enthalten sind. Insbesondere sind das:
- Durchsuchungsbefehl
- Lageskizzen, Objektpläne,
- Beschlagnahmeverzeichnis,
- Fototechnische Ausrüstung,
- Hinzuziehung von StA, Spezialisten IuK, andere Fachkräfte, unbeteiligte Zeugen,
- Geeignete Verpackungsmaterialien, die Anforderungen wie bei der Spurensicherung genügen sollten,
- Siegel, Banderolen, Etiketten, Schreibmaterialien,
- Schutzkleidung,
- Hilfsmittel für die Suche, z.B. Sonden, Taschenlampen, Scheinwerfer, UV-Leuchten, Endoskope,
- Werkzeugkoffer,
- Bewaffnung entsprechend Gefahrenlage und weitere den Objektverhältnissen angepasste Hilfsmittel, z.B. Leitern,
- Transportfahrzeuge für Beweismaterial und Personen (bei erwarteten Störungen einer Amtshandlung).

Die Vorbereitung und Planung der Durchsuchung schließt mit der Einsatzbesprechung ab, in der vor Beginn der Maßnahme die Einsatzkräfte in die Lage, die Zielsetzung, das taktische Vorgehen sowie in Besonderheiten der Maßnahme bzw. des Einsatzes eingewiesen werden. Den beteiligten Kräfte werden die ihnen zugewiesenen Aufträge sachverhaltsbezogen erläutert. Wichtig ist dabei, bisher nicht mit dem Untersuchungsstand vertraute Einsatzkräfte sachkundig zu unterweisen. Auf die Geheimhaltung der Durchsuchungsmaßnahmen ist besonderer Wert zu legen, um den Einsatzerfolg nicht zu gefährden.

3.3 Durchführung der Durchsuchung

3.3.1 Kriminaltaktische Grundsätze

Die Durchsuchung erfolgt unter strengster Beachtung kriminaltaktischer Regeln, einschließlich notwendiger Sicherheitsvorkehrungen und in Abhängigkeit von der unterschiedlichen Beschaffenheit der Durchsuchungsobjekte (Gebäude, Wohnungen, Kraftfahrzeuge, Personen, freies Gelände etc.). Auch wenn allgemeine kriminaltaktische Grundsätze zur Anwendung kommen, wird wegen immer wieder-

kehrender Fehler bei Durchsuchungen auf folgendes besonders hingewiesen:
- Strenge Einhaltung taktische Grundprinzipien,
- Zielstrebigkeit,
- Gründlichkeit,
- Ruhe und Gelassenheit,
- Beharrlichkeit,
- Ausdauer,
- Planmäßigkeit,
- Systematik,
- durch Funde nicht verunsichern lassen,
- Täuschungsgefahr durch Betroffenen beachten,
- Einhaltung der Aufgabenzuweisung.

3.3.2 Durchsuchungszeitpunkt

Soweit nicht bereits in Einsatzanordnungen, Entschlüssen oder Maßnahmeplänen festgelegt, ist der Durchsuchungszeitpunkt im Wesentlichen abhängig von:
- der Eilbedürftigkeit der Durchsuchungsmaßnahme,
- der Koordinierung der Durchsuchung mit anderen zeitbedingten Ermittlungshandlungen oder Maßnahmen,
- dem Ziel der Durchsuchung,
- der Dimension und besonderen Struktur des Durchsuchungsobjekts,
- der gesetzlichen Nachtzeitregelung,
- der Verfügbarkeit der Durchsuchungskräfte ggf. auch erforderlicher Spezialkräfte sowie
- der anzunehmenden Dauer.

Um Hektik und Zeitdruck zu verhindern, sollten Durchsuchungen frühzeitig begonnen und bei Tageslicht durchgeführt werden. Durchsuchungen bei Dunkelheit sollten, falls die Lage dies nicht zwingend erfordert, vermieden werden.

3.3.3 Durchsuchungsbeginn

Der Durchsuchungsbeginn umfasst die Anfahrt und Heranführung der Kräfte, äußere Absperr-und Sicherungsmaßnahmen, Eindringen in das Durchsuchungsobjekt und die Bekanntgabe des Durchsuchungszwecks.

Anfahrt und Heranführung der Kräfte

- Entsprechend der Ergebnisse vorheriger Objektaufklärung heranfahren,
- Aufsehen vermeiden,
- Kräfte bei besonderer Lage verdeckt an das Objekt oder dessen Nähe heranführen,
- Gegebenenfalls zunächst Bereitstellungsräume einnehmen,
- Informationsaustausch/Abstimmung, wenn gleichzeitig mehrere Objekte an unterschiedlichen Orten zu durchsuchen sind,
- Sicherung der Einsatzfahrzeuge.

Absperr- und Sicherungsmaßnahmen

- Eindeutige Kennzeichnung der Absperrzonen,
- natürliche Umgebungsverhältnisse einbeziehen,
- durchzulassenden Personen- und Fahrzeugverkehr vorher exakt festlegen,
- erforderlichenfalls Durchlassstellen festlegen,
- bei innerer Absperrung bereits durchsuchte Räume kennzeichnen und sichern,
- Abstimmung Außen-/Innensicherung.

Eindringen/Einlass

Der Einlass in das Durchsuchungsobjekt ist eine kritische Phase. Es ist die erste Konfrontation mit Betroffenen, mit Angriffen auf die Durchsuchungsbeamten muss gerechnet werden, insbesondere wenn sich in der Wohnung oder im Objekt „gesuchte" Personen aufhalten, deshalb:

- Zugangsphase kurz halten,
- Betreten des Objektes mit Zustimmung der Betroffenen
- Gewährleistung des Eintritts/Betretens mittels Legende
- Entsprechend Lagebedingungen gewaltsames Eindringen in Wohnungen (Schlüsseldienste/Spezialisten/direkte Gewaltanwendung)

Es sollte in erster Linie darauf hingewirkt werden, die Durchsuchung einvernehmlich mit dem Betroffenen durchführen zu können. Ist das nicht möglich, berechtigt die Anordnung der Durchsuchung dazu, erforderlichenfalls diese mit unmittelbarem Zwang durchzusetzen.

So ist es zulässig[163]:

- In Wohnungen gewaltsam einzudringen,
- Verschlossene Türen und Schränke aufzubrechen,

163 *Meyer-Goßner*, § 105 StPO RN 13.

- durchsuchte Räume oder Geländeteile abschließend zu sichern,
- körperlichen Zwang bei Personendurchsuchungen anzuwenden,
- den Betroffenen bei Störung der Amtshandlung kurzfristig in Gewahrsam zu nehmen.

Personalienkontrolle/Bekanntgabe des Durchsuchungszweckes
- Nach Betreten der Wohnung ist die Anwesenheit von Personen festzustellen, diese sind zu kontrollieren, wenn sie nicht bekannt sind,
- Verdächtige Personen sind sofort zu durchsuchen,
- Gespräche zwischen anwesenden Personen sind notfalls zu unterbinden,
- nachdem der Adressat der Durchsuchung festgestellt ist, erfolgt die Bekanntgabe des Durchsuchungszweckes,
- er wird aufgefordert, die gesuchten Gegenstände freiwillig herauszugeben[164],

Die Bekanntgabe des Durchsuchungszweckes erfolgt durch Aushändigung des Durchsuchungsbeschlusses bzw. mündliche Begründung bei Gefahr im Verzug. Detaillierte Ausführungen sind nicht erforderlich. Der Adressat einer Durchsuchungsmaßnahme hat keine Mitwirkungspflicht, wohl eine Duldungspflicht.

3.3.4 Hinzuziehung von Zeugen

Die Möglichkeit und Notwendigkeit der Hinzuziehung von Zeugen ist dem Betroffenen bei Durchsuchungsbeginn zu erklären. § 105 II StPO geht grundsätzlich von dem Anwesenheitserfordernis eines Richters oder Staatsanwaltes bei der Durchsuchungshandlung aus. In der Praxis wird jedoch ein Richter bei einer Durchsuchung nur selten bzw. nur in höchst brisanten Fällen anwesend sein. Auch die Anwesenheit des Staatsanwaltes ist nicht die Regel. Ihre Teilnahme wird stets dann geboten sein, wenn die Durchsuchung im Zusammenhang mit schweren Verbrechen erfolgt oder Geschäftspapiere, schriftliche Aufzeichnungen, besondere Datenspeicher in IT-Verfahren zu beschlagnahmen sind. Ebenso auch, wenn rechtliche Schwierigkeiten erwartet werden, z.B. durch Einbeziehung von Rechtsbeiständen durch den Adressaten.

164 Unter Umständen kann sich damit eine weitere Durchsuchung erübrigen An solche Entscheidungen sind jedoch hohe Anforderungen zu stellen, damit kein Beweisverlust zugelassen wird.

Die Hinzuziehung von Zeugen ist keine zwingende Formvorschrift. Dies kommt durch die Formulierung in Abs. 2 S. 1 „… wenn möglich …“ zum Ausdruck. Der Verzicht auf Anwesenheit von Zeugen ist jedoch stets die Ausnahme, der ein ernsthaftes Bemühen um Zuziehung anderer Zeugen (Gemeinde) vorausgegangen sein muss. Durchsuchungszeugen müssen erst zu Beginn der eigentlichen Durchsuchungshandlung anwesend sein. Sie dürfen keinen Gefahren ausgesetzt werden.

Der Personenkreis aus dem Zeugen in Betracht kommen, ist in Abs. 2 S. 1 2. Halbsatz genannt. Ausgeschlossen sind Polizeibeamte oder Ermittlungspersonen der Staatsanwaltschaft. Der Verzicht auf Hinzuziehung von Zeugen ist zulässig[165]. Die fallbezogene Entscheidung liegt im pflichtgemäßen Ermessen des Beamten. Dies sollte entsprechend protokolliert werden. In diesem Zusammenhang ist zu bedenken, dass die Anwesenheit von Zeugen nicht nur der Interessenwahrnehmung des Betroffenen gilt, sondern auch dem Schutz der Durchsuchungskräfte vor ungerechtfertigten Anschuldigungen.

3.3.5 Durchsuchungsverlauf

Die Durchsuchung ist durch den verantwortlichen Polizeibeamten straff zu führen. Findet die Durchsuchung in Wohnungen oder anderen umschlossenen Räumlichkeiten statt, darf daraus nicht geschlossen werden, dass keine Komplikationen eintreten könnten. Hauptaufgabe ist, das koordinierte Zusammenwirken der eingesetzten Kräfte zu gewährleisten, den Informationsaustausch zu sichern, bei besonderen Funden die Art und Weise der beweiskräftigen Sicherung zu veranlassen und bei unvorhergesehen Zwischenfällen, wie z.B. bei einer Störung der Amtshandlung durch den Betroffenen oder Dritte zu reagieren. Besonders raffiniert angelegte Verstecke oder Fundorte, die geeignet sind, Zusammenhänge zur Begehung der Straftat (z.B. Intensität, Verschleierung) erkennen zu können, sind fotografisch oder videografisch zu sichern.

Beachte: Es ist wichtig, aufgefundene Sachen/Gegenstände nicht nur als „Beschlagnahmegegenstand“ zu sehen. Vielmehr muss bereits während des Durchsuchungsverlaufs beurteilt werden, ob es sich dabei um Spurenträger oder Vergleichsgegenstände handeln könnte. Dementsprechend sind diese gemäß den Grundsätzen der kriminaltechnischen Tatortarbeit zu sichern und zu verpacken.

165 *Meyer-Goßner*, § 105 StPO RN 12.

Für die Suche im freien Gelände ist insbesondere auf die Aufgabenstellung in der PDV 100 Ziff. 6 zu verweisen. Gerade bei der Suche nach Vermissten zeigt sich immer wieder, dass Geländeabschnitte neu durchsucht werden müssen, da beim ursprünglichen Einsatz nicht die notwendige Sorgfalt waltete. Ihre Verantwortung ist den in Formationen handelnden Durchsuchungskräften bei der Einweisung besonders eindringlich zu vermitteln.

3.3.6 Beendigung der Durchsuchung

Die Anordnung berechtigt zu einer einmaligen und einheitlichen Durchsuchung. Mit der Beendigung der Durchsuchung ist die Durchsuchungsanordnung verbraucht. Das zwingt auch die Verfahrensbearbeiter zu einer sorgfältigen Planung und Vorbereitung, damit später nicht erneut Zweit- und Drittdurchsuchungen erforderlich werden. Ergeben sich aus dem Ermittlungsverlauf neue weitere Gründe, ist für eine erneute Durchsuchung, deren Anordnung erneut notwendig.

Eine wichtige Aufgabe ist am Ende der Durchsuchung ein Durchsuchungsprotokoll (Verzeichnis) auszufertigen. Dieses muss den Ansprüchen Betroffener dienen und die exakte Auflistung beschlagnahmter Sachen/Gegenstände unter dem Aspekt der späteren Verwendung im Verfahren, beinhalten. Unter Umständen ist es darüber hinaus notwendig, ein „Durchsuchungsprotokoll" mit Dokumentation des gesamten Durchsuchungsverlaufs aus Gründen der Beweisführung, anzufertigen.

Mit dem Abschluss der Durchsuchung wird dem Betroffenen eine schriftliche Mitteilung, in der Regel formgebundene Dokumente der Bundesländer, nach § 107 StPO übergeben. Über Gegenstände, die in Verwahrung genommen werden, wird ein Beschlagnahmeverzeichnis ausgehändigt. Gleiches gilt, wenn keine Gegenstände beschlagnahmt worden sind. Die Rechtsvorschrift sieht zwar lediglich vor, die Bescheinigungen auf Verlangen des Betroffenen auszuhändigen. In der Durchsuchungspraxis geschieht dies jedoch obligatorisch.

Literatur

Ackermann,R., Kriminalistische Fallanalyse, Lehr- und Studienbriefe Kriminalistik/Kriminologie Band 13, 1. Auflage 2010.

Ackermann, R., Clages, H., Roll, H., Handbuch der Kriminalistik – für Praxis und Ausbildung –, 4. Auflage 2011.

BVerfG, Beschl. v. 18.9.2008 – 2 BvR 683/wistra 2008, S. 463; Rechtsschutz gegen (abgewendete) Durchsuchung.
Fehn, B. J., Berufsgeheimnisträger und Durchsuchung, Kriminalistik, Heft 11, 2008.
Große, W., Schürmann, J., Wohnungsdurchsuchung nach vorläufiger Festnahme, Kriminalistik Heft 11, 1994
Julius, K.-P. u.a., Heidelberger Kommentar zur Strafprozessordnung, 4. Auflage 2009.
Meyer-Goßner, L., Strafprozessordnung, 46. Auflage 2003.
OLG Düsseldorf, Beschl. v. 26.2.2008 – III-5 Ss 203/07 I, wistra 2008, S. 318; Durchsuchung bei einer „anderen Person".
PDV 100, Führung und Einsatz der Polizei, Stand April 2010.
Pfeiffer, G., Strafprozessordnung 2. Auflage 1999.
Polizeifachhandbuch, Verlag Deutsche Polizeiliteratur GMBH, 3-1 Bu, Stand 5/2008.
Vahle, J., Kriminalistik Heft 7, 2001.
Wirth, I. (Hrsg.), Kriminalistik Lexikon, 4. Auflage 2011.

4. Kapitel: Kriminaltechnik

I. Einführung

von *Frank Menzer* und *Ingo Wirth*

Die Kriminaltechnik ist traditionell neben der Kriminaltaktik ein zweites Teilgebiet der Kriminalistik. In der Praxis der Straftatenbekämpfung hat sich der Begriff Kriminaltechnik, mehr noch das Kürzel KT, eingebürgert, obwohl die Bezeichnung Naturwissenschaftlich-technische Kriminalistik dieses Wissensgebiet treffender beschreibt. Insbesondere der Fortschritt in den Naturwissenschaften Biologie, Chemie und Physik hat auch für die Kriminalistik neue Untersuchungsmöglichkeiten erschlossen und damit die Effektivität der Kriminaltechnik wesentlich gesteigert.

Kriminaltechnik bedeutet in der praktischen Anwendung:

> *Suche, Sicherung, Untersuchung und Begutachtung von Spuren und anderen Sachbeweisen mit dem Ziel, durch die Nutzung wissenschaftlicher Verfahren die Täterermittlung und Beweisführung im Strafverfahren sowie die Aufdeckung und Verhütung von Straftaten zu unterstützen.*

Zur Weiterentwicklung der wissenschaftlich-technischen Mittel und Methoden der Kriminaltechnik ist eine breit angelegte Forschung unverzichtbar. Schließlich müssen Aus- und Fortbildung so gestaltet sein, dass das sich ständig erweiternde Wissen praxiswirksam werden kann. Nur so wird die Kriminaltechnik tatsächlich effektiv zur Täterermittlung und Beweisführung und damit zur Aufklärung von Straftaten beitragen können.

Eine Unterteilung der Kriminaltechnik lässt sich unter verschiedenen Gesichtspunkten vornehmen. So ist es üblich, einerseits nach Untersuchungsobjekten (z. B. Fingerabdrücke, Glas, Waffen) und andererseits nach den Mitteln und Methoden der Untersuchung (z. B. Mikroskopie, Spektralanalyse, DNS-Analyse) zu gliedern. Darüber hinaus ist eine Einteilung nach der jeweiligen Aufgabenstellung (z. B. Toxikologie zum Giftnachweis, Ballistik zur Schusswaffenidentifizierung, Akustik zur Sprechererkennung) ebenfalls gebräuchlich.

Die Kriminaltechnik steht in enger Verbindung mit anderen Wissenschaftsdisziplinen, speziell mit den übrigen kriminalistischen Teilgebieten und weiteren Forensischen Wissenschaften. Darunter sind solche Fachgebiete zu verstehen, die grundsätzlich demselben Ziel wie die Kriminalistik dienen. Hierzu zählen angewandte Disziplinen der Natur- und Technikwissenschaften und die Rechtsmedizin (Gerichtliche Medizin). Trotz der Zugehörigkeit zu verschiedenen Mutterwissenschaften sind die Forensischen Wissenschaften durch eine gemeinsame kriminalistische Zielstellung verbunden.

II. Allgemeine Spurenkunde

von *Frank Menzer* und *Ingo Wirth*

1. Begriffsbestimmungen

Die Spurenkunde beinhaltet Erkenntnisse und Erfahrungen über die Entstehung und über den Informationsgehalt von kriminalistischen Spuren sowie Grundsätze der Suche, Sicherung, operativen Auswertung, Untersuchung und Begutachtung von Spuren und Vergleichsmaterialien.

Da der Spurenbegriff in der Kriminalistik nicht einheitlich benutzt wird, werden einige Begriffsbestimmungen vorangestellt.

Kriminalistische Spuren
sind materielle Veränderungen, die im Zusammenhang mit einem kriminalistisch relevanten Ereignis entstanden sind und zu dessen Aufklärung beitragen können.[1]

Die Bindung an die Aufklärung der Straftat bzw. des kriminalistisch relevanten Ereignisses ist Ausdruck der Doppelfunktionalität einer

1 Im kriminaltaktischen Sinn bezeichnet der Spurenbegriff einen Ermittlungsansatz bzw. eine – häufig personenbezogene – Ermittlungsrichtung.

Spur: Kriminalistische Spuren sind zum einen Quelle von Informationen über das Ereignis bzw. die Tat und über den Täter und zum anderen sind sie Beweismittel im Strafverfahren. Ob diese Doppelfunktion immer ausgenutzt wird, hängt vom Einzelfall ab. Es kann die Täterermittlung oder die Beweisführung im Vordergrund stehen oder die Spur erfüllt ihren Zweck in beiderlei Hinsicht.

Spurenträger
sind Personen, Gegenstände und Materialien, an bzw. in denen sich Spuren im Ergebnis eines kriminalistisch relevanten Ereignisses befinden.

Beispiele:
- Unter den Fingernägeln des Opfers haften Hautspuren vom Täter.
- Die Kleidung des Täters trägt Glasspuren aus einer von ihm zerstörten Fensterscheibe.
- Im Erdboden am Tatort befinden sich Schuheindruckspuren.

Spurenverursacher
sind Personen, Gegenstände und Substanzen, die durch Einwirkung auf ein anderes Objekt (Spurenträger) materielle Veränderungen bewirkt haben. Zu beachten ist, dass ein Spurenverursacher gleichzeitig Spurenträger sein kann.

Beispiel: Die Kleidung des Täters verursacht Faserspuren *an* der Bekleidung des Opfers und trägt gleichzeitig Faserspuren *aus* der Bekleidung des Opfers.

Vergleichsmaterialien
sind Gegenstände, Substanzen und Strukturen, für die ein ursächlicher Zusammenhang mit der Entstehung der Spur angenommen wird. Durch Vergleich der jeweiligen Merkmale der Spur mit den Eigenschaften des Vergleichsmaterials ist zu prüfen, ob dieser Zusammenhang tatsächlich besteht oder ob diese Annahme unzutreffend ist. Die Ergebnisse derartiger Vergleichsuntersuchungen führen prinzipiell zu drei alternativen Schlussfolgerungen:

- Die Spur ist dem Vergleichsmaterial individuell, d. h. alleinig zuzuordnen (Individualidentifizierung).

  Beispiel: Der am Tatort gesicherte Fingerabdruck wurde mit dem rechten Zeigefinger des Beschuldigten verursacht.

- Die Spur ist einer Gruppe von Objekten zuzuordnen (Gruppenidentifizierung).

Beispiel: Die am Tatort gesicherten Faserspuren und der als Vergleichsmaterial vorliegende Pullover des Beschuldigten bestehen übereinstimmend aus grünen Acryl- und Baumwollfasern. Demzufolge kommt dieser Pullover wie auch jeder andere aus der Gruppe gleicher Pullover als Spurenverursacher in Betracht.

- Die Spur ist dem Vergleichsmaterial nicht zuzuordnen (Ausschluss).

Beispiel: Das DNS-Profil der am Tatort gesicherten Blutspur stimmt nicht in allen DNS-Merkmalen mit dem als Vergleichsmaterial gesicherten Wangenschleimhautabstrich eines Verdächtigen überein.

In bestimmten Fällen werden auch *Neutralproben* (Blindproben, Leerproben) zum Vergleich benötigt. Dieses neutrale Vergleichsmaterial dient der Feststellung, ob eine Spur tatsächlich mit der Straftat im Zusammenhang steht oder ob dieser Zusammenhang fälschlicherweise angenommen wurde (sog. Trugspuren).

Beispiel:
Spur: Wasserprobe aus einem Abwasserkanal, der in ein fließendes Gewässer mündet.
Vergleichsmaterial: Wasserprobe aus dem Flussabschnitt stromaufwärts von der Einmündungsstelle.

2. Entstehung von Spuren

Kriminalistische Spuren entstehen gesetzmäßig als materielle Widerspiegelungen stattgefundener Einwirkungen oder Rückwirkungen auf Objekte (Personen, Gegenstände, Materialien) bei einem kriminalistisch relevanten Ereignis:

Ein Objekt A wirkt auf ein Objekt B ein, was an B eine materielle Veränderung (= materielle Widerspiegelung dieser Einwirkung = Spur) hervorruft.

Beispiel: Mit einem Schraubendreher A wird eine Terrassentür B aufgehebelt. Dabei werden an der Tür Werkzeugspuren hervorgerufen, d. h. die Einwirkung des Schraubendrehers A auf die Tür B wird als Spur widergespiegelt.

Bei jeder Einwirkung findet gleichzeitig eine Rückwirkung statt: Das Objekt B wirkt auf das Objekt A zurück, wodurch an A ebenfalls eine materielle Veränderung (= materielle Widerspiegelung der Rückwirkung = Spur) entsteht.

Beispiel: Die beschädigte Terrassentür B hinterlässt am Schraubendreher A Farbspuren, d. h. die Rückwirkung der Tür B auf den Schraubendreher A wird als Spur widergespiegelt.

Eine derartige Wechselwirkung (= Einwirkung *und* Rückwirkung), bei der mindestens zwei kriminalistische Spuren entstehen, stellt eine *Spurenüberkreuzung* dar. Allerdings ist es in vielen Fällen so, dass die Spur der Einwirkung und die Spur der Rückwirkung kriminalistisch eine unterschiedliche Bedeutung haben.

Beispiele:
Einwirkung: Der Täter stützt sich auf das Fensterbrett und hinterlässt Finger- und Handflächenabdruckspuren.
Rückwirkung: An den Händen des Täters bleiben Staubanhaftungen vom Fensterbrett zurück.
Kriminalistisch bedeutsam sind allein die festgestellten und auswertbaren Abdruckspuren. Die Staubspuren sind in diesem Fall kriminalistisch nicht verwertbar.
Einwirkung: Der Täter bewegt sich durch bewachsenes Gelände und verursacht dabei sichtbare Beschädigungen an den Pflanzen.
Rückwirkung: Die Pflanzen verursachen an der Hose des Täters botanische Spuren.
Kriminalistisch bedeutsam für den Anwesenheitsnachweis sind die Pflanzenspuren an der Hose. Die Beschädigungen an den Pflanzen können lediglich auf den Weg des Täters hinweisen, lassen jedoch keine Rückschlüsse auf die verursachende Person zu.

Das Verständnis der Wechselwirkung als grundlegender Mechanismus der Entstehung kriminalistischer Spuren hat praktische Bedeutung für die zielgerichtete und umfassende Spurensuche am *Tatort, Tatobjekt* bzw. *Opfer, Tatmittel* und *Täter*.

3. Spurenarten

Neben der Einteilung der Spuren nach der Art des Spurenverursachers (z. B. Schuhe, Blut) oder nach der Art und Weise der Spurenentstehung (z. B. Abdruck- und Eindruckspuren, Schartenspuren) ist eine Gliederung nach der Wahrnehmbarkeit möglich. Danach werden unterschieden:

Makrospuren
Kriminalistische Spuren, die für den Suchenden – entsprechendes Wissen und Erfahrungen vorausgesetzt – mit dem bloßen Auge deutlich wahrnehmbar sind.

Beispiele:
- Schuheindruckspuren im Erdreich.
- Ausgeprägte Blutspuren, wenn sich der Täter beim Einbruch verletzt hat.

Mikrospuren
Kriminalistische Spuren, die mit den menschlichen Sinnesorganen ohne Hilfsmittel (z. B. Lupe) nicht wahrnehmbar sind.

Beispiele:
- Faserspuren, bei denen es sich gewöhnlich um mikroskopisch kleine Bruchstücke von Textilfasern handelt.
- Hautteilchen, die als Abrieb an der Tatwaffe haften.

Latente Spuren
Kriminalistische Spuren, die in einer für die menschlichen Sinnesorgane wahrnehmbaren Dimension auftreten, aber aufgrund eines zu geringen Kontrastes zum Spurenträger mit Hilfsmitteln sichtbar gemacht werden müssen. Als latente Spur kann auch eine noch nicht als kriminalistisch relevant erkannte materielle Veränderung gelten. Der Zusammenhang mit dem Tatgeschehen muss durch weitere Ermittlungen erschlossen werden.

Beispiele:
- Mit Schweiß gegriffene Fingerabdruckspuren werden mit Einstäubemitteln sichtbar gemacht (während dies bei mit Blut verursachten Fingerspuren nicht notwendig ist).
- Ein am Tatort aufgefundenes Taschentuch, dessen Herkunft zunächst unklar ist.

4. Grundsätze der Suche und Sicherung von Spuren und Vergleichsmaterialien

Die *Suche* von Spuren und Vergleichsmaterialien kann nach zwei unterschiedlichen Suchplänen vorgenommen werden:
- Lückenlose Absuche des gesamten Tatortes (systematischer Suchplan).
- Suche auf der Grundlage der gedanklichen Rekonstruktion des Tatgeschehens (heuristischer Suchplan).

Beim *lückenlosen Suchen* kann der Tatort im Ganzen oder abschnittsweise abgesucht werden. Je nach Ausdehnung und besonderen örtlichen Bedingungen wird der Tatort zweckmäßig eingeteilt. Dieses Suchen nach klassischer Art setzt allerdings voraus, dass die zu erwartenden Spuren gut wahrnehmbar sind.

Beispiele:
- Tatort im Gebäude: einzelne Zimmer einer Wohnung als Abschnitte *eines* Tatortes.
- Tatort im Freien: Waldweg, Kiefernschonung, Wiese als Abschnitte *eines* Tatortes.

Die Suche auf der Grundlage der *gedanklichen Rekonstruktion des Tatgeschehens* insgesamt oder bestimmter Tathandlungen ermöglicht die zielgerichtete Suche nach Spuren, insbesondere nach Mikrospuren. Der eigentlichen Spurensuche vorangestellt werden beispielsweise folgende Überlegungen:
- Welche Zu-/Abgangsmöglichkeiten zum/vom Tatort gab es?
- Welche Hindernisse mussten überwunden werden, um an den Tatort zu gelangen?
- Welche Wege des Täters wurden vom Fährtenhund ausgearbeitet?
- Welche Makrospuren (z. B. Beschädigungen, Zerstörungen) oder anderweitigen tatbezogenen Veränderungen (z. B. herausgezogene Schubfächer, auf dem Boden liegende Papiere) sind vorhanden?
- Welche Aussagen von Geschädigten bzw. Zeugen zum Tatgeschehen oder zu nicht für jedermann erkennbaren tatbezogenen Veränderungen liegen vor?

Die Antworten auf diese Fragen ermöglichen es, das Tatgeschehen oder zumindest bestimmte Tathandlungen gedanklich zu rekonstruieren, also eine wirklichkeitsnahe Vorstellung (Version) vom Tatgeschehen zu entwickeln, um auf dieser Grundlage vorauszubestimmen, wo welche Spuren(-träger) zu erwarten sind. Diese gedankliche Rekonstruktion soll möglichst dort ihren Ausgangspunkt haben, wo eine Tathandlung *sicher* als solche erkennbar ist (z. B. die in Griffnähe eingeschlagene Glasscheibe der Terrassentür).

In vielen Fällen basiert die Spurensuche auf einer *Kombination* beider Suchpläne.

Bei der Tatortarbeit sind geeignete Hilfsmittel (Licht, Lupe, Suchreagenzien, technische Detektoren, Diensthund) zu verwenden.

Der Suche von Spuren folgt deren *Sicherung* mit den jeweils für die konkrete Spurenart geeigneten kriminaltechnischen Mitteln und Methoden. Folgende Grundsätze sind zu beachten:
- Vor der Sicherung sind zunächst alle Spuren zu suchen, zu kennzeichnen und zu fotografieren.
- Die Lage der Spuren im Raum und zueinander ist zu dokumentieren (Skizzieren, Vermessen) sowie ihre Beschaffenheit (Zustand, Ausdehnung) zu beschreiben.
- Anschließend sollte die Spurenlage in ihrer Gesamtheit mit der bereits aufgestellten Version vom Tatgeschehen verglichen werden, um auf diese Weise die Version zu überprüfen und festzustellen, ob alle diesbezüglich erwarteten Spuren gefunden worden sind. Gegebenenfalls ist die Version zu korrigieren oder die Spurensuche fortzusetzen.
- Erst danach sind die Spuren zu sichern und getrennt voneinander in geeigneten Behältnissen verlustfrei zu verpacken.
- Sofern möglich, sind die Spuren auf den Spurenträgern zu belassen und zusammen mit diesen gegenständlich zu sichern.
- Ist das so nicht möglich, kommen spezielle Sicherungsmethoden (Abformen, Abkleben, Abpräparieren) oder die Gewinnung einer repräsentativen Materialprobe in Betracht.
- Die jeweilige Beschriftung muss eindeutig sein und sich auf die verpackte Spur beziehen.

Bereits im Rahmen der Spurensuche und -sicherung ist es in bestimmten Fällen erforderlich, vorsorglich Vergleichsmaterial zu sichern.

Beispiele:
- Glasscherben zum späteren Vergleich mit Glasspuren an der Bekleidung des Beschuldigten.

- Bodenproben zum Vergleich mit zu erwartenden Bodenspuren an der Bekleidung eines ermittelten Beschuldigten.
- Fingerabdrücke von Berechtigten zum Vergleich mit Fingerabdrücken am Tatort, um deren Tatbezogenheit zu prüfen.

5. Operative Spurenauswertung

Die operative Spurenauswertung ist Bestandteil der Tatortarbeit. Inhaltlich geht es um die zusammenhängende Beurteilung aller sachlichen Beweismittel und zugehöriger Informationen, die dazu dienen, Versionen zum Tatgeschehen und zum Täter aufzustellen.

Daraus sind Schlussfolgerungen zu ziehen, insbesondere für
- die Feststellung weiterer Spuren,
- die zielgerichtete Beschaffung von Vergleichsmaterialien,
- den Ausschluss von Tatortberechtigten und
- die Untersuchungsplanung.

Das Ergebnis der operativen Spurenauswertung ist zu protokollieren.

Abschließend soll hervorgehoben werden:
- Obwohl im Folgenden ausgewählte Spurenarten aus systematischen Gründen jeweils getrennt voneinander abgehandelt werden, verlangt die praktische kriminalistische Arbeit immer ein komplexes Vorgehen am Tatort.
  Das betrifft bereits die Suche und Sicherung der Spuren und erst recht ihre operative Auswertung, aber auch die Untersuchung und die Begutachtung durch Sachverständige, deren Ergebnisse bei Notwendigkeit in einem Komplexgutachten dargestellt werden sollten.
- Je nach Schwere und Charakter der Straftat sowie der sich daraus ergebenden eventuell sehr komplizierten Spurenlage sollten Spezialisten (Kriminaltechniker, kriminaltechnische und rechtsmedizinische Sachverständige) frühzeitig in die Tatortarbeit einbezogen werden.

III. Formspuren

Mit dem Begriff Formspuren werden unter anderem Abdruck-, Eindruck-, Scharten- und Reliefspuren bezeichnet, die von Werkzeugen, Schuhen, Fahrzeugen, Handschuhen, den unbekleideten Füßen von Personen (Fußspuren) und von vielen anderen Objekten verursacht werden können. Ihre Suche, Sicherung, Erstauswertung sowie die Begutachtung zusammen mit Vergleichsobjekten durch Sachverständige bilden einen wichtigen Bereich der Klassischen Kriminaltechnik.

1. Werkzeugspuren

von *Rainer Schill*

Allgemeines

- Alle Gegenstände, also nicht nur Werkzeuge im eigentlichen Sinn, können Spuren in Form von *Eindruckspuren* und *Schartenspuren* (Gleitspuren) hinterlassen. Außer bei Einbruchsdiebstählen und Sachbeschädigungen können sie auch bei Körperverletzungen, Tötungsdelikten, Verkehrsunfällen, Bränden und Havarien sowie anderen Delikten auftreten.
- Werkzeuge und andere für die Verursachung von Eindruck- und Schartenspuren in Frage kommende Gegenstände weisen allgemeine (auch Gruppenmerkmale genannt) und besondere (individualisierende) Merkmale auf, die je nach Spurenqualität *Gruppen-* oder *individuelle Identifizierungen* ermöglichen. Eine *Gruppenidentifizierung* ist die Feststellung der Art des Spurenverursachers, u. a. auch seiner Größe und Beschaffenheit. Es können bei Vorlage von Vergleichsmaterialien Aussagen darüber getroffen werden, welche Objekte als Spurenverursacher ausgeschlossen werden bzw. in Frage kommen können. Bei der *individuellen Identifizierung* dagegen wird *ein* bestimmtes Vergleichsobjekt als Spurenverursacher identifiziert. Die Identifizierung kann je nach Qualität und Quantität der Spuren mit Sicherheit oder in bestimmten Wahrscheinlichkeitsstufen erfolgen.

Sicherung der Spuren

- Nach Möglichkeit sind die Spuren im *Original zu sichern*, z. B. Kassetten-, Kabel-, Draht- oder Gitterstücke, Teile von Fahrzeugen. In die Spuren eingelagerte oder aufgetragene Substanzen vom Spurenverursacher sind durch geeignete Verpackungen vor Verlust zu schützen (kein Klebeband verwenden). Isolationsschnitte und andere Veränderungen sind zu kennzeichnen, z. B. mittels Faserschreiber oder durch Anbringung von Klebeband mit entsprechender Beschriftung.
- Vor der *mechanischen Sicherung* (Sicherung mit Spurensicherungsmitteln) ist die Lage der Spuren, z. B. an welchen Stellen der Tür (Rahmenkante innen/außen), durch Fotografie, Skizze oder Beschreibungen zu dokumentieren.
- Mögliche *Gegenspuren* sind zu beachten, z. B. am Drehpunkt eines Hebelwerkzeuges. Diese oftmals mit Anstrichstoff- und anderen Anhaftungen vom Werkzeug versehenen Spuren bieten die Möglichkeit komplexer Begutachtungen, z. B. in Zusammenarbeit mit Sachverständigen der forensischen Chemie.
- An den Spuren bzw. Gegenspuren haftende *Substanzen*, wie Anstrichstoff-, Chrom- oder Schmutzanhaftungen, sind mit einem Skalpell o. Ä. vorsichtig von der Spur zu entfernen und in den dafür vorgesehenen Behältnissen (Glas- oder Plastikröhrchen, Pergamintüten) zu sichern. Diese Substanzen ermöglichen außer Materialuntersuchungen ggf. Passspurenvergleiche, wenn sich z. B. Oberflächenstrukturen (Anschliff, Beschädigungen) auf den vom Werkzeug abgeplatzten Lackpartikeln widerspiegeln. Unter Umständen kann dann festgestellt werden, von welcher Stelle des Werkzeuges die Substanz stammt.
- Die *mechanische Sicherung* der Spuren sollte nur noch mit Silikon-Abformmitteln, wie braunes Mikrosil oder Accu Trans-brown, entsprechend den Hinweisen auf den Beipackzetteln vorgenommen werden. Vor der Abformung hat sich das Benetzen des Spurenträgers mit Petroleumbenzin (Waschbenzin), Benzol o. a. organischen Lösungsmitteln zur Verbesserung der Abformqualität (Verminderung von Blasenbildung) bewährt. Davor ist jedoch eine Probebenetzung an einer neutralen Stelle des Spurenträgers vorzunehmen, um Veränderungen der Spur durch das Benetzungsmittel auszuschließen. Nach dem Auftragen des Abformmittels ist es ratsam, auf die noch nicht ausgehärtete Abformung einen Streifen saugfähiges Papier, wie Küchenkrepp, aufzudrücken.

Das Papier verbindet sich mit der Abformung, saugt überschüssigen Vernetzer auf und kann zur Spurenbeschriftung verwendet werden. Nach der Aushärtung ist unter Zuhilfenahme einer Lupe die Qualität der Abformung mit der Originalspur zu vergleichen, ggf. ist diese erneut vorzunehmen.

- *Fotografisch gesicherte Werkzeugspuren* sind in der Regel nur für Gruppen-, nicht aber für individuelle Identifizierungen geeignet. Sie haben aber Bedeutung zur Dokumentation ihrer Lage, z. B. an aufgebrochenen Türen, Safes, Schränken.

Sicherung der Werkzeuge

- Auf der Grundlage der Spurenmerkmale zielgerichtet nach Werkzeugen suchen, ihre Auffindungsorte sind zu dokumentieren.
- Es ist eine Zuordnung der als Verursacher in Frage kommenden Werkzeuge vorzunehmen (wem gehören sie, wer hatte Zugang zu ihnen).
- Mögliche Spuren an den Werkzeugen beachten, schützen bzw. sichern. Dies können Lackspuren, Fingerspuren, DNA-Spuren im Griffbereich der Werkzeuge, Faser-, Blut- und andere Spuren sein. Bei fest anhaftenden Spuren sind diese an den Werkzeugen zu belassen und ggf. mit geeignetem Verpackungsmaterial abzudecken (kein Klebeband verwenden!).
- Mit den als Spurenverursachern in Frage kommenden Werkzeugen dürfen keine Experimente, z. B. Schnitte, durchgeführt werden.
- Spuren- und Vergleichsmaterialien sind so zu verpacken, dass sie beim Transport keine Kontakte miteinander haben können. Zerstörte Glasscheiben als Spurenmaterial und Glasschneider oder andere Werkzeuge mit möglichen Glassplittern als Vergleichsmaterial sind ggf. in verschiedenen Kartons zu verpacken.

Mögliche Fragestellungen

- Mit welchem Werkzeug bzw. Gegenstand wurden die Spuren verursacht?
- Wurden die Spuren mit den eingesandten Vergleichswerkzeugen verursacht?
- Bildete das in der Spur X gesicherte Teilchen Y (z. B. Lack- oder Chromteilchen) mit dem Vergleichswerkzeug Z ein Ganzes *(Passspur)* oder stimmt es in der stofflichen Zusammensetzung mit der Werkzeuglackierung überein (forensische Chemie)?

- Ist bekannt, ob gleichartige Spuren an anderen Tatorten aufgetreten sind bzw. Spuren von sichergestellten Werkzeugen in der Sammlung einliegen?
- (Zu beachten sind Art und Umfang der Sammlungen in den LKÄ, PP und anderen Dienststellen.)

Besonderheiten bei Spuren auf Glasoberflächen
Eine Besonderheit der Werkzeugspuren stellen *Ritzspuren auf Glasoberflächen* dar, die Aussagen ermöglichen, ob die Scheibe mit einem Rädchen- oder Diamantglasschneider bzw. einem Hartmetallgegenstand, Schleifkörper o.a. angeritzt wurde. In Ausnahmefällen können bei markanten Beschädigungen am Ritzwerkzeug, z. B. ein beschädigtes Rädchen eines Glasschneiders, individuelle Identifizierungen erfolgen.

Kreisrunde Glassprünge bzw. aus den Glasscheiben herausgeplatzte *kreisförmige Scheiben* von mehreren Zentimetern Durchmesser mit sehr scharfen und vielfach überstehenden Kanten entstehen meist durch Spannungen im Glas, die durch Steinschlag oder andere Krafteinwirkung mit geringem Energiepotential, z. B. durch Beschuss mit Steinschleudern oder Luftgewehren, freigesetzt werden. Bei der Anwendung von den in Glasereien verwendeten Kreisschneidern weisen sowohl die Löcher als auch die kreisrunden Scheiben an den Rändern typische Glasschneiderspuren auf. Trifft Luftgewehrmunition auf Glasoberflächen, so springen hin und wieder aus der Glasoberfläche kleine abgerundete kegelförmige Teile heraus, die bei der Spurensuche leicht übersehen werden können.

Bei eingeschlagenen und durchschossenen Glasscheiben ist eine Bestimmung der Krafteinwirkungsrichtung an Hand von Merkmalen an den Radial- und konzentrischen Sprüngen durch Sachverständige möglich (wichtig bei Verdacht von fingierten Einbrüchen, wenn die Krafteinwirkung von der Raumseite aus erfolgte). Werden zerstörte Glasscheiben zur Begutachtung übersandt, sind Kennzeichnungen der Innen- bzw. Außenseiten vorzunehmen (siehe auch Abschnitt IV. 1.1 Glasspuren).

Bei Verkehrsunfällen gesicherte Glas- oder Plastikscherben, die von Scheinwerfer-Streuscheiben, Rückleuchten und von Spiegeln stammen können, lassen beim Vorhandensein von Kennzeichnungen (Buchstaben und Ziffern) Recherchen über die Leuchtendatei für Unfallfluchtnachforschungen (LUNA) im Informationssystem der deutschen Polizei (INPOL) zu. Bei erfolgreicher Recherche sind

Aussagen darüber möglich, welche Fahrzeugtypen mit derartigen Teilen versehen sind. Im Weiteren sind Passspurenvergleiche mit den entsprechenden Teilen von kriminalistisch relevanten Fahrzeugen möglich (siehe auch Abschnitt III.4 Passspuren).

2. Schlossuntersuchungen

von *Rainer Schill*

Allgemeines
Zu untersuchen sind Schlösser aus den unterschiedlichsten Bereichen und Objekten, wie Schlösser aus Wohngebäuden (Türen, Fenster, Briefkästen, Garagen), aus Behältnissen (Schränke, Kassetten, Safes, Koffer), aus Kraftfahrzeugen (Zünd- und Türschlösser) sowie Mehrzweckschlösser (Vorhängeschlösser, Seilschlösser).

Arten von Schlössern
Einsteckschlösser werden meist für Türen oder Schränke verwendet und als *Buntbart-* oder *Chubbschlösser* hergestellt. Die *Buntbartschlösser* mit unterschiedlichen Schlüsselbartprofilen, aber nur einem Zuhaltungselement, der Bügelzuhaltung, werden wegen ihres geringen Sicherheitsgrades meist nur noch für Zimmertüren oder Möbel verwendet. Die *Chubbschlösser* mit ebenfalls unterschiedlichen Schlüsselbartprofilen, aber abgestuften Bärten, haben mehrere Zuhaltungsplatten. Diese Schlösser sind vereinzelt noch in Wohnungstüren vorhanden, werden aber vorwiegend für Möbel, Geldkassetten, Tresore, Safes, Gepäckfachautomaten der Deutschen Bahn u. a. verwendet.

Schließzylinder (auch Profilzylinder) werden in verschiedenen Arten und Ausführungen in großen Stückzahlen hergestellt. Es sind feinmechanische Bauteile, die in speziell dafür hergestellte *Einsteckschlösser* für Wohnungs- und Haustüren, Türen von Geschäftsräumen, Betrieben u. a. m., meist als Doppelschließzylinder eingeschraubt werden. Sie sind gut geeignet für Schließanlagen in Wohnkomplexen, öffentlichen Einrichtungen, Büro- und anderen Gebäuden, deren Räume sowohl mit Einzel-, Gruppen-, Haupt- und Generalschlüsseln geöffnet werden können. Sie sind aber auch an Behältnissen wie Kassetten, Safes, in Kraftfahrzeugen, Vorhänge- und Seilschlössern vorhanden und finden als so genannte Briefkastenschlösser weitere Verwendung. Vom Konstruktionsprinzip unterscheidet man hauptsächlich Schließzylinder mit Stift-, Plättchen- und Magnetzuhaltungen. Bei den Schließzylindern gibt es im konstruktiven Aufbau, dem Materialeinsatz, der Anzahl der Zuhaltungselemente und der Herstellungstoleranzen Qualitätsunterschiede, die sich auf den Sicherheitsgrad gegen Nachschließen mit schlossfremden Werkzeugen und gegen gewaltsame Zerstörung (Aufbohren, Abbrechen) auswirken.

Einbausicherungen sind eine Art von flachen Schließzylindern, deren Schlüssel zylindrische Holme mit kurzen gekreuzten Kerbleisten (Kreuzbartschlüssel) aufweisen. Sie werden zwischen Gehäuseboden und -deckel von Einsteckschlössern, in verschiedene Automaten, Alarmanlagen u. Ä. eingebaut. Auf Grund ihrer höheren Störanfälligkeit gegenüber Profilzylindern und einem stärkeren Abnutzungsgrad als diese werden sie weniger verwendet und deshalb auch von immer weniger Firmen hergestellt.

Vorhängeschlösser, Seilschlösser werden in zahlreichen Varianten mit den o. g. Sperrmechanismen (Buntbart-, Chubb-, Zylinder-, Codeschlossprinzip) hergestellt. Ihre Schwachstellen sind in der Regel nicht die Schließeinrichtungen, sondern die Schlossbügel, Stahlseile und Stahlglieder, die mittels Werkzeugen, vorwiegend Bolzenschneidern, durchtrennt werden.

Mechanische Codeschlösser werden in einfachen Ausführungen meist als Zahlenschlösser für Behältnisse (Koffer, Aktentaschen, Kassetten), Vorhänge- und Seilschlösser verwendet. Ihr Sicherheitsgrad ist oft gering.

Kompliziertere Schlösser mit höherem Sicherheitsgrad werden in Stahl-, Panzerschrank- und Tresortüren eingesetzt. Sie geben auf mit Zahlen oder Buchstaben versehenen Drehscheiben bei richtiger Codeeinstellung Riegel oder andere Sperrelemente frei. In der Regel ist eine Codeänderung möglich.

Elektronische bzw. mechatronische Schlösser und Schließsysteme: Im Unterschied zu den mechanischen ist bei den elektronischen Schlössern eine interne oder externe Stromversorgung erforderlich. Über Tastaturen werden numerische Codes, Kenn- oder Passwörter eingegeben und danach Sperrmechanismen freigegeben oder in Bewegung gesetzt. Es werden auch Magnetkarten verwendet, die besonders im Hotelgewerbe vielseitig nutzbar sind. In Entwicklung für Zutrittsberechtigungen sind biometrische Erkennungsverfahren auf der Grundlage von Fingerabdrücken, Augen-Netzhaut- und -Irisvergleichen sowie von Gesichts- und Stimmenerkennungen.

In der *Fahrzeugindustrie* hat seit längerer Zeit die Radio-Frequenz-Identifizierung (RFID) für Wegfahrsperren Einzug gehalten. Die Fahrzeuge sind dabei u. a. mit Steuergeräten versehen. In den Plastikgriffen der Schlüssel (Reiden) befinden sich Mikrochips (Transponder). Meist ist in nur einem Schlüssel (mit größerem Griff) des Schlüsselsatzes eine Funkfernsteuerung mit Wechselcode zum Betätigen des Türmechanismus, der Kofferraumklappe und bei Cabrios evtl. des Verdeckmechanismus vorhanden.

Beim Einführen des Schlüssels in das Zündschloss kommuniziert der Transponder mit dem Steuergerät, dieses erkennt den berechtigten Schlüssel und gibt den Startvorgang frei. Bei Schlüsselverlust ist eine Nachfertigung in Verbindung mit dem Steuergerät des Fahrzeuges möglich, die Schlüssel erhalten einen neuen Code.

Bei fingierten Kfz-Diebstählen (Versicherungsbetrug) wurden die Transponder in den Schlüsseln ausgetauscht bzw. nicht zum Fahrzeug gehörende Schlüssel bei den Versicherungen vorgelegt. Für kriminaltechnische Untersuchungen sind deshalb alle angeblich zum Fahrzeug gehörenden Schlüssel sicherzustellen. Es kann ggf. festgestellt werden, ob es sich um Originalschlüssel oder nachträglich „angelernte" (codierte) Schlüssel handelt. Die Fernbedienung von elektronischen Schlüsseln ist nicht zu betätigen, da durch die Handhabung des Schlüssels Daten (Zeiten der Betätigung des Schließ- bzw. Startvorganges), die bei der Untersuchung ausgelesen werden können, beeinträchtigt werden.

Schlossfremde Werkzeuge

Hierunter versteht man Werkzeuge bzw. Gegenstände, mit deren Hilfe die in den Schlössern vorhandenen Sicherungs- und Sperrelemente (Zuhaltungen von Buntbart- und Chubbschlössern, Stifte und Plättchen von Schließzylindern) betätigt und in Schließstellung gebracht werden können. Dazu zählen u. a. Sperrhaken, Dietriche, Taster, den Originalschlüsseln ähnliche Werkzeuge, zufällig passende Schlüssel sowie schmale Gegenstände wie spitze Scheren, Nagelfeilen.

Zum gewaltsamen Überwinden der Schließmechanismen bei Schließzylindern, vorwiegend bei Kraftfahrzeugen, werden auch die so genannten „Polenschlüssel" verwendet. Diese werden in den

Schließkanal des Innenzylinders geschlagen und mittels Greifwerkzeug (Schraubenschlüssel, Greifzange) gewaltsam gedreht. Dadurch werden die Stift- oder Plättchenzuhaltungen abgeschert und der Schließ- bzw. Zündmechanismus kann betätigt werden.

Ragen die Schließzylinder aus den Türbeschlägen heraus, können diese mit speziell angefertigten Werkzeugen mit Ausnehmungen in Form der Profilzylinder oder mit passenden bzw. verstellbaren Schraubenschlüsseln, mit Greifzangen oder ähnlichen Werkzeugen abgebrochen werden. Die abgebrochenen Zylinderhälften (bei Doppelschließzylindern) werden aus den Einsteckschlössern entfernt und die Schließmechanismen können nun mit einfachen Sperrhaken geschlossen werden. Oft werden die abgebrochenen Zylinderhälften am Tatort weggeworfen oder bei Verdächtigten gefunden. Diese sind aber wichtige Spurenträger für Gruppen- und individuelle Identifizierung der Tatwerkzeuge. In LKÄ existieren Sammlungen von abgebrochenen Schließzylindern. Übereinstimmende Werkzeugspuren auf diesen Zylinderhälften lassen auf Straftatenhäufungen durch einen Täter bzw. eine Tätergruppe schließen. Werden bei Verdächtigten beschlagnahmte Werkzeuge als Spurenverursacher identifiziert, so ist damit oft eine Vielzahl von Straftaten aufgeklärt.

Spurensicherung

- An den zu untersuchenden Schlössern keine Schließversuche vornehmen.
- Nachfrage, ob die Schlösser bereits einmal mit schlossfremden Schließwerkzeugen (z. B. von Schlüsseldiensten) nachgeschlossen wurden.
- An ausgebauten Schlössern eine Seitenkennzeichnung (innen bzw. außen) vornehmen.
- Beim Ausbau eines Schlosses ist auf Teile schlossfremder Schließwerkzeuge (z. B. abgebrochene Teile von Tastwerkzeugen) und auf Werkzeugspuren (z. B. von Hebel-, Greif- und Bohrwerkzeugen) zu achten. Diese Spuren können sich an der Tür, in den Ausnehmungen für den Einsatz des Einsteckschlosses, an den Beschlägen, am Schließblech und auf dem Fußboden befinden. Widersprüchliche oder nicht erklärbare Spurenlagen lassen den Verdacht einer fingierten Straftat zu. Zur beweiskräftigen Klärung sind Sachverständige hinzuzuziehen.
- Zur Sicherung bzw. Begutachtung von elektronischen Schlössern, der Hard- und Software sind diesbezügliche Spezialisten in den Po-

lizeidienststellen und/oder der Montage- bzw. Herstellerbetriebe einzubeziehen. Fernbedienungsmechanismen bei Fahrzeugschlüsseln nicht betätigen, um Datenverluste zu vermeiden.

Zur *Begutachtung* sind außer den Spuren und Vergleichswerkzeugen alle Original- und nachgefertigten Schlüssel zum jeweiligen Schloss zu übersenden. Bei angegriffenen Objekten mit Schließanlagen kann an Hand der Schließpläne festgestellt werden, welche Türen mit welchen Schlüsseln geöffnet werden können und wie viele Schlüssel zur Anlage ausgeliefert bzw. nachgefertigt wurden.

Mögliche Untersuchungsfragen
- Befindet sich das Schloss bzw. der Schließzylinder in einem funktionstüchtigen Zustand?
- Wie und mit welchen Werkzeugen wurde das Schloss bzw. der Schließzylinder zerstört?
- Befinden sich im Schloss bzw. im Schließzylinder Spuren schlossfremder Schließwerkzeuge und um welche Werkzeuge kann es sich handeln?
- Weisen am und im Schloss bzw. Schließzylinder befindliche Spuren auf eine erfolgreiche Öffnung hin?
- Wurden die am und im Schloss befindlichen Spuren mit den übersandten Vergleichswerkzeugen verursacht?
- Handelt es sich bei den Schlüsseln um Original- oder nachgefertigte Schlüssel?
- Befinden sich an den Schlüsseln Spuren, die darauf hinweisen, dass sie zur Anfertigung von Nachschlüsseln verwendet wurden?
- Handelt es sich bei den Fahrzeugschlüsseln um den zum Fahrzeug ausgelieferten vollständigen Originalschlüsselsatz mit den Originaltranspondern (elektronische Bauteile – meist im Schlüsselgriff) und welche Daten können ausgelesen werden? (Zur Beantwortung dieser Frage sind nach Rücksprache mit den LKÄ Konsultationen mit Fachwerkstätten bzw. den Fahrzeugherstellern erforderlich).

3. Entfernte und veränderte Prägungen sowie diesbezügliche Besonderheiten bei Kraftfahrzeugdelikten

von *Rainer Schill*

Zahlreiche Gegenstände, wie Waffen, Kraftfahrzeuge, Fahrräder, Werkzeugmaschinen und andere technische Geräte sind mit Prägungen (Buchstaben, Ziffern, sonstige Kennzeichen) versehen, die für die polizeiliche Arbeit bezüglich der Fahndung und der Identifizierung entwendeter Objekte wichtig sind. Von besonderer Bedeutung sind dabei die 17-stelligen *Fahrzeugidentifizierungsnummern (FIN),* die weltweit bei fabrikneuen Fahrzeugen an den verschiedensten Einzelteilen vorhanden und an einer Stelle im Fahrzeug meist geprägt sind. Die Fahrzeughersteller bringen die FIN an unterschiedlichen Stellen an. Die FIN ist als wichtigstes Identifizierungskennzeichen in den amtlichen Urkunden, den *Zulassungsbescheinigungen (Teile I und II)* eingetragen. Sie enthält in Buchstaben und Zahlen verschlüsselte Daten über Hersteller, Typ, Ausstattung, Farbe, Produktionszeit u.a. zum jeweiligen Fahrzeug. Viele der entwendeten Fahrzeuge erhalten zur Verschleierung des Diebstahls die FIN von anderen, oft von Schrottfahrzeugen. Diese so genannten „Schrottfrisierungen" werden vielfach von Tätergruppen der organisierten Kriminalität durchgeführt. Sie erwerben dazu mit den Zulassungsbescheinigungen beschädigte Fahrzeuge aus Verkehrsunfällen. Aus diesen werden die Identifierungskennzeichnungen, wie Typen- und Produktionsschilder und die Teile mit der FIN ausgebaut bzw. herausgetrennt und in die entwendeten Fahrzeuge gleichen Typs, Farbe und Ausstattung eingebaut. Die Täter begehen aber beim „Frisieren" Fehler bzw. übersehen Teile mit Identifizierungsdaten. Zur Erleichterung bei Aufdeckung von Kraftfahrzeugdiebstählen und zur Fahndungsunterstützung entwickelten die Bayerische Grenzpolizei, das Bayerische LKA, das BKA Wiesbaden sowie das damalige Landesgendarmeriekommando des Burgenlandes (Österreich) wirkungsvolle Fahrzeugidentifizierungs- und Auswertungssysteme, z. B. **„FINAS"** (wird seit 01.01.2011 nicht mehr aktualisiert). Auf den langjährigen Erfahrungen von FINAS aufbauend, wurden weitere, nachfolgend genannte polizeiinterne Identifizierungs- und Auswertungsdatenbanken geschaffen:

- Europäische Fahrzeug Identifizierungs Datei **„EuFID"**
- Recherche amtlicher Kfz-Kennzeichen **„RAKK"**

- Fahrzeugauskunft **„FaDa“** (Hinweise auf Kennzeichnungen von Navigationsgeräten, Audiosystemen, Airbags, Getrieben u. a.)

Bei Verdacht auf eine „Schrottfrisierung“ sollten die Bereiche mit der FIN, dem Typen- und Produktionsschild eingehender betrachtet werden. Der Bereich mit der FIN kann insgesamt durch Einschweißen eines Blechstückes mit der Original-FIN vom Schrottfahrzeug oder durch Abschleifen und neu Prägen von Buchstaben und Ziffern in die Originalprägung und anschließende Lackierung des jeweiligen Bereiches verändert worden sein. Nachträgliches Lackieren des Bereiches mit der FIN lässt sich oft durch Wischproben mittels Farbverdünnern, Aceton u.a. Lösungsmitteln feststellen. Vielfach geben Unebenheiten auf den Vorder- und Rückseiten des Bleches im Bereich der FIN Hinweise auf Manipulationen. Da die Täter zunehmend professionell vorgehen, sind Konsultationen in Fachwerkstätten sowie Vergleiche mit Fahrzeugen gleicher Typen und Baujahre angeraten.

Bei Verfälschungen durch Abschleifen von Originalprägungen und erneutem Prägen bestimmter Buchstaben und Ziffern lässt sich durch chemische *Ätzverfahren, Thermobehandlung und andere physikalische Verfahren* vielfach die ursprüngliche Prägung und damit auch die Original-FIN sowohl in metallischen als auch in Plastikwerkstoffen wieder sichtbar machen. Vom Bundeskriminalamt, Kriminaltechnisches Institut, sowie von LKÄ, wurden dazu spezielle Methodenbeschreibungen erarbeitet.

Generell ist es möglich, bei Verdächtigten sichergestellte Schlagstempel und andere zur Prägung benutzte Werkzeuge zu identifizieren. Deshalb sind vor der Wiedersichtbarmachung der Originalprägung die verfälschten Bereiche mit Silikon-Abformmitteln zu sichern. Zuvor sind jedoch für spätere Vergleichsuntersuchungen Lackproben zu entnehmen und die Lackierung, durch die die Merkmale verdeckt wurden, mit entsprechenden Lösungsmitteln oder anderen Verfahren zu entfernen.

Mögliche Untersuchungsfragen

- Handelt es sich um die Originalprägung des Herstellers oder um eine Fälschung?
- Kann die Originalprägung wieder sichtbar gemacht werden und wie lautet diese?
- Wurden mit den Vergleichswerkzeugen (Schlagstempel o. Ä.) die Prägungen hergestellt?

4. Passspuren

von *Winfried Marquardt*

Allgemeines
Passspuren sind Teile, die den Nachweis der Zusammengehörigkeit von zwei oder mehreren Teilen zu einem ursprünglichen Ganzen gestatten. Sie entstehen an den Bruch-, Schnitt- oder Rissstellen eines Gegenstandes, wenn dieser zerbricht, zerreißt oder Teile von ihm abgesplittert bzw. von ihm gelöst werden.

Passstücke können sein:
- abgebrochene Werkzeugteile,
- Teile von Textilien und Leder,
- Glas- oder Kunststoffscherben und -splitter,
- Lacksplitter,
- zerrissene Schriftstücke u. a. Dokumente,
- Teile von Schlüsseln und schlossfremden Werkzeugen,
- Teile von Klebestreifen, Drähten und anderen Gegenständen.

Am häufigsten sind Passspuren bei Verkehrsdelikten und Einbruchsdiebstählen zu finden.

Spurensuche und -sicherung
- Die fotografische Sicherung muss unter Beachtung der Regeln der Spurenfotografie erfolgen.
- Die nähere und weitere Umgebung des Ereignisortes in die Suche einbeziehen.
- Alle als Passstücke in Frage kommenden Teile im Original sichern (auch kleine und kleinste Objekte).
- Ist die Originalsicherung nicht möglich, so sind Abformungen der Passspuren tragenden Bereiche mit Mikrosil, ACCUTRANS oder anderen geeigneten Abformmitteln vorzunehmen.
- Passstücke nach Möglichkeit getrennt verpacken; auf jeden Fall größere Beschädigungen der Passbereiche verhindern.
- Passstücke exakt bezeichnen und kennzeichnen (z. B. ihre exakte Herkunft oder Lage in entsprechenden Rahmen [Fenster, Türen] beschreiben).
- Es sind keine Passversuche an den Trennstellen durchzuführen.
- Zu berücksichtigen ist, dass Passstücke oft auch Träger anderer Spuren, wie Substanzen, Werkzeugspuren usw. sind.

Spurenauswertung

Bei der Auswertung und Begutachtung von Passspuren werden die allgemeinen Eigenschaften bzw. Merkmale wie Größe, Materialart, Form und die individualisierenden wie Bruch- und Risskanten, Oberflächenstrukturen Bruchflächengebilde usw. durch Zusammenfügen, Auflegen oder Gegenüberstellen dahingehend geprüft, ob sie ein Ganzes bildeten. Beim Zusammenpassen muss Druck auf die Teile oder Reibung zwischen ihnen vermieden werden.

Bei Rohren, Kabeln, Drähten, Klebestreifen, Blechen u. v. a. ist die Zusammengehörigkeit oft nur an Hand zusammenhängender Oberflächenmuster, -beschädigungen, Ziehspuren usw. festzustellen.

Der Beweiswert von Passstücken ist durch exakte Herkunftsbeweise (Durchsuchung/Beschlagnahme) abzusichern. Kontakte zwischen Spuren- und Vergleichsmaterial sind zu verhindern. Verdächtige, an deren Kleidung sich Passteile (z. B. Glas) befinden könnten, müssen von Spuren- und Vergleichsmaterial (z. B. Kfz) fern gehalten werden.

An Hand von Passteilen sind außerdem Rückschlüsse auf Art und Aussehen des zu suchenden Objekts, z. B. ein Kfz, möglich.

Mit der Datei LUNA (Leuchtendatei für Unfallnachforschungen) des Bundeskriminalamtes können Fahrzeugstreuscheibenteile Scheinwerfern, Rückleuchten usw. zugeordnet werden, vorausgesetzt, auf diesen Teilen befinden sich fragmentarische oder vollständige Beschriftungen. Im Ergebnis der Recherchen können Aussagen darüber getroffen werden, welche Fahrzeugtypen mit derartigen Streuscheiben usw. ausgerüstet sind.

> „Die Datei LUNA beinhaltet alle aussagerelevanten Daten, die unmittelbar an lichttechnischen Einrichtungen von Personenkraftwagen (ab 1970) und Krafträdern (ab 1980) zu finden sind, bzw. über Hersteller, das BKA und andere Organisationen und Einrichtungen erhoben werden können. Seit 1992 werden ebenso spiegeltechnische Daten der Außenspiegel aller Fahrzeuge erfasst. Bezüglich der Nutzfahrzeuge (Lkw und Omnibusse) und Produkten des Zubehörhandels erfolgte die systematische Nach-/Aufbereitung mit dem Ziel der Aktualisierung.
>
> Der Datenbestand bezieht sich vorrangig auf Fahrzeuge, die im deutschen bzw. im mitteleuropäischen Verkehrsraum gegenwärtig sind. Spiegel- und lichttechnische Abweichungen treten insbesondere im süd- und im osteuropäischen Verkehrsraum an Fahrzeugen auf, die dort hergestellt oder nach dort importiert werden."[2]

2 *LUNA* ist im INPOL/EXTRAPOL selbsterklärend anwendbar.

Mögliche Fragestellungen
- Welchem Gegenstand kann das am Ereignisort vorgefundene Teilstück zugeordnet werden?
- Bildeten die Spuren ... bis ... und das gesicherte Vergleichsmaterial ursprünglich ein Ganzes?
- Bildeten die Teile (Spuren ... bis ...) ursprünglich ein Ganzes? Zu welcher Art von Streuscheiben gehören sie und welche Fahrzeugtypen sind damit ausgerüstet?

Im Falle weiter gehender Untersuchungen können folgende Fragen formuliert werden:
- Wurden die Passteile aus ein und demselben Material gefertigt?
- Welche Aussagen sind über die an den Passstücken anhaftenden Substanzteilchen möglich?

5. Schuh- und Fußspuren

von *Winfried Marquardt*

Allgemeines
Bei den Schuh- und Fußspuren handelt es sich um von den Schuhlauffsohlen (Sohlen-, Steg- und/oder Absatzbereich) bzw. nackten oder bestrumpften Fußsohlen verursachte Ein- oder Abdruckspuren.

Da die Täter die Ereignisorte in der Regel mit Schuhwerk bekleidet aufsuchen und damit Schuhspuren quasi zwangsläufig verursachen, besitzen sie eine weitaus höhere Bedeutung bei der Aufklärung von Straftaten als Fußspuren.

Spurensicherung
- Abdruckspuren:
  - Die oft latenten Abdruckspuren sind mit Schräglicht bzw. geeigneten Hilfsmitteln (daktyloskopische Pulver, Luminol, Cyanacrylat) sichtbar zu machen.
  - Sie werden *fotografisch* mit Maßstab (Regeln der Spurenfotografie beachten), *im Original* (Mitnahme des Spurenträgers) oder mittels *Sicherungsfolien* (empfohlen wird schwarze Gelantinefolie) gesichert. Von den Folien sind schnellstmöglich Fotogramme zu fertigen.
  - Möglich ist auch eine Sicherung mittels *elektrostatischem Verfahren*, z. B. auf Teppichen, Sitzbezügen oder anderen textilen Gegenständen.

- Eindruckspuren:
  - Die Sicherung erfolgt *fotografisch* mit Maßstab (Regeln der Spurenfotografie beachten) und anschließend durch *Gipsabformung* (Entfernen loser nachträglich hineingefallener Gegenstände, eventuell Spurengrundverfestiger benutzen [Spezialspray, Haarlack, Fitt-, Schellacklösung o.Ä.], Einrahmen des Spurenbereiches, Gips-Wasser-Gemisch am tiefsten Spurenbereich einbringen, Stabilisierungen in Form von Holz- oder Kunststoffstäben eindrücken).
  - Für das Gemisch den Gips in Wasser einschütten bis Schüttkegel aus dem Wasser ragt. Bei Spuren im Schnee das Wasser aus Schnee gewinnen und Kochsalz zugeben. Zur Abformung wird Dental- oder Stukateurgips (gute Abformqualität) empfohlen.
  - Bei Schnee sind auch das Gipsstreuverfahren, Schwefelblüteverfahren anwendbar.

Spurenauswertung

- Die Bestimmung der Laufsohlenprofilierung an Hand der Schuhreferenzmuster-Sammlung (EDV-gestützte Bilddatenbank) ergibt Hinweise zur Beschaffung von Vergleichsmaterial.
- Spurengrößen- und -profilvergleich zur Erkennung von Straftatenhäufungen (EDV gestützte Spurenbilddatenbank).
- Einsatz von Klassifizierungssystemen zur Codierung von Schuhlaufsohlenprofilierungen und deren Spurenabbilder (in der Bundesrepublik einheitlich nach dem sog. „Johannisthaler Katalog").
- Eine spezielle Art der Auswertung ist die Aufnahme des *Gangbilds.* Dafür werden Parameter, wie Schrittlänge, Schrittbreite, Fuß- und Schrittwinkel einer Folge von mindestens 2 bis 3 Schritten vermessen. Die Gangbild-Auswertung kann wichtige Fahndungshinweise ergeben und bei deutlichen orthopädischen Befunden zur Identifizierung des Täters führen bzw. dazu beitragen (Einbeziehung eines Orthopäden erforderlich).

Begutachtung

- Die Vergleichsuntersuchung zwischen Schuhspur und Vergleichsschuhwerk kann bei Größen- und Profilgleichheit sowie bei der Feststellung von Produktionsmerkmalen und ihrer adäquaten Abbildung in den Spuren zur *Gruppenidentifizierung* führen.
- Eine *Individualidentifizierung* erfolgt an Hand individualisierender Merkmale in den Laufsohlen (durch den Gebrauch entstan-

dene Veränderungen) und ihrer übereinstimmenden Abbildung in Schuhspuren.
- Die Vergleichsuntersuchung erfolgt entweder durch *unmittelbaren Vergleich* zwischen Spurenverursacher und Spur (Eindrücke) oder durch *mittelbaren Vergleich* zwischen Vergleichsabdruck und Spur (Abdrücke).
- Zu beachten ist, dass Schuhe auch *Spurenträger für straftatenrelevante Substanzen* sein können, wie z. B. Blut- oder Bodenanhaftungen. Diese Stoffe sind *vor* weiteren Untersuchungshandlungen, wie das Fertigen von Vergleichsabdrücken, zu sichern.

Eine wichtige Besonderheit sind *Fußbettspuren im Schuhwerk.* Sie entstehen durch den Trageprozess als Kombination von Ab- und Eindruckspur *im* Schuh.

An Hand dieser Spuren ist es manchmal möglich, den Schuhträger zu identifizieren.

Zur Auswertung und Begutachtung derartiger Spuren ist es erforderlich, Spezialisten der Orthopädie (Ärzte, Orthopädieschuhmacher) einzubeziehen.

Mögliche Fragestellungen
- Welche Schuhlaufsohlenprofilierung kommt als Spurenverursacher in Frage und sind entsprechende Oberbaumodelle bekannt?
- Wurden die Fußspuren vom Verdächtigen verursacht?
- Sind die Schuhe des Verdächtigen Verursacher der Schuhspuren?
- Welche Substanzen befinden sich an den beschlagnahmten Schuhen und sind diese artgleich mit den gesicherten Vergleichsproben?

6. Fahrzeugspuren

von *Winfried Marquardt*

Allgemeines

Fahrzeuge werden bei Straftaten zu verschiedensten Zwecken benutzt. Sie dienen zur An- und Abfahrt, zum An- und Abtransport, treten bei Verkehrsunfällen in Erscheinung, müssen eventuell nach unbefugter Benutzung untersucht werden oder hinterlassen spezifische Spuren nach dem direkten Einwirken zur Ausübung von Gewaltakten (Herausreißen von Fenstergittern, direkte Zerstörung von Türen und Schaufenstern) usw.

Von Fahrzeugen verursachte Spuren lassen sich einteilen in:
- Eindruck- oder Abdruckspuren von Luftprofil- oder anderen Bereifungen,
- Spuren von Hilfs- und Zubehörteilen, wie Ständern, Wagenhebern, Anhängerzuggabeln, Ladeplattformen, Stützen, Gegenstände die als Bremsklötze benutzt wurden usw.,
- Spuren von Ketten- und Kufenfahrzeugen,
- Spuren von Anstoßstellen an anderen Gegenständen
- Gegenstände von Fahrzeugen als Teile eines Ganzen (Passspuren).

Spurensicherung
Neben den Passspuren spielen *Reifenein- und -abdruckspuren* die wichtigste Rolle.

Dabei hat die fotografische Sicherung nach den Regeln der Spurenfotografie zu erfolgen (Maßstab Parallelität von Film- und Aufnahmeebene). Übersichtsaufnahmen der Fahrspuren sollten von erhöhten Kamerastandorten hergestellt werden.

Die Sicherung von Fahrspuren geschieht analog zu den Schuhspuren (siehe dort).

Um Hinweise für die Fahndung nach spurenverursachenden Fahrzeugen ausarbeiten zu können, sind bestimmte Vermessungen und Feststellungen an Fahrspuren erforderlich. Es handelt sich um:
- die Feststellung der Rad- und Achsenanzahl,
- die Feststellung der Anzahl von Reifenprofilierungen,
- die Bestimmung der Fahrtrichtung,
- die Sicherung verloren gegangener Fahrzeugteile,
- die Vermessung der *Spurbreite*, also der quer zur Fahrtrichtung gemessene Ausdehnung einer Einzelspur,
- die Vermessung der *Spurweite*, bei der es sich um den Mittenabstand zwischen zwei Einzelspuren bzw. Spuren einer Achse handelt. Die Vermessung der Spurweite sollte möglichst nicht an einer Kurvenfahrspur vorgenommen werden. Bei Doppelbereifung (Zwillingsreifen) dienen die Mittenabstände der Reifenpaare als Maßpunkte.
- die Vermessung des *Radstandes*, der den Abstand zwischen zwei Achsen eines Fahrzeuges angibt und der sich nur aus einer Hal-

tespur (Standspur) oder einem Wendemanöver ermitteln lässt. Schon das Erkennen deutlich abweichender Achsspurweiten ist hier hilfreich.
- Bei mehrachsigen Fahrzeugen werden die Achsabstände von vorn nach hinten durch ein Pluszeichen getrennt angegeben.
- die Bestimmung des *Spurkreisdurchmessers* (nur selten möglich). Dies ist das Maß, das sich an einer Fahrspur bestimmen lässt, die bei voll eingeschlagenem Lenkrad entsteht. Im Unterschied dazu ist der Wendekreis, der Platzbedarf, den ein Fahrzeug bei maximalem Lenkungseinschlag mit dem am weitesten vorstehenden Teil benötigt. Deshalb ist bei gleichem Lenkungseinschlag der von den Reifen des Fahrzeuges verursachte Spurkreis immer kleiner als der Wendekreis.

Spurenauswertung
An Hand von fotografisch gesicherten Fahrspuren können meist nur die spurenverursachenden Reifenprofile bestimmt werden. Bei Einhaltung der Regeln der Spurenfotografie ist unter Umständen auch die Bestimmung von Spurbreiten und Spurweiten möglich.

Die Angaben zu Spurbreite, Spurweite, Radstand und Spurkreis können in ihrer Kombination die Bestimmung des Fahrzeugtyps ermöglichen.

Sind Vergleichsreifen vorhanden, so kann die Begutachtung der mit den entsprechenden Sicherungsmitteln oder im Original gesicherten Reifenspuren, je nach Spurenqualität bis zur individuellen Identifizierung des verursachenden Reifens führen.

Fahrzeug-Passspuren ermöglichen die Individualidentifizierung des Fahrzeuges.

Die Auswertung von herstellungsbedingten Schriftzeichen auf Fahrzeugbeleuchtungsteilen und -spiegeln kann mit Hilfe der Leuchtendatei für Unfallfluchtnachforschungen (LUNA) erfolgen. Das Informationssystem wird vom Bundeskriminalamt geführt und ist selbsterklärend über das Informationssystem der deutschen Polizei INPOL anwendbar. Je nach Vollständigkeit und Umfang der auf den Bruchstücken vorhandenen Beschriftungen ist die Bestimmung der Beleuchtungseinrichtung und deren Einbauzeitraum bei der Herstellung entsprechender Fahrzeugtypen möglich.

Neben den Fahrspuren, die von rollenden, nicht stark beschleunigten Rädern stammen und das Reifenprofil als unverzerrten Ein- oder

Abdruck widerspiegeln, können vor allem im Zusammenhang mit Kraftfahrzeug-Unfällen noch weitere Reifenspuren ausgewertet werden, um Hinweise auf den Geschehnisablauf zu erhalten. Dazu gehören[3]:

- *Walkspuren*, verursacht durch luftleere oder stark druckgeminderte Reifen,
- *Bremsspuren* von abgebremsten, jedoch nicht blockierten Rädern mit einem in Längsrichtung verzerrtem Abdruck des Profils auf der Fahrbahn,
- *Blockierspuren*, wenn stehende Räder über die Fahrbahn geschoben werden, wobei sich die Querprofilierung des Reifens als durchgehende Striche abzeichnen,
- *Driftspuren*, die bei kontrollierter Bogenfahrt eines beschleunigten Fahrzeugs mit rollenden, mehr oder weniger abgebremsten Rädern entstehen,
- *Schleuderspuren*, die bei unkontrollierter Bogenfahrt auftreten, wenn die Reifen bis über die maximalen Seitenführungskräfte beansprucht werden sowie
- *Stotterspuren* in Form mehrfach unterbrochener Blockierspuren.

Mögliche Fragestellungen

- Was für ein Reifen (Art, Profil, Größe) hat die Spur verursacht?
- Welche Fahrzeugtypen können mit derartigen Reifen ausgerüstet sein?
- Kann an Hand der festgestellten Maße (Spurbreite, Spurweite, Radstand) der verursachende Kfz-Typ bestimmt werden?
- Wurde die gesicherte Reifenspur mit dem beschlagnahmten Reifen verursacht?

7. Handschuhspuren

von *Winfried Marquardt*

Allgemeines

Handschuhspuren treten auf wenn Täter bei Straftaten Handschuhe tragen, um keine Fingerspuren zu hinterlassen

3 Siehe auch *Pfefferli. P.* (2007), S. 117 ff.

Die Handschuhe können aus Textilien, Gummi, Tierhäuten und -fellen sowie Kunststoffen bestehen und verursachen Ab- und Eindruckspuren

Spurensuche und -sicherung
Handschuhspuren werden häufig als Nebenprodukt bei der Suche nach daktyloskopischen Spuren gefunden.

Ihre Sicherung erfolgt nach den gleichen Regeln und mit den gleichen Mitteln, wie sie bei der Sicherung daktyloskopischer Spuren eingesetzt werden (vergleiche auch *Schuh- und Fußspuren*).

Spurenauswertung
Aus Handschuhspuren können Hinweise zur Beschaffung von Vergleichshandschuhen erhalten werden:
- durch die Bestimmung der in der Spur abgebildeten Oberflächenstruktur (Naturleder, Lederimitationen, Textilien, profilierte Gummioberflächen u. a.),
- durch die Feststellung, ob Fingerhandschuhe, Fausthandschuhe, Arbeitshandschuhe u.a. die Spuren verursacht haben.

In der Spur abgebildete Handschuhbeschädigungen, wie z. B. Oberflächendefekte, Naht- und Profilunterbrechungen o. a. Beschädigungen können bei Vorliegen der entsprechenden Vergleichhandschuhe unter Umständen bis zur Individualidentifizierung des spurenverursachenden Handschuhes führen. Bei einigen Handschuharten sind neben den genannten Handschuhabnutzungen bzw. -beschädigungen auch in der Spur widergespiegelte trägerabhängige Faltenformen von individualisierender Bedeutung.

Außerdem sind Spurenüberkreuzungen zu beachten:
- Handschuhe können Träger und Überträger von Fasern, Haaren, Glas und weiteren Substanzen sein.
- In Handschuhspuren können sich Oberflächenstrukturen überlagern, z. B. durch Durchdrücken von Handschuhfutter-Oberflächenstrukturen oder Papillarleisten (z. B. bei dünnen medizinischen Schutzhandschuhen).

Mögliche Fragestellungen
- Mit welcher Art von Handschuhen kann die Spur verursacht worden sein?
- Wurden die Handschuhspuren von den sichergestellten bzw. beschlagnahmten Handschuhen verursacht?

- Bestehen Übereinstimmungen zwischen den Anhaftungen an den Handschuhen und den gesicherten Vergleichsproben?

8. Schussspuren

von *Horst Howorka*

Nach dem Waffengesetz sind Schusswaffen Gegenstände, die zum Angriff oder zur Verteidigung, zur Signalgebung, der Markierung, zur Jagd, der Distanzinjektion, zu Sport oder Spiel bestimmt sind und bei denen Geschosse durch einen Lauf getrieben werden.

Ihnen gleichgestellt sind in diesem Gesetz Gegenstände, die zum Abschießen von Munition für dieselben Zwecke bestimmt sind (z. B. Schreckschusswaffen) und solche, mit denen feste Körper verschossen werden, wobei die Antriebsenergie durch menschliche Muskelkraft aufgebracht wird (z. B. Armbrust).

Als Schussspuren werden die durch eine Schussabgabe verursachten (materiellen) Veränderungen am Schützen, am Ort der Schussabgabe sowie am getroffenen Objekt bezeichnet.

Je nach der benutzten Waffe bzw. nach dem Waffensystem können dies Schussrückstände (z. B. Schmauch, Munitionsteile am Schützenstandort), morphologische Veränderungen am Beschussobjekt (Durchschuss, Steckschuss, Streifschuss), Beschmauchung am Schützen und an der Waffe, manchmal auch Verletzungen an der Schusshand sein.

Die damit zusammenhängenden Untersuchungen und weitere Feststellungen, wie Schusswaffenidentifizierung, die Schussentfernungsbestimmung, die Flugbahnbestimmung eines Geschosses, die Windeinwirkung auf Geschosse usw. sind Gegenstand des umfangreichen Wissensgebietes der *Forensischen Ballistik.*

Als *spurenverursachende Schusswaffen* kommen praktisch vor allem in Betracht: Pistolen, Revolver, Büchsen (Langwaffen mit gezogenem Lauf), Flinten (Langwaffen mit glattem Lauf), evtl. auch Maschinenpistolen, Maschinengewehre, selbst hergestellte oder veränderte Waffen, Druckluft- und Gasdruckwaffen, evtl. auch mit Schalldämpfer.

Im Folgenden wird nur ein kurzer Abriss der Spurensuche, -sicherung und -untersuchung dargestellt.

Spuren am Schützen können sowohl von der Waffe als auch – insbesondere bei aufgesetzten Schüssen – vom Opfer stammen. Bei Selbstladepistolen kann z. B. der Schlitten beim Schützen zwischen Daumen und Zeigefinger Hautabschürfungen verursachen, an der Schießhand (oft sogar an beiden Händen) sind Schmauchablagerungen zu erwarten.[4] Blutspritzer oder Gewebeteile des Opfers können ebenso, in Abhängigkeit von der Schussentfernung, an der Schießhand und an der Kleidung des Schützen gefunden werden.

Als mögliche *Spuren an der Waffe* können z. B. auftreten: Beschmauchungen (Verfeuerungsrückstände), Spuren, verursacht durch steckengebliebene Geschosse, eingeklemmte Patronen und Hülsen. Auch Fingerspuren sind hier zu suchen und zu sichern. An gefetteten Teilen können Taschenstaub oder Fasern gefunden werden. Bei Schüssen mit aufgesetzter Waffe ist es möglich, dass Blut, Gewebeteile, Haare oder Kleidungsbestandteile des Opfers in den Lauf der Waffe oder ins Magazin gelangen.

Die *Spuren an der Munition* umfassen sowohl solche an der Patronenhülse als auch am Projektil. Außerdem können Substanzspuren (Ölreste, Rostteilchen oder Staub) vorhanden sein. An deformierten Geschossen sind oft Eindruckspuren zu finden.

Besonders für die Waffenidentifizierung wichtige Spuren finden sich an Hülsen und Geschossen von Patronen, die aus Selbstladepistolen verschossen wurden. Das gilt für Magazinspuren, die beim Magazinieren und Zubringen der Patronen entstehen, für die Spuren des Schlagbolzens, des Stoßbodens, der Auszieherkralle und des Auswerfers an der Hülse. Diese Spuren und solche, die von anderen Waffenteilen stammen können, erlauben nicht nur die Identifizierung der Waffe, sondern manchmal auch die Bestimmung des Schusswaffensystems, was für die Suche nach der Tatwaffe wichtig sein kann.

Auf den Geschossen erzeugt das Laufinnere ein Schartenspurenbild, das sowohl für die Identifizierung des Laufes der Waffe (Vergleichsmikroskop) als auch für die Schusswaffensystembestimmung genutzt wird.

Spuren am Opfer können Schussverletzungen Lebender sein, die möglichst schnell vom Arzt zu behandeln sind.

4 Die Sicherung und Untersuchung von Pulverschmauch wird bei *Substanzspuren* (*Forensische Chemie*) beschrieben.

Bei der Untersuchung von Schussspuren an Leichen ist ein Rechtsmediziner heranzuziehen. Hier geht es z. B. um die Feststellung der Einschussöffnung (Abstreifring, Schürfsaum), des Schusskanals und des Ausschusses, aber auch um weitere Schussspuren, wie z. B. die Zeichen für absoluten Nahschuss (aufgesetzt bzw. 1 cm Entfernung), relativen Nahschuss (Pulverschmauch aus der Schmauchwolke vorhanden) oder Fernschuss (keine Schmauchwolkenablagerung).

Bei allen Untersuchungen an Leichen ist die Zusammenarbeit mit Rechtsmedizinern zwingend notwendig.[5]

Spurensuche und -sicherung
Nach einem Delikt mit Schusswaffengebrauch sollte ein systematisches Absuchen des Tatortes und seiner Umgebung erfolgen, wobei mögliche Fluchtwege besonders zu berücksichtigen sind und zu prüfen ist, ob der Einsatz von Metallsuchgeräten, Hunden oder evtl. eines Tauchers erfolgversprechend sein könnte.[6]

Wird eine *Waffe* gefunden, so ist, möglichst ohne weitere Spuren zu legen (Handschuhe tragen),
- ihre Lage zu fotografieren,
- die Waffenart, ihre Lage, ihr Ladezustand zu beschreiben,
- die Sicherung loser Spuren (z. B. Haare, Fasern) zu gewährleisten,
- bei Revolvern den Stand der Trommel zu markieren,
- keine Sicherung weiterer Spuren vorzunehmen (Fasern, Schmauch, Blut usw.), sondern dafür zu sorgen, dass diese Spuren, insbesondere im Bereich der Laufmündung, für eine spätere Sicherung und Untersuchung erhalten bleiben,
- dafür Sorge zu tragen, dass Schweißspuren (evtl. für DNA-Untersuchung), Finger- und Handschuhspuren geschützt werden (z. B. nicht an Griffschalen fassen),
- das Entladen der Waffe und die weitere Spurensicherung dem Kriminaltechniker zu überlassen.

Beim *Auffinden von Geschossen und Hülsen* ist
- ihre Lage zu markieren und genau zu dokumentieren (Foto, maßstäbliche Skizze, Beschreibung),

5 Eine ausführlichere Darstellung der rechtsmedizinischen Untersuchungstätigkeit s. Abschnitt *„Schuss“* im Teil *„Rechtsmedizin“*.

6 Sie auch: *Pfefferli. P.* (2007*)*, S. 130.

- beim Auffinden von Hülsen aus Selbstladewaffen in deren Nähe nach weiteren Spuren zu suchen (z. B. Schuhspuren), weil das Auswerfen in der Nähe des Schützenstandorts erfolgt,[7]
- Munition (auch Teile davon) im Original zu sichern,
- dafür zu sorgen, dass Material bzw. Teile davon, an Hand dessen die Schussrichtung erkennbar ist (z. B. Glas) fotografisch und im Original gesichert wird,
- spurenschonend vorzugehen
- Hülsen, auch von Schrot, mit Holzstäbchen aufnehmen, in HPlastikbeutel geben, beschriften;
- Beschriftung am Hülsenboden notieren zur Ermittlung der Patronenart; Geschosse aus
- Mauerwerk oder Holz sind vorsichtig herauszustemmen oder herauszusägen),
- unverfeuerte Munition nicht mit ungeschützter Hand zu berühren (evtl. Nachweis von DNA- oder Fingerspuren möglich),
- unbenutzte Munition für Schusswaffen-Erkennungsdienst sicher zu stellen,
- dafür zu sorgen, dass Spurenübertragungen vermieden werden, z. B. dadurch, dass beschädigte Opferkleidungsstücke beim Verpacken in Papierbeutel durch Papierzwischenlagen voneinander getrennt werden.

Aussagemöglichkeiten

Auf Grund gesicherter Spuren sind z. B. Aussagen zu folgenden Fragen möglich:
- Wurde der Schuss, der die Person XY tötete, mit der untersuchten Waffe abgegeben?
- Wie groß war die Entfernung des Schützen zum beschossenen Objekt?
- Liegt ein Suizid mit der vorliegenden Schusswaffe vor oder ist dies auszuschließen?
- Wurde die gefundene Schusswaffe bereits bei anderen Schusswaffenstraftaten benutzt?

Die Beantwortung der letzten Frage ist vor allem über den Schusswaffen-Erkennungsdienst des Bundeskriminalamts möglich, der als zentraler Dienst im Wesentlichen die Aufgabe hat, Tatmunition zur

7 Das Fehlen von Hülsen bedeutet nicht zwangsläufig, dass ein Revolver verwendet wurde, weil Selbstladewaffen mit Hülsenfängern versehen werden können. Die Hülsen können aufgesammelt oder verschleppt worden sein.

Bestimmung des Waffensystems zu untersuchen, das zu ihrer Verfeuerung diente und einen Spurenvergleich von Tatmunitionsteilen mit gleichkalibrigen Teilen seiner zentralen Tatmunitionssammlung durchzuführen. So können Zusammenhänge von Schusswaffenstraftaten, die mit derselben Waffe an verschiedenen Orten der Bundesrepublik begangen wurden, erkannt werden.

Außerdem erfolgt ein Spurenvergleich eingesandter Munition, die beim Beschuss behördlich sichergestellter Waffen, in der Regel in den Landeskriminalämtern, gewonnen wurde, mit den entsprechenden Teilen einer sehr umfangreichen Tatmunitionssammlung.

9. Fingerspuren (Daktyloskopie)

von *Horst Howorka*

Die Daktyloskopie (von griech. d*aktylos:* Finger und *skopein*: sehen, schauen, also „Fingerschau") ist auch heute noch eines der sichersten und auch bewährtesten kriminalistischen Verfahren zur *Identifizierung* von lebenden und toten Personen im Allgemeinen und speziell von *Verursachern von Finger-, Handflächen- und Fußspuren* am Tatort.

Der Beweiswert der Daktyloskopie beruht
- *erstens* darauf, dass menschliche Papillarleistengebilde, die sich auf den Handinnenseiten (Greifflächen der Finger, einschließlich der Daumen, sowie auf der Handfläche), den Fußsohlen und den Zehenunterseiten befinden, *individuell,* also *einmalig* sind. (Selbst eineiige Zwillinge mit identischen Erbanlagen tragen unterschiedliche Hautleistenbilder) und
- *zweitens* darauf, dass die Papillarleistenkonfigurationen, die sich etwa im vierten Embryonalmonat bilden, bis zur Auflösung des Körpers nach dem Tode *unveränderlich* bleiben, wenn keine äußeren Einwirkungen oder bestimmten Krankheiten auftreten. Es entstehen lediglich wachstumsbedingt *proportionale Veränderungen;* die Leistenzahl bzw. die Feinstruktur des Papillarleistenbildes bleibt konstant.

Für die *kriminalistische Anwendung* zur Personenidentifizierung war und ist weiterhin bedeutsam, dass Papillarleistengebilde *klassifizierbar*, also in Gruppen einteilbar sind, was vor allem darauf beruht, dass sie verschiedene *Grundmuster* bilden, nach denen die Unterteilung erfolgen kann. Das 1892 von den Engländern *Galton* und *Henry* auf dieser Basis entwickelte Klassifiziersystem wurde zwar in der Folgezeit national verschiedenartig modifiziert, ist aber bis heute die Grundlage für die noch angewendeten Klassifiziersysteme geblieben.

Man unterscheidet grundsätzlich drei Typen von daktyloskopischen Grundmustern: Schleifenmuster, Wirbelmuster und Bogenmuster.

Die Schleifenmuster werden weiter unterteilt in die Muster Schleife rechts *(SCR)* und Schleife links *(SCL)*, je nach der Auslaufrichtung der Schleife im Musterkern; auf der dem Verlauf gegenüberliegenden Seite liegt ein Delta. *Die Bogenmuster*, in denen kein Delta auftritt, teilt man in U-Muster (Papillarleisten im Musterkern bogenförmig nach oben gewölbt) und T-Muster (Papillarleisten im Musterkern tannenförmig angeordnet). *Wirbelmuster* sind durch zwei oder mehr Delten gekennzeichnet, die Hautleisten im Kern verlaufen wirbelförmig.

Bereits mit diesen „allgemeinen Merkmalen" kann ein Ausschluss von Personen z. B. als Spurenverursacher erfolgen. Letztlich ausschlaggebend für die Personenidentifizierung sind jedoch die früher als Minuzien (von minutia (lat.) Kleinigkeit) bezeichneten anatomischen Merkmale in den Papillarleisten, das sind charakteristische Gebilde, die vom durchgehenden (unterbrechungsfreien) Verlauf einer Papillarleiste abweichen.

Nach einer Empfehlung der „Arbeitsgemeinschaft der Leiter der Landeskriminalämter und des Bundeskriminalamts" (AG Kripo)) gilt in Deutschland der *daktyloskopische Identitätsnachweis* dann als erbracht, wenn in einer daktyloskopischen Spur und im Vergleichsabdruck mindestens *12 anatomische Merkmale in Form und Lage* zueinander übereinstimmen, wobei jedes anatomische Merkmal unabhängig von seiner relativen Häufigkeit *nur einmal gewertet* werden soll. (Bei Fingerspuren kann die Anzahl auf 8 übereinstimmende Merkmale reduziert werden, wenn zusätzlich das Grundmuster bestimmbar ist.)

Suche und Sichtbarmachung von Fingerspuren (Papillarleistenspuren)[8]

Fingerspuren können als Abdruck- und Eindruckspuren entstehen, wobei die Abdruckspuren deutlich überwiegen.

8 Zu der Sichtbarmachung und Sicherung daktyloskopischer Spuren siehe auch *Pfefferli, P.* (2007), S. 86 ff.

Es hängt vom „Greifverhalten“ des Spurenverursachenden ab, ob er vollständige Abdrücke seiner Finger oder lediglich Fragmente hinterlässt. Hinzu kommen noch weitere Faktoren, wie die Schweißabsonderung des Spurenverursachers, die Beschaffenheit des Spurenträgers (z. B. Oberflächenglätte und Saugfähigkeit), Stärke und Dauer des Drucks sowie äußere Einwirkungen (z. B. Wettereinflüsse), durch die Qualität und Haltbarkeit einer Spur beeinflusst werden.

Eindruckspuren sind meist gut sichtbar. Als Spurenträger kommen hier u. a. in Betracht: Wachs bzw. Paraffin, Fensterkitt, Butter und andere Fette, Gegenstände, die frisch gestrichen wurden. Die Sicherung dieser Spuren erfolgt zuerst fotografisch (mit Maßstab) und anschließend nach den für andere Eindruckspuren (z. B. Werkzeug- und Fußspuren) benutzten Abformverfahren.

Abdruckspuren können sowohl sichtbar als auch latent sein. Wenn die Substanz, die auf dem Spurenträger beim Greifakt aufgebracht wurde (z. B. Staub, Schmutz, Farbe, Blut, Fett), farblich mit diesem kontrastiert, ist die Spur mehr oder weniger gut zu sehen.

Bei geringem Kontrast ist sie nur schwierig erkennbar oder bleibt latent, so dass optische, mechanische oder chemische Hilfsmittel zur Sichtbarmachung eingesetzt werden müssen; dies ist vor allem bei Spuren der Fall, die überwiegend durch Schweiß verursacht wurden.

Bei der *Spurensuche* sollen stets Handschuhe getragen werden. Dies schützt zwar nicht vor dem Zerstören latenter Spuren, aber vor dem unbeabsichtigten Legen eigener Abdrücke.

Zuerst sind die in Frage kommenden Spurenträger zu untersuchen, die im Verlauf der weiteren Arbeit berührt werden müssen. Die gesamte Suche sollte sich dann an dem wahrscheinlichen Ablauf des Geschehens orientieren.

Das *visuelle Suchen* mit gebündeltem Kunstlicht (Handlampe) kann bei glatten, nicht porösen Oberflächen zum Erfolg führen. Auf beweglichen Gegenständen, z. B. solchen aus Glas, können unter Schräglicht (auch Tageslicht) Spuren sichtbar werden.

Alle anderen latenten Spuren erfordern eine Sichtbarmachung, für die am Tatort die *Pulververfahren* am zweckmäßigsten sind, obwohl sie nicht immer die höchste Empfindlichkeit aufweisen. Sie schließen die Anwendung anderer Verfahren zwar nicht zwingend aus, können aber deren Resultate beeinträchtigen.

Zur Spurensicherung dienen z. B. Adhäsionsmittel, die mit einem speziellen Tierhaar-, Glasfaser-oder Zephirpinsel aufgebracht werden, und Magnetpulver, für die ein „Magnetstab („Magna Brush“) benutzt wird. In bestimmten Fällen kann es günstig sein, die Spur mit einem unter UV-Strahlung fluoreszierenden Pulver sichtbar zu machen.

Zu den gebräuchlichen Adhäsionsmitteln gehören Russpulver (schwarz), Argentorat (silberfarben), Eisenpulver (unterschiedliche Schwarz- und Grautöne), Mangan-Zink-Ferritpulver sowie verschiedene Metalloxide und Pulvermischungen.

Die Anwendung dieser Mittel hängt von der Art der Spur bzw. des Spurenträgers ab, z. B. von dessen Farbe. Um einen guten Kontrast zwischen Spur und Träger zu erzielen, wird z. B. Aluminiumpulver auf dunklen Trägern, Russpulver auf hellen bevorzugt werden.

Vor der Spurensicherung ist die Auffindungssituation und das Spurenbild zu dokumentieren (Fotografie, Skizze).

Die *Sicherung* der sichtbar gemachten Spuren sollte stets fotografisch (mit Maßstab) *und* mit Spurensicherungsfolie (schwarze, weiße oder transparente Gelatinefolie) erfolgen.

Im Prinzip wird folgendermaßen vorgegangen:

Mit Pinsel wird wenig Pulver auf dem Spurenträger verteilt, das überschüssige Pulver wird mit dem Pinsel sorgfältig entfernt (nicht wegblasen!), die sichtbar gemachte Spur wird (meist) mit transparenter Spurensicherungsfolie abgezogen, die sorgfältig ohne Lufteinschlüsse aufgelegt und gut angerieben wurde. Dieser Abziehvorgang wird evtl. wiederholt. Die Folie (mit Deckschicht) wird gekennzeichnet und ordnungsgemäß verpackt.[9]

Nicht mit Pulver behandelt werden sollten Schriftstücke, Klebebänder, Kunststoffe, insbesondere Kunststoffbeutel, Leder, Schusswaffen, Datenträger, Kreditkarten. Sie sind zu sichern und von Spezialisten im Labor mit besonderen Verfahren auf Fingerspuren untersuchen zu lassen.

Auch die Sicherung von Fingerspuren auf Oberflächen, die Anhaftungen tragen, die evtl. für eine DNA-Untersuchung geeignet sind

9 Hier ist darauf hinzuweisen, dass auch die Spuren anderer Hautflächen, wie z. B. der Ohren („Cheiloskopie“), mit Pulververfahren sichtbar gemacht und zur Personenidentifizierung genutzt werden können.

(Gläser mit Speichelspuren. Spurenträger mit Blut- oder Spermaspuren usw.), sollte nur im Labor erfolgen. Derartige sichergestellte Gegenstände sind so zu verpacken, dass die spurentragenden Flächen geschützt sind und keine Berührung mit dem Verpackungsmaterial haben. Auf der Verpackung ist auf Fingerspuren hinzuweisen.

Zu berücksichtigen ist weiterhin, dass Dokumente bei der Sichtbarmachung von Fingerabdruckspuren mit Pulvern unbrauchbar für spätere urkundentechnische Untersuchungen (z. B. auf Schreibdruckrillen) werden können.

Die Sicherung von Textilfasern durch Abkleben muss *vor* der Sicherung von Fingerspuren mit Pulveranwendung erfolgen.

In den letzten Jahren wurden viele spezielle neue Verfahren zur Sichtbarmachung latenter Fingerspuren, insbesondere auf Papier und den verschiedenen Kunststoff-Werkstoffen, entwickelt, die die Palette der Methoden und Verfahren stark vergrößert haben und oft noch zur Sichtbarmachung latenter Spuren führen, die z. B. mit sehr wenig Substanz entstanden und deshalb auf manchen Oberflächen früher nicht sichtbar gemacht werden konnten. Dabei ist die richtige Reihenfolge der Methoden bei ihrer Anwendung wichtig. Optimale Ergebnisse sind nur zu erreichen, wenn die für eine bestimmte Spurensituation (Spurenart, Spurenträger, Spurenzustand usw.) festgelegte Reihenfolge eingehalten wird. Viele der neueren Verfahren sind relativ aufwendig, wie die Fingerspurensuche mit Laserstrahlung oder ans Laboratorium gebunden, wie z. B. die Metallbedampfung unter Vakuum mit Zink und Gold, die Anwendung der physikalischen Entwicklung, das DFO-Verfahren sowie, von Einzelanwendungen z. B. in Kraftfahrzeugen, abgesehen, das Cyanacrylat-Verfahren, bei dem ein gasförmiges Spurensicherungsmittel genutzt wird.

Fingerabdruckspuren auf Papier

Auch auf Papier können Fingerabdruckspuren mit Pulvern sichtbar gemacht werden, entweder durch Aufbringen des Magnetpulvers mit Hilfe des Magnetpinsels oder einfach dadurch, dass das Mittel auf das Papierblatt gestreut und die Sichtbarmachung der Spuren durch die Bewegung des Spurenträgers erreicht wird. Auf evtl. Risiken wurde bereits hingewiesen.

In den meisten Fällen werden jedoch chemische Reaktionen von Schweißbestandteilen mit Reagenzien genutzt, bei denen farbige Reaktionsprodukte entstehen, oder physikalische Effekte, mit denen

z. B. durch Anlagerungen an Schweißbestandteile der Verlauf der Papillarleisten auf dem Papier sichtbar wird.

Dazu gehören unter anderem:

- die Reaktion von Silbernitrat in Lösung mit dem im Schweiß enthaltenen Natriumchlorid (Kochsalz) zu Silberchlorid, das durch ultraviolette Strahlung unter Bildung braunschwarzer Silberabscheidungen zersetzt wird;
- die Reaktion von Ninhydrin (in Aceton gelöst) mit Aminosäuren als Eiweißbestandteile, bei der rotviolette Reaktionsprodukte entstehen;
- die Anwendung eines physikalischen Entwicklers, wobei durch Silberanlagerungen die Spuren grau zum Vorschein kommen;
- die Jodbedampfung, bei der eine vorübergehende Braunfärbung der Spuren durch Jodanlagerung erreicht wird, die durch 7,8-Benzoflavon dann dunkelblau fixiert werden kann.

Daktyloskopische Vergleichsarbeit

Die wichtigsten *Vergleichsmaterialien* dürften die durch erkennungsdienstliche Behandlung von Personen erhaltenen Finger- und Handflächenabdrücke auf Fingerabdruckblättern sein, die sich in den entsprechenden Sammlungen befinden und über das *Automatische Fingerabdruck-Identifizierungs-System* (AFIS) zum Vergleich zugänglich sind. Damit wurde 1992 das Bund-Länder-System (BLS) abgelöst. Die Arbeitsteilung zwischen Bundeskriminalamt (BKA) und Landeskriminalämtern (LKÄ) blieb erhalten. Das BKA ist für die Erfassung der Zehnfingerabdrücke und die zentrale Personenidentifizierung zuständig, das jeweilige LKA für die Auswertung der Spuren und die Spurenidentifizierung im Zuständigkeitsbereich.

Neben den klassischen Arbeitsmitteln, wie z. B. Lupe, Zählnadeln und Vergleichsgerät, dient heute das AFIS als das wichtigste Hilfsmittel bei der Vergleichung.

Nach der (nach Möglichkeit) erfolgten Bestimmung und Eingabe der Grundmuster werden Fingerabdruckblätter und Einzelspuren in der Einleseeinheit digitalisiert, wobei die daktyloskopischen Merkmale automatisch erkannt und markiert werden. Decoder verformeln die gewonnenen Daten und Rechercheeinheiten und vergleichen den Neuzugang mit dem vorhandenen Bestand. Als Ergebnis wird eine „Hitliste" angezeigt, die von dem auswertenden Daktyloskopen abgearbeitet wird.

Sehr wichtig ist, dass eine Recherche auch mit Teilabdrücken und Fragmenten aus dem Randbereich, also ohne Musterkern, möglich ist.

Die Hauptvorteile des Verfahrens bestehen in der Verkürzung der Erfassungszeiten, der automatischen Feststellung und Markierung der anatomischen Merkmale (manuelle Korrektur ist möglich), der Spurenrecherche im Gesamtbestand, der Auswertbarkeit von Teilabdrücken, der Möglichkeit des Spur-Spur-Vergleichs und des automatischen Abgleichs von Spuren mit den Neuzugängen von Fingerabdruckblättern.

Linienklare Vergleichs-Fingerabdrücke werden erhalten, wenn die gesäuberten Fingerbeeren durch Abrollen über eine dünne Schicht Druckerschwärze eingefärbt werden, die auf einer Glas- oder Kunststoffplatte ausgewalzt wurde.

Danach werden die Fingerbeeren auf den Fingerabdruckbögen von einer Nagelkante zur anderen abgerollt.

Die Kontrollabdrücke sollten zusammenhängend hergestellt werden, um die Positionsrichtung der Einzelabdrücke prüfen zu können. Außerdem bilden sie die Längenproportionen der gestreckten Finger ab.

Sind Abdrücke von Handflächen erforderlich, wird eine beschichtete Gummiwalze zum Einfärben genutzt, das Abdrücken erfolgt über eine Rolle.

Handkanten und Fußsohlen werden mit einer Walze eingefärbt und auf Papier abgedruckt.

Für das elektronische Live Scan System werden Finger, Handflächen und Handkanten auf die gläserne Platte der Leseeinheit oder ein Gelkissen gelegt und digital abgebildet.

Die Papillarleistenbilder stehen sofort zur Vergleichsuntersuchung und zur elektronischen Übermittlung zur Verfügung ohne dass Farbe usw. angewendet werden muss. Hinzu kommt, dass dieses System automatisch eine Qualitätsprüfung und Kontrolle der Positionsrichtigkeit der Vergleichsabdrücke vornimmt, so dass bei Fehlern bzw. Mängeln entsprechende Abdrücke verworfen und erneut gescannt werden können.

Leichendaktyloskopie

Die Abnahme bzw. vergleichende Untersuchung der Papillarleistenbilder von unbekannten Toten ist ein schnelles und sicheres Verfahren zu ihrer Identifizierung.

Neben dem Vorhandensein von *Vergleichsmaterial*, das aus polizeilichen Sammlungen stammen oder durch Suche und Sicherung von Fingerspuren im vermuteten oder bekannten Lebensbereich eines potenziellen Opfern gewonnen werden kann, ist die Abnahme der Fingerabdrücke des unbekannten Toten erforderlich. Überhaupt sollten bei ungeklärten Tötungsdelikten stets Finger- und Handflächenabdrücke vom Opfer genommen werden, damit Vergleichsmaterial zum Ausschluss von eventuellen Tatortspuren zur Verfügung steht.

Die Fingerabdruckabnahme am Toten ist so lange möglich, wie die Papillen, die aus der Lederhaut in die Oberhaut hinein ragen, intakt sind, und auch relativ unproblematisch, so lange die Leichenstarre noch nicht eingetreten ist und die Leichenzersetzung nicht begonnen hat.

Die Finger werden dazu mit Hilfe einer Walze, einer Folie oder eines Porelon-Kissens gleichmäßig eingefärbt. Gummierte Blättchen (etwa 4 cm × 4 cm groß), die mit der Fingerbezeichnung versehen wurden, werden auf den Leichenlöffel gelegt und die Finger mit wenig Druck abgerollt. Sollte dies Schwierigkeiten bereiten, kann das Blättchen auch in die Löffelwölbung gelegt und der Finger kurz hinein gedrückt werden.

Ist die Leichenstarre bereits ausgebildet, sollte die Fingerabdruckabnahme nach der Obduktion erfolgen. Hat die Zersetzung bereits begonnen, ist die Oberhaut der Finger beschädigt, liegt eine Wasserleiche oder eine mumifizierte Leiche vor, so sind spezielle Verfahren anzuwenden, die eine Mitwirkung eines Rechtsmediziners erfordern können.

Schließlich sei darauf hingewiesen, dass es unter bestimmten Bedingungen auch gelungen ist, Fingerspuren auf menschlicher Haut sichtbar zu machen und zu sichern.

Insgesamt ergibt sich, dass daktyloskopische Spuren folgende Informationen geben können:

- als *Formspur* lässt sich das Papillarleistenbild einer bestimmten Person zuordnen und erlaubt die zweifelfreie Feststellung des Spurenverursachers;

- als *Situationsspur* ermöglicht ihre Lage an einem Gegenstand und die Stellung des Spurenträgers gegebenenfalls Aussagen über strafrechtlich relevante Handlungen;
- als *Substanzspur* ist die stoffliche Komponente nicht nur bedeutsam für die zur Spurensicherung anzuwendende Methode, sondern kann eine beweiserhebliche Aussage ermöglichen, wenn die Spur mit Fremdstoffen übertragen wurde (z. B. blutiger Fingerabdruck).

IV. Substanzspuren

Bei Substanzspuren handelt es sich um solche Spuren, bei denen nicht nur die Morphologie (Form und Aufbau), sondern auch die stoffliche Zusammensetzung und/oder die daraus resultierenden Eigenschaften kriminalistisch relevant sind und deshalb mit Hilfe chemischer, physikalischer oder biologischer Methoden ermittelt werden.[10]

1. Forensische Chemie

von *Benno Schultz*

Gegenstand der auf dem Fachgebiet der Forensischen Chemie durchgeführten Untersuchungen sind Stoffe und Gegenstände, die im Zusammenhang mit kriminalistisch relevanten Ereignissen als Spuren eine für die Aufklärung einer Straftat wichtige Bedeutung haben.

Sie werden mit dem Ziel

- der stofflichen *Identifizierung* (z. B. Betäubungsmittel, Gifte),
- der Feststellung *kriminalistisch bedeutsamer Eigenschaften* (z. B. Explosivstoffe, brandbeschleunigende Substanzen) und daraus abzuleitender Hinweise und
- zur *Verwendung und zum Vorkommen*

untersucht.

10 *Burghard u. a.*, Kriminalistik-Lexikon, 3. Aufl. (1996), in neuerer Literatur ergänzend: *Howorka*, Kriminalistik-Lexikon, 4. Aufl. 2011.

- Durch vergleichende Untersuchungen soll darüber hinaus eine *Herkunftsidentität* festgestellt werden (z. B. Lackfahndung).
- Weiterhin ist die Erarbeitung von Erkenntnissen zur *Art und Weise eines Ereignisablaufes* anhand verschiedener Spurenerscheinungen realisierbar (z. B. Kurzschlussmerkmale).

Forensisch chemische Untersuchungen sind auch in bestimmten Fällen notwendig, um festzustellen, ob eine zu bewertende Handlung ein *strafbares Verhalten* darstellt (z. B. Umgang mit Betäubungsmitteln oder Explosivstoffen, Bewertung umweltgefährdender Stoffe).

Aus den Untersuchungen können ebenso wichtige Hinweise zu Zusammenhängen zwischen dem Ereignisort und dem Täter bzw. dem Milieu des Täters abgeleitet werden. Von besonderer Bedeutung ist dabei die Untersuchung von Substanzübertragungen bei der Bewertung von Schadensereignissen mit strafbarem Hintergrund (z. B. Lackuntersuchung bei Verkehrsunfällen mit Fahrerflucht, Glasuntersuchung im Zusammenhang mit Einbrüchen).

Dabei ist die Anwendung naturwissenschaftlicher Methoden und Denkweisen der Chemie, der Physik und angrenzender Wissenschaften im Rahmen der Spuren- und Ereignisortuntersuchung mit dem Ziel der Aufklärung kriminalistischer Sachverhalte unumgänglich.

Weil häufig nur geringe Mengen Untersuchungsmaterial zur Verfügung stehen (z. B. minimaler Farbauftrag) oder durch das Ereignis Spuren teilweise vernichtet werden (z. B. Brände, Explosionen) bzw. die vorhandenen Spuren einer schnellen stofflichen Veränderung unterliegen können (z. B. Umweltverunreinigungen) und der Täter bestrebt ist, möglichst keine Spuren zu hinterlassen sowie wegen der Notwendigkeit, mit der Untersuchung dieser meist zufällig entstandenen Spuren wichtige Beweismittel im Strafverfahren zu bearbeiten, leitet sich die Besonderheit der forensischen Chemie gegenüber anderen chemisch-analytischen Bereichen ab.

Bei kriminalistisch relevanten Ereignissen treten vorrangig folgende Stoffe oder Gegenstände als Spuren auf:
- ätzende Substanzen, Betäubungsmittel, Gifte, Arzneimittel, Pflanzenschutzmittel,
- Lacke, Kunststoffe, Klebstoffe,
- Kraftstoffe, organische Lösungsmittel, Schmierstoffe, Bohnermasse, Schuhcreme, Kerzen, feste und flüssige Kohlenanzünder,
- selbstgefertigte und kommerzielle Sprengstoffe,

- Substanzanhaftungen (u.a. Schmauchpartikel, Bodenspuren, Explosivstoffreste),
- Glas und Glaspartikel,
- Pflanzen und Pflanzenteile,
- technische Geräte und Teile technischer Anlagen.

Substanzspuren[11] sind in der Regel das Ergebnis von Stoffübertragungen und können im festen, flüssigen oder gasförmigen Zustand in großer Menge, aber auch als mikroskopisch kleine Anhaftungen auftreten. Bereits bei der Suche und der Sicherung, aber insbesondere bei der Lagerung und dem Transport muss darauf geachtet werden, dass es nicht zu Verlusten oder zu Vermischungen mit anderen Stoffen kommt.

Beim Umgang mit Substanzspuren, der bereits mit der Spurensuche und -sicherung beginnt, ist zu berücksichtigen, dass viele Stoffe und Stoffgemische gefährliche Eigenschaften aufweisen, so dass besondere Bedingungen zu beachten sind. Insbesondere bei erkannten toxischen und explosionsgefährlichen sowie bei unbekannten, nicht klassifizierbaren Stoffen sind daher Spezialisten (z. B. besonders geschulte Tatortdienste) heranzuziehen.

Die Spurensuche soll sich darauf konzentrieren, solche Substanzen und Gegenstände aufzufinden,
- die im Zusammenhang mit dem Ereignis an den Ort gekommen sind,
- die wegen ihrer Lage und Beschaffenheit Hinweise auf den Ereignisablauf geben oder
- die ereignisfördernd oder auslösend gewirkt haben können.

Besonders wichtig ist neben der Spurensuche auch die Sicherstellung entsprechender *Vergleichsmaterialien*, denn durch eine direkte *Vergleichsuntersuchung*[12] ist feststellbar, ob die gesicherte Spur ursprünglich von diesem Vergleichsmaterial stammen kann.

Von besonderem Interesse im Rahmen der kriminalpolizeilichen Arbeit sind wegen ihrer Auftretenshäufigkeit die folgende Spuren-

11 Als Substanzen werden im Folgenden sowohl reine Stoffe als auch komplex zusammengesetzte Stoffgemische und technische Produkte verstanden.

12 Neben der direkten Vergleichsuntersuchung (Spur/ Vergleichsmaterial) wird in der Forensischen Chemie sehr oft mit der indirekten Vergleichsuntersuchung (Vergleich der Analysendaten mit vorhandenen Dateien oder Sammlungsmustern) gearbeitet, so dass neben der Sicherstellung fallbezogener Vergleichsmaterialien auch die Sicherstellung authentischer Sammlungsmuster Bedeutung hat.

arten: Anstrichstoffspuren, Bodenspuren, Glasspuren, Schmauchspuren, brandbeschleunigende Substanzen, Explosivstoffe, Betäubungsmittel, Gifte und Pflanzenschutzmittel sowie umweltgefährdende und unbekannte Substanzen.

Im Folgenden werden die am häufigsten, vor allem im Zusammenhang mit der sogenannten Massenkriminalität, auftretenden Spurenarten betrachtet.

1.1 Glasspuren

von *Benno Schultz*

Glas ist ein technisches Massenprodukt, das als Flach[13]- oder Formglas[14] in vielen Lebensbereichen eingesetzt wird.

Bei der Begehung strafbarer Handlungen wird Glas absichtlich (z. B. Einschlagen von Glasscheiben, um in eine Wohnung oder ein Auto zu gelangen) oder unbeabsichtigt (z. B. Schlagen mit einer Flasche, Verkehrsunfall) zerstört. Dabei können Glasbruchstücke an den Körper oder die Bekleidung des Täters gelangen. Insbesondere kleine, vom Täter nicht bemerkbare oder nur schwer entfernbare Glassplitter können auch nach einem längeren Zeitraum noch in der Bekleidung aufgefunden werden.

Durch die chemische Zusammensetzung des Glases, aber auch durch die Verarbeitung, werden physikalische Eigenschaften erzeugt, die unter Normalbedingungen über lange Zeiten stabil sind und somit eine Zuordnung verschiedener Teile eines zerstörten Glasgegenstandes zueinander (z. B. Splitter in der Bekleidung des Täters zu solchen vom Tatort) ermöglichen.

Die Zuordnung über Passspuren (siehe dort) bei der Glasuntersuchung ist im Gesamtzusammenhang unbedingt zu berücksichtigen und hat gegenüber einer chemisch-physikalischen Untersuchung Vorrang[15].

13 Fensterglas, Spiegel u.a.

14 Flaschen u.a.

15 Siehe auch *Passspuren* und *Werkzeugspuren*.

Spurensuche und -sicherung
Glasspuren werden bei der Zerstörung von Glasgegenständen auf den Täter, dessen Bekleidung und auf die verwendeten Werkzeuge übertragen.

Zu beachten ist, dass beim Isolieren von Glassplittern andere Spuren beeinflusst werden können. Es ist daher zu prüfen, welche Spuren zuerst gesichert werden müssen. Sofern vertretbar, ist die Isolation in einem speziell ausgerüsteten Labor durch entsprechend geschultes Personal durchzuführen. Es sollten also die gesamte Bekleidung und die Schuhe eingeschickt werden.

Suche am Körper von Personen
- Haare über einem sauberen glatten Blatt Papier auskämmen,
- Fingernägel abschneiden, Schmutz und Nägel in einem Röhrchen verpacken,
- die Haut mit Hilfe einer Lupe unter schräg einfallendem Licht absuchen,
- Splitter können sich in Wunden befinden, die z. B. beim Durchgreifen durch eine zerstörte Scheibe entstanden sind (Sicherung durch einen Arzt).

Suche an den Schuhen und der Bekleidung
- Nach Möglichkeit Kleidungsstücke und Schuhe beschlagnahmen, einzeln verpacken und zur weiteren Untersuchung vollständig einschicken,
- andernfalls zuerst visuell auf anhaftende Glassplitter (unter Zuhilfenahme einer Lampe) untersuchen und diese mittels Pinzette sichern. Glassplitter lassen sich insbesondere in Umschlägen an der Bekleidung und in Taschen finden, anschließend Bekleidungsstücke einzeln über einem sauberen glatten Blatt Papier ausschütteln. Auch das Ausbürsten mit einer weichen Bürste oder einem Pinsel ist geeignet.

Suche an Werkzeugen und anderen Gegenständen
- Nach Möglichkeit Gegenstände beschlagnahmen, einzeln verpacken und zur weiteren Untersuchung vollständig einschicken,
- andernfalls zuerst visuell auf anhaftende Glassplitter (unter Zuhilfenahme einer Lampe) untersuchen und diese mittels Pinzette sichern, anschließend einzeln über einem sauberen glatten Blatt Papier abklopfen.

Sichergestellte Glasspuren sind in stabilen verschließbaren Behältnissen zu verpacken. Ist die Isolierung von Glassplittern nicht möglich oder besteht die Gefahr der Vernichtung anderer Spuren, sind die Spurenträger im Ganzen einzusenden.

Entnahme von Vergleichsmaterial
Bei zerstörten Gegenständen und Scheiben mit verschiedenen Mustern, Farben und Profilen (Ornamentgläser, Scheinwerferglas, Flaschen u. a.) sind alle vorhandenen Splitter zu sichern.

Solche Splitter, die im Rahmen oder der Einfassung verblieben sind, sind zu kennzeichnen, fotografisch zu dokumentieren und erst dann zu entnehmen und getrennt von den herausgefallenen Splittern zu verpacken.

Wurden mehrere Gegenstände (z. B. Scheiben) zerstört, so sind diese einzeln als Vergleichsmaterial zu sichern. Dabei sind sie in ihrer Lage zueinander umfassend zu kennzeichnen (z. B. Innen- und Außenseite bei Glasscheiben, Nummerierung einzelner noch im Rahmen befindlicher Scheibenreste usw.).

Protokollierung
Sachverhaltsinformationen sind eine wichtige Grundlage für die Bewertung einer Spur, weil Kenntnisse über ihre Lage und Entstehung am Ereignisort notwendig sind, um über die eigentliche Substanzidentifizierung hinaus eine Einordnung in das Tatgeschehen vornehmen zu können.

Die Protokollierung sollte neben den vorgangsrelevanten Daten (Tatzeit, Tatort usw.) insbesondere Angaben zu folgenden Punkten enthalten:
- Beschreibung oder Kennzeichnung der Entnahmestellen isolierter Splitter,
- Besonderheiten beim Umgang mit den sichergestellten Spurenträgern, insbesondere bei sichergestellter Bekleidung und Schuhen.

Untersuchungsmöglichkeiten
Die Untersuchung und Bewertung von Glasspuren erfolgt mit den Zielen
- des Nachweises von Glassplittern in der Bekleidung eines Verdächtigen,
- der Bestimmung der Glasart über die Erfassung der Glaseigenschaften (Farbe, Oberflächenbeschaffenheit, Aussehen der Bruchkanten, Brechungsindex u. a.),

– der Vergleichsuntersuchung von am Täter aufgefundenen Glassplittern mit einem vermutlich bei der Tat zertrümmerten Glasgegenstand.

1.2 Brandbeschleunigende Substanzen

von *Benno Schultz*

Als brandbeschleunigende Substanzen werden alle brennbaren Flüssigkeiten und Feststoffe bezeichnet, die leicht entflammbar sind und nach Wegnahme der Zündquelle selbständig mit hoher Intensität weiterbrennen, so dass sie in der Lage sind, auch schwer entflammbare Gegenstände und Substanzen danach in relativ kurzer Zeit in Brand zu setzen.

Vor allem handelt es sich dabei um handelsübliche leicht entflammbare Flüssigkeiten (Benzin, Lösungsmittel u. a.) sowie um mit entflammbaren Flüssigkeiten getränkte Gegenstände (z. B. Kohlenanzünder).

Spurensuche und -sicherung
Die als Brandbeschleuniger verwendeten Substanzen lassen sich im Brandausbruchsbereich nachweisen. Auch in angrenzenden Bereichen können sie festgestellt werden, da durch den Brand ein Teil der meist verdampfbaren Substanzen mit den heißen Gasen in relativ kalte Bereiche getragen wird und dort kondensieren bzw. sich auf teilweise verbranntem Material ablagern oder vom ihm adsorbiert werden kann.

Bei der Spurensuche und -sicherung ist es deshalb wichtig, Brandschutt aus Bereichen zu sichern, die nahe genug am vermuteten Brandausbruchsbereich liegen, aber noch nicht vollständig ausgebrannt sind.

Der Brandschutt wird in luftdicht verschließbare Gefäße (meist werden spezielle Aluminiumtüten verwendet) gesichert und sollte sehr schnell zur Untersuchungsstelle gebracht werden. Dabei ist zu beachten, dass das Gefäß nicht vollständig befüllt wird, um über dem Brandschutt einen Gasraum zu erhalten. Dieser wird benötigt, um wesentliche analytische Untersuchungen im Labor durchzuführen, ohne die Materialien vorher Umpacken[16] zu müssen.

16 Beim Umpacken ist ein Substanzverlust der ohnehin meist nur in geringen Mengen vorhandenen leichtflüchtigen Brandbeschleuniger kaum vermeidbar.

Werden unverbrannte Flüssigkeitsreste[17] am Tatort festgestellt, so sind diese zügig zu sichern, da sich Brandbeschleuniger auch bei normalen Temperaturen infolge von Verdampfungsprozessen in ihrer Zusammensetzung ändern können.

Protokollierung
Die Protokollierung sollte neben den vorgangsrelevanten Daten (Tatzeit, Tatort usw.) insbesondere folgende Angaben enthalten:
- Beschreibung oder Kennzeichnung des Brandausbruchsbereiches und der Entnahmestellen der Spuren,
- Besonderheiten beim Umgang mit den sichergestellten Spurenträgern, insbesondere Umpacken oder Neuverpacken des Spurenmateriales in der Dienststelle nach Rückkehr vom Tatort,
- Angaben zum brandgeschädigten Bereich, insbesondere zu den verbrannten Materialien (bei der Verbrennung von Kunststoffen entstehen eine Reihe von Verbindungen, die brandbeschleunigende Substanzen vortäuschen können),
- Dauer des Brandes, Grad der Zerstörungen.

Untersuchungsmöglichkeiten
Die Untersuchung und Bewertung von Brandbeschleunigern erfolgt mit dem Ziel
- des Nachweises von brandbeschleunigenden Substanzen am Brandort,
- der Feststellung der Art des verwendeten Brandbeschleunigers mit daraus abgeleiteten Aussagen zu Herkunft und Verwendung derartiger Substanzen.

1.3 Betäubungsmittel

von *Benno Schultz*

Alle Substanzen, die in den Anlagen I, II und III des Betäubungsmittel-Gesetzes (BtMG) enthalten sind, gelten als Betäubungsmittel.

Die Untersuchung unbekannter Stoffe und Stoffgemische bei entsprechendem Verdacht erfolgt deshalb in erster Linie mit dem Ziel festzustellen, ob diese in den Listen aufgeführt sind oder darin genannte Stoffe enthalten. Erst nach der Identifizierung der Substanz kann ein Tatbestand (z. B. Besitz, Handel, Einfuhr) als Verstoß gegen

17 Diese sind separat mit den für allgemeine Substanzspuren üblichen Verfahren zu sichern und in gasdicht verschließbare Glasgefäße zu füllen.

das BtMG klassifiziert werden. Da für die Feststellung des Besitzes von Betäubungsmitteln in nicht geringer Menge nicht die sichergestellte wägbare Substanzmenge, sondern die darin enthaltene *Wirkstoffmenge* ausschlaggebend ist, muss sich in vielen Fällen eine quantitative Wirkstoffbestimmung anschließen.

Von besonderer Bedeutung sind neben den psychotropen Wirkstoffen auch Begleit- und Zusatz- sowie Verschnittstoffe. Durch die vollständige Analyse dieser Komponenten ist es möglich, Betäubungsmittelzubereitungen miteinander zu vergleichen und eine mögliche gleiche Herkunft festzustellen.

Die nachfolgenden Hinweise beziehen sich ausschließlich auf den Betäubungsmittelnachweis in entsprechenden *Zubereitungen.* Die Untersuchung auf Betäubungsmittel in Körperflüssigkeiten oder Haaren mit dem Ziel des Nachweises eines Betäubungsmittel-Konsums wird hier nicht betrachtet.

Spurensuche und -sicherung
Betäubungsmittel treten vorrangig als feste Zubereitungen (Pulver, Tabletten, Pflanzenteile u. a.) auf, können aber auch als Flüssigkeiten vorliegen oder Lebensmitteln untergemischt sein (z. B. Haschkekse).

Einige der am gebräuchlichsten Betäubungsmittel weisen einen typischen Geruch auf und können von erfahrenen Personen leicht festgestellt werden.

Hinweise auf Betäubungsmittel liefern vor Ort auch sog. Schnelltestverfahren; *Nachweise* sind jedoch *nur* mittels Laboranalyse möglich!

Bei der Sicherung ist darauf zu achten, dass die vorgefundenen Substanzen nicht miteinander vermengt werden. Auch gleichartig erscheinende Pulver oder Tabletten können eine unterschiedliche Zusammensetzung aufweisen. Deshalb sollten aufgefundene Verpackungseinheiten nicht verändert werden.

In der Regel weisen Betäubungsmittelzubereitungen, ähnlich wie Medikamente, über längere Zeit eine stabile Zusammensetzung auf, so dass keine speziellen Bedingungen hinsichtlich der Lagerung und des Transportes zu beachten sind.

Pflanzenmaterialien sind vor dem Einsenden an die Untersuchungseinrichtung an der Luft zu trocknen und in Papierverpackungen aufzubewahren.

Protokollierung
Der Zeitpunkt der Probenahme ist zusammen mit der Kennzeichnung anzugeben.

Die Anzahl und Menge des sichergestellten betäubungsmittelverdächtigen Materials ist exakt zu dokumentieren.

Untersuchungsmöglichkeiten
Die Untersuchung und Bewertung von Betäubungsmitteln erfolgt mit dem Ziel

- der Feststellung, ob die vorgelegten Substanzen dem Betäubungsmittelgesetz unterliegen,
- der Feststellung der Art und der Menge des Wirkstoffes und von Begleit- und Verschnitt- sowie Zusatzstoffen im Substanzgemisch,
- der Bewertung der Wirkungen von festgestellten Inhaltsstoffen auf den Menschen,
- der vergleichenden Untersuchung von Betäubungsmitteln unterschiedlicher Sicherstellungen, um evtl. eine gleiche Herkunft zu bestimmen.

1.4 Schmauchspuren

von *Benno Schultz*

Als Schmauch werden Substanzen bezeichnet, die bei einer Schussabgabe neben dem Projektil (und bei bestimmten Waffen auch der Hülse) die Waffe verlassen und sich in unmittelbarer Umgebung der Waffe niederschlagen können. Dabei handelt es sich um in kondensierter Phase vorliegende Abbrandprodukte des Treibmittels und des Zündsatzes, denen Schmutz, Öl und Rostpartikel, die sich vor der Schussabgabe im Lauf befunden hatten, sowie Abrieb vom Geschossmantel und der Hülsen u. a. beigemengt sind.

Die als Schmauch vorliegenden Partikeln sind sehr klein und daher nur mit speziellen Hilfsmitteln feststellbar. Die Untersuchung von Schmauchablagerungen wird mittels chemischer und röntgenspektroskopischer Verfahren durchgeführt. Insbesondere die Rasterelektronenmikroskopie in Verbindung mit einem röntgenspektroskopischen Verfahren[18] ist die Methode der Wahl bei der Untersuchung

18 Energiedispersive bzw. wellenlängendispersive Analyse der durch den Elektronenstrahl hervorgerufenen Röntgenfluoreszenz, auch als Mikrosondenanalyse bezeichnet.

von Schmauchanhaftungen. Dieses Verfahren ermöglicht neben der Elementanalyse an kleinsten Teilchen (ca. 0,001 mm bis 0,01 mm) auch eine Untersuchung der Form der aufgefundenen Teilchen[19].

Die Anwendung von Spurensicherungsverfahren und Spurensicherungsmaterialien ist unbedingt mit dem Labor, in der Regel beim zuständigen Landeskriminalamt, abzustimmen.

Spurensuche und -sicherung
Die Spurensuche und -sicherung sollte speziell ausgebildeten Mitarbeitern überlassen werden. Daher werden hier nur einige allgemeine Hinweise[20] gegeben.

Bei der Schmauchsicherung an Personen ist vor allem zu beachten, dass diese sehr schnell nach der Schussabgabe geschehen muss (hohe Verlustrate von anhaftenden Schmauchpartikeln bei normalen Tätigkeiten, durch Waschen u. Ä.) und unbedingt vor den notwendigen erkennungsdienstlichen Maßnahmen zu erfolgen hat.

Bei der Zuführung verdächtiger Personen ist ein Kontakt mit eventuell beschmauchten Gegenständen (Waffen, Türklinken und Stuhllehnen in der Dienststelle[21]) unbedingt zu verhindern.

Schmauchanhaftungen lassen sich an den Stellen finden, die sich in unmittelbarer Nähe der „Schmauchaustrittsöffnungen“ einer Waffe befunden haben. Das sind insbesondere die Mündungsöffnung, der Hülsenauswurfbereich und der Abzugsbereich. In Abhängigkeit vom verwendeten Waffentyp (z. B. Revolver, Pistole) unterscheiden sie sich, was bei der Spurensicherung berücksichtigt werden muss. Ist der verwendete Waffentyp nicht bekannt, soll die Spurensicherung alle in Frage kommenden Bereiche umfassen.

Für die Schmauchsicherung verwendet man meistens sogenannte Leittabs. Dabei handelt es sich um mit leitfähiger Klebefolie bespannte Metallteller (ca. 1 cm Durchmesser). In Abhängigkeit von den Möglichkeiten der Untersuchungsstelle können aber auch leitfähige Klebefolien (z. B. Filmolux-Folien) oder anderes verwendet werden.

19 Schmauchpartikeln stellen sich überwiegend als kugelähnliche Gebilde dar.

20 Eine umfassende, allgemeingültige Darstellung der Schmauchsicherungsverfahren ist aufgrund des Umfanges und auch der unterschiedlichen Arbeitsweisen der untersuchenden Laboratorien nicht in der gebotenen Kürze möglich.

21 Hier könnten sich Schmauchpartikel befinden, die von Polizisten nach dem Ausbildungsschießen übertragen wurden.

Die zu sichernden Partikeln werden durch Abkleben der beschmauchten Flächen (Hände, Ärmelbunde der Bekleidung, beschossene Gegenstände u. a.) auf der Klebefolie fixiert. Um eine Zuordnung zum verwendeten Waffentyp treffen oder die Schussentfernung bestimmen zu können, sind die Schmauchanhaftungen aus den für eine Unterscheidung in Frage kommenden Bereichen[22] jeweils separat zu sichern.

Die Spurensicherungsmaßnahmen sind sowohl an der rechten als auch an der linken Hand durchzuführen, wobei angegeben werden sollte, ob die verdächtigte Person Rechts- oder Linkshänder ist. Spurensicherungsmaßnahmen sind ebenfalls bei allen Personen, die sich im Moment der Schussabgabe in unmittelbarer Nähe befanden, durchzuführen[23].

Schussbeschädigte Bekleidung bzw. Bekleidung von verdächtigten oder geschädigten Personen, bei denen die Schmauchsicherung nach Möglichkeit im untersuchenden Labor stattfinden sollte, ist so zu verpacken, dass eine Übertragung von Schmauchteilchen auf bislang nicht betroffene Bereiche vermieden wird. So sollten z. B. die Ärmelbunde vorsichtig in Papiertüten oder in Polyethylen-Beutel gesteckt werden. Mit Blut behaftete Textilien sind vorher zu trocknen.

Entnahme von Vergleichsmaterial

Als Vergleichsmaterial für die Schmauchuntersuchung sind die Anhaftungen im Lauf der verwendeten Waffe bzw. in der am Tatort aufgefundenen Hülse anzusehen. Deshalb sollten zur Schmauchuntersuchung immer die vermutliche Tatwaffe und die am Tatort aufgefundenen Hülsen mit eingeschickt werden.

Für die Untersuchung von vermutlichen Schmauchanhaftungen an Gegenständen, die nicht ins Labor eingeschickt werden können (z. B. beschossene Fahrzeuge) sind Neutralproben zu sichern. Die Vorgehensweise soll dabei dieselbe sein, wie bei der Spurensiche-

22 Bei der Schusshand z. B. Zeigefinger + Daumen + Handaußenfläche + Handinnenfläche, bei einer Schussbeschädigung z. B. unmittelbarer Einschussbereich + Kreisring in einer Entfernung von ca. 1 cm vom Einschuss + Kreisring in einer Entfernung von ca. 5 cm vom Einschuss.

23 Insbesondere bei Suizidverdachtsfällen berücksichtigen, da oft versäumt wird, Familienangehörige oder andere tatortberechtigte Personen auf Schmauchanhaftungen zu untersuchen, so dass später keine objektiven Beweismittel zur Entlastung dieser Personen zur Verfügung stehen.

rung. Der für die Neutralprobe ausgewählte Bereich soll ausreichend weit von der vermutlich mit Schmauch behafteten Stelle entfernt, aber auch so nah wie möglich an dieser Stelle gelegen sein.

Protokollierung
Die Protokollierung sollte neben den vorgangsrelevanten Daten (Tatzeit, Tatort usw.) insbesondere Angaben zum Zeitraum zwischen der Tat und der Spurensicherung und zur Reihenfolge der Spurensicherungsmaßnahmen enthalten.

Untersuchungsmöglichkeiten
Die Untersuchung und Bewertung von Schmauchspuren erfolgt mit dem Ziel
- des Nachweises einer erfolgten Schussabgabe durch eine bestimmte Person anhand der Schusshandbestimmung,
- einer Bestimmung des verwendeten Waffen-Munitions-Systems,
- des Nachweises von Schmauch an einem vermutlich beschossenen Gegenstand,
- der Feststellung primärer und sekundärer Schussbeschädigungen,
- der Bestimmung von Einschuss und Ausschuss,
- einer Schussentfernungsbestimmung.

1.5 Explosivstoffe und deren Rückstände
von *Benno Schultz*

Beim Auffinden von Explosivstoffen oder Gegenständen mit Explosivstoffen bzw. beim Verdacht, dass solche Substanzen vorliegen könnten, ist äußerste Vorsicht notwendig.

Spurensuche und -sicherung
Untersuchungen und Sicherungsmaßnahmen müssen in solchen Fällen Spezialisten vorbehalten bleiben. Insbesondere beim Auffinden von Selbstlaboraten oder unkonventionellen Spreng- und Brandvorrichtungen (USBV) sind die in der Regel beim Landeskriminalamt vorhandenen Entschärfer anzufordern. Deren Aufgabe besteht darin, die Vorrichtungen unschädlich zu machen und die enthaltenen Explosivstoffe bzw. andere Substanzen zu delaborieren und zu sichern sowie sie einer geordneten Vernichtung zuzuführen.

Die Untersuchung von Ereignisorten, an denen es zur Umsetzung eines Explosivstoffes gekommen ist, sollte aufgrund ihrer Komplexität ebenfalls Spezialisten vorbehalten bleiben.

Delaborierte Explosivstoffe sind nur in kleinen Mengen zur Untersuchung zu bringen.

Untersuchungsmöglichkeiten
Die Untersuchung und Bewertung von Explosivstoffen erfolgt mit dem Ziel

- der Feststellung, welche Substanzen vorliegen bzw. zur Umsetzung gekommen sind,
- der Bestimmung der Eigenschaften der vorliegenden Substanz als Explosivstoff,
- vergleichender Untersuchungen zwischen einer Spur und einem aufgefundenen bzw. sichergestellten Vergleichsmaterial,
- der Bewertung von Wirkungen bei der Umsetzung eines Explosivstoffes, insbesondere wenn es sich um eine unkonventionelle Spreng- und Brandvorrichtung handelt.

1.6 Umweltgefährdende Substanzen

von *Benno Schultz*

Das Umweltstrafrecht ist insbesondere durch seine Verwaltungsakzessorität geprägt. Daher muss in jedem Fall der verwaltungsrechtlich zulässige Handlungsrahmen festgestellt und sowohl bei der Tatortarbeit als auch bei den notwendigen chemischen Untersuchungen berücksichtigt werden.

Die Bearbeitung von Umweltsachverhalten stellt sehr hohe Anforderungen. Neben komplexen technischen und naturwissenschaftlichen Fragestellungen sind zusätzlich wirtschaftskriminalistische Aspekte zu berücksichtigen. Umwelttatorte erfordern in Abhängigkeit vom Deliktsbereich ein sehr unterschiedliches Vorgehen. Die Bearbeitung von Umwelttatorten sollte deshalb den speziell ausgebildeten Umweltsachbearbeitern und Spezialisten der Spurensicherung überlassen bleiben.

Im Rahmen der Bearbeitung von Umweltstraftaten stellt die Analyse der festgestellten Substanzen einen wesentlichen Schritt dar, da mit der Bestimmung der Eigenschaften und des Anteils einer umweltgefährdenden Substanz in der Spur eine Einschätzung des Gefährdungsgrades der betroffenen Umweltbereiche ermöglicht wird, sowie die Einhaltung verwaltungsrechtlicher Vorgaben überprüft werden kann.

Spurensuche und -sicherung
Die Suche und Sicherung von Spuren ist in Abhängigkeit vom Delikt und den zu untersuchenden Parametern zu organisieren. Dabei sind sowohl strafprozessuale Aspekte als auch solche der nachfolgend durchzuführenden chemischen Untersuchung, ausgehend von den verwaltungsrechtlichen Bestimmungen, zu berücksichtigen. Aufgrund des Umfanges der zu beachtenden Aspekte werden diese hier nicht näher ausgeführt. Auf die sehr umfangreiche Handlungsanleitung des Bundeskriminalamtes zur Tatortarbeit bei Umweltdelikten[24] wird an dieser Stelle verwiesen.

Untersuchungsmöglichkeiten
Die Untersuchung und Bewertung von umweltgefährdenden Substanzen erfolgt
- zur Feststellung, welche Substanzen vorliegen und wie hoch ihr Anteil in der zu untersuchenden Spur ist,
- zur Beschreibung des umweltgefährdenden Potentials der vorliegenden Substanzen auf Grund ihrer ermittelten Eigenschaften,
- zum Vergleich der Substanzspur mit einem aufgefundenen bzw. sichergestellten Vergleichsmaterial,
- zum Nachweis der Herkunft umweltgefährdender Substanzen, die in einer Umweltprobe festgestellt wurden.

Literatur

Wirth, I. (Hrsg.), Kriminalistik-Lexikon, 4. Aufl., 2011.
Hecker, M.R., Forensische Handschriftenuntersuchung, 1993.
Huelke, H.-H., Spurenkunde, 4. Aufl., 1977.
Jaeger, R. R. (Chefred.), Kriminalistische Kompetenz, Kap. II (Kriminaltechnik/Naturwissenschaftliche Kriminalistik), 2000.
Kube, E., Störzer, H. U., Timm, K. J. (Hrsg.), Kriminalistik. Handbuch für Praxis und Wissenschaft, Bd. 1 1992, Bd. 2 1994.
Michel, L., Gerichtliche Schriftvergleichung, 1982.
Pfefferli, P. (Hrsg.), Die Spur, 5. Aufl., 2007.
Pohl, K. D., Handbuch der Naturwissenschaftlichen Kriminalistik, 1981.
Rupprecht, R. (Hrsg.), Polizei Lexikon, 2. Aufl., 1995.
Schleyer, F., Oepen, I., Henke, J. (Hrsg.), Humanbiologische Spuren, 1995.

24 „Tatortarbeit und Eigensicherung bei Umweltdelikten“, Handlungsanleitung; Informationsblatt des Bundes und der Länder, Dezember 2000.

1.7 Anstrichstoffspuren

von Dr. *Antje Hahn*

„Anstrichstoffe“ – auch als „Lacke“ bzw. „Farben“ bezeichnet – gehören zu den Beschichtungsstoffen. Beschichtungsstoffe sind flüssige bis pastenförmige oder pulverförmige Produkte, die auf einen Untergrund aufgetragen eine Beschichtung mit schützenden, dekorativen bzw. anderen spezifischen Eigenschaften ergeben (nach DIN EN 971-1: 1996-09).[25]

Anstrichstoffe enthalten als Hauptbestandteile Bindemittel, Pigmente, Füllstoffe sowie Lösungsmittel und werden durch Streichen, Rollen, Spritzen, Pulverlackieren oder andere Beschichtungsverfahren aufgetragen.

Anstrichstoffspuren treten vor allem in Zusammenhang mit folgenden Straftaten auf:
- „Unerlaubtes Entfernen vom Unfallort“,
- „Besonders schwerer Fall des Diebstahls“,
- „Sachbeschädigung“ (Graffiti).

Dementsprechend häufig werden Fahrzeuglacke, Farbspuren in Hebelspuren, Graffitispuren und Werkzeuglacke gesichert. Seltener sind dagegen Farbspuren durch Gotcha, Toner, Security Pacs und Druckfarben. In Abhängigkeit von der Beschaffenheit der Beschichtung bzw. des Anstrichstoffes sowie der Art der einwirkenden Kraft entstehen Spuren in unterschiedlicher Ausprägung.

Sind Lackspuren auf einem Fahrzeug oder Gegenstand zu erkennen, ohne dass ausgeprägte Lacksplitter vorliegen, so wird von einem „Aufrieb“ gesprochen. Dabei werden ursprünglich vorhandene Schichtstrukturen zerrieben oder nur teilweise übertragen. Im Gegensatz dazu fehlen bei einem „Abrieb“ Teile der Lackierung, d. h. eine unter der farbgebenden Schicht befindliche Lackschicht oder der Untergrund (z. B. das Karosserieblech) ist sichtbar. Seltener werden mehrschichtige Beschichtungen komplett übertragen (z. B. Lacksplitter von Fahrzeuglacken).

Untersuchungs- und Aussagemöglichkeiten

Anstrichstoffuntersuchungen werden grundsätzlich an ausgehärteten Substanzproben durchgeführt. Für die chemische Untersuchung ist es notwendig, dass die Farbspuren vom Spurenträger/Untergrund

25 Römpp-Lexikon: Lacke und Druckfarben, Georg Thieme Verlag, 1998.

isoliert werden können. Grundsätzlich kann jede mit bloßem Auge erkennbare Anstrichstoffspur untersucht werden. Entscheidend ist die Ausprägung der Spur.

Bei Farbspuren, die durch den Einsatz von industriellen Massenprodukten verursacht wurden (z. B. Graffiti, Farbspuren in Hebelspuren), handelt es sich in der Regel um einschichtige Anstrichstoffe. Ihre kriminaltechnische Untersuchung beschränkt sich i.A. auf vergleichende Untersuchungen des Farbtons und der chemischen Zusammensetzung. Da unbekannte Anstrichstoffprodukte nur grob nach den Bindemittelsystemen klassifiziert werden können, sind Rückschlüsse auf Art bzw. Verwendungszweck der vorliegenden Anstrichstoffe nicht möglich. Farbspuren, zu denen kein Vergleichsmaterial (z. B. Farbspraydosen, spurenverursachendes Werkzeug) vorliegt, können nicht zugeordnet werden.

Fahrzeuglackierungen werden in Karosserie- und Kunststoffanbauteil-Lackierungen unterschieden. Moderne Karosserielackierungen sind in der Regel vierschichtig und bestehen aus Klarlack, Basislack (farbgebende Schicht), Füller und Grundierung. Anstelle von Klarlack und Basislack kann auch ein Decklack aufgetragen sein (dreischichtige Lackierung). Bei der Lackierung von Kunststoffanbauteilen entfällt die Füllerschicht.

Bei der Untersuchung von Lackspuren, die im Zusammenhang mit Verkehrsunfällen gesichert wurden, können zwei verschiedene Aufgabenstellungen bearbeitet werden:

(1) Lackvergleichsuntersuchung
Ist das vermutlich unfallbeteiligte Fahrzeug bekannt, so kann eine vergleichende Untersuchung der Lacke (Lackvergleich) durchgeführt werden. Dazu werden die beim Unfall übertragenen Lackspuren (Fremdlack) sowie Lackproben aus den Anstoßstellen der Fahrzeuge (Eigenlack) untersucht und miteinander verglichen. Diese Untersuchung kann Aufschluss darüber geben, ob ein Fahrzeug tatsächlich als Unfallgegner in Frage kommt.

Bei einer Lackvergleichsuntersuchung werden die vorliegenden Lacksplitter hinsichtlich folgender Eigenschaften untersucht:

- Farbton und Effektpigmentierung der farbgebenden Basislack- bzw. Decklackschicht,
- Schichtenfolge aller Lackschichten,
- chemische Zusammensetzung der einzelnen Lackschichten.

Stimmen die einzelnen Lackschichten hinsichtlich der untersuchten Eigenschaften überein, so kommt das vermutlich unfallbeteiligte Fahrzeug als Unfallgegner in Frage. Eine weitergehende Aussage ist bei Vorliegen einer Serienlackierung nicht möglich, da tausende Fahrzeuge eine gleichartige Lackierung aufweisen können. Liegt eine Reparaturlackierung vor, so kann unter Umständen eine konkretere Aussage zur Unfallbeteiligung getroffen werden. Das ist z. B. der Fall, wenn mehrere Reparaturlackschichten vorliegen und diese beim Eigenlack und beim Fremdlack übereinstimmen.

Ein Sonderfall ist die Spurenüberkreuzung. Dabei handelt es sich um eine gegenseitige Lackübertragung von beiden unfallbeteiligten Fahrzeugen auf das jeweils andere Fahrzeug. Da derartige Spurenüberkreuzungen relativ selten auftreten, haben sie einen besonders hohen Beweiswert.

(2) Erarbeitung von Fahndungshinweisen („Lackfahndung")

Ist das vermutlich unfallbeteiligte Fahrzeug unbekannt, so können nach der Untersuchung des Fremdlacks Informationen zum Hersteller des Fahrzeugs, zu in Frage kommenden Modellen und Baujahren gewonnen werden. Dabei wird durch Datenbankrecherchen für jede einzelne Lackschicht ermittelt, welche Fahrzeughersteller den entsprechenden Lack verwendet haben. Durch die Kombination der Informationen kann eingegrenzt werden, welche Hersteller in Frage kommen. Da in den Datenbanken hauptsächlich Karosserielackierungen enthalten sind, ist für Lackspuren von Kunststoffbauteilen meist keine Zuordnung möglich.

Wichtig für eine erfolgreiche Lackfahndung ist die Spurenbeschaffenheit. Dabei kommt es besonders darauf an, dass möglichst alle Lackschichten vorhanden und diese nicht vermischt (zerrieben) sind. Weiterhin entscheidend für den Ermittlungserfolg ist der Zeitraum vom Unfallzeitpunkt bis zur Einsendung des Spurenmaterials. Je mehr Zeit bis zur Ermittlung des Fahrzeugtyps vergeht, umso mehr Zeit bleibt dem Unfallgegner, die Unfallspuren an seinem Fahrzeug zu beseitigen.

Hinweise zur Spurensicherung, Verpackung und Beschriftung

Generell sind der Spurenmenge angepasste, dicht schließende Verpackungsmaterialien (Briefumschläge, Pergamintüten, Kunststoffbeutel, Eppendorfgefäße) zu verwenden, um Substanzverluste zu vermeiden.

Die eindeutige Bezeichnung und Zuordnung der Untersuchungsmaterialien ist die Grundvoraussetzung für die nachvollziehbare Untersuchung von Lackspuren und die Auswertung der Messergebnisse. Dabei ist darauf zu achten, dass sowohl im Untersuchungsauftrag bzw. Spurensicherungsbericht als auch auf der Spurenverpackung dieselben Angaben vorhanden sind. Wichtig ist, dass schon bei der Spurensicherung zwischen Eigenlack und Fremdlack unterschieden wird und diese Angaben vermerkt werden.

Folgende Hinweise zur Spurensicherung sind zu beachten:

Lack- und Farbsplitter:
- im getrockneten Zustand mit Hilfe einer Pinzette bzw. eines Skalpells vom Untergrund abheben oder
- mit Spurenträger einsenden

Fahrzeuglacke:
- Lacksplitter mittels scharfen Skalpells mit allen Schichten abheben, nicht abkratzen (möglichst alle Schichten in einem Stück sichern)
- Schichtenstruktur erhalten (keine zerriebenen Lackpartikel)
- Kantenlänge des zu sichernden Vergleichsmaterials möglichst ≥ 2 mm
- gesicherte Fahrzeuglacke mindestens mit den folgenden Angaben versehen:
  - Farbe des beschädigten Fahrzeugteils, evtl. Farbtonangabe des Herstellers
  - Hersteller und Modell, evtl. Baujahr
  - Art des beschädigten Fahrzeugteils (Kunststoffanbauteil oder Karosserie)
  - Kennzeichen des Fahrzeugs

Aufriebe:
- möglichst mit Untergrundmaterial sichern, nicht abschaben
- Farbton des angegriffenen/beschädigten Objektes bzw. Fahrzeugs und Art des Untergrundes benennen (z. B. Holz, Kunststoff, Metall)
- Vergleichsmaterial (VM) von der Oberfläche des angegriffenen/ beschädigten Objektes bzw. Fahrzeugs einsenden

Flüssige Anstrichstoffproben:
- in dicht schließender Originalverpackung einsenden oder
- in dicht schließendes Glasgefäß füllen und einsenden oder
- aushärten lassen, dann als Festsubstanz sichern oder

- evtl. auf einen sauberen Glas-Objektträger übertragen und nach dem Aushärten des Anstrichstoffs einsenden

Graffiti:
- feuchte Graffiti aushärten lassen, dann Anstrichstoff möglichst ohne Untergrund sichern (wenn nicht möglich, unbeeinflusstes Material des Untergrundes als VM mit einsenden)
- getrockneten Anstrichstoff an den Händen eines Tatverdächtigen abheben bzw. abschaben
- getrockneten Anstrichstoff nicht mit Lösungsmitteln ablösen, nicht mit Zellstoff bzw. Wattestieltupfer aufnehmen

Vergleichsmaterial:
- bei Fahrzeuglacken Eigenlack aus dem Bereich der Anstoßstelle sichern, nicht von anderen Fahrzeugteilen oder aus dem Kofferraum (Lack auf verschiedenen Bauteilen kann unterschiedliche chemische Zusammensetzungen aufweisen und dadurch bei einem Vergleich u. U. zu einem falschen Ergebnis führen)
- Werkzeuge im Original sichern, die Wirkflächen separat verpacken, um Verlust von evtl. anhaftenden Fremdsubstanzen zu vermeiden
- Farbspraydosen und Sprühköpfe im Original sichern

Ungeeignete Spurensicherungsmethoden:
Saugfähiges Material (z. B. Wattestieltupfer oder Zellstofftücher)
- zur Sicherung flüssiger Anstrichstoffproben nicht geeignet, da die Anstrichstoffe zwischen den Fasern dieses Materials verlaufen und nicht mehr isoliert werden können

Spurensicherungsfolie, schwarze Gelatinefolie oder Sellotape
- zur Sicherung mikroskopisch kleiner Partikel nicht geeignet, da die Partikel aus der Klebstoffschicht schlecht isolierbar sind
- Sicherung mittels Klebefolie nur dann durchführen, wenn andere Methoden der Spurensicherung auf Grund des Spurenbildes ausscheiden (Nachteil: Partikel evtl. nicht aus der Klebeschicht isolierbar)
- Aufkleben auf Papier führt dazu, dass die Klebefolie vom Papier nicht mehr abgelöst werden kann und die derart gesicherten Spuren nicht isoliert werden können. Klebefolie nach der Spurensicherung auf Etikettenpapier oder einen Glasobjektträger kleben

Haushaltsklebeband
- aufgrund der starken Klebewirkung generell ungeeignet

1.8 Boden- und Staubspuren

von Dipl.-Min. *Kirstin Schneider*

Als Boden wird die oberste Verwitterungsschicht der Erdrinde bezeichnet. Durch physikalische, chemische und/oder biologische Umwandlungsprozesse dieser obersten Schicht der Gesteinshülle sowie durch Umlagerungs- und Transportprozesse entsteht ein Gemisch aus festen anorganischen und organischen Bestandteilen verschiedener Größe und Zusammensetzung. Die sich bildenden Porenhohlräume sind mit Wasser und Luft gefüllt. Organismen und Teile davon, in Form von toter (z. B. Humus) oder lebender organischer Substanz, können enthalten sein. Als Fremdbestandteile treten in urbanen Böden (industriell und ackerbaulich genutzten Flächen) Beimischungen technischer Produkte auf. Diese Beimengungen, z. B. in Form von Flugasche, Rost, Anstrichstoffen oder Dünger, werden als anthropogene Bestandteile bezeichnet.

Diese Bodenschicht bildet eine Decke über den noch nicht von der Verwitterung angegriffenen Gesteinskomplexen. Der gesamte Bodenkörper steht in ständigem Stoff- und Energieaustausch mit seiner Umwelt.

Staub besteht vorwiegend aus einem Gemisch von feinstkörnigen Feststoffen. In Abhängigkeit von Korngröße, spezifischem Gewicht, Feuchtigkeitsgehalt, Temperatur und Luftbewegung sind Stäube in der Atmosphäre schwebfähig. Stäube können sowohl aus anorganischen als auch aus organischen Bestandteilen zusammengesetzt sein. Gewöhnlich stellen sie Mischungen beider Komponenten dar und ähneln daher dem Untersuchungsgegenstand Boden. Die Untersuchungs- und Aussagemöglichkeiten der staubförmigen Proben entsprechen denen der Bodenvergleichsuntersuchung.

Die Entstehung von Bodenspuren im täglichen Leben ist unvermeidbar. Sie treten unter anderem bei Straftaten wie Vergewaltigungen, Körperverletzungen und Mord, aber auch im Zusammenhang mit Diebstählen, Brandstiftungen oder Verkehrsunfällen auf.

Ob und in welchem Umfang solche Spuren entstehen, ist jedoch von verschiedenen Faktoren abhängig. Die Korngrößenverteilung und die Bodenfeuchtigkeit haben Einfluss auf dass Haftvermögen des Bodenmaterials am Spurenträger. So bleibt feinkörniges Material wie Lehmboden eher an einem Spurenträger haften als Sandboden. Die Oberflächenbeschaffenheit des Spurenträgers und die Intensität des Kontaktes während der Tat begünstigen die Entstehung von Bodenspuren. So haftet z. B. an einem rauen Jeansstoff das bodenartige Material besser als an einem glatten Kunstfasergewebe.

Die Menge des auffindbaren Spurenmaterials kann von kompakten Bodenanhaftungen, z. B. an Kotflügeln oder Felgen von Kraftfahrzeugen, bis zu kaum sichtbaren Mikrospuren, z. B. in Form geringfügiger Verschmutzungen an den Händen eines Täters reichen.

Dabei stammen die Spuren meist aus dem direkten Tatortbereich. Selten werden Bodenanhaftungen sekundär auf Zu- und Abgangswegen an den Ereignisort gebracht oder auf Gegenstände übertragen (z. B. von verschmutzten Schuhen abfallende Bodenpartikel auf Treppen oder Fußmatten).

Untersuchungs- und Aussagemöglichkeiten
Für die kriminaltechnische Bodenuntersuchung wird die Eigenschaft der Böden bzw. Stäube ausgenutzt, dass sie oft schon innerhalb geringer Entfernungen deutliche Veränderungen ihrer Beschaffenheit aufweisen. Diese Unterschiede sind meist sowohl in horizontaler als auch in vertikaler Ausdehnung des Bodenkörpers feststellbar. Dadurch ist die Untersuchung mit zwei verschiedenen Zielrichtungen möglich.

Eine **vergleichende Untersuchung** zwischen Boden- und Staubproben von einem Ereignisort und bodenartigem Material von Spurenträgern ermöglichen Aussagen darüber, ob sich eine Person bzw. ein Gegenstand in einem bestimmten Bereich befunden hat. Dafür muss vom Ereignisort eine ausreichende Anzahl von Vergleichsbodenproben vorliegen.

Das Ziel der vergleichenden Bodenuntersuchung besteht darin, ursächliche Zusammenhänge zwischen einem Spurenträger (z. B. Bekleidung, Werkzeug) und einem Ort, von dem die Spuren stammen könnten, zu beweisen oder auszuschließen.

Die Wertigkeit der gutachterlichen Aussage hängt von verschiedenen Faktoren ab. Dazu zählen etwa eine ausreichende Individualität des Bodens am Ereignisort, die Qualität der Spuren und die Anzahl der Vergleichsbodenproben sowie dem Zusammenhang zwischen der Spur und der Tat.

Jeder Boden sowie dessen Teilmengen besitzen durch die Kombination der in ihm enthaltenen mineralischen, biogenen und anthropogenen Bestandteile sowie deren Menge, Ausbildung und Verwitterungsformen eine Vielzahl von Merkmalen, durch die er individualisierbar ist. Wenn die Messwerte der Vergleichsmaterialien deutlich unterschiedlich gegenüber den Spurenmaterialien sind, kann grundsätzlich ausgeschlossen werden, dass die Bodenspur vom Ereignisort stammt. Vorraussetzung für den Ausschluss ist, dass der Boden am Ereignisort zwischen dem Tatzeitraum und dem Zeitraum der Entnahme der Vergleichsbodenproben keiner Veränderung unterlag bzw. eventuelle Veränderungen lückenlos nachvollziehbar sind. Im Fall einer weitestgehenden Übereinstimmung aller Merkmale zwischen Spur und Vergleichsmaterial kann von einer gleichen Herkunft ausgegangen werden. Zur Absicherung dieser Befunde, insbesondere zur Interpretation der räumlichen Ausdehnung des Herkunftsgebietes, können die Charakterisierung der bodenkundlichen bzw. geologischen Beschaffenheit anhand einer ausreichenden Anzahl von Vergleichsbodenproben, bodenkundlichem Kartenmaterial sowie eine Inaugenscheinnahme des Ereignisortes sinnvoll sein.

Ist der Tatort nicht bekannt (z. B. Leichenverbringung), so dass kein Vergleichsmaterial beschafft werden kann, besteht die Möglichkeit, die regionale Herkunft der Bodenspur durch entsprechende Untersuchungen einzugrenzen (**Herkunftsbestimmung**). Angaben zum Zeitpunkt der Entstehung von Bodenspuren (Spurenalter) sind nur selten möglich.

Hinweise zur Spurensuche und -sicherung
Die Qualität der Spurensicherung hat entscheidenden Einfluss auf die Bewertung der Untersuchungsergebnisse und somit auf die Aussagekraft hinsichtlich der kriminalistischen Fragestellung.

Alle Boden- und Staubspuren, die mit bloßem Auge erkennbar sind, können auch untersucht werden.

Kleine, transportable Spurenträger, z. B. Bekleidung oder Werkzeug, werden im Original gesichert, in dicht schließende Behältnisse (z. B. Papier-, Kunststoffbeutel) verpackt und außen beschriftet. Nasse Spurenträger sind vor ihrer Verpackung an der Luft zu trocknen.

Von nicht transportablen Spurenträgern, z. B. Gartenzäunen, werden die Bodenspuren mit Hilfe eines sauberen Taschenmessers, Skalpells oder Spatels abgehoben, auf einer geeigneten Unterlage, z. B. Papier aufgefangen und getrocknet. Anschließend werden die Bodenspuren verpackt und beschriftet. Feinkörniges Material kann mit einem sauberen, möglichst weißen Stofflappen aufgenommen werden. Die Isolierung erfolgt dann im untersuchenden Labor.

Klebebänder oder -folien sowie Wattetupfer sind für die Sicherung von Bodenspuren *nicht zu verwenden.*

Entnahme von Vergleichsmaterial

Als Vergleichsbodenproben werden ca. 100-200 g Material benötigt. Dazu werden z. B. von Grünflächen mit einer sauberen kleinen Schaufel oder mit einem Taschenmesser Proben entnommen. Bei Staubproben (z. B. von Dachböden und Fensterbrettern) werden wenige Gramm oder Milligramm mit einem Pinsel zusammengefegt oder mit einem sauberen, weißen Stofflappen aufgenommen, in dicht schließende Behältnisse verpackt und außen beschriftet.

Nasse Proben sind vor dem Verpacken an der Luft zu trocknen.

Vergleichsmaterial muss stets aus der Ebene entnommen werden, in der die Spuren vermutlich entstanden sind, meist also aus den oberen 2-3 cm, maximal bis zu 5 cm Tiefe (z. B. Kampfspuren bei Raubüberfällen oder Vergewaltigungen). Vom unmittelbaren Ereignisort (Tatort) werden 2-3 Proben, aus der Umgebung des Ereignisortes in einem Umkreis von ca. 10-20 m weitere 4-5 Proben entnommen, unabhängig davon, ob der Täter sich in diesem Bereich aufgehalten haben kann. Bei Staubproben ist die zusätzliche Entnahme entsprechenden Vergleichsmaterials aus Nachbarräumen zweckmäßig.

Mit Spuren- und Vergleichsmaterialien darf nicht im gleichen Raum hantiert werden.

Protokollierung

Das Protokoll über kriminaltechnische Tatortarbeit bzw. der Untersuchungsauftrag soll folgende Angaben enthalten:

Eine kurze Darstellung des Sachverhaltes, um Schlussfolgerungen über kausale Zusammenhänge zwischen Spurenlage und Tathergang ziehen zu können.

Genaue Angaben zur Lage des Tatortes, eventuell mit Kartenausschnitten oder Skizzen, um sein Auffinden auf topografischen oder geologischen Spezialkarten zu ermöglichen.

Für die Herkunftsbestimmung von Bodenspuren (s. Untersuchungsmöglichkeiten) solche Angaben, die schon ermittlungsseitig zur Eingrenzung eines möglichen Herkunftsortes beitragen können (z. B. Laufstrecke von Bahnwaggons, Tachometerstand von Kfz vor und nach dem Diebstahl, Verwendung eines Fahrrades als Transportmittel).

Literatur:

Adam, J., Kriminalistische Untersuchung von Boden- und Staubspuren, Fachbuchreihe K – spezial, Ministerium des Innern der DDR – Publikationsabteilung, 1982.

Murray, R. C; Tedrow, J.C.F., Forensic Geology, Prentice-Hall, New Jersey 1992.

2. Forensische Biologie

von *Frank Menzer*

Dieses Teilgebiet der Naturwissenschaftlich-technischen Kriminalistik (Kriminaltechnik) vereinigt Erkenntnisse der Biologie (mit Teildisziplinen wie Zoologie, Botanik, Mikrobiologie, Molekularbiologie und Genetik) mit Ergebnissen verschiedener anderer naturwissenschaftlich-technischer Disziplinen, um sie zur Aufdeckung und Aufklärung von Straftaten und anderen kriminalistisch relevante Ereignissen anzuwenden.

Der Gegenstand der Forensischen Biologie ist somit die Suche, Sicherung, Untersuchung und Begutachtung biologischer Spuren. Die bedeutendsten Spurenarten werden im Folgenden abgehandelt.

Wichtig ist, dass das spezifische Vorkommen, der Umfang, die Verteilung und der Erhaltungszustand biologischer Spuren Rückschlüsse auf die Straftat, die Begehensweise und den Zeitpunkt der Spurenentstehung sowie Hinweise auf das Vorhandensein anderer Spuren am Ereignisort, am Täter oder am Geschädigten bzw. an Gegenständen in deren Besitz geben können. Für die meisten biologischen Untersuchungen sind relativ geringe Spurenmengen ausreichen. Wichtig ist jedoch ihre unverzügliche Sicherung und Untersuchung, weil die komplizierten biochemischen und morphologischen Strukturen sich mit fortschreitender Zeit unter dem Einfluss bestimmter Umweltbedingungen bis zur Unbrauchbarkeit verändern können.

Die dominierende Untersuchungsmethode in der Forensischen Biologie ist neben der Mikroskopie die DNS-Analyse, ein hochempfindliches Verfahren, das mit geringsten Spurenmengen eindeutige, kriminalistisch außerordentlich bedeutsame Ergebnisse liefert. Die hohe Empfindlichkeit der Untersuchungsmethode zwingt zu größter Sorgfalt beim Umgang mit den Spurenträgern bzw. den Spuren. Unbedingt ist eine Kontamination mit Fremd-DNS zu vermeiden. Es muss verhindert werden, dass DNS-haltiges Material – etwa durch Husten, Niesen oder Anfassen mit bloßen Fingern – die Spur verunreinigt und damit das Untersuchungsergebnis verfälscht. Schon bei der Spurensuche ist durch Tragen von Schutzbekleidung, einschließlich Mundschutz, und die Benutzung DNS-freien Spurensicherungsbestecks entsprechende Vorsorge zu treffen. Das betrifft auch alle nachfolgenden Untersuchungsschritte. Diese Vorsichtsmaßnahmen sind zwingend zumindest bei Straftaten der mittleren und schweren Kriminalität einzuhalten, und zwar selbst dann, wenn von vornherein, zum Zeitpunkt der Tatortarbeit, nicht sicher ist, ob DNS-Analysen im weiteren Verfahren erforderlich werden.

2.1 Blutspuren

Eine Blutspur ist das im Zusammenhang mit einem kriminalistisch relevanten Geschehen aus einem menschlichen oder tierischen Körper ausgetretene Blut. Derartige Spuren sind die Folge von unbeabsichtigten oder bewusst herbeigeführten Verletzungen und in bestimmten Fällen krankheitsbedingt.

Blutspuren treten somit vorzugsweise bei Delikten mit intensiver Begehungsweise auf, wie Straftaten gegen das Leben und gegen die sexuelle Selbstbestimmung, Körperverletzungen und Einbrüche oder auch im Zusammenhang mit Jagd- und Fischwilderei.

Bezogen auf eine konkrete Straftat beschränkt sich ihr Vorkommen keineswegs nur auf den unmittelbaren Ort ihrer Entstehung. In Abhängigkeit von der Schwere der Verletzung sowie von nachfolgenden deliktbezogenen Handlungen können Blutspuren auch auf dem Zu- und Abgangsweg, am Geschädigten und am Täter (insbesondere an Kleidung und Gegenständen) sowie am benutzten Tatmittel erwartet werden.

Spurensuche
Das Auffinden von Blutspuren bereitet aufgrund ihrer Ausdehnung und ihrer Farbe im Allgemeinen kaum Schwierigkeiten. Dennoch sollte im Interesse einer effektiven Spurensuche eine gedankliche Rekonstruktion des Tatgeschehens vorangestellt werden, um sowohl gezielt vorgehen zu können als auch weniger ins Auge fallende Spuren und Spurenträger zu finden.

Nur ganz frische Spuren sind von „blutroter“ Farbe. Nach dem alsbaldigen Antrocknen verfärben sie sich über Rotbraun bis zu

Schwarzbraun nach längerer Zeit. Durch starke Sonnen- oder Hitzeeinwirkung altern und verfärben sich Blutflecken schneller.

Im Schräglicht lassen sich Blutspuren gut an ihrem lackähnlichen rotbraunen Oberflächenglanz erkennen. Mit zunehmendem Alter werden sie rissig und erhalten ein stumpfes Aussehen.

Für die Suche am *Tatort* sind deliktbezogen und abhängig von der jeweiligen Begehungsweise folgende Spurenträger häufige Fundorte von Blutspuren: Bereiche gewaltsam geschaffener Einstiegs- oder Durchstiegs- bzw. Durchgriffsöffnungen, der Fußboden, Glasscherben, Lichtschalter, Schubladen, Türklinken, sonstige berührte und bewegte Gegenstände, Verbandsmaterial im weitesten Sinne, Handtücher oder Verpackungsmittel.

Für den Fall, dass der Täter bemüht war, den Tatort zu reinigen, muss sich die Spurensuche auf Gegenstände und Gegebenheiten konzentrieren, die der Aufmerksamkeit des Täters entgangen sein könnten: Fugen, Ritzen, Verkleidungen von Steckdosen oder Lichtschaltern, die Innenseiten von Griffen, die Unterseite von Möbeln oder feinste Spritzer auf gemusterter Tapete. Erfahrungsgemäß gelingt es nicht, sämtliche Blutspuren rückstandslos zu beseitigen. Ist erkennbar, dass der Täter Reinigungsversuche vorgenommen hat, sollten Spezialisten in die Tatortarbeit einbezogen werden.

Bei der Besichtigung von als *Tatmittel* in Frage kommenden Gegenständen bis hin zu Kraftfahrzeugen ist zu bedenken, dass der Täter versucht haben könnte, auffällige Blutspuren zu beseitigen. Auch hier gilt, dass dies in der Regel nicht vollständig gelingt und in Ritzen, Sprüngen, Nähten, Einpassstellen des Stiels bei Hämmern und Beilen oder zwischen den Griffschalen von Messern trotz Reinigungsversuchen auswertbare Blutspuren gefunden werden können. Hierbei ist allerdings zu beachten, dass an Tatwerkzeugen kein Blut haften muss, wenn beispielsweise nur *ein* Schlag geführt wurde, weil das Blut zunächst geringfügig verzögert aus der entstandenen Wunde austritt. Erst der zweite und jeder weitere Schlag in diese Wunde hat dann unausweichlich die Entstehung von Blutspuren am Tatwerkzeug zur Folge.

Blutspuren am *Täter* sind kriminalistisch dann bedeutsam, wenn es sich um fremdes Blut handelt. Einem Opfer zugefügte Wunden bei Körperverletzungen, Sexual- oder Tötungsstraftaten sind dafür die Voraussetzung. Bevorzugte Fundorte von Blutspuren, selbst nach Reinigungsversuchen, sind an der zur Tat getragenen Kleidung vorhandene Nähte und Umschläge, Taschen und Taschenklappen, Knopfleisten, Hosenschlitze, die Innenseite von Ärmelöffnungen oder Schnallen, Ösen und Schnürsenkel an den Schuhen.

Im Unterschied zu derartigen Spuren sind solche am Körper selbst, in Abhängigkeit von den Reinigungsgewohnheiten der betreffenden Person, nur selten lange nachweisbar, am ehesten noch unter den Fingernägeln und fallbezogen am Penis.

Für Blutspuren am *Opfer* gilt der gleiche Grundsatz wie für solche am Täter: Nur fremdes Blut ist beweiserheblich. Entsprechende Spuren entstehen in der Regel dann, wenn es dem Opfer gelungen ist, dem Täter blutende Gegenwehrverletzungen, etwa durch Kratzen oder Beißen, zuzufügen. In der weiteren Folge kann es dann zur Übertragung von Blut auf die Bekleidung des Opfers, einschließlich die Unterwäsche, kommen. Unter den Fingernägeln befinden sich Blutspuren vornehmlich dann, wenn der Täter gekratzt wurde; häufig ist es aber auch eigenes Blut nach einem reflexartigen Griff in die frisch zugefügte Wunde. Diese Entscheidung ist jedoch erst nach vergleichenden Laboruntersuchungen möglich.

Operative Spurenauswertung
Blutspuren ermöglichen kriminalistisch verwertbare Aussagen direkt am Fundort. Durch die Beurteilung von Farbe, Menge, Form und Verteilung lassen sich Hinweise zum Tathergang ableiten.

Die *Farbe* ermöglicht in Verbindung mit einer Beurteilung der Spurenoberfläche Hinweise zur Alterung der Spur: Eine mehr oder weniger glänzende und staubfreie Oberfläche in Verbindung mit einer frischroten Färbung spricht für eine wenig gealterte Spur. Eine braunrote oder noch dunklere Spur mit einer stumpfen und rissigen Oberfläche spricht dagegen, und unter Berücksichtigung der örtlichen Bedingungen (Sonne, Hitzequellen?), eher für eine weiter zurückliegende Entstehung. Damit kann der Zusammenhang mit dem Tatgeschehen entweder bekräftigt oder aber infrage gestellt, im Einzelfall ausgeschlossen werden.

Die *Menge* ergibt Anhaltspunkte für den Umfang des erlittenen Blutverlustes und damit für die Schwere der Verletzung. Dabei ist zu berücksichtigen, dass großflächige Blutspuren gewöhnlich eine falsche, d. h. eine überhöhte Vorstellung von der tatsächlichen Menge vermitteln.

Die *Form* der Spuren, auch als Blutspurenmuster bezeichnet, gibt Aufschluss über die Art und Weise ihrer Entstehung. Unterschieden werden 6 Grundformen, die ineinander übergehen oder teilweise gemeinsam vorkommen und daher nur im Komplex zu beurteilen sind:
- Wischspuren
- Abdruckspuren
- Spritzspuren
- Schleuderspuren
- Tropfspuren
- Ablaufspuren

Wischspuren gehören zu den häufigsten Spurenformen und werden meist durch eine blutbeschmutzte Hand verursacht. Sie sind in der Regel substanzarm und heben sich daher wenig kontrastreich von der Farbe des Spurenträgers ab. Das bedeutet, dass sie leicht übersehen werden können. Zugleich vermittelt ihr Auftreten Hinweise auf evtl. vorhandene Fingerspuren oder latente Schuhabdruckspuren.

Abdruckspuren stehen den Wischspuren nahe und treten nicht selten gemeinsam mit diesen auf. Am wichtigsten sind mit Blut gegriffene Fingerabdruckspuren, die dann entstehen, wenn ein glatter Gegenstand mit einem oder mehreren blutbehafteten Fingern ohne seitliche Bewegung so angefasst wird, dass ein linienklarer Papillarleistenabdruck verursacht wird.

Spritzspuren entstehen vornehmlich, wenn in eine bereits blutende Wunde geschlagen oder in eine Blutlache getreten wird. Schlagaderverletzungen führen zu massiven, ausgedehnten Spritzspuren.

Solche Spuren treten immer in einer Vielzahl innerhalb eines Verbundes und oft fächerartig auf. Neben deutlich erkennbaren Spritzern finden sich in großer Anzahl sehr kleine, oft kaum wahrnehmbare Spuren. Die oftmals winzigen Einzelspuren sind mehr oder weniger oval, bei spitzem Auftreffwinkel stark länglich ausgezogen und weisen mit ihrem helleren, weil substanzärmeren Ende in die Richtung, aus der das Blut gespritzt kam. Dem dunkleren Teil ist häufig noch ein kleiner Sekundärspritzer vorgelagert. Beides zusammen erinnert an ein Ausrufezeichen, wobei der „Punkt" vor dem „Strich" die Bewegungsrichtung markiert. Aus der Lage dieser ausrufezeichenähnlichen Spritzspuren lässt sich auf die Position des Opfers (z. B. stehend, liegend) bzw. den Standort des Täters schließen und abschätzen, ob an ihm derartige Spuren zu erwarten sind.

Schleuderspuren sind den Spritzspuren in ihrer Form sehr ähnlich. Sie entstehen, wenn ein reichlich blutbehafteter Gegenstand schnell bewegt wird, etwa das Abschütteln einer blutenden/blutigen Hand oder das schwungvolle Ausholen mit einem schon blutbehafteten Tatwerkzeug zum nächsten Schlag.

Tropfspuren zählen neben den Wischspuren zu den häufigsten Spuren und entstehen dann, wenn austretendes Blut im freien Fall mehr oder weniger senkrecht auftropft. Das Aussehen derartiger Spuren wird maßgeblich von der Fallhöhe und dem Auftreffwinkel sowie von der Oberflächenbeschaffenheit des Spurenträgers (saugfähig, glatt) beeinflusst.

Das senkrechte Auftreffen von abtropfendem Blut führt zu kreisrunden Flecken, die mit zunehmender Fallhöhe an Durchmesser gewinnen. Gleichzeitig beginnt ab etwa 20 cm der eigentlich glatte Tropfenrand ein gezacktes Aussehen anzunehmen, etwa ab einem Meter bildet sich die sog. Stechapfelform aus. Wird die Fallhöhe noch größer, treten aus dem Tropfen ringsum Sekundärtröpfchen aus.

Tropft das Blut auf eine schräge Fläche, entstehen ovale Spuren bis zu solchen Formen, die an Ablaufspuren erinnern.

Ablaufspuren treten in ihrer klassischen Ausprägung auf, wenn Blut aus einer Wunde oder Blutlache absickert und dabei senkrecht verlaufende Blutbahnen hervorruft. Zeigt eine angetrocknete Ablaufspur nicht nach unten, wurde die Lage des Spurenträgers nach dem Antrocknen verändert (sog. Situationsfehler, z. B. Fundort nicht gleich Tatort).

Insbesondere bei älteren Spuren ergeben sich Verwechslungsmöglichkeiten mit Flecken anderer Herkunft. Zu nennen sind hier Rückstände von Getränken, Farben und Lacken, Rost oder Insektenkot. Besteht der Verdacht, dass es sich bei entsprechenden Flecken um *kein* Blut handelt, kann durch die Anwendung von *Blutvorproben* bei negativem Ergebnis die Anwesenheit von Blut ausgeschlossen werden. Fällt die Vorprobe dagegen positiv aus, sind die Spuren zu sichern, um die endgültige Entscheidung im Labor durch *Blutnachweisverfahren* herbeizuführen. Die positiv verlaufende Vorprobe allein ist lediglich ein deutlicher Hinweis auf Blut, aber allein kein Beweis dafür.

Bei der Anwendung von Vorproben ist streng darauf zu achten, dass eventuell später notwendige molekularbiologische Untersuchungen nicht beeinträchtigt werden. Das heißt, nur in die sachgerechte Anwendung Eingewiesene sollten Vorproben durchführen.

Spurensicherung und -verpackung
Nach erfolgter Dokumentation und Gesamtbeurteilung der Spurenlage wird die substanzielle Sicherung der Blutspuren, getrennt nach Auffindungsorten, vorgenommen:
- mit dem Spurenträger
- mit einem Teil des Spurenträgers
- ohne Spurenträger.

Die zuerst genannte Variante ist, wenn immer möglich, zu bevorzugen. Die allein richtige Methode ist es bei vermuteten bzw. erkannten Blutspuren auf Bekleidungsstücken oder Tatwerkzeugen. Die Spurenträger sind einzeln und getrennt voneinander in Behältnisse von angemessener Größe (Plastik- oder Papierbeutel, Pappschachteln) sicher zu verpacken und zweifelsfrei zu beschriften. Bei Tatwerkzeugen ist eine Befestigung im Transportbehälter zweckmäßig (z. B. mittels Drahtschlingen im Pappkarton), um das Abplatzen von Spuren durch sonst unvermeidliche Bewegungen und Reibungen zu verhindern.

Die Sicherung der Blutspuren mit einem Teil des Spurenträgers durch Ausschneiden, Ausstemmen oder Aussägen ist dann angezeigt, wenn der Spurenträger nicht transportabel *und* die eintretende Beschädigung nicht unverhältnismäßig ist.

In allen übrigen Fällen muss die Spur, sofern sie substanzreich ist, mit einem feinschneidigen sauberen DNS-freien Werkzeug (z. B. Skalpell) durch vorsichtiges Abheben bzw. Abpräparieren vom nichtsaugfähigen Spurenträger isoliert werden. Spuren auf veredelten Oberflächen, auf menschlicher Haut oder sehr dünne und substanzarme Spuren werden durch Aufnehmen mit einem dafür vorgesehenen Klebeband oder einem leicht angefeuchteten selbsttrocknenden Wattestieltupfer gesichert.

Da Blutspuren zunehmend spröde werden und beim Abheben die Gefahr des „Wegspringens“ besteht, empfiehlt es sich, Spuren an senkrechten Flächen zunächst auf ein darunter gehaltenes und geknicktes sauberes Blatt Papier zu präparieren und sie erst von diesem dann in ein verschließbares kleines Plastik- oder Glasröhrchen zu geben. In gleicher Weise ist ein unter der Spur mit Klebeband befestigtes Stück Alu-Folie zum Auffangen der Spur hilfreich (beide Hände frei).

Hat der Spurenträger keine feste glatte Oberfläche (Wandputz, bestimmte Wandfarben), so ist einer geringeren, aber sauberen Spur gegenüber einer vollständigen Sicherung der Spur (mit Untergrund verunreinigt) der Vorzug zu geben.

Sonderfälle der Sicherung sind neben den Spuren auf der Haut (abhängig von der Körperstelle durch Arzt!) Blut unter den Fingernägeln oder Spuren auf dem Erdboden und Spuren im Schnee.

Spuren unter den Fingernägeln werden durch Abschneiden der freien Nagelränder und durch Abkleben gesichert und je Finger getrennt verpackt.

Blutspuren auf dem Erdboden oder im Schnee sollen mit möglichst wenig Erde bzw. Schnee gesichert werden. In der Dienststelle sind diese Spuren dann in einer kleinen Glasschale zu trocknen. Ein kalter Fön oder Ventilator beschleunigt diesen Vorgang. Generell gilt, dass am Tatort notgedrungen feucht (und dicht) verpackte Spurenträger in der Dienststelle umgehend schonend (keine Wärme, keine Zugluft bei Kleidung) zu trocknen sind. Bekleidung ist dabei zweckmäßigerweise auf sauberem Papier auszubreiten. Das ist nur dann entbehrlich, wenn die Spuren sofort an das zuständige kriminaltechnische Labor weitergeleitet werden.

Als *Vergleichsmaterial* für die DNS-Analyse werden prinzipiell Mundschleimhautabstriche der beteiligten Personen, gegebenenfalls auch von Berechtigten, benötigt. Ausnahmsweise ist stattdessen eine Blutprobe zum Vergleich heranzuziehen.

Untersuchungsmöglichkeiten
Die Untersuchung von Blutspuren erschließt kriminalistisch verwertbare Aussagen zur Aufklärung eines nicht vollständig bekannten Sachverhalts und zur Ermittlung des unbekannten Täters sowie zur Unterstützung der Beweisführung in be- und entlastender Hinsicht bei bekanntem Beschuldigten.

Diesen Zielen dienen zunächst die operative Spurenauswertung sowie die im konkreten Fall tatsächlich notwendigen Untersuchungen durch Sachverständige der Kriminaltechnik und der Rechtsmedizin. Die Begründung für notwendige Untersuchungen sind allein die im Einzelfall bestehenden Beweiserfordernisse.

Vor der eigentlichen Begutachtung von Blutspuren sind in jedem Fall durch entsprechende Untersuchungen zwei Fragen unabdingbar zu beantworten:

- Handelt es sich um Blut?
- Handelt es sich um Menschenblut?

Verlaufen diese Nachweise positiv, kann eine Vergleichsuntersuchung mit folgender Fragestellung durchgeführt werden:

- Stammt die Blutspur vom Beschuldigten bzw. von dem/der Geschädigten?
  Die Zuordnung einer Blutspur zu einer bestimmten Person oder der Ausschluss einer bestimmten Person als Spurenverursacher ist das angestrebte Ergebnis einer Vergleichsuntersuchung zwischen der Spur und ihren Merkmalen einerseits und den Eigenschaften von Vergleichsproben der in Betracht gezogenen Personen andererseits.
  Die dafür bis in die neunziger Jahre des vorigen Jahrhunderts genutzten Möglichkeiten der Serologie im weitesten Sinne wurden durch molekularbiologische Untersuchungen, auch bekannt als sogenannter genetischer Fingerabdruck, ersetzt. Zur Untersuchung wird die in den kernhaltigen Zellen enthaltene Erbsubstanz DNS (englisch DNA) herangezogen. Dazu wird gegenwärtig ein aus bis zu 17 Systemen bestehendes DNS-Profil ermittelt, zu dem das Amelogeninsystem zur Feststellung der Geschlechtszugehörigkeit gehört.
  Ergibt der Vergleich des Profils der Blutspur mit dem Profil der Mundschleimhaut auch nur ein abweichendes Merkmal, so ist diese Person als Spurenverursacher auszuschließen. Beim Vorliegen verwandtschaftlicher Beziehungen gilt der Ausschluss dann als sicher, wenn zwei bzw. drei nicht übereinstimmende Merkmale festgestellt sind.
  Bei Übereinstimmung besteht eine sehr hohe Wahrscheinlichkeit dafür, dass der Spurenverursacher und die Vergleichsperson identisch sind. Die Wahrscheinlichkeit dafür wird berechnet. Sie kann so hoch sein, dass kein begründeter Zweifel an der Identität möglich ist.
  Beim Bundeskriminalamt wird eine zentrale DNA-Analyse-Datei (DAD) gepflegt. Es handelt sich um ein Verbundsystem mit allen Landeskriminalämtern. Über dort installierte Eingabeplätze werden die Identifizierungsmuster gesicherter Spuren und untersuchter Mundschleimhautabstriche in die DAD eingestellt. Damit ist es möglich, nach Spurenverursachern sowie nach unbekannten Toten zu recherchieren. Anhand von Spurenmaterial unterschiedlicher Tatorte können Tatzusammenhänge festgestellt werden.

Abhängig von den Erfordernissen des Einzelfalles können folgende weitere Fragestellungen Gegenstand von Laboruntersuchungen sein:

- Von welcher Tierart (Wildschwein, Reh, Pferd, Kaninchen usw.) stammt das Blut?
  Dem Labor ist eine derartige Frage fallbezogen gezielt auf *eine* Tierart zu stellen.
- Stammt das Blut von einer männlichen oder einer weiblichen Person?
- Stammt das Blut von einer Schwangeren?
- Stamm das Blut von einem Neugeborenen?

2.2 Spermaspuren

Sperma besteht aus den Samenfäden (Spermien: Kopf, Hals, Mittelstück, Schwanz) und einer flüssigen Phase, einem Gemisch von Sekreten aus der Bläschendrüse, der Vorsteherdrüse (Prostata) und den Nebenhoden. Wird sexuelle Befriedigung, verbunden mit einer Ejakulation, durch eine kriminalistisch relevante Handlung erreicht, sind Spermaspuren ein deutlicher Hinweis auf den sexuellen Hintergrund der Tat. Das ist in der Hauptsache der Fall bei allen Straftaten gegen die sexuelle Selbstbestimmung, also bei den sog. typischen Sexualdelikten. Kriminalistische Bedeutung erlangen diese Spuren in erster Linie dann, wenn sie am Opfer festgestellt werden können, fallabhängig aber auch, wenn sie am Tatort gefunden werden. Am Täter selbst sind sie nur im Gemisch mit Vaginalsekret des Opfers von Belang, meist nach vollzogenem Geschlechtsverkehr. Reine Spermaflecken allein vom Täter an ihm selbst oder in seinem Milieu sind ohne kriminalistischen Beweiswert.

Spurensuche

Spermaspuren werden vorzugsweise eng begrenzt nur dort gesucht, wo sie sachverhaltsbezogen zu erwarten sind. Überwiegend können dazu Angaben von Geschädigten verwertet werden. Wird kein Sperma gefunden, ist auch an den Gebrauch eines Kondoms zu denken.

Ob am *Opfer* entstandene Spermaspuren im Strafverfahren Bedeutung erlangen können, hängt ganz wesentlich davon ab, ob das Opfer nach der Tat zur Anzeige erscheint oder aber zunächst Körper und Kleidung einer gründlichen Säuberung unterzieht, wofür Verständnis bekundet werden muss.

An der Körperoberfläche (Bauch, Schambehaarung, Schenkel) befindliches Sperma sowie Flecken auf Kleidungsstücken werden durch gründliches Waschen beseitigt. Feuchtes Abwischen ist dafür keinesfalls ausreichend. Spermaspuren in Körperhöhlen, besonders im hinteren Scheidengewölbe, sind durch einfaches Waschen nicht zu entfernen. Hier besteht die Möglichkeit, Sperma bis zu 4 Tagen nach dem Geschlechtsverkehr nachzuweisen. Das ist einerseits vorteilhaft für die Aufklärung, hat aber andererseits zur Folge, dass in jedem Einzelfall die Tatbezogenheit des festgestellten Spermas geprüft werden muss.

Auf Textilien (Slip, Slipeinlage, sonstige Unterwäsche, Oberbekleidung) erscheinen Spermaspuren als graue, gelegentlich gelbliche Flecken von landkartenähnlicher Form. Gewöhnlich fühlt sich in diesem Bereich das Textil steif, wie gestärkt an. Die Suche kann erleichtert werden durch (kurzzeitigen!) Einsatz von gefiltertem ultraviolettem Licht bzw. Licht des blauen Spektrums mit entsprechenden Beobachtungsfiltern (Tatortleuchten). Dadurch heben sich Spermaspuren durch eine hellbläuliche Fluoreszenz vom Spurenträger ab, sofern dieser keine Eigenfluoreszenz (optisch aufgehellte Stoffe) aufweist.

Am *Tatort* sind Spermaspuren dann bedeutsam, wenn es sich nicht um das Milieu des Täters (seine Wohnung, sein Kfz) handelt. Treten diese allerdings als Mischspuren auf (mit Vaginalsekret oder Blut des Opfers), entfällt diese Einschränkung.

Neben Textilien als Spurenträger (Unterlage) kann sich Sperma tatabhängig auch auf festem Untergrund befinden. Dann stellen sich diese Spuren als graue bis silbrige, an weißes Kerzenwachs erinnernde dünne Flecken dar. Bei der Suche nach Spermaspuren ist auch auf weggeworfene Papier- und Stofftaschentücher oder andere zur Reinigung geeignete Textilien am Tatort sowie auf zurückgelassene benutzte Kondome zu achten.

Spurensicherung und -verpackung

Am zweckmäßigsten ist es, die Spuren auf den Spurenträgern zu belassen und diese unter Beachtung der Größe in ungebrauchte Plastikbeutel oder Papiertüten zu verpacken und zweifelsfrei zu beschriften. Handelt es sich dabei um Textilien, ist auf jeden Fall so zu verfahren. Sind verdächtige Flecken auf mehreren übereinander getragenen dünnen Textilien erkennbar, so ist zu beachten, dass die zuerst betroffene Stofflage die Spermien wie ein Filter zurückhält und auf der ggf. zweiten und dritten Stofflage dahinter nur die zellfreie flüssige Phase Flecken von untergeordneter Bedeutung hervorruft. Die oberste Stofflage ist zu kennzeichnen.

Sollten Spurenträger feucht verpackt werden müssen, sind diese unverzüglich dem Labor zuzuleiten oder aber in der Dienststelle vor der weiteren Lagerung an der Luft bei Zimmertemperatur zu trocknen.

Angetrocknete Spermaspuren auf nicht transportablen, glatten Spurenträgern werden nach entsprechender Dokumentation ihrer Lage möglichst mit einem DNS-freien Skalpell abgehoben und in Plastik- oder Glasröhrchen verpackt. Das Abreiben mit einem feuchten Wattestieltupfer ist eine weitere Möglichkeit, derartige Spuren zu sichern.

Aufgefundene Kondome sind nach Möglichkeit unverzüglich dem Labor zuzuleiten, oder es ist mit einem selbsttrocknenden Wattestieltupfer eine Probe zu entnehmen. Spuren am (im) Körper Geschädigter sind im Rahmen der ärztlichen Untersuchung durch den Gynäkologen oder durch den Rechtsmediziner zu sichern. In Körperhöhlen (Scheide, Mastdarm, Mundhöhle) vermutete Spuren werden als Abstriche mittels Wattestieltupfern gesichert, sofort eindeutig beschriftet und sicher verpackt. Scheidenabstriche sind getrennt nach vorderem und hinterem Scheidengewölbe zu fertigen.

In der Schambehaarung erkennbare Sekretspuren werden durch Abschneiden der betreffenden Haare gesichert und in Plastik- oder Glasröhrchen verpackt. Auf der Haut vorhandene Spuren sind durch Aufnehmen mit einem feuchten, DNS-freien Wattestieltupfer zu sichern.

Untersuchungsmöglichkeiten

Die Untersuchung spermaverdächtiger Spuren ist zunächst immer darauf gerichtet, den Nachweis zu führen, dass es sich tatsächlich um Sperma handelt. Dieser Nachweis wird erbracht durch die mikroskopische Darstellung von Spermien oder den Nachweis des prostataspezifischen Antigens (PSA-Test). Ist dies der Fall, so ist im konkreten Fall von einer sexuell motivierten Handlung auszugehen. An Kindern festgestelltes Sperma ist der Beweis für das Vorliegen einer Straftat. In allen übrigen Fällen bedarf es dazu weiterer Ermittlungen.

Für die Zuordnung zu einer konkreten Person als Spurenverursacher bzw. deren Ausschluss wird die DNS-Analyse herangezogen.

Dazu ist das Vorhandensein von Vergleichsmaterial (Mundschleimhautabstriche, ausnahmsweise alternativ auch Blutproben) aller am Geschehen beteiligten Personen, gegebenenfalls auch Berechtigter (Ehemann, Freund), erforderlich.

2.3 Vaginalsekretspuren

Vaginalsekret ist die mit Zellen vermischte flüssige Absonderung der Scheidenschleimhaut. Die Sekretzusammensetzung ist sowohl zyklus- und erregungsabhängig als auch in verschiedenen Lebensabschnitten (Kind, fortpflanzungsfähige Frau, Frau nach der Menopause) unterschiedlich. Das betrifft sowohl die Viskosität als auch die verschiedenen zellulären Bestandteile.

Vaginalsekretspuren entstehen bei sexuellen Handlungen, wenn der Täter beispielsweise den Geschlechtsverkehr erzwingt oder in der Scheide des Opfers manipuliert.

Kriminalistische Bedeutung haben diese Spuren vor allem, wenn sie am Täter oder an den dem Täter zuzuordnenden Gegenständen, die in die Scheide eingeführt wurden, entstehen. An der Geschädigten vorhandene Vaginalsekretflecken sind nur dann beweiserheblich, wenn sie mit Sperma des Täters vermischt sind. Am Tatort treten reine Vaginalsekretspuren eher selten in Erscheinung.

Spurensuche
Die Suche von Vaginalsekretspuren erfolgt wie bei Spermaspuren bei guter Beleuchtung und begrenzt auf die Bereiche, die tatbezogen mit Scheidensekret Kontakt hatten. Erkennbar sind sie an ihrem stumpfen weißlich-grauen bis gelben Aussehen. Im Gemisch mit Sperma sind die Flecken deutlich umrandet. In die gedankliche Rekonstruktion der Tat und damit auch einzelner Handlungen sind nach Möglichkeit Angaben des Opfers einzubeziehen.

Beim *Täter* finden sich in Abhängigkeit von der Begehungsweise, der Zeit seit der Tat sowie von seinen Reinigungsgewohnheiten Vaginalsekretspuren sowohl unmittelbar am Körper als auch auf der Bekleidung.

Bevorzugte Fundorte sind die Schambehaarung und der Penis sowie die Fingernägel. An der Bekleidung sind dem Schambereich zuzuordnende Stellen in der Unterwäsche und der Oberbekleidung (Hosenschlitz) besonders aufmerksam auf das Vorhandensein derartiger Spuren zu prüfen.

An *Tatwerkzeugen*, die in die Scheide eingeführt wurden, sind Vaginalsekretspuren, oft im Gemisch mit Blut aus der Scheide, gut erkennbar und im Allgemeinen auch längere Zeit nach der Tat vorhanden. Als Tatmittel kommen vorrangig zylindrische Gegenstände in Betracht, aber auch solche verletzenden Werkzeuge wie Messer.

Am *Tatort* selbst sind Vaginalsekretspuren entweder an zurückgelassenen Gegenständen vorhanden oder auf der Unterlage für den gewaltsamen Geschlechtsverkehr, dann aber meist mit Sperma vermischt.

Spurensicherung und -verpackung
Vaginalsekretspuren auf transportablen Gegenständen, auf Kleidungsstücken in jedem Fall, werden gemeinsam mit dem Spurenträger gesichert und in geeignete Behältnisse (Plastik- oder Papiertüte) jeweils einzeln und möglichst trocken verpackt. Feuchte Spurenträger sind entweder sofort dem Labor zu übergeben oder aber alsbald an der Luft zu trocknen.

Im Genitalbereich des Beschuldigten vorhandene Sekretspuren (am Penis, an der Schambehaarung) sind durch einen Arzt zu sichern. Vom Penis werden sie mit einem angefeuchteten Wattestieltupfer durch Abstreichen (separat auch unter der Vorhaut) gesichert. In der Schambehaarung erkennbare Anhaftungen sind durch Abschneiden der Haare zu sichern. Spuren unter den Fingernägeln werden durch Abschneiden der freien Nagelränder sowie durch Abkleben bzw. mittels Wattestieltupfern gesichert. Bei der Sicherung ist jeder Finger einzeln zu behandeln.

Die Haare wie auch die Fingernagelabschnitte bzw. der gesicherte Fingernagelschmutz können dann in Glas- oder Plastikröhrchen, aber auch in entsprechend kleine Tütchen verpackt werden.

Untersuchungsmöglichkeiten
Die Untersuchung von vaginalsekretverdächtigen Spuren besteht im ersten Schritt darin, durch spezielle Vorproben (Lugol) zu prüfen, ob es sich um Vaginalsekret (ohne oder mit Sperma-Beimengung) handeln kann. Abgesichert wird der positive Befund durch den Nachweis weiblicher Zellen in der Spur.

In bestimmten Fällen ist es von kriminalistischem Nutzen, die Zellbestandteile von Vaginalsekretspuren dahingehend zu untersuchen, ob das Sekret von einem Kind vor der Geschlechtsreife oder aber einer geschlechtsreifen Frau stammt. Letzteres wiederum kann unterschieden werden vom Sekret einer Frau nach der Menopause (keine Regelblutungen mehr). Nützlich für die Interpretation der Befunde ist das Vorliegen von Abstrichen des seitlichen Scheidengewölbes der Geschädigten als Vergleichsmaterial.

Für die Identifizierung des Spurenverursachers bzw. zur Feststellung, dass vorhandene Vaginalsekretspuren von einer anderen Person als der Geschädigten stammen, erfolgt der Vergleich genetischer Merkmalsmuster (DNS-Analyse).

Für diese Vergleichsuntersuchungen werden Mundschleimhautabstriche (ausnahmsweise alternativ Blutproben) aller Beteiligten, eventuell auch von der Ehefrau oder Freundin, benötigt.

2.4 Speichelspuren

Speichel ist das Sekret der Mundspeicheldrüsen, vermengt mit Zellen der Mundschleimhaut.

Das Vorhandensein von Speichelspuren ist im Unterschied zu anderen Spuren an eine begrenzte Auswahl möglicher Spurenträger gebunden. Ein deliktspezifisches Vorkommen, wie etwa bei Sperma- oder Vaginalsekretspuren, ist hier nicht zu erwarten. Gleichwohl ist bei Einbrüchen häufiger als bei anderen Delikten mit Speichelspuren zu rechnen.

Spurensuche

Wenn man davon absieht, dass der Täter am *Tatort* direkt ausgespuckt haben kann, sind vorzugsweise Spurenträger zu suchen. Am häufigsten kommen vor: Zigaretten- und Zigarrenreste, vom Täter benutzte Trinkgefäße, Flaschen, Getränkedosen, Kaugummi, angebissene Nahrungs- und Genussmittel oder zurückgelassene Gesichtsmasken. Selten dagegen spielen absichtlich bespuckte Gegenstände eine Rolle.

Darüber hinaus erstreckt sich das Vorkommen von Speichelspuren auf anonyme oder pseudonyme Briefe und Postkarten (Verschlussklappe und Briefmarke), sofern Speichel zum Anfeuchten benutzt wurde.

Am *Opfer* von Sexualstraftaten finden sich gelegentlich Speichelspuren im Bereich von durch Unterblutung erkennbaren Biss- oder Saugspuren (sog. Knutschflecke) an Hals, Brüsten, Bauch oder Oberschenkeln.

Spurensicherung und -verpackung
Werden am Tatort Zigarettenreste gefunden, so ist möglichst vor der Sicherung zu klären, ob die Zigaretten vom Täter oder aber von Berechtigten (z. B. Wohnungsinhaber, Fahrzeughalter) geraucht wurden bzw. ob dies sowohl als auch der Fall war (oft unterschiedliche Marken, Lippenstiftanhaftungen). Die Sicherung und Verpackung von Speichelspuren erfolgt in der Regel gemeinsam mit dem Spurenträger. Insbesondere bei Zigarettenresten empfiehlt sich die Benutzung einer Pinzette bzw. sind diese mit Handschuhen aufzunehmen. Dabei ist zu beachten, dass die spurentragende Stelle nicht beeinträchtigt wird.

Speichelspuren auf nicht transportablen Gegenständen oder auf der Haut werden zweckmäßigerweise durch Abkleben oder durch Abwischen/Abreiben mit einem feuchten DNS-freien Wattestieltupfer gesichert.

Die Art des Verpackungsmaterials richtet sich nach Größe und Beschaffenheit der jeweiligen Spurenträger. Saubere Plastikröhrchen, Briefkuverts, Papier- und Plastiktüten sind die üblichen Behältnisse.

Untersuchungsmöglichkeiten
In Einzelfällen wird vor weiteren Untersuchungen der Nachweis erbracht werden müssen, dass es sich bei der fraglichen Substanz um Speichel handelt.

Durch DNS-Analyse im Amelogenin-System ist es möglich festzustellen, ob der Speichel von einer männlichen oder einer weiblichen Person stammt.

Ob der Speichel von einer bestimmten Person stammt oder ob dies auszuschließen ist, wird durch vergleichende Untersuchungen der genetischen Merkmalsmuster der Speichelspur und der Vergleichsproben (Mundschleimhautabstriche) von möglichen Spurenverursachern, einschließlich von berechtigten Personen, festgestellt (DNS-Analyse).

2.5 Nasensekret- und Schweißspuren

Diese beiden Sekretspurenarten sind im Vergleich mit den Vorgenannten relativ selten von spurenkundlicher Bedeutung. Ihr Vorkommen beschränkt sich im Wesentlichen auf zurückgelassene oder verlorene Taschentücher (Nasensekret) sowie auf durchschwitzte Bekleidungsstücke, die der Täter entweder am Tatort im Tausch gegen vermeintlich bessere zurückließ oder beim Verlassen des Tatortes verloren hat. Darüber hinaus können Schweißspuren an den Innenseiten von Schuhen oder Handschuhen von Bedeutung sein, wenn der Benutzer strittig ist.

Prinzipiell ist jedoch festzuhalten, dass im Bereich von Schweißspuren regelmäßig **Hautabriebspuren** derselben Person zu finden sind, die sich für DNS-Analysen eignen. Folglich werden dann nicht die offensichtlichen Schweißspuren analysiert sondern für die weiteren Untersuchungen werden die Hautzellen benutzt.[26]

Spurensuche und -sicherung
Die zu suchenden Spurenträger können in aller Regel unproblematisch gefunden werden, gegebenenfalls unter Einbeziehung des Geschädigten oder auch in der von einem Fährtenhund ausgearbeiteten Fährte. Es soll deshalb hier nur angemerkt sein, dass aufgefundene Gegenstände dieser Art einzeln und möglichst trocken in Papier- oder Plastiktüten zu verpacken sind.

Untersuchungsmöglichkeiten
Zur Vergleichsuntersuchung müssen wie bei den anderen Sekretspuren Mundschleimhautabstriche (ausnahmsweise alternativ Blutproben) von den möglichen Verursachern vorliegen.

Der DNS-Vergleich der Hautzellen in der Spur und der Mundschleimhautabstriche erbringt den Nachweis darüber, mit welcher (sehr hohen) Wahrscheinlichkeit eine bestimmte Person Spurenverursacher ist oder ob dies ausgeschlossen werden kann.

2.6 Kot- und Urinspuren

Vom Täter hinterlassener Kot oder Urin wird an Tatorten gar nicht so selten gefunden, wie man das gemeinhin annehmen sollte. Auch kann es vorkommen, dass vom Opfer stammender Kot oder Urin die Täterbekleidung verschmutzt. Die Bedeutung dieser Spuren hielt sich in der Vergangenheit allerdings in bescheidenen Grenzen. Erst mit dem routinemäßigen Einsatz der DNS-Analyse zur Determinierung minimaler Körperzellen werden diese Spuren verstärkt in das Untersuchungsspektrum der Forensischen Biologie eingegliedert.

26 Vgl. hierzu *Wirth*, Rechtsmedizin, Kap. 5.I., S. 457 f.

Spurensuche
Das Auffinden von Kot oder Urin bereitet kaum Schwierigkeiten. Bei der Spurensuche ist auf Gefäße wie Vasen und Gläser zu achten. Entweder werden diese Materialien als „notdürftige" Hinterlassenschaft am Tatort vorgefunden oder aber es wurden gezielt damit Verschmutzungen verursacht, z. B. in Hausfluren abgestellte Kinderwagen. Wenn ein Opfer tatbedingt Stuhl- oder Harnabgang hatte, können durch weiteren Kontakt derartige Spuren am Täter verursacht werden.

Spurensicherung und -verpackung
Werden Kothaufen gefunden, so ist entweder das gegebenenfalls dabei befindliche Reinigungsmaterial, oftmals Papier, zu sichern oder es ist mit einem selbsttrocknenden Wattestieltupfer die Oberfläche abzustreichen, um die dort befindlichen Schleimhautzellen zu erfassen. Es ist ebenso möglich, einen Teil der Kotmasse auf sauberem Papier auszustreichen und an der Luft zu trocknen. Flüssiger Urin sollte in ein dicht verschließbares Gefäß abgefüllt und bis zur baldigen Übergabe an das Labor kühl gelagert werden.

Untersuchungsmöglichkeiten
Die sowohl im Kot als auch im Urin durch Abschilferung enthaltenen Körperzellen werden in gleicher Weise wie andere kernhaltige Zellen zur DNS-Analyse herangezogen. Im Ergebnis von vergleichenden Analysen der DNS-Merkmale der Spur und des Mundschleimhautabstrichs eines Beschuldigten kann dieser mit hoher Wahrscheinlichkeit als Spurenverursacher festgestellt oder sicher ausgeschlossen werden.

2.7 Haarspuren

Haare sind verhornte fadenförmige Oberhautbildungen des Menschen und der Säugetiere. Da Haare somit Teil der äußeren Körperhülle sind, bestehen handlungsabhängig günstige Voraussetzungen für einen Kontakt zwischen dem Täter und dem Tatort sowie mit dem Opfer und folglich für die Entstehung von Haarspuren. Dabei handelt es sich um ausgerissene, abgerissene, abgeschlagene oder ausgefallene Haare. Von besonderer Bedeutung sind Kopf- und Schamhaarspuren, seltener Barthaare oder Haare anderer Körperteile (z. B. Handrücken). Haarspuren treten bevorzugt bei Straftaten gegen das Leben und die sexuelle Selbstbestimmung, bei Körperverletzungen, Einbrüchen oder Sachbeschädigungen auf. Auch bei Verkehrsunfällen ist das Vorkommen von Haarspuren (Tier- und Menschenhaare) beachtlich.

Spurensuche
Vollständige Haare, aber auch Haarbruchstücke sind bei schräger Beleuchtung (Tatortlampe) mit dem bloßen Auge gut zu erkennen. Gesucht werden sie dort, wo sie abhängig von der Straftat im Ergebnis der gedanklich rekonstruierten Begehungsweise zu erwarten sind. Erschwert wird die Suche gelegentlich dann, wenn nur lose am Spurenträger haftende Haare durch Zugluft weggeweht wurden.

Am *Tatort* ist bereits der Zugangsweg in die Suche nach Haarspuren einzubeziehen, wenn der Täter beim Durchqueren von Gebüsch oder beim Durchzwängen durch enge Öffnungen (Einstieg) Kopfhaare verlieren konnte. Gleichermaßen kann dies beim eiligen Verlassen des Tatortes auf dem Abgangsweg der Fall sein. An verlorenen Bekleidungsstücken, einschließlich weggeworfenen Gesichtsmasken haften regelmäßig Haare des Trägers. Im engeren Tatortbereich sind die unmittelbare Umgebung aufgebrochener und durchwühlter Behältnisse, der Ort stattgefundener körperlicher Auseinandersetzungen, bei Sexualdelikten die Liege- oder Lagerstätten häufig Fundorte von Haarspuren. Im Falle von Laubeneinbrüchen sind vom Täter zurückgelassene Bekleidung oder ggf. die Schlafstätte zu beachten.

Im Hinblick auf *Tatmittel* sind bei Straftaten gegen das Leben oder bei Körperverletzungen benutzte Schlagwerkzeuge mit oftmals im Blut fest haftenden abgeschlagenen und ausgerissenen Haaren oder Bruchstücken von besonderer Bedeutung.

Bei Verkehrsunfällen mit unklarer Beweislage sind Haare am Fahrzeug im Bereich von Anstoßstellen angefahrener oder überrollter Personen (oder Säugetiere) zu suchen. Im Fahrzeuginneren finden sich Haare gemäß der Sitzordnung an Türholmen, an Seitenfenstern oder eingeklemmt in der gesplitterten Windschutzscheibe (Fahrer, Beifahrer) bzw. auch am Lenkrad haftend (Barthaare).

Im Falle von Jagdwilderei finden sich umfangreiche Haarspuren des erlegten Wildes im benutzten Transportmittel (Kofferraum, Pritsche, Anhänger).

Am *Täter* sind Haarspuren kriminalistisch bedeutsam, wenn sie, überwiegend bei Sexual- oder Tötungsdelikten, vom Opfer auf die Oberbekleidung und die Unterwäsche oder die Schamregion (auch unter der Vorhaut) übertragen worden sind. Im Zusammenhang mit Wohnungseinbrüchen kann es vorkommen, dass der Täter Haare vorhandener Haustiere aufnimmt. Auch Tierhaare aus Pelzbekleidung kommen dafür in Betracht. Da sowohl Menschen- als auch Tierhaare aufgrund ihrer Schuppenstruktur an bzw. in Textilien gut haften, sind Haarspuren auch nach längerer Zeit noch auffindbar, mitunter durch die Bewegungen in das Gewebe regelrecht eingearbeitet.

Am *Opfer* sind, wie auch beim Täter, nur fremde Haare, hier also vom Täter oder aus seinem Milieu stammende Haarspuren beweiserheblich. Häufige Fundorte sind nach körperlichen Auseinandersetzungen die Ober- und Unterbekleidung oder zur Abwehr des Täters benutzte Gegenstände (z. B. die Handtasche). Am Körper sind Haarspuren bei Sexualdelikten insbesondere im Schambereich sowie in der Brust- und Bauchregion zu erwarten, sofern das Opfer noch vor der Säuberung die Polizei aufgesucht hat. Bei getöteten Opfern sind darüber hinaus ggf. die Hände mit Haaren vom Täter behaftet.

Spurensicherung und -verpackung

Die Sicherung von Haarspuren ist mit dem Spurenträger gemeinsam möglich oder erfolgt durch Aufnehmen mit den Fingern bzw. Abpräparieren.

An Tatwerkzeugen befindliche, ggf. im getrockneten Blut fest anhaftende Haare sollten auf jeden Fall dort belassen werden. In gleicher Weise ist mit Bekleidungsstücken zu verfahren, wenn dort außer Haaren noch andere Spuren, insbesondere Mikrospuren, erwartet werden. Die Spurenträger sind nach Dokumentation der Auffindungssituation ohne weitere Manipulationen getrennt in geeignete Behältnisse zu verpacken und eindeutig zu beschriften.

In allen übrigen Fällen ist es zweckmäßig, an Gegenständen festgestellte Haare vom Spurenträger zu isolieren. Das geschieht mit den Fingern (Handschuhe) oder mit einer glatten, keine Quetschungen verursachenden Pinzette. Es ist darauf zu achten, dass die Haare nicht im Bereich der Haarwurzel (Kopfhautzellen für DNS-Analyse!) ergriffen werden. In der Schambehaarung vermutete fremde Haare sind durch Auskämmen im Rahmen der ärztlichen Untersuchung zu sichern.

Die isolierten Haarspuren werden getrennt nach Auffindungsorten in Plastik- oder Glasröhrchen bzw. Plastikbeutel verpackt. Bei Verwendung von Briefkuverts ist darauf zu achten, dass sie dicht verschlossen werden. Wichtig ist, dass die gewählten Behältnisse nicht zu eng sind, um keine Formveränderungen der Haare herbeizuführen.

Zur Begutachtung von Haarspuren hinsichtlich der Verursachung durch eine bestimmte Person ist das Vorliegen von *Vergleichsmaterial* aller als Verursacher in Betracht zu ziehenden Personen (Tatbeteiligte und Berechtigte) notwendig.

In Abhängigkeit von der gewählten und im Einzelfall erforderlichen Methodik ist folgendermaßen vorzugehen:

Für mikroskopisch-morphologische Vergleichsuntersuchungen werden neben den Haarspuren Haarproben des gleichen Typs benötigt. Im Falle von Kopfhaaren ist zunächst nach einer Kopfhautmassage (Einmalhandschuhe benutzen) durch scharfes Durchkämmen über einer sauberen Unterlage eine Kämmprobe (ausfallende Haare) zu sichern. Des Weiteren sind von verschiedenen Stellen des Kopfes (vorn, links, rechts, oben, hinten) je 5 bis 10 Haare möglichst von der betroffenen Person selbst auszupfen zu lassen. Zusätzlich sind aus diesen Bereichen wenigstens 50 Haare dicht oberhalb der Wurzel abzuschneiden. Eine zusätzliche Probe ist zu sichern bei Besonderheiten, wie z. B. Strähnchen. Für den Vergleich von Schamhaaren oder Barthaaren sind bei der betreffenden Person etwa 20 bis 50 Haare aus unterschiedlichen Bereichen der Schamregion durch Ausreißen und Abschneiden (dicht über der Wurzel) zu sichern, bei Barthaaren je nach Größe und Gestaltung von verschiedenen Stellen entsprechend mehr.

Die Vielzahl und Vielfalt der zu sichernden Vergleichshaare ergibt sich aus der Tatsache, dass sich die morphologischen Eigenschaften und Merkmale von Haaren ein und derselben Person beträchtlich unterscheiden. Für jedermann erkennbar betrifft das die Länge, Farbe und auch die Dicke der Haare auf einem Kopf oder in einem Bart. Erfolgte zwischen der Tat und der Sicherung der Vergleichshaare eine kosmetische Veränderung (Färben, Bleichen, Schneiden), ist dies dem Labor mitzuteilen.

Die Sicherung von Vergleichshaarproben von Tieren erfolgt zunächst durch mehrmaliges Auskämmen des gesamten Fells. Anschließend sind Haarbüschel (etwa 50 Haare jeweils) aus farblich unterschiedlichen Bereichen durch Abschneiden zu entnehmen. Farbaufnahmen vom Tier und bei Haus- oder Nutztieren die Mitteilung der Rasse sind für die weiteren Untersuchungen zweckmäßig.

Die Verpackung und Beschriftung erfolgen entsprechend den konkreten Entnahmestellen. Briefkuverts oder Plastiktütchen/-beutel sind gut geeignet.

Ist eine Vergleichsuntersuchung mittels molekularbiologischer Verfahren (DNS-Analyse) erforderlich, werden zusätzlich Abstriche der Mundschleimhaut benötigt.

Untersuchungsmöglichkeiten
Mit der Untersuchung und Begutachtung von Haarspuren können abhängig vom Stand der Ermittlungen sowie den Beweiserfordernissen im Einzelfall sehr unterschiedliche Ziele verfolgt werden:

In jedem Fall ist zunächst durch mikroskopische Untersuchungen festzustellen, ob es sich bei den fraglichen Spuren überhaupt um Haare handelt und ob dies Menschen- oder Tierhaare sind.

Sind im konkreten Fall Tierhaare bedeutsam, ist die Frage nach der Tierart (Reh, Wildschwein, Hund, Katze usw.) zu stellen und in der Regel sicher zu beantworten.

Die Verursachung der Spur durch ein bestimmtes einzelnes Tier nachzuweisen, kann mit der DNS-Analyse gelingen, ist allerdings nur selten von kriminalistischer Bedeutung.

Wenn es sich um Menschenhaare handelt, können bei Erfordernis folgende Fragestellungen geklärt bzw. beantwortet werden:

- Um welchen Haartyp handelt es sich?
  Unterschieden werden kann zwischen Kopf-, Scham-, Bart-, Wimpern-, Augenbrauen- und sonstigen Körperhaaren.
- Sind die Haare ausgerissen, ausgefallen oder abgeschnitten bzw. abgequetscht?
  Diese Fragen sind eindeutig beantwortbar.
  Bei Haaren ohne Wurzel, wie dies auf abgetrennte Haare zutrifft, kann weiterführend festgestellt werden, ob ein einseitig (Messer) oder zweiseitig (Schere) wirkendes Werkzeug benutzt wurde oder ob es sich um abgequetschte Haarbruchstücke (Hammer- oder Beilschläge auf den Kopf) handelt.
- Waren die Haare höheren Temperaturen oder offener Flamme ausgesetzt? Ab einer Temperaturbelastung von 150 °C werden Haare über honiggelb bis zu schwarz verfärbt und durch Bildung von Gasblasen im Haarinneren in ihrer Morphologie verändert und letztlich zerstört.

So geschädigte Haare am Beschuldigten (Kopfhaare, Haare auf dem Handrücken) sind bei frischer Hitzeeinwirkung nach einer Brandstiftung schon am typischen Geruch zu erkennen. Endgültige Klarheit schafft eine mikroskopische Untersuchung. Sofern der Beschuldigte nicht zugleich, vorgeblich oder tatsächlich (ermitteln!), an den Löscharbeiten beteiligt war, hat dieser Befund einen hohen Beweiswert.

– Sind die Haare künstlich gefärbt oder gebleicht?
  Bei Haaren mit Wurzel ist diese Frage eindeutig zu klären, wenn nicht schon die gewählte Farbe, beispielsweise grün oder blau, die mikroskopische Untersuchung entbehrlich macht.
– Stammen die Haare von einer männlichen oder einer weiblichen Person?
  Die klassische mikroskopische zellkernmorphologische Geschlechtsdiagnose ist abgelöst worden von der DNS-Analyse im Amelogeninsystem. Diese molekularbiologische Untersuchung ist nur möglich an ausgerissenen Haaren, weil hier die dafür benötigten kernhaltigen Zellen der Haarwurzelscheide bzw. Kopfhautzellen vorhanden sind.
– Stammen die Haare von einer bestimmen Person?
  Zur Beantwortung dieser Frage sind prinzipiell zwei Möglichkeiten gegeben: die makro- und mikroskopische Untersuchung sowie die DNS-Analyse.
  Die mikroskopische Vergleichsuntersuchung wird prinzipiell der Bestimmung des DNS-Profils vorangestellt. Sie ist die Voraussetzung für die Auswahl tatrelevanter Haare (keine Berechtigtenhaare, keine eigenen Haare). Das Ergebnis der morphologischen Vergleichsuntersuchung ist umso beweiskräftiger, je umfangreicher die Haarspur ist. Einzelne Haare genügen den Anforderungen an eine regelgerechte Begutachtung nicht.
  Bei Nichtübereinstimmung wesentlicher Eigenschaften ist ein sicherer Ausschluss der Person als Spurenverursacher möglich, bei Übereinstimmung kommt diese Person als Verursacher in Frage.
  Werden bei der morphologischen Untersuchung relevante Haare festgestellt, die für die DNS-Analyse geeignet sind, ausgerissene Haare mit Haarwurzelscheiden, so kann dann, wenn dies fallbezogen erforderlich ist, die molekularbiologische Untersuchung angeschlossen werden. Die Zuordnung der Spur, selbst einzelner Haare, zu einer bestimmten Person ist mit sehr hoher Wahrscheinlichkeit praktisch bis zur individuellen Zuordnung möglich.

Selbst Haare ohne Haarwurzelzellen, wie ausgefallene oder abgetrennte Haare, sind für molekularbiologische Untersuchungen zugänglich. In diesem Fall kann auf die mitochondriale DNS (DNS in den Mitochondrien der Zellen, außerhalb des Zellkerns) zurückgegriffen werden.

2.8 Textilspuren

Der Begriff Textilspuren umfasst alle von Textilien stammenden Spuren im Makro- und Mikrobereich: Ab- und Eindruckspuren, Passspuren, verlorene oder abgerissene Zubehörteile wie Knöpfe und die meist mit dem bloßen Auge nicht sichtbaren Faserspuren. Darüber hinaus zählen hierzu an Textilien vorhandene tatbezogene Beschädigungen durch Hitze, Beschuss sowie Schnitte, Stiche oder Zerreißungen und kriminalistisch relevante Knotenbildungen (z. B. bei Fesselung).

Die am häufigsten auftretenden Faserspuren sind typische Kontaktspuren, die immer dann entstehen, wenn Textilien mit anderen Gegenständen, häufig wiederum Textilien, Berührung haben. Dabei brechen Fasern ab oder werden ganz und gar herausgelöst. Diese wie auch bereits vorher abgebrochene und lose aufliegende Faserbruchstücke werden dann als Spur auf den betreffenden Gegenstand übertragen. Die dabei verursachte Faserspur ist umso umfangreicher, je intensiver der Kontakt und je bauschiger und lockerer das betroffene Textil ist und je rauer und scharfkantiger der Spurenträger ist. Derartige Entstehungsbedingungen sind gegeben bei einer Vielzahl von Handlungen im Zusammenhang mit Straftaten gegen das Leben und die sexuelle Selbstbestimmung, bei Körperverletzungen und Einbrüchen sowie bei Verkehrsunfällen oder bei Suiziden durch Erhängen.

Besonders hervorzuheben sind nachweisbare Spurenüberkreuzungen in Folge des Kontakts zweier bekleideter Menschen, vornehmlich bei Gewaltverbrechen.

So wie durch Kontakt entstandene Faserspuren feststellbar sind, ist es andererseits möglich, durch vorhandene Faserspuren auf den vorausgegangenen Kontakt, und oft zugleich auf eine bestimmte, mit diesem Kontakt einhergehende Handlung zu schließen.

Spurensuche
Anders als bei deutlich wahrnehmbaren Makrospuren, wie Knöpfe, Fäden oder Stoffstücke, erfolgt die Suche nach Mikrospuren stets auf der Grundlage der gedanklichen Rekonstruktion des Tatgeschehens. Durch die Auswertung sichtbarer anderer Spuren, erkennbar tatbezogener Veränderungen oder Aussagen von Geschädigten und Zeugen werden mögliche Kontaktstellen und damit zunächst eventuelle Spurenträger gesucht. Eine leistungsstarke Handlampe sowie eine Lupe unterstützen die Suche und Auswahl.

Textilspuren am *Tatort* findet man am häufigsten nach Einbrüchen. Ebenso treten derartige Spuren an Tatorten von Tötungs- und Sexualdelikten auf.

Im Bereich des Zu- und Abgangsweges ist das Spurenaufkommen meist dann hoch, wenn der Täter gezwungen war, gewaltsam einzudringen. Spuren existieren an Überstiegsstellen an Zäunen oder Mauern sowie im Bereich von Einstiegs- und Durchgriffsöffnungen (auseinander gebogene Gitterstäbe, eingeschlagene Tür- und Fensterscheiben, aufgedrückte Türen, aber auch Mauer- und Dachdurchbrüche).

Am Tatort selbst orientiert sich die Suche an den erkannten Handlungen des Täters, bei denen er Kontakt mit Gegenständen am Tatort gehabt haben muss, z. B. beim Sitzen, Knien, Liegen, beim Verschieben von Möbelstücken oder beim Durchwühlen von Behältnissen, wobei Textilspuren entstehen. Beachtenswert ist, dass auch beim Knien auf glatten und festen Oberflächen (Fensterbrett beim Ein- oder Ausstieg, Fußboden vor dem angegriffenen Schrank oder neben der Leiche) Textilabdruckspuren mit eingelagerten Faserbruchstücken verursacht werden können.

Bei Tatorten im Freien sind dem Täter hinderliche Äste und Zweige oft Träger von Faserspuren. Stammen diese aus Strickwaren oder gröberem Gewebe, sind sie im Gegenlicht (Sonne, Handlampe) mit bloßem Auge erkennbar.

Außerdem ist besonders bei Sexualdelikten auf Textileindruckspuren im Erdreich zu achten.

Tatmittel sind dann Träger von Faserspuren, wenn sie tatbezogen mit Textilien des Opfers oder am Tatort vorhandenen Textilien Kontakt hatten. Werden Textilien durch Stechen oder Schneiden beschädigt oder wird mit Gegenständen auf den bekleideten menschlichen Körper eingeschlagen, sind massive Faserspuren die Folge. An einem zum Stechen benutzten Tatwerkzeug befinden sich zahlreiche, oft sehr kleine Bruchstücke aller in der durchstochenen Bekleidung verarbeiteten Fasertypen (Faserart und -farbe), oftmals in Blut eingebettet.

Umfangreiche Faserspuren entstehen an Unfallfahrzeugen im Bereich der stets erkennbaren Anstoßstellen von Personen, je nach Wucht des Aufpralls in den Lack oder den Kunststoff (Stoßfänger, Außenspiegel) eingeschmolzen und damit zeitlich genau fixiert.

Zum anderen ist es möglich, dass Faserspuren an Anstoßstellen der Insassen im Inneren des Unfallfahrzeuges entstehen. An Plastikteilen finden sich textile Anschmelzspuren, wenn der Anstoß mit großer Wucht erfolgte. Diese Spuren sind gut geeignet nachzuweisen, wer zum Zeitpunkt des Unfalles das Kfz geführt hat.

Fanden im Kraftfahrzeug selbst kriminalistisch relevante Handlungen – etwa die Vergewaltigung einer Anhalterin – statt, so finden sich Faserspuren aus der Bekleidung des Opfers auf der jeweiligen Sitzfläche und Rückenlehne bzw. an weiteren handlungsbedingten (Gegenwehr) Kontaktstellen im Fahrzeug.

Am *Täter* entstehen Faserspuren überwiegend bei Tötungs- und Sexualdelikten an seiner Bekleidung sowie unter den Fingernägeln nach festem Zupacken bzw. auch am Penis, wenn der Täter sich mit Textilien des Opfers säuberte. Zerreißt der Täter Bekleidungsstücke des Opfers, ist das Faserspuraufkommen an ihm außerordentlich reichhaltig.

Bei Einbrüchen kann der Täter mit am Tatort vorhandenen Textilien (Vorhänge, Sitz- und Liegegelegenheiten) in engen Kontakt kommen, wobei Fasern auf der Bekleidung des Täters zurückbleiben. Das betrifft auch Fasern aus textilen Bodenbelägen an seinem Schuhwerk.

Am *Opfer* entstehen Faserspuren bevorzugt bei Tötungsverbrechen (Kampfhandlungen) sowie bei Sexualdelikten (enger körperlicher Kontakt, der mit Bewegungen und demzufolge intensiver Reibung einhergeht). Neben der in das Tatgeschehen einbezogenen Bekleidung (auch Beschädigungen) ist auf Faserspuren am Körper (Brust-, Bauch-, Schamregion oder am Hals aus einem Drosselwerkzeug) zu achten.

An Opfern von Tötungsverbrechen sind wegen ihrer kriminalistischen Bedeutung und wegen der Gefahr der unkontrollierten Veränderung (Verlust, Hinzufügen) die an den Händen (Handinnenflächen, Finger, Fingernägel) vorhandenen Faserspuren aus dem letzten Kontakt mit dem Täter besonders zu beachten und entsprechend zu schützen. Vom Opfer mitgeführte Gegenstände können, falls sie zu Gegenwehrhandlungen benutzt oder vom Täter durchsucht worden sind, Träger von Faserspuren sein.

Spurensicherung und -verpackung
Textile *Mikrospuren* werden entweder direkt am Auffindungsort vom Spurenträger isoliert oder aber gemeinsam mit dem Spurenträger gesichert.

Mikrospuren sind ohne Hilfsmittel weder wahrnehmbar noch können sie mit den üblichen Präparationsmethoden erfasst und zuverlässig vom Spurenträger getrennt werden. Zum Einsatz kommen deshalb verschiedene Klebebandverfahren.

Folgende Vorgehensweise hat sich bewährt:
Speziell dafür geeignetes glasklares 20 mm breites Spurensicherungsband wird unmittelbar vor der Benutzung etwa in Objektträgerlänge abgerollt und sofort auf die wahrscheinlich spurentragende Stelle aufgedrückt. Unmittelbar im Anschluss daran wird das spurentragende Bandstück abgezogen und auf bereitgelegte gläserne mikroskopische Objektträger blasenfrei aufgeklebt. Über der Glaskante wird das Bandstück von der übrigen Rolle abgetrennt, ggf. abgeschnitten. Danach ist das Ende des Bandes auf der Rolle zur besseren Handhabung mit sich selbst zu verkleben. Die Objektträger wurden vorher mit einem Lederlappen oder einem Tuch aus weißer Baumwolle geputzt.

Ebenso ist es möglich, das Klebeband vorher auf reichlich Objektträgerlänge zuzuschneiden und die überstehenden freien Enden zum Anfassen mit sich selbst zu verkleben und dann in gleicher Weise damit zu verfahren. Wahlweise kann die Übertragung der spurentragenden Bandstücke auch erst dann vorgenommen werden, wenn alle an einem Spurenträger vermuteten Faserspuren (durch Bekleben) gesichert sind. Auf jeden Fall sind die fertigen Präparate sofort eindeutig zu beschriften (wasserfester Folienstift, Selbstklebeetiketten), um Verwechslungen mit weiteren, äußerlich gleich aussehenden Präparaten zu vermeiden. Diese Klebeband-Objektträger-Präparate sind in der vorliegenden Form für (durchlicht-) mikroskopische Untersuchungen geeigneten.

Anstelle der gläsernen Objektträger sind verschiedentlich Kunststofffolien zur Aufnahme der Klebebandabzüge im Gebrauch. Auch die Dimension des benutzten Klebebandes kann variieren.

Faserspuren auf menschlicher Haut, bei Tötungsverbrechen oftmals an den Händen des Opfers, sind durch schnellstmögliches Abkleben zu sichern. Das hat zeitlich Vorrang vor anderen notwendigen Manipulationen am Opfer. Beim Abkleben von Händen soll zwischen den Spuren an den Handflächen und den einzelnen Fingern unterschieden werden.

Soll die Leiche insgesamt abgeklebt werden (Faserspuren, Hautabriebspuren) und ist es erforderlich, die genaue Position der Spuren rekonstruieren zu können, dann ist für jede Stelle ein neues Stück Band zu benutzen. Die Verteilung der markierten Bandstücken ist zu dokumentieren. Es wird empfohlen, je Tatort eine neue Rolle zu benutzen.

Wenn es nicht auf die zentimetergenaue Position der Spuren auf dem Spurenträger ankommt, kann man mit ein und demselben Stück Klebeband eine begrenzte Fläche innerhalb eines sachbezogen ausgewählten Bereiches (Unterbauch, linker Oberschenkel, rechter Oberschenkel) mehrfach abtupfen, also die Spuren sammeln. Das ist ebenso möglich z. B. beim Sichern von Faserspuren aus der Hose auf der Sitzfläche eines Stuhles und, davon getrennt, an der Rückenlehne von Fasern aus Hemd, Jacke oder Pullover.

Die Objektträgerpräparate sind in dafür vorgesehene Transportbehältnisse (z. B. Objektträgerkästen oder Objektträgermappen) bruchsicher zu verpacken. Die Verpackung ist zweifelsfrei zu beschriften.

Befinden sich die Faserspuren auf textilen Spurenträgern (Bekleidung, Tücher) oder auf Tatwerkzeugen, so sind diese, auch wegen möglicher anderer anhaftender Spuren, nicht vor Ort abzukleben, sondern einzeln und möglichst trocken so zu verpacken, dass die Spurenlage bis zur Besichtigung im Labor unverändert erhalten bleibt.

Makrospuren, wie herausgerissene Stoffstücke, Faserbüschel oder Fäden, abgerissene Knöpfe oder als Fesselungswerkzeug benutzte Stricke (Hautabriebspuren beachten!), werden mit einer Pinzette aufgenommen und in entsprechend große, dicht verschließbare Plastik- oder Glasröhrchen bzw. Plastik- oder Papiertüten (Briefkuverts) verpackt. Solche Stellen, an denen Fäden- oder Faserbüschel gefunden und abgenommen wurden, sind zusätzlich abzukleben. Plastikteile mit Anschmelzspuren sind auszubauen und mit der Spur gemeinsam zu sichern. Andernfalls ist das betreffende Fahrzeug sicherzustellen und dann Spezialisten zu übergeben.

An Zweigen von Sträuchern am Tatort vermutete oder erkannte Faserspuren werden durch Abschneiden und Verpacken der entsprechenden Zweige gesichert.

Seltener auftretende Textileindruckspuren im Erdreich sind nach fotografischer Sicherung mit Mikrosil oder im Gipsnassverfahren zu sichern. Dabei mitaufgenommene Faserbruchstücke können im Labor herauspräpariert werden.

Textilabdruckspuren werden mit Folie, wie sie bei Schuhabdruckspuren Verwendung findet, gesichert. Auch hier können eingelagerte Fasern im Labor isoliert werden.

Wenn es im weiteren Verfahren notwendig ist festzustellen, welche Textilien die Spuren verursacht haben, ist es erforderlich, über entsprechendes *Vergleichsmaterial* aller in das Geschehen einbezogenen Textilien zu verfügen.

Prinzipiell werden die kompletten Textilien für eine regelgerechte Vergleichsuntersuchung, auch im Falle von Anschmelzspuren nach Verkehrsunfällen, benötigt. Diese Forderung wird im Einzelfall dadurch unterstrichen, dass die Vergleichstextilien zugleich Spurenträger (z. B. von Faserspuren, Bodenspuren, Blutspuren) sein können oder dass es um die Fragestellung gehen kann, ob ein aufgefundener Knopf von eben diesem konkreten Bekleidungsstück stammt. Spielen derartige Gegebenheiten keine Rolle, kann notfalls auch von einer unauffälligen Stelle (Nähte, Säume) eine repräsentative Stoffprobe zu Vergleichszwecken gesichert werden. Das allerdings ist bei länger getragenen Bekleidungsstücken problematisch, weil witterungsbedingte Farbabweichungen (besonders durch Sonne) an den außen liegenden Stoffteilen mikrospektralfotometrische Farbmessungen verfälschen.

Werden Faserspuren durch Abkleben eines textilen Spurenträgers gesichert, so sind spurenfreie Stoffproben der jeweiligen Textilien als Vergleichsmaterial (Neutralproben) mitzusichern, um zwischen den aufgelagerten Faserspuren und den unbeabsichtigt und unvermeidlich mitgesicherten Materialfasern des Spurenträgers unterscheiden zu können.

Geht es um Passspuren, also um die Frage, ob ein Stoffstück aus einem bestimmten Bekleidungsstück herausgerissen oder abgerissen wurde (z. B. bei Unfallgeschehen) oder ob zwei Bindfadenstücke (Drosselschnur und beim Beschuldigten beschlagnahmte Schnur) vormals ein Ganzes gebildet haben, sind diese Teile komplett zur Untersuchung vorzulegen.

Untersuchungsmöglichkeiten
Ist der Täter noch unbekannt, können ohne Vergleichsmaterialen folgende Fragestellungen von kriminalistischer Bedeutung beantwortet werden:

- Welche Hinweise ergeben sich aus der Untersuchung der Faserspuren auf den oder die möglichen Spurenverursacher?
  Die Ergebnisse sind als Hinweise auf die Art und das Aussehen der Täterbekleidung sowie als Unterstützung bei der Auswahl des richtigen Vergleichsmaterials (auf Materialetiketten achten) zu verstehen.
- Wodurch wurde die am Textil vorhandene Beschädigung verursacht?
  Damit verbindet sich die Frage nach der Art des Tatwerkzeuges (Messer einseitig oder zweiseitig angeschliffen, Schere) oder nach möglichen Hitze- oder Säureschäden sowie Schussbeschädigungen.

Wenn ein Beschuldigter ermittelt wurde, steht die Frage der Verursachung der textilen Spuren durch ein oder mehrere bestimmte Bekleidungsstücke im Vordergrund. Die dann durchzuführende Begutachtung basiert auf umfangreichen vergleichenden mikroskopischen, einschließlich mikrospektralfotometrischen und infrarotspektroskopischen Untersuchungen. Wird im Ergebnis einer Vergleichsuntersuchung eine Nichtübereinstimmung (vereinfacht: Spur grüne Baumwolle, Vergleichsmaterial grüne Viskose) festgestellt, ist das betreffende Textil als Spurenverursacher mit Sicherheit auszuschließen.

Im Falle von Übereinstimmung ist prinzipiell eine Wahrscheinlichkeitsaussage zur Spurenverursachung möglich. Die Sicherheit dieser Zuordnung steigt mit zunehmender Zahl von Bekleidungsstücken, die an der Spurenentstehung beteiligt waren.

Sind Spurenüberkreuzungen zwischen mehreren Textilien (meist Bekleidungsstücke des Beschuldigten und des Opfers) nachweisbar oder gelingt das Anpassen eines Stoffstückes an ein beschädigtes Textil (Passspur), ist im Hinblick auf die Spurenverursachung eine sichere Schlussfolgerung möglich.

Mit dem Ergebnis der Vergleichsuntersuchung ist oftmals die Frage nach dem Kontakt beantwortet. Die kriminalistische Relevanz, d. h. ob dieser Kontakt im Rahmen krimineller Handlungen erfolgte, muss stets durch weitere Ermittlungen bzw. Untersuchungen bewiesen werden.

2.9 Botanische und zoologische Spuren

Als ***botanische*** Spuren werden vielfältige Materialien pflanzlicher Herkunft zusammengefasst, die bei einem kriminalistisch relevanten Geschehen zu dessen Aufklärung beitragen können. Als Makrospuren sind beispielsweise Zweige, Stängel, Blätter, Blüten, Früchte und Samen, Holzsplitter oder Sägespäne sowie pflanzliche Verarbeitungsprodukte hervorzuheben. Im Mikrobereich sind es besonders Algen, Pilze, Sporen und Pollenkörner, die als Spuren in Erscheinung treten.

Die kriminalistische Bedeutung botanischer Spuren erschließt sich aus folgenden Tatsachen: Pflanzen sind in ihrer Entwicklung und Verbreitung abhängig von Klima, Wasser und Boden sowie vom Vorhandensein anderer Pflanzenarten, d. h. sie treten an bestimmten Orten in einer charakteristischen Gemeinschaft auf. Das bedeutet, dass Pflanzenspuren einen Ort charakterisieren, sodass dieser Ort identifiziert werden kann. Bei der kriminalistischen Bodenuntersuchung sind es z. B. die unterschiedlichen im Boden lebenden Kieselalgen (Diatomeen), die zur Herkunftsbestimmung und bei der Bodenvergleichsuntersuchung herangezogen werden. Botanische Spuren können bei einer Vielzahl von Straftaten entstehen, insbesondere wenn sie im Freien begangen werden. Da viele Pflanzen oder Pflanzenteile wegen ihrer morphologischen Beschaffenheit über ein ausgeprägtes Haftvermögen an Textilien (und Haaren) verfügen, entstehen derartige Spuren bei entsprechendem Kontakt oftmals reichhaltig und relativ dauerhaft. Für die mit dem bloßen Auge in aller Regel nicht wahrnehmbaren Pollenkörner trifft das in besonderem Maße zu. Da der Täter sie weder sieht und daher nicht vermutet noch diese Mikrospuren durch Ausbürsten entfernen kann, sind Erfolg versprechende derartige Reinigungsversuche kaum möglich.

Botanische Spuren sind, ausgenommen bei Fäulnis durch stockende Nässe, über längere Zeiträume haltbar und somit für Untersuchungen zugänglich.

Thermophile Bakterien werden bei Bränden in der Vorratswirtschaft, vornehmlich der Landwirtschaft, zur Klärung der Ursache „Selbsterhitzung/Selbstentzündung“ im Falle feucht eingelagerten Ernteguts herangezogen.

Schließlich sei auf Pflanzen als Tatmittel, wie Holzknüppel oder Giftpflanzen sowie auf Pflanzen als Tatobjekte, z. B. illegale Hanfanpflanzungen oder Getreide bei Futtermitteldiebstählen, verwiesen.

Die *Suche und Sicherung* von Pflanzenspuren erstreckt sich meistens auf Spuren an Bekleidungsstücken, Decken, an oder in Fahrzeugen, gelegentlich auch in der Behaarung von Beschuldigten.

An Textilien makroskopisch festgestellte Pflanzenteile werden nach Möglichkeit dort belassen. Die Spurenträger sind getrennt und trocken zu verpacken und die Sicherung, dann auch der Mikrospuren, erfolgt im Labor.

Müssen die Spuren vom Spurenträger separiert werden, sind sie nach Auffindungsorten unterschieden zu verpacken. Sollen pflanzliche Verarbeitungsprodukte untersucht werden, z. B. vermutlich entwendete Futtermittel hinsichtlich ihrer Zuordnung zu einem größeren Lagervorrat, so ist eine reichlich bemessene Probe (u. U. mehrere von unterschiedlichen Stellen) zu entnehmen.

Da das Vorliegen von *Vergleichsmaterial* sowohl die Bestimmung der biologischen Art kleiner Pflanzenteile unterstützt als auch für eine Vergleichsuntersuchung zwischen botanischen Spuren und dem Pflanzenbewuchs am Tatort unentbehrlich ist, sollte schon zum Zeitpunkt der Tatortarbeit an die Sicherung entsprechender Pflanzenproben gedacht werden. Zu einem späteren Zeitpunkt, etwa wenn nach Wochen ein Beschuldigter ermittelt wurde, kann sich die Vegetation bereits erheblich verändert haben (Pflanzen aufgegangen, aufgeblüht, verblüht, vergangen usw.), sodass die Vergleichsuntersuchung zu falschen Resultaten führt.

Das eigentliche Ziel der *Untersuchung* von Pflanzenspuren ist in der Regel die Bestimmung der biologischen Art. Bei vollständigen Pflanzen ist das im Allgemeinen, teils sogar für den interessierten Laien, unproblematisch. Selbst anhand kleinster Pflanzenteile ist die betreffende Pflanzenart in vielen Fällen sicher bestimmbar, d. h. die Pflanze kann namentlich bezeichnet werden. Das trifft insbesondere auf die mikroskopisch kleinen Pollenkörner zu. Die Bestimmung der biologischen Art ist die grundlegende Voraussetzung für die Vergleichsuntersuchung oder eine Herkunftsbestimmung. Dazu wird spezielle

Literatur, wie z. B. Pollenatlanten, herangezogen oder der Biologe studiert entsprechende botanische Sammlungen (Herbarien).

Der Nachweis der Herkunft eines Pflanzenteils von einer bestimmten, einzelnen Pflanze kann im besonderen Fall durch Analyse der pflanzlichen DNS ermöglicht werden.

Schließlich sei darauf verwiesen, dass fallbezogen der Zustand der Pflanzen zu beurteilen ist oder es sind kriminalistisch relevante Inhaltsstoffe zu bestimmen wie Toxine oder andere, auch Pflanzen schädigende Substanzen.

Unter z***oologischen*** Spuren werden alle tierischen Materialien, also Teile von Tieren oder tierische Produkte sowie von Tieren verursachte materielle Veränderungen im Zusammenhang mit einem kriminalistisch relevanten Ereignis verstanden. Hierunter zählen auch tote und lebende Tiere, dann oftmals Kleinstlebewesen.

Die kriminalistische Bedeutung zoologischer Spuren ist, vergleichbar mit den pflanzlichen Spuren, zum Teil auf Besonderheiten ihrer Lebensweise zurückzuführen: Arteigene Ansprüche an bestimmte Umweltbedingungen. Damit sind auch Tiere gute „Hinweisgeber" auf ihre Lebensräume und damit ihren Herkunftsort und somit ggf. ein gutes Indiz für die Anwesenheit einer Person oder eines Gegenstandes an einem bestimmten Ort. Eine wichtige Bedingung ist in diesem Zusammenhang, dass Teile von Tieren wie Haare, Federn, Fischschuppen, Blut, Knochen oder Gewebe unterschiedlichster Art einer bestimmten Tierart zugeordnet werden können. In gleicher Weise sind auch Entwicklungsstadien wie Eier, Larven oder Puppen sicher zu beurteilen (Leichenfauna, Straftaten gegen das Artenschutzgesetz). Durch Tiere verursachte kriminalistisch relevante Veränderungen (Fraß- und Nagespuren, Trittsiegel) lassen Schlussfolgerungen auf die betreffende Tierart zu.

Die Entstehung zoologischer Spuren ist zum einen eng verbunden mit Straftaten im Freien, analog den botanischen Spuren. Zum anderen stehen zoologische Spuren nicht selten im Zusammenhang mit von Tieren verursachten Schäden (Tiere als „Täter") oder mit an Tieren begangenen Straftaten (Tiere als „Opfer" bzw. Tiere als Objekte).

Die *Suche und Sicherung* zoologischer Spuren bei Straftaten im Freien wird sich auf die Bekleidung des Beschuldigten, gegebenenfalls auf Gegenstände aus seinem Milieu (Werkzeug, Decke, Fahrzeug) konzentrieren. Das betrifft auch Fälle von Jagd- und Fischwilderei, Tierdiebstähle oder Tierquälerei. Bei solchen Straftaten sind neben der Bekleidung besonders die benutzten Tatmittel (Fanggeräte, Messer, Transportbehältnisse/-mittel) zu beachten. In den Fällen, bei denen die Verursachung kriminalistisch relevanter Ereignisse durch Tiere angenommen wird, erstreckt sich die Suche auf den Bereich des Ereignisortes oder das betroffene Objekt bzw. mögliche Geschädigte. Zu denken ist hierbei an Verkehrsunfälle, an Vogeleinflug in Triebwerke, Havarien und andere Schadensereignisse mit unklarer Ursache.

Zur Sicherung zoologischer Spuren sind der Größe und dem Zustand angemessene dichte Behältnisse zu benutzen. Durchnässte Materialien sind auf schnellstem Wege zu trocknen und/oder dem Labor zu überbringen.

Soll im besonderen Fall die Besiedelung von Leichen mit Insekten und deren Entwicklungsstadien zur Liegezeitbestimmung begutachtet werden, sind bereits zur Sicherung Spezialisten einzubeziehen.

Die *Untersuchung* zoologischer Spuren ist in vielen Fällen spezialisierten Biologen in universitären Einrichtungen vorbehalten.

Das Ziel dieser Begutachtungen besteht prinzipiell in der Bestimmung der biologischen Art. Im allgemeinen sind sichere Aussagen zu erwarten. Dies ist zugleich die Voraussetzung für kriminalistisch verwertbare Schlussfolgerungen. Die Beurteilung von Zusammenhängen zwischen festgestellten Spuren und deren kriminalistisch relevantem Herkunftsort (Anwesenheit am Tatort?) oder die Klärung der Ursachen von Tierverlusten ist ohne Art- oder Gattungsbestimmung nicht möglich.

Über die Bestimmung der biologischen Art hinaus kann in besonderen Fällen mittels DNS-Analyse die Verursachung einer zoologischen Spur (z. B. Blut, Haare) durch ein konkretes Tier vorgenommen werden. Zellkernhaltiges *Vergleichsmaterial* vom fraglichen Tier ist dafür die Voraussetzung.

Literatur

Grassberger, M., Schmid, H., Todesermittlung. Befundaufnahme und Spurensicherung. Ein praktischer Leitfaden für Polizei, Juristen und Ärzte, 2009.

Wirth, I. (Hrsg.), Kriminalistik-Lexikon, 4. Aufl. 2011.

V. Kriminaltechnische Untersuchung von Stimme, Sprache und Schrift

1. Forensische Phonetik, Sprecher-Erkennung

von *Michael Otto*

Die *Forensische Phonetik/Sprecher-Erkennung* hat die Aufgabe, die Stimme, Sprache und Sprechweise einer Person zu analysieren. *Schwerpunkt* ist dabei der *Stimmenvergleich.* Er wird durchgeführt, um einen Tatverdächtigen anhand seiner Stimme als Tatsprecher zu identifizieren oder auszuschließen. Wenn noch kein Tatverdächtiger ermittelt wurde, werden über die *Stimmenanalyse* Hinweise auf den unbekannten Sprecher erarbeitet.

Dazu bedient sich die Fachdisziplin Sprecher-Erkennung in erster Linie Erkenntnissen aus Phonetik und Sprachwissenschaft. Ausgeprägtes Wissen über Audiotechnik ist ebenso von Bedeutung wie die Nutzung von Erfahrungen aus Physik, Psychologie, Soziologie und Informatik.

Mit deren Hilfe werden u. a. Merkmale wie Stimmqualität, Lautbildung, Sprechrhythmus, Atmung, Dialekt und Sprachgewandtheit bestimmt.

Voraussetzung für die Identifizierung eines unbekannten Sprechers unter Nutzung all dieser Erkenntnisse ist, dass eine Audio-Aufzeichnung der Täterstimme vorliegt. Was dabei zu beachten ist und auf weitere praktische Aspekte im Zusammenhang mit der Auswertung und Bearbeitung inkriminierter Schallaufzeichnungen wird später noch näher eingegangen.

Informationsgehalt inkriminierter Schallaufzeichnungen
Die menschliche Stimme enthält wesentliche individuelle Informationen über die sprechende Person, also auch über den sprechenden Täter. Streng genommen ist jedoch die Reduzierung auf den Begriff „Stimme" nicht korrekt. Die Stimme sagt z. B. nichts über die sprachliche Herkunft des Sprechers oder über die individuelle Art und Weise seiner Artikulation aus. Da sich aber der Begriff „Täterstimme" eingebürgert hat, soll er im Folgenden für den Gesamtkomplex Stimme, Sprache und Sprechweise gelten.

Zu den auswertbaren sprecherspezifischen Informationen gehören:

- Stimme
  mittlere Stimmlage, Sprechintensität, Stimmklang, Stimmstörungen usw.
- Sprechweise
  Lautbildung, Artikulationspräzision, Sprechrhythmus (Sprechphasengestaltung, Pausenverhalten), Artikulationsfehler (z. B. Lispeln), Sprechflussstörungen (z. B. Stottern), Denk-Sprech-Vorgang, Dialog-Verhalten usw.
- Sprache
  Satzbau, Wortschatz (soziale und fachliche Prägung, Stilistik, Kongruenz usw.), Dialekt.

Dies sind jedoch nur Beispiele aus dem umfangreichen Komplex an Merkmalen, die die menschliche Stimme enthält.

Unter kriminalistischem Aspekt muss berücksichtigt werden, dass eine Tatstimmenaufzeichnung nicht unbedingt die unverstellte Stimme des Täters enthält, denn ein Straftäter gibt im Allgemeinen nicht freiwillig sein Stimmenprofil preis. Häufig werden Stimmverstellungen in verschiedensten Varianten verwendet.

Kooperatives Verhalten des unbekannten Sprechers bei einem Tatanruf stellt eher die Ausnahme dar. Ist es seine Intention, leise oder gar im Flüsterton zu sprechen, wird er dies im Regelfall konsequent umsetzen.

Das stellt besondere Ansprüche an das Verhalten gegenüber einem *anonymen oder pseudonymen Anrufer*. Der so genannte Gegensprecher (z. B. ein den Drohanruf entgegennehmender Beamter) ist oft die einzige Person, die direkten Sprechkontakt mit dem Täter hat. Deshalb sollte unter Berücksichtigung der jeweiligen Situation der Sprechfluss des Anrufers möglichst nicht unterbrochen werden, denn je umfangreicher das Sprachmaterial, desto größer ist die Untersuchungsbasis. Dies ist auch deshalb von Bedeutung, da eine Tatstimmenaufzeichnung immer nur einen oft kurzen, spezifischen Ausschnitt aus der Gesamtheit der individuellen Sprechvarianten des Täters enthält. Dieser Ausschnitt ist umso repräsentativer, je größer er ist. Auch Verlegenheitsfloskeln (Häsitationen), wie „äh“, „hm“ oder ein ständig wiederholtes „ja“ sind von Bedeutung. Schmatzlaute, Räusperattacken oder tiefes hörbares Einatmen sind ebenso individualisierend wie ein krampfhaft gepresster Stimmeinsatz.

Über diese Merkmalsbereiche hinaus ist aus einer Audio-Aufzeichnung noch mehr zu erfahren. Der Sprecher „sagt“ unfreiwillig auch etwas über seine momentane Befindlichkeit, gibt mit der Art und Weise seiner Äußerungen, Forderungen, Drohungen usw. Informationen über seine Handlungsmotivation preis. So können Hinweise auf seinen derzeitigen Zustand möglich sein, im Einzelfall könnten Aussagen dazu gemacht werden, ob seine Handlung spontan erfolgte oder langfristig vorbereitet wurde. Solche Feststellungen sind mitunter dann von besonderem Interesse, wenn zum bis dato unbekannten Täter keine weiteren Erkenntnisse vorliegen und daher jeder noch so kleine Hinweis (mit aller gebotenen Vorsicht verwertet) von Bedeutung sein kann.

Sprechsituation

Innere
- Befindlichkeit
- Grundstimmung
- Gesundheitszustand
- Motivation
- Kommunikative Grundhaltung

Äußere
- Tatort (z.B. ob Telefonzelle oder freie Sprechstelle)
- Übertragungskanal
- Hintergrundgeräusche und -stimmen

Untersuchungsrichtungen der kriminaltechnischen Sprecher-Erkennung

Die Untersuchungsrichtungen orientieren sich an den jeweiligen Anforderungen, die wiederum vom Verlauf der Ermittlungen abhängen.

In den Sachgebieten Sprecher-Erkennung bei deutschen Polizeibehörden werden im Wesentlichen folgende Untersuchungsrichtungen vorgehalten:

Stimmenanalyse – Herausarbeiten sprechertypischer Merkmale wie Geschlecht, Alter, Dialektfärbung (regionale Herkunft), fremdsprachiger Akzent, Stimm-, Sprach- und Sprechstörungen als Hinweise für die Ermittlung von Tatverdächtigen.

Stimmenvergleich – Gegenüberstellung von mindestens zwei umfassend analysierten Stimmproben und Bewertung (Identität oder Nichtidentität der Sprecher) nach einer abgestuften Wahrscheinlichkeitsrangskala.

Geräuschanalyse	Auswertung von Nebengeräuschen aus dem Gesprächshintergrund und aus der Aufzeichnung selbst (z. B. solche, die für die Telekommunikation charakteristisch sind).
Qualitätsverbesserung (Speech-Enhancement)	Technische Bearbeitung gestörter Sprachaufzeichnungen zum Zwecke der besseren Textverständlichkeit (kann aber nicht die Einhaltung bestmöglicher Aufzeichnungsbedingungen ersetzen).
Phonetische Textanalyse	Anwendung eines speziellen Verfahrens, um den Inhalt von Sprachanteilen zu erschließen, die selbst nach einer Qualitätsverbesserung mit normalem Hören nicht zu verstehen sind.

Bedeutung qualitätsgerechter Audioaufzeichnungen
Audioaufzeichnungen können nach zwei unterschiedlichen Grundprinzipien erstellt werden:
- Das historische, aber heute weniger gebräuchliche Prinzip der *analogen Audioaufzeichnung* besteht aus magnetischen Zustandsänderungen auf der magnetisierbaren Schicht eines Tonträgers (Magnetband);
- Die *digitale Audioaufzeichnung* funktioniert gänzlich anders: Hier werden die Schallwellen in mehreren Stufen nach einem komplizierten Algorithmus abgetastet und in binäre Daten umgewandelt.

Dabei ist zu beachten, dass das digitale Aufnahmeverfahren *nicht* automatisch eine hohe Aufzeichnungsqualität garantiert. Es kommt hier wie bei der herkömmlichen analogen Aufzeichnung auf die korrekten Grundeinstellungen an. Entscheidend für die Qualität sind die Abtastrate (Samplingrate bzw. Samplingfrequenz) und die Quantisierung. Letzteres ist das Maß für die Auflösung/Bandbreite (Bitrate). Dies muss bei der Wahl des Gerätes beachtet werden. Ein einfaches Beispiel soll dies verdeutlichen:

Eine handelsübliche *Musik-CD* wird standardmäßig mit einer *Samplingrate von 44100 Hertz und einer Auflösung von 16 bit* aufgenommen. Das bedeutet u.a., dass das Musiksignal pro Sekunde 44100-mal abgetastet (!) wird.

Dagegen arbeiten handelsübliche digitale Anrufbeantworter (und Diktiergeräte) mit Samplingraten zwischen ca. 3000 und maximal 12000 Hz. Auflösungen über 8 bit sind eher selten zu finden. Das Signal wird also mit einer deutlich geringeren Abtastrate und einer wesentlich kleineren Bandbreite aufgenommen. Entsprechend minderwertig ist die Tonqualität. Für das einfache Abhören noch geeignet, scheiden derartige Aufnahmesysteme für forensische Untersuchungen in der Regel aus.

Hohe Ansprüche sind weiterhin an technische Details wie Mikrofon, Anschlüsse, Raumakustik, Aufzeichnungsmedien, Datenübertragung usw. zu stellen. Auf einige ausgewählte Aspekte wird nachfolgend eingegangen.

Kriminalistisch relevante Schallereignisse können über verschiedene Kanäle übertragen werden. Die häufigste Form ist der Telefonanruf. Auch direkte Aufzeichnungen (Mikrofon → Aufzeichnungsgerät) sind möglich, in der polizeilichen Praxis aber eher selten. An Bedeutung gewinnen werden Fälle von inkriminierten Aufzeichnungen auf Handys, Veröffentlichungen im Internet (YouTube u. Ä.) und die Zustellung von Audiobotschaften per Email. Egal, über welchen Weg das Schallereignis „transportiert" wird – am Ende muss eine Aufzeichnung dessen erfolgen[27]. Grundsätzlich wird für die Untersuchung immer die *Originalaufzeichnung* benötigt[28]. Dies ist nicht in jedem Fall realisierbar. Ausnahmen und Hinweise dazu sind im Folgenden genannt:

– *Notrufe bei Polizei, Feuerwehr und Rettungsleitstellen*
  (Digital auf Band, CD bzw. CD-ROM, Festplatte und anderen digitalen Trägern)

Moderne Leitstellen sind mit komplexen Informationssystemen ausgestattet, die unter Ausnutzung aller technologischen Möglichkeiten

27 Eine Ausnahme bildet die Wiedererkennung durch Hörzeugen (auch als „Wahlstimmenvorlage" oder „Voice-Lineup" bekannt). Diese Methode, bei der das Schallereignis lediglich in der Erinnerung des Zeugen/Opfers gespeichert ist und dies nach wissenschaftlichen Prinzipien mit einer Vergleichsstimme verglichen wird, sollte nur durch Sachverständige für Sprecher-Erkennung durchgeführt werden und wird hier nicht näher erläutert.

28 Dies mag im Zeitalter digitaler Aufzeichnung und originalgetreuer Kopien als lebensfern erscheinen. Aufgrund einer unüberschaubaren Vielfalt an Audio-Formaten und Tools für Konvertierung, Übertragung und Speicherung besteht auch heute der sicherste Weg darin, die Aufzeichnung in unveränderter Form der Begutachtung zuzuführen.

die Entscheidungswege signifikant verkürzen. Eingehende Telefonanrufe werden zunehmend digital gespeichert, in guter bis sehr guter Aufnahmequalität. Um diese auch für die Beweisführung zu sichern, muss unbedingt darauf geachtet werden, dass eine adäquate Überspielmöglichkeit besteht.

Wenn die dort gespeicherten Audioaufzeichnungen bereits digitalisiert sind, können sie verlustfrei zur Expertise-Einrichtung übertragen werden, und zwar über einen Datenträger oder direkt über Datennetze. Die technischen Voraussetzungen sind in vielen Leitstellen vorhanden und gewährleisten optimale qualitative Voraussetzungen. Der verlustfreie „Transport" einer relevanten Aufzeichnung (ob per Datenträger oder über digitale Netze) gewährleistet die Ausschöpfung aller technischen Möglichkeiten im Interesse der Ermittlung und Beweisführung.

– *Anrufe bei Privatpersonen (auf Anrufbeantworter)*

Bei den zunehmend eingesetzten digitalen Anrufbeantwortern erfolgt die Aufzeichnung eingehender Anrufe i.d.R. auf einem Speicherchip, der nicht wie eine Kassette entnommen werden kann. Um einen dort gespeicherten inkriminierten Telefonanruf zu sichern, wird häufig der Fehler begangen, das Gerät vom Stromnetz zu trennen und unter Mitnahme zu beschlagnahmen. Das ist in den meisten Fällen mit Datenverlust verbunden. Die gespeicherten Anrufe werden mit hoher Wahrscheinlichkeit gelöscht. Demnach gilt in solchen Fällen als oberster Grundsatz: *Anrufbeantworter an Ort und Stelle belassen und nicht vom Netz trennen!*

Die aufgezeichneten Anrufe lassen sich am besten mittels der *Fernabfrage-Funktion* sichern, die in beinahe allen handelsüblichen digitalen Anrufbeantwortern enthalten ist.

Dazu sollten, wie bei allen anderen Fragen im Zusammenhang mit der Sicherung von Tatstimmenaufzeichnungen, Sachverständige und Techniker der Sprecher-Erkennung konsultiert werden.

Für selbst zu erstellende Aufzeichnungen (Anfertigen einer Vergleichsstimmprobe) bieten leistungsfähige (nicht mit großer Datenreduktion arbeitende) digitale Aufnahmegeräte, beispielsweise DAT-Recorder, die günstigsten Voraussetzungen. Hier ist eine Aufzeichnung in CD-Qualität garantiert. Ungeeignet sind Diktiergeräte. Das teuerste Aufzeichnungsgerät, ob digital oder analog, nützt allerdings nichts, wenn der Schallwandler, das Mikrofon, nicht die nötigen Leistungsparameter besitzt oder schlecht auf das Aufnahmegerät abgestimmt ist. Von nicht geringer Bedeutung sind die raumakustischen Bedingungen, das Verhalten bei der Aufzeichnung und die Wahl des Aufzeichnungsmediums.

Bei Audioaufzeichnungen sollte deshalb beachtet werden:

- Nur hochwertige, funktionssichere Aufnahmegeräte verwenden - vorzugsweise DAT-Recorder. Auf Diktiergeräte und Anrufbeantworter verzichten!
- Unbedingt ein geeignetes externes Mikrofon benutzen und vorher Probeaufnahme durchführen!
- Bei Digitalaufzeichnungen auf PC das wav-Format verwenden (mind. 16 bit, möglichst 44100 Hz Samplingrate); keine „Musik-CD“ (CDA-Format), die im CD-Player abspielbar wäre, herstellen. Datenreduzierte Formate (z. B. mp3) vermeiden!
- Aufnahmegeräte möglichst am öffentlichen Stromnetz betreiben!
- Einen ruhigen, ausreichend möblierten Raum wählen (Gegenstände im Raum, Gardinen an den Fenstern und Teppiche auf dem Fußboden verhindern Halligkeit, die sich extrem störend auf die Aufnahme auswirken kann).
- Den Mikrofonabstand vorher testen (üblich sind ca. 30 cm) und optimieren. Das Mikrofon auf den relevanten Sprecher ausrichten oder Kopfbügelmikrofon benutzen und die Aufnahme auf ihn abstimmen, möglichst mit der Handaussteuerung! Zusätzliche Geräusche vermeiden, insbesondere solche in unmittelbarer Mikrofonnähe! (Leises Klopfen auf den Tisch oder das Rascheln mit Papier kann in der Aufnahme wie ein herannahendes Gewitter klingen). Auch Umgebungsgeräusche, wie das Betätigen der Schreibmaschine, Türenschlagen in benachbarten Räumen oder eine dominante Straßengeräusch-Kulisse können die Aufzeichnungsqualität nachhaltig beeinträchtigen. Vorher eine Testaufnahme durchführen!

Da die Gewinnung von Spuren- und Vergleichsmaterial nicht beliebig wiederholbar ist, sind daran hohe Ansprüche zu stellen. Der Vergleichssprecher wird sich nur beim ersten Mal einigermaßen unvoreingenommen an die Vorgaben halten. Den nachzusprechenden Tattext wird er bei einer zweiten Vorladung in der Regel nicht mehr in der gleichen Art und Weise wiedergeben. Für die Begutachtung wird die weitestgehend unbeeinflusste natürliche Sprechweise des Tatverdächtigen benötigt.

Beim Herstellen einer *Vergleichsaufnahme*, zu der das Einverständnis des Sprechers erforderlich ist, sind daher die folgenden weiteren Hinweise zu beachten:

- Die Aufzeichnung sollte mit einem mindestens 3 Minuten langen Gespräch beginnen. Das kann auch eine Vernehmung sein. Dabei ist dem Sprecher aber nicht ins Wort zu fallen.
- Um die Fähigkeit der freien Rede (Erzählen, Schildern usw.) zu überprüfen, soll der Sprecher dann frei über ein bestimmtes Thema referieren. Hier bietet sich der Lebenslauf an; oft lässt sich der Sprecher auch über ein Hobby zum Reden bewegen. Geeignet ist auch der normale Gesprächsverlauf einer Vernehmung.
- Für die direkte Vergleichsuntersuchung werden die authentischen Tattexte benötigt. Diese sollen dem Vergleichssprecher satzweise, bei längeren verschachtelten Sätzen in Satzteilen, schriftlich zum Nachlesen vorgelegt werden.
- Schließlich werden dem Sprecher die zuerst abgelesenen tattextidentischen Abschnitte hochsprachlich (weitestgehend dialektfrei) vorgesprochen, damit sie ohne Textvorlage nachgesprochen werden können. Bei starken Abweichungen in Bezug auf Sprechtempo und Lautstärke sollte der Sprecher korrigiert werden. Dazu muss der zuständige Beamte die Tatstimmenaufzeichnung natürlich kennen. Dem Vergleichssprecher darf sie aber auf keinen Fall vorgespielt werden!

Nach der optimalen Herstellung der relevanten Schallaufzeichnung und deren adäquater Sicherung muss für eine sachgerechte Verpackung und den Transport gesorgt werden. Um die aufwendig gesicherten Informationen beim Versenden nicht zu beschädigen, ist Folgendes zu beachten:

- Ton- oder Datenträger möglichst im Originaletui einsenden,
- nie mit Magneten (z. B. Lautsprecher, Netzteile) in Kontakt bringen,
- vor Hitze, Feuchtigkeit und physischen Beeinträchtigungen schützen.

Durch den Auftraggeber muss festgelegt und beschrieben werden, welche Schallaufzeichnungen bzw. Teile davon untersucht werden sollen. Vor allem dann, wenn sich auf dem eingesandten Tonträger mehrere Audio-Aufzeichnungen befinden, evtl. relevante und nicht relevante, ist es notwendig, dass die entsprechende Auswahl vom Auftraggeber vorgenommen wird. Dazu muss der Tonträger abgehört werden, was bei der bereits erwähnten Vielfalt existierender Audio-Aufzeichnungssysteme nicht immer möglich sein wird. Deshalb ist ein Zusammenwirken mit den Expertiseeinrichtungen und mit Technikern (beispielsweise der betreffenden Leitstelle) sehr wichtig. Von dem Versuch, unter Verzicht auf Sachverständige eine Analyse der Stimmaufzeichnung(en) oder gar einen Stimmenvergleich selbst vorzunehmen, ist aus beweisrechtlichen Gründen abzuraten.

Die gerichtliche Anerkennung forensischer Gutachten auf dem Gebiet der Sprecher-Erkennung beruht nicht zuletzt auch auf einer regelgerechten Spurensuche und -sicherung.

Dies erfordert eine ständige Auseinandersetzung mit den Entwicklungen der Audio- und Telekommunikationstechnik und den sich daraus ergebenden Möglichkeiten, aber auch Problemen. Nur im Einklang von sachgerechter Sicherung kriminalistisch relevanter Schallaufzeichnungen und qualitativ hochwertiger Begutachtung dieser durch qualifizierte und erfahrene Sachverständige gelingt es, Personen anhand ihrer Stimme zu überführen.

Literatur:

Handbuch der Audiotechnik (VDI-Buch), Springer Berlin Heidelberg, 2008.

2. Kriminaltechnische Handschriftenuntersuchung

von *Horst Howorka*

Handschriftliche Schreibleistungen, die kriminalistisch relevant sind und meist deshalb untersucht werden, um eine Person als Schrifturheber festzustellen oder auszuschließen, bilden den Gegenstand des Gebietes der kriminaltechnischen Schriftuntersuchung[29], die oft als *Schriftvergleichung* bezeichnet wird, weil die Grundlage ihrer Methodik darin besteht, dass eine fragliche bzw. streitbefangene Handschrift mit anderen Schriften (Vergleichsschriften), z. B. der eines Verdächtigen oder Beschuldigten, verglichen wird.

29 Die oft verwendete umfassendere Bezeichnung als Forensische (*gerichtliche*) *Schriftuntersuchung* ergibt sich aus der Tatsache, dass derartige Untersuchungen nicht nur bei strafbaren Handlungen, sondern auch im Zivilrecht eine wichtige Rolle spielen.

Untersuchungsobjekte sind Textschriften, Unterschriften, Einzelbuchstaben und Ziffern, z. B. handschriftliche Ausfüllungen von Schecks und anderen Formularen, verstellte oder fingierte Unterschriften unter Verträgen, Quittungen, Aufzeichnungen, z. B. in Kalendern oder auf Zetteln, die bei Durchsuchungen sichergestellt wurden, meist anonyme oder pseudonyme Droh- oder Erpresserbriefe, Abschiedsbriefe im Zusammenhang mit Suiziden, Text- und Unterschriften auf Testamenten, Schuldscheinen usw.

Zu möglichen *speziellen Fragestellungen* an den Sachverständigen, die allerdings nicht immer beantwortet werden können, gehören z. B. die nach der Datumsechtheit eines Schreibens, ob ein Missbrauch von Blanko-Unterschriften vorliegt, ob einer Person Schreibhilfe geleistet wurde, ob eine bestimmte Schreibleistung unter Alkoholbelastung oder in einer Stresssituation entstand oder ob sie auf einer besonderen Schreibunterlage oder unter anderen Sonderbedingungen hergestellt worden sein könnte.

Die Handschriftenvergleichung ist deutlich von der Graphologie abzugrenzen, die sich bevorzugt mit der charakterologischen Handschriftendeutung beschäftigt, also mit der Auffassung, dass die persönliche Handschrift Rückschlüsse auf den Charakter bzw. auf bestimmte Eigenschaften des Schrifturhebers zulässt, ein Problem, das für die Schriftvergleichung zum Zwecke der Urheberidentifizierung eines Schrifturhebers ohne Belang ist.

Methodische Grundlagen der Schriftvergleichung

Die Schriftvergleichung ist ein empirisches Wissensgebiet. Sie geht von dem Axiom aus, dass die Handschrift einer Person ein individuelles Verhaltensergebnis darstellt, das sowohl physiologisch-biomechanisch als auch durch Lernprozesse entstanden ist und das dafür geeignet ist, Individuen voneinander zu unterscheiden.

Es zeigt sich, dass bereits beim Erlernen des Schreibens, bei dem eine allen gemeinsame Schulvorlage genutzt wird, individuelle Schreibstile entwickelt werden, so dass ein schreiberspezifischer Gestaltwechsel und -wandel von Schriftzeichen eintritt, der auf die unterschiedliche Physis der Personen, auf die jeweils individuelle Reizverarbeitung und zumindest in Nuancen auf die verschiedenartige Prägung durch die Umwelt zurückzuführen ist. Allerdings ist eine Handschrift nur *relativ* konstant, sie zeigt eine gewisse Variationsbreite, die sich auch mit der Variationsbreite eines anderen Schreibers teilweise überlappen kann.

Bei der schriftvergleichenden Analyse wird der objektive grafische Tatbestand erhoben, d. h., es erfolgt im Besonderen die Feststellung der schreiberspezifischen Weiterentwicklungen als Abweichungen von der jeweiligen Schulvorlage.

Dabei werden zwei Hauptkategorien von Merkmalen erfasst:

a) *Allgemeine handschriftliche Merkmale*, die in jeder Schrift enthalten sind, wie z. B. Bindungsform, Verbundenheitsgrad, Schriftgröße, Schriftweite, Schriftlage, Schreibdruck, Längenteilung. Die Schriften verschiedener Schreiber unterscheiden sich vor allem durch unterschiedliche Kombinationen der Ausprägungsgrade der einzelnen Merkmale. Die Anzahl der allgemeinen Merkmale ist logischerweise begrenzt.

b) *Besondere handschriftliche Merkmale* sind Besonderheiten der Schreibbewegung, der Buchstabenform und der Schreibraumbehandlung, die nicht in allen Schriften vorkommen müssen, wie z. B. Bewegungsvor- und -rückschläge, Buchstabenzerbrechungen, Schriftzeichenverschmelzungen, ungewöhnliche Formgebung, Auffälligkeiten in der Druckdynamik.

Diesen Merkmalen, deren Anzahl nicht begrenzt ist, bzw. ihrer Kombination in der Schrift einer Person kommt der hauptsächliche Identifizierungswert zu.

Ein wichtiger Bestandteil der Schriftvergleichung ist die *physikalisch-technische Untersuchung*[30], zu der vor allem neben der *Stereomikroskopie* auch die Untersuchung unter *Infrarot- und Ultraviolett-Strahlung* und die Feststellung nicht eingefärbter Druckrillen mit dem *ESD-Gerät* gehören. Hierbei werden z. B. Besonderheiten der Strichführung, die Strichbeschaffenheit, sowie Manipulationsspuren (z. B. Schriftentfernungen, Vorzeichnungen, Pausspuren u. a.) erfasst.

Auf chemisch-physikalischer Grundlage beruhen neue Verfahren der Altersfeststellung von Schreibleistungen, speziell von Schriften mit blauen und schwarzen Kugelschreiberpasten, die Lösungsmittel enthalten, deren Konzentration sich in den Schriftstrichen auf Papier mit zunehmendem Alter der Schreibleistung naturgemäß verringert, so dass eine mikrochemische Messung der noch im Strich vorhandenen Menge als Grundlage für eine Aussage zum Alter der Schrift dienen kann.

---

30 Siehe hierzu auch *Conrad* und *Stier* (Hrsg.): Grundlagen, Methoden und Ergebnisse der Forensischen Schriftuntersuchung. Festschrift für Lothar Michel. Lübeck 1989.

Die *Bewertung* aller Befunde (Entsprechungen und Abweichungen) ergibt eine *Wahrscheinlichkeitsfeststellung* auf einer bipolaren Rangskala, wobei folgende Wahrscheinlichkeitsgrade häufig Verwendung finden:
- mit an Sicherheit grenzender Wahrscheinlichkeit,
- mit sehr hoher Wahrscheinlichkeit,
- mit hoher Wahrscheinlichkeit,
- wahrscheinlich,
- möglich, nicht auszuschließen,
- nicht entscheidbar.

Anforderungen an das Untersuchungsmaterial
Fragliche Schriften müssen möglichst *original* vorliegen. Besonders wichtig ist dies bei Unterschriften, weil an Kopien kein verbindlicher Nachweis der Echtheit möglich ist. Aussagen über die Unechtheit können *manchmal* auch an Hand von Nichtoriginalen erfolgen.

Vergleichsschriften müssen in ausreichendem Umfang ebenfalls original vorhanden sein (Texte: mindestens eine DIN-A4-Seite, Unterschriften: 15 bis 20) und sollten überwiegend zwar zeitnah zu dem zu untersuchenden Geschehen, aber nicht im Zusammenhang damit geschrieben worden sein (unbeeinflusst entstandene Schriften/Spontanschriften). Kopien können lediglich unterstützend verwendet werden, da an ihnen meistens wichtige Schriftmerkmale nicht erfasst werden können.

Vor allem bei *Unterschriften*, die oft sehr kurze Schreibleistungen darstellen, ist es erforderlich, dass der größte Teil davon zeitnah und möglichst *vor* dem kriminalistisch relevanten Ereignis entstanden ist. Im mittleren Erwachsenenalter sollten sie in der Zeit von 5 Jahren vor und nach der fraglichen Unterschrift geschrieben worden sein, bei jungen und älteren Personen, vor allem bei Personen mit fortschreitenden Schreibstörungen, ist dieser Zeitraum kürzer anzusetzen (2 bis 3 Jahre).

Textschriften können bei der Untersuchung von Unterschriften nur dann genutzt werden, wenn Schreib- und Zeichnungsweise des Namenseigners sich nicht systematisch unterscheiden, was relativ selten der Fall ist.

Die Vergleichsschriften sollen im gleichen Schriftsystem (deutsch, lateinisch) und in der gleichen Schriftart (Kurrentschrift, Block- bzw. Druckschrift) sowie möglichst auch unter vergleichbaren Entstehungsbedingungen (Schreibwerkzeug, Schriftträger, Bedingungen der Schreibsituation) hergestellt worden sein.

Gibt es Gründe anzunehmen, dass eine fragliche Schreibleistung unter besonderen äußeren oder inneren Umständen entstand, so sollte möglichst eingehend über die bekannten oder auch behaupteten Entstehungsbedingungen informiert werden (z. B. Krankheit, ungünstige Schreibhaltung, Stress, Alkoholbeeinflussung), weil solche Umstände das übliche Schriftbild verändert haben könnten.

Sind ausreichend unbefangen entstandene Vergleichs-Schreibleistungen nicht vorhanden bzw. entsprechen sie nicht den genannten Anforderungen, so sind *Ad-hoc-Schriftproben* von den als Schrifturheber in Frage kommenden Personen herstellen zu lassen. Solche Schriftproben sind jedoch oft, insbesondere für Unterschriftsuntersuchungen, nur mit Einschränkungen verwendbar und sollten vor dem Schriftsachverständigen bzw. zumindest nach dessen Empfehlungen hergestellt werden.[31]

Sicherung und Verpackung von Schriftstücken
Fragliche Schriftstücke sind stets so zu sichern, dass sie in dem Zustand erhalten bleiben, in dem sie vorgefunden wurden. Sie müssen möglichst im Original unverändert und unbeschädigt zur Untersuchung gegeben werden. Deshalb dürfen sie nicht gefaltet, gelocht, eingeheftet oder ein- bzw. aufgeklebt werden, dürfen nicht (mit Pfeilen, Ziffern, Umrahmungen und Unterstreichungen) markiert oder mit Vermerken versehen werden.

Erhält eine Person wiederholt anonyme oder pseudoanonyme Erpresser- oder Drohbriefe, sollten diese möglichst ungeöffnet zur Untersuchung gegeben und so behandelt werden, dass sie evtl. auch auf andere Spuren (z. B. Fingerspuren, Fasern, Haare, Speichel, evtl. DNA-Analyse) untersucht werden können.

Schriftstücke, die angeklebt oder andersartig auf einer Fläche befestigt wurden, sollten unbeschädigt abgelöst werden. Ist dies nicht möglich, so ist eine fotografische Sicherung erforderlich, die eine spätere Schriftuntersuchung erlaubt (gute Ausleuchtung, evtl. Anwendung von Kontrastfiltern).

---

31 Insbesondere sei auf die „Richtlinie für die Beschaffung von Schriftproben für die Handschriftenvergleichung“, herausgegeben vom Bundeskriminalamt Wiesbaden, hingewiesen.

Bei Durchsuchungen ist nicht nur auf vollständige Schriftstücke, sondern auch auf Schreibunterlagen (auch Schreibblocks), Durchschreibepapier usw. zu achten, die Kontaktschriften (Druckrillen) oder spiegelverkehrte Abdrücke der Schrift tragen könnten.

Von Bedeutung können auch zerrissene Schriftstücke in Papierkörben, ebenso verkohlte Papiere sein, deren Schrift evtl. wenigstens teilweise noch sichtbar und damit auswertbar ist. Erscheinen Bezüge auf die vermutete Straftat möglich, sind sie ebenfalls zu sichern. Dies gilt auch für Schreibmittel, Schreibwerkzeuge (Kugelschreiber, Füllfederhalter, Schreibstifte usw.) und Papier, falls sich Bezüge zum Tatmaterial ergeben.

Die Sicherung der Schriftstücke und Materialien ist genau zu protokollieren.

Die *Verpackung* der gesicherten Materialien muss derart erfolgen, dass Beschädigungen beim Transport ausgeschlossen sind.

Zu untersuchende Schriftstücke und Vergleichsmaterialien müssen voneinander getrennt verpackt werden (unbenutzte Briefumschläge, Folienhüllen). Die Kennzeichnung ist auf der Verpackung *vor* dem Einlegen des gesicherten Materials vorzunehmen (Vermeidung von Druckrillen auf den verpackten Schriftstücken). Schreibgeräte und Schreibmittel dürfen nicht in Kontakt mit gesicherten Schriftstücken kommen können. Vergleichsschriften mehrerer Personen sollten getrennt voneinander verpackt und jeweils eindeutig gekennzeichnet werden.

3. Kriminaltechnische Untersuchung von Maschinenschriften

von *Horst Howorka*

Zu den maschinell hergestellten Schriften gehören sowohl solche, die von mechanisch oder elektrisch angetriebenen Typenhebel-Schreibmaschinen, von Kugelkopfschreibmaschinen oder Schreibmaschinen mit Typenrad (elektronische Schreibmaschinen) stammen, als auch die mit Nadel-, Tintenstrahl- und Laserdruckern, Thermo- und Thermotransferdruckern usw. produzierten Schreibleistungen.

Bei der Untersuchung von maschinell beschriebenen Schriftstücken geht es meist um die Beantwortung folgender Fragen:

- Welches Fabrikat bzw. Modell wurde zur Herstellung eines Schriftstücks benutzt (Systembestimmung)?
- Wurde ein und dieselbe Maschine zum Schreiben mehrerer Texte verwendet (Vergleichsuntersuchung)?
- Mit welcher der in Frage kommenden Maschinen wurde ein Schriftstück angefertigt (Identifizierung)?
- Wurden Teile eines Textes mit einer anderen Maschine als der beim übrigen Text verwendeten geschrieben (Hinzufügungen)?

Methodische Grundlagen

Wie bei der Vergleichung von Handschriften wird bei der Maschinenschriftuntersuchung zwischen allgemeinen (hier systembestimmenden) und besonderen Merkmalen unterschieden.

Die Grundlage der Maschinenschriftuntersuchung ist also die Feststellung objektiver Eigenschaften des Geräts, die sich als Merkmale in der Schrift widerspiegeln.

Wenn die systembestimmenden (allgemeinen) *und* der Komplex der besonderen Merkmale einer fraglichen Schrift mit denen der Vergleichsschriften übereinstimmen, gelten Maschinenschriften *mit an Sicherheit grenzender Wahrscheinlichkeit* (bzw. mit einem geringeren Wahrscheinlichkeitsgrad) als mit ein und derselben Maschine bzw. mit demselben Schreibelement (z. B. Typenrad) angefertigt.

Deutliche Divergenzen bei einem systembestimmenden Merkmal führen zum Ausschluss der Maschine bzw. des Schreibelements als schriftverursachendes Gerät.

Die *systembestimmenden* (allgemeinen) *Merkmale* der Schreibmaschine umfassen:
- Schriftart, Schriftgröße und Schriftneigung,
- Schriftzeichenformen,
- Schaltschritt (horizontaler Schriftzeichenabstand, konstant oder proportional,
- Zeilenabstand (vertikaler Schriftzeichenabstand),
- Umschalthub,
- Tastaturmerkmale

Besondere Merkmale einer Maschinenschrift sind im Wesentlichen:
- Merkmale von Typenbeschädigungen,
- Merkmale von Typenanschlags- bzw. Justierungsdefekten,
- Merkmale von Typenverschmutzungen.

Die besonderen Merkmale werden prinzipiell als *Komplex* bewertet, unter bestimmten Voraussetzungen kann jedoch bereits *ein* besonderes Merkmal (natürlich nur bei übereinstimmenden systembestimmenden Merkmalen) für die Identifizierung der benutzten Maschine bzw. des Schreibelements ausreichen. Für den Ausschluss genügt fast immer *ein* nicht übereinstimmendes besonderes Merkmal.

Ist darüber hinaus eine Schrift durch weitere besondere Merkmale charakterisiert, dann gelingt eine Identifizierung der benutzten Maschine häufig mit einem hohen Wahrscheinlichkeitsgrad.

Ausdrucke von Druckern
Bei der Untersuchung von Schriftstücken, die mit Druckern gefertigt wurden, werden zuerst die Ablagerungscharakteristiken der Druck-Einfärbungsmittel klassifiziert. Dabei werden folgende *systembestimmenden Merkmale,* soweit feststellbar, erfasst:

- Merkmale des Druckverfahrens (u.a. Nadel-, Tintenstrahl-, Laser-, Thermo-, Thermotransfer- oder Thermosublimationsdrucker),
- Druckelementform (rund, oval oder eckig),
- Anzahl der Druckelemente,
- Verwendeter Druckmodus (z. B. Draft, NLQ, LQ),
- Abstand der Druckelemente.

Da Drucker meist keine Tastatur besitzen, sondern ihre Druckbefehle durch die digitalen Steuersignale eines Computers erhalten, ergibt sich, dass eine Untersuchung eines Druckers fast immer auch die Analyse des Computers erfordert.

Als *besondere Merkmale* werden für die Identifizierung ebenfalls in den Abdrucken entsprechend widergespiegelte Defekte des schrifterzeugenden Gerätes herangezogen.

Es kann sich dabei u.a. um

- Beschädigungen der Druckelemente,
- Fehler bei ihrer elektromechanischen Ansteuerung,
- Fehler bei der horizontalen Bewegungsführung des Druckkopfes mit Abnormitäten in der Justierung,
- programmgesteuerte Übertragungsfehler

handeln.

Im Einzelnen können z. B. auftreten:

- beschädigte oder festsitzende Nadeln beim Nadeldrucker,
- fehlerhafter, beschädigter oder verstopfter Druckkopf beim Tintenstrahldrucker,

- beschädigte Bildtrommel beim Laserdrucker,
- schadhaftes Thermoelement beim Thermo- oder Thermotransferdrucker.

Anforderungen an das Untersuchungsmaterial
Fragliche Schriftstücke müssen als Originale vorhanden sein, wenn es um eine Identifizierung der schriftverursachenden Maschine geht. Mit Kopien ist günstigstenfalls eine Systembestimmung (Gruppenidentifizierung) möglich.

Als *Vergleichsmaterial* für die Untersuchung von Schreibmaschinenschriften werden sowohl *Schriftproben* der in Frage kommenden Maschinen als auch *unbeeinflusst entstandenes Schriftgut*, das mit diesen Maschinen möglichst im gleichen Zeitraum, in dem das fragliche Schriftstück entstand, hergestellt wurde.

Die Schriftproben sollten, wenn die Maschine zugänglich ist, enthalten:
- die Bezeichnung des Fabrikats bzw. des Modells,
- die Maschinennummer,
- das Herstellungsjahr,
- weitere technische Daten,
- Abdrücke aller Typen in der Tastaturreihenfolge mit jeweils einem Leeranschlag zwischen ihnen,
- drei Abdrücke aller Typen in der gleichen Reihenfolge ohne Umschaltung, hinter jeder Type ein Abdruck der Minuskel „h“; dasselbe mit Umschaltung, wobei nach jeder Type ein „H“ gesetzt wird.

Dies erfolgt einmal mit und einmal ohne Farbband.

Schließlich wird ein kurzer Text geschrieben, der dem des fraglichen Schriftstücks entsprechen kann oder in einem anderen Zusammenhang die gleichen Wörter enthält.

Soll festgestellt werden, ob Textteile oder Ziffern, z. B. auf Schuldscheinen, Quittungen oder Rechnungen, *nachträglich* mit einer bestimmten Schreibmaschine eingefügt wurden, was meist Messungen an den Schriften erforderlich macht, sind als Vergleichsmaterial drei bis fünf Schriftproben mit den gleichen Texten oder Ziffern in derselben Anordnung (Wort- und Ziffernabstände, Zeilenabstände, Einrückungen usw.) herzustellen, wie sie in dem fraglichen Schriftstück auftreten.

Unterscheiden sich die Einfügungen von der übrigen Schrift durch abweichende Typengrundformen oder im Wagenschritt, so sind sie als Nachträge problemlos ohne weiteres Vergleichsmaterial feststellbar.

Für die Schätzung der Entstehungszeit oder des Alters eines Schriftstücks anhand der darauf befindlichen Maschinenschrift sind möglichst viele Schriftproben aus verschiedenen Zeiträumen zum Vergleich erforderlich, wobei der vermutete Zeitraum eingeschlossen sein muss und die Typenabdrücke Merkmale zeigen müssen, die sich mit der Nutzungszeit der Maschine veränderten bzw. zu einer bestimmten Zeit erstmalig auftraten.

Für die *Sicherung und Verpackung* von Schriftstücken, deren maschinell hergestellte Beschriftung untersucht werden soll, gelten die gleichen Grundsätze und Hinweise, die bei der kriminaltechnischen Untersuchung von Handschriften dargestellt wurden.

Computergestützte Systeme für die Maschinenschriftuntersuchung
Aufgrund der großen Anzahl von Computer- und Druckerschriften ist, es erforderlich, für die Untersuchungen (z. B. für die Systembestimmung) entsprechende Sammlungen anzulegen und Auswertungsmöglichkeiten zu erschließen.

Dazu gehören die von *Josef* und *Bernhard Haas* entwickelten „Haas-Atlanten" (Pica- und Non-Pica-Schriften), die ständig aktualisiert werden.

Im *Bundeskriminalamt* (BKA) ist AKIM (Automatische Klassifizierung und Identifizierung von Maschinenschriften) tätig.

In der DDR entstand für Pica- und Elite-Schriften ein computergestütztes Recherchesystem PARMAS (Programm zur automatischen Recherche von Maschinenschriften – Systembestimmung).

In der Schweiz wurde z. B. ein Klassifizierungssystem ausgearbeitet, das als Interpol-System diente. Ein rechnergestütztes System zur Bestimmung schrifterzeugender Geräte unter der Bezeichnung DRUIDE enthält ein Computerprogramm zur Klassifizierung von Schreibmaschinen, Matrix- und Laserdruckern.

VI. Kriminaltechnische Fotografie

von *Andreas Reich*

Die Kriminalistische Fotografie ist ein Fachgebiet mit langer Tradition. Schon bald nach der Erfindung der Fotografie wurden fotografische Verfahren für polizeiliche Zwecke genutzt. Zielgerichtet wurden die Anwendungsgebiete weiterentwickelt und dem technologischen Fortschritt angepasst. Während lange Zeit ausschließlich analoge Verfahren im Vordergrund standen, hat sich die Fotografie schnell in digitale Richtung entwickelt. Diese Entwicklung beruht auf den Vorteilen der digitalen Fotografie wie z. B.:

- es ist kein chemischer Entwicklungsvorgang nötig (Umweltaspekt),
- die Ergebnisse stehen bei Bedarf schnell zur Verfügung,
- es ist nach der Aufnahme eine sofortige Bildkontrolle möglich,
- Bilder sind über Daten- oder Telefonnetze übertragbar,
- Bilder können in Datenbanken verwaltet und recherchiert werden,
- es sind identische Kopien möglich (keine Kopierverluste),
- die digitale Bildverarbeitung ermöglicht umfangreiche Nachbearbeitung (Verbesserung, Restauration).

Heute werden überwiegend digitale Verfahren in allen Bereichen der polizeilichen Fachfotografie eingesetzt. Da sich im Grunde genommen an den eigentlichen fotografischen Aufnahmeverfahren nur die Art des Speichermediums geändert hat, bilden nach wie vor fundierte fotografische Grundkenntnisse ein wichtiges Fundament für die Beherrschung der im Rahmen der polizeilichen Aufgabenerfüllung angewendeten fotografischen Prozesse.

Ein relativ eigenständiger Bereich in der kriminalistischen Fotografie ist die kriminaltechnische Fotografie, die sich als deskriptive (beschreibende) Fotografie mit der

- Beweissicherung und Dokumentation an Ereignisorten,
- Spurenfotografie im Studio,
- Dokumentation von Untersuchungsbefunden zu kriminaltechnischen Gutachten,
- Erkennungsdienstlichen Personenfotografie befasst.

Des Weiteren kommen explorative (erforschende) fotografische Techniken zur Anwendung, z. B.:

- als Spurensuchmittel (z. B. thermografische Aufnahmen),
- zur fototechnischen Spurenaufbereitung (Fotogrammherstellung für die Daktyloskopie),
- als Untersuchungsmethode (z. B. Infrarot- und UV-Fotografie),
- die Erstellung fototechnischer Gutachten,
- die digitale Bildverbesserung.

Die Kriminaltechnische Fotografie wird somit als die Gesamtheit von Verfahren, Mitteln und Methoden der Aufnahme, Reproduktion und Verarbeitung von optisch abgebildeten Objekten oder Szenen mit kriminalistisch relevantem Inhalt zu Dokumentations- und Beweiszwecken verstanden. Im Folgenden wird auf ausgewählte Teile dieses umfangreichen Spezialgebietes der Fotografie eingegangen. Dabei werden bewährte und neue Verfahren unter Berücksichtigung kriminalistischer Aspekte beleuchtet.

1. Beweissicherung und Dokumentation am Ereignisort (Tat-, Brand-, Fundort)

Ereignisbefundsprotokoll, Zeichnung und Fotografie sowie Videografie gehören zu den wesentlichen Dokumentationsformen der Ereignisortsituation und der Beweissicherung. Ergänzt werden die klassischen Aufnahmeverfahren durch neue Technologien wie 3-D-Laserscanning und HDR-360°-Fotografie (siehe auch Fotogrammetrie). Die Verfahren müssen sich weitestgehend ergänzen und eine umfassende Darstellung der Ereignisortsituation gewährleisten.

Ereignisortfotografie
Foto- und Videografie sind bewährte Verfahren der Dokumentation der einmaligen unwiederholbaren Ereignisortsituation und der Spurensicherung. Die Funktionsfähigkeit und Vollständigkeit der Ausrüstung ist vor jedem Einsatz zu überprüfen. Umfang und Art der zu fertigenden Aufnahmen werden durch den für die Ereignisortuntersuchung Verantwortlichen bestimmt. Fotografische Dokumentationsverfahren gelten als unkompliziert, genau und authentisch, schnell, berührungs- und zerstörungsfrei, ergeben dauerhafte Resultate und registrieren auch Details, die zum Zeitpunkt der Aufnahme unter Umständen noch nicht von Interesse waren und erst später Bedeutung erlangen. Eine qualifizierte Ereignisortfotografie ermöglicht deshalb auch noch nach Jahren eine beweiskräftige Rekonstruktion von Sachverhalten.

Die Ereignisortfotografie unterscheidet Orientierungs-, Übersichts- und Detailaufnahmen. Eine systematische Vorgehensweise nach den Grundsätzen:

- vom Allgemeinen zum Besonderen,
- von Außen nach Innen,
- vor möglichen Veränderungen des Ereignisortes,
- vor der Spurensicherung,

gewährleistet eine anschauliche und logische Bildfolge. Dabei ist es selbstverständlich, dass die Reihenfolge der Aufnahmen, z. B. bei Gefahr der Spurenänderung bzw. Vernichtung durch meteorologische Einflüsse, der Situation angepasst wird.

Orientierungsaufnahmen geben die Lage des Ereignisortes in seiner Umgebung wieder (z. B. benachbarte Gebäude, Straßen, Betriebe, markante relativ beständige Orientierungspunkte). Geeignet sind Weitwinkel- und Panoramaaufnahmen sowie Aufnahmen von einem erhöhten Standort, bei Erfordernis auch Luftbildaufnahmen. Bei schlechten Sichtverhältnissen zum Zeitpunkt der Ereignisortuntersuchung können diese Aufnahmen auch später unter günstigeren Bedingungen gefertigt werden. Bei Panoramaaufnahmen ist insbesondere zu beachten, dass:

- die Aufnahmen vom gleichen Standort (Stativ) gefertigt werden,
- manuelle Kameraeinstellungen der Blende, Belichtung, Farbtemperatur und des Fokus vorgenommen und nicht verändert werden,
- Bilder in kurzer Abfolge mit Überlappung der Aufnahmen von etwa 20 % gefertigt werden.

Nur wenn diese Punkte beachtet werden, können in der Folge die Aufnahmen optimal mit einer geeigneten Panoramasoftware zusammengesetzt werden.

Übersichtsaufnahmen vermitteln einen möglichst umfassenden Gesamtüberblick über den Ereignisort und die Spurenlage. Meist sind mehrere Aufnahmen aus verschiedenen Blickwinkeln erforderlich (in Räumen aus den Zimmerecken diagonal, bei Fahrzeugen mindestens je eine Aufnahme diagonal von vorn und hinten). Ein erhöhter Standort kann zweckmäßig sein. Zuerst ist der möglichst unveränderte Ereignisort zu fotografieren. Nach Kennzeichnung der Spuren werden erneut Aufnahmen gefertigt. Die Größe der Spurenkennzeichnung (Nummern und Pfeile) so wählen, dass sie in den Aufnahmen gut erkennbar sind. *Teilübersichtsaufnahmen* sind dann zu fertigen, wenn auf den Übersichtsaufnahmen die Lage und Einzelheiten von Gegenständen und Spuren nicht eindeutig zu erkennen sind (z. B. umfangreiche Spurenlage). Dabei ist bereits an die Spuren ein Maßstab anzulegen. *Detailaufnahmen* (Nah- und Spurenaufnahmen, Sachaufnahmen) dienen zur Dokumentation von Einzelheiten mit besonderer Relevanz. Außer den Spuren selbst ist auch ihre Lage auf dem Spurenträger zu dokumentieren.

Geeignete Ausrüstungen sind z. B.:
- digitale Kleinbildspiegelreflexkamera,
- Normalobjektiv, Makroobjektiv, Zwischenringe, Nahlinsen
- stabiles universelles Fotostativ,
- Maßstäbe verschiedener Größe und Teilung,
- Nummerntafeln verschiedener Größe,
- externes Blitzgerät und Dauerlichtquellen.

Spuren können in vielfältiger Größe, Form und Erscheinung auftreten. Sie sind immer formatfüllend unter zweckmäßiger Anwendung des Quer- oder Hochformates (Abbildung der maximalen Objektgröße je nach Ausdehnung der Spur) aufzunehmen. Dabei ist
- stets ein Stativ zu verwenden,
- der Bildwinkel (Objektiv) richtig zu wählen,
- Bildebene und Spurenebene parallel zueinander auszurichten,
- die maximale Schärfentiefe durch geeignete Blendenöffnung (große Blendenzahl, kleine Blendenöffnung) zu gewährleisten,
- Überstrahlung und Reflexion durch indirektes Blitzen, diffuse Beleuchtung oder den Einsatz von Polarisationsfiltern zu vermeiden,
- ein Maßstab mit entsprechender Teilung (bei kleinen Spuren Millimeter, bei großen Zentimeter/Dezimetereinteilung) in Spurenebene anzulegen und mit zu fotografieren,
- die jeweilige Spurennummer in angemessener Größe zur Spurendimension zu wählen.

Besondere Aufmerksamkeit gilt hier der korrekten Fokussierung (Bildkontrolle am Kameramonitor in vergrößerter Ansicht), da unscharfe Aufnahmen nicht durch nachträgliche Bildbearbeitung zu korrigieren und damit unbrauchbar sind.

Eindruck- und andere Formspuren werden je nach Tiefe ihrer Oberflächenstruktur mit Schräglicht ausgeleuchtet (je geringer die Eindrucktiefe, desto kleiner der Lichteinfallswinkel). Dauerlicht ist hierbei besser zu beurteilen als Blitzlicht. Tiefe Schatten sind erforderlichenfalls mit einem Reflexschirm aufzuhellen. Abdruckspuren werden je nach Reflexions- bzw. Absorptionsvermögen von Spurenträger und Spur mit variierendem Lichteinfallswinkel beleuchtet. In Fällen, wo lediglich eine Veränderung des Oberflächenglanzes eingetreten ist, kann eine Kontrastierung der Spur zum Untergrund durch indirektes Auflicht, sogenanntes koaxiales Licht, bewirkt werden. Sind Farberscheinungen (Anlauffarben, Anhaftungen von Anstrichstoffen) zu dokumentieren, ist mit Tageslicht oder Elektronenblitz zu beleuchten. Dabei ist bei gleicher Beleuchtung eine Graukarte oder Farbtafel zur Farbabstimmung mit zu fotografieren. Nahaufnahmen weisen nur eine geringe Schärfentiefe auf, die bei Makroaufnahmen mitunter nur wenige Millimeter betragen kann. Bei Spuren mit profilierter oder gekrümmter Oberfläche ist stärkeres Abblenden (Blende16 oder 22) erforderlich. Auch bei zweidimensionalen Objekten sollte auf eine mittlere Blende, z. B. 5.6 (förderliche Blende mit bester Punktschärfe), abgeblendet werden. Die Ergebnisse der Ereignisortfotografie sind in geeigneter Weise (z. B. Tatortbefundbericht gemäß PDV 100) mit den erforderlichen Angaben zu protokollieren.

Die 360-Grad-Fotografie stellt eine wertvolle Ergänzung zur klassischen Aufnahme dar. Mit diesem Verfahren ist es möglich, noch objektiver eine Örtlichkeit fotorealistisch darzustellen. Von einem bestimmten Standort aus wird eine Rundumsicht gewährleistet, die individuelle Betrachtungsweisen zulässt und nicht mehr von gewählten Fotoblickwinkeln und Standorten abhängt. Gekoppelt mit dem Verfahren „High-Dynamic-Range“ (HDR) ist es möglich, die aufgenommenen Bilddaten in einem großen Spektrum unterschiedlicher Helligkeitswerte zu betrachten. Im Gegensatz zu bisherigen fotografischen Aufnahmen, bei denen helle Bildbereiche (z. B. Fenster) über- und dunkle Bildbereiche (z. B. Raumecken) unterbelichtet waren und hierdurch Details nicht mehr erkennen ließen, ermöglicht HDR die Aufhellung oder Abdunkelung einzelner Bildbereiche. Der polizeilichen Sachbearbeitung oder anderen Bedarfsträgern kann im Ergebnis eine Gesamtdarstellung geboten werden, die es erlaubt, den Ereignisort virtuell zu begehen und in einzelne Details hineinzuzoomen. Textbeschreibungen reduzieren sich somit auf ein Mindestmaß und zeit- und kostenaufwendige Ortsbesichtigungen können entfallen.

Fotogrammetrie

Mithilfe fotogrammetrischer Verfahren und Methoden ist es möglich, maßstabsgerechte Skizzen, Pläne oder andere Formen der Visualisierung zu erstellen. Diese ermöglichen es, auch zu einem späteren Zeitpunkt Objekte räumlich zu rekonstruieren oder geometrische Messdaten (z. B. Strecken) zu erfassen. Auch fotografische Aufnahmen und Videoaufzeichnungen, z. B. aus Überwachungsanlagen, können messtechnisch ausgewertet werden (Größe des Täters, Länge seiner Waffe usw.) Voraussetzung für eine exakte Tätergrößenbestimmung ist eine Aufnahme in voller Größe, damit der genaue Standort im Raum festgelegt werden kann. Konventionelle fotografische Aufnahmen bilden die Realität zweidimensional ab. Aus diesen Bildern lassen sich, wenn überhaupt, nur relativ ungenaue Messdaten entnehmen. Es existieren verschiedene, zumeist computergestützte Verfahren mit deren Hilfe Bildpunkten aus solchen Abbildungen durch Orientierung und Entzerrung Raumkoordinaten zugewiesen werden. Anschließend können die so behandelten Bilder in einem CAD- Programm messtechnisch ausgewertet werden. Die Unterschiedlichkeit der Systeme erfordert die Einhaltung bestimmter, sich voneinander unterscheidender Regeln und Bedingungen bei der Aufnahme. Während manche Messverfahren (z. B. Rollei-Metric) Aufnahmen mit speziellen Kameras voraussetzen, sind bei anderen Lösungen konventionelle Kameras einsetzbar. Dazu müssen die zu vermessenden Objekte jedoch in mindestens zwei Bildern, die aus unterschiedlichen Richtungen aufgenommen wurden, sichtbar sein. Liegt nur eine Abbildung vor, sind für die Ermittlung von Maßen nachträglich am Ereignisort gefertigte Aufnahmen, in denen vermessene Orientierungspunkte gut sichtbar sind, Voraussetzung zur Kalibrierung.

Ein weiteres Verfahren zur räumlichen Erfassung von Örtlichkeiten stellt die Anwendung des 3-D-Laserscanners dar. Hierbei wird mittels eines rotierenden Laserstrahles die Umgebung abgetastet. Im Ergebnis entsteht eine Punktewolke aus mehreren Millionen Bildpunkten, deren Koordinaten im dreidimensionalen Raum bekannt sind. Zusätzliche fotografische Aufnahmen können anschließend in diese Punktewolke eingerechnet werden. Aus den Ergebnisdarstellungen können sehr genaue Maße entnommen werden. Darüber hinaus bietet dieses Verfahren u.a. folgende Vorteile:

- das Verfahren ist in dunkler Umgebung ohne Beleuchtung anwendbar,

- Vermessungen sind auch an gefährlichen Orten möglich, da auf Distanz gearbeitet wird.

Der 3-D-Laserscanner wird ebenso wie die 360° Aufnahme vorrangig zur Untersuchung von Havarien, Katastrophen, bei schweren Straftaten und in schwierigen Geländeabschnitten eingesetzt.

2. Kriminaltechnische Studiofotografie

Latente oder schwach sichtbare Spuren auf transportablen Spurenträgern, Tatwerkzeugen, Kleidungsstücke, Schusswaffenspuren, Nachschließspuren in Schlössern, umstrittene Dokumente und Schreibleistungen, Mikrospuren, unbekannte Substanzen und vieles andere werden nach der Ereignisortdokumentation unter Studiobedingungen fotografisch gesichert und im Labor zum Teil individuell bearbeitet. Oft kann das Spurenmaterial erst dadurch für weitere Untersuchungen und Begutachtungen erschlossen werden. Eine enge Kooperation zwischen dem Sachverständigen des betreffenden Gebietes und dem Kriminalfotografen sichert dabei optimale Resultate. Die einzusetzenden Mittel und Verfahren werden dem jeweils angestrebten Ziel entsprechend gewählt. Für die kriminaltechnische Studiofotografie werden u. a. folgende Geräte und Arbeitstechniken angewendet:

- digitale Spiegelreflex- oder Fachkameras, spezielle Repro-Kameras zur Anfertigung von Spurenfotogrammen,
- leistungsfähige digitale Kompaktkameras (für ed-Aufnahmen),
- Spezialobjektive (z. B. UV-durchlässige Quarzobjektive, Makro- und Mikroobjektive),
- mikrofotografische Einrichtungen,
- Geräte für die Hochgeschwindigkeitsfotografie,
- Geräte und Materialien für Aufnahmen außerhalb des sichtbaren Spektrums (Röntgen, UV, IR),
- die Lumineszenzfotografie,
- diverse Aufnahmefilter
- erforderliche Beleuchtungstechnik (Spot-, Ring-, Studioblitz mit proportionalem Einstelllicht, verschiede Dauerlichtquellen)
- digitale Bildbearbeitungstechniken,
- professionelle Laborgeräte sowie erprobte und individuell angepasste Verarbeitungsprozesse.

Neben der Anwendung von Standardtechnologien ist eine kreative und experimentelle Arbeitsweise erforderlich. Grundlage dafür sind eine fundierte Ausbildung auf fotografischem sowie auf kriminalistischem Gebiet und entsprechende praktische Erfahrungen.

Personenfotografie
Abbildungen von Personen bilden u.a. eine wichtige Grundlage für polizeiliche Informations- und Recherchesysteme sowie für Bildvergleiche zur Personenidentifizierung. Bei der Anfertigung von Personenaufnahmen im Rahmen erkennungsdienstlicher Behandlungen sind neben den gesetzlichen Bestimmungen und erkennungsdienstlichen Richtlinien bundeseinheitliche Qualitätsstandards zu berücksichtigen. Grundsätzlich werden die Aufnahmen digital gefertigt, eine nachträgliche Erfassung analoger Aufnahmen (Scannen) ist möglich.

Porträt-, Profil-, Halbprofil- und Ganzkörperaufnahmen werden immer angefertigt. Optional und bei Bedarf können zusätzlich Nacktaufnahmen, Aufnahmen von Besonderheiten (Tätowierungen, Narben) sowie von Ausweisen gefertigt werden[32].

3. Möglichkeiten und Grenzen der digitalen Bildverbesserung

Kriminalistisch relevante Aufnahmen des Ereignisortes, entsprechender Spuren, von Observationen und polizeilichen Einsätzen, aus Foto- und Videoüberwachungssystemen und viele andere für Ermittlungszwecke genutzte Abbildungen, dienen häufig als Grundlage für weitere Untersuchungshandlungen. Solche Bildaufzeichnungen weisen zuweilen Mängel auf, die ihre Auswertung beeinträchtigen. Die digitale Bildbearbeitung ist ein besonders geeignetes und bei speziellen Bildstörungen das einzige brauchbare Instrument, um eine Bildverbesserung oder Optimierung zu erreichen.

Digitale Bilder stehen unter anderem wegen ihrer Häufigkeit und der starken Verbreitung auch kostenloser Bildbearbeitungsprogramme und der damit einhergehenden scheinbaren „leichten" Veränderung unter dem Verdacht, wegen ihrer mangelnden Authentizität als Beweismittel nur bedingt geeignet zu sein. Auch analoge Fotoauf-

32 Siehe Qualitätsstandardbeschreibung zur Fertigung, Speicherung und Anzeige von ed-Lichtbildern in INPOL.

nahmen waren und sind jedoch manipulierbar (z. B. durch Retusche, nachträgliche Digitalisierung und erneute analoge Aufzeichnung) und sie unterliegen auch Fehleinschätzungen, allein aus Gründen der optischen Täuschung. Schon immer war es deshalb Ziel des Kriminalfotografen, neben einer objektiven (realistischen) Abbildung des Objektes Kontrastverhältnisse so zu verändern, das Wesentliches (z. B. die Spur) von Unwesentlichem (z. B. Spurenträger) unterschieden werden kann oder gar Unsichtbares (Latentes) sichtbar gemacht wird. Diese Form der „legalen“ Bildbearbeitung ermöglicht somit die bessere visuelle Wahrnehmung vorhandener Bildinhalte. Im Rahmen polizeilicher Aufgabenerfüllung sind Veränderung, Hinzufügung oder Entfernung von Inhalten nicht zulässige Bildmanipulation. Wichtig ist auch, dass die Bearbeitung gewissenhaft protokolliert und damit reproduzierbar wird, und dass der Bearbeiter erforderlichenfalls dem Gericht als sachverständiger Zeuge oder Sachverständiger zur Verfügung steht.

Digitale Bildbearbeitung in der hier angewandten Form ist nur mit Hilfe von umfangreichen Kenntnissen und Erfahrungen möglich. Bedeutsam sind neben der Beherrschung verwendeter Bildbearbeitungstechniken ebenso die Methoden des computergestützten Bildvergleichs (Deckungsverfahren, Aneinanderfügen von Teilen der zu vergleichenden Bilder, Gegenüberstellungen, vielfältige Messungen wie Flächen, Winkel, Strecken, die Analyse von Graustufen und Farbwerten, die farbige Darstellung von Graustufen) und die Darstellung der Untersuchungsergebnisse. Bildbearbeitungen im genannten Sinne sind prinzipiell an allen Formen fotografischer Abbildungen möglich. Hier seien genannt:

- Videoaufzeichnungen aller Formate,
- Filme (Schwarz-Weiß- und Farbnegative, Diapositive),
- fotografische Papierbilder,
- Druckerzeugnisse,
- digitale Bilddateien auf allen Speichermedien.

Bei der Auftragserteilung für eine Bildbearbeitung sollten folgende Regeln beachtet werden:

- Neben den allgemeinen Verwaltungsdaten muss im Auftrag das Ziel der Bearbeitung und die beabsichtigte Verwendung der Ergebnisbilder genannt werden.
- Es ist möglichst immer das Originalaufnahmematerial für eine Bearbeitung einzusenden, bei Fotoaufnahmen die Bilddatei oder der Film, bei Videoaufzeichnungen die Videodatei oder das Origi-

nalband (Ausdrucke, auch auf Fotopapier, sowie analoge Videokopien sind verlustbehaftet).
- Camcorder-Kassetten sind möglichst mit dem Aufnahmegerät einzusenden.
- Bei digitalen Videoaufzeichnungen aus Überwachungsanlagen ist der erforderliche Softwareplayer bzw. Hersteller und Gerätetyp des Aufzeichnungsgerätes mit zu sichern.
- Digitale Bild-/Videodaten sollten nicht zusätzlich komprimiert, in andere Formate konvertiert oder in Textdokumente eingebettet werden (drohender Informationsverlust).
- Zu bearbeitende Bilder bzw. Sequenzen müssen genau bezeichnet werden (Datum, Uhrzeit, Timecode, Filme nummerieren, Negativnummer benennen); bereits vorliegende Prints sind beizufügen.
- Bei der Auswertung von Videoaufzeichnungen sollten keine längeren Standbilddarstellungen auf normalen Videorecordern erfolgen, es kann eine dauerhafte Störung der betreffenden Bandabschnitte eintreten.
- Sind mehrere Bilder ähnlichen Inhalts vorhanden, ist das gesamte Material zu übersenden. Die redundanten Aufzeichnungen können unter Umständen dafür benutzt werden, die Qualität der benötigten Bilder zu verbessern.
- Eine Qualitätsverbesserung (zum Informationsgewinn) durch Vergrößern von Videobildern mit Standardauflösungen (PAL-Standard, CIF o. Ä.) oder von Ausschnitten daraus ist prinzipiell nicht möglich.

Bekannt ist, dass bei analogen Aufzeichnungen als theoretische Untergrenze für die Lesbarkeit von Kraftfahrzeug-Kennzeichen die Abbildungsgröße etwa sieben Videozeilen beträgt. Kommen Bildstörungen hinzu, kann in der Praxis oft eine höhere Zeilenzahl erforderlich sein. Diese Werte gelten auch für digitale Aufzeichnungen, nur dass hier Bildpunkte (Pixel) als Bezugsgröße gelten. Aufgrund der Vielzahl unterschiedlicher Videoformate mit vielen unterschiedlichen Bildauflösungen und der Komplexität auftretender, die Bildqualität beeinträchtigender Störfaktoren sollte eine Prüfung auf Eignung zur Bildverbesserung durch eine Fachdienststelle erfolgen.

Zu den Abbildungsfehlern die korrigiert werden können, gehören z. B.:
- Unter- oder Überbelichtung,
- schlechte Kontrastverhältnisse,
- Unschärfen durch Defokussierung und Bewegungsunschärfe,

- Verzerrungen, Verzeichnungen und Farbsäume (Aberrationen),
- Überlagerung von Halbbildinformationen bei Videoaufzeichnungen im Zeilensprungverfahren,
- stark verrauschte Fotos oder Videobilder, wenn mehrere Bilder der gleichen Szene vorhanden sind,
- Überlagerung von Bildinhalten, z. B. Spur auf störendem Hintergrund.

Ein Anspruch auf Vollständigkeit der Aufzählung kann schon deshalb nicht erhoben werden, weil durch Forschung und Entwicklung kontinuierlich neue Anwendungen mit erweiterten Möglichkeiten erschlossen werden.

4. Untersuchung fotografischer Abbildungen, Geräte und Materialien

Eine bedeutende Rolle kommt der Auswertung und Analyse von Bildinhalten aus Überwachungsanlagen zu. Mitunter werden auch strafbare Handlungen unter Zuhilfenahme fotografischer Geräte, Materialien und Arbeitstechniken begangen oder vorbereitet. Folgende Untersuchungen sind nach einer operativen Auswertung bei fotografischen Aufzeichnungen (analog/digital Foto/Video) möglich:
- Herkunftsbestimmung fotografischer Materialien,
- Identifizierung von Aufnahmegeräten,
- Bestimmung von Bearbeitungstechnologien und verwendeten Bildbearbeitungsprogrammen,
- Feststellung des Produktionszeitraumes von Fotomaterial,
- Bestimmung des Kamerastandpunktes zum Zeitpunkt der Aufnahme,
- Identifizierung abgebildeter Orte (wo wurde die Aufnahme gefertigt),
- Identifizierung abgebildeter Gegenstände und Personen durch Bildvergleiche,
- Erarbeitung von Ermittlungshinweisen, z. B.
  Merkmale an abgebildeten Objekten
  - (bei Fahrzeugen: Art, Typ, Modell, Baujahr, besondere Kennzeichen wie Beschädigungen, Aufkleber),
  - zum Täter: Körperhöhe, Bekleidung (Schnitt, Nähte, Applikationen, Flecken, Falten),
  - Schuhwerk (Hersteller, Art, Modell, Besonderheiten, Sohlenprofil),

  - Maskierung, Bewaffnung, mitgeführte Gegenstände (Ringe, Ohrringe, Armbanduhr),
  - Transportmittel (Behältnisse) und deren Identifizierungsmerkmale,
- Rekonstruktion beschädigter Bilddaten
- Prüfung der Bildauthentizität (Echtheitsprüfung).

Für die Auswertung von fotografischen Bildaufzeichnungen ist die Bildqualität von entscheidender Bedeutung. Oft wirken die Bildqualität mindernde Störfaktoren wie z. B.:
- geringe Bildauflösung,
- geringe Abbildungsgröße des zu identifizierenden Objektes,
- geringer Kontrast,
- Fehlbelichtung,
- Defokussierung,
- Überlagerung von Bildinhalten,
- kompressionsbedingte Informationsverluste,
- Kopierverluste (z. B. bei Druckerzeugnissen).

Schlussfolgerungen im Rahmen der Untersuchung und Begutachtung erfordern eine akribische Analyse und Interpretation von Bildinhalten. Die Untersuchungen werden zum größten Teil computergestützt unter Nutzung der Möglichkeiten der digitalen Bildverarbeitung ausgeführt. Neben kriminalistischen und fundierten fotografischen Grundkenntnissen sind für Untersuchungen der Bilddateien auch Kenntnisse aus den Bereichen der Computer- und Multimedia-Forensik erforderlich, so dass in solchen Fällen eine interdisziplinäre Zusammenarbeit erfolgen muss.

Literatur

Ackermann, Clages, Roll (Hrsg.), Handbuch der Kriminalistik, 4. Auflage, 2011.

Wirth I. (Hrsg.), Kriminalistik-Lexikon, 4. Auflage, 2011.

Groß/Geerds, Handbuch der Kriminalistik, Studienausgabe Band 1, 10. Auflage, 1977.

Grasmeier K., Polizeiliche Fachfotografie, 1980.

Blumenthal, Kohlhof, Thiel, Beschreibung und Identifizierung von Bekleidung, Lehr und Studienbrief Kriminalistik/Kriminologie, Band 9, 2008.

Pfefferli (Hrsg.), Die Spur, 5. Auflage, 2007.

Weihmann, Schuch, Kriminalistik, 11. Auflage, 2010.

Burrath S., Visuelle Personenidentifizierung und polizeiliche Personenbeschreibung, 2009.

5. Kapitel
Forensische Wissenschaften

I. Rechtsmedizin

von *Ingo Wirth*

1. Gegenstand und Aufgaben

Die Rechtsmedizin, auch Gerichtliche Medizin genannt, gehört zu den ältesten Spezialfächern der Medizin und ist durch gemeinsame Aufgaben mit der Kriminalistik eng verbunden. Den Zusammenhang zwischen beiden Wissenschaftsgebieten verdeutlicht die Definition der Rechtsmedizin: Es ist diejenige medizinische Disziplin, „die in Lehre, Forschung und Praxis die Anwendung medizinischer Kenntnisse und Methoden zur Klärung rechtserheblicher Tatbestände zum Inhalt hat".[1]

Nach einer langen historischen Entwicklung umfasst der Aufgabenkatalog der Rechtsmedizin gegenwärtig:
- Lehre vom Sterben und vom Tod (Thanatologie),
- Verletzungen und gewaltsamer Tod (Forensische Traumatologie),
- Gifte und Vergiftungen (Toxikologie),
- Verkehrsmedizin,
- Spurenuntersuchung,
- Vaterschaftsbegutachtung,
- Lehre von den psychischen Störungen (Forensische Psychopathologie),
- Ärztliche Rechts- und Berufskunde,
- Medizinische Begutachtung und Versicherungsmedizin.

Der Rechtsmediziner ist ein Arzt, der nach dem Medizinstudium eine mehrjährige Weiterbildung zum Facharzt absolviert und mit einer Prüfung vor der zuständigen Ärztekammer abschließt. Aufgrund seiner Spezialkenntnisse wird er hauptsächlich für Polizei und Justiz als Sachverständiger tätig.

---

1 *Schwerd*, Gerichtliche Medizin und Kriminalistik. Z. Rechtsmed. 102 (1989), S. 423.

Den wichtigsten Beitrag zur Kriminalistik leistet der Rechtsmediziner durch seine Mitwirkung bei Todesermittlungssachen. Im Idealfall beginnt die Zusammenarbeit zwischen Ermittlungsbeamten und Rechtsmediziner mit der Ereignisortuntersuchung, setzt sich fort bei der gerichtlichen Leichenöffnung mit der gemeinsamen Erörterung von Ermittlungsergebnissen und Obduktionsbefunden und reicht bis zur Bestätigung oder Widerlegung von Aussagen.

Bei Tötungsverbrechen ist es unerlässlich, dass der Rechtsmediziner bereits am Tat- oder Fundort mit seinen Untersuchungen beginnt. Von ihm erwarten die Kriminalisten gleich an Ort und Stelle erste Aussagen zur Todeszeit, zur Todesursache und zum Hergang der Tat. Weitere wesentliche Informationen erbringt die gerichtliche Leichenöffnung.

Der Rechtsmediziner untersucht nicht nur Leichen, sondern muss auch Lebende nach Straftaten begutachten, beispielsweise nach Schlägereien, Sexualdelikten oder Kindesmisshandlungen.

Bedingt durch die historische Entwicklung und abhängig von der Leistungsfähigkeit der beteiligten Institutionen, werden Spuren menschlicher Herkunft, hauptsächlich Blut, Sekrete, Haut und Haare, entweder in einer kriminaltechnischen Einrichtung oder in einem Institut für Rechtsmedizin untersucht. Die Fortschritte der DNS-Analytik haben das spurenkundliche Methodenspektrum von Rechtsmedizin und Kriminalistik außerordentlich erweitert.

Mit seiner Arbeit leistet der Rechtsmediziner einen fachspezifischen Beitrag zur Klärung unterschiedlicher rechtserheblicher Sachverhalte. Er kann jedoch durch seine Mitwirkung den Ermittlungsbeamten nur unterstützen. „Der Aufbau des Beweisgebäudes liegt allein in der Hand des Kriminalisten.“[2]

2. Ärztliche Leichenschau

Die ärztliche Leichenschau ist durch landesrechtliche Bestimmungen geregelt. Danach muss in jedem Sterbefall ein Arzt eine Leichenschau durchführen. Eine Ausnahmeregelung gilt für einige Inseln und Halligen in Schleswig-Holstein, wo eine andere geeignete Person zur Vornahme der Leichenschau ermächtigt werden darf.

2 *Meinert*, Exekutive und Kriminaltechnik. Die Polizei 50 (1959), S. 142.

Die obligatorische ärztliche Leichenschau wird gelegentlich auch als allgemeine Leichenschau bezeichnet. Um deren Ergebnisse zu dokumentieren, werden Formulare verwendet, die unterschiedlich gestaltet sind. Diese Vordrucke können – je nach Bundesland – Todesbescheinigung, Leichenschauschein oder Totenschein heißen.

Die landesrechtlichen Regelungen verpflichten den Leichenschauarzt zu folgenden Feststellungen:
- Tod,
- Todeszeitpunkt,
- Todesursache,
- Todesart (natürlicher oder nichtnatürlicher Tod),
- Identität.

Darüber hinaus muss der Arzt feststellen, ob der Verstorbene an einer übertragbaren Krankheit im Sinne des Infektionsschutzgesetzes erkrankt war. Gegebenenfalls muss eine Meldung an das zuständige Gesundheitsamt erfolgen.

Vor einer Feuerbestattung, bei der die Leiche verbrannt und die Asche meist in einer Urne beigesetzt wird, ist eine zweite (amtsärztliche) Leichenschau erforderlich. Eine solche Leichennachschau dient der Feststellung von zuvor unentdeckten Kennzeichen eines nichtnatürlichen Todes oder andernfalls zur Freigabe für die Einäscherung.

2.1 Feststellung des Todes

Rechtlich darf erst nach ärztlicher Diagnose und Bescheinigung des Todes von einer Leiche gesprochen werden. Nach medizinischer Auffassung gilt als Leiche der Körper eines Gestorbenen, an dem Leichenerscheinungen feststellbar sind.

Außerhalb des Krankenhauses basiert die Todesfeststellung in der weitaus überwiegenden Mehrzahl der Sterbefälle auf dem Nachweis sicherer Todeszeichen. Im Allgemeinen sind bereits 15 bis 20 Minuten nach dem Todeseintritt die ersten Totenflecke zu erwarten, Totenstarre und Fäulnis folgen erst deutlich später. Diese Leichenerscheinungen sind zuverlässige Kriterien für die sichere Feststellung des Todes. Das gilt ebenfalls für offensichtlich nicht mit dem Leben vereinbare Verletzungen, wie vollständige Schädelzertrümmerung, Abtrennung des Kopfes oder Rumpfdurchtrennung.

Bestimmte Zeichen berechtigen weder einzeln noch kombiniert zur Feststellung des Todes. Das sind
- Abkühlung (nicht gleichzusetzen mit Leichenkälte),
- Muskelschlaffheit,
- Hautblässe,
- Reaktionslosigkeit der Pupillen,
- Reflexlosigkeit,
- Pulslosigkeit und
- Atemstillstand.

Diese Erscheinungen werden unsichere Todeszeichen genannt, unsicher deshalb, weil es sich auch um Anzeichen einer Lebenstätigkeit auf niedrigster Stufe (Vita minima) handeln kann.

Sichere Todeszeichen sind frühe und späte Leichenveränderungen. Als frühe Leichenerscheinungen bilden sich aus:
- Totenflecke (Leichenflecke) =
  grau-violette Hautverfärbungen an den unten liegenden Körperbereichen infolge Herabsinkens des Blutes nach Kreislaufstillstand,
- Totenstarre (Leichenstarre) =
  Starrwerden der gesamten Körpermuskulatur als Folge physikochemischer Vorgänge,
- Leichenkälte =
  Endzustand der Leichenabkühlung mit Erreichen der Umgebungstemperatur.

Zu den späten Leichenerscheinungen zählen:
- Fäulnis =
  bakteriell bedingte Zersetzung durch überwiegend reduktive Prozesse mit Farbveränderungen, Entwicklung von Gasen sowie Erweichung und Verflüssigung der Körpergewebe,
- Verwesung =
  mikrobiell bedingte Zersetzung durch überwiegend oxidative Prozesse mit trockenem, zundrigem Gewebszerfall,
- Mumifizierung =
  Konservierung des Körpers durch Austrocknen,
- Fettwachsbildung =
  Umwandlung des Körperfetts in eine gipsartige Masse.

2.2 Todeszeitpunkt

Die Schätzung der Todeszeit basiert auf dem Versuch, unter Berücksichtigung der Umgebungsbedingungen die Ausprägung der Leichenveränderungen in einen zeitlichen Zusammenhang mit dem Todeseintritt zu stellen. Die Art und die Entwicklung der einzelnen Leichenerscheinungen werden durch eine Vielzahl von Einflussfaktoren bestimmt. Das Zusammenwirken der jeweiligen Faktoren lässt sich im konkreten Fall nur schwer interpretieren. Zudem gibt es keinen momentanen Übergang vom Leben zum Tod, sodass die Todeszeit biologisch ein Todeszeitraum ist. Aus diesen Gründen muss man sich des Wahrscheinlichkeitscharakters jeder Todeszeitschätzung bewusst sein. Je länger das zum Tod führende Ereignis zurückliegt, desto weniger exakt wird die Aussage.

Die Schätzung der Todeszeit muss dem Rechtsmediziner überlassen werden. Nur er verfügt über die notwendigen Spezialkenntnisse, Untersuchungsmethoden und Erfahrungen. Mitunter lässt sich durch die Kombination mehrerer Methoden das Untersuchungsergebnis verbessern.

Zur Schätzung der Todeszeit eignen sich folgende rechtsmedizinische Befunde:
- supravitale Reaktionen = Lebensäußerungen einzelner Gewebe auf verschiedene Reize unmittelbar nach dem Individualtod (Tabelle 1),
- frühe Leichenveränderungen = Totenflecke, Erkalten und Totenstarre (Tabelle 2).

Mechanische Erregbarkeit der Muskulatur	
– Reflexprüfung nach Zsakó	bis zu 2 h p. m.
– idiomuskulärer Wulst	bis zu 6 h p. m.
Elektrische Erregbarkeit der Muskulatur	
– galvanisch	bis zu 4 h p. m.
– faradisch	bis zu 5–6 h p. m.
Pupillenreaktionen (Injektion)	
– Verengung	bis zu 15 h p. m.
– Erweiterung	bis zu 15 h p. m.
– Doppelreaktion	bis zu 12 h p. m.
p. m. = post mortem = nach dem Tod	

Tab. 1: Supravitale Reaktionen (nach *Dürwald*, 1990)[3]

3 *Dürwald*, Gerichtliche Medizin, 4. Aufl., 1990, S. 67.

Totenflecke	
Beginn	nach 20 – 30 Minuten
Konfluieren	nach 2 – 6 Stunden
Umlagerbarkeit	6 – 12 Stunden
Wegdrückbarkeit	bis 36 Stunden
Erkalten	
Abnahme der Rektaltemperatur um etwa 1°C pro Stunde bei Zimmertemperaturen	
Totenstarrre	
Beginn	nach 2 – 4 Stunden
Vollständige Ausbildung	nach 6 – 8 Stunden (6 – 12 Stunden)
Wiederauftreten nach gewaltsamer Lösung	bis 8 Stunden
Spontane Lösung	nach 2 – 3 Tagen

Tab. 2: Schätzung der Todeszeit in der frühen Postmortalphase (nach *Reinhardt* und *Mattern*, 1999)[4]

Für die Todeszeitberechnung aus Mastdarm- und Umgebungstemperatur gibt es mathematische Formeln, Nomogramme und Computerprogramme.

Unter der Voraussetzung, dass keine extremen Umgebungsbedingungen bestehen, erlauben folgende Feststellungen an der Leiche eine orientierende Schätzung der Todeszeit:

- Körper fühlt sich warm an und ist schlaff = Todeseintritt vor weniger als 3 Stunden.
- Körper fühlt sich warm an und ist steif = Todeseintritt vor 3 bis 8 Stunden.
- Körper fühlt sich kalt an und ist steif = Todeseintritt vor 8 bis 36 Stunden.
- Körper fühlt sich kalt an und ist schlaff = Todeseintritt vor mehr als 36 Stunden.
- Späte Leichenveränderungen = Fäulnis, Verwesung, Mumifizierung und Fettwachsbildung.
  Die Todeszeitschätzung aufgrund später Leichenveränderungen ist wegen der nahezu regellos verlaufenden Abbauprozesse selbst für den erfahrenen Rechtsmediziner außerordentlich problematisch. Bei Insektenbefall der Leiche (z. B. Fliegen, Käfer) lassen

4 *Reinhardt/Mattern*, Rechtsmedizin, in: Bob (Hrsg.), Ökologisches Stoffgebiet, 3. Aufl., 1999, S. 311.

die einzelnen Entwicklungsstadien gewisse Rückschlüsse auf die Todeszeit zu.
- Andere medizinische Befunde (Zusammensetzung der letzten Mahlzeit, Verdauungszustand des Mageninhalts, Magen-Darm-Passage, Füllung der Harnblase).

2.3 Todesursache

Der Begriff Todesursache bezieht sich auf die Krankheiten, Verletzungen oder Vergiftungen, die zum Tod geführt oder dazu beigetragen haben. In der Praxis sind die Feststellung von Todesursache und Todesart nicht voneinander zu trennen.

In Deutschland ist die Reihenfolge der Häufigkeiten bei den Todesursachen seit Langem unverändert. Mit Abstand an der Spitze stehen die Herz-Kreislauf-Krankheiten und die Krebserkrankungen, gefolgt von den Krankheiten des Atmungssystems und der Verdauungsorgane. Erst an fünfter Stelle finden sich die nichtnatürlichen Todesfälle durch Verletzungen und Vergiftungen. Das sind jährlich um 30 000 Sterbefälle, die etwa 3,5 % der Gesamtsterblichkeit der Bevölkerung ausmachen.

2.4 Todesart

Mit dem Begriff Todesart soll das zum Tod führende Geschehen erfasst werden. Es sind drei Kategorien zu unterscheiden:
- natürlicher Tod =
  Tod aus innerer Ursache, krankheitsbedingt,
- nichtnatürlicher (= unnatürlicher) Tod =
  Tod aus äußerer Ursache,
- ungeklärt, ob natürlicher oder nichtnatürlicher Tod.

Dem nichtnatürlichen Tod werden zugerechnet:
- Selbsttötung (Suizid),
- Unfalltod,
- Tötung durch fremde Hand (Homizid).

2.5 Identitätsfeststellung

Vom Arzt wird im Rahmen der obligatorischen Leichenschau die Personalienfeststellung verlangt. Meist lässt sich die Identität des Verstorbenen durch einen Vergleich mit dem Lichtbild auf Personalpapieren und durch das Befragen von Beziehungspersonen klären.

Stark fortgeschrittene Leichenveränderungen, Tierfraß, Entstellung des Gesichts durch Zertrümmerung, Brandzehrung oder Verätzung sowie Fehlen des Kopfes lassen kaum eine Identitätsfeststellung ohne zusätzliche Untersuchungen zu. Der Leichenschauarzt handelt verantwortungsbewusst, wenn er die Todesbescheinigung in Zweifelsfällen auf unbekannt ausstellt.

Nach Abschluss der Leichenschau muss der Arzt gemäß landesrechtlicher Bestimmungen die Todesbescheinigung vollständig ausfüllen und eigenhändig unterschreiben. Hat er einen natürlichen Tod eingetragen, erfolgen keine polizeilichen Ermittlungen. Eine Pflicht zur Benachrichtigung der Polizei besteht dann, wenn der Leichenschauarzt Anhaltspunkte für einen nichtnatürlichen Tod festgestellt hat oder die Todesart ungeklärt blieb. Eine Meldepflicht ergibt sich auch beim Auffinden eines unbekannten Toten. So wird durch die ärztliche Leichenschau die Voraussetzung für ein Todesermittlungsverfahren gemäß § 159 StPO geschaffen.

3. Gerichtliche Leichenöffnung

Die gerichtliche Leichenöffnung wird von zwei Ärzten vorgenommen, von denen einer über eine rechtsmedizinische Qualifikation verfügen muss. Der Erste Obduzent, der die größere Sachkunde und Erfahrung besitzt, wird bei der Leichenöffnung vom Zweiten Obduzenten unterstützt. Die Anwesenheit von Ermittlungsbeamten bei der Leichenöffnung kann zweckmäßig, oft sogar notwendig sein.

Für die Durchführung der gerichtsärztlichen Leichenöffnung gibt es keine allgemein verbindliche Technik, jedoch Leitlinien der Deutschen Gesellschaft für Rechtsmedizin. Es hat sich ein bestimmtes Grundschema bewährt, das je nach Sachlage um spezielle Sektionstechniken ergänzt wird. Durch die praktizierte Sektionsmethode muss stets gewährleistet sein, dass kein Befund übersehen oder gar zerstört wird.

Wesentliche Aufgaben und Ziele der gerichtlichen Leichenöffnung sind:
- Sicherung von Spuren an der Bekleidung und am Körper der Leiche,
- Entnahme von Körperflüssigkeiten und Organproben,
- Sicherung von Sachbeweisen aus dem Körperinneren (Projektile, Werkzeugspuren an Knochen),

- Erfassung äußerer und innerer Identitätsmerkmale,
- Hinweise zur Todeszeitschätzung,
- Feststellung von Todesursache und Todesart, häufig verbunden mit der Beurteilung des Kausalzusammenhangs zwischen der Körperschädigung und dem Tod,
- Fotodokumentation äußerer und innerer Befunde je nach Erforderlichkeit,
- Tat- oder Unfallrekonstruktion,
- Beurteilung einer Überlebenszeit,
- Einschätzung einer Handlungsfähigkeit nach der Gewalteinwirkung,
- Anregungen für die wissenschaftliche Untersuchung kriminalistisch und rechtsmedizinisch bedeutsamer Fragen.

Selbstverständlich ist während der Leichenöffnung von allen Beteiligten und anderen Anwesenden die gebotene Pietät gegenüber dem Toten zu wahren. Das bedeutet auch, den obduzierten Leichnam sorgfältig wieder herzurichten. Die Belange der Pietät gelten gleichermaßen für Transport und Lagerung des Verstorbenen.

Gelegentlich wird auf Antrag der Staatsanwaltschaft die gerichtliche Leichenöffnung einer bereits andernorts obduzierten Leiche angeordnet. Eine solche Nachsektion soll die formalen Erfordernisse der Strafprozessordnung erfüllen. Trotz ihres oft verminderten Aussagewerts kann die Nachsektion zusammen mit den Ergebnissen der zuerst vorgenommenen Obduktion zu einer Bestätigung und zu einer verfahrensgerechten Einführung der Leichenbefunde führen.

Die rechtsmedizinischen Obduktionsprotokolle weichen kaum voneinander ab und sind an folgender Gliederung orientiert:

A. Äußere Besichtigung
Geschlecht, Alter, Größe, Gewicht und Körperbau
Bekleidung
Sichere Zeichen des Todes
Kopf
Hals
Brust
Bauch
Äußere Geschlechtsorgane
Obere und untere Gliedmaßen
Rücken und After

B. Innere Besichtigung
(Beschreibung der Körperhöhlen und der einzelnen Organe nach Farbe, Größe, Gewicht, Gestalt, Konsistenz und Blutgehalt sowie Feststellung von krankhaften Veränderungen und von Verletzungen)
Kopfhöhle
Hals
Brusthöhle
Bauchhöhle
Skelettsystem

C. Vorläufiges Gutachten

I. Sektionsergebnis
(zusammengefasste Obduktionsbefunde)

II. Todesursache

III. Beurteilung der Todesart

IV. Vorgeschichte
(meist aus der Akte; bei Kapitalsachen eigene Wahrnehmungen des Obduzenten vom Tat- oder Fundort und mündlich mitgeteilte, erste Ermittlungsergebnisse)

V. Gutachtliche Beurteilung des Todesfalles
(insbesondere zur Fremdeinwirkung, zum Geschehensablauf bzw. Tathergang, zur Todeszeit und zum Kausalzusammenhang)

VI. Asservate

VII. Hinweise auf mögliche Zusatzuntersuchungen
(histologische, toxikologisch-chemische, bakteriologische, virologische, spurenkundliche Untersuchungen)

VIII. Vorbehalt
(Da das vorläufige Gutachten nur den ersten Eindruck der Obduzenten wiedergeben kann, erfolgt der Hinweis auf ein endgültiges Gutachten nach Abschluss der Zusatzuntersuchungen und der Ermittlungen.)

Unmittelbar nach der Leichenöffnung erläutern die Obduzenten den anwesenden Ermittlungsbeamten das Obduktionsergebnis. Dabei werden die Obduktionsbefunde und die Todesursache in Verbindung mit den ersten Ermittlungsergebnissen erörtert und gegebenenfalls weitere Ermittlungen angeregt.

Als Anlage können den Obduktionsprotokollen Skizzen beigefügt werden, aus denen beispielsweise die Lokalisation der Verletzungen, der Verlauf von Stich- oder Schusskanälen und Knochenbruchlinien ersichtlich sind. Weiterhin dienen Lichtbildtafeln der Dokumentation wesentlicher Obduktionsbefunde.

Nicht immer gelingt es, bei der Leichenöffnung aus den Organveränderungen die Todesursache abzuleiten. In solchen Fällen werden Zusatzuntersuchungen vorgenommen, die eine gewisse Zeit erfordern. Häufig sind das mikroskopische Gewebeuntersuchungen (= histologische Untersuchungen). Dazu werden von asservierten Gewebeproben nach einer Vorbehandlung sehr dünne Schnittpräparate angefertigt, gefärbt und mit dem Mikroskop untersucht. Wenn die Ergebnisse aller Zusatzuntersuchungen vorliegen, wird eine Stellungnahme zur Todesursache nachgereicht.

Neben der gerichtlichen Leichenöffnung gibt es weitere Möglichkeiten der Obduktion. Das sind hauptsächlich:
- Sektion vor Feuerbestattung nach Landesrecht,
- Sektion bei Seuchenverdacht gemäß Infektionsschutzgesetz vom 20. Juli 2000,
- Klinische Sektion (Leichenöffnung im Institut für Pathologie von Kliniken zur Qualitätskontrolle und für wissenschaftliche Zwecke),
- Sektion im Auftrag von Berufsgenossenschaften (Träger der gesetzlichen Unfallversicherung), gesetzlichen und privaten Versicherungen sowie Versorgungsämtern,
- Privatsektion (Leichenöffnung im Auftrag von Angehörigen).

4. Nichtnatürliche Todesursachen

4.1 Vitale Reaktionen

Bei allen Wunden oder anderweitigen Körperschädigungen ist die Frage zu entscheiden, ob die Verletzung zu Lebzeiten (vital), während des Sterbens (agonal) oder nach Eintritt des Todes (postmortal) entstanden ist.

Die allgemeinen Vitalreaktionen stellen eine Antwort der großen Funktionssysteme des Körpers, wie Kreislauf, Atmung und Zentralnervensystem, auf das schädigende Ereignis dar, sind also an das Funktionieren dieser Systeme gebunden. Je länger die Zeitspanne zwischen dem schädigenden Ereignis und dem Todeseintritt ist, desto stärker ausgeprägt sind die vitalen Reaktionen des Organismus. Zu den allgemeinen Vitalreaktionen zählen:

- Ausblutung,
- Embolie =
  Verschleppung von Gebilden oder Substanzen, die nicht in der Blutflüssigkeit löslich sind (z. B. Blutgerinnsel, Fett), durch den Blutstrom mit Verstopfung von Blutgefäßen,
- Aspiration =
  Einsaugen von Flüssigkeiten oder festen Stoffen (z. B. Blut, Sand, Rußpartikel) in die Atemwege,
- Verschlucken
  (z. B. Ertrinkungsflüssigkeit, Ruß),
- Schockfolgen
  (z. B. Blutgerinnungsstörungen, Multiorganversagen).

Örtliche Vitalreaktionen sind Zustandsänderungen der unmittelbar geschädigten Gewebe. Als praktisch bedeutsame lokale Vitalreaktionen entstehen:
- Blutunterlaufung,
- Entzündung,
- Wundheilung,
- Thrombose =
  Entstehung von Blutgerinnseln in der Blutbahn zu Lebzeiten.

Zu den örtlichen vitalen Erscheinungen zählen weiterhin spezifische Reaktionen auf bestimmte Einwirkungen, wie Stauungsblutungen bei Ersticken, Schaumpilz bei Ertrinken, Strommarken, Brandblasen, Frostbeulen oder Verätzungsspuren.

4.2 Verletzungen[5]

Die rechtsmedizinische Systematik nichtnatürlicher Todesursachen basiert auf der Art und Weise der Körperschädigung.

4.2.1 Stumpfe Gewalt

Die stumpfe Gewalt ist charakterisiert durch eine flächige oder kantige Einwirkung auf den menschlichen Körper. Dabei sind mehrere Abläufe möglich:
- Der sich bewegende Mensch trifft auf ein ruhendes Widerlager. Dies geschieht vor allem beim Sturz zu ebener Erde (Standfläche), auf der Treppe oder aus größerer Höhe.

5 Zur Unterscheidung einer Beibringung der Verletzungen durch eigene oder fremde Hand s. *Wirth/Schmeling*, Rechtsmedizin, 3. Aufl., S. 72 ff.

- Ein bewegter Gegenstand trifft auf den Körper. Hierzu zählen Schläge mit den Fäusten und mit Gegenständen (Knüppel, Kanthölzer, Schlagstöcke, Baseballschläger, Schlagringe, Hämmer, Beile oder Äxte mit ihrer stumpfen Seite, Flaschen) sowie geworfene und herabfallende Gegenstände (z. B. Pflastersteine, Dachziegel).
- Beim Zusammenstoß (Kollision) treffen ein Mensch und ein Gegenstand oder Gegenstände aufeinander (Verkehrsunfall).

Die Folgen stumpfer Gewalt werden bestimmt von Art und Intensität der Einwirkung sowie von der Lokalisation am Körper und damit von der Beschaffenheit der getroffenen Körperstelle. Die Verletzungen sind außerordentlich vielgestaltig und können an der Körperoberfläche sichtbar sein oder im Körperinneren entstehen. Bei Schädigungen durch stumpfe Gewalt handelt es sich nicht selten um Mehrfachverletzungen (Polytrauma).

Die Folgen stumpfer Gewalteinwirkung können sein:
- Verletzungen der Haut (Abschürfung, Blutunterlaufung, Durchtrennung = Wunde),
- Verletzungen von Knochen und Muskeln (Knochenbruch, Verrenkung; Quetschung, Zerreißung),
- Verletzungen innerer Organe (Schädel-Hirn-Trauma, stumpfes Thoraxtrauma, stumpfes Bauchtrauma).

Eine stumpfe Gewalteinwirkung führt mitunter zu geformten Hautverletzungen. Dabei kann der einwirkende Gegenstand regelrecht abgebildet sein (z. B. Gürtelschnalle, Schürhaken, Schuhsohlen- und Fahrzeugreifenprofil). Durch Stockschläge entstehen parallel verlaufende, streifige Hautblutungen mit einem blassen, blutleeren Mittelstreifen (Doppelstriemen).

Zu sog. Platzwunden (korrekt: Quetsch-Riss-Wunden) kommt es dort, wo die Haut ohne wesentliches Weichteilpolster straff über Knochen gespannt ist (z. B. Schädeldach, Kinn). Charakteristisch für Platzwunden sind:
- unregelmäßige Wundränder mit Vertrocknungssaum und Blutunterlaufung,
- Wundgrund mit Gewebsbrücken.

Bei schräg einwirkender Gewalt ist ein Wundrand abgeschoben (unterminiert). Gelegentlich finden sich Fremdkörper in der Wunde (z. B. Sand, Lacksplitter).

Je nach Verletzungslokalisation sind nach stumpfer Gewalteinwirkung folgende Todesursachen möglich:

- Gehirnschädigungen,
- innere oder äußere Verblutung,
- Ersticken durch Blutaspiration oder durch Aspiration von erbrochenem Mageninhalt,
- Kreislaufschock,
- Fettembolie, Luftembolie,
- Komplikationen (Multiorganversagen, Thromboembolie, Lungenentzündung, Allgemeininfektion = Sepsis, Infektionen wie Tetanus und Gasbrand).

4.2.2 Scharfe Gewalt

Nach der Art der Gewalteinwirkung werden Stich, Schnitt und Hieb unterschieden. Gemeinsame Charakteristika typischer Verletzungen durch scharfe Gewalt sind glatte Wundränder und ein geradliniger Wundverlauf. Durch Hiebe entstehen oftmals schwere Verletzungen, die besonders tief gehen und stark klaffen. Als Sonderform der Stichwunde kann die Pfählungsverletzung angesehen werden.

Die Handlungsfähigkeit des Verletzten nach scharfer Gewalteinwirkung hängt von den Umständen des Einzelfalles ab. Wesentlich für die Einschätzung sind Art, Lokalisation und Anzahl der Verletzungen sowie das Spurenbild am Ereignisort, wie blutige Hand-, Fuß- oder Schuhabdruckspuren, Wisch- und Kriechspuren oder Versuche der Blutstillung. Verwendete Handtücher, Taschentücher oder anderes Verbandsmaterial muss nicht nur am Körper zu finden sein, sondern kann auch im Mülleimer, Waschbecken und Wäschekorb oder verstreut auf dem Boden liegen.

Stich
Die Stichverletzungen haben eine Einstichwunde, einen Stichkanal und bei Durchstichen eine Ausstichöffnung. Von der Beschaffenheit der Wundwinkel am Einstich lassen sich Hinweise auf das verwendete Werkzeug ableiten (z. B. Messer mit ein- oder zweischneidiger Klinge). Da Rückschlüsse von der Stichwunde auf Klingenbreite und Klingenlänge nicht ohne Weiteres möglich sind, muss die Beurteilung dem Rechtsmediziner überlassen werden.

Ein sofortiger Todeseintritt nach Stichverletzung stellt die Ausnahme dar. Mit einem raschen Tod ist bei kräftiger, schneller Blutung aus großen Herz- und Gefäßverletzungen zu rechnen, ferner bei Luftembolie und bei starker Blutaspiration.

Eine Pfählungsverletzung weist einen meist tief in den Körper hineinreichenden Wundkanal auf, sodass häufig innere Organe mitverletzt sind. Auch ein Durchbohren von Körperteilen kommt vor. Der Tod kann unmittelbar durch schwere Organverletzungen oder infolge einer Wundinfektion eintreten.

Schnitt

Entsteht durch scharfe Gewalteinwirkung eine Wunde, deren Länge größer als deren Tiefe ist, spricht man von einer Schnittverletzung. Es finden sich beiderseits spitze Wundwinkel und am Wundgrund fehlen Gewebsbrücken. Wird der Schnitt senkrecht zur Körperoberfläche geführt, zeigt die Wunde einen keilförmigen Querschnitt. Andernfalls resultiert ein mehr oder weniger großer Hautlappen. Typische Schnittarten sind die sog. Pulsaderschnitte und der Halsschnitt. Anders als bei Stichwunden ergeben sich bei Schnittverletzungen im Allgemeinen kaum Hinweise auf das verwendete Werkzeug.

Der Tod durch Schnittverletzungen tritt oft infolge Verblutens nach außen ein. Bei Eröffnung herznaher, großer Blutadern, häufig beim Halsschnitt, ist ein Tod durch Luftembolie möglich. Werden mit dem Halsschnitt große Blutgefäße und zugleich Luftröhre oder Kehlkopf verletzt, kann auch eine tödliche Blutaspiration erfolgen.

Hieb

Die Hiebwunden ähneln wegen ihrer lang gestreckten Form und den meist fehlenden Gewebsbrücken den Schnittverletzungen, unterscheiden sich aber von diesen durch den häufig vorhandenen Schürfsaum und vor allem durch ihre Tiefe. Bevorzugt werden Hiebe gegen den Kopf geführt, weil dadurch eine sofortige Wehr- und Bewusstlosigkeit hervorgerufen werden soll. Unter der Hautdurchtrennung liegende Schädelknochen weisen entweder geformte Brüche oder ausgedehnte Bruchsysteme auf. Dementsprechend finden sich unterschiedlich schwere Verletzungen der Hirnhäute und des Hirngewebes.

Todesursächlich ist im Regelfall eine schwere Schädel-Hirn-Zertrümmerung. Es kann aber auch zu einer tödlichen Luftembolie infolge Eröffnung eines Hirnblutleiters kommen.

4.2.3 Mechanisches Ersticken

Vom Ersticken als Todesursache spricht man nur dann, wenn die Sauerstoffaufnahme des Organismus durch äußere Einflüsse, insbesondere durch mechanische Behinderungen, unterbrochen ist.

Die Diagnose des Erstickungstodes basiert auf:
- Feststellung der Erstickungsursache (z. B. Strick um den Hals, Baumstamm auf dem Brustkorb, Knebel im Mund),
- Vorliegen typischer Leichenbefunde infolge des jeweiligen Erstickungsmechanismus und
- Ausschluss anderer Todesursachen.

Unter Strangulation versteht man ein gewaltsames, vollständiges oder teilweises Zusammenpressen des Halses von außen (Halskompression). Nach dem Zustandekommen werden als Arten der Strangulation
- Hängen,
- Drosseln und
- Würgen

unterschieden. Die Lebensgefährlichkeit einer Gewalteinwirkung gegen den Hals ergibt sich aus
- Zusammenpressen großer Blutgefäßstämme (Schlagadern, Blutadern) am Hals mit Behinderung der Hirndurchblutung,
- Verlegung der Atemwege und
- Reflexmechanismen mit Auswirkung auf die Herzfunktion (Herzkammerflimmern, Herzstillstand).

Eine Strangulation kann in Abhängigkeit von Intensität, Kontinuität und Dauer überlebt werden oder zum Tod führen. Der tödliche Ausgang wird als
- Erhängen,
- Erdrosseln oder
- Erwürgen

bezeichnet.

Erhängen

Beim Erhängen wird das Strangwerkzeug durch das Gewicht des eigenen Körpers zugezogen und dadurch der Hals komprimiert. Es genügt ein Teil des Körpergewichts, sodass auch ein Erhängen im Sitzen, Knien, Hocken oder Liegen möglich ist.

Als typisches Erhängen wird die Situation bezeichnet, bei der der Körper in der Schlinge frei hängt und somit das gesamte Körpergewicht wirksam wird. Der höchste Punkt (Aufhängepunkt) liegt bei annähernd symmetrischem Verlauf des Strangwerkzeugs um den Hals in Nackenmitte.

Alle anderen Erhängungssituationen werden unter dem Begriff atypisches Erhängen zusammengefasst. Hierbei verläuft das Strangwerkzeug nicht symmetrisch, mitunter mehrtourig und der Aufhängepunkt kann unter dem Kinn, unter einem seitlichen Unterkieferrand oder hinter einem Ohr liegen. Der Körper hängt nicht frei in der Schlinge, sondern hat mit Füßen, Knien, Gesäß oder anderen Körperteilen Bodenkontakt. Für den Erhängungsmechanismus ist eine vollständige, zirkuläre Kompression des Halses nicht erforderlich. Ein Erhängen kommt auch in offener Schlinge zustande. In der Praxis überwiegt das atypische Erhängen mit etwa 98 % der Fälle.

Das Erhängen ist eine bevorzugte Selbsttötungsart.

Befunde an der Leiche:
- Strangmarke (braun-rot vertrocknete Abschürfung der Halshaut),
- Stauungszeichen (Blauverfärbung, Dunsung und punktförmige Hautblutungen im Kopf-Hals-Bereich), können aber fehlen, wenn durch den Erhängungsvorgang sowohl der Blutzufluss zum Kopf als auch der Blutabfluss sofort und vollständig unterbrochen wird,
- innere Halsverletzungen (Blutungen im Unterhautfettgewebe und in der Halsmuskulatur, Unterblutungen und Dehnungsrisse der Halsschlagadern, Brüche von Kehlkopf und Zungenbein),
- Stauungsblutungen im Körperinneren (Lungenfell, Herzaußenhaut).

Zusätzlich können beim Erhängen feststellbar sein:
- Abrinnspuren von Tränenflüssigkeit, Nasensekret und Speichel,
- Blutaustritte aus Nase und Ohren,
- Pupillendifferenz,
- Anschlagverletzungen an Händen und Füßen durch Erstickungskrämpfe,
- Abgang von Kot und Urin, selten von Sperma.

Fernab vom Ort der direkten Gewalteinwirkung können an den Ursprungsstellen der vorderen Halsmuskeln (Brustbein, Schlüsselbein) Zerrungsblutungen gefunden werden. Ebenfalls durch eine Zerrung entstehen beim freien Hängen Blutungen in den Zwischenwirbelscheiben (SIMONsche Blutungen), bevorzugt im Bereich der Lendenwirbelsäule und bei jungen Leuten.

Erdrosseln
Das Erdrosseln ist eine tödliche Halskompression durch ein Strangwerkzeug ohne Aufhängen des Körpers. Typisch ist ein Zuziehen des Drosselwerkzeugs mit den Händen.

Ein Selbsterdrosseln ist möglich, wenn sich mit Eintreten der Bewusstlosigkeit das Drosselwerkzeug nicht lösen kann (z. B. Mehrfachumschlingung).

Befunde an der Leiche:
- Drosselmarke (zirkulär um den Hals verlaufende, braune Hautvertrocknung),
- Stauungszeichen (Blauverfärbung, Dunsung und punktförmige Hautblutungen des Gesichts und der Halshaut oberhalb der Drosselmarke, Blutungen in den Augenbindehäuten),
- innere Halsverletzungen (Blutungen im Unterhautfettgewebe, in der Halsmuskulatur und in der Schilddrüse, Kehlkopf- und Zungenbeinbrüche),
- Stauungsblutungen im Körperinneren (Mund- und Rachenraum, Schläfenmuskeln, Lungenfell, Herzaußenhaut).

Durch die Stauung im Kopfbereich kann es zu Blutungen aus Nase und Ohren kommen.

Erwürgen
Erfolgt die tödliche Halskompression ohne Strangwerkzeug mit den Händen, so liegt ein Erwürgen vor.

Ein Selbsterwürgen ist nicht möglich, weil mit Eintreten der Bewusstlosigkeit der Würgegriff endet.

Befunde an der Leiche:
- Würgemale (kratzerartige Vertrocknungen und kleinfleckige Unterblutungen der Halshaut),
- Stauungszeichen (Blauverfärbung und Dunsung des Gesichts, punktförmige Blutungen im Gesicht und an den Augen),
- innere Halsverletzungen (Gewebsunterblutungen, Kehlkopf- und Zungenbeinbrüche),
- Stauungsblutungen im Körperinneren (Mund- und Rachenraum, Schläfenmuskeln, Lungenfell, Herzaußenhaut).

Der Tod durch mechanisches Ersticken kann auch durch folgende Mechanismen verursacht sein:

- Verschluss der Atemöffnungen (Zuhalten mit den Händen, Bedecken mit weichen Gegenständen wie Kissen oder Decke, Zukleben, Überziehen eines Plastikbeutels über den Kopf),
- Verlegung der Atemwege (Knebeln, Einatmen von Fremdmaterialien wie Blut, Erbrochenes oder Fremdkörper = Aspiration),
- Behinderung der Atemmechanik (Verschüttung, Erdrücken im Gedränge bei Paniksituationen und Einklemmen = PERTHES-sche Druckstauung).

Vom Ersticken zu unterscheiden ist der reflexbedingte Bolustod = Bissentod. Darunter versteht man das Steckenbleiben eines Bissens oder eines anderen Fremdkörpers meist im Kehlkopfbereich, seltener in der Speiseröhre, mit örtlicher Nervenreizung, die zum reflektorischen, also sofortigen Herzstillstand führt. Der Betroffene bricht lautlos zusammen. Die Zeichen des Erstickens sind nicht zu finden. Häufig sind die betroffenen Personen alkoholisiert.

4.2.4 Tod im Wasser

Nicht jede tot aus dem Wasser geborgene Person ist ertrunken. Bei Wasserleichen sind folgende Versionen – einzeln oder kombiniert – zu bedenken:

- typisches Ertrinken
  - Unfall
  - Suizid
  - Tötungsdelikt
- atypisches Ertrinken
  - innere Ursachen (z. B. Herzinfarkt, Schlaganfall, Thromboembolie)
  - äußere Einwirkungen (z. B. Kopfsprung in flaches Wasser, Kollision mit einem Sportboot, Schiffsuntergang)
- Badetod
- Tod aus natürlicher Ursache
- Tötung auf andere Weise und
  - Leichenbeseitigung
  - Vortäuschen eines Suizids oder Unfalls durch Ertrinken.

Beim Ertrinkungstod handelt es sich um einen Erstickungsvorgang, bei dem die Ertrinkungsflüssigkeit das Luftholen verhindert. Das Ertrinkungsmedium verlegt Mund und Nasenöffnungen und dringt schließlich in die tiefen Atemwege ein. Wird der Ertrinkungsvorgang zumindest kurzzeitig überlebt, spricht man vom Beinahe-Ertrinken.

Das typische Ertrinken ist gekennzeichnet von einem Überlebenskampf gegen das Untersinken.

Hauptbefunde an der Leiche:
- Schaumpilz vor Mund und Nase (Hinweiszeichen bei kurz zuvor Ertrunkenen),
- Schaumbelag in den Atemwegen,
- Ertrinkungslunge (stark überblähtes Lungengewebe, gelegentlich verwässerte Blutungen unter dem Lungenfell),
- verschlucktes Wasser im Magen.

Vom typischen Ertrinken ist ein atypischer Ertrinkungsvorgang zu unterscheiden, bei dem es nach dem Untersinken sogleich zu einer kontinuierlichen Wassereinatmung kommt.

Als begünstigende Faktoren für einen Ertrinkungstod sind alkoholische Beeinflussung, prall gefüllter Magen sowie Erschöpfung und Unterkühlung infolge eines zu langen Aufenthalts im Wasser anzusehen.

Ein Badetod wird durch die Einwirkung des Wassers auf den Körper ausgelöst. Ursächlich kommen vor allem verschiedene Reflexmechanismen in Betracht. Entscheidend für das lautlose Versinken im Wasser ist die schnell eintretende Bewusstlosigkeit. Wenn der Tod unmittelbar folgt, wird auch kein Wasser mehr eingeatmet und die Ertrinkungsbefunde fehlen.

Bedingt durch die Liegezeit im Wasser, treten Leichenveränderungen auf, die zwar durch das Wasser verursacht sind, aber unabhängig von der Todesursache zustande kommen. Das sind:
- Gänsehaut, Schrumpfung von Penis und Hodensack sowie Aufrichten der Brustwarzen bei frischen Wasserleichen,
- Waschhautbildung (Quellung und Runzelung der Oberhaut) zuerst an Fingerkuppen und Zehenspitzen, später Ablösung der Oberhaut mit Nägeln,
- Algenbewuchs nach längerer Leichenliegezeit im Wasser,
- postmortale Verletzungen durch Treiben im Wasser, Tierfraß, Schiffsschrauben und Bergung.

Das Auftauchen einer Wasserleiche wird durch Fäulnisgase bewirkt. Der Auftrieb kann so stark sein, dass sogar eine mit größeren Gewichten (bis zu 25 kg) beschwerte Leiche an die Wasseroberfläche gelangt. Nach der Bergung einer Wasserleiche schreitet die Fäulnis rasch voran. Deshalb sollten erkennungsdienstliche Maßnahmen und Leichenöffnung möglichst bald vorgenommen werden.

Ein spezielles kriminalistisches Problem stellt der Leichenfundort Badewanne dar. Die Vielfalt möglicher Todesursachen und die Wirkungen des Mediums Badewasser bedingen nicht selten eine schwer beurteilbare Spurenlage.[6]

4.2.5 Schuss

Unter Schussverletzungen versteht man im Allgemeinen solche Wunden, die durch Projektile aus Feuerwaffen verursacht werden. Gleichfalls als Schusswunden bezeichnet man Körperschädigungen, die durch andere Schusswaffen oder Schussapparate entstehen.

Es können folgende Arten von Schussverletzungen unterschieden werden:
- Durchschuss,
- Steckschuss,
- Streifschuss,
- Prellschuss (nur Hautunterblutung, kein Eindringen in den Körper),
- Prallschuss (Rikoschettschuss = sog. Querschläger, Projektil beim Flug an einem Hindernis abgelenkt),
- Winkelschuss (Ablenkung des Projektils im Körper, z. B. an Knochen),
- KRÖNLEIN-Schuss (Aufsprengung des Schädels und Herausschleudern des Gehirns durch schnelle Geschosse).

Ein Durchschuss hinterlässt im Körper ein Einschussloch, einen Schusskanal und eine Ausschussöffnung.
- Einschuss: Gewebsdefekt, nach außen folgen Schmutzsaum (schwarz, ölig-rußig), Schürfsaum (braun vertrocknet) und Kontusionssaum (rötlich durch kleine Blutungen).
- Schusskanal: Zerstörungskanal im durchschossenen Körpergewebe, bei Vollmantelprojektilen im Allgemeinen in Schussrichtung trichterförmig erweitert, bei Teilmantelprojektilen führen Verformung oder Zerlegung im Körper zu ausgedehnten Gewebszerstörungen.
- Ausschuss: Gewebsdefekt, oft, aber nicht immer größer als die Einschusswunde.

6 Mögliche Todesursachen beim Tod in der Badewanne s. *Wirth/Schmeling*, Rechtsmedizin, 3. Aufl., S. 150 ff.

Nach der Schussentfernung unterscheidet man zwischen Fernschuss und Nahschuss mit der Sonderform des Schusses aus einer aufgesetzten Waffe (absoluter Nahschuss).

- Absoluter Nahschuss: charakteristische Wundform, besonders beim aufgesetzten Kopfschuss, mit sternförmig mehrstrahliger Hautaufplatzung, Schmutz- und Schürfsaum, Stanzverletzung = Stanzmarke (bräunlich vertrockneter Abdruck der Waffenmündung) und Schmauchhöhle (Weichteilhöhle infolge Pulvergasdrucks mit Pulverschmauch und Pulverteilchen),
- Nahschuss: Einschusswunde mit Schmutz-, Schürf- und Kontusionssaum, zusätzlich Pulverschmauchablagerungen (auf der Bekleidung oder auf der Haut), Einsprengungen von Pulverteilchen in die Haut sowie Hautverbrennungen durch heiße Pulvergase und Pulverteilchen,
- Fernschuss: Einschusswunde mit Schmutz-, Schürf- und Kontusionssaum, Nahschusszeichen fehlen.

Am Schädel ist der Schusskanal im Knochen trichterförmig in Schussrichtung erweitert. Demzufolge findet man am Einschussdefekt die innere Knochentafel stärker ausgeplatzt als die äußere Knochentafel, beim Ausschuss ist es umgekehrt.

In der Mehrzahl der Fälle tritt nach Kopfschüssen sofortige Bewusstlosigkeit mit Handlungsunfähigkeit ein. Neben dem verwendeten Waffen- und Munitionstyp ist der Verlauf des Schusskanals entscheidend für die Hirnschädigung. Manchmal bleibt nach einem Kopfschuss die Handlungsfähigkeit erhalten. Das ist am ehesten bei Schüssen quer durch die Stirnhirnlappen zu erwarten. Eine kurz dauernde Handlungsfähigkeit kann auch bei ausgedehnten Herzverletzungen bestehen. Allerdings ist es im Einzelfall schwierig, die Zeitdauer einzuschätzen.

Die Todesursachen bei Schussverletzungen sind vorrangig Organzerstörungen (z. B. bei Kopfdurchschüssen) und Verbluten (häufig bei Lungendurchschüssen).

An der Schusshand des Suizidenten lässt sich bei Verwendung von Pistolen und Revolvern meist Schmauch nachweisen. Außerdem können Blut und Körpergewebsteilchen (z. B. beim Kopfschuss Hirngewebe) auf die Hand, an die Waffenmündung, in den Waffenlauf und auf die Ärmel der Bekleidung gespritzt sein. Durch Waffenteile, die sich bei der Schussabgabe bewegen, sind Verletzungen an der Schusshand im Schwimmhautbereich zwischen Daumen und

Zeigefinger möglich. Wird die Waffe mit beiden Händen gehalten, finden sich Beschmauchung, Blutspritzer und Verletzungen mitunter auch an der Stützhand.

Meist fällt die Waffe nach der Schussabgabe dem Suizidenten aus der Hand und wird in unmittelbarer Nähe der Leiche aufgefunden. Die Feststellung „Waffe in der Hand des Toten" kann zum einen erklärt werden durch nachträgliches Hineinlegen, um bei einem Tötungsdelikt einen Suizid vorzutäuschen, zum anderen verhindern in Ausnahmefällen besondere Umstände bei der Suizidausführung, dass die Waffe aus der Schusshand gleitet und herabfällt. Das ist beispielsweise zu beobachten nach suizidalen Kopfschüssen in Bauch- oder Rückenlage, wenn die waffenhaltende Hand neben dem Kopf liegen bleibt.

Bei der Leichenöffnung sind folgende kriminalistisch bedeutsame Aspekte zu berücksichtigen:
- Schussverletzung ja oder nein?
- Art (Durch-, Steck- oder Streifschuss, Nah- oder Fernschuss),
- Vitalität,
- Anzahl und Richtung der Schüsse, Verlauf der Schusskanäle,
- Hinweise auf Waffen- und Munitionstyp,
- Priorität der Schüsse,
- Todesursache, Handlungsfähigkeit,
- Hinweise für Fremd- oder Selbstbeibringung,
- Beeinflussung durch Alkohol, Medikamente oder Drogen.

4.2.6 Elektrizität

Als Folgen einer Einwirkung elektrischer Energie auf den menschlichen Körper werden unterschieden:
- elektrospezifische Schädigungen (Bewusstlosigkeit, Atemlähmung, Herzkammerflimmern, Muskelkrampf),
- elektrothermische Schädigungen (Verbrennungen, speziell Strommarke),
- indirekte Schädigungen (z. B. Sturz).

Der Tod durch Elektrizität setzt bei Kontakt mit spannungführenden Teilen das Zustandekommen eines Stromkreises voraus. Meist schließt der menschliche Körper den Stromkreis zwischen einem isolationsdefekten Elektrogerät und der Erde (sog. Körperschluss).

Als Todesursache bei Einwirkung von Haushaltsstrom auf den Körper steht der Tod infolge eines Herzkammerflimmerns im Vordergrund.

Befunde an der Leiche:
Strommarke (örtliche Verbrennung an der Kontaktstelle der Haut mit einem spannungführenden Leiter), kann aber fehlen.

Die Obduktionsbefunde an den inneren Organen sind uncharakteristisch und für die Diagnose des Stromtodes bedeutungslos. Das Erkennen eines Stromtodes bereitet erhebliche Schwierigkeiten, wenn Strommarken fehlen, die Fundortsituation keinen zwingenden Hinweis liefert und Zeugen nicht zu ermitteln sind. Es empfiehlt sich, einen auf dem Gebiet der Elektrotechnik erfahrenen Sachverständigen hinzuzuziehen.

Wie bei Hochspannungsunfällen durch technische Elektrizität finden sich auch bei Blitzschlag manchmal schwerste Verbrennungen bis zu Verkohlungen. Als Todesursachen sind eine zentrale Atemlähmung und ein Herzkammerflimmern möglich.

4.2.7 Hohe Temperaturen

Bei den örtlichen Hitzewirkungen wird zwischen Verbrühung und Verbrennung unterschieden:

- Verbrühung =
  thermische Gewebsschädigung durch heiße Flüssigkeiten, Dämpfe oder Gase,
- Verbrennung =
  thermische Gewebsschädigung durch Einwirken von offenen Flammen, Funken oder Strahlung sowie durch Berühren heißer Gegenstände.

Befunde an der Leiche:

- Verbrennungen unterschiedlicher Schweregrade:
  1. Grad – Hautrötung (Erythem) und Schwellung, ab 40-50 °C
  2. Grad – Blasenbildung (sog. Brandblasen), bei 70-100 °C
  3. Grad – Zerstörung der Haut und tiefer liegender Gewebsschichten (Nekrose), Aussehen der Muskulatur und anderer Gewebe wie gekocht, Körperhöhlen können aufbrechen, mehr als 100 °C
  4. Grad – Verkohlung (Karbonisation), wesentlich höher als 100 °C

- Krähenfüße an den äußeren Augenwinkeln und versengte Wimpernspitzen,
- Rötung und Schwellung der Kehlkopfschleimhaut,
- Einatmung von Rußpartikeln in die tiefen Luftwege,
- Verschlucken von Ruß,
- Einatmung giftiger Verbrennungsprodukte (z. B. Kohlenmonoxid, Cyanverbindungen).

Meist liegt bei Brandleichen eine kombinierte Todesursache vor, wobei mal die Verbrennung und mal die Rauchgasvergiftung im Vordergrund steht.

Um die Einatmung flüchtiger Brandlegungsmittel nachzuweisen, werden bei der Leichenöffnung Blutproben aus dem Herzen oder Lungenstücke für eine toxikologisch-chemische Untersuchung entnommen.

Naturgemäß fehlen beim Mordbrand die vitalen Zeichen des Verbrennens.

Vielfach weisen Brandleichen postmortale Veränderungen auf. Charakteristisch ist die sog. Fechter- oder Boxerstellung. Durch hitzebedingte Schrumpfung der Muskelsehnen sind die Gliedmaßen in halbgebeugter Stellung fixiert. Weiterhin können Hitzerisse der Haut entstehen, die teilweise glattrandig erscheinen und an Schnittverletzungen erinnern. Bevorzugte Stellen sind die Gesichts- und Halsregion. Durch längere Brandeinwirkung mit weitgehender Abkohlung der Gliedmaßen entsteht ein Brandtorso. Bei flüchtiger Betrachtung sind Verwechselungen mit Kindesleichen möglich und auch schon vorgekommen.

4.2.8 Niedrige Temperaturen

Die Einwirkung von Kälte auf den Körper kann zu einer örtlichen Gewebsschädigung (= Erfrierung) unterschiedlicher Schweregrade und zu einer Beeinträchtigung des Gesamtorganismus (= allgemeine Unterkühlung) führen. Örtliche Erfrierungen sind kriminalistisch nahezu bedeutungslos.

Die allgemeine Unterkühlung stellt eine Herabsetzung der Körpertemperatur unter den Normalwert von rund 37 °C dar. Begünstigende äußere Faktoren sind unzureichende Bekleidung, hohe Luftfeuchtigkeit (Regen, Nebel), Wind, Aufenthalt in kaltem Wasser (Schiffbrüchige), Einschneien und Schneelawinen. Von den inneren

Faktoren sind bedeutsam: Alkoholrausch, Medikamenten- und Drogenwirkungen, Erschöpfung, Hunger, Krankheiten, Blutverlust und Schädel-Hirn-Verletzungen mit Bewusstseinsstörungen.

Eine akute Unterkühlung kann bereits innerhalb weniger Stunden zum tödlichen Herzkammerflimmern führen. Im Zusammenwirken von äußeren und inneren Faktoren reichen Lufttemperaturen bei Plusgraden zwischen 4 °C und 8 °C für den Todeseintritt aus. Folglich ist eine tödliche Unterkühlung bei entsprechenden Nachttemperaturen auch im Sommer möglich.

Befunde an der Leiche:
- Hautrötung und Frostbeulen,
- hellrote Totenflecke,
- Blutungen in der Magenschleimhaut.

Der Leichenfundort kann durch regellos verstreute Kleidungsstücke und Spuren des Herumirrens und Herumkriechens auffällig sein (paradoxes Wärmeempfinden = Kälteidiotie).

4.2.9 Nahrungsmangel

Der Tod durch Verhungern kann verschiedene Ursachen haben. Neben krankhaften Störungen der Nahrungsaufnahme (z. B. Speiseröhrenkrebs) und Nahrungsverweigerung (z. B. Hungerstreik, psychogene Essstörung) sind völliger Nahrungsentzug und unzureichende Nahrungszufuhr (Mangelernährung, Fehlernährung) zu nennen.

Befunde an der Leiche:
- hochgradige Abmagerung (Auszehrung = Kachexie) und Austrocknung,
- starke Rückbildung der inneren Organe,
- Wassereinlagerung in die Körpergewebe (Hungerödem) durch Eiweißmangel.

Bei Todesfällen von Säuglingen und Kleinkindern, die ein geringes Körpergewicht und vielleicht noch Pflegeschäden aufweisen, ergibt sich der Verdacht auf eine Kindesvernachlässigung durch Nahrungsentzug.

4.3 Vergiftungen

Gifte sind Substanzen, die in einer gewissen Menge durch ihre chemischen oder physikalischen Eigenschaften unter bestimmten Bedingungen den menschlichen Organismus schädigen können. Die

Giftwirkung hängt im Wesentlichen ab von der Art der Substanz und der aufgenommenen Menge (Dosis), der Art der Verabreichung, der Einwirkungsdauer und -häufigkeit sowie der körperlichen Beschaffenheit des Geschädigten (Alter, Krankheiten). Nach der Herkunft kann es sich um chemische, pflanzliche, tierische, bakterielle oder andere Gifte handeln.

Eine Vergiftung (Intoxikation) ist das Krankheitsbild, das aus der schädlichen Wirkung eines Giftes resultiert. Es kann zur Wiederherstellung der Gesundheit, zu chronischer Krankheit oder zum Tod kommen.

Bei jedem unklaren Todesfall muss auch an die Möglichkeit einer Vergiftung gedacht werden. Ein Vergiftungsverdacht kann sich aus Folgendem ergeben:
- Leichenschaubefunde,
- Spurenlage am Leichenfundort,
- Umstände des Todes,
- Vorgeschichte,
- Feststellungen bei der Leichenöffnung.

An der Leiche lassen sich in der Mehrzahl der Fälle keine spezifischen Vergiftungszeichen feststellen. Dennoch kann die Leichenschau richtungweisende Befunde erbringen:
- Farbe der Totenflecke, z. B. hellrot bei Kohlenmonoxid und Cyaniden,
- Farbveränderungen der Haut, z. B. Braunfärbung bei Seifenvergiftung, Gelbfärbung bei Lebergiften,
- Hautveränderungen, z. B. Druckblasen an den Aufliegestellen bei Schlafmittelvergiftungen (HOLZERsche Blasen), Hautausschlag, Hauteiterungen und Injektionsstellen mit typischer Lokalisation über Blutgefäßen bei Drogentodesfällen,
- Auffälligkeiten der Mundhöhle und Abrinnspuren, z. B. Erbrochenes, nicht verschluckte Tablettenreste, Verätzungen,
- Verlust oder leichte Ausziehbarkeit der Kopfhaare, z. B. bei Thallium,
- Hände, z. B. rote Farbe der Nagelbetten bei Kohlenmonoxid, weiße Querstreifung der Nägel bei Arsen und Thallium (MEES-Streifen), Pulver- und Flüssigkeitsrückstände,
- Geruch, z. B. aromatisch bei Alkohol und Lösungsmitteln, bittermandelähnlich z. B. bei Cyaniden, knoblauchartig z. B. bei E 605®, faulig z. B. bei Schwefelwasserstoff.

Fehlen richtungweisende Befunde an der Leiche, können sich die ersten und mitunter sogar einzigen Hinweise auf eine Vergiftung aus der Spurenlage am Leichenfundort ergeben. Oft sind es Trinkgefäße mit Substanzresten, leere Medikamentenverpackungen (Blick in den Mülleimer!), Behälter von Schädlingsbekämpfungsmitteln oder Injektionsspritzen, die den Verdacht aufkommen lassen.

Die Umstände des Todes begründen einen Vergiftungsverdacht bei
- bestimmten Auffindungssituationen (z. B. Leiche und Fixerutensilien, Gasgeruch im Raum),
- jungen, zuvor scheinbar gesunden Erwachsenen,
- Kindern, auch Säuglingen, ohne bekannte Vorerkrankungen,
- gleichzeitigem Tod mehrerer Personen sowie
- Miterkrankung oder Tod von Haustieren.

Aus der Vorgeschichte können folgende Anhaltspunkte auf eine Vergiftung hindeuten:
- Aussagen von Zeugen über eine erwiesene oder vermutete Giftaufnahme,
- Umgang mit Chemikalien im gewerblichen und häuslichen Bereich,
- Suizidgefährdung und vorausgegangene Suizidversuche, insbesondere durch Vergiften,
- bekannte Abhängigkeit von Alkohol, Drogen oder Medikamenten,
- bestimmte Berufsgruppen mit Zugang zu Giften, besonders Chemiker, Apotheker, Medizinalpersonen, Tierärzte, Laboranten,
- Krankheitserscheinungen, wie Kopfschmerzen, Benommenheit, Schwindel, Sehstörungen, Verwirrtheit, Krämpfe, Bewusstlosigkeit, Bauchschmerzen, Speichelfluss, Erbrechen, Durchfall, Schweißausbruch, Blauwerden, Atemstörungen (Röcheln, Schnarchen, lange Atempausen), Herzrhythmusstörungen, Gelbsucht, Haarausfall.

Die beispielhaft erwähnten Symptome sind keine spezifischen Vergiftungserscheinungen, sondern können ebenso bei verschiedenen Krankheiten aus anderer Ursache auftreten.

Vereinzelt ergibt sich erst bei der Leichenöffnung der Vergiftungsverdacht, wenn im Magen-Darm-Kanal auffälliger Inhalt, wie Tablettenreste, Arzneikapseln, Pilzstücke, Zäpfchenmasse oder mit Drogen gefüllte Plastiktüten, gefunden wird. An eine Vergiftung muss auch gedacht werden, wenn die Obduktionsergebnisse den Todeseintritt nicht erklären.

Der Vergiftungsnachweis ist nur durch die Leichenöffnung mit anschließender toxikologisch-chemischer Analyse zu führen. Für die Sicherung von Körperflüssigkeiten und Organproben sind die Obduzenten zuständig. Um die Schwierigkeiten beim chemischen Nachweis von Giften durch die Zersetzung des Körpers und der Gifte selbst nicht zu vergrößern, sollte die Obduktion möglichst bald erfolgen. Bis dahin ist die Leiche gekühlt aufzubewahren.

Die Bewertung der Untersuchungsergebnisse erfolgt im Zusammenwirken des Forensischen Toxikologen und des Rechtsmediziners. Der Nachweis des Giftes ist vorwiegend eine chemische, die Feststellung der Vergiftung eine medizinische Aufgabe.

Ist die tödliche Vergiftung nachgewiesen, so können die kriminalistischen Ermittlungen etwa folgende Ergebnisse erbringen:

- vorsätzliche Vergiftung
  - durch eigene Hand
  - durch fremde Hand
- fahrlässige oder zufällige, nicht schuldhaft verursachte Vergiftung
  - gewerbliche Vergiftung (bei beruflicher Tätigkeit in Gewerbebetrieben, Industrie und Landwirtschaft),
  - häusliche Vergiftung (im Haushalt und bei Freizeitbeschäftigungen),
  - medizinale Vergiftung (durch Arzneimittel).

Unabhängig von dem Zustandekommen der Vergiftung muss durch die Ermittlungen die Herkunft des Giftes geklärt werden.

Für die kriminalistische Praxis haben tödliche Vergiftungen durch

- Alkohol,
- Drogen und
- Medikamente

eine besondere Bedeutung.

4.3.1 Alkohol

Nach der Aufnahme von Ethanol (= Trinkalkohol) treten in Abhängigkeit von der erreichten Blutalkoholkonzentration die Symptome einer akuten Alkoholvergiftung auf (Tabelle 3).

Als tödliche Dosis für Erwachsene gelten Mengen um 6-8 g Ethanol pro Kilogramm Körpergewicht. Unbehandelt tritt der Tod nach 6 bis 12 Stunden unter dem Bild einer Narkose mit Absinken der Körpertemperatur, Kreislaufzusammenbruch und Atemlähmung ein.

BAK (‰)	Symptome
< 0,5	Redseligkeit, fröhliche Stimmung, herabgesetzte Hemmschwelle, Gesichtsrötung, Wärmegefühl
0,5 – 2,0	Rausch: deutliche Enthemmung, gemindertes Reaktionsvermögen, Sprechstörungen (lallende Sprache), Bewegungsstörungen (Torkeln), Stieren, Müdigkeit, Übelkeit
2,0 – 4,0	Volltrunkenheit: Bewusstseinstrübung, Verlust des Steh- und Gehvermögens, Desorientiertheit, Erbrechen, weite und starre Pupillen, Absinken der Körpertemperatur, Erinnerungslücken, Fehlen von Reflexen, Lebensgefahr
> 4,0	tiefe Bewusstlosigkeit, Untertemperatur, Atemstörungen bis zur tödlichen Atemlähmung

Tab. 3: Symptome der akuten Ethanolvergiftung

Die akute, tödlich verlaufende Alkoholvergiftung entsteht meist infolge unkontrollierter Alkoholaufnahme. Entscheidend für den Ausgang ist das Verhältnis zwischen der Alkoholverträglichkeit des Trinkenden und der Trinkmenge. Die Alkoholwirkung hängt darüber hinaus von der Schnelligkeit des Trinkens ab. Das erklärt, warum selbst bei trinkfesten Personen nach überstürzter Alkoholaufnahme tödliche Alkoholvergiftungen auftreten können. Typisches Beispiel ist der Sturztrunk bei Trinkwetten oder bei anderen Gelegenheiten. Dieselbe Menge über einen längeren Zeitraum getrunken, würde nicht zum Tod führen. Aus diesen Gründen sind die Blutalkoholkonzentrationen bei tödlichen Vergiftungen ziemlich unterschiedlich. Bei Werten ab 3-5 ‰ ist mit einem tödlichen Ausgang zu rechnen. Dagegen wurden Blutalkoholkonzentrationen von mehr als 5 ‰ überlebt, wenn die intensivmedizinische Behandlung rechtzeitig erfolgte.

Der Alkohol kann als Mitursache den Todeseintritt bewirken, wenn vorbestehende Organschäden (z. B. Leber- und Herzkrankheiten) oder akute Erkrankungen (z. B. Atemwegsinfektionen) vorliegen. Die Blutalkoholkonzentrationen liegen in solchen Fällen meist nur um 2-3 ‰. Bei der Behandlung mit bestimmten Medikamenten ist durch die zusätzliche Aufnahme von Alkohol eine Kombinationswirkung mit tödlichem Ausgang möglich.

Als disponierendes Moment spielt die akute Alkoholisierung für das zum Tod führende Geschehen speziell beim Badetod, beim Bolustod und bei der Unterkühlung eine wesentliche Rolle.

Zur Alkoholbestimmung ist an der Leiche eine Blutprobe aus einer Oberschenkelvene im Bereich der Leistenbeuge zu entnehmen, keinesfalls aus dem Herzen. Aufgrund der benachbarten Lage von Herz und Magen kann Alkohol aus dem Mageninhalt durch das Zwerchfell in das Herzblut gelangen und die Blutalkoholkonzentration erhöhen. Ebenso darf Blut, das den Körper verlassen hat (z. B. aus Blutlachen, von Kleidungsstücken), nicht zur Alkoholbestimmung verwendet werden, weil durch Verdunstung oder Verunreinigung mit chemisch aktiven Substanzen die Ergebnisse verfälscht sein können.

Nach dem Tod findet im Körper kein Abbau des Blutalkohols mehr statt, sodass die am Leichenblut festgestellten Alkoholwerte die Alkoholisierung zum Todeszeitpunkt widerspiegeln. Bis deutliche Fäulniserscheinungen auftreten, bleibt der Alkoholgehalt in den herzfernen Blutgefäßen praktisch unverändert. Deshalb muss die Blutentnahme bei Leichen nicht unmittelbar nach dem Ableben vorgenommen werden, sondern kann auch später (z. B. bei der Leichenöffnung) erfolgen. Ist die Leiche bei der Auffindung bereits fäulnisverändert, lässt sich der Alkoholwert auch im Glaskörper des Auges und an der Muskulatur bestimmen. Bei der Ergebnisbewertung sind die Fäulnisveränderungen mit möglichem Ethanolabbau oder mit einer Neubildung von Ethanol zu berücksichtigen.

Weitere Untersuchungsmaterialien von der Leiche sind Urin, Hirnkammerwasser und Rückenmarkflüssigkeit.

Die Blutproben müssen vor und nach der Untersuchung gekühlt und unter Verschluss gelagert werden. Der Zusatz von bakterienhemmenden oder sonstigen Stoffen ist nicht zulässig. Die Dauer der Aufbewahrung von Restmaterial beträgt nach einer bundeseinheitlichen Verwaltungsvorschrift mindestens zwei Jahre. Dadurch wird gewährleistet, dass Nachbestimmungen der Blutalkoholkonzentration bei behaupteter Fehlbestimmung und Identitätsfeststellungen bei behaupteter Verwechselung der Blutproben möglich sind.

4.3.2 Drogen

Der Drogentod (Rauschgifttod) ist die Folge einer tödlichen Drogenwirkung und steht meist, aber nicht immer, mit einer Abhängigkeit im Zusammenhang. Als Drogentodesfall im engeren Sinne gilt die unbeabsichtigte oder absichtliche Überdosierung mit einer tödlich verlaufenden Vergiftung. Im weiteren Sinne werden dazu Sterbefälle gezählt, die im Gefolge eines Drogenkonsums auftreten können:

- Todesfälle bei langzeitigem Missbrauch, vorrangig durch Infektionen (z. B. Leberentzündung, AIDS),
- Todesfälle durch Aspiration von Erbrochenem bei nicht tödlicher Dosierung,
- Selbsttötungen auf andere Art als durch suizidale Überdosierung aus Verzweiflung über die Lebensumstände oder unter dem Eindruck von Entzugserscheinungen,
- unfallbedingte Todesfälle unter Drogeneinfluss (z. B. Verkehrsunfall, Wohnungsbrand, Sturz aus der Höhe).

Zu Todesfällen kann es auch beim Körperschmuggel (sog. Bodypacking) kommen. In Präservative, Fingerlinge oder andere Plastikmaterialien verpackt, wird das Rauschgift in Körperöffnungen (Mastdarm, Scheide) oder nach Verschlucken im Körper transportiert. Durch Undichtwerden oder Platzen entleert sich der Inhalt, sodass aufgrund der hohen Giftkonzentration in kurzer Zeit tödliche Vergiftungen auftreten können.

Durch den gemeinsamen Gebrauch von Spritzen und Kanülen (sog. Nadelgemeinschaft, Needlesharing) können Infektionskrankheiten übertragen werden. Bedeutsam sind die Leberentzündung (Hepatitis B, Hepatitis C) und die HIV-Infektion. Die Durchseuchung mit Hepatitis wird oft unterschätzt. Ihr Anteil reicht bei Drogentoten bis über 50 %. Der ermittelte Anteil HIV-Infizierter beträgt etwa 10 %, weist jedoch deutliche regionale Unterschiede auf. Häufig werden auch Mehrfachinfektionen festgestellt.

Beim Umgang mit Leichen von Drogentoten besteht dann keine besondere Infektionsgefahr, wenn hygienische Grundregeln eingehalten werden. Dazu gehören die Verwendung von Einmalhandschuhen bei Leichenschau und Spurensicherung genauso wie ein vorsichtiges Hantieren mit Kleidungsstücken, weil sich darin gebrauchte Spritzen und Kanülen befinden können.

Der zuverlässige Nachweis eines Drogentodes ist nur durch eine Leichenöffnung mit anschließender toxikologisch-chemischer Analyse möglich. Noch während der Obduktion können an einer Urinprobe verschiedene Schnelltests durchgeführt werden, um Hinweise auf die Stoffgruppen und gewisse Anhaltspunkte für die aufgenommene Menge zu erhalten. Zum Nachweis der Aufnahmeart werden die Injektionsstellen mit umgebendem Gewebe herausgeschnitten, nach Konsum durch Schnupfen wird ein Abstrich von der Nasenschleimhaut gefertigt oder ein Schleimhautstück entnommen. Neben

Blut und Urin als wichtigste Asservate werden Organproben aus Lungen, Leber, Nieren und Gehirn sowie Gallensaft und Haarproben (Kopf-, Achsel- und Schamhaar) benötigt. Da Drogen in die Haare eingelagert werden, lassen sich bei ausreichender Haarlänge sogar ein länger zurückliegender wie auch ein langzeitiger Drogenkonsum feststellen.

4.3.3 Medikamente

Viele Medikamentenwirkstoffe können als potenzielle Gifte angesehen werden, wenn jemand entsprechende Präparate in ausreichender Menge oder über einen langen Zeitraum aufnimmt. Jedoch sind bei Weitem nicht alle Arzneimittel von praktischer Bedeutung für Vergiftungen und Vergiftungstodesfälle.

Vorrangige forensische Bedeutung haben Medikamentengruppen, die direkt auf das Zentralnervensystem wirken. Im Vordergrund stehen die Psychopharmaka. Unter diesem Begriff werden Arzneimittel mit bevorzugter Wirkung auf die höhere Nerventätigkeit zusammengefasst, die vor allem Informationsverarbeitung, Assoziationsfähigkeit, Stimmung und Gefühlslage beeinflussen. Infolge der weiten Verbreitung von Psychopharmaka sind suizidale Vergiftungen recht häufig. Auch Vergiftungen mit Schlaf- und Beruhigungsmitteln entstehen meist in Selbsttötungsabsicht. Die Vergiftungszeichen hängen vom Wirkstoff des Präparates ab. Handelt es sich um Mischintoxikationen, ist mit unvorhersehbaren Arzneimittelwechselwirkungen zu rechnen.

Bei toxischer Überdosierung zentral wirksamer Arzneimittel kann es zu tiefer Bewusstlosigkeit und schließlich zu einer tödlichen Atemlähmung kommen. Abhängig von Wirkstoff, Menge und Art der Aufnahme, Lebensalter, Körpergewicht, Gesundheitszustand, Magenfüllung und individuellen Faktoren (z. B. Gewöhnung) ist die tödliche Dosis recht unterschiedlich. Meist muss jedoch eine größere Tablettenmenge eingenommen werden, um eine toxische Wirkung zu erreichen. Damit die verschluckten Tabletten nicht erbrochen werden, lässt sich gelegentlich die zusätzliche Verwendung von Mitteln gegen Erbrechen (Antiemetika) feststellen.

Bei Missbrauch von Medikamenten ist die Verwendung nur eines Präparates selten. Häufig werden mehrere Arzneimittel und zudem kombiniert mit Alkohol oder Drogen aufgenommen.

5. Plötzlicher natürlicher Tod

Plötzliche Todesfälle aus natürlicher Ursache bei Kindern sind selten und können sowohl durch angeborene als auch erworbene Krankheiten bedingt sein. Die häufigste Todesursache im ersten Lebensjahr ist der Plötzliche Kindstod. Umgangssprachlich wird dieses Phänomen auch als Krippen- oder Wiegentod bezeichnet.

Nach der aktuellen internationalen Definition liegt ein Plötzlicher Kindstod bei plötzlichen unerwarteten Todesfällen von Kindern innerhalb des ersten Lebensjahres vor, wenn der Tod während der Schlafperiode eingetreten ist und nach einer gründlichen Untersuchung unter Einbeziehung einer Leichenöffnung mit zahlreichen Zusatzuntersuchungen sowie einer Überprüfung der Todesumstände und der Vorgeschichte ungeklärt bleibt.

Trotz intensiver Forschungen gibt es zu den Ursachen bisher keine überzeugenden Ergebnisse, sondern nur Hypothesen. Als sicher gilt, dass eine Kombination mehrerer Faktoren den Tod bedingt.

Nach kriminalistischer und rechtsmedizinischer Erfahrung muss bis zum Ausschluss auch mit einem Tötungsdelikt gerechnet werden. Es ist immer zu berücksichtigen, dass sich ein Säugling nicht wehren kann und leicht durch Mechanismen zu töten ist, die keine oder geringfügige, äußerlich schlecht sichtbare Spuren hinterlassen (z. B. Ersticken durch weiche Bedeckung der Atemöffnungen, stumpfes Bauch- und Brustkorbtrauma, Vergiftung).

Unter den natürlichen Ursachen plötzlicher Todesfälle im Erwachsenenalter überwiegen die Herz-Kreislauf-Erkrankungen, vor allem der Herzinfarkt und die Lungenembolie. Weitaus seltener handelt es sich um Krankheiten der Atemwege (Lungenentzündung, Bronchialasthma), des Zentralnervensystems (Blutung aus geplatzter Ausweitung einer Hirnbasisschlagader = Aneurysmaruptur, Schlaganfall) und des Verdauungstrakts (Blutung aus Geschwüren im Magen und im Zwölffingerdarm).

Meist sind es die äußeren Umstände natürlicher Todesfälle, die Anlass zu kriminalistischen Ermittlungen geben:
- Todesfälle in der Wohnung, bei denen Leichenschau und Vorgeschichte keinerlei Anhaltspunkte für die Todesursache ergeben,
- Tod in der Öffentlichkeit (Straßen und Plätze, Parkanlagen, Wald, Feldmark, öffentliche Gebäude und Verkehrsmittel, Sportanlagen),

- Tod in Gaststätten, Hotels, Pensionen und auf Campingplätzen,
- Sterbefälle am Steuer eines Kraftfahrzeugs,
- Tod am Arbeitsplatz,
- Todesfälle beim Sport,
- Todeseintritt bei sexueller Betätigung,
- Tod in Gewässern, auch in der Badewanne,
- plötzliche Todesfälle in der Arztpraxis und im Krankenhaus,
- Sterbefälle im Polizeigewahrsam und in Justizvollzugsanstalten.

Kriminalistische Bedeutung können auch gewisse Nebenumstände erlangen, etwa bei plötzlichem Todeseintritt nach Streitigkeiten und tätlichen Auseinandersetzungen, in unmittelbarem zeitlichem Zusammenhang mit einem Unfall sowie nach Essen und Trinken (Vergiftungsverdacht).

Beim unerwarteten Tod von Erwachsenen ist zur Aufklärung der Todesursache und der Todesart eine Leichenöffnung mit Zusatzuntersuchungen unverzichtbar.

6. DNS-Analytik biologischer Spuren

Mit zunehmender Verbreitung hat die DNS-Analytik die bisherigen Methoden der forensischen Spurenuntersuchung (Blut-, Serum- und Enzymgruppen) abgelöst.

Für eine Analyse der Kern-DNS sind folgende biologische Spuren geeignet:

- Blut,
- Speichel, Sperma, Vaginalsekret, Schweiß, Nasensekret und andere Körpersekrete,
- Haare mit Haarwurzel, Nägel,
- Haut,
- Knochen, Zähne,
- Muskulatur, innere Organe,
- Urin, Kot.

Wenn die Analyse der Kern-DNS versagt, kann mitochondriale DNS (mtDNS = mtDNA) aus kleinsten Mengen biologischen Materials gewonnen und ausgewertet werden. Die mtDNS-Analyse ist die bevorzugte Methode bei stark fäulnisveränderten Leichen, bei Skeletten nach längerer Bodenliegezeit und für die Individualisierung von Einzelhaaren ohne Wurzel. Für die kriminalistische Arbeit bedeutet das einen großen Fortschritt, denn die Mehrzahl aller an Tatorten gesicherten Haarspuren sind ausgefallene Haare (= Telogenhaare).

Die DNS-Analytik ermöglicht eine Individualisierung auch von Mikrospuren. Dadurch haben insbesondere die Haut- und Schleimhautzellen als Spurenmaterial eine große Bedeutung erlangt. Abhängig von der Art der Gewaltanwendung kann Täter-DNS auf Körper und Bekleidung des Opfers übertragen werden durch

- Würgen,
- Schlagen mit der Faust, Greifen,
- Kratzen als Abwehrhandlung,
- Beißen, Saugen an der Haut (sog. Knutschfleck).

Es ist Erfolg versprechend, nach einem Würgegriff das von den Händen des Täters stammende Zellmaterial von der Halshaut des Opfers zu sichern. Wenn die Übertragung von Täter-DNS nicht auf die Halshaut erfolgte, weil zwischen den Händen des Täters und der Halshaut des Opfers textiles Gewebe (z. B. Kragen, Tuch, Schal) lag, kann die Außenseite des Stoffes auf Tätermerkmale untersucht werden. Selbstverständlich finden sich an solchen Spurenträgern sowohl Fremd-DNS als auch DNS vom Opfer. Durch das alltägliche Hantieren und durch das körpernahe Tragen gelangen eigene Hautzellen auf die Kleidungsstücke.

Bei Delikten mit intensivem Körperkontakt zwischen Täter und Opfer kann es nicht nur zu einer wechselseitigen Übertragung von Blut-, Sekret-, Haar- oder Faserspuren kommen, sondern ebenso ist eine Spurenüberkreuzung von Hautzellen möglich. So kann Täter-DNS am Körper und an Kleidungsstücken des Opfers und umgekehrt Opfer-DNS am Körper und an Kleidungsstücken des Täters nachweisbar sein.

Werden Werkzeuge zur Tatbegehung verwendet, kann Opfer-DNS an folgenden Tatmitteln typisierbar sein:

- Schlag- und Hiebwerkzeuge,
- Stich- und Schneidwerkzeuge,
- Strangulationswerkzeuge,
- Schusswaffen (Anwendung im Nahschussbereich),
- Schuhwerk.

Durch festes Zufassen bei der Benutzung kann am Tatwerkzeug auch Hautabrieb mit Täter-DNS vorhanden sein. Ebenso ist in benutzten Handschuhen und Schuhen (auch wenn Strümpfe oder Socken getragen wurden) Hautabrieb zu finden, der eine Personenzuordnung in strittigen Fällen möglich macht.

An Knebel- und Fesselwerkzeugen (besonders Klebebänder) kann im Einzelfall der Nachweis sowohl von Opfer-DNS als auch von Täter-DNS bedeutsam sein.

Unabhängig von der gesicherten Spurenart wird als Vergleichsmaterial ein Mundschleimhautabstrich benötigt. Die Entnahme der sog. Speichelprobe erfolgt durch kräftiges Abreiben der Wangeninnenseite mit einem DNS-freien Wattestieltupfer. Das eigentliche Untersuchungsmaterial sind die dabei gewonnenen Mundschleimhautzellen. In Ausnahmefällen kommt als Vergleichsmaterial auch eine Blutprobe in Betracht.

Die Ergebnisse der DNS-Analytik lassen verschiedene Aussagen zu. Wurde allein das Spurenmaterial untersucht und finden sich darin mindestens drei DNS-Merkmale eines Systems, so handelt es sich um eine Mischspur von wenigstens zwei Personen. Um die Spur einer Person als Spurenverursacher zuordnen zu können, muss eine Vergleichsuntersuchung von Spuren- und Vergleichsmaterial durchgeführt werden. Ergibt sich nur *ein* unterschiedliches Merkmal, kann die betreffende Person, von der das Vergleichsmaterial stammt, als Spurenverursacher ausgeschlossen werden. Ein Ausschluss sollte aber möglichst in zwei oder mehr Systemen vorliegen. Stimmen dagegen die Merkmale der Spur mit denen des Vergleichsmaterials überein, ergibt sich die Frage nach dem Beweiswert dieses Befundes. Die Wahrscheinlichkeit, dass die untersuchte Person tatsächlich der Spurenverursacher ist, kann errechnet werden. Für die Berechnung muss die Häufigkeitsverteilung der Merkmale jedes untersuchten Systems in der Bevölkerung (Population) bekannt sein. Daraus ergibt sich für jedes einzelne System eine Einzelwahrscheinlichkeit (Diskriminationswert). Durch Multiplikation der Einzelwahrscheinlichkeiten erhält man einen kombinierten Diskriminationsindex, der die Wahrscheinlichkeit angibt, dass zwei zufällig ausgewählte, nicht verwandte Individuen einer Bevölkerung dieselbe Merkmalskombination aufweisen. Aufgrund ihrer erblichen Identität haben eineiige Mehrlinge in allen Systemen dieselben Merkmale, sodass eineiige Geschwister eines Spurenverursachers molekularbiologisch niemals auszuschließen sind. Da verschiedene Populationen unterschiedliche Merkmalsverteilungen aufweisen können, dürfen die Häufigkeiten nur aus der Bevölkerung verwendet werden, für deren Angehörige die Wahrscheinlichkeit berechnet werden soll.

Beim Bundeskriminalamt wird eine DNA-Analyse-Datei zentral für Bund und Länder geführt. National werden folgende 14 Systeme in der Datei erfasst und sind recherchierbar: D3S1358, VWA, D8S1179, D21S11, D18S51, HUMTH01, FGA, D1S1656, D2S441, D10S1248, D12S391, D22S1045, SE33 und das geschlechtsspezifische Amelogenin-System. Europaweit ermöglicht der Prümer Vertrag den automatisierten Austausch von DNS-Identifizierungsmustern. Der gegenseitige Zugriff auf die entsprechende Datei des jeweils anderen Vertragsstaates erfolgt über die nationale Kontaktstelle.

Literatur:

Hunger, H., Dürwald, W., Tröger, H. D. (Hrsg.), Lexikon der Rechtsmedizin, 1993.

Krause, D., Schneider, V., Blaha, R., Leichenschau am Fundort. Ein rechtsmedizinischer Leitfaden, 4. Aufl., 1998.

Lohs, K., Elstner, P., Stephan, U. (Hrsg.), Fachlexikon Toxikologie, 4. Aufl., 2009.

Madea, B., Die ärztliche Leichenschau. Rechtsgrundlagen, Praktische Durchführung, Problemlösungen, 2. Aufl., 2006.

Madea, B., Praxis Rechtsmedizin. Befunderhebung, Rekonstruktion, Begutachtung, 2. Aufl., 2007.

Maresch, W., Atlas der Gerichtsmedizin, 1988.

Schneider, V., Farbatlas der Rechtsmedizin, 1991.

Wirth, I., Schmeling, A., Rechtsmedizin. Grundwissen für die Ermittlungspraxis, 3. Aufl., 2012.

II. Kriminalistische Psychologie

von *Lutz Belitz* und *Uwe Rüffer*

1. Gegenstand

Kriminalistik – je nach Blickrichtung und Anwenderspezifik unterschiedlich aufgefasst (von Handlungslehre bis zu wissenschaftlichen Definitionsansätzen) – ist in ihrer Verflechtung mit dem Straf- und vor allem Strafverfahrensrecht immer beweisrelevante Wahrheitserforschung bei der Straftatenuntersuchung. Insbesondere der Aspekt der Erforschung enthält die wichtigste Anforderung für einen kriminalistisch-psychologischen Arbeitsansatz: Es handelt sich um einen zielorientiert gestalteten Problemlöseprozess. Der kriminalistisch Handelnde agiert somit als Problemlöser.

Die Ziele der Psychologie sind

- die Beschreibung (zugleich Voraussetzung zur Systematisierung),
- die Erklärung (entwickeln von Modellen zu den inneren und äußeren Ursachen und Bedingungen) und
- die Vorhersage von menschlichem Verhalten.

Nach *Römer*[7] nähert sich die Psychologie auf drei Wegen dem Thema der Verbrechensbekämpfung:

- zum einen auf das Strafverfahren, d. h. den Prozess der Beschaffung und Untersuchung der Beweismittel, orientiert – heute als Kriminalistische Psychologie bezeichnet,
- zum anderen auf den Täter konzentriert, was teilweise den Gegenstand der Kriminalpsychologie bildet, und
- schließlich etablierte sich mit der Entstehung und Entwicklung des gerichtlichen Gutachterwesens die Forensische Psychologie.

Kriminalistische Psychologie als angewandte Psychologie erfasst also in besonderer Weise die Beschreibung, Erforschung und Prognose des Problemlöseverhaltens aller am Strafverfahren beteiligten Personen – sei es als Ermittlungsbeamter, Detektiv, Richter, Staats- oder Rechtsanwalt. Das bezieht sich sowohl auf die einzelnen Stadien des Untersuchungsprozesses (z. B. Aufdeckung von Straftaten, Erster Angriff, Stadium der weiteren Ermittlungen, Prävention von

7 *Römer*, Über das Verhältnis der Kriminalistik zur Psychologie, in: Kriminalistik und forensische Wissenschaften 37/1988, S. 426.

Straftaten) als auch auf die Untersuchungshandlungen selbst (z. B. Tathergangsanalyse, Zeugen- und Beschuldigtenvernehmung, Aussagebewertung).

Es bedürfte keiner psychologischen Intervention, wenn sich die menschliche Verhaltensregulation (in unserem Fall bezogen auf die kriminalistische Tätigkeit) durch formalisierte Handlungsvorschriften hinreichend objektiv, also weitgehend subjektunabhängig sichern ließe. Diese Fehlauffassung, dass das Leben lediglich den Normen und Gesetzen anzupassen sei, ist unserer Meinung nach häufig in Organisationen mit exekutiven, d. h. rechtdurchsetzenden Funktionen zu finden. Als eine Art professioneller Deformation entspricht diese Zielstellung zudem einem häufig unreflektierten Selbstverständnis von Führung, das gleichzeitig auch den Bewertungsmaßstab „geführter" Prozesse bildet.

Dabei sind wir durchaus der Meinung, dass das Schaffen und Anwenden formalisierter Handlungsvorschriften für Rahmenbedingungen des Handelns (in Form gesetzlicher Regelungen, z. B. der Strafprozessordnung) und bezogen auf bestimmte Klassenbildungen bei häufig wiederkehrender Handlungen (z. B. in der Kriminaltaktik die Abfolge der Tatortuntersuchung) seinen Sinn macht. Jedoch muss die Anwendung problembewusst, damit systemorientiert und in maßvoller Begrenzung erfolgen.

Für die Verwirklichung sozialer Funktionen der Kriminalistik ist es ein folgenschwerer Trugschluss, wollte man der Erforschung „der Gesetzmäßigkeiten und Erscheinungen des Entstehens von Informationen bei der Begehung von Straftaten sowie [der] Methoden ihres Auffindens, Sicherns und Bewertens für Ermittlungs- und Beweiszwecke"[8] bürokratisch durch Formalisierungen gerecht werden. Daher ist es folgerichtig, dass sich die Kriminalistik als Problemlöseprozess mit hohem Anteil kreativer Arbeitsanforderungen und den dazu notwendigen personalen und führungsmäßigen Voraussetzungen der Psychologie bedient. Das geschieht mit der Absicht, die Regulation des Vorgehens bei der Problemlösung wissenschaftlich zu fundieren und so in der praktischen kriminalistischen Arbeit zu etablieren. Dazu zählt bei Orientierung auf ein Leistungsoptimum auch die Nutzung von Synergie-Effekten in sozial-kooperativ arbei-

8 *Ackermann et al.*, Zum Stellenwert der Kriminalistik, in: Kriminalistik 2000/596.

tenden kleinen Gruppen. Gemeint ist die Einführung und voraussetzungsgerechte Handhabung des Team-Ansatzes, der sich nicht nur auf bestimmte organisatorische Äußerlichkeiten beschränkt.

Um diese personalen und führungsseitigen Voraussetzungen sichern zu können, sind Fragen, die die Auswahl, die Aus- und Fortbildung sowie den bedingungs- und anforderungsabhängig gestalteten Einsatz betreffen, ebenfalls wesentliche Bestandteile des Arbeitsgegenstandes der Kriminalistischen Psychologie. Hier gilt es – anders als bei herkömmlichen Lehr- und Lernformen – solche Selbsterkenntnisse am bisherigen Entwicklungsstand anknüpfend über Erfahrungslernen bewusst zu machen und gezielt einer motivierten (Selbst-)Veränderung zuzuführen. Denkbar wäre z.B. das Installieren und Durchlaufen von sozialpsychologischen Trainings oder einer trainingsgestützten Aus- und Fortbildung.

Das sich daraus entwickelnde Problembewusstsein hilft, beim Einzelnen Rückkopplungsprozesse selbständig in Gang zu setzen, selbst zu eigenen Erkenntnissen zu gelangen. Ein derartiges Lernen geht einher mit dem persönlichen Aha-Effekt. Mit Blick auf die kriminalistische Tätigkeit als ständigem Problemlöseprozess wird das Lernen für den Einzelnen, d. h. die Akzeptanz und die Auseinandersetzung mit dem Neuen und Unbekannten, zu einem selbstbestimmten Bedürfnis. Nicht der Bezug auf einmal geschaffene, damit bekannte, formalisierte Handlungsanweisungen und damit verbunden die Anpassung des Lebens (bzw. des zu untersuchenden kriminalistisch relevanten Ereignisses) an die Norm steht im Mittelpunkt der Tätigkeitsregulation. Es muss vielmehr die Suche nach dem Besonderen, also Einmaligen im kriminalistisch relevanten Ereignis und dessen systemische Einbettung bei gleichzeitigem bewussten Verständnis und Akzeptanz des (z. B. strafprozessualen) Handlungsrahmens sein. Einmal zum Bedürfnis geworden, spiegelt sich diese Einstellung auch in den Anforderungen an die praktisch orientierte Fortbildung im Arbeitskollektiv wieder. Es geht folglich darum, eine bewusste Verhaltenssteuerung der kriminalistischen Tätigkeit als beweisrelevante Wahrheitserforschung bei der Straftatenuntersuchung und damit deren Optimierung zu ermöglichen. Die erforderlichen Leistungsvoraussetzungen (Fachkompetenz, Selbstkompetenz und soziale Kompetenz) für diese Art von Tätigkeit begrifflich zu erfassen und führungs- und handlungsrelevant für Eignung, Auswahl, Aus- und Fortbildung sowie Einsatz nutzbar zu machen, gehört demnach ebenfalls zum Gegenstand der Kriminalistischen Psychologie.

Römer[9] unterstreicht die Bedeutung eines solchen Herangehens: „Die Untersuchung [von Strafrechtsverletzungen] erstreckt sich auf menschliche Handlungen und den handelnden Menschen. Sie ist in weitgehendem Maße bei der Beweisführung auf Beobachtungen und Aussagen von Menschen angewiesen. Sie wird von Menschen selbst durchgeführt. Es ist wohl kaum zu bezweifeln, daß Qualität und Quantität der Aufklärungsergebnisse in starkem Maße davon bestimmt werden, inwieweit es gelingt, die bei der Aufdeckung und Untersuchung von Straftaten auftretenden psychologischen Probleme herauszuarbeiten und in die Praxis einzuführen.“ Dabei verweist er auf *Gross*, der bereits 1922 bemerkte, „daß die Gründe für unzählige verunglückte Untersuchungen nicht in den Mängeln der juristischen, sondern der kriminalistischen Qualifikation und hier vor allem der Kriminalpsychologie – wie es damals hieß – zu suchen seien“.

Wie eingangs beschrieben, verfolgt die (Kriminalistische) Psychologie das Ziel, menschliches Verhalten zu beschreiben, erklären und vorherzusagen. Die dabei zugrunde gelegten Modelle tragen einen dynamischen Charakter. Sie lassen sich also nicht wie ein Kochrezept anwenden: Man nehme davon und hiervon und fertig ist der Untersuchungsprozess. Sie sind vielmehr auf den konkreten Fall in einem kreativen Denkprozess anzupassen. Im Rahmen der vorliegenden Publikation soll dies exemplarisch an zwei für die Ermittlungstätigkeit bedeutsame Problemen näher dargestellt werden.

2. Versionsbildung

Aus kognitionspsychologischer Sicht lässt sich ein Problem durch (1.) den Ausgangszustand, (2.) das zu erreichende Ziel sowie (3.) die möglichen Mittel zur Erreichung des Zieles definieren. Sind bei einem auftretenden Problem alle drei Komponenten genau spezifiziert, entspricht es einem algebraischen Problem. In diesem Fall spricht man von einem gut definierten Problem. Beispielsweise werden die meisten Aufgaben in Intelligenztests so konstruiert, dass man einen bestimmten offen gelassenen Zustand als die zu lösen-

9 *Römer*, Wesen und Wert der Kriminalistischen Psychologie, in: Kriminalistik und Forensische Wissenschaften, 1967, S. 42 f.

de Aufgabe darstellt. Die dem Problem innewohnende Systematik gleicht einem Marschbefehl. Häufig sind Ausgangsposition und Ziel bekannt, es bedarf lediglich der Auswahl und Anwendung der gültigen und/oder optimalen Mittel zur Zielerreichung.

Bei einem schlecht definierten Problem sind die Ausgangslage, das Ziel und/oder die Mittel unklar und vage – eine Situation, wie sie eher häufig in der Praxis vorgefunden wird und damit als typisch für kriminalistische Problemlagen gelten kann. Aufgrund des diffusen Charakters der zur Verfügung stehenden Informationen ist die abzuleitende Aufgabe schwer bestimmbar.

Das Ziel kriminalistischer Tätigkeit besteht darin, mit relativ hoher Wahrscheinlichkeit Aussagen zu einem meist in der Vergangenheit liegenden, strafrechtlich relevanten Geschehensablauf zu machen, inklusive Benennung des/der möglichen Verursacher (Täter). Dies wird erschwert durch kaum vorhandene verlässliche Informationen, an denen es besonders in der Phase der Aufdeckung mangelt. Die Folge ist eine gewisse Orientierungslosigkeit bezüglich Ausgangspunkt, Ziel und Auswahl/Einsatz der zur Verfügung stehenden Mittel (Operationen). In welcher Richtung kann/soll denn nun wie untersucht werden?

Beispiel: Die Anzeige eines gestohlenen Autos durch den Halter des Fahrzeugs bedeutet für den Ausgangszustand nicht sofort und verlässlich, dass es sich hierbei um einen Diebstahl handelt. Denkbar wären auch ein Versicherungsbetrug (Auto ins Ausland verkauft, Diebstahl vorgetäuscht), ein vom Anzeigenden verursachter Unfall mit Vortäuschung eines Diebstahls oder das Verdecken eines Tötungsdelikts durch Beseitigen des Fahrzeugs zusammen mit dem Opfer (ebenfalls vorgetäuschter Diebstahl). Je nach Charakter des Sachverhalts führt dies zu unterschiedlichen Bewertungen der Aussage des Anzeigenden und seiner prozessualen Stellung, was wiederum zu völlig unterschiedlichen Zielen und somit auch unterschiedlichen kriminalistischen Methoden der Problemlösung führen könnte. Man denke nur an die Behandlung des Anzeigeerstatters als Zeuge oder als Beschuldigter.

Der durch Orientierungsschwierigkeiten bedingten Handlungsunsicherheit beim Lösen der Problemstellung kann durch eine konsequente, d. h. bewusste Arbeit mit Versionen begegnet werden.

Kriminalistische Versionen sind „auf der Grundlage von vorhandenem Wissen, Kenntnissen und Fakten (Tatsachen) im Rahmen der Straftatenuntersuchung begründete hypothetische Annahmen oder Vorstellungen darüber, wie sich ein bestimmter kriminalistisch interessierender, momentan noch nicht erklärbarer Sachverhalt zugetragen haben könnte."[10][11] Der Kriminalist konstruiert unter Einschluss aller verfügbaren Informationen alle denkbaren Modelle eines Ausgangszustands und ersetzt fehlende Daten durch angenommene. Die Prüfung der Gültigkeit dieser Modelle an der objektiven Realität erfolgt über Ermittlungshandlungen (analog Forschungsoperationen) und führt zu Informationen, die den Ausschluss bzw. eine Präzisierung der Versionen zur Folge haben. Dieser Ablauf hält an, bis am Ende des Prüfungsprozesses ein auf Tatsachen begründetes Modell zur Erklärung des kriminalistisch relevanten Geschehens mit Beweisqualität entstanden ist.

Wie verläuft dieser Denkprozess?

Ratinow erklärt diesen Denkprozess als einen auf individuellem Wissen und Erfahrungen beruhenden Prozess der internen Modellbildung. „Indem er [der Kriminalist] in der Vergangenheit nach irgendetwas Ähnlichem sucht, was möglicherweise die unzureichende Information ergänzen kann", gelangt er über eine vage Vermutung zur konkret formulierten Versionsbildung. „Es existiert jetzt eine Konzeption, auf deren Grundlage auf dem Wege des Durchspielens aller Varianten die Untersuchung erfolgt, wobei nach erfolglosen Proben immer mehr Varianten ausgeschaltet werden, bis sich zuletzt lediglich eine Version bestätigt."[12]

Zwar führt diese auf Wissen und Erfahrungen eines Einzelnen bezogene Bewertung und Ergänzung fehlender Informationen zu einer verbesserten Handlungsfähigkeit, jedoch birgt sie aus psychologischer Sicht einige Gefahren zur Fehlbeurteilung in sich.

10 Der ideologisch gefärbte Streit über die Verwendung der Begriffe Version oder Hypothese erscheint uns wissenschaftlich nutzlos. Eine Version hat immer einen hypothetischen Charakter. Der Begriff Version wurde von *Stelzer* unter anderem eingeführt, um im Gegensatz zur wissenschaftlichen Hypothese die Variantenhaftigkeit der Version zu unterstreichen. Gerade diese Variantenhaftigkeit – alles Denkbare zu kalkulieren, um sich so dem tatsächlich Geschehenen zu nähern – erscheint uns für die Kriminalistik unabdingbar; siehe *Stelzer*, Sozialistische Kriminalistik, Band 1/1976.

11 *Ackermann*, Kriminalistische Versionsbildung, in: Ackermann, Clages, Roll, Handbuch der Kriminalistik für Praxis und Ausbildung, 2011, S. 166 ff.

12 *Ratinow*, Forensische Psychologie für Untersuchungsführer, 1970, S. 152.

Beispielsweise
- Das Problem der funktionalen Fixiertheit, auch Scheuklappen-Effekt genannt. Der Prozess der Wahrnehmung eines Objekts erfolgt gesteuert von den Erfahrungen eines Individuums. (Wenn ich beispielsweise eine mehr oder weniger tiefgefrorene Hammelkeule am Tatort sehe, werde ich diese auf Grund meiner Erfahrung als Bestandteil einer Mahlzeit zuordnen. Ich übersehe dabei möglicherweise eine Verwendung als Schlag-(Tat-)werkzeug, weil derartiges außerhalb meiner Erfahrung liegt.)
- Probleme der einstellungsbedingten Wahrnehmung/Bewertung, aus Gewohnheit beharre ich auf Altbewährtem („Das haben wir schon immer so gemacht!") oder rationalisierte Vorschriftsgebundenheit, weil ich misserfolgsmeidend und karrieresichernd befürchteten Nachteilen entgehen möchte.[13]

Wie kann man nun diesen und ähnlichen Fehlerquellen entgehen und trotzdem durch die kriminalistische Versionsbildung zur Lösung des zu untersuchenden Problems gelangen? Es bedarf hierzu zunächst einer näheren Betrachtung des Versionsbildungsprozesses.

Grundsätzlich werden Einzel- und Standardversionen unterschieden. Einzelversionen knüpfen an das Einmalige, Besondere einer Situation an. Sie werden mit dem Ziel gebildet, ein einziges, konkretes, aktuell vorliegendes kriminalistisch relevantes Ereignis hypothetisch zu erklären. Demgegenüber heben Standardversionen induktiv (vom Einzelnen auf das Allgemeine schließend) die typischen Elemente heraus, die in vergleichbaren Situationen regelhaft auftraten. Sie erheben den Anspruch, eine Gruppe (Klasse) von vergleichbaren Ereignissen bzw. einzelnen Komponenten zu erfassen und abzudecken. In der Arbeit mit Standardversionen werden zumeist im Anfangsstadium der Ermittlungen aus Erfahrungen zurückliegender Straftaten Wahrscheinlichkeitshypothesen zu vergleichbaren Umständen gebildet.

Beispiel: Einer Serie von Einbruchsdiebstählen in Einfamilienhäusern geht eine Tatort-Aufklärung durch Zutrittsberechtigte voraus, beispielsweise durch Reinigungspersonal. Es besteht zwischen „Aufklärern" und Einbrechern eine Beziehung.

Beim weiteren (deduktiven) Vorgehen werden Informationen zum Zielzustand gesucht, welche die Standardversion stützen bzw. präzi-

13 Dazu weiterführend *Civelli*, Analysepsychologie, in: Kriminalistik 11/12/2010, S. 665-671 und 719-725.

sieren oder schwächen (im Beispiel Ermittlungen zum Beziehungs- und Kontaktfeld der Zutrittsberechtigten). Dahinter steht der Gedanke, wenn die Standardversion zutreffend ist, dann müssen in dieser, aus der verallgemeinerten Erfahrung der Standardversion gewonnenen Ermittlungsrichtung kriminalistisch verwertbare Informationen zu finden sein. Diese Informationen führen zu einer Bestätigung oder Verneinung der Version. Durch den Informationsgewinn wird der Kriminalist in der Lage sein, das Individuelle der Straftat zu ermitteln. Das bedeutet, dass die Arbeit mit Standardversionen in die Aufstellung und Prüfung von Einzelversionen mündet. Der Vorteil einer derartigen Vorgehensweise kommt dann zum Tragen, wenn keine oder kaum verwertbare Informationen zum konkreten Ereignis vorliegen.

Die geforderten, empirisch gesicherten Modelle für Standardversionen[14] sind nur schwer zu realisieren. Darüber hinaus lassen derartige Vorgehensweisen wenig Platz für dynamische Entwicklungen im Tatgeschehen.

Deshalb suchten wir nach einem anderen Weg. Ursprünglich für motivdiagnostische Zwecke bei der Vernehmung entwickelt, entstand am Fachbereich Kriminalistik der Humboldt-Universität zu Berlin ein Modell der Versionsbildung, das auf die übrigen kriminalistischen Handlungen erweitert wurde. Den Ausgangspunkt bildete der Lisztsche Gedanke, wonach ein „Verbrechen [...] das Produkt aus der Eigenart des Verbrechers im Augenblick der Tat einerseits und den den Verbrecher im Augenblick der Tat umgebenden Verhältnissen andererseits“ ist.[15] Demnach lässt sich also das Motiv des

14 *Wolf*, Zur Konstruktion kriminalistischer Standardversionen – Ergebnisse und Probleme, in: Jähnig, Littmann, Kriminalpsychologie und Kriminalpsychopathologie. Medizinisch-juristische Grenzfragen, Bd. 16/1985, S. 56 ff.

15 Später führte *von Liszt* den Gedanken weiter aus „Die Betrachtung lehrt, daß jedes einzelne Verbrechen durch das Zusammenwirken zweier Gruppen von Bedingungen entsteht, der individuellen Eigenart des Verbrechers einerseits, der diesen umgebenden äußeren, physikalischen und gesellschaftlichen, insbesondere wirtschaftlichen Verhältnisse andererseits.

I. Je nach dem Verhältnisse der beiden Gruppen zueinander ändert sich Erscheinung und Bedeutung des Verbrechens.

a) Die äußere Veranlassung überwiegt. In augenblicklicher, leidenschaftlicher Erregung oder unter dem Einfluß drückender Notlage wird der bisher unbescholtene Täter zu dem Verbrechen hingerissen, das, seiner dauernden Eigenart fremd, eine vereinzelt bleibende, bitter bereute Episode in seinem

strafrechtlich relevanten Verhaltens aus der Würdigung der Persönlichkeit sowie der Situation bzw. Umwelt zum Zeitpunkt der Tat erklären. Darauf begründet, haben wir einen Katalog von Standardversionen entwickelt.

Dazu wurde ein Modell von *Minkovskij*[16] herangezogen, der (eigentlich für Resozialisierungszwecke) eine Typologie jugendlicher Straftäter vorschlug, die sowohl eine situative Klassifizierung ermöglichte als auch Entwicklungen im Sinne von Verlaufsformen krimineller Karrieren aus psychologischer Sicht abbildete. Er unterschied bei der Relation von Straftat (Verhalten) und Persönlichkeit vier Varianten. Danach konnte die Persönlichkeit des Täters in Beziehung zur Straftat (zum gezeigten Verhalten) als

(1) kollidierend
(2) labil
(3) teilweise entsprechend
(4) voll übereinstimmend

beschrieben werden. Dem ordnete er eine entsprechende Bewertung der Tat zu:

(1) Die Tat widerspricht der allgemeinen Gerichtetheit der Persönlichkeit. Wir bezeichnen eine solche Straftat als *persönlichkeitsfremdes Verhalten.*
(2) Die Straftat ist Ausdruck der allgemeinen Labilität der Täterpersönlichkeit und der Eigentümlichkeit situativer Anlässe und

---

Leben bildet (das, nicht sehr glücklich, sogenannte Gelegenheits- oder Augenblicksverbrechen; „akute Kriminalität").
b) Bei geringfügigem äußeren Anlass erwächst das Verbrechen aus der dauernden Eigenart, der tiefgewurzelten Anlage des Verbrechers, dessen eigenstes Wesen es uns enthüllt. Brutale Rohheit, gefühllose Grausamkeit, beschränkter Fanatismus, gedankenloser Leichtsinn, unüberwindliche Arbeitsscheu, Trunksucht, geschlechtliche Lasterhaftigkeit führen durch zahlreiche Zwischenstufen zu zweifellos psychopathischen Zuständen. Unmöglich ist es diese Fälle unter dem Namen des Gewohnheitsverbrechens zusammenzufassen. Richtiger spricht man von Zustandsverbrechen („Charakter – oder Tendenzverbrechen", „chronischer Kriminalität"). Als eine besonders häufige und gefährliche Unterart erscheint das gewerbsmäßige (berufsmäßige, professionelle) Verbrechen, das weit über den Kreis der Vermögensdelikte hinausgreift. Innerhalb der Zustandsverbrecher sind die Besserungsfähigen und die Unverbesserlichen zu unterscheiden". *Liszt*, 1932, S. 11-12.

16 Zitiert nach *Luther*, 1. Allunionskonferenz zu Problemen der gerichtlichen Psychologie in Moskau, in: Staat und Recht 11/1971, S. 1814.

Einwirkungen. Wir charakterisieren eine solche Straftat als *sozial-situativ abhängiges Verhalten.*

(3) Die Tat ist Folge einer allgemein sozial-destruktiven Orientierung. Sie bedingt die Auswahl des Milieus, in dem die betreffende Person ihren Umgang pflegt, die Art der Freizeitgestaltung sowie die konkrete Auswahl des modus operandi zur Tat. Die Entscheidung zur Tat erfolgt unter kriminalitätsbegünstigenden Bedingungen und bei Anstiftungen durch negative Beispiele. Von uns wird dies als *persönlichkeitsabhängige Verhaltenstendenz* bezeichnet.

(4) Die Straftat ist Ergebnis der sozial-destruktiven Einstellung der Persönlichkeit. Das schließt neben einem relativ verfestigten System antisozialer Grundeinstellungen das aktive Suchen und das Organisieren von Anlässen und Situationen für die Straftatenbegehung ein. Von uns als *persönlichkeitstypisches Verhalten* definiert.

(5) Später erst fügten wir aus praktischen Gründen und zugleich als Sonderfall noch die Straftat als *Ausdruck einer psychischen Erkrankung* hinzu.

Dettenborn[17] entwickelte ein Klassifizierungsschema der (Tat-)Situationen, das illustrierend das erläuterte Modell ergänzt. Er unterscheidet:

(1) „Unerwartetes *Hereinbrechen der Situation* erzeugt *subjektive* Ausweglosigkeit, Hilflosigkeit, Bedrängung, Affekte usw. Hier geht es meist darum, dass plötzlich eintretende Umstände die Übersicht über eigentlich zur Verfügung stehende Handlungsmöglichkeiten einengen und statt dessen unkontrollierte, meist gefühlsbetonte Re-Aktionen auslösen." Häufige Auslöser für derartiges Empfinden sind erfahrungsgemäß Situationen mit subjektiv hohem Bedrohungswert, für die der Betreffende kein Handlungsmodell besitzt oder aktualisieren kann. Beispielhaft hierfür seien derbe Demütigungen und das klassische In-Flagranti-Antreffen beim Fremdgehen mit unmittelbar anschließender Affekttat genannt. Auch bereits aus Überforderungssituationen heraus kriminell Handelnde (Banküberfall eines überschuldeten Familienvaters) eskalieren bei unvermuteten Störungen ihr Verhalten in atypischer Weise (Geiselnahme).

17 *Dettenborn*, Täter, Opfer, Zeuge. Streifzüge durch die Gerichtspsychologie, 1988, S. 80 f.

(2) Vorhandene, zufällig entstandene „*verlockende Anreizsituationen* erwecken Bestrebungen, Bedürfnisse mittels strafbarer Handlungen zu befriedigen". Dafür gilt das Motto: Gelegenheit macht Diebe (z.B. unbeaufsichtigte Waren, offenstehende Fenster in Gaststätten oder Büros). Ungefestigte Haltungen und Einstellungen ermöglichen es, dass aus der Gelegenheit eine Tatsituation wird. Das betrifft Personen,
   - deren Einstellungen/Haltungen noch nicht handlungsrelevant entwickelt sind – Jugendliche, Heranwachsende;
   - deren Einstellungen/Haltungen persönlichkeitsabhängig unterentwickelt sind – Haltlose, Labile, Gewohnheitskriminelle;
   - deren Einstellungen/Haltungen im Zerfall begriffen sind – konfliktbedingte oder neurotische Rückfälle in alte, kompensatorische Verhaltensmuster („Ich will mir auch mal was leisten!") oder selbstwertbeeinträchtigende Positionswechsel (z.B. beruflicher Abstieg, Ehescheidung), sogenannte Lebensbrüche.

(3) „Die Tatsituation wird *aufgesucht*, weil sie Bedürfnisbefriedigung verspricht und die Schwelle zur kriminellen Entscheidung niedrig ist." Dazu zählt auch das Aufsuchen des entsprechenden sozialen Umgangs. Die Person sucht nicht geplant oder direkt die Straftat, aber die sie begünstigenden Bedingungen oder besser – die Gelegenheit. Planerische Gestaltungselemente im prä- und postdeliktischen Bereich sind meist nicht erkennbar, das Handeln wird noch weitgehend situativ beeinflusst. Solche Umstände, die die Anonymität des Einzelnen fördern (z.B. Mitglied in einer Gruppe, eine Tatsituation mit hoher Personenbewegung, Dunkelheit) senken den Schwellenwert zum Normbruch. Häufig kommen Alkohol und/oder Drogen als Enthemmungsfaktor hinzu.

(4) „Die Tatsituation wird *hergestellt*, ... provoziert." Alle Besonderheiten der dritten Stufe werden hier in gesteigerter Form durch das aktive, planend gestalterische Moment ergänzt. Dabei werden prä- und postdeliktische Handlungen mit einbezogen (z.B. Mitführen des Tatwerkzeugs, Alibivorbereitung, Täuschungs- und Verschleierungshandlungen). Der Körperverletzer reizt und provoziert, hat aber schon seine Legendenbildung parat; der Vergewaltiger sucht und findet sein Opfer und gestaltet die Situation (Ort, Zeit und Abläufe) nach seinem Willen und seinen Vorstellungen; der Bankräuber hat sein Alibi abgesichert

und seinen Fluchtweg geplant. Die Handlungen sind im allgemeinen durch eine erkennbare Zweckhaftigkeit und nur bei Unvorhersehbarem durch irrationale Momente gekennzeichnet.

Zuzüglich des Sonderfalls einer Straftat als Ausdruck einer psychischen Erkrankung erhält man somit fünf Standardversionen, die je nach erkennbarem Zusammenhang mit dem Ermittlungsstand zu bedenken sind und bereits bestimmte Versionen zu Tatsituation, Tatablauf und Täter zulassen. Mit diesem Bewertungsraster, das in einem kreativen Denkprozess deduktiv schließend an das jeweilige Spuren- und Informationsaufkommen angelegt werden kann, wird die Gefahr der Wahrnehmungs- und Bewertungsfehler eingeschränkt.

Selbstverständlich ist dieses Modell informationsoffen und stellt im kriminalistischen Problemlöseprozess auch nur eine unterstützende Handlungsvariante dar. Fortschreitende Erkenntnisse, auch andere relevante Persönlichkeits- und Handlungsmodelle sind bei der Erforschung der Wahrheit immer willkommen.

3. Vernehmung

Vernehmen ist kriminalistisches Handeln und in seiner sprachlichen Bedeutung am besten mit Wahrnehmen gleichzusetzen. Der Beitrag zur Wahrheitsfindung zielt auf die Objektivierung der Gedächtnisinhalte bei Zeugen und Beschuldigten und hat als eine verhaltensbeeinflussende Maßnahme viel mit Führen gemeinsam. In beiden Fällen handelt der autorisiert Durchführende als Problemlöser, um sein Ziel erreichen zu können. Aus diesem Grund definieren wir anders als sonst und betonen damit den psychischen und psychologischen Anforderungsgehalt dieser speziellen strafprozessualen Maßnahme:

Vernehmung ist die strafprozessual bestimmte und zum Teil geregelte, beweisorientierte Gestaltung personenzentrierter sozial-kommunikativer Einflussnahmen und Maßnahmen mit dem Ziel der Gewinnung selbstbestimmter wahrheitsgemäßer (und identifikationssicherer) Aussagen, ihrer Bewertung und beweisrelevanten Dokumentation.

Psychologisch gesehen ist das Aussagen genau wie die Straftatbegehung menschliches Verhalten. Dementsprechend gilt auch hier der LISZTsche Satz analog angewendet:

Eine Aussage ist das Produkt aus der Eigenart des Aussagenden zum Zeitpunkt der Aussage einerseits und den den Aussagenden zum Zeitpunkt der Aussage umgebenden Verhältnissen andererseits.

Die Einflussfaktoren Persönlichkeit, deren momentane Eigenart und die konkrete Situation zum Zeitpunkt des Handelns stellen eine Problem-Triade dar, deren Wirkungsmechanismus nicht nur für die eigentliche Vernehmungssituation kalkuliert werden muss.

Dieser Mechanismus gilt genauso
- für den Moment des Wahrnehmens des fraglichen Sachverhalts durch den Zeugen oder Beschuldigten (*Wahrnehmen ist das Produkt ...*),
- sie gilt für den Moment des Einprägens ins Gedächtnis (*Einprägen ist das Produkt ...*), die Zeit des Behaltens (*Behalten ist das Produkt ...*),
- den Moment der Erstreproduktion gegenüber einer anderen Person oder mehreren (*Erstmitteilung ist das Produkt ...*)
- und endlich den Moment der Reproduktion in der Vernehmung. Mit der nunmehr offenkundig rechtsrelevanten Situation können mögliche Aussagewiderstände, eigenartige Folgenkalkulationen und kontraindizierte Wirkungen (aufgrund kommunikativer Fehlleistungen des Vernehmers, die Aussagewiderstand begründen) verbunden sein.
- Im daraus resultierenden Protokoll finden möglicherweise zusätzlich die Orientierungsbedürfnisse des Vernehmers als Ordnungsfaktor ihren Niederschlag. (Für den Prozess der Protokollierung gilt somit ebenfalls – bezogen auf den Protokollanten: „die Protokollierung ist .das Produkt ...“). Eingeschlossen sind natürlich die Protokollierungen bei den Folgeaussagen – bis hin zu denen in der gerichtlichen Hauptverhandlung – wo nicht selten nur Reproduktionen der Reproduktion zu erkennen sind, die sich aus folgenkalkulativen Gründen nicht oder nur teilweise auf Gedächtnisinhalte beziehen. Wen wundert da noch der häufig zitierte Spruch, dass nirgends soviel gelogen wird wie vor Gericht?

Aus kriminalistisch-psychologischer Sicht stecken in der Realisierung der Vernehmung viele Probleme.[18]

---

18 Somit kommt der Vernehmer der Lösung des schon von *Gross* beschriebenen Problems der Vernehmung näher: „... nicht weil die Zeugen nicht die Wahrheit sagen wollen, ist ihr Wert ein so geringer, sondern weil sie die Wahrheit nicht sagen können; hatte man früher keinen Grund, den Zeugen

- Zunächst wird die Frage der optimalen Aussagebedingungen (personell, räumlich, zeitlich) berührt. Wie muss eine Vernehmung gestaltet sein, um die Aussageleistung einer Person zu optimieren?
- Sind die Voraussetzungen für eine Kontaktherstellung und Motivierung der Person zur Aussage (Ich-Botschaften, Vereinbarungen, offene Fragen) gegeben?
- Wie und woran kann ein eventuell vorhandener Aussagewiderstand erkannt und endlich so überwunden werden, dass es zu einer selbstbestimmten wahrheitsgemäßen und identifikationssicheren Aussage kommt?
- Wie ist die Aussage zu bewerten? Glaubwürdig, teilweise glaubwürdig, lügenhaft, irrtümlich, optimal und ohne Leistungsdruck erinnert?

Die gewonnene Aussage wird über die Dokumentation in den Strafprozess eingeführt. Insofern ist die Form der Dokumentation wesentlich für die weitere Wirkung und Bewertung der gewonnenen Informationen im Strafverfahren. Welche Besonderheiten gilt es hier zu beachten? Beispielsweise Klarheit über eine wörtliche Dokumentation beim Auftreten bestimmter Binnenkriterien, die auf Realitätsgehalt schließen lassen oder das Anfertigen von Vermerken über bestimmte körpersprachliche Besonderheiten, die für die Aussagebewertung verwendet werden können.

Das alles setzt (eigentlich) ein kommunikatives Basis- und Spezialtraining voraus, worauf in allgemeiner Form als Aufgabenfeld der Kriminalistischen Psychologie eingangs bereits eingegangen worden ist.

---

für schlecht, für verlogen zu halten, war er nicht deutlich geisteskrank und hat er gar seine Aussage beeidet, so war das von ihm Gesagte Wahrheit und Grundlage für den Urteilsspruch. Jetzt geht man von Tag zu Tag mehr daran, festzustellen, welche unendliche Reihe von Schwierigkeiten und Gefahren schon im Momente des Wahrnehmens, des Übertragens auf die Vorstellung, der Bildung des Begriffes gelegen ist: wir wissen, wie verschieden und wie oft unrichtig die Menschen das, schon so verschieden und so falsch Apperzipierte im Gedächtnisse bewahren, wie sich das Bewahrte durch unzählige äußere und innere Einflüsse zur Fratzengestalt des wirklich Wahrgenommenen umformt; wir wissen endlich, daß auch das wirklich treu und richtig Bewahrte durch falsche oder unglückliche Ausdrucksweise des Zeugen und durch falsche oder nur unglückliche Aufnahme durch den Vernehmenden noch im letzten Augenblicke geradezu zum Gegenteile des Wahren umgestaltet werden kann." *Gross*, 1908, S. 95-96.

3.1 Vernehmungstechnik des erweiterten kognitiven Interviews

Die Frage, wie eine Vernehmung zu gestalten ist, um möglichst alle kriminalistisch bedeutsamen Informationen von einer Person zu erlangen, setzt zunächst die Berücksichtigung allgemeiner psychologischer Prinzipien der Aussageentstehung voraus. Das wird bei der Technik des „erweiterten kognitiven Interviews“ getan. (Die oben von uns geforderte systemische Sicht auf die „Welt“ des zu Vernehmenden wird hier zunächst vernachlässigt.) Um die Erinnerungen des Zeugen möglichst vollständig abzurufen, wird mit Orientierung und Einverständnis des Zeugen das Gedächtnis mehrfach nach unterschiedlichen Aspekten abgefordert. Nach einem Rückversetzen in den damaligen Wahrnehmungskontext wird zunächst der Inhalt der Wahrnehmungen durch den Zeugen entsprechend der Reihenfolge seiner Erinnerungen wiedergegeben. Die Person wird gleichzeitig ermutigt, alles wiederzugeben, was ihr einfällt. Anschließend wird sie aufgefordert, anhand gesetzter zeitlicher Markierungen eine Veränderung der Erzählreihenfolge vorzunehmen, beispielsweise mitten im Geschehen beginnend zu berichten oder das Ereignis in zeitlich umgekehrter Reihenfolge zu schildern. Darauf wird sie gebeten, einen Perspektivwechsel vorzunehmen. Hier bewegt der Vernehmer den Vernommenen zum Dissoziieren, d.h. er soll sich und sein Handeln von außen betrachtet wiedergeben.

Erinnern ist immer eine ganzheitliche Hirnleistung, kann sich also auch mit den in der relevanten Situation typischen Bewegungen verknüpft haben. Daher schlagen wir ergänzend vor, den Vernommenen anzuhalten, die Situation körperlich nachzuvollziehen, gewissermaßen vorzuspielen und die dabei aufkommenden Erinnerungen zu verbalisieren. Als letzte Methode, insbesondere bei Vernommenen, die weniger versiert im Umgang mit Sprache sind, empfehlen wir die Situation aufzeichnen, skizzieren zu lassen. Es hat zudem den Vorteil, dass bei entsprechender Signatur ein zusätzliches Beweismittel – eine Urkunde – geschaffen wird. Erst danach bietet sich die Möglichkeit für den Kriminalisten, gezielt ungeklärte Fragen zu stellen.

Ein wesentlicher Faktor für die angeführte hohe Effektivität dieser Technik scheint uns in der kooperativ gestalteten Ausgangssituation zu liegen. Die getroffenen Vereinbarungen im Vorgehen – ähnlich den Verhältnissen beim Problemlösen über gruppenzentriertes Führen in kleinen Gruppen – aktivieren ganz erheblich die Anstrengungsbereitschaft.

Diese sozialpsychische Besonderheit trat auch in unseren vernehmungspsychologischen Trainings zutage. Immer wenn bei den Übungen zur Zeugenvernehmung (Personenbeschreibung als Aufgabe) die Frage-Etappe nach der freien Schilderung *vereinbart* wurde („Ich frage Sie jetzt verschiedene Dinge und Sie sagen mir, ob Ihnen dazu etwas einfällt."), waren Motivation und Ergebnisse deutlich besser, als wenn unvermittelt gefragt wurde und die Befragten unter Leistungsdruck gerieten, was sie anschließend auch deutlich so reflektierten.

Generell sollte ein solches Herangehen auch nicht voraussetzungslos am Zeugen festgemacht werden, da mit Blick auf den Aussagewiderstand günstiger zwischen kooperativen und nicht kooperativen Aussagepersonen zu unterscheiden ist.

3.2 Zum Umgang mit Aussagewiderstand

Aus systemischer Sichtweise auf die Vernehmung wird klar, dass Vernehmung aufgrund der strafprozessual bedingten Rollenverteilung auch als Zwangskommunikationen bezeichnet wird. Anlass, Zeitpunkt und zumeist Inhalt der Vernehmung sind aus Sicht der Vernommenen fremdbestimmt und entsprechen häufig nicht ihren Interessen. Insbesondere in der Vernehmung von Beschuldigten, aber nicht nur dabei, ist deshalb oft eine mangelnde Bereitschaft zur Aussage zu beobachten. Wenn im weiteren vom Vernommenen die Rede ist, so bezieht sich dies sowohl auf den Zeugen als auch auf den Beschuldigten.

Um zu einer vollständigen, selbstbestimmten Aussage zu gelangen, ist es notwendig, die Beweggründe (Motive) für einen derartigen Aussagewiderstand zu erfassen. Darauf aufbauend, kann der Vernehmer nach Möglichkeiten suchen, die Gründe für ein solches Verhalten im Prozess der Vernehmung zu entkräften.

In unseren Trainings fanden die zumeist vernehmungserfahrenen Teilnehmer auf Anhieb 15 bis 20 Gründe für Aussagewiderstand, die sich zumeist als Formen von Angstabwehr kennzeichnen ließen (z.B. Angst vor Strafe, Rache, Repressalien, Aufdecken weiterer Straftaten oder Prestige-Einbußen, Ungewissheit und Angst vor Partner-Reaktionen, Schamgefühl, moralisch und/oder ideologisch gerechtfertigte Straftat, Aufwertung vor der Mittätergruppe, Angst vor dem Vernehmer oder angewendeten Methoden, Befürchtung, etwas Falsches zu sagen, „Hass auf Polizei und alles, was damit zusammenhängt", Null-Bock-Haltung).

Die Motive entziehen sich der direkten Beobachtung durch außenstehende Personen. Meist treten sie als Bündel von mehreren Einzelmotiven auf, können hierarchisch nach einer Wertigkeit geordnet sein, die sich zudem unter dem Einfluss der aktuellen Situation ändern kann. Sie werden insbesondere bei Angstabwehr subjektiv häufig fehlwahrgenommen, umgedeutet und verzerrt, manchmal auch gar nicht verbalisiert.

Dem Vernehmer bietet sich wieder die dargestellte Methode der Versionsbildung – hier bezogen auf Motive für Aussagewiderstand – an. Dazu entwickelten wir ein Modell von Standardversionen zur Analyse und Diagnose des Verhaltens von Personen, die vernommen werden.

In den Ursachenkomplex für das Zustandekommen von Aussagewiderstand gehören zunächst:

(1) Situative Aspekte. Hierzu zählen

- das subjektiv erlebte Diskrepanzniveau zwischen wahrgenommener Information und dem eigenen Selbstwerterleben bzw. Rollenbild zum Zeitpunkt der Vernehmung (wie sehr widerspricht die Meinung des Vernehmers der Vorstellung des Vernommenen, z. B.: „Das war keine Körperverletzung, das war eine Diskussion unter Männern"),
- die subjektiv zugemessene Bedeutsamkeit und Glaubwürdigkeit der Informationsquelle, worunter zum einen die Einstellung zum Vernehmer (z. B. Entwertungen des Vernehmers durch den Vernommenen – „Sie wissen ja gar nicht, was draußen gespielt wird ...") und zum anderen die Einstellung zu den in der Vernehmung angewendeten Mitteln und Methoden verstanden wird („Na klar, jetzt spielen sie wieder guter Polizist, böser Polizist. Kennt man doch aus jedem Krimi und ich soll dem Weichei alles erzählen!").

(2) Aspekte der Persönlichkeit des Vernommenen. Dazu zählen

- der Sozialstatus, d. h. die reale soziale Einbindung des Vernommenen in Gruppen, die aus seiner Sicht mit dem zu untersuchenden Sachverhalt in Verbindung stehen. Entscheidend hierbei ist, wie weit sich der Vernommene mit den Werten und Normen sowie den die Gruppe verbindenden gemeinsamen Zielen identifiziert. Diese Gruppe definiert ein erwartetes Verhaltensmuster und es ist abhängig von der Identifizierung der Person mit dieser Gruppe, wie stark er diese Rollenzuschreibung für sich akzeptiert, übernimmt und zum Leitfaden seiner Handlungen macht. Beispiel: Die Einbindung eines Jugendlichen in eine Gruppe, in der er Anerkennung erlangen möchte. Norm dieser Gruppe ist es, während der Vernehmung nichts auszusagen. Um der Norm gerecht zu werden, wird der Jugendliche schweigen.

- Die Verankerung der Einstellung zur Vernehmung bzw. zum Vernehmungsinhalt mit Relevanz für das umfassendere Wertsystem. Dieser Punkt meint, wie wichtig ist die Einstellung für das Wertgefühl, wie sehr werden durch die relevanten Themen der Vernehmung die Bilder des Vernommenen über sich selbst durch diese Haltung gestützt bzw. gefährdet.

Im Rahmen von Einstellungsexperimenten durchgeführte Untersuchungen erlauben den Schluss, dass der Vernommene mit Zunahme des subjektiv erlebten Diskrepanzniveaus zwischen wahrgenommener Information und dem eigenen Selbstwerterleben bzw. Rollenbild eher mit einer Einstellungsverfestigung reagiert (Bumerang-Effekt). Die Reaktionsweise des Vernommenen ist zugleich abhängig vom Grad der Verankerung im umfassenderen Wertsystem. Solche Personen, bei denen keine hohe Verankerung im umfassenderen Wertsystem vorliegt, reagieren demnach eher in Richtung des Vernehmers. Das bedeutet, je weniger die Sichtweise des Vernommenen akzeptiert wird und je mehr dabei für das Selbstbewusstsein des Vernommenen wichtige interne Bilder und Werte angegriffen bzw. zerstört werden, um so mehr ist eine Widerstandsreaktion zu erwarten. Der Vernommene kämpft um seine Sinngebungen, seine Weltsicht.

3.3 Reaktionsformen bei Aussagewiderstand

Eine Aufzählung, die die zunehmende Intensität des gezeigten Verhaltens seitens des Vernommenen berücksichtigt, lässt folgende Reaktionsniveaus in der Vernehmung möglich erscheinen:

1. Nichtaggressive Anpassungsformen
   - Konformität aus Einsicht. Es wird der Meinung des Vernehmers gefolgt,
   - Anpassung im Sinne einer äußeren, formalen Unterordnung. Sie hat einen latenten, permanenten inneren Konflikt beim Vernommenen zur Folge, was einen Widerruf begünstigen kann,
   - Akzeptieren eines Rollenkonzepts im Sinne der Suche nach akzeptablen Gründen für das Verhalten des Vernehmers.
2. Aggressive Formen
   - Einfache Zurückweisung der Vernehmermeinung,
   - Abwertung der Informationsquelle,

- situative demonstrativ-erpresserische Drohung, aggressiv zu werden,
- direkte aggressive verbale oder motorische Konfrontation.

3. Scheinbar nichtaggressive Formen
   - perfekte Rationalisierung, vorbereitete Psychotricks, Ausreden und Legenden wie aus dem Katalog, wobei eine direkte Konfrontation mit dem Vernehmer vermieden wird,
   - Ignorieren im Sinne der Nichtachtung einer Gegenmeinung bis zum Schweigen,
   - verbalisierter Bumerang-Effekt,
   - nicht direkt erkennbare erpresserische Droh-Haltung mit unterdrückter emotionaler Beteiligung („die kalte Drohung" mit hoher Realisierungswahrscheinlichkeit).

Aus der Würdigung der angegebenen situativen Momente der Vernehmung sowie der Aspekte der Persönlichkeit des zu Vernehmenden entwickelten wir folgende fünf Standardversionen für dominierende Motive zur Erklärung von Aussagewiderstand:

(1) Angst vor negativen Sanktionen
Das beim Vernommenen existierende diffuse Angstgefühl, die erlebte Unfähigkeit, die Situation zu kontrollieren, sowie die vermuteten, daraus erwachsenden negativen Folgen werden auf die soziale Beziehung zum Vernehmer projiziert. Die Strategie des Verhaltens des Vernommenen (Verteidigungsverhalten) ist auf die Abwendung von erwarteten Sanktionen und somit auf die Beweisführung gerichtet. Das Verteidigungsverhalten ist meist ohne logisches Konzept, stark situativ abhängig vom Vernehmerverhalten und emotional geprägt. Der Vernommene wird eher passiv sein und reaktiv handeln. Meist handelt es sich um Ersttäter und/oder wenig kontrolliert denkende Persönlichkeiten.

(2) Erhaltung des vorhandenen Sozialstatus
Der Vernommene fürchtet nicht so sehr die negativen Sanktionen als vielmehr die *damit verbundenen* Folgen. Er kämpft um die Erhaltung seines Rollenkonzepts und die daran geknüpfte Position in seiner sozialen Bezugsgruppe. Er sieht sein Ansehen in der für ihn wichtigen Gruppe, seinen Sozialstatus gefährdet. Damit geht für ihn häufig ein befürchteter Verlust an Lebensqualität einher. Das Verteidigungsverhalten wird daher auf die Beweisführung gerichtet sein. Der Vernommene wird auf unter-

ordnende Wirkung bedacht sein, dabei seine sozialen Bezüge ausspielen. Der Vernommene wird versuchen, die Situation aktiv zu beeinflussen. Denkbar sind das Verweisen auf „Beziehungen zu einflussreichen Kreisen", das Drohen mit Beschwerden bei übergeordneten Instanzen und das Drohen mit einem „Staranwalt".

(3) Erhaltung des positiven Selbstkonzepts
Der Vernommene ist bemüht, seine konträre innere Einstellung, sein zumeist wertattributives Selbstkonzept zu erhalten („Ich lasse mich nicht unterkriegen.") Typisch für dieses Verhalten ist die Verankerung in umfassenderen Einstellungssystemen und die damit einhergehende emotionale Beteiligung. Im allgemeinen bleiben solche Personen passiv und überlassen dem Vernehmer die aktive Rolle. Sie versuchen ihr Selbstkonzept durch „Einigeln" über die Runden zu bringen, handeln aber auch im stummen oder affektiven Protest, unter Umständen mit märtyrerhaften oder obsessiven Zügen.

(4) Erhaltung des negativen Selbstkonzepts
Durch den Vernehmer werden feindliche Werte symbolisiert, die den zumeist antisozial geprägten eigenen Lebens- und Wertvorstellungen widersprechen. Der Vernommene wird mit Oberhandtechniken und Täuschungen versuchen, seine Position gegenüber dem Vernehmer zu behaupten und zu demonstrieren. Dazu werden alle Kommunikationsmöglichkeiten genutzt (verbales und nonverbales Ausdrucksverhalten, was sich auch in der Nutzung von entsprechenden Statussymbolen niederschlägt). Die Vernommenen sind innerlich auf die Vernehmung vorbereitet, das Verhalten als Benehmen (bzw. Nicht-Benehmen) ist erlernt und erprobt. Das Verteidigungsverhalten wird im allgemeinen durch hartnäckiges Leugnen gekennzeichnet sein, schließt aber auch eine aktive Auseinandersetzung mit dem Vernehmer ein, unter Umständen mit Aggressionen bis zur Selbstaufgabe.

(5) Schamgefühl
Dieses Motiv tritt relativ selten, zumeist im Zusammenhang mit Sexualstraftaten auf. Der Vernommene befindet sich in einem Konflikt. Verheimlichter Normbruch und Bedürfnisbefriedigung sind für ihn in unlösbarer Form verbunden. Der Vernommene wird versuchen, die Straftat als Ganzes oder wenigstens in den nach seiner Meinung peinlichsten Details zu verschweigen. Ge-

lingt ihm das auch nicht, wird er versuchen, die Handlungen zu bagatellisieren und wenigstens in die Nähe der Normalität zu rücken.

3.4 Vernehmungsstrategien im Umgang mit Aussagewiderstand

Ausgehend von den geschilderten situativen Parametern, den Aspekten der Persönlichkeit und den abgeleiteten Motiven für einen Aussagewiderstand, ergeben sich bestimmte Lösungsstrategien, die diese Motive entkräften können und den Vernommenen zu einer selbstbestimmten Aussagebereitschaft bewegen. Vorausgesetzt wird eine grundsätzlich der Person des Vernommenen zugewandte Haltung, die sich mit den Variablen Empathie (Einfühlungsvermögen in die Befindlichkeit des Vernommenen), Akzeptanz (Zulassen seiner Person) und Kongruenz (Echtheit von Denken und Handeln des Vernehmers) beschreiben lässt sowie Wissen über die Lebensumstände des Vernommenen. Auf der Grundlage der genannten Motive für Aussagewiderstand, die selbstverständlich nicht alle Möglichkeiten von Aussagewiderstand abdecken, können beispielhaft für ein problemlöseorientiertes Vorgehen folgende Strategien der Vernehmung angewendet werden:

Strategie der Angstreduktion
Sanktionsangst erwächst aus Fehlverhalten und Ungewissheit hinsichtlich der bevorstehenden Vernehmung. Die Angst des Beschuldigten vor Maßnahmen strafrechtlicher Verantwortlichkeit wird auf den Vernehmer und die Vernehmung als sanktionsrelevanter Ausdruck der erwarteten Konfrontation projiziert. Die Angstdynamik ist insofern von der Vernehmungssituation und ihrer Gestaltung abhängig, aber gleichzeitig auch direkt beeinflussbar. Eine gewisse Angstreduktion kann unmittelbar bereits durch ein entsprechend konfrontationsarmes, äußeres Verhalten des Vernehmers erreicht werden – eine wesentliche Voraussetzung für das Herstellen einer vertrauensvollen Beziehung. Eine Voraussetzung hierfür ist die Fähigkeit des einfühlenden Verstehens (Empathie) des Vernommenen. Dazu sollte der Vernehmer höflich, korrekt und freundlich auftreten und so eine gemeinsame menschliche Basis suchen. Ohne die Straftat an sich zu billigen, kann der Vernehmende die positiven Seiten des Vernommenen im Rahmen der Vernehmung aufspüren, verständnisvoll zur Kenntnis nehmen und eventuell auch hervorheben. Somit wird die Variable Akzeptanz des Vernommenen situationsan-

gemessen umgesetzt. Der Vernehmer tastet sich auf diese Weise langsam an die strafrechtlich relevante Handlung heran und versucht, über Anknüpfungspunkte zu der bis dahin entwickelten vertrauensvollen Vernehmerbeziehung, bestehende Angstmomente zu überwinden und den Gesprächscharakter auf das relevante Thema zu übertragen.

Weitergehende Angstreduktion ist außerdem über die Bereitstellung eines Bewältigungsmechanismus erreichbar. Hierbei kommt es nicht darauf an, vordergründig zu diskutieren (z. B. Vollzugsbedingungen zu verharmlosen oder gar deren Vorteile hervorzuheben). Die Einflussnahme im Rahmen der Vernehmungsstrategie soll dazu führen, dass der Beschuldigte relevante Verantwortungsbeziehungen für sein Handeln in seinem sozialen Umfeld und in der Gesellschaft erkennt und sich damit auseinandersetzt. Es soll ihm möglich gemacht werden, über eine Orientierung auf perspektivisches Verhalten einen Bewältigungsmechanismus seiner Sanktionsangst zu finden, die Sanktion innerlich zu akzeptieren und sich auch entsprechend zu verhalten. Über diese Motiverzeugung können dann neben der Angstreduktion auch entsprechende Einstellungen weiter gefestigt bzw. herausgebildet werden, die Einfluss auf das Aussageverhalten des Vernommenen haben.

Auch die Einbeziehung positiv wirkender Personen aus dem sozialen Umfeld ist günstig, da sie angstkompensierend über Perspektivorientierungen Einfluss nehmen können und gleichzeitig das Verantwortungsbewusstsein für zukünftiges Verhalten beim Beschuldigten erhöhen.

Eine andere Methode bei dieser Vernehmungsstrategie ist die Angstreduktion durch Angstüberhöhung. Das kann so vor sich gehen, dass dem Beschuldigten verdeutlicht wird, dass die Sanktion ihn härter betrifft, wenn er weiterhin lügt und keine wahrheitsgemäßen Aussagen macht. Die Worte werden unterstrichen durch ein entsprechend resolutes und vordergründig autoritäres Verhalten des Vernehmers, womit eine einschüchternde Wirkung erzielt wird. Allerdings ist bei der Methode der Angstüberhöhung zu berücksichtigen, dass der Vernommene nach Wegfall des Vernehmerdruckes späterhin seine Aussage widerruft, weil die Angstüberhöhung keine überdauernde Wirkung besitzt. Bei Anwendung dieser Methode müssen ebenfalls negative Rückwirkungen in der Einstellungsbildung des Beschuldigten kalkuliert werden, die sich prognostisch straftatbegünstigend auswirken können. Negative Folgen können – wenn überhaupt – bei dieser Methode nur durch ein vertrauensvolles, klärendes Gespräch außerhalb der Vernehmung kompensiert werden.

Strategie der sozialen Einflussentschärfung
Der Aussagewiderstand ist hier eher persönlichkeitsabhängig. Insbesondere dem sozialen Bezugsfeld des Vernommenen als Anknüpfungspunkt des Wertgefühls muss Aufmerksamkeit gewidmet werden. Die Aufgabe des Vernehmers ist es, die statusbestimmenden sozialen Einflussfaktoren im Bewusstsein des Vernommenen lageabhängig herabzusetzen, realistisch zu versachlichen oder in Widerspruch zu seinen sozial-emotionalen Bindungsbedürfnissen zu setzen. Aufgrund der zumeist hohen emotionalen Fixierung ist eine direkte gesprächsweise Einflussnahme und Argumentation wenig erfolgversprechend. Hier ist es günstiger, indirekt vorzugehen und die Dinge auf den Beschuldigten wirken zu lassen. Dazu könnte der Vernehmer die Einflussnahme relevanter Bezugsgruppen oder Bezugspersonen gezielt organisieren. Sind im sozialen Umfeld des Beschuldigten Personen vorhanden, die einen positiven Einfluss auf ihn haben, können diese mit einbezogen werden. In anderen Fällen wäre zu überlegen, den Vernommenen sogar gezielt in Widerspruch zu seinem sozialen Umfeld zu bringen, um ihn beispielsweise negativen Einflüssen zu entziehen.

Strategie der Labilisierung des Ankervariablensystems
Auch diese Strategie muss persönlichkeitstypische Aspekte des Vernommenen berücksichtigen. Grundlegende Bedeutung für die Wahrung des positiven Selbstkonzeptes haben die verfestigten Einstellungen. Besonders schwierig gestaltet sich die Vernehmung, wenn beim Vernommenen ausgeprägte feindliche Einstellungen vorliegen und er sich auf Widerpart vorbereitet hat oder wenn er die Straftat als moralisch gerechtfertigt hält. Für eine entsprechende Einflussnahme – wenn das überhaupt Sinn macht – muss der Grad der Verankerung der Fehleinstellungen bekannt sein. Indikatoren zur Einschätzung sind die Heftigkeit des gezeigten Vernehmungsverhaltens (Konformität, Aggressivität, scheinbare Nichtaggressivität) und die Langzeitwirkung permanent agierender persönlicher Konflikte. Die emotionale Fixierung ist zumeist in tiefgreifenden persönlichen Konflikten begründet. Deshalb muss der Vernehmer auch die Ursachen dieser emotionalen Fixierung untersuchen. Dazu wird die persönliche Entwicklung des Vernommenen einer Analyse unterzo-

gen. Neben dem Problem des richtigen Vernehmereinsatzes steht hier auch die Aufgabe in der richtigen Gestaltung der Kontaktphase (Überwindung des Kontaktwiderstandes), die mit der Technik der indirekten Gesprächsführung angegangen werden könnte. Der Vernehmer sollte die wahren Motive für das Verhalten des Vernommenen herausfinden, er darf sich nicht auf die Argumentationen, die ihm angeboten werden, einlassen. Das bedeutet, dass der Vernehmer versucht, die Grundpositionen bzw. Haltungen des Vernommenen, seine Überzeugungen, politischen Anschauungen und Ziele zu verstehen, ihm aber gleichzeitig unter Umgehung von Konfrontationen gangbare andere Varianten zur Problemlösung aufzeigt. In diesem Verarbeitungsprozess kann dem Vernommenen sein inadäquater Bewältigungsmechanismus von Problemen und Konflikten offenbar werden. Gleichzeitig wird die fixierte Fehleinstellung labilisiert. Einsetzende Einstellungsänderungen können dann ebenfalls durch eine indirekte Gesprächsführung begleitet werden, wobei dem Vernommenen über die Vermittlung von Verantwortungsbeziehungen bei der Gestaltung seines weiteren persönlichen Verhaltens auch die Motive für ein entsprechendes Aussageverhalten in der Vernehmung nahegelegt werden sollten.

Strategie der Konfrontation und Überzeugung
Diese Strategie wendet sich ebenfalls persönlichkeitstypischen Aspekten des Vernommenen zu. Der Vernommene zeigt häufig ein ausgesprochen herausforderndes Verhalten, durch das sich der Vernehmer nicht provozieren lassen darf. Ein affektives Verhalten des Vernehmers würde der Erwartungshaltung und der Interessenlage des Beschuldigten entgegenkommen und die Widerstandsenergie forcieren. Die Vernehmungsführung muss sich phasenhaft vorrangig auf die Beweisführung konzentrieren. Den destruktiven Verhaltensweisen ist sachlich und konsequent entgegenzutreten, um die Rahmenbedingungen für die Vernehmung zu gewährleisten. Über die Methode der direkten Vernehmungsführung wird der Vernommene systematisch mit festgestellten Tatsachen und Beweismitteln konfrontiert und zum straftatrelevanten Verhalten befragt. In diesem Sinne wird das widerstandsenergetische Verhalten blockiert. Zur Sicherung der Vernehmungsstrategie muss der Vernommene während der Vernehmung einer ständigen Disziplinierung – nämlich zur Gewährleistung der Kommunikations- und Kooperationsmöglichkeit – unterworfen werden. Nach der Aussagengewinnung über die

so angezielte Zerschlagung der Widerstandsenergie muss zur Sicherung weiterreichender Wirkungen im Sinne einer Widerrufsvorbeugung ein vertrauensvolles, konfliktklärendes Gespräch erfolgen. Hierbei sollten auch Anregungen zum Überdenken von Motiven und Verhaltensorientierungen vermittelt werden. Der Vernommene sollte aufgefordert werden, über seine Probleme zu sprechen, um so spezifische Anknüpfungspunkte für perspektivische Verhaltensweisen und eine entsprechende Einstellungsbildung zu finden.

Strategie des vertrauensvollen Eingehens
Schamgefühle entstehen in der Auseinandersetzung des Vernommenen mit seiner Straftat in Bezug auf das soziale Umfeld und durch Konfrontation mit dem Vernehmer. Meist hat sich der Vernommene über seine Straftat aus Angst vor Verachtung und sozialer Isolation niemandem mitgeteilt und leidet selbst unter einem inneren Spannungszustand. Deshalb ist bei dieser Vernehmungsstrategie die Herstellung eines verständnisvollen Vertrauensverhältnisses in der Kombination von indirekter und direkter Gesprächsführung im Rahmen der Vernehmung eine unerlässliche Voraussetzung, um die Widerstandsenergie aufzuheben. Dazu zählt insbesondere die Verbalisierung bestimmter Erlebnisinhalte (z.B. phantasierte Harmonie zum Kind bei Pädophilen oder aggressions-sexuelle Phantasien bei Serienmördern). Für diesen Fall kann die potentielle Aussagebereitschaft sogar zu einer aktiv untersetzten Kooperation bei der Straftataufklärung führen, wobei der Vernehmer unter Umständen zum Vertrauten wird, mit dem der Täter erstmals über sein Erleben und seine Handlungen spricht.

4. Nachwort

Wir gingen davon aus, dass kriminalistisches Handeln immer als beweisrelevante Wahrheitserforschung in Strafsachen dargestellt werden kann. Die Sicht des Kriminalisten auf den Untersuchungsgegenstand wird dabei durch zwei Pole bestimmt:

Zum einen hat er sich in seinem Handeln im gesetzlich vorgeschriebenen Rahmen zu bewegen. Dieser wird häufig durch formalisierte Handlungsvorschriften (Dienstanweisungen usw.) ergänzt. Je nach Rolle im Strafprozess legt er gleichfalls formalisierte Handlungsvorschriften bzw. gesetzliche Normen als Maßstab an das zu untersuchende kriminalistisch relevante Verhalten an. Die Kenntnisnahme dieser Normen ist zunächst müßig, hat jedoch den Vorteil, einmal verinnerlicht, verlässliche Richtschnur der Entscheidungsfindung zu sein, schnell und ohne größeren (Denk-)Aufwand zu institutionell gewünschten Entscheidungen zu gelangen.

Zum anderen muss er sich auf das Neue, Einmalige, was in jeder menschlichen Handlung steckt, einlassen. Der Kriminalist muss sich das System, in dem sich die kriminalistisch bedeutsame Person bewegt, erschließen – die sich hieraus ergebenden Weltbilder, Zwänge und Gestaltungsmöglichkeiten erkennen und in seinen eigenen systemischen Rahmen integrieren. Neues hat oft den Charakter von etwas Bedrohlichem. Man muss eingefahrene und damit sichere Denk- und Handlungsbahnen verlassen. Sich diesem Problem zu stellen, setzt eigenes kreatives Herangehen und Selbstsicherheit voraus. Ohne diese Eigenschaften kann die subjektive Sicht (des Täters, Opfers, Zeugen) auf das kriminalistisch relevante Ereignis und somit die Wahrheitserforschung nur bedingt ermittelt werden.

Diese Dialektik zu meistern, setzt den Erwerb bestimmter psychologischer Einstellungen (z.B. Realisierung von sozialer Intelligenz in Form von Empathie, Akzeptanz, Kongruenz im Umgang mit kriminalistisch relevanten Personen – aber nicht nur mit diesen) und Methoden voraus. Es war unser Anliegen, dies exemplarisch an zwei Beispielen im Rahmen dieser Publikation darzustellen. Bei der Arbeit an diesem Problem entstand trotz Rückgriff auf den Fundus bereits vorliegender Arbeiten zu diesem Thema ein Gefühl, dass sich in Analogie zum Prozess der Straftatenuntersuchung wie folgt beschreiben lässt:

> „Verbrecherische Handlungen stellten immer eine Oberfläche dar. Oft war diese Oberfläche mit der Vegetation darunter verwachsen; doch manchmal, wenn es gelungen war, die Oberfläche des Verbrechens zu durchstoßen, öffneten sich Abgründe, von denen man vorher nicht einmal etwas ahnen konnte.“[19]

Viele Themen, die hier nur angedeutet werden konnten, bleiben somit späteren Publikationen oder der schöpferischen Kreativität des Lesers vorbehalten.

19 *Mankell*, Die fünfte Frau, 2001, S. 545.

Literatur:

Belitz, L., Wege der Aufklärung, in: Musolff, C., Hoffmann, J. (Hrsg), Täterprofile bei Gewaltverbrechen. Mythos, Theorie und Praxis des Profilings, 2002.

Brockmann, C., Vernehmungstechniken, in: Stein, F. (Hrsg.), Brennpunkte der Polizeipsychologie, 1990.

Dettenborn, H., Täter, Opfer, Zeuge. Streifzüge durch die Gerichtspsychologie, 1988.

Egg, R., Brennpunkte der Rechtspsychologie, 1991.

Gross, Hans, Gesammelte Kriminalistische Aufsätze, 1908, Leipzig.

Liszt, Franz von, Lehrbuch des Deutschen Strafrechts Band 1, Einleitung und Allgemeiner Teil, bearbeitet von Dr. Eberhard Schmidt, 26. Aufl., 1932, Berlin, Leipzig.

Lösel, F., Kriminalpsychologie. Grundlagen und Anwendungsbereiche, 1983.

Zimbardo, P. G., Psychologie, 5. Aufl., 1992.

6. Kapitel: Spezielle Kriminalistik

I. Polizeiliche Sofortmaßnahmen in Vermisstensachen

von *Horst Clages*

1. Einführung

Verlässt eine Person ihren gewohnten Lebenskreis oder kehrt sie in ihn nicht zurück, ist ihr Aufenthalt unbekannt und sind die Umstände ihrer Abwesenheit ungewöhnlich, wird üblicherweise von nahen Angehörigen, Verwandten oder sonstigen Beziehungspersonen bei der Polizei eine Vermisstenanzeige erstattet.

Die Motive der Anzeigeerstatter sind verschieden. Sie können in der allgemeinen Sorge begründet sein, der von ihnen vermissten Person könne „etwas zugestoßen" sein, konkret: die betreffende Person könne Opfer eines Unfalles oder einer Straftat geworden sein, in hilfloser Lage sich befinden oder, wenn Kinder vermisst werden, einer erheblichen Gefährdung ausgesetzt sein. Aber auch geäußerte oder befürchtete Freitodabsicht kann Anlass für die Anzeige sein. Das Motiv für die Anzeigeerstattung kann jedoch auch allein darin liegen, den derzeitigen Aufenthalt eines unauffindbaren Angehörigen wie Ehegatten, Lebensgefährten oder eines volljährigen Kindes unter Einschaltung der Polizei feststellen zu lassen. Gerade in den letztgenannten Fällen besteht bei den Bürgern die Vorstellung, gegenüber der Polizei ein berechtigtes Anliegen zu haben.

Aber auch Vermisstenanzeigen bei der Polizei, die der Verdeckung einer Straftat z. N. einer Person dienen sollen, sind immer wiederkehrende Motive.

1.1 Gesetzlicher Auftrag

Mit der Feststellung, dass eine Person als vermisst gilt, ist – verkürzt gesagt – stets die Prognose verbunden, dass für sie eine Gefahr für Leben oder körperliche Unversehrtheit angenommen wird.

Nach herrschendem Rechtsverständnis ist es Aufgabe des Staates und der für den Staat handelnden exekutiven Gewalt, hier: die Polizei, Gefahren, die insbesondere dem Leben und der körperlichen Unversehrtheit des Einzelnen drohen, mit den gebotenen Mitteln abzuwehren.

Der gesetzliche Auftrag der Polizei für die Bearbeitung von Vermisstenfällen resultiert primär aus dem Recht der Gefahrenabwehr und – wenn im Zusammenhang mit der Vermisstensache Anfangsverdacht einer Straftat begründet ist – aus der Pflicht zur Strafverfolgung.

1.2 Arbeitsgrundlage

Arbeitsgrundlage für die polizeiliche Bearbeitung von Vermisstenfällen ist die PDV 389 Vermisste, unbekannte Tote, unbekannte hilflose Personen. Die Vorschrift regelt detailliert die Sachbearbeitung und den Informationsaustausch zur Ermittlung Vermisster sowie zur Identifizierung unbekannter Toter und unbekannter hilfloser Personen.

Die folgenden Ausführungen beschränken sich – wegen der in der Vorschrift bereits vorgenommenen Regelungsdichte – deshalb auch im Wesentlichen auf einsatz- und ermittlungstaktische Grundsätze und auf Sofortmaßnahmen der polizeilichen Vermisstensachbearbeitung. Soweit also Verfahrensfragen der Vermisstensachbearbeitung eine Rolle spielen, wird auf die Vorschrift verwiesen.

1.3 Begründung des Vermisstenstatus

Auszug aus der PDV 389:[1]

2.1 Begriffsbestimmung

2.1.1 Personen gelten als vermisst, wenn sie ihren gewohnten Lebenskreis verlassen haben, ihr Aufenthalt unbekannt ist und eine Gefahr für Leben oder körperliche Unversehrtheit angenommen werden kann, z. B. als Opfer einer rechtswidrigen Tat, Unglücksfall, Hilflosigkeit, Selbsttötungsabsicht.

2.1.2 Minderjährige gelten in jedem Fall als vermisst, wenn sie ihren gewohnten Lebenskreis verlassen haben und ihr Aufenthalt unbekannt ist. Bei ihnen muss grundsätzlich eine Gefahr für Leib oder Leben angenommen werden, solange Erkenntnis oder Ermittlungen nicht anderes ergeben.

1 PDV 389, Ausgabe 2004.

2.1.3 Jugendliche sind nicht als vermisst zu behandeln, wenn sie zur Strafverfolgung bzw. Strafvollstreckung ausgeschrieben sind und für sie keine Gefahr für Leib oder Leben angenommen werden kann.

2.1.4 Personen, die bereits zum Zwecke der Strafverfolgung bzw. Strafvollstreckung, der Gefahrenabwehr oder der Durchführung ausländerrechtlicher Maßnahmen ausgeschrieben sind oder ausgeschrieben werden sollen, werden zusätzlich wie Vermisste behandelt, wenn eine Gefahr für Leib oder Leben angenommen werden kann.

2.1.5 Bekannte Tote sind in die Datei VERMI/UTOT als Vermisste einzustellen, wenn wesentliche Körperteile fehlen, sie nicht mehr verfügbar sind und ihr Verbleib vorerst ungeklärt ist, z. B. durch Diebstahl

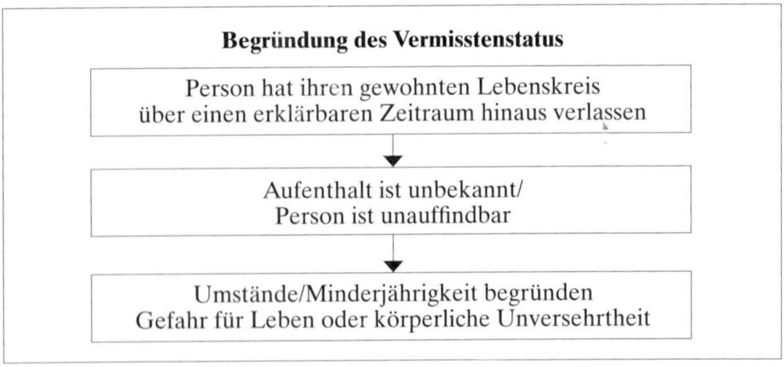

Abb. 23

1.4 Kriterienkatalog

Die Frage, ob eine Person im Sinne der Vorschrift als vermisst gilt, orientiert sich an bestimmten Kriterien, die als Indizien für das Vorliegen einer Vermisstensache gelten können.

Verlassen des gewohnten Lebenskreises:
Der gewohnte Lebenskreis ist der Bereich, in dem die vermisste Person bisher ihr Leben im vertrauten sozialen Umfeld verwirklicht hat. Der Bereich umfasst unter Berücksichtigung der bisherigen Lebensgewohnheiten bestimmte Orte aus dem Arbeits-, Wohn- und Freizeitbereich des Vermissten. Entscheidend ist die Tatsache, dass die Person entgegen ihren sonstigen Gewohnheiten in ihrem bisherigen Lebensbereich nicht mehr festgestellt wird, also offensichtlich abwesend ist.

Zum Lebensbereich zählen auch Orte, die die vermisste Person entgegen geäußerter Absichten nicht erreicht bzw. nicht aufgesucht hat.

Die Person ist über einen nicht erklärbaren Zeitraum hinaus abgängig:
Regelmäßig einzubeziehen in die Beurteilung ist ein bestimmter Zeitfaktor, der jedoch nicht ausschließlich unter dem Aspekt der Zeitabhängigkeit beurteilt werden kann. Primär gilt, dass die Zeitdauer der Abwesenheit aus dem Lebensbereich dem bisherigen Lebensrhythmus widerspricht und unter Berücksichtigung
- der Persönlichkeit und der Lebensgewohnheiten,
- des körperlichen und geistigen Zustandes der vermissten Person,
- geplanter Vorhaben und Absichten, bestimmte Aufenthaltsorte aufzusuchen,
- der konkreten Umstände des Vermisstseins in Form von zeitlichen, örtlichen und sachlichen Bedingungen sowie
- von möglichen Gefahrensituationen

ein angemessener Zeitraum für die Rückkehr überschritten worden ist.

Die Einschätzung, ob ein Verlassen über einen erklärbaren Zeitraum hinaus vorliegt, ist immer anhand der individuellen Bedingungen und Umstände des Vermisstseins vorzunehmen.

Der Aufenthaltsort der Person ist unbekannt:
Der Aufenthaltsort einer vermissten Person gilt solange als unbekannt, bis
- deren gegenwärtige Anwesenheit an einem bestimmten Ort festgestellt und nachgewiesen wird,
- eindeutig und unzweifelhaft die Rückkehr in ihren Lebensbereich feststeht oder
- die vermisste Person tot aufgefunden und sicher identifiziert worden ist.

Die Aufhebung des Vermisstenstatus ist nur zulässig, wenn eines dieser Kriterien erfüllt ist. Vermutungen zum möglichen Aufenthaltsort oder Hinweise auf zeitweilige Aufenthaltsorte berechtigen nicht zum Abschluss des Vermisstenvorganges.

Es ist auf Grund der Umstände eine Gefahr für Leben oder körperliche Unversehrtheit anzunehmen:
Wesentliche Voraussetzung für das Merkmal des Vermisstseins ist, in Kombination mit den o.a. genannten Kriterien, die begründete Annahme einer Gefahr für das Leben oder die körperliche Unversehrtheit der Person.

Der Gefahrenbegriff[2] knüpft an die Bedeutung des gefährdeten Rechtsgutes an. Eine Gefahr für das Leben oder die körperliche Unversehrtheit bedeutet, dass nach den Umständen des Einzelfalles bei bestimmtem ungehinderten Geschehensablauf der Tod eines Menschen oder eine nicht nur unbedeutende Körperverletzung droht.

Der Annahme einer konkreten Gefahr für das Leben oder die körperliche Unversehrtheit bedarf es bei Minderjährigen nicht. In Auslegung der PDV 389 besteht die Regelvermutung, wonach Minderjährige grundsätzlich als gefährdet anzusehen sind, wenn sie sich aus ihrem gewohnten Lebenskreis entfernt haben, so dass es für diesen Fall der Feststellung einer konkreten Gefährdung nicht bedarf. Ausnahmen von diesem Grundsatz regelt die Vorschrift.

2. Ursachen des Vermisstseins

Die Ursachen des Vermisstseins und die daraus resultierenden Gefahrenlagen können verschiedenartig bedingt sein und sich auch in ihrer Ursachenwirkung überschneiden. Generell können zwei Ursachencluster unterschieden werden:
- die Ursachen liegen in der Hauptsache in der Person des Vermissten begründet,
- die Ursachen liegen im Wesentlichen in äußeren Umständen begründet.

Langzeituntersuchungen der Landeskriminalämter, des Bundeskriminalamtes[3] und polizeiliche Erfahrungen zeigen, dass ca. 95 % der Vermisstenschicksale sich auf undramatische Weise aufklären, und zwar: ca. 50 % durch freiwillige Rückkehr der Vermissten in ihren Lebenskreis, der Rest durch Ermittlung und Aufgriff der vermissten Personen. Weniger als 5 % der Fälle klären sich durch Totauffindung.[4] Als Ursache überwiegt Tod durch Selbsttötung.

Allein knapp die Hälfte aller Vermissten sind Minderjährige. Die Ursache für ihren hohen Anteil ist darin begründet, dass jeder Minderjährige als vermisst gilt, der seinen gewohnten Lebenskreis verlassen hat und unbe-

2 Zum Gefahrenbegriff und seiner Bedeutung in Vermisstensachen siehe *Clages/Schlieper*, S. 9 f.

3 Zur Phänomenologie der Vermisstenfälle siehe *Milke*, S. 208, unter Bezugnahme auf Untersuchungen des LKA Bayern sowie BKA Wiesbaden, Polizeiliche Bearbeitung von Vermisstenfällen in Deutschland.

4 Diese Feststellung sagt nichts über die Latenz der Tötungsdelikte im Zusammenhang mit Vermisstenfällen aus.

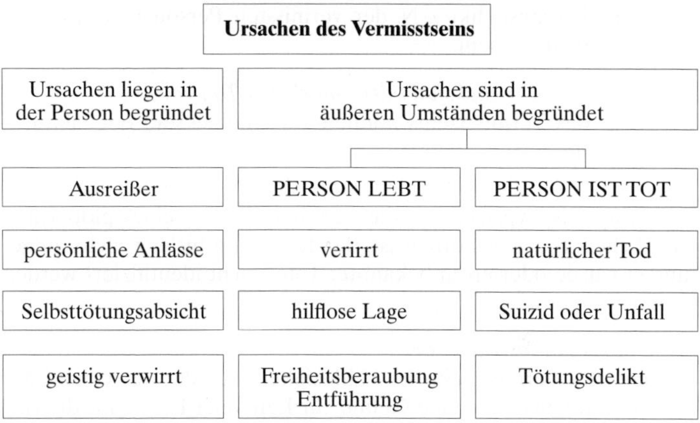

Abb. 24

kannten Aufenthalts ist. Diese Tatsache verfälscht das Bild im Vergleich der Belastung von Minderjährigen zu Volljährigen bei den Vermisstenfällen.

Die Gründe sind vorwiegend auf soziale Fehlentwicklungen oder auf Anpassungsschwierigkeiten zurückzuführen. Der Anteil von sog. Streunern und Entweichungen aus Heimerziehung beläuft sich auf etwa 2/3 aller Fälle.

Die Auswertung der Vermisstenursachen bei Volljährigen zeigt, dass die Gründe für ihr Vermisstsein offenbar in hohem Maße auf psychische oder geistige Störungen der Persönlichkeit (Freitodabsicht und Entweichen aus Nervenklinik) und auf Hilflosigkeit zurückzuführen sind.

Hauptsächlich sind folgende Ursachen des Vermisstseins festzustellen:

(1) Die vermisste Person ist Opfer einer rechtswidrigen Tat geworden

Es besteht die begründete Annahme, dass

– Ursache des Vermisstseins eine z. N. der vermissten Person begangene oder bevorstehende rechtswidrige Tat ist, aus der Gefahren für Leib oder Leben der Person resultieren.

Die Annahme kann u. a. dadurch begründet sein, dass die vermisste Person typischen opfergeneigten Situationen ausgesetzt ist.

Es kann sich z. B. um Fälle der Freiheitsberaubung, der Entführung, der Entziehung Minderjähriger, des Menschenhandels, ggf. mit Folgetaten z. N. des Opfers wie Delikte der sexuellen Gewalt oder Körperverletzungsdelikte handeln.

Auch ein Tötungsdelikt z. N. der vermissten Person kann primäre Vermisstenursache sein.

(2) Es liegt ein Unglücksfall oder natürlicher Tod vor
Ursachen des Vermisstseins können ein Unglücksfall oder natürlicher Tod sein.

Die Anlässe für die erste Fallvariante sind vielfältig. Für die zweite Fallvariante ist typisch, dass die vermisste Person eines plötzlichen natürlichen Todes gestorben ist, der Leichnam bislang nicht aufgefunden wurde oder als unbekannter Toter nicht identifiziert werden konnte.

(3) Es liegt Hilflosigkeit vor
Ursache des Vermisstseins ist Hilflosigkeit, aus der auf Grund der besonderen Umstände eine Gefahr für Leib oder Leben für die vermisste Person resultiert. Als typische Beispiele sind hier zu nennen: geistig verwirrte Personen, die umherirren oder Kleinkinder, die sich verlaufen haben und die witterungsbedingt der Gefahr einer erheblichen Gesundheitsbeschädigung oder des Todes durch Unterkühlung ausgesetzt sind. Gleiches kann für hochgradig betrunkene Personen gelten.

(4) Es liegt Freitodabsicht vor
Ursache des Vermisstseins sind ernsthafte Freitodabsichten. Die vermisste Person hat ihren gewohnten Lebenskreis mit unbekanntem Ziel verlassen, um entweder unter Ausnutzung günstig erscheinenden Gelegenheiten, z. B. durch Sturz aus großer Höhe oder in Abgeschiedenheit von Dritten aus dem Leben zu scheiden.

Die Ursachen für den Vorsatz, freiwillig aus dem Leben zu scheiden, sind vielfältig. Selbsttötungsabsicht kann sowohl auf freier Willensentschließung, als auch auf einen die freie Willensentschließung ausschließenden Zustand beruhen. Aus der Schutzpflicht des Staates für Leben und Gesundheit der Bürger resultiert die Handlungspflicht der Polizei, bei Selbsttötungsabsicht zum Schutze des Lebens und der Gesundheit des Betroffenen einzuschreiten.

(5) Ausreißen, Streunen, Vagabundieren
Minderjährige, die ihren gewohnten Lebenskreis verlassen haben und deren Aufenthalt unbekannt ist, gelten als vermisst. Als Ursachen des Vermisstseins sind häufig Ausreißen, Streunen oder Vagabundieren anzunehmen (wenn nicht eine der o. a. genannten Ursa-

chen zutrifft). Die Gründe sind vorwiegend auf soziale Fehlentwicklungen oder auf Anpassungsschwierigkeiten zurückzuführen.

3. Anlassbeurteilung

Die Polizei steht bei jeder Anzeigenerstattung zunächst vor den Fragen:
- Liegt ein „echter“ Vermisstenfall vor?
- Was ist die Ursache des Vermisstseins? oder
- Liegt ein freiwilliges, selbst bestimmtes Verlassen des gewohnten Lebenskreises vor?

Hilfreich bei der Beurteilung des Sachverhalts sind sog. Standardhypothesen (-versionen) in Vermisstensachen.

Definition
Standardhypothesen sind Ergebnisse der Analyse und der wissenschaftlichen Verallgemeinerung empirischer Sachverhalte. Ihre Gültigkeit erstreckt sich nicht auf einen einzelnen Fall, sondern auf eine bestimmte Klasse von Ereignissen. In Bezug auf Vermisstenfälle beschreiben Standardhypothesen bestimmte, stets wiederkehrende typische Ursachen und Erscheinungsformen des Vermisstseins, die für sich bestimmte charakteristische Merkmale aufweisen (grundsätzlich zur Hypothesenbildung siehe Kap. III, Nr. 2.3).

Standardhypothese (1)
Freiwilliges Verlassen des gewohnten Lebenskreises und Verbergen bzw. Verschweigen des Aufenthaltsortes gegenüber Dritten:

Hinweise, die für ein freiwilliges Verlassen des gewohnten Lebenskreises sprechen:
- Konfliktsituationen im privaten Bereich mit Wunsch nach Trennung vom Partner oder Veränderung der Lebensumstände,
- wiederholt geäußerte Trennungswünsche,
- Furcht vor Strafe oder vor unangenehmen Konsequenzen,
- Flucht aus der Verantwortung,
- Fehlen persönlicher Gegenstände, von Ausweispapieren, Bargeld pp. oder Bekleidung des Vermissten aus dem häuslichen Bereich,
- erkennbare Vorbereitungshandlung für das Verlassen des Lebensbereichs einschließlich persönlicher Verfügungen, Kontobewegungen auf Bankkonten usw.,
- Fehlen konkreter Anhaltspunkte für das Vorliegen einer Gefahr für Leib oder Leben des Vermissten.

Standardhypothese (2)
Unfall, natürlicher Tod, Hilflosigkeit:

Hinweise, die auf Unfall, natürlichen Tod oder auf Hilflosigkeit als Vermisstenursache schließen lassen:
- Unerklärbarkeit des Verlassens des Lebensbereiches,
- Hinweise für ein selbst bestimmtes vorübergehendes Verlassen des Lebensbereiches mit der Absicht auf baldige Rückkehr,
- vermisste Person leidet an Krankheiten mit evtl. auftretenden lebensbedrohlichen Komplikationen bzw. plötzlicher Handlungsunfähigkeit,
- geschwächter körperlicher Zustand oder geistige Behinderungen, die die Leistungs- bzw. Orientierungsfähigkeit der vermissten Person einschränken, z. B. bei Betreuten, physisch oder psychisch Kranken, Gebrechlichkeit aufgrund hohen Alters,
- gering ausgeprägtes Orientierungsvermögen bei Kindern,
- Vorhandensein von künstlichen oder natürlichen Gefahrenquellen in der Bewegungsrichtung oder an bevorzugten und möglichen Aufenthaltsorten des Vermissten,
- Witterung und jahreszeitlich bedingte Gefahren wie Unterkühlung pp.,
- Ausübung risikobehafteter Tätigkeiten, z. B. Bergsteigen, Schwimmen in natürlichen Gewässern,
- Ausübung von Arbeiten mit hohem Gefährdungsgrad u.s.w.

Standardhypothese (3)
Freitodabsicht:

Hinweise, die die Annahme von Freitodabsicht begründen:
- Aufzeichnungen, in denen der Vermisste erkennbar Freitodabsicht äußert, z. B. Abschiedsbrief, Tonband- oder Videoaufzeichnungen,
- allgemeine Äußerungen gegenüber Dritten, über die Absicht, aus dem Leben scheiden zu wollen,
- psychische Erkrankungen, vor allem Depressionen,
- Vorliegen gravierender Konfliktsituationen oder plötzlicher Schicksalsschläge, die nach kriminalistischen Erfahrungen häufig Freitodabsichten des Betroffenen auslösen,
- Vorliegen unheilbarer oder subjektiv als unheilbar empfundener Krankheiten,
- Feststellungen aus der Besichtigung von Objekten oder Räumlichkeiten aus dem Wohn-, Arbeits- oder Freizeitbereich des Vermissten, die auf die Möglichkeit des Freitodes deuten.

Standardhypothese (4)
Ausreißen, Streunen, Vagabundieren:

Unter Berücksichtigung der individuellen Persönlichkeitsstruktur der vermissten Person können sich Hinweise auf freiwilliges oder frei bestimmtes Verlassen des gewohnten Lebenskreises aus folgenden Feststellungen und Erkenntnissen ergeben:
- Konfliktsituation mit Beziehungspersonen,
- Angst vor Strafe,
- Vorhandensein von psycho-sozialen Fehlentwicklungen bei der vermissten Person wie Neigung zum Vagabundieren, Bindungslosigkeit, Trunksucht, Streunen, Ausreißen, Abenteuerlust, subkulturelle Neigungen,
- wiederholtes Vermisstsein aus den genannten Gründen,
- Vorfinden von entsprechenden Erklärungen,
- vorherige Absichtserklärungen gegenüber Beziehungspersonen,
- Mitnahme von Behältnissen, Kleidungsstücken, Bargeld, persönlichen Gegenständen und Dokumenten,
- Eingang von schriftlichen und fernmündlichen Mitteilungen, Kontenbewegungen auf Bankkonten,
- vermisste Person wurde nach dem Vermisstsein in der Öffentlichkeit gesehen,
- zeitweiliges Aufsuchen von Beziehungspersonen.

Standardhypothese (5)
Opfer einer Straftat:

Die Frage, ob Ursache des Vermisstseins eine begangene oder bevorstehende rechtswidrige Tat z. N. der vermissten Person sein könnte, kann im Regelfall nur dann mit einiger Sicherheit beantwortet werden, wenn bestimmte Verdachtsindizien auf diese Hypothese hinweisen. Häufig werden die vorliegenden Informationen lediglich indirekte Verdachtshinweise ergeben, die aber bei kritischer Wertung und im Vergleich mit anderen verstärkenden qualitativen Verdachtsindizien die Wahrscheinlichkeit eines Verbrechens am Vermissten durchaus begründen können.

Die Möglichkeiten sind komplex, so dass Hinweise, die eine bestimmte hypothesenleitende Hilfe darstellen, kaum gegeben werden können. Es kann sich z. B. um Fälle der Freiheitsberaubung, der Entführung, des Menschenhandels, der Entziehung Minderjähriger ggf. mit Folgetaten z. N. des Opfers wie Delikte der sexuellen Gewalt oder Körperverletzungsdelikte handeln.

Auch ein Tötungsdelikt z. N. der vermissten Person kann primäre Vermisstenursache sein.

Kriminalistischen Erfahrungen und empirisch gewonnene Erkenntnisse aus Vermisstenfällen zeigen, dass jeder Fall im Detail anders liegt, so dass ermittlungstaktische Grundregeln auch nur als allgemeine Ermittlungshilfen zu verstehen sind, deren Anwendung sich nach Art und Intensität am jeweils konkreten Einzelfall zu orientieren haben.

4. Polizeiliche Maßnahmen – Grundsätze –

Erwartungen, die vermisste Person würde freiwillig in ihren Lebensbereich zurückkehren oder die Vermisstensache würde sich in irgendeiner Form, z. B. durch Aktivitäten von Angehörigen oder anderen Beziehungspersonen ohne die Einleitung polizeilicher Maßnahmen erledigen, sind häufige Fehleinschätzungen seitens der Polizei. Sie widersprechen dem Erfordernis unverzüglicher Aufnahme polizeilicher Maßnahmen zur Gefahrenabwehr und zur Strafverfolgung. Die Initiative zum Auffinden der vermissten Person muss in jedem Fall von der Polizei ausgehen.

Grundsätzlich ist jede Polizeidienststelle zur Entgegennahme der Vermisstenanzeige verpflichtet.

Unter Beachtung der individuellen Umstände und Bedingungen des Vermisstenfalles sind umgehend ereignisgerechte, zweckmäßige und wirksame Maßnahmen einzuleiten. Dies trifft insbesondere auf die Einleitung erforderlicher Sofortmaßnahmen zu. Die örtlich und sachlich zuständige Dienststelle ist unverzüglich zu informieren.

Unter Orientierung am Einzelfall sind folgende allgemeine Katalogmaßnahmen wahrzunehmen:
- Entgegennahme der Vermisstenanzeige; Prüfung und Beurteilung des Falles.
- Ereignisorientierte Einleitung und Durchführung der Abwehr von Gefahren für das Leben oder die körperliche Unversehrtheit der vermissten Person.
- Feststellung des Verbleibs der vermissten Person sowie Aufklärung des Vermisstenschicksals, ggf. Ingewahrsamnahme der gefährdeten Person; Zuführung von Minderjährigen an die Erziehungsberechtigten oder an das Jugendamt.

- Klärung der Ursachen und Umstände des Vermisstseins.
- Feststellung, ob die vermisste Person Opfer einer rechtswidrigen Tat geworden ist oder während der Dauer des Vermisstseins selbst rechtswidrige Taten begangen hat, ggf. Verfolgung und Aufklärung der Straftaten.
- Veranlassen vorbeugender Maßnahmen, die der Beseitigung von Ursachen oder Bedingungen eines erneuten Vermisstseins insbesondere von Minderjährigen, Betreuten oder Betreuungsbedürftigen dienen.
- Originär zuständigen Behörden Amts- und Vollzugshilfe leisten.

5. Aufnahme von Vermisstenanzeigen

5.1 Allgemeine taktische Grundsätze

Die Aufnahme der Vermisstenanzeige dient der Informationserhebung über den Vermisstenfall. Sie ist für den gesamten Einsatz- und Aufklärungsprozess in der Vermisstensache von zentraler Bedeutung.

Die Vermisstenanzeige unterscheidet sich in ihren allgemeinen Anforderungen nicht von Strafanzeigen. Deshalb gelten zunächst die allgemeinen kriminaltaktischen Grundsätze der Anzeigenaufnahme. Im Gegensatz zu klassischen Strafanzeigen, bei denen der geschilderte Sachverhalt direkt oder indirekt auf einen Straftatbestand hinweist, spiegelt die Vermisstenanzeige jedoch häufig eine *kriminalistisch unklare Situation und einen in der Regel strafrechtlich nicht relevanten Sachverhalt wider.*

Diese für den dubiosen Vermisstenfall typische Situation zwingt den die Anzeige Aufnehmenden bei dem Erfragen der Fakten über das Ereignis mit Problembewusstsein, psychologischem Einfühlungsvermögen und taktischem Geschick vorzugehen, um auf diesem Weg zu den für die Sachverhaltsbeurteilung relevanten Informationen zu gelangen.

Aufgrund der Spezifik der Informationserhebung sind Vermisstenanzeigen grundsätzlich unter Verwendung spezieller Vordrucke aufzunehmen.

Von dem erhobenen Informationspotential werden die zu ergreifenden polizeilichen Maßnahmen nach Art, Intensität und Zielgerichtetheit sowie der Zeitpunkt des Auffindens des Vermissten bedeutend beeinflusst und somit auch der Erfolg oder der Misserfolg der Gefahrenabwehr für den Vermissten. Deshalb ist es wichtig, alle für diese Zielrichtung bedeutsamen Informationen über die Umstände des Vermisstseins und die Person des Vermissten umfassend zu erheben.

In dieser Phase der Informationserhebung ist regelmäßig der Anzeigeerstatter die wichtigste Informationsquelle. Der Informationsinhalt und -wert der Aussagen des Anzeigeerstatters leiten sich insbesondere aus der Beziehung zur vermissten Person ab. In den meisten Fällen kommt der Anzeigeerstatter aus dem unmittelbaren sozialen Umfeld des Vermissten und verfügt demgemäß über umfangreiche Informationen, die eine Einschätzung der Persönlichkeit des Vermissten und der konkreten Umstände des Vermisstseins ermöglichen.

Bereits zu Beginn der Anzeigenaufnahme ist zu prüfen, ob polizeiliche Sofortmaßnahmen erforderlich sind. Soweit sich dies als notwendig erweist, sind sie ereignisorientiert noch während der Anzeigenaufnahme zu veranlassen. Zu berücksichtigen sind bereits vom Anzeigeerstatter durchgeführte Suchmaßnahmen, die jedoch kritisch geprüft werden sollten.

Bürger, die eine Person bei der Polizei vermisst melden, befinden sich in der Regel in einer für sie außergewöhnlichen Situation, die oft von Sorge und Angst um Leben und Gesundheit ihrer vermissten Angehörigen geprägt ist. Sie wenden sich an die Polizei in der Erwartung, dass ihnen Hilfe beim Auffinden der vermissten Person zuteil wird. Diese Erwartungshaltung darf nicht enttäuscht werden, sondern ihr ist durch einfühlsames, taktvolles und engagiertes Handeln zu entsprechen.

Ist aus dem Aussageinhalt und dem Verhalten des Anzeigeerstatters erkennbar, dass er aus vermeintlicher Mitschuld oder Besorgnis um das Ansehen des Vermissten Angaben verschleiert oder verschweigt, sollte der Anzeigeerstatter auf die daraus resultierenden nachteiligen Auswirkungen hingewiesen werden.

Soweit aufgrund der Besonderheiten des Einzelfalles dazu Anlass besteht, sollte bereits bei der Anzeigenaufnahme die Möglichkeit geprüft werden, ob die vermisste Person Opfer einer Straftat geworden sein könnte.

5.2 Inhalt der Vermisstenanzeige

Die Informationserhebung bei der Aufnahme einer Vermisstenanzeige sollte berücksichtigen, dass vor allem solche Angaben erhoben werden, die es ermöglichen

- den Gefährdungsgrad des Vermissten sicher zu beurteilen,
- den Vermissten unverzüglich aufzufinden bzw. seinen Aufenthaltsort zu ermitteln,
- geeignete Identifizierungsunterlagen zu erlangen, die im Falle des Auffindens des Vermissten als unbekannter Toter oder unbekannte hilflose Person die unverzügliche Identifizierung ermöglichen,
- Straftaten z. N. des Vermissten (z. B. Entführung, Freiheitsberaubung, Tötung etc.) frühzeitig zu erkennen, drohende Gefahren, die aus einer Straftat erwachsen, abzuwehren oder die Fortführung der Straftat zu unterbinden und günstige Voraussetzungen für die Aufklärung der Tat zu schaffen.

Vernehmungstaktisch ist so zu verfahren, dass nach einer kurzen, freien Sachverhaltsdarstellung seitens des Anzeigeerstatters eine detaillierte Befragung nach den für Vermisstenfälle erforderlichen Informationskomplexen erfolgt. Dadurch wird zunächst eine durch Fragen unbeeinflusste Sachverhaltsdarstellung durch den Anzeigeerstatter gewährleistet und der Aufnehmende erhält einen Überblick über das Geschehen.

Durch ergänzende gezielte Fragen, die sich der Sachverhaltsschilderung anschließen, soll sodann die Vollständigkeit der erforderlichen Informationen und die Konzentration auf die polizeilich bedeutsamen Fakten sichergestellt werden.

Die Anzeigeerstatter sind anzuhalten,

- in geeigneten Fällen bei Angehörigen oder Bekannten der vermissten Person Hinweise über mögliche Aufenthaltsorte bzw. Gründe des Vermisstseins zu erfragen,
- neue Erkenntnisse bzw. die Rückkehr des Vermissten der Polizei unverzüglich zu berichten.

Inhalt der Vermisstenanzeige
– Informationskomplexe –
(Aufzählung nicht abschließend)

- *Personalien der vermissten Person*
  Die üblichen Angaben zur Person sind durch die Anschriften von Arbeits-, Dienst-, Ausbildungs- oder Erziehungseinrichtungen und neben-

berufliche Tätigkeiten zu ergänzen. Die dortigen Ansprechpartner wie Auskunftspersonen, Vorgesetzte, Klassenleiter, Erzieher usw. und deren mögliche Erreichbarkeit sind zu erfassen.

- *Personenbeschreibung der vermissten Person*
  - Körpergröße, Körperbau
  - besondere körperliche Merkmale, Auffälligkeiten, Tätowierungen, Male, Narben
  - andere Besonderheiten wie medizinische Hilfsmittel, Seh-, Hör- und Gehhilfen, Herzschrittmacher, Prothesen
  - Operationen, Brüche, Organübertragungen usw.
  - Beschreibung der Bekleidung und der mitgeführten Gegenstände.

- *Angaben zu den Beziehungen des Anzeigeerstatters zur vermissten Person*
  Von polizeilichem Interesse sind vor allem Art, Intensität und ggf. Veränderungen in der Beziehung sowie die aktuelle Beziehungssituation unmittelbar vor dem Vermisstsein.

- *Konkrete Umstände des Vermisstseins*
  Dabei ist insbesondere auf folgende Fragen einzugehen:
  - wann wurde der Vermisste wo und durch wen letztmalig gesehen?
  - wie war der Gesprächsinhalt bei dieser Gelegenheit?
  - in welche Richtung hat sich der Vermisste entfernt?
  - ist der Zielort und der Grund für dessen Wahl bekannt?
  - welche Personen befanden sich in Begleitung des Vermissten?
  - wie war die Personen und Fahrzeugbewegung am Abgangsort, welche Auffälligkeiten waren dabei zu beobachten?
  - welche Auffälligkeiten im Verhalten des Vermissten waren zu diesem Zeitpunkt erkennbar, z.B. Alkoholeinfluss, Stimmungslage?

- Vom Anzeigeerstatter bereits *eingeleitete Maßnahmen*,
  insbesondere Art, Umfang und Ergebnis von Such- und Überprüfungsmaßnahmen.

- *Informationen über die psychische und körperliche Konstitution der vermissten Person*
  - allgemeine Persönlichkeitsmerkmale wie Intellekt, Bildung, Leistungsverhalten, Steuerungs- und Orientierungsvermögen, Kontaktverhalten, Interessen, Neigungen
  - psychischer Zustand des Vermissten, Beschreibung des psychischen Grundtyps, aktuelle psychisch begründete Verhaltensauffälligkeiten, Abweichungen und Störungen. Herauszuarbeiten sind besonders Faktoren wie Abenteuerlust, Risikobereitschaft, Vereinsamung, möglicher Lebensüberdruss, Freitodneigung
  - körperlicher Zustand der vermissten Person, ihre körperliche Leistungsfähigkeit, Krankheiten des Bewegungsapparates, chronische oder akute Erkrankungen, die das Leistungs- und Orientierungsvermögen beeinträchtigen, Notwendigkeit der regelmäßigen ärztlichen Betreuung oder Einnahme von Medikamenten, mögliche Schwangerschaft
  - Lebensrhythmus und Lebensbedingungen, insbesondere ständig wiederkehrende Handlungs- und Verhaltensweisen

  - werden bestimmte Aufenthaltsorte bevorzugt sowie Kontaktorte und Kontaktpersonen, waren Abweichungen davon zu beobachten? Zeitpunkt und Gründe dafür
  - Besonderheiten der Lebensverhältnisse und -umstände, Auffälligkeiten im Wohnbereich der vermissten Person, z.B. ungewöhnliche Unordnung, fehlende Gegenstände, Abschiedsbrief, finanzielle Situation, Familienverhältnisse wie familiäre Konflikte, Trennungs- oder Scheidungsbegehren des Partners
- *Mögliche Ursachen und Beweggründe für das Vermisstseins wie*
  - lang andauernde bzw. aktuelle persönliche Konflikte
  - soziale Stellung und mögliche daraus resultierende aktuelle Probleme und Konfliktsituationen
  - Erziehungs- und Leistungsprobleme
  - Angst vor Disziplinarmaßnahmen und Strafen
- *Beziehungspersonen aus dem Wohn-, Arbeits- und Freizeitbereich,*
  - die als Auskunftspersonen dienen können oder bei denen sich die vermisste Person aufhalten könnte
  - die unmittelbar vor oder nach dem Vermisstsein mit ihr Kontakt gehabt haben könnten
  - Art und Intensität des Verhältnisses zu Beziehungspersonen, Auffälligkeiten, aktuelle Veränderungen.
- *Angaben zu vorangegangenem Vermisstsein*
  Es sollten folgende Informationen eingeholt werden:
  - Ursachen früheren Vermisstseins
  - Verhalten während des Vermisstseins
  - aufgesuchte Personen oder Aufenthaltsorte
  - Ort, Art und Weise der Feststellung der vermissten Person
  - begangene oder erlittene Straftaten während des Vermisstseins.
- Hinweise zur *Sammlung von Identifizierungsunterlagen* für den Fall, dass der Vermisste als unbekannter Toter oder hilflose Person aufgefunden wird. Dazu gehört die Feststellung des behandelnden Arztes, des Zahnarztes, Anschrift medizinischer Einrichtungen, in denen Krankengeschichten, Röntgenunterlagen, Zahnstatus, Blutformel, DNA asserviert sind.

6. Erster Angriff bei Vermisstensachen

6.1 Allgemeine einsatztaktische Grundsätze

Die polizeiliche Lagereaktion im Ersten Angriff bei Vermisstensachen hat primär folgende Ziele:
- die Erhebung der erforderlichen Informationen, auf deren Grundlage Art und Einsatzintensität bestimmt werden können,
- das schnelle Auffinden der vermissten Person,

- die Einleitung und Durchführung von gefahrenabwehrenden Maßnahmen,
- die Verhinderung von Straftaten z.N. des Vermissten.

Art, Umfang und Reihenfolge der einzuleitenden Maßnahmen des Ersten Angriffs ergeben sich aus
- der Analyse von Informationen zur Persönlichkeit des Vermissten,
- den konkreten Umständen des Vermisstseins,
- dem Zeitraum zwischen Vermisstsein und Anzeigeerstattung,
- den Ereignishypothesen zur Ursache des Vermisstseins und dem möglichen Aufenthaltsort der vermissten Person,
- dem ggf. Vorhandensein von Widersprüchen aufgrund von Sachverhaltsermittlungen über den Vermisstenfall.

6.2 Sofortmaßnahmen bei Vermisstensachen

6.2.1 Einsatztaktische Grundsätze

Grundsätzlich haben operative Maßnahmen Vorrang. Die Wirksamkeit von Sofortmaßnahmen darf nicht durch administratives Handeln oder eine abwartende Haltung beeinträchtigt werden. Wurde die vermisste Person im Zuge von Sofortmaßnahmen aufgefunden, ist eine nachträgliche Aufnahme einer Vermisstenanzeige nicht erforderlich. Der Sachverhalt selbst ist jedoch aktenkundig zu machen. Waren die Sofortmaßnahmen ohne Erfolg, sind unter Beachtung zusätzlich gewonnener Erkenntnisse lageangepasste weitere Maßnahmen einzuleiten. Bleiben auch diese ohne Erfolg, werden die nächsten Schritte zur Aufklärung des Vermisstenschicksals in Ermittlungen der Fachdienststelle für Vermisstensachen übergeführt.

6.2.2 Fahndungs- und Ermittlungsmaßnahmen im Ersten Angriff

Allgemeine Beurteilung der Lage:
Zunächst ist der konkrete Gefährdungsgrad der Vermissten Person durch eine Gefährdungsanalyse festzustellen.

Wesentliche Kriterien sind:
- die Person des Vermissten, und zwar Alter, Geschlecht, körperlicher und geistiger Zustand,
- Zeitdauer zwischen Vermisstsein und Anzeigeerstattung in Abhängigkeit zur Person des Vermissten,

- Vorhandensein potenzieller oder konkreter Gefahren für den Vermissten wie Wetterbedingungen, Jahreszeit, natürliche oder technisch bedingte Gefahrenquellen im räumlich bedeutsamen Bereich, Besonderheiten der Gefahrenlage,
- Hinweise auf Vorliegen einer Straftat z. N. des Vermissten als Vermisstenursache.

Standardmaßnahmen:
Sofortige Information der im Einsatzraum befindlichen Einsatzkräfte und deren Einbeziehung in die Fahndungsmaßnahmen

Im Rahmen von Sofortfahndungen nach vermissten Personen sind in Abhängigkeit vom Vermisstenfall die im Einsatzraum befindlichen Polizeikräfte über die Lage zu informieren und in die Fahndungsmaßnahmen mit einzubeziehen. Dies kann durch gezielte Fahndungsaufträge oder durch Raumfahndungsmaßnahmen geschehen. Obligatorisch und Erfolg versprechend sind diese Maßnahmen bei vermissten Kindern. Die Fahndungsinformationen an die eingesetzten Kräfte sind auf fahndungsrelevante Merkmale der vermissten Person zu beschränken, die Signalwirkung haben und im Gedächtnis der Fahndungskräfte haften bleiben.

Die Angaben sollten sich auf folgende Hinweise beschränken:
- Personalien,
- Geschlecht,
- Alter,
- Gestalt,
- Haarfarbe,
- Bekleidung,
- äußerlich auffallende Besonderheiten

des Vermissten.

Eingrenzung des Fahndungsraumes
Besonders in der Sofortphase des Ersten Angriffs in Vermisstensachen ist für die Zielgerichtetheit der polizeilichen Maßnahmen, den Kräfteeinsatz der verfügbaren Einsatzkräfte und für den schnellen Fahndungserfolg nach der vermissten Person die möglichst enge Eingrenzung des Fahndungsraumes von Bedeutung.

Kriterien dafür sind Informationen
- über den nach Möglichkeit genauen Zeitpunkt des Vermisstseins,
- über den Abgangsort oder die Örtlichkeit, an der die vermisste Person zuletzt gesehen worden ist,

- über die Bewegungsrichtung, die von der vermissten Person genommen worden ist,
- über bevorzugte oder mögliche Aufenthaltsorte,
- über besondere Gefahrensituationen und zum Gefährdungsgrad der vermissten Person.

Einbeziehung öffentlicher Verkehrsbetriebe, Taxizentralen
Die Einbeziehung öffentlicher Verkehrsbetriebe und Taxizentralen in die Fahndungsmaßnahmen bietet sich besonders dann an, wenn es sich um vermisste Kinder oder um vermisste hilflose Personen handelt, nach denen zu fahnden ist.

Nachfrage bei Notarztrettungsdiensten
Diese Sofortmaßnahme dient der Prüfung, ob die vermisste Person notarztdienstlich versorgt in ein Krankenhaus eingeliefert worden ist, ggf. ist das aufnehmende Krankenhaus festzustellen.

Je nach den örtlichen Verhältnissen des Rettungswesens und der notärztlichen Versorgung ist zu beachten, dass
- Nachfrage bei Rettungszentralen, i. d. R. ist dies die Leitstelle der Feuerwehr, gehalten wird,
- ausnahmslos alle sonstigen medizinischen Einrichtungen, die für die Aufnahme verunfallter oder akut erkrankter Personen vorgesehen sind, in die Nachforschungen einbezogen werden,
- Auskunfterteilende unter Nennung des Grundes namentlich festgehalten werden und erforderlichenfalls in die Ermittlungsmaßnahmen einzubeziehen sind,
- die Identitätsüberprüfung von hilflosen oder verletzten Personen, deren Identität nicht sofort geklärt werden kann bzw. die sich im bewusstlosen Zustand befinden oder zwischenzeitlich verstorben sind, sichergestellt wird,
- bei späterer Einweisung die sofortige Information der Polizei erfolgt.

Ermittlungen bei Beziehungspersonen
In die ggf. fernmündliche Nachfrage sind besonders solche Personen einzubeziehen, bei denen sich der Vermisste aufgrund verwandtschaftlicher oder freundschaftlicher Beziehungen aufhalten könnte und die noch nicht vom Anzeigeerstatter befragt worden sind. Einzubeziehen sind auch Beziehungspersonen aus dem Arbeits- und Freizeitbereich. Die befragten Personen sind zu ersuchen, bei Er-

scheinen des Vermissten dessen Angehörige oder die jeweilige Polizeidienststelle zu informieren.

Sonstige Fahndungsmaßnahmen
In Abhängigkeit von der polizeilichen Lage sind gezielte oder allgemeine Fahndungsmaßnahmen nach der vermissten Person durchzuführen.

Es kommen vor allem in Betracht:
- Kontrolle bestimmter Örtlichkeiten wie Unterschlupf- und Versteckmöglichkeiten, bevorzugte Aufenthaltsorte des Vermissten, räumlich oder technisch bedingte Gefahrenquellen,
- Beobachtung und Kontrolle der Personen- und Fahrzeugbewegungen,
- Befragung von Auskunftspersonen.
- Überprüfung, ob die vermisst gemeldete Person in Haft genommen worden ist.

Suchmaßnahmen im Rahmen von Sofortmaßnahmen
Suchmaßnahmen im Rahmen von Sofortmaßnahmen (nachfolgend als Sofortsuche bezeichnet) sind zweckmäßig, wenn nach den Umständen des Vermisstseins und der Persönlichkeit des Vermissten begründet angenommen werden kann, dass die sofortige Absuche bestimmter Örtlichkeiten zum schnellen Auffinden der vermissten Person und zur Abwehr von drohenden Gefahren führt.

Kennzeichnend für derartige Suchmaßnahmen ist, dass sie aus der akuten Lage heraus ohne weitere Vorbereitung unter Einsatz der örtlich sofort zur Verfügung stehenden Kräfte durchgeführt werden müssen.

Sofortsuchmaßnahmen richten sich vorwiegend auf
- den Abgangsort und die Umgebung,
- die Abgangsrichtung,
- die Wohnung der vermissten Person, einschließlich der Nebengelasse,
- Gefahrenpunkte, die sich im Abgangsbereich befinden wie Kiesgruben, Gewässer, Schächte u. a.,
- bevorzugte oder mögliche Aufenthaltsorte, Treffpunkte.

Die Sofortsuche umfasst die
- augenscheinliche Überprüfung durch Absuche der betreffenden Örtlichkeiten,

- Suche und Sicherung von Spuren und Umständen, die Rückschlüsse auf den Aufenthaltsort, das Motiv des Vermisstseins oder das Vorliegen einer Straftat ermöglichen,
- die Befragung von Personen und
- die Aufforderung an Bürger zur Mitwirkung und Unterstützung beim Auffinden der vermissten Person, evtl. unterstützt durch Lautsprecherdurchsagen.

Die direkte Einbeziehung von Hilfskräften, die Ortskenntnisse besitzen oder aufgrund ihrer beruflichen Tätigkeit sachbezogene Wahrnehmungen machen können, ist situationsbedingt zu entscheiden und zu organisieren. Bewährt hat sich bei den Suchmaßnahmen auch die Unterstützung durch den Anzeigeerstatter oder durch Angehörige und Freunde des Vermissten.

An bestimmten Orten sind die Suchmaßnahmen zu wiederholen, wenn die Möglichkeit besteht, dass sich die vermisste Person zwischenzeitlich in diesem Bereich aufgehalten hat bzw. nach dort zurückgekehrt ist.

Weitere polizeiliche Maßnahmen, die über die zu ergreifenden Sofortmaßnahmen in Vermisstensachen hinausgehen, sind aus der PDV 389 Nr. 2.3 Maßnahmen zu entnehmen.

7. Fortführungen der Ermittlungen in Vermisstensachen

Die Ausgangslage der weiteren Vermisstensachbearbeitung ist dadurch gekennzeichnet, dass die vermisste Person im Rahmen des Ersten Angriffs nicht aufgefunden worden ist. Weitere polizeiliche Maßnahmen zur Aufklärung des Vermisstenschicksals sind jedoch erforderlich.

In der Regel können grob **zwei charakteristische Informationslagen** unterschieden werden:

(1) Aufgrund des vorliegenden Informationsstandes über den Vermisstenfall ist die Ursache des Vermisstseins mit einiger Sicherheit näher zu bestimmen. In der Mehrzahl der Fälle reichen die vorliegenden Informationen aus, sich ein Bild über die Ursache des Vermisstseins zu machen, wenn auch der Aufenthaltsort oder der Verbleib der vermissten Person nach wie vor unbekannt sind. Die generellen Voraussetzungen für die gezielte weitere Bearbeitung der Vermisstensache sind bei dieser Informationslage jedoch gegeben, so dass sich die polizeilichen Maß-

nahmen vorrangig an einer bestimmten Ereignisversion orientieren können. Es wird sich zunächst hauptsächlich um gezielte Ermittlungs- und Überprüfungshandlungen, um gezielte Fahndungs- und/oder Suchmaßnahmen nach der vermissten Person und nach zusätzlichen Zeugen oder Auskunftspersonen handeln.

(2) Die vorliegenden polizeilichen Informationen über die Vermisstensache sowie die Ergebnisse des Ersten Angriffs geben kein eindeutiges Bild über die mögliche Ursache des Vermisstseins und den Aufenthaltsort der vermissten Person. Die Informationslage ist also nicht ausreichend, um eine der sog. Standardhypothese über den Vermisstenfall hinreichend zu begründen, die wiederum gezielte Maßnahmen zur Aufklärung des Vermisstenschicksals initiieren würde. Die Ermittlungen sollten sich in diesen Fällen erfahrungsgemäß auf die Aufklärung der Persönlichkeit des Vermissten, die Ermittlung und Überprüfung von Beziehungspersonen und die Intensivierung von Fahndungsmaßnahmen konzentrieren.

Die Fortführung der Ermittlungs- und Einsatzmaßnahmen erfolgt von der zuständigen Fachdienststelle. Für die Bearbeitung umfangreicher oder komplexer Verfahren in Vermisstensachen sind erforderlichenfalls Ermittlungsgruppen oder Sonderkommissionen einzusetzen, ggf. unter Bildung einer BAO, so z.B. bei Verdacht auf Kapitalverbrechen.

Unter Beachtung der Einsatz- und Ermittlungsgrundsätze für die Fortführung des Verfahrens nach der PDV 100 haben die auf den Ersten Angriff folgenden Maßnahmen sich an der Art und Schwere des Ereignisses und nach den Einzelumständen des Vermisstenfalles auszurichten. Soforteinsätze, die im Rahmen der weiteren Ermittlungshandlungen notwendig werden können, sind organisatorisch vorzubereiten. Die Art, Reihenfolge und der Umfang der Einzelmaßnahmen im konkreten Fall sollen sich an dem Grad der Gefährdung des Vermissten orientieren.

Vor Durchführung weiterer Einsatz- und Ermittlungshandlungen sind folglich die vorliegenden Ergebnisse aus der Anzeigenaufnahme und dem Ersten Angriff zu analysieren und ggf. erneut zu beurteilen. *Die dem Ersten Angriff zunächst zugrunde gelegten Ereignisversionen sind kritisch zu überprüfen.*

Alle weiteren Maßnahmen sind auf dem Ergebnis einer aktuellen Ereignisbeurteilung über den Vermisstenfall sorgfältig zu planen und einsatzmäßig vorzubereiten. Die standardmäßig durchzuführenden Ermittlungs- und Fahndungshandlungen sowie die meldedienstlichen Tätigkeiten sind in der PDV 389 im Detail geregelt. Sie sind nicht Gegenstand dieser Ausführungen.

Literatur:

BKA Wiesbaden, Internet: bka.de, Themen von A-Z, Stichwort: Vermisstensachbearbeitung.

Clages, H., Schlieper, K.-D., Polizeiliche Bearbeitung von Vermisstenfällen. Ein Leitfaden, Grundlagen der Kriminalistik, Bd. 39, 1995.

Jamin, P., Vermisst - und manchmal Mord, 2007.

Mätzler, A., Todesermittlung. Polizeiliche Aufklärungsarbeit. Grundlagen und Fälle. 4. Aufl. 2009.

Milke, G., Vermisst – was nun? Sachbearbeitung – Rechtslage. Problematik – Schicksal, 1994.

PDV 389, Vermisste, unbekannte Tote, unbekannte hilflose Personen, Ausgabe 2004.

II. Sexualstraftaten

von *Ingo Wirth*

1. Umfang und Grundstruktur der Sexualkriminalität

In der Polizeilichen Kriminalstatistik werden die Straftaten gegen die sexuelle Selbstbestimmung unter dem Straftatenschlüssel 100000 zusammengefasst. Seit Beginn der Registrierung 1953 sank in der Bundesrepublik Deutschland deren Anteil an der Gesamtkriminalität von 3,9 % auf unter 1 %. Die Anzahl der erfassten Fälle bewegt sich in einer Größenordnung um 50 000 Straftaten.

Die tatsächliche Anzahl verübter Sexualdelikte ist jedoch wesentlich höher zu vermuten. Allerdings schwanken die Angaben zum Dunkelfeld zwischen weiten Grenzen. Man kann Schätzwerte zum Verhältnis von angezeigten zu nicht angezeigten Fällen zwischen 1 : 3 und mehr als 1 : 10 finden. Eine Übereinstimmung besteht nur insofern, dass das Dunkelfeld größer als das Hellfeld angenommen wird. Die Polizeiliche Kriminalstatistik zeigt demnach kein realistisches Bild der tatsächlich begangenen Sexualdelikte.

Von den Straftaten gegen die sexuelle Selbstbestimmung haben folgende Delikte den größten (registrierten) Anteil:

- Vergewaltigung und sexuelle Nötigung (§§ 177, 178 StGB) mit rund 14 000 Delikten (Straftatenschlüssel 111000 und 112000),
- sexueller Missbrauch von Kindern (§§ 176, 176a, 176b StGB) mit rund 12 000 Delikten (Straftatenschlüssel 131000),
- exhibitionistische Handlungen und Erregung öffentlichen Ärgernisses (§§ 183, 183a StGB) mit rund 7000 Delikten (Straftatenschlüssel 132000).

Zusammen machen diese Straftaten etwa 70 % der aufgedeckten Sexualdelikte aus.

Einen Schwerpunkt in der Ermittlungspraxis bilden die Vergewaltigung und die sexuelle Nötigung. Diese Straftaten werden häufig unter Gewaltanwendung begangen und lassen sich deshalb als sexuelle Gewaltdelikte zusammenfassen. Folglich erscheinen einige Tatbestände (Straftatenschlüssel 111000) in der Polizeilichen Kriminalstatistik auch bei der Gewaltkriminalität (Summenschlüssel 892000).

Die Aufklärungsquote beträgt bei den Straftatengruppen sexuelle Gewaltdelikte und Kindesmissbrauch seit Jahren etwa 80 %. Von den exhibitionistischen Handlungen wird rund die Hälfte aufgeklärt. Die relativ hohe Aufklärungsquote bei einigen Sexualdelikten resultiert im Wesentlichen aus den Ermittlungsansätzen aufgrund prädeliktischer Täter-Opfer-Beziehungen.

Unter den Opfern von Sexualstraftaten sind mehr als 90 % Frauen. Die Opfergefährdung weiblicher Personen ist für die Altersgruppen der Jugendlichen und Heranwachsenden mit Abstand am größten. Die Täter sind zu annähernd 99 % Männer. Ein erheblicher Anteil dieser Straftaten wird unter Alkoholeinfluss begangen. Bei Vergewaltigungen ist es etwa ein Drittel der Fälle.

2. Typische Begehungsweisen und Ausgangssituationen

Im Folgenden werden zunächst wesentliche Begehungsweisen und die daraus resultierenden Ermittlungsaufgaben für die Straftatengruppe der sexuellen Gewaltdelikte dargestellt.

Grundlegende Elemente der Begehungsweise sind in § 177 Abs. 1 StGB erfasst. Als Tatmethoden kommen in Betracht:
- Anwendung von Gewalt. Der Gewaltbegriff entspricht dem der Nötigung in § 240 StGB.
- Drohung mit gegenwärtiger Gefahr für Leib oder Leben.
- Ausnutzen einer schutzlosen Lage.

Die sexuellen Handlungen müssen nach § 184g Nr. 1 StGB von einiger Erheblichkeit sein.

Neben der Begehungsweise bestimmen weitere Umstände die kriminalistische Ausgangssituation:
- Zeitpunkt des Bekanntwerdens der Tat,
- Art der Anzeigeerstattung,
- Zustand des Opfers,
- Art der Täter-Opfer-Beziehung,
- Informationen über den Täter zu Ermittlungsbeginn.

Der Zeitraum zwischen Tatbegehung und Anzeige ist unterschiedlich lang. Wenn zwischen der Tat und dem Bekanntwerden nur eine kurze Zeit bis zu einigen Stunden liegt, bestehen günstige Voraussetzungen für die kriminalistischen Ermittlungen. Abhängig vom Tatgeschehen kann das Opfer zu Tatort, Tatzeit, Tatablauf und Täter noch aus frischer Erinnerung aussagen. Ebenso sind die Spuren an der Bekleidung und am Körper des Opfers noch gut erhalten. Allerdings werden häufig nach der Tat geradezu zwanghafte Waschungen des ganzen Körpers und des Geschlechtsorgans vorgenommen. In diesem Zusammenhang wird auch die Bekleidung gewechselt. Der Täter hat auf seiner Flucht nur einen kurzen Zeitvorsprung oder hält sich sogar noch in der Umgebung des Tatortes auf. Der Tatortbefund ist weitgehend unverändert.

Bei Anzeigeerstattung erst nach Tagen verschlechtern sich durch den Zeitverzug die Voraussetzungen für die Beweissicherung. Die Gründe für die verspätete Anzeige müssen ermittelt werden.

Meist erstattet das Opfer mündlich oder fernmündlich die Anzeige. Dann können – soweit der Zustand es erlaubt – alle notwendigen ermittlungsrelevanten Informationen erfragt werden. Mitunter sind Anzeigeerstatter auch die Eltern, der Freund, der Ehemann oder eine andere Person, der sich die Frau anvertraut hat.

Ist das Opfer aufgrund schwerer Verletzungen nicht in der Lage, selbst die Polizei zu benachrichtigen, so wird die Straftat durch

Auffindezeugen bekannt. Wenn eine andere Person die Anzeige erstattet, muss sobald als möglich das Opfer in die Ermittlungen einbezogen werden.

Der Gesundheitszustand des Opfers kann infolge der Tat erheblich beeinträchtigt sein. Die gewaltsam vorgenommenen sexuellen Handlungen können Verletzungen verursacht haben, die ärztlich versorgt werden müssen. Als Folgen sind auch psychische Veränderungen zu erwarten. Das Opfer kann verängstigt, verwirrt, aufgeregt oder vollkommen fassungslos sein. Solche tatbedingten Beeinträchtigungen wirken sich nachteilig auf die Anzeigenaufnahme und auf die Mitwirkung des Opfers bei ersten Ermittlungshandlungen aus.

Täter-Opfer-Beziehungen
Bei Sexualstraftaten lassen sich die prädeliktischen Täter-Opfer-Beziehungen nach Art und Dauer ihres Bestehens unterscheiden. So können sich Täter und Opfer schon längere Zeit kennen. Etwa die Hälfte (bis zwei Drittel) der Vergewaltigungstäter stammt aus dem sozialen Nahbereich der Opfer. In der Mehrzahl der Fälle besteht vor der Tat eine Bekanntschaft, aber auch Angehörige sind unter den Tätern. Weiterhin ist es möglich, dass sich Täter und Opfer erst kurze Zeit vor der Tat kennen gelernt haben. Das trifft für weniger als ein Fünftel der Fälle zu. Eine solch flüchtige Vorbeziehung bedingt, dass das Opfer meist keine Einzelheiten über den Täter aussagen kann. Bei etwa einem Fünftel bestehen vor der Tat keinerlei Beziehungen zwischen Täter und Opfer. Der Täter verfolgt das Opfer und überfällt es, lauert ihm auf oder dringt unbemerkt, unter einer Legende oder gewaltsam in die Wohnung ein. Aufgrund der Tatumstände können die meisten Opfer kaum fahndungsrelevante Hinweise zum Täter geben. Eine überfallartige Vergewaltigung ist auch als Beziehungstat möglich.

Ist der Täter bei der Anzeigeerstattung namentlich bekannt, so dürfen mehr oder weniger intensive prädeliktische Beziehungen angenommen werden. Das kann zur Folge haben, dass die Aussagebereitschaft des Opfers aus Rücksicht auf den Täter beeinträchtigt ist. Andererseits kann die Anzeige gegen einen unbekannten Täter erstattet werden. Inwieweit dann vom Opfer verwertbare Hinweise zum Täter zu erlangen sind, hängt wesentlich vom Tatverlauf ab.

3. Anzeigenaufnahme[5]

Bei der Anzeigenaufnahme ist insbesondere kurze Zeit nach der Straftat die psychische Verfassung des Opfers zu berücksichtigen. Nach Möglichkeit sollte schon die erste Befragung von einem lebens- und berufserfahrenen Ermittlungsbeamten oder besser von einer Beamtin durchgeführt werden. Dazu muss ein Raum verfügbar sein, der ein Gespräch ohne Störungen zulässt. Vor Befragungsbeginn ist das Opfer darauf hinzuweisen, dass es eine Person seines Vertrauens hinzuziehen kann.

Benötigt das Opfer ärztliche Hilfe, so hat diese Betreuungsmaßnahme grundsätzlich Vorrang vor den Ermittlungsaufgaben. Auch an die frühzeitige Einbeziehung eines Psychologen sollte gedacht werden.

Mit dem Bekanntwerden der Straftat ist sicherzustellen, dass keine materiellen Beweismittel verändert oder vernichtet werden. Das gilt für die Spurenlage am Tatort genauso wie für die Spuren an der Bekleidung und am Körper des Opfers.

Wird die Anzeige unmittelbar nach der Tat erstattet, ist die Einleitung von Sofortmaßnahmen notwendig. Um sachverhaltsbezogen handeln zu können, muss sich die Entgegennahme der Ereignismeldung auf das Wesentliche beschränken.

Die Erstbefragung sollte folgende Feststellungen umfassen:

- *Informationen für die Verfolgung und Festnahme des Täters*
  Dazu sind möglichst genaue Angaben zu Ort und Zeit der Tat, zur Fluchtrichtung des Täters, zur Benutzung von Kraftfahrzeugen oder öffentlichen Verkehrsmitteln und zum mutmaßlichen Aufenthaltsort des Täters erforderlich. Weiterhin wird eine Personenbeschreibung für die Fahndung benötigt. In geeigneten Fällen ist eine Lichtbildvorlage durchzuführen.
- *Informationen zur Tatortsicherung und zur Ermittlung von Zeugen*
  Häufig gelingt die Bestimmung des Tatortes mit Hilfe des Opfers. Ebenso kann das Opfer nicht selten Hinweise für die Zeugenermittlung liefern. Dafür sind der Ort des Zusammentreffens oder Kennenlernens von Täter und Opfer unmittelbar vor der Tat und gemeinsam zurückgelegte Wegstrecken bedeutsam.

5 Vgl. dazu: „Bearbeitung sexueller Gewaltdelikte gegen Frauen", Erlass der Innenminister der Länder.

- *Informationen über den aktuellen Gesundheitszustand des Opfers* Von der aktuellen physischen und psychischen Verfassung hängt es ab, inwieweit das Opfer in erste Ermittlungshandlungen einbezogen werden kann.

Zum Zeitpunkt der Erstbefragung müssen Angaben zu den persönlichen Verhältnissen des Opfers, zur Vorgeschichte der Tat und zu bestimmten Einzelheiten des Tathergangs im Allgemeinen nicht vertieft werden. Bei Fragen zur Intimsphäre ist der Fragegrund zu erläutern.

Es darf keine Anzeigende abgewiesen werden, weil sie unter Alkoholeinwirkung steht, aus sozial schwachen Verhältnissen stammt oder einer sozialen Randgruppe angehört.

Mit zunehmender Latenzzeit verliert die Einleitung von Sofortmaßnahmen an Bedeutung. Je nach Ausgangssituation kann das Opfer oder ein anderer Anzeigeerstatter gleich ausführlich zum Sachverhalt vernommen werden. Eine detaillierte Zeugenvernehmung sollte allerdings der Fachdienststelle überlassen werden, um mehrfache Vernehmungen möglichst zu vermeiden. Das Opfer ist darüber zu informieren, dass es später ausführlich vernommen wird. Wenn die Frau sich dennoch gleich aussprechen möchte, muss der Beamte ihr zuhören. Über das, was das Opfer berichtet, ist ein Protokoll zu fertigen. Darin sollte auch das Verhalten der Frau geschildert werden.

Vortäuschung
Die Äußerung von Zweifeln am Wahrheitsgehalt der Angaben des Opfers sollte nicht vorschnell erfolgen. Nur so können weitere Informationen gewonnen werden, die gegebenenfalls zum begründeten Verdacht einer Vortäuschung führen. Dementsprechend muss sorgfältig erwogen werden, ob und wann eine Belehrung im Hinblick auf §§ 145d, 164 StGB angezeigt ist. Gleichfalls verbieten sich Vorwürfe gegen das Opfer.

Aus Analysen von Ermittlungsakten über sexuelle Gewaltdelikte ergibt sich ein Anteil nachweislicher Vortäuschungen von 2 % bis etwa 10 % aller Anzeigen. Gehäuft finden sich Falschanzeigen bei jungen Frauen. Der Vortäuschung liegt in jedem Fall ein Motiv zugrunde. Die behauptete Straftat kann als Erklärung für eine unerlaubte oder zu lange Abwesenheit von zu Hause und für eine befürchtete oder ungewollte Schwangerschaft dienen. Aus Hass- oder Rachegefühlen resultierende Vortäuschungen richten sich fast ausnahmslos gegen namentlich benannte Personen. Schließlich kann ein übertriebenes Geltungsbedürfnis zur Vortäuschung einer Straftat führen. Nicht selten will das vermeintliche Opfer auf sich aufmerksam machen, weil es sich in einer Not- oder Konfliktlage befindet.

4. Bedeutung des Tatortes bei Sexualstraftaten

Wie bei vielen Straftaten ist auch bei Sexualdelikten der Tatort eine bedeutsame Quelle für Spuren und andere Beweismittel. Außer dem eigentlichen Tatort gibt es weitere ermittlungsrelevante Orte. Das sind insbesondere solche, an denen sich der Täter unmittelbar vor oder nach der Tat allein oder gemeinsam mit dem Opfer aufgehalten hat. Daraus resultiert die Forderung, sämtliche kriminalistisch relevanten Orte in die Tatortarbeit einzubeziehen und deshalb weiträumig zu sichern. Abhängig vom Tatverlauf ist speziell bei Tatorten im Freien auf dem Annäherungs- und Fluchtweg mit verwertbaren Spuren zu rechnen. Zu achten ist auf verlorene oder weggeworfene Gegenstände, die dem Täter gehören. Außerdem sind Einsatzmöglichkeiten für einen Fährtenhund zu prüfen. Darüber hinaus bestehen in diesen Bereichen günstige Voraussetzungen für die Feststellung von Zeugen.

Als Tatorte von sexuellen Gewaltdelikten werden solche Örtlichkeiten bevorzugt, an denen der Täter nicht gestört zu werden glaubt:
- Räumlichkeiten, wie Wohnung des Opfers oder des Täters (mehr als die Hälfte der Fälle), Hausflure, Tiefgaragen, Parkhäuser, Gartenlauben, Scheunen, Stallungen, leer stehende Wohnhäuser, Fabrik- oder Lagerhallen,
- Orte im Freien, wie abgelegene Straßen, Wege und Parkanlagen sowie schwer einsehbare Wald- und Feldabschnitte,
- Kraftfahrzeuge, auch Campingwagen.

Die Bedeutung des Tatortes als Informationsquelle für die Täterermittlung und Beweisführung wird durch frühzeitig erlangte Aussagen des Opfers in keiner Weise eingeschränkt. Nur die Erhebung und Würdigung sämtlicher Beweise bietet eine solide Basis für das Strafverfahren. Demnach ist die Tatortarbeit grundsätzlich erforderlich. „Das bezieht sich auch auf solche Straftaten, bei denen der Täter mit der Anzeige bekannt ist oder auf frischer Tat gestellt wird und ein Geständnis ablegt. Auch bei einer größeren Zeitdifferenz zwischen Tatgeschehen und Anzeigeerstattung kann man auf eine

Untersuchung, zumindest aber auf eine Besichtigung des Tatortes nicht verzichten, weil die Möglichkeit des Vorhandenseins von materiellen Beweismitteln nicht auszuschließen ist."[6] Die Berücksichtigung dieser elementaren Forderung in der Ermittlungspraxis würde bei manchen Straftaten die Beweissituation deutlich verbessern.

5. Der Erste Angriff

Im Ersten Angriff gelten die Standardmaßnahmen des Sicherungs- und Auswertungsangriffs selbstverständlich auch für die kriminalistische Untersuchung sexueller Gewaltdelikte. Nachfolgend soll nur ein Überblick über deliktspezifische Aufgaben gegeben werden.[7]

5.1 Sicherungsangriff

- *Einleitungsphase*: Befragung mit Hilfe der W-Fragen unter Berücksichtigung der konkreten Ausgangssituation, Hinweise für das Verhalten des Opfers (Bekleidung nicht säubern und nicht vernichten, Körperreinigung unterlassen, Toilette möglichst nicht aufsuchen, Tatort nicht verändern, z. B. keine Reinigungsarbeiten in der Wohnung, soweit zumutbar, am Tatort verbleiben).
- *Aufklärung am Tatort:* Überblick in sachlicher, personeller und örtlicher Hinsicht an sämtlichen kriminalistisch relevanten Orten verschaffen.
- *Abwehr von Gefahren*: Hilfeleistung für das verletzte Opfer unter Beachtung des Spurenschutzes, vorgenommene Veränderungen, z. B. durch Abtransport des Opfers, dokumentieren.
- *Täternacheile* bzw. Einleitung von Fahndungsmaßnahmen: Mitwirkungsmöglichkeiten des Opfers prüfen.
- *Sicherung des Tatortbefundes*: Schutz gefährdeter Spuren (DNS-Analytik!).
- *Lagemeldung* an die Einsatzzentrale: Anforderung von Spezialkräften, z. B. Kriminaltechniker, Rechtsmediziner.

5.2 Auswertungsangriff

- *Einleitungsphase*: Entgegennahme der bisher festgestellten Informationen über die Straftat, innsbesondere zum Aufenthaltsort

6 *Schlieper*, a. a. O., S. 31.
7 Weitere Einzelheiten s. Kap. 3. I. A.

und zur Vernehmungsfähigkeit des Opfers, sowie über benötigte Spezialisten, z. B. Sachverständige.

- *Aufklärung am Tatort*: Besichtigung des Tatortes. Noch während und nach der Tatortbesichtigung sind folgende Entscheidungen zur weiteren Tatortarbeit zu treffen:
  - Fortsetzung der Täterverfolgung nach Präzisierung der fahndungsrelevanten Informationen,
  - Modifikation der Tatortsicherung aufgrund der Aussagen des Opfers und eigener Feststellungen am Tatort,
  - Anforderung von Spezialisten,
  - Festlegung des taktischen Vorgehens zur Suche und Sicherung von Spuren und Vergleichsmaterialien,
  - Bestimmung des Wahrnehmbarkeitsbereichs und Organisation der Ermittlung und Befragung von Zeugen.
- *Aufnahme des objektiven Tatortbefundes*: weiträumige Suche und vollständige Sicherung deliktspezifischer Spuren und entsprechender Vergleichsmaterialien:
  - Kampf- und Schleifspuren,
  - Sitz- und Liegespuren von Körperteilen, z. B. Gesäß, Knie, Ellenbogen, und Bekleidung im Erdreich,
  - Schuhabdruck- und Schuheindruckspuren,
  - Reifeneindruckspuren,
  - Fingerabdruckspuren,
  - Blut-, Speichel-, Sperma- und Vaginalsekretspuren,
  - Haar- und Textilfaserspuren,
  - Erbrochenes, Urin und Kot,
  - botanische und zoologische Spuren,
  - Boden-, Staub- und Schmutzspuren,
  - Gegenstände aus dem Besitz des Täters.
- *Aufnahme des subjektiven Tatortbefundes*: Ermittlungen im Wahrnehmbarkeitsbereich, soweit möglich, unter Berücksichtigung von Angaben des Opfers.
- *Auswertung der Tatortbefundaufnahme* mit dem Ziel der Versionsbildung zu
  - Tathergang,
  - Täter-Opfer-Beziehungen und
  - Verdächtigenkreis.

Vor Beendigung des Ersten Angriffs ist zu entscheiden, welche abschließenden Maßnahmen einzuleiten sind (z. B. Veranlassung kriminaltechnischer Untersuchungen).

Erhält die Polizei zeitnah Kenntnis von einer Straftat, so wird üblicherweise der Erste Angriff eingeleitet. Mitunter erfolgt aber die Anzeige erst mit erheblicher zeitlicher Verzögerung. Bei einer solchen Ausgangssituation muss sachverhaltsbezogen über die Ermittlungsaufgaben am Tatort entschieden werden. Nur durch eine Tatortbesichtigung lässt sich feststellen, ob auch bei verspäteter Anzeigeerstattung der Erste Angriff erfolgversprechend ist. Selbst wenn keine Spuren zu erwarten sind, sollte eine Tatortbesichtigung erwogen werden. Die Kenntnis des Tatortes erhöht die Sachkunde des Ermittlungsbeamten, erleichtert ihm die Entscheidungsfindung über das weitere Vorgehen und kann vor allem bei der Vernehmung von Zeugen und Beschuldigten hilfreich sein.

5.3 Dokumentation des Tatortbefundes

Die Dokumentation des Tatortbefundes erfolgt durch den Tatortbefundbericht mit den fünf Hauptteilen:

1. Allgemeine Angaben
2. Objektiver Tatortbefund
3. Subjektiver Tatortbefund
4. Schlussfolgerungen
5. Abschließende Maßnahmen.[8]

6. Spurensicherung am Opfer und am Tatverdächtigen

Bei Sexualdelikten sind gute Voraussetzungen für das Zustandekommen verschiedener Spuren an den Tatbeteiligten gegeben. Meist kommt es zu einem direkten Körperkontakt zwischen Täter und Opfer, sodass Spuren auch wechselseitig übertragen werden können. Die Spurensicherung erfolgt zum einen durch kriminaltechnische Methoden und zum anderen durch ärztliche Untersuchung. Insbesondere sind Frauenarzt und Rechtsmediziner einzubeziehen.

Die kriminaltechnische Befundaufnahme am Opfer umfasst:

- erste Feststellung von Verletzungen,
- Beschädigungen und Verschmutzungen der Bekleidung,

8 Einzelheiten s. Kap. 3. I. B.

- Suche und Sicherung von Spuren und Vergleichsmaterialien, soweit nicht dem Arzt vorbehalten.

Äußerlich sichtbare Verletzungen am Kopf, in der Halsgegend, an den Armen und Unterschenkeln sollten unverzüglich fotografisch dokumentiert werden. Die Feststellung sämtlicher Verletzungen am ganzen Körper und deren Beurteilung bleiben jedoch einem Arzt – am besten einem Rechtsmediziner – vorbehalten. Auch die ärztliche Untersuchung sollte so bald wie möglich durchgeführt werden, da manche Befunde, wie Hautrötungen oder Schwellungen, schon nach wenigen Stunden verschwinden können. Wenn das Opfer ärztliche Hilfe benötigt, hat die medizinische Versorgung grundsätzlich Vorrang vor strafverfolgenden Maßnahmen.

Bei der Besichtigung der Bekleidung ist auf Anzeichen einer Gewaltanwendung zu achten. Typisch sind Zerreißungen im Brust- und Genitalbereich. Durch ein gewaltsames Herunterziehen von Hose oder Rock können Knöpfe abgerissen oder Reißverschlüsse beschädigt sein. Vorwiegend im Rücken- und Gesäßbereich können je nach Beschaffenheit des Tatortes verschiedene Verschmutzungen bestehen. Häufig wird es sich dabei um Boden- und Pflanzenspuren handeln.

Im Zusammenhang mit der Besichtigung der Bekleidung sind folgende Fragen zu klären:
- Ist die Bekleidung noch vollständig vorhanden?
- Welche Reinigungsversuche wurden am Körper und an der Bekleidung nach der Tat vorgenommen?
- Wurde die Bekleidung nach der Tat weiterhin – eventuell auch durch andere Personen – getragen?
- Welche Personen außer dem Täter können unmittelbar vor und nach der Tat mit der Bekleidung in Berührung gekommen sein?[9]

Es ist unbedingt erforderlich, alle während der Tat getragenen Kleidungsstücke des Opfers zu sichern. Das erfolgt am zweckmäßigsten während der ärztlichen Untersuchung. Der Ermittlungsbeamte muss darauf hinwirken, dass alle Kleidungsstücke getrennt voneinander gesichert und verpackt werden.

An der Bekleidung und am Körper des Opfers sind unterschiedliche beweiserhebliche Spurenarten zu erwarten:
- Bekleidung: Textilfasern von der Täterbekleidung, Spurenmaterial (z. B. Boden- und Pflanzenspuren) vom Tatort,

9 *Schlieper*, a. a. O., S. 53.

- Schamgegend: Sperma, Schamhaare des Täters,
- Hände, insbesondere unter den Fingernägeln: Hautpartikel, Blut, Haare und Textilfasern,
- übriger Körper: Sperma, Speichel (Bissmarken, sog. Knutschflecke), Haut (Hals nach Würgen, Griffspuren), Haare, Blut, Spurenmaterial vom Tatort.

Abhängig vom Tathergang sollte der Fingernagelschmutz gesichert werden. Die Sicherung erfolgt durch Abschneiden dicht an der Fingerkuppe mit einer sauberen Schere und verlustfreie Verpackung in einem gesonderten Behältnis für jeden einzelnen Fingernagel. Selbstverständlich sind auch alle Gegenstände zu sichern, die der Täter zu Manipulationen im Genitalbereich des Opfers benutzt hat.

Entsprechend den bereits gesicherten oder am Tatort und am Täter zu erwartenden Spuren müssen Vergleichsmaterialien gewonnen werden. Da zum Untersuchungszeitpunkt nicht immer feststeht, was später im Einzelnen benötigt wird, ist eine vorsorgliche Sicherung vorzunehmen. Wie bei den Spuren erfolgt auch die Sicherung von Vergleichsmaterialien arbeitsteilig durch den Kriminaltechniker und durch den Arzt. Zu sichern sind vor allem solche Vergleichsmaterialien wie ein Mundschleimhautabstrich und Haare (Kopfhaare, Schamhaare).

Wird die Straftat erst nach einigen Tagen oder Wochen angezeigt, so sind in jedem Fall vorsorglich die entsprechenden Vergleichsmaterialien zu sichern. Inwieweit noch Spuren der Tat am Körper des Opfers feststellbar sind, muss sachkundig und zuverlässig geklärt werden. Soweit die Tatbekleidung noch vorhanden ist, sind auch bei verspäteter Anzeige sämtliche Kleidungsstücke für eine kriminaltechnische Untersuchung zu sichern. Zwischenzeitlich vorgenommene Veränderungen müssen erfragt und dokumentiert werden.

Neben der medizinischen Versorgung des Opfers dient die ärztliche Untersuchung der Feststellung und Dokumentation von Art, Lage, Alter und Schwere der Verletzungen und möglicher Folgeschäden. Hinzu kommen die Suche und Sicherung von Spuren und Vergleichsmaterialien, insbesondere aus dem Genitalbereich. Eine zusammenfassende Beurteilung aller Befunde wird am besten dem Rechtsmediziner übertragen.

Die Vorstellung beim Frauenarzt erfolgt zur Behandlung und Dokumentation genitaler Verletzungen. Zudem müssen Abstriche vorgenommen werden, um einen Spermanachweis zu führen. Wird Anal-

oder Oralverkehr angegeben oder sind solche Sexualpraktiken nicht auszuschließen, müssen Abstriche aus dem After, eventuell auch aus dem Mastdarm, oder aus der Mundhöhle entnommen werden. Durch die DNS-Analytik gelingt eine Identifizierung des Mannes, von dem das Sperma stammt, wenn Vergleichsdaten vorliegen.

Die Verletzungen außerhalb des Genitalbereichs (extragenitale Verletzungen) werden bei einer Ganzkörperuntersuchung erfasst. Darunter versteht man eine ärztliche Untersuchung, bei der keine Körperregion ausgelassen wird. Ebenso wichtig ist es, dass sämtliche, auch die nicht behandlungsbedürftigen Verletzungen sowie das Fehlen zu erwartender Befunde dokumentiert werden. Im Vergleich zu den genitalen sind die extragenitalen Verletzungen häufiger. Bei der Tatbegehung überwiegt die einfache körperliche Gewaltanwendung mit Festhalten, Schlagen und Niederwerfen des Opfers, wodurch Hautrötungen, Schwellungen, Hautabschürfungen, Blutergüsse und mitunter auch Wunden entstehen können. Zu Verletzungsspuren am Körper führen auch eine Halskompression (Würgen, Drosseln) und andere körperliche Einwirkungen, z. B. scharfe Gewalt, Fesseln, Ausdrücken von brennenden Zigaretten auf der Haut.

Nicht immer kommt es bei sexuellen Gewaltdelikten zur Anwendung körperlicher Gewalt durch den Täter. Demzufolge schließen fehlende oder nur geringfügige Verletzungen eine sexuelle Gewalttat nicht aus. Das Opfer kann durch Drohung mit gegenwärtiger Gefahr für Leib oder Leben überwältigt worden sein. Dann sind andere Spuren und Zeugenaussagen von besonderer Bedeutung für die Beweisführung.

Eine schutzlose Lage des Opfers kann dadurch verursacht sein, dass eine toxische Beeinflussung durch Alkohol, Drogen oder Medikamente besteht. Da diese Substanzen mehr oder weniger schnell aus dem lebenden Organismus ausgeschieden werden, ist die unverzügliche Entnahme einer Blutprobe und möglichst auch einer Urinprobe angezeigt.

Durch serologische Untersuchungen des Blutes können vorbestehende, sexuell übertragbare Krankheiten (z. B. HIV, Hepatitis, Syphilis) ausgeschlossen werden. An einer Urinprobe ist ein Schwangerschaftstest möglich.

Die Suche und die Sicherung materieller Beweismittel am Opfer sind so zu gestalten, dass eine sekundäre Viktimisierung vermieden wird. Über die körperlichen Folgen sexueller Gewaltdelikte (Verletzungen, Infektion, Schwangerschaft) hinaus treten nicht selten psychische Schäden auf. Sowohl tatnahe als auch längerfristige Störungen dieser Art bedürfen einer psychotherapeutischen Betreuung.

Wird ein Tatverdächtiger relativ schnell ermittelt, so bestehen gute Voraussetzungen für die Beweiserhebung. Neben anderen strafprozessualen Maßnahmen ist die Sicherung tatbezogener Spuren unverzüglich vorzunehmen.

An der Bekleidung des Tatverdächtigen können Spuren vorhanden sein, die
- durch die Gegenwehr des Opfers,
- durch sexuelle Handlungen,
- infolge von Verletzungen des Opfers und des Täters oder
- am Tatort entstanden sind.

Insbesondere im Brust-Hals-Bereich sind Beschädigungen der Täterbekleidung zu finden. Am Hosenschlitz und an der Unterhose können Sekretspuren haften. Speziell an diesen Stellen sind aufgrund einer Menstruation, bei Verletzungen im Genitalbereich oder infolge Defloration auch Blutspuren möglich. Darüber hinaus können an der gesamten Bekleidung Blutspuren vorhanden sein, die infolge von Verletzungen des Opfers oder des Täters zustande kommen.

Bei Tatorten im Freien sind im Ellenbogenbereich, an den Hosenbeinen bis in Kniehöhe und am Schuhwerk Boden- und Pflanzenspuren zu erwarten. Derartige Anhaftungen können noch längere Zeit nach der Tat am Saum und am Umschlag der Hose vorhanden sein. Konnten am Tatort auswertbare Schuhspuren gesichert werden, sind die Schuhe des Tatverdächtigen zu überprüfen. Zur Tatzeit getragene Bekleidung muss für die kriminaltechnische Untersuchung sichergestellt werden. Ob es sich tatsächlich um die Tatbekleidung handelt, ist durch Aussagen des Opfers und weiterer Zeugen als auch durch kriminaltechnische Befunde zu überprüfen.

Der Körper des Tatverdächtigen ist nach möglichen Kampfspuren abzusuchen, besonders nach Kratzspuren im Gesicht, am Hals und an den Händen. Zudem sind als Abwehrverletzungen auch Hautunterblutungen und Bisswunden möglich. Wehrt sich das Opfer beispielsweise dadurch, dass es mit Gegenständen auf den Täter einschlägt, können größere Wunden entstehen. Sämtliche Verletzungen müssen fotografisch dokumentiert werden. Wie vom Opfer so ist auch vom Verdächtigen der Fingernagelschmutz zu sichern.

Als Vergleichsmaterialien sind vor allem ein Mundschleimhautabstrich (sog. Speichelprobe) und Haarproben (Kopfhaare, Schamhaare) zu sichern. In entsprechenden Fällen werden auch Vergleichsfingerabdrücke benötigt (ED-Behandlung!).

Die ärztliche Untersuchung des Beschuldigten dient gleichfalls der Feststellung von Verletzungen und anderen Spuren. Spurenkundlich bedeutsam ist der Nachweis von Vaginalsekret, das vor allem am Penis zu erwarten ist. Deshalb sind Abstriche von der Eichel einschließlich Kranzfurche, vom Schaft des Gliedes sowie von Peniswurzel und Hodensack mit angefeuchteten, DNS-freien Wattestieltupfern zu fertigen. In Abhängigkeit vom Tathergang kann Vaginalsekret auch in anderen Körperregionen und an der Bekleidung zu finden sein. Von Hautbezirken, an denen es zu einem intensiven Körperkontakt zwischen Täter und Opfer gekommen ist, sollten ebenfalls Abstriche gefertigt werden, z. B. vom Hals nach Würgen mit bloßen Händen. An weiteren Spuren sind vor allem Haare, Speichel (Bissverletzungen) und Blut des Opfers sowie Textilfasern der Opferbekleidung und Spurenmaterial vom Tatort möglich.

An Blut- und Urinproben des Täters können in Abhängigkeit von der Zeitdauer zwischen Tatbegehung und Probenentnahme eine Bestimmung der Alkoholkonzentration und weitere toxikologisch-chemische Analysen zum Nachweis von Drogen oder Medikamenten vorgenommen werden.

Zu erwägen ist, inwieweit sich eine Blutuntersuchung auf HIV-Antikörper erforderlich macht. Auch an andere sexuell übertragbare Krankheiten (z. B. Hepatitis, Syphilis) ist zu denken.

Bei einer Gruppenvergewaltigung entsteht – jeweils eine Ejakulation vorausgesetzt – eine Vermischung von Sperma mehrerer Männer. Eine Differenzierung der DNS-Anteile aus dem Scheideninhalt kann mit Hilfe PCR-basierter Systeme gelingen. Die spurenkundliche Zuordnung einer Vergewaltigungsserie zu ein und demselben Täter durch DNS-Analysen ist möglich, wenn auf asserviertes Spurenmaterial zurückgegriffen werden kann.

Zweifellos ist die Mitwirkung des Rechtsmediziners bei der kriminalistischen Untersuchung von Sexualdelikten notwendig. Insbesondere bei der Sicherung materieller Beweismittel kann er hilfreich sein. Allerdings wird er viel zu selten in Anspruch genommen.

7. Vernehmung des Opfers

7.1 Vernehmungstaktische Hinweise

Wie kaum bei einer anderen Straftat wirkt sich nach sexuellen Gewaltdelikten die Vernehmungssituation auf den Erfolg aus. Dazu ist es unerlässlich, dass sich zwischen den Beteiligten ein Vertrauensverhältnis entwickelt. Die Atmosphäre muss frei von Vorwürfen und unbegründetem Misstrauen sein. Selbst wenn sich das Opfer nach Ansicht der vernehmenden Person leichtsinnig oder falsch verhalten hat, sollten dennoch entsprechende Bemerkungen unterlassen werden. Es verbieten sich solche Fragen wie „Warum sind Sie mit in die Wohnung gegangen?" oder „Warum kommen Sie erst jetzt zur Polizei?". Derartige Vorhaltungen helfen nicht weiter, zumal sich die meisten Opfer nach der Tat ohnehin selbst Vorwürfe machen. Wenn das Opfer den Wunsch hat, dass eine Person seines Vertrauens bei der Vernehmung anwesend ist, sollte dem grundsätzlich stattgegeben werden. Steht das Opfer zu dieser Person in einem Abhängigkeitsverhältnis, so ist in deren Abwesenheit zu klären, ob sie bei der Vernehmung anwesend sein soll. Es ist wichtig, dem Opfer Art und Notwendigkeit der polizeilichen Maßnahmen zu erklären und auch zu erläutern, warum Fragen aus dem Intimbereich gestellt werden müssen. Auf die Möglichkeiten zum Opferschutz muss hingewiesen werden.

Die Vernehmungen des Opfers sind frei von äußeren Störungen und durchweg von derselben Person durchzuführen. Ein Wechsel während der Vernehmung hat grundsätzlich zu unterbleiben. Für einen Wechsel bei Folgevernehmungen sind die Gründe darzulegen. Erfolgt die Vernehmung kurz nach der Tat, so ist sicherzustellen, dass das Opfer auf Wunsch nach Hause begleitet wird.

Wie bei jeder Zeugenvernehmung muss dem Opfer zunächst die Möglichkeit gegeben werden, das Geschehene in einer freien Darstellung zusammenhängend zu schildern. Dadurch erhält die vernehmende Person einen ersten Überblick über das Tatgeschehen. Zudem kann sie Lücken in der Schilderung und unter Umständen auch Widersprüche in den Aussagen erkennen. Ein weiterer Vorteil besteht darin, dass sich auch im Nachhinein noch feststellen lässt, was das Opfer sofort aus eigener Erinnerung wiedergeben konnte und was erst auf Nachfrage oder Vorhalt berichtet wurde. Das kann wichtige Hinweise für die Beurteilung der Glaubwürdigkeit geben.

7.2 Vernehmungsinhalte

Die Vernehmungsinhalte lassen sich zu Aussagekomplexen ordnen, auf deren Grundlage die zielgerichtete Befragung durchgeführt werden kann. Folgende inhaltliche Aspekte sind zu berücksichtigen:

- Angaben zur Vortatphase,
- Angaben zur Tatbegehung,
- Angaben zur Nachtatphase,
- Angaben zur Tatortsituation,
- Angaben zum Täter,
- Angaben zur Feststellung von Zeugen,
- Angaben zur Suche, Sicherung und Auswertung von Spuren und Vergleichsmaterialien.

Unabhängig davon, wie intensiv die prädeliktischen Täter-Opfer-Beziehungen sind, ist in der Vernehmung darauf einzugehen. Dabei muss unbedingt das Verhalten von Täter und Opfer detailliert erfragt werden. Zunächst ist der Aufenthalt des Opfers unmittelbar vor der Tat orts- und zeitbezogen festzustellen. In diesem Zusammenhang sind auch die Beweggründe für den Aufenthalt zu erfragen.

Weiterhin ist zu klären, wo, wann und unter welchen Umständen das Zusammentreffen mit dem Täter erfolgte. Dazu ist ebenfalls zu ermitteln, welche Personen dieses Ereignis beobachtet haben könnten. Auch wenn das Opfer aufgrund des Tathergangs kaum Angaben zum Täter machen kann, muss zumindest geklärt werden, aus welcher Richtung und wie sich der Täter dem Opfer näherte.

In jedem Fall ist in Erfahrung zu bringen, wie das Opfer auf das Täterverhalten reagiert hat. Ohne Voreingenommenheit zu äußern oder erkennen zu lassen, muss das Opferverhalten zielgerichtet erfragt werden. Dazu gehört beispielsweise die Feststellung, ob das Opfer vertrauensselig war, oder aber, ob es sich abweisend verhielt.

Kennt das Opfer den Täter, so sind die Vortatsituation und alle damit im Zusammenhang stehenden Umstände zu erfragen. Ein längere Zeit bestehendes Verhältnis muss allseitig aufgeklärt werden. Dabei geht es insbesondere um die Art der Beziehung, beispielsweise Bekanntschaft, freundschaftliches oder intimes Verhältnis, und eine beabsichtigte oder bereits erfolgte Trennung. Darüber hinaus muss festgestellt werden, ob das Zusammentreffen von Täter und Opfer am Tattag gewollt oder zufällig war.

Bezogen auf die Tatbegehung ist konkret festzustellen, wie und mit welcher Intensität der Täter auf das Opfer einwirkte. Die inhaltlichen Aspekte ergeben sich aus dem Tatbestand des § 177 StGB. Im Zusammenhang mit dem Verhalten des Täters ist der Widerstand des Opfers herauszuarbeiten. In der Vernehmung muss geklärt werden, ob und auf welche Art und Weise das Opfer Widerstand geleistet hat. Sämtliche Handlungen von der verbalen Ablehnung bis zur tätlichen Abwehr sind zu erfassen. Hat das Opfer keinen oder nur geringen Widerstand geleistet, sind die Gründe dafür genau anzugeben.

Weiterhin müssen bei der Vernehmung sowohl die sexuellen Handlungen als auch die Begleitumstände und die zeitlichen Abläufe geklärt werden. Dazu ist möglichst präzise und detailliert zu erfragen, was der Täter getan hat, denn nicht jede sexualbetonte Handlung ist tatbestandsrelevant (§ 184g StGB).

Nach einer Gruppenvergewaltigung, bei der mehrere Männer das Opfer vergewaltigt haben, ist in der Vernehmung der Tatanteil jedes Einzelnen konkret festzustellen.

Auch für die Nachtatphase ist das Verhalten von Täter *und* Opfer zu erfragen. Zunächst muss geklärt werden, was das Opfer nach der Tat in welcher Reihenfolge getan hat. Dabei geht es vor allem um die Anzeigeerstattung (bei verspäteter Anzeige die Gründe dafür), die Reinigung des Körpers sowie den Verbleib und die Reinigung der Bekleidung. Zu erfragen ist weiterhin, ob das Opfer zum Täterverhalten nach der Tat aussagen kann. Das betrifft besonders das Verhalten des Täters gegenüber dem Opfer (z. B. Bedrohung zur Verhinderung einer Anzeige, fürsorgliche Zuwendung) und das Verlassen des Tatortes durch den Täter (z. B. Fluchtrichtung, Fluchtfahrzeug).

Bei der Vernehmung sind alle Aufenthaltsorte und Bewegungsabläufe vom Ort des Zusammentreffens bis zum Fluchtweg festzustellen. Soweit noch nicht bekannt, muss eine genaue Eingrenzung des Tatortbereichs vorgenommen werden. Zu ermitteln ist auch die Situation zur Tatzeit, so die Personen- und Fahrzeugbewegung, die Wetterbedingungen sowie auffällige Umstände und Ereignisse am Tatort.

Abhängig vom Tathergang, dem Zustand des Opfers und den Umständen am Tatort ist mit einem unterschiedlichen Informationsumfang zum Täter zu rechnen. In manchen Fällen (Angriff von hinten, rasch eintretende Bewusstlosigkeit, Dunkelheit) ist das Opfer nicht in der Lage, fahndungsrelevante Informationen zum unbekannten Täter zu geben.

Am Beginn der Vernehmung sollten immer die Wahrnehmungsmöglichkeiten (z. B. Sichtverhältnisse) und mögliche Einschränkungen der Wahrnehmungsfähigkeit (Sehschwäche, herabgesetztes Hörvermögen) des Opfers geklärt werden. Inwieweit das Opfer bei einem bekannten Täter aussagebereit ist, hängt wesentlich von der Art der Täter-Opfer-Beziehung ab.

Bei einem unbekannten Täter sind möglichst viele Angaben zur Täterbeschreibung zu erfragen:
- äußerlich erkennbare Körpermerkmale (Alter, Körpergröße, Körperbau, Form und Farbe der Haare, besondere Kennzeichen wie Missbildungen, Muttermale, Narben, Tätowierungen, Piercing, Zustand nach Vorhautbeschneidung oder Schamhaarrasur, Körperhaltung, Gangbild, tatbedingte Verletzungen wie Kratzer und Bisswunden),
- Äußerungen des Täters und bestimmte Gewohnheiten (z. B. Sprache, Stimme, Sprechweise, Bemerkungen des Täters zu Beruf oder Freizeitinteressen, Auffälligkeiten in Gestik und Mimik),
- Bekleidung (Art, Form bzw. Schnitt, Größe, Stoff, Farbe, Erhaltungszustand, tatbedingte Verschmutzungen und Beschädigungen),
- mitgeführte Gegenstände (Uhren, Schmuck, Taschen, Tatwerkzeuge, Hilfsmittel, Fahrzeug).

Bei Sexualdelikten gibt es selten Tatzeugen. Deshalb muss das Opfer bei der Vernehmung nach solchen Personen gefragt werden, mit denen es entweder allein oder gemeinsam mit dem Täter vor oder nach der Straftat zusammengetroffen ist. Dabei geht es sowohl um namentlich bekannte Zeugen als auch um Ermittlungshinweise auf bis dahin unbekannte Personen.

Die Aussagen des Opfers zur Tatbegehung stehen in engem Zusammenhang mit der Befragung zur Suche, Sicherung und Auswertung von Spuren und Vergleichsmaterialien. Um ausreichend Informationen zu erhalten, ist während der Vernehmung entsprechend den bereits gesicherten und den zu erwartenden Spuren auf spezielle Fragen (z. B. Zustandekommen einzelner Spuren) näher einzugehen.

Das Vernehmungsprotokoll sollte die Aussagen möglichst wortgetreu wiedergeben. Dazu gehört, dass Formulierungen und Begriffe entsprechend dem Sprachniveau des Opfers niedergeschrieben und nicht an die juristisch-kriminalistisch geprägte Ausdrucksweise der vernehmenden Person angepasst werden.

8. Vernehmung von Sexualtätern

Die Gruppe der Sexualstraftäter weist eine große Vielfalt auf und reicht vom unreifen bis zum sadistischen Täter. Der Vernehmer muss sich der großen Persönlichkeitsunterschiede bewusst sein. Dabei ist zu beachten, dass die gängigen Typologien der hohen Variabilität innerhalb der Tätergruppe nicht in vollem Umfang gerecht werden.

8.1 Vernehmungsvorbereitung

Bei der Vorbereitung der Vernehmung sind folgende Komplexe deliktspezifisch zu berücksichtigen:

- Erkenntnisse zur Person des Sexualtäters, z. B. Persönlichkeit, soziales Milieu, sexuelle Vorlieben, Hinweise auf sexuelle Funktionsstörungen,
- Informationen zur Sache, z. B. Vortatsituation, Art und Weise sowie Intensität der Einwirkung auf das Opfer, Verhalten des Täters nach der Tat, Opferverhalten, Spurenaufkommen,
- Dauer und Intensität der Täter-Opfer-Beziehungen,
- Maßnahmen zur Wiedererkennung des Täters durch Zeugen,
- Einbeziehung von Sachverständigen, z. B. Rechtsmediziner, Psychologe, Sexualwissenschaftler, Psychiater.

Schon vor der Vernehmung muss sich der Beamte mit möglichen Schutzbehauptungen des Beschuldigten auseinandersetzen. Dazu hat er bereits vorliegende Aussagen und gesicherte materielle Beweismittel in be- und entlastender Hinsicht zu prüfen. Das gesamte Ausgangsmaterial ist in zwei Richtungen zu analysieren. Zum einen müssen vorliegende Ermittlungsergebnisse so aufbereitet werden, dass mögliche Argumente des Beschuldigten entkräftet werden können. Zum anderen muss geklärt werden, welche Ermittlungen in Vorbereitung auf die Vernehmung noch durchzuführen sind, um fehlende Informationen zu erlangen.

Es hat sich vielfach bewährt, die Ergebnisse der Vorbereitung in einen Vernehmungsplan zu übertragen. Dazu sollten nicht nur Fragen und Vorhalte ausformuliert werden, sondern auch die beweiserheblichen Tatsachen für die Vernehmung aufbereitet sein.

8.2 Durchführung der Vernehmung

Die Deliktspezifik der Sexualstraftaten bringt besondere Anforderungen an die Gestaltung der Kontaktphase mit sich. Eine aufgeschlossene Atmosphäre und ein gewisses Vertrauensverhältnis zum Beschuldigten sind wesentliche Voraussetzungen, um wahrheitsgemäße Aussagen zu erlangen. Vor allem das Kontaktgespräch dient dazu, durch Einfühlungsvermögen und mit Geduld beim Beschuldigten vorhandene Hemmungen abzubauen. Die Vernehmung sollte ein Beamter durchführen, der über Menschenkenntnis und einschlägige Berufserfahrung verfügt.

Für die Kontaktphase und darüber hinaus sind folgende Besonderheiten zu beachten:

- Auf moralische Werturteile, brüskierende Fragen und vulgäre Ausdrücke verzichten.
- Wortschatz des Beschuldigten an sexuellen Begriffen sachverhaltsbezogen klären.
- Keine Fremdwörter oder Begriffe verwenden, die der Beschuldigte selbst nicht gebraucht.
- Sexualerziehung sowie sexuelle Entwicklung und Erfahrung des Beschuldigten tatbezogen besprechen.

Die folgende Vernehmungsphase mit der zusammenhängenden Schilderung des Sachverhalts ist gerade bei Sexualtätern bedeutsam, um noch bestehende Hemmungen abzubauen. Zugleich lassen sich dabei Widersprüche und Übereinstimmungen zu den Opferaussagen und den übrigen Ermittlungsergebnissen feststellen. Je nach Persönlichkeit des Beschuldigten sollte erwogen werden, ob man ihm die Möglichkeit gibt, seine Aussagen niederzuschreiben.

Inhaltlich muss die Vernehmung auf die Tatbestandsmäßigkeit der Handlungen gerichtet sein, die dem Beschuldigten zur Last gelegt werden. Dabei ist ein Vorgehen nach analogen Vernehmungskomplexen wie bei der Opfervernehmung zweckmäßig. Zunächst geht es darum, dem Beschuldigten die Anwesenheit am Tatort zur Tatzeit und seinen Kontakt zum Opfer nachzuweisen. Anschließend müssen die Einzelheiten des Tatgeschehens präzise herausgearbeitet werden. Die Klärung der Tatmotivation sollte in einem eigenständigen Vernehmungskomplex erfolgen.

9. Sexualstraftaten an Kindern

9.1 Erscheinungsformen und Opferfolgen

Der sexuelle Missbrauch von Kindern ist eine Erscheinungsform der Kindesmisshandlung. Mädchen und Jungen werden sexuell missbraucht, wenn sie von einem Erwachsenen oder älteren Jugendlichen mit oder ohne Gewaltanwendung als Objekt der eigenen Macht- oder anderen Bedürfnisbefriedigung ausgebeutet werden.

Die häufigsten Formen des sexuellen Missbrauchs sind verbale Belästigungen, sexuell motivierte Berührungen, exhibitionistische Handlungen, Masturbation sowie orale, vaginale und anale Vergewaltigungen. Außerdem ist die Kinderpornografie als eine Form des sexuellen Missbrauchs von Kindern anzusehen.

Durch die §§ 176, 176a, 176b StGB sind Kinder vor sexuellen Handlungen jeglicher Art strafrechtlich geschützt. In der Bundesrepublik Deutschland werden jährlich etwa 12 000 Fälle des sexuellen Missbrauchs von Kindern statistisch erfasst. Diese Zahl darf aber nur zur Orientierung herangezogen werden, denn darin sind nicht enthalten

- der Missbrauch, der die strafrechtlichen Voraussetzungen nicht erfüllt,
- die Delikte, die als Straftaten gegen die körperliche Unversehrtheit bewertet werden,
- die sexuelle Nötigung oder Vergewaltigung und
- (versuchte) Tötungsdelikte, die an Kindern aus sexuellen Motiven begangen werden.

Ähnlich wie bei den Sexualstraftaten im Erwachsenenalter ist auch bei Kindern eine hohe Dunkelzifferrelation anzunehmen, die fast ausnahmslos auf mindestens 1 : 10 geschätzt wird.

Der sexuelle Missbrauch von Kindern geschieht zumeist nicht in der Öffentlichkeit. Vielmehr werden Kinder in etwa 90–95 % der bekannt gewordenen Fälle in ihrem sozialen Umfeld missbraucht. Überwiegend sind Mädchen die Opfer von sexueller Gewalt im sozialen Nahbereich, doch auch Jungen werden missbraucht. Die meisten Opfer sind zwischen 6 und 13 Jahre alt, wobei der Beginn des Missbrauchs meist im Alter zwischen 6 und 10 Jahren liegt. Auch Säuglinge und Kleinkinder werden sexuell misshandelt.

Die Täter von sexueller Gewalt im sozialen Nahbereich sind ganz überwiegend Männer, zumeist solche, denen das Kind vertraut, oder

der Täter kommt aus der Familie. In den wenigsten Fällen handelt es sich um eine einmalige Tat. Größtenteils dauert der sexuelle Missbrauch über eine lange Zeit an, nicht selten über Jahre.

Ein sexueller Missbrauch durch fremde Täter ist dagegen vergleichsweise selten. Von fremden Tätern werden vorrangig exhibitionistische und ähnliche Handlungen (§§ 183, 183a StGB) vorgenommen, die eher als harmlose Formen des sexuellen Missbrauchs angesehen werden können. Allerdings begehen meist fremde Täter auch die außerordentlich seltenen Extremtaten, bei denen Kinder entführt, missbraucht, misshandelt und schließlich sogar getötet werden.

Je enger die Beziehung zwischen Täter und Opfer ist, desto größer wird die Wahrscheinlichkeit, dass die Missbrauchshandlungen intensiver, über einen längeren Zeitraum und mit mehr (psychischer) Gewalt ausgeführt werden.

Es ist allgemein bekannt, dass durch den sexuellen Missbrauch beim Kind
- physische,
- vor allem aber psychische Schäden

nicht selten von beträchtlichem Ausmaß und von lebenslanger Dauer entstehen.

Verdächtig für einen sexuellen Missbrauch im Kindesalter sind unerklärliche und wiederholt auftretende Krankheitszeichen im Genital- und Analbereich: Schmerzen im Unterleib, Schmerzen beim Sitzen, Gehen und Wasserlassen, Schwellungen, Rötungen, Juckreiz, Wundsein, Blutungen oder Ausfluss, Fremdkörper in Harnröhre, Scheide oder Mastdarm. Beweiskräftig sind lediglich frische oder alte Deflorationsverletzungen (eventuell mit Dammrissen), insbesondere bei Kleinkindern, sowie Spermaspuren am und im Körper. Allerdings führt der sexuelle Missbrauch im Unterschied zu anderer körperlicher Gewaltanwendung häufig nicht zu offensichtlichen körperlichen Hinweisen.

Nach Analverkehr können sogar bei Kleinkindern Verletzungen fehlen, weil der Schließmuskel dehnungsfähig ist. Auch die Verwendung von Gleitmitteln trägt dazu bei, dass keine Verletzungen entstehen.

Der Nachweis einer sexuell übertragbaren Infektion im Genital-, Anal- und Rachenbereich bedeutet einen starken Verdacht auf sexuellen Missbrauch, wenn ein anderer Übertragungsweg ausgeschlossen ist. Allerdings muss bei Kindern im Alter zwischen 2 und

10 Jahren der sexuelle Missbrauch eindeutig als erste Übertragungsmöglichkeit angenommen werden.

Kommt es nach sexuellem Missbrauch zu einer Schwangerschaft, lässt sich mit der DNS-Analytik die Vaterschaft klären. Bedeutsam ist diese Untersuchungsmöglichkeit auch nach Inzest.

Weitere Anhaltspunkte für einen sexuellen Missbrauch können psychosomatische Krankheitszeichen und Verhaltensstörungen sein. Der Indikatorwert von Verhaltensstörungen bei Kindern ist jedoch umstritten. Solche Einzelsymptome wie Schlafstörungen, Sprachstörungen, Rückfall in Kleinkindverhalten, gestörtes Essverhalten, auffallende Angstzustände, Schulschwierigkeiten, erhöhtes Sicherheitsbedürfnis, Rückzug in Fantasiewelten bis zum Lügen, Kontaktlosigkeit und keine Freundschaften sind vieldeutig und können lediglich einen unspezifischen Verdacht erregen. Dabei gilt: Je mehr Verhaltensauffälligkeiten das Kind zeigt, umso wahrscheinlicher ist ein sexueller Missbrauch.

9.2 Vernehmung kindlicher Opfer

Nach Sexualstraftaten an Kindern kommt nicht selten ein Elternteil oder eine andere Begleitperson mit zur Anzeigeerstattung. Diese Personen haben häufig schon zuvor eine Befragung des Opfers vorgenommen. Sollten Widersprüche zwischen den ersten Aussagen des Kindes und den Antworten bei der polizeilichen Befragung erkennbar werden, kann das mehrere Gründe haben. Zum einen kann sich die Darstellung durch die Umstände wandeln, weil das Kind sich gegenüber einer ihm nahestehenden Person anders geäußert hat als gegenüber dem fremden Ermittlungsbeamten. Zum anderen darf nicht verkannt werden, dass beim ersten Gespräch des Kindes mit seiner Vertrauensperson – durchaus ungewollt – Erwachsenenwissen in die Erinnerungen des Kindes hineingefragt worden sein könnte. Dadurch kann der Gedächtnisinhalt des Opfers zum Tatablauf erheblich verfälscht werden.

Bei der Vernehmung von Kindern bestimmen die entwicklungsbedingten Besonderheiten das methodische Vorgehen. Für den Vernehmer ist es erforderlich, sich in die Vorstellungswelt des Kindes hineinzudenken. Genauso wichtig sind situatives Einfühlungsvermögen, Geduld und ein Vertrauensverhältnis zum Kind.

Es sollten einfache und kindgemäße Fragen gestellt werden. Speziell bei der Verwendung von Begriffen aus dem Sexualbereich muss die Sprachfähigkeit des Kindes berücksichtigt werden. Zu beachten ist auch die ausgeprägte Suggestibilität von Kindern. Die Befragung muss entsprechend dem individuellen Stand der Persönlichkeitsentwicklung altersgerecht durchgeführt werden. Das bezieht sich insbesondere auf

- die Kontaktherstellung,
- die Gewinnung des Vertrauens des Kindes,
- die gesamte Befragungssituation in ihrem zeitlichen und inhaltlichen Verlauf,
- die Aufgaben- und Fragestellungen (Art, Form und Inhalt) an das Kind,
- die Beurteilung, Überprüfung und Wertung der vom Kind erlangten Aussagen.

Die Vernehmung von Kindern stellt besonders hohe Anforderungen an die vernehmende Person. Neben juristischem, kriminologischem und kriminalistischem Fachwissen sind mindestens Grundkenntnisse der Entwicklungspsychologie notwendig. Die Einbeziehung eines Psychologen kann zweckmäßig sein, um die Vernehmungsperson bei der Herstellung einer vertrauensvollen Atmosphäre zu unterstützen und über das Vorgehen bei der Vernehmung zu beraten. Nicht zuletzt ist der Psychologe einzubeziehen, um die Glaubhaftigkeit der Aussagen des kindlichen Opfers zu beurteilen.

Ebenso hat gerade bei Kindern die Vernehmungssituation einen großen Einfluss. Bewährt hat sich die Einrichtung von speziellen Vernehmungszimmern, die kindgerecht gestaltet sind. Zudem lässt sich darin die Technik für Bild-Ton-Aufzeichnungen vorinstallieren, sodass bestmögliche Aufnahmebedingungen bestehen. Die technisch aufgezeichnete Vernehmung von Kindern stellt die optimale Dokumentation ihrer ersten Aussage bei der Polizei dar. Allerdings kann die Aufzeichnung ihren Zweck nur dann erfüllen, wenn der Erstvernehmende befähigt ist, eine vollständige und (weitgehend) suggestionsfreie Vernehmung durchzuführen. Speziell bei kindlichen Opfern von Sexualstraftaten ist die Mehrfachbefragung mit erheblichen Nachteilen verbunden und deshalb möglichst zu vermeiden.

Die Hinzuziehung der Eltern oder eines Elternteils bei der Vernehmung von Kindern ist nicht immer zweckmäßig. Die Anwesenheit der Eltern kann sich aus unterschiedlichen Gründen (z. B. Scham,

Hemmungen) nachteilig auf die Aussagebereitschaft – besonders bei älteren Kindern – auswirken. Nehmen Eltern an der Vernehmung teil, muss durch entsprechende Vorbereitung gesichert sein, dass sie den Ablauf nicht stören.[10]

Literatur

Bange, D., Körner, W. (Hrsg.), Handwörterbuch Sexueller Missbrauch, 2002.

Kruse, K., Oehmichen, M. (Hrsg.), Kindesmißhandlung und sexueller Mißbrauch, 1993.

Laubenthal, K., Sexualstraftaten. Die Delikte gegen die sexuelle Selbstbestimmung, 2000.

Michaelis-Arntzen, E., Die Vergewaltigung aus kriminologischer, viktimologischer und aussagepsychologischer Sicht, 2. Aufl., 1994.

Schäfer, A. Th., Untersuchung und Spurensicherung bei Sexualdelikten, 1996.

Schlieper, K.-D. (Hrsg.), Zur Bekämpfung von Sexualstraftaten, 1986.

Trube-Becker, E., Gewalt gegen das Kind. Vernachlässigung, Mißhandlung, sexueller Mißbrauch und Tötung von Kindern, 2. Aufl., 1987.

Wirth, I. (Hrsg.), Kriminalistik-Lexikon, 4. Aufl., 2011.

III. Polizeiliche Todesermittlung

von *Ingo Wirth*

1. Rechtliche Bestimmungen

Die polizeilichen Ermittlungen in Sterbefällen werden mit dem Ziel geführt, ein Fremdverschulden entweder festzustellen oder zweifelsfrei auszuschließen. Bei unbekannten Toten dienen die Ermittlungen zwar vorrangig der Identifizierung, jedoch müssen auch Todesursache und Ablebensumstände geklärt werden.

10 Weitere Einzelheiten zur Vernehmung von Minderjährigen s. PDV 382, Pkt. 3.6.

Todesermittlungsverfahren
Nach § 159 Abs. 1 StPO sind die Voraussetzungen für ein Todesermittlungsverfahren gegeben, wenn
- Anhaltspunkte dafür vorhanden sind, dass jemand eines nichtnatürlichen Todes gestorben ist, oder
- der Leichnam eines Unbekannten gefunden wird.

Nichtnatürliche Todesfälle im Sinne des § 159 StPO sind
- die Selbsttötung,
- der Unfalltod und
- der durch eine rechtswidrige Tat herbeigeführte Tod.

Unbekannt im Sinne des § 159 StPO ist ein Toter, wenn seine Personalien nicht sogleich feststellbar sind, weil personenbezogene Angaben fehlen.

Nach § 159 Abs. 2 StPO ist zur Bestattung die schriftliche Genehmigung der Staatsanwaltschaft erforderlich. Für die Feuerbestattung muss eine ausdrückliche Zustimmung erteilt werden.

Strafprozessual handelt es sich bei Leichensachen im Sinne des § 159 StPO nicht um ein Ermittlungsverfahren gemäß § 160 StPO, sondern um eine Überprüfung des Sterbefalls im Vorfeld des eigentlichen Ermittlungsverfahrens. Stellt sich heraus, dass es sich um eine Selbsttötung oder einen Unfall (ohne Fremdverschulden) handelt, kommt es nicht zu einem Strafverfahren.

Andernfalls muss durch „zureichende tatsächliche Anhaltspunkte“ ein Anfangsverdacht nach § 152 Abs. 2 StPO begründet werden. Mit dem Entstehen des Anfangsverdachts wird die Einleitung eines Ermittlungsverfahrens gemäß § 160 Abs. 1 StPO erforderlich (Legalitätsprinzip).

Leichenschau, Leichenöffnung
Für die Regelung der ärztlichen Leichenschau sind noch immer die Bundesländer zuständig. Alle Gesetze stimmen insofern überein, dass in jedem Sterbefall ein Arzt[11] eine Leichenschau durchzuführen und darüber eine ärztliche Bescheinigung auszustellen hat. Den Anlass für polizeiliche Ermittlungen geben der nicht als natürlich bescheinigte Todesfall (Todesart nichtnatürlich oder ungeklärt) oder

11 Eine Ausnahme bildet Schleswig-Holstein. Dort darf auf einigen Inseln und Halligen eine andere geeignete Person zur Vornahme der Leichenschau ermächtigt werden.

das Auffinden eines unbekannten Toten. In solchen Fällen besteht für den Leichenschauarzt eine Meldepflicht an die Polizei. Mit seinem Untersuchungsergebnis entscheidet der Arzt folglich darüber, ob ein Sterbefall polizeilich überprüft wird oder nicht. So bilden die Landesgesetze die Schnittstelle für das strafprozessuale Verfahren bei Leichensachen.

Nach der Strafprozessordnung hat die Staatsanwaltschaft die Möglichkeit, eine Leichenschau durchzuführen und eine Leichenöffnung vom Richter anordnen zu lassen.

Eine *gerichtliche Leichenschau* gemäß § 87 Abs. 1 StPO ist die Besichtigung der äußeren Beschaffenheit einer Leiche. Eine richterliche Anordnung ist dazu nicht erforderlich. Die Besichtigung des Leichnams sollte möglichst am Tat- oder Fundort durchgeführt werden (Nr. 33 Abs. 1 RiStBV).

Die gerichtliche Leichenschau ohne Arzt ersetzt nicht die *ärztliche Leichenschau* nach den landesrechtlichen Bestimmungen, die in jedem Fall durchgeführt werden muss. Dadurch ist gesichert, dass jeder Verstorbene von einem Arzt untersucht wird.

Eine Leichenöffnung (innere Leichenschau, Obduktion, Sektion, Autopsie) wird mehrheitlich für erforderlich gehalten, wenn ein Fremdverschulden am Tod in Betracht kommt.

Die *gerichtliche Leichenöffnung* nach § 87 Abs. 2 StPO erfordert grundsätzlich eine richterliche Anordnung (§ 87 Abs. 4 StPO), die – außer im Fall des § 165 StPO – nur auf Antrag der Staatsanwaltschaft ergehen darf. Wenn der Untersuchungserfolg durch Verzögerung gefährdet würde, beispielsweise wegen des Zustands der Leiche oder der Notwendigkeit sofortiger Aufklärung der Todesursache, ist die Staatsanwaltschaft zur Anordnung befugt, nicht aber ihre Ermittlungspersonen. Es liegt im Ermessen des Staatsanwalts, ob er sich mit einer Leichenschau begnügt oder ob er eine Leichenöffnung beantragt. In keiner Vorschrift ist geregelt, wann eine Obduktion durchgeführt werden soll und wann eine Obduktion durchgeführt werden muss. Lediglich eine allgemein gehaltene Entscheidungsgrundlage findet sich in Nr. 33 Abs. 2 RiStBV. „Lässt sich auch bei der Leichenschau eine Straftat als Todesursache nicht ausschließen oder ist damit zu rechnen, dass die Feststellungen später angezweifelt werden, so veranlasst der Staatsanwalt grundsätzlich die Leichenöffnung. Dies gilt namentlich bei Sterbefällen von Personen, die sich in Haft oder sonst in amtlicher Verwahrung befunden haben."

Für die beiden Spezialfälle der Leichenöffnung von Neugeborenen (§ 90 StPO) sowie bei Verdacht einer Vergiftung (§ 91 StPO) sind in der Strafprozessordnung zwei selbstständige, von § 87 Abs. 2 StPO abgetrennte Regelungen enthalten.

Exhumierung

Nach § 87 Abs. 3 StPO ist zur Besichtigung oder Öffnung einer beerdigten Leiche ihre Ausgrabung (Exhumierung, Enterdigung) statthaft. Angeordnet werden muss die Exhumierung von dem mit der Sache befassten oder nach § 162 StPO zuständigen Richter. Der Staatsanwalt ist zur Anordnung befugt, wenn durch eine Verzögerung der Untersuchungserfolg gefährdet würde. Die Strafprozessordnung enthält keinerlei Bestimmungen über die Voraussetzungen sowie über die Art und Weise einer Leichenausgrabung. Daher wurden von den einzelnen Bundesländern in Gesetzen und Verordnungen über das Leichenwesen einige Vorschriften für die Exhumierung aufgenommen. Die landesrechtlichen Regelungen richten sich vorrangig auf gesundheitspolizeiliche Erfordernisse und können auf strafprozessual begründete Exhumierungen nicht angewendet werden. Insbesondere darf die Durchführung der gerichtlichen Anordnung niemals von der Zustimmung einer Verwaltungsbehörde abhängig gemacht werden.

Vorwiegend wird eine Leiche exhumiert, wenn sich später Zweifel ergeben, dass der Tod aus natürlicher Ursache eingetreten ist. Diese Zweifel können entweder durch Gerüchte oder durch eine förmliche Anzeige entstehen, sodass sich nachträglich ein Fall des § 159 Abs. 1 StPO ergibt. Ebenso ist es möglich, dass später geführte Ermittlungen Anhaltspunkte für ein Verschulden Dritter erbringen oder ein Geständnis des Täters eine Exhumierung notwendig macht. Schließlich können Zweifel an der Identität des Bestatteten zu einer Exhumierung führen und der Todesfall gleichfalls zu einer Leichensache nach § 159 Abs. 1 StPO werden.

Identitätsfeststellung

In § 88 StPO wird gefordert, die Identifizierung eines Toten, wenn möglich, vor der Leichenöffnung vorzunehmen. Diese Vorschrift zielt darauf ab, die Identität des Verstorbenen festzustellen, bevor durch die Obduktion am Leichnam Veränderungen bewirkt werden, die eine Identifizierung zumindest erschweren können. Andererseits ist die innere Leichenschau geeignet, zusätzliche Identitätsmerkmale zu erbringen. Das können Krankheits- und Operationsfolgen oder Eigentümlichkeiten an den Knochen sein.

Die Feststellung der Identität eines Verstorbenen ist aber auch notwendig, wenn keine Leichenöffnung stattfindet. Selbstverständlich sollte bei unbekannten Toten stets eine Obduktion erfolgen.

Der § 89 StPO regelt den Umfang der Leichenöffnung. Soweit der Zustand der Leiche es gestattet, müssen bei der Obduktion die Kopf-, Brust- und Bauchhöhle geöffnet werden. Die Öffnung aller drei großen Körperhöhlen ist auch dann geboten, wenn nach Untersuchung einer Höhle die Todesursache bereits feststeht. Zu einer ordnungsgemäßen Sektion gehört auch die sorgfältige äußere Untersuchung des Leichnams mit Feststellung der sicheren Zeichen des Todes. Äußere und innere Leichenschau sind unverzichtbar, da die gerichtliche Leichenöffnung nicht nur der Feststellung der Todesursache dient, sondern bei der gutachtlichen Würdigung des Todesfalles alle Verletzungen und vorbestehenden krankhaften Organveränderungen berücksichtigt werden müssen. Aus diesem Grund ist aus rechtsmedizinischer Sicht eine Teilsektion abzulehnen.

2. Maßnahmen am Leichenfundort

Der § 159 StPO bietet die Möglichkeit, einen Todesfall auch dann polizeilich zu überprüfen, wenn sich dies nicht mit dem Legalitätsprinzip begründen lässt. Zumeist kann erst im Ergebnis polizeilicher Ermittlungen entschieden werden, ob eine Strafverfolgung einsetzen muss. Unabhängig von der strafrechtlichen Relevanz eines Todesfalles liefert der Tat-/Fundort häufig die wichtigsten Informationen zur Sachverhaltsaufklärung. Dementsprechend gelten die Grundsätze des Ersten Angriffs sinngemäß für das strafprozessuale Verfahren bei Leichensachen.

Um die Ermittlungen aufnehmen zu können, muss die Polizei von einem rechtlich relevanten Todesfall Kenntnis erhalten. Geht eine derartige Ereignismeldung ein, besteht die erste Aufgabe darin, den Mitteilenden zielgerichtet zu befragen. Wichtig dabei ist die Beschränkung auf das Wesentliche, um Zeitverluste zu vermeiden. Grundsätzlich kann nach den W-Fragen vorgegangen werden, jedoch ergeben sich bei Leichensachen einige Besonderheiten.

Bei der Entgegennahme der Ereignismeldung ist Folgendes zu berücksichtigen:
- Eingang der Meldung (Wochentag, Datum, Uhrzeit)
- Personalien und Telefonnummer des Mitteilenden (Erreichbarkeit klären)
- Von wo aus wird mitgeteilt?
- Welchen Sachverhalt hat der Mitteilende festgestellt?

Insbesondere:
- Wo befindet sich der Tote? Wer hat den Tod festgestellt, wurde ein Arzt verständigt und durch wen?
- Wann wurde der Tote gefunden?
- Ist der Tote dem Mitteilenden bekannt?
- Welche Umstände führten zum Auffinden der Leiche?
- Sind Anhaltspunkte für ein Verbrechen erkennbar?
- Lage und Erreichbarkeit (Zufahrtsweg) des Leichenfundortes
- Hinweise zum weiteren Verhalten.

Der Mitteilende sollte den Leichenfundort möglichst nicht verlassen, sondern – sofern zumutbar – dort das Eintreffen der Polizeibeamten abwarten und bis dahin keine (weiteren) Veränderungen vornehmen oder zulassen, es sei denn, medizinische Hilfe für Verletzte ist erforderlich. Mit dem Anrufer wird ein Treffpunkt vereinbart, an dem er die Beamten zur verabredeten Zeit erwarten und vor Ort einweisen kann.

Nach einem Rückruf zur Überprüfung der Ereignismeldung sind die erforderlichen Sofortmaßnahmen einzuleiten. Die für Todesermittlungen zuständige Dienststelle ist unverzüglich zu benachrichtigen. Gegebenenfalls kann zunächst eine Funkstreifenwagenbesatzung zum Leichenfundort entsandt werden, um die Sicherung zu übernehmen. Wenn noch nicht geschehen, muss ein Arzt, unter Umständen ein Notarzt, angefordert werden. Die Benachrichtigung weiterer Personen und Institutionen, wie Feuerwehr, Kriminaltechniker, Staatsanwalt, Bestattungsinstitut oder Versorgungsbetriebe, erfolgt je nach Sachlage.

Erweist es sich als notwendig, einen Rechtsmediziner hinzuzuziehen, sollte das so früh wie möglich veranlasst werden. In den rechtsmedizinischen Instituten gibt es einen Bereitschaftsdienst. Den aktuellen Dienstplan erhalten die zuständigen Behörden.

Am Ereignisort müssen Ruhe und Besonnenheit das Handeln der eingesetzten Polizeibeamten bestimmen. Nicht selten stehen Zeugen unter dem Eindruck des Erlebten, sind irritiert oder erregt. Sie zu beruhigen, erfordert Einfühlungsvermögen und psychologisches Geschick.

Zu den Maßnahmen nach Eintreffen am Ereignisort gehören:[12]

- Überblick über die Situation am Leichenfundort verschaffen; Ziele: vorläufige Lagebeurteilung und Ableitung erster polizeilicher Maßnahmen, allen voran zur Abwehr von Gefahren.
- Ereignisort – speziell im Freien – weiträumig absperren, gegebenenfalls weitere Sicherungskräfte anfordern.
- Unbefugte Personen konsequent vom Ereignisort fernhalten (Schaulustige, Presse, nicht an den Ermittlungen beteiligte Beamte).
- Unbedingt notwendige Veränderungen, beispielsweise infolge Sofortmaßnahmen, exakt dokumentieren (Was wurde von wem, wann und warum verändert?).
- Spuren mit geeigneten Mitteln schützen (Wetterbedingungen beachten!).
- Auffindungszeugen feststellen und getrennt informatorisch befragen; auch alle anderen Personen (Arzt, Sanitätspersonal, Unbeteiligte) und Fahrzeuge erfassen.

Neben den Aufgaben zur Tatortsicherung sind bei Verdacht auf ein Verbrechen folgende Grundsätze zu beachten:

- Tatortarbeit nicht beginnen bzw. abbrechen, Sicherungsmaßnahmen aufrechterhalten.
- Dienststelle benachrichtigen und zuständige Beamte (Mordkommission) anfordern.
- Unaufschiebbare Maßnahmen, insbesondere zur Täterergreifung, einleiten.
- Tatort bis zum Eintreffen der angeforderten Beamten nicht verlassen und ihnen den Tatort übergeben.

Für die polizeiliche Todesermittlung gelten die allgemeinen kriminaltaktischen Regeln der Tatortarbeit sowie die kriminaltechnischen Grundsätze der Suche, Sicherung und operativen Auswertung von Spuren und Vergleichsmaterialien, die sachverhaltsbezogen anzuwenden sind. Im Folgenden wird nur auf die Besonderheiten der kriminalistischen Arbeit am Ereignisort bei rechtlich relevanten Todesfällen eingegangen.

12 Siehe auch Kap. III. 1. 1 Erster Angriff.

Bei der Inaugenscheinnahme des Ereignisortes muss der Ermittlungsbeamte unvoreingenommen und genau die Gesamtsituation erfassen und nachfolgend auch bewerten. Dazu empfiehlt es sich, den Leichenfundort zunächst aus einer gewissen Entfernung, beispielsweise einen Raum von der Tür aus, zu besichtigen. Tritt der Beamte sofort an die Leiche heran, geht ihm der Überblick verloren. Erst nachdem er einen Gesamtüberblick von der Fundortsituation gewonnen hat, sollte er sich den Einzelheiten zuwenden.

Als Grundlage für die erste kriminalistische Beurteilung der Lage kann der Ermittlungsbeamte folgendes Frageschema nutzen:
- Wie war die ursprüngliche Situation, bevor der verdächtige Todesfall eintrat?
- Welche Veränderungen wurden (insbesondere an der Leiche) bis zu seinem Eintreffen vorgenommen?
- Gibt es Veränderungen, die sich nicht erklären lassen?
- Wie ist die angetroffene Situation zur Zeit der Besichtigung zu bewerten?[13]

Nicht selten wird der Ermittlungsbeamte bei seinem Eintreffen bereits eine veränderte Ereignisortsituation vorfinden. Abgesehen von notwendigen Maßnahmen wie Bergung, Wiederbelebungsversuche und Leichenschau, werden von Angehörigen oder auch von Sicherungskräften manchmal ohne zwingenden Grund Veränderungen an der Leiche und in deren Umgebung vorgenommen.

Jede Kleinigkeit kann kriminalistische Bedeutung erlangen, sei es, dass die Leiche gedreht, umgewendet oder sogar weggetragen und an anderer Stelle abgelegt wurde. Auch die Kleidung kann verändert worden sein, etwa durch Öffnen der Oberbekleidung, Heraufschieben von Unterwäsche oder Aufknöpfen einer Tasche. Genauso ist es möglich, dass jemand einen Lichtschalter betätigt, Fenstervorhänge auf- oder zugezogen, Fenster geöffnet oder geschlossen, die Heizung reguliert oder am Boden liegende Gegenstände aufgehoben hat. Mitunter werden Verschmutzungen (Blut, Erbrochenes, Kot) beseitigt, selbst ein ganzes Zimmer kann aufgeräumt worden sein.

Um nicht zu einer falschen Lagebeurteilung zu kommen, muss der Ermittlungsbeamte derartige Einzelheiten kennen. Ohne danach zu fragen, wird er jedoch kaum etwas darüber erfahren. Insbesonde-

13 *Girod*, a. a. O., S. 57.

re Reinigungs- und Aufräumungsarbeiten ohne ersichtlichen Grund sind kritisch zu überprüfen.

Das zielgerichtete Vorgehen am Leichenfundort setzt eine gedankliche Rekonstruktion des Geschehensablaufs voraus. Im Ergebnis der Ereignisortbesichtigung und der ersten Befragungen wird es dem Ermittlungsbeamten möglich sein, eine Version über das zum Tod führende Geschehen zu entwickeln. Daraus abgeleitet kann er über sein weiteres Vorgehen sowie über die Anforderung von Spezialisten (z. B. Rechtsmediziner, Kriminaltechniker) und von Spezialgerät (z. B. Bergungstechnik) entscheiden.

Die Mitwirkung des Rechtsmediziners bei der Aufklärung von Tötungsverbrechen stellt heute eine Selbstverständlichkeit dar. Mindestens genauso wichtig ist es aber, ihn bei unerwarteten und unklaren Todesfällen möglichst frühzeitig hinzuzuziehen. Nach wie vor bildet eine sachkundig und sorgfältig durchgeführte Leichenschau die entscheidende Voraussetzung für die Aufdeckung latenter Tötungsdelikte wie auch anderer nichtnatürlicher Todesfälle.

Die Befunderhebung des Rechtsmediziners muss sich in den Ablauf der polizeilichen Tatortbefundaufnahme einordnen. Der Ermittlungsbeamte hat festzulegen, wann der Rechtsmediziner tätig wird und wo er sich am Ereignisort bewegen darf. Je nach Sachlage können von ihm schon am Leichenfundort vorläufige Angaben über Todesursache und Todesart, zur Todeszeit und über den Geschehensablauf erfragt werden.

Der *objektive Tatortbefund* beinhaltet als einen wesentlichen Komplex die gesamte Spurenlage an der Leiche und am Fundort. Um deren Informationsgehalt möglichst vollständig für die kriminalistische Arbeit nutzen zu können, ist eine planmäßige Spurensuche und -sicherung unerlässlich. Der Ermittlungsbeamte darf sich nicht damit zufrieden geben, für jedermann sichtbare Auffälligkeiten zu registrieren. Zu seinen Pflichten gehört es, auch das aufzufinden, was versteckt oder unscheinbar ist. Er hat sogar danach zu suchen, was scheinbar fehlt, obwohl es vorhanden sein müsste. Nur bei einer solchen Vorgehensweise kommt der Wert einer gedanklichen Rekonstruktion vor Beginn der Tatortbefundaufnahme voll zur Geltung. Zugleich erleichtert die Version über den Geschehensablauf eine Differenzierung zwischen kriminalistisch relevanten und irrelevanten materiellen Veränderungen am Leichenfundort.

Worauf es im Einzelfall ankommt, hängt vom konkreten Sachverhalt ab. Grundsätzlich sind bei der Ereignisortuntersuchung zu beachten:
- Gesamteindruck des Leichenfundortes, insbesondere Spuren eines Kampfes,
- Schließverhältnisse und Beschaffenheit von Türen, Fenstern und Schlössern, Anzahl vorhandener Schlüssel feststellen,
- Werkzeuge, Geräte und andere Gegenstände, die mit dem Todeseintritt im Zusammenhang stehen könnten,
- Tabletten und andere Medikamente, Verpackungsmaterial und Gebrauchsinformationen (Packungsbeilage), Trinkgefäße und deren Inhalt,
- Speise- und Getränkereste, benutztes Geschirr, Zigarettenreste,
- Kalender, Tageszeitungen, aufgeschlagene Fernsehprogrammzeitschriften,
- Abschiedsbriefe oder anderweitige schriftliche, auch elektronisch gespeicherte Hinterlassenschaft.

Ratsam ist ein Blick in Abfallbehältnisse, in den Papierkorb oder in den Kamin, um Gesuchtes aufzufinden (z. B. Tatmesser, Medikamentenverpackung, Schriftstücke). Ebenso kann ein Blick nach oben hilfreich sein, der beispielsweise zur Feststellung des Strangwerkzeugs am Ast eines Baumes führt.

Der *subjektive Tatortbefund* ergibt sich aus den Befragungen der am Leichenfundort anwesenden Personen. Als Zeuge oder Auskunftsperson kommt in Betracht, wer
- beim Ableben des Betroffenen anwesend war,
- die Leiche aufgefunden hat,
- in Verbindung zum Verstorbenen stand oder
- Angaben zu dessen Tod machen kann, z. B. Hausarzt, Pflegedienst.

Die Aussagen müssen mit den objektiven Feststellungen am Ereignisort verglichen werden.

Nach Abschluss der Tatortbefundaufnahme hat der Ermittlungsbeamte für die vorläufige Nachlasssicherung zu sorgen. Das betrifft alle bei der Leiche gefundenen Papiere, Wert- und sonstigen Gegenstände sowie Geld. Auch die Wohnung gehört dazu, wenn sich der Sterbefall dort ereignet hat. Sofern eine Übergabe an Berechtigte nicht erfolgen kann, ist die Wohnung zu verschließen und zu versiegeln. Um späteren Regressforderungen vorzubeugen, muss die Sicherheit gewährleistet sein (z. B. Fenster schließen, Licht ausschalten, Wasser und Gas abstellen, Feuerstätten löschen). Handelt es sich um einen

Leichenfund im Freien, ist der Nachlass mit in die Dienststelle zu nehmen. Was mit den sichergestellten Sachen geschieht, muss in der Anzeige an die Staatsanwaltschaft oder das Amtsgericht vermerkt werden.

Wenn möglich, sollten zwei Beamte oder andernfalls ein Beamter und ein Zeuge den Nachlass sichern. Es ist ratsam, das Sicherungsprotokoll im Beisein des Zeugen auszufertigen und gegenzeichnen zu lassen. Die Weiterbehandlung des Nachlasses kann nach § 1960 BGB vom zuständigen Amtsgericht übernommen werden.

3. Kriminalistische Leichenuntersuchung

In der Praxis muss der Ermittlungsbeamte regelmäßig eine Leichenschau am Fundort vornehmen. Vom Beamten wird keine medizinische, sondern eine kriminalistische Untersuchung der Leiche erwartet. Die Spezifik dieser Aufgabe liegt darin, die äußeren Leichenbefunde vollständig zu erfassen und darüber hinaus hinsichtlich ihrer Verursachung kriminalistisch zu bewerten.

Wie gründlich die Leiche untersucht wird, darf keinesfalls von deren Erhaltungszustand (Leichenerscheinungen, Verletzungen) abhängig gemacht werden. Ebenso ändert sich nichts an den Pflichten des Ermittlungsbeamten, wenn er bei seinem Eintreffen eine bereits aufgebahrte Leiche vorfindet. Man bedenke, wie leicht sich mit einem hochgeschlossenen Kleidungsstück unscheinbare Würgemale oder durch Blumen in den Händen des Verstorbenen kleine Strommarken verbergen lassen.

Für die kriminalistische Leichenuntersuchung hat sich das Vorgehen nach einem Handlungsschema bewährt. Empfehlenswert ist das von *Naeve* (1978) angegebene Schema einer Leichenschau.

Handlungsschema für eine kriminalistische Leichenuntersuchung[14]

1. Zeitpunkt des Beginns der Leichenschau (Datum, Uhrzeit).
2. Beschreibung der Leichenumgebung. Örtlichkeit: Geschlossener Raum (Fenster geschlossen oder geöffnet), im Freien.
   Abdeckung der Leiche.
   Untergrund: trocken, nass, moorig u. a.

14 *Naeve*, Gerichtliche Medizin für Polizeibeamte, 1978, S. 18-22.

Raum- bzw. Außentemperatur. Witterungsverhältnisse.
Hinweise auf Einnahme von alkoholischen Getränken oder Medikamenten (Flaschen, Gläser, Verpackungsmaterial).
Hinweise auf Erkrankungen (Krankenschein, Rezeptformulare, Medikamente).

3. Beschreibung der Bekleidung: Kleidung geordnet oder ungeordnet. Knöpfe oder Reißverschlüsse geöffnet oder geschlossen? Knöpfe ausgerissen?
   Art der Ober- und Unterbekleidung, Schuhe.
   Beschädigungen und Verschmutzungen der Bekleidung einschließlich der Schuhe, Schleifspuren an den Schuhen.
   Taschenzustand und -inhalt. Uhren, Schmuck.
   Was wird ausgezogen? Was wird aufgeschnitten? Welche Beschädigungen oder Verschmutzungen entstehen beim Auskleiden der Leiche?
4. Lage der Leiche (Rückenlage, Bauchlage, Seitenlage, Arme oder Beine angewinkelt, Kopf nach rechts oder nach links gedreht).
   Geschlecht, Lebensalter (ggf. Schätzung), Körpergröße, Körperbau, allgemeiner Ernährungszustand.
   Körperanhaftungen (Blut, Kot, Eiter, Sperma, Schmutz – Lokalisation der Körperanhaftungen, ggf. unter Beschreibung des Verlaufs von sog. Rinnspuren – z. B. Blutrinnspuren).
5. Die Zeichen des Todes: Erkaltung (ggf. Temperaturmessung im After), Totenflecke (Lokalisation, Farbe, Wegdrückbarkeit, Intensität, Aussparung der Totenflecke an den Aufliegestellen oder im Bereich von Hautfalten oder eng anliegender Kleidung). Totenstarre (es werden sämtliche großen und kleinen Gelenke einschließlich Kiefergelenke untersucht). Hautvertrocknungen (Lippen, Genitale).
   Fäulnis: Grünfäulnis der Bauchhaut, Ablösung der Oberhaut, mit Flüssigkeit gefüllte blasige Abhebungen der Oberhaut, Fäulnisdunsung des Gesichts, Fäulnisgasblähung des Bauches und des Hodensackes. Durchgetretene Blutaderzeichnung (netzartige dunkelgrüne bis schwarze Verfärbung der Haut über den Blutadern), Fäulnisflüssigkeit im Mund und in den Naseneingängen. Ausziehbarkeit der Haare. Ablösbarkeit der Fingernägel.
   Vertrocknungserscheinungen (Fingerkuppen, Nasenspitze).
   Mumifizierung. Fettwachsbildung. Skelettierung.
   Fliegeneier, Maden (Länge), Puppen, Puppenhülsen.
   Waschhautbildung an Händen und Füßen. Ablösbarkeit der Waschhaut.
6. Etwa vorhandene krankhafte Veränderungen oder Abnormitäten (bei kriminalpolizeilicher Leichenschau keine medizinischen Diagnosen – nur Beschaffenheit und Lokalisation der von außen erkennbaren Veränderungen).
   Narben. Hautveränderungen: warzenähnlich, borkenbelegt, flächenhaft oder fleckig, kleinfleckig, großfleckig, ungleichmäßig oder streifig.

Rötungen der Haut mit oder ohne Vertrocknung.
Braunfärbung der Haut (sog. Braunpigmentation), Farbe eventueller warzenähnlicher Hautveränderungen (d. h. Pigmentierung der Warzen – braun, schwarz). Hautgeschwüre (flach, tief, Rand wie ausgestanzt). Eiterbelag der Geschwüre.
Injektionsstiche (Lokalisation, Zahl, Hautunterblutungen in Umgebung der Injektionsstiche. Farbe der Hautunterblutungen in Umgebung der Injektionsstiche. Narben nach Injektionsstichen).
Tätowierungen (Lokalisation, Motivdarstellung, einfarbig-blau, mehrfarbig).
Überzahl oder Mangel an Gliedmaßen (z. B. Zehen oder Finger), Gelenkveränderungen (Knie, Ellenbogen, Finger: Verdickungen, Schwellungen).
Schwellungen im Bereich der Fußknöchel und der Unterschenkel (nach kräftigem Fingerdruck: Dellenbildung = Oedem, d. h. vermehrte Flüssigkeitsansammlung im Gewebe, z. B. bei chronischer Herz-Kreislauf-Schwäche).
Beschaffenheit der Haare – Kopf, Bart – Farbe, Länge, Schnitt, Tönung oder Färbung. Augenbrauen, Scham- und Achselbehaarung.
Farbe der Augen (zu beachten bei Fäulnisleichen, besonders bei Wasserleichen im Zustand der Fäulnis: natürliche Augenfarbe nicht mehr feststellbar. Infolge Fäulnis stets eine braune „Augenfarbe").
Gebiss: Beschaffenheit der Zähne, Zahnersatz, Zahnlücken. Gegebenenfalls Zahnarzt mit eingehender Beschreibung der Beschaffenheit der Zähne beauftragen.
Art der zahnärztlichen Arbeiten: Amalgamfüllungen, Porzellanfüllungen, Zementfüllungen. Lokalisation der Füllungen. Zahnkronen, Zahnplatten, Zahnersatz.
Bei unbekannten Personen besonders eingehende Beschreibung (ggf. Fotografie) der besonderen Merkmale: Narben, Tätowierungen, Gebissbeschaffenheit.

7. Untersuchung von: Kopf, Hals, Brustkorb, Bauchregion, Rückenfläche, After, äußeren Geschlechtsteilen, Armen, Beinen. Die Untersuchung dieser Körperregionen erfolgt vornehmlich zur Feststellung bzw. zum Ausschluss von Merkmalen äußerer Gewalteinwirkung.

   Kopf: Dunsung des Gesichts und bläuliche Verfärbung der Gesichtshaut.
   Kopfschwartenschwellungen oder -verletzungen. Beim Abtasten des Schädels abnorme Knochenbeweglichkeit. Schwellungen im Gesicht. Blutungen und Schleimhauteinreißungen an den Lippen (auch Lippeninnenfläche betrachten).
   Schwellungen und Unterblutungen der Augenlider (Brillenhämatom). Augenlider geschlossen oder geöffnet? Weite der Öffnung der Augenlider. Blutungen in der Augenbindehaut – punktförmige Blutungen, flächenhafte Blutungen.

Augenfarbe. Weite der Sehlöcher (Pupillen), unterschiedliche Weite der Pupillen oder gleichweite Pupillen. Pupillen rund oder entrundet.
Fremdinhalt in den Nasenöffnungen: Blut, Schleim, Mageninhalt. Abrinnspuren – Verlaufsrichtungen der Abrinnspuren.
Schaumpilz vor der Nase (weiß, rötlich-bluthaltig). Abnorme Beweglichkeit des Nasenskeletts beim Abtasten. Schwellung der Nase.
Unterblutungen oder Verletzungen der Ohrmuscheln, Schwellungen.
Fremdinhalt in den Gehörgängen (ausgetretenes Blut oder eingeflossenes Blut), Abrinnspur aus den Gehörgängen – Verlaufsrichtung der Rinnspuren.
Mund geschlossen oder geöffnet. Zunge zwischen den Zahnreihen oder Zunge weit vorgestreckt. Zungenspitze angetrocknet. Flüssigkeitsspiegel in der Mundhöhle. Blut in der Mundhöhle und im Mundvorraum.
Schaumpilz vor dem Mund (weiß, bluthaltig rötlich, feinblasig, grobblasig). Abrinnspuren aus dem Mund – Verlaufsrichtung der Rinnspuren.
Auffällige Geruchswahrnehmung bei Druck auf den Brustkorb.

Hals: Hautverletzungen, Hautunterblutungen, Hautkratzer. Strangwerkzeug am Hals. Strangmarke am Hals (Beschaffenheit und Lokalisation: oberflächlich, tief, breit oder schmal, braun-vertrocknet. Doppelte Strangmarke. Verlaufsrichtung der Strangmarke, ggf. Knotenabdruck). Blutungen innerhalb oder in der Umgebung der Strangmarke. Kleine, mit Flüssigkeit gefüllte Hautblasen in der Umgebung der Strangmarke.
Abnorme Beweglichkeit der Halswirbelsäule (Beurteilung nicht immer sicher möglich).

Rumpf und Extremitäten: Hautunterblutungen, Hautvertrocknungen, Hautverletzungen (Beschaffenheit, Größe und Lokalisation der Verletzungen). Abnorme Beweglichkeit des Brustkorbskeletts. Abnorme Beweglichkeit des knöchernen Beckenringes.
Abnorme Beweglichkeit der Extremitäten (Knochenbrüche?). Regelwidrige Lage der Beine (nach innen oder nach außen gedreht).
Sorgfältige Betrachtung der Hände, ganz besonders der Handinnenflächen (Abwehrverletzungen, Strommarken – ggf. Lupenbetrachtung).
Narben an der Innenfläche der Handgelenke („Pulsaderschnitte").
Besondere Berufsmerkmale an den Händen. Schwielenbildungen. Beschaffenheit der Fingernägel (frische Abbrüche oder Einrisse). Auffällige Anhaftungen unter den Fingernägeln.
Untersuchung der Fußsohlen (Strommarken).
Schleifspuren am Rücken oder an den Fersen. Verlaufsrichtung der Schleifspuren.
Achten auf Injektionsstiche an für Injektionen ungewöhnlichen Stellen.

After und Genitale: Blutungen aus dem After oder aus dem Genitale. Äußerlich erkennbare Verletzungen. Kot in der Umgebung des Afters.

4. Tatortbefundbericht

Die Gliederung des Todesermittlungsberichts basiert auf dem Tatortbefundbericht. Demnach müssen folgende Punkte enthalten sein:
1. Eingang der Meldung
2. Objektiver Befund
3. Subjektiver Befund
4. Schlussfolgerungen
5. Eingeleitete Maßnahmen.[15]

Der Tatortbefund kann ergänzend durch Fotografien und Skizzen oder durch eine Bild-Ton-Aufzeichnung dokumentiert werden. Zudem ist gegebenenfalls ein Spurensicherungsbericht zu fertigen.

5. Weitere Ermittlungen und Abschlussentscheidung

Die Schlussfolgerungen aus dem Ersten Angriff ermöglichen zumeist eine gedankliche Rekonstruktion des Ereignisablaufs. Dadurch wird der Ermittlungsbeamte in die Lage versetzt, seine ursprüngliche Version über das zum Tod führende Geschehen zu überprüfen und, wenn nötig, zu präzisieren. Zugleich erlaubt ihm der erreichte Ermittlungsstand, sein weiteres Vorgehen bis zur endgültigen Aufklärung des Sachverhalts festzulegen. Inhaltliche Schwerpunkte der kriminalistischen Arbeit in dieser Untersuchungsphase bilden Ermittlungen zur Persönlichkeit und zur Lebenssituation des Verstorbenen. Dazu gehören:
- familiäre und soziale Lage,
- wirtschaftliche Situation,
- körperliche und geistige Verfassung,
- Beziehungen zu anderen Personen,
- Lebensgewohnheiten und Hobbys,
- Charaktereigenschaften,
- Konfliktsituationen,
- psychische Eigenarten,
- sexuelle Besonderheiten.[16]

15 Näheres s. *Mätzler*, a. a. O., S. 31-35.

16 *Ackermann/Düben*, Unnatürliche Todesfälle, in: Handbuch Erster Angriff, 2. Aufl., 1978, S. 109-111.

Die bisherigen Feststellungen zur Situation vor Eintritt des Todes können ergänzt werden durch:
- Befragung/Vernehmung bereits bekannter Beziehungspersonen/ Zeugen,
- Ermittlungen im Wohn-, Arbeits- und Freizeitbereich,
- Analyse der Personenbewegung (Personenbeschreibung!).

Eingehend zu klären ist, welcher Art die Beziehungen zwischen der jeweiligen Person und dem Toten waren, wie sich das Verhältnis entwickelt und wie lange es bestanden hat. Besondere Aufmerksamkeit muss dabei den Angaben gelten, die den Zeitraum unmittelbar vor dem vermutlichen Todeseintritt betreffen. Wichtige Fragen sind:
- Wann, wo und von wem wurde der Betroffene letztmalig lebend gesehen?
- War er irgendwie auffällig? (z. B. Äußerungen, Verhaltensweisen, Alkoholisierung)
- Befand er sich in Begleitung? Wenn ja, von wem wurde er begleitet?

Soweit noch nicht im Ersten Angriff lückenlos und widerspruchsfrei geklärt, sind auch die Ermittlungen zur Situation bei Feststellung des Todesfalles weiterzuführen. Insbesondere geht es um detaillierte Aussagen der Personen, die den Leichnam entdeckt haben. Die Zeugen, oft Hinterbliebene, dürfen vom Ermittlungsbeamten erwarten, dass er ihnen mit dem gebotenen Taktgefühl und Verständnis begegnet. Eine sorgfältige Vorbereitung der Vernehmung sollte ebenso selbstverständlich sein wie die Berücksichtigung psychologischer und taktischer Aspekte bei deren Durchführung. Ihr Inhalt wird von folgenden Schwerpunkten bestimmt:
- Gründe für das Auffinden der Leiche,
- genaue Auffindungssituation,
- vorgenommene Veränderungen,
- eingeleitete Maßnahmen,
- Benennung weiterer Zeugen und Auskunftspersonen.

Kriminalistisch von großem Interesse sind die Gründe, die zu dem Leichenfund geführt haben. Der Auffindungszeuge kann mehr oder weniger zufällig an den Ort gelangt sein (z. B. als Spaziergänger, Pilzsucher, Jäger) oder regelmäßig dort vorbeikommen (z. B. Weg zur Arbeitsstelle, zu einer Sportanlage). Weiterhin ist es möglich, dass er durch äußere Umstände (z. B. Blutspuren, Kleidungsstücke, abgestelltes Fahrzeug) auf die Leiche aufmerksam wurde. Anders als bei Ereignisorten im Freien sind es bei Sterbefällen in (Wohn-) Gebäuden meist Angehörige, die den Toten entdecken. Mitunter teilen auch Nachbarn, Bekannte oder Arbeitskollegen der Polizei ihre Vermutung über ein mögliches Ableben mit, weil sie beispielsweise den Betreffenden lange nicht mehr gesehen haben, er nicht zur Arbeit erscheinen ist oder aus der Wohnung ein auffälliger Geruch kommt.

Die Auffindungssituation muss in allen Einzelheiten bekannt sein. Das gilt nicht nur für die Verhältnisse am Leichenfundort (Lage und Zustand der Leiche, Spuren aller Art) und für die Personenbewegung, sondern gleichermaßen für solche Wahrnehmungen und Eindrücke der Zeugen, die nicht von vornherein einen Zusammenhang mit dem zu untersuchenden Todesfall erkennen lassen. Auch die Sicht- und Wetterbedingungen (Temperatur, Niederschläge, Wind, Geländeverhältnisse) zur Auffindungszeit sind genau zu ermitteln.

Bei nachträglich vorgenommenen Veränderungen am Leichenfundort muss der Ermittlungsbeamte exakt differenzieren. Seine Aufgabe ist es, den jeweiligen Zustand zeitbezogen festzustellen, und zwar die Fundortsituation bei Entdeckung des Toten, zum Zeitpunkt der Ereignismeldung und bei Beginn des Ersten Angriffs. Danach dürften sich abweichende Aussagen von Auffindungszeugen, Leichenschauarzt und Sicherungskräften zwanglos erklären lassen. Bleiben Unklarheiten oder Widersprüche bestehen, zwingt das zu erneuten Ermittlungen.

Dem erreichten Sachstand entsprechend, können für die Weiterbearbeitung bis zur abschließenden Entscheidung herangezogen werden:

- Auswertung objektiver Befunde (Spurenuntersuchung, Obduktionsergebnis),
- Prüfung der Übereinstimmung von Spurenlage und Zeugenaussagen,
- Anforderung von Sachverständigengutachten (z. B. LKA, Gewerbeaufsichtsamt, Berufsgenossenschaft),
- Beschaffung und Auswertung medizinischer Behandlungsunterlagen.

Welche Spuren im Einzelnen an der Leiche und in deren Umgebung zu erwarten sind, hängt hauptsächlich von der Art der äußeren Gewalteinwirkung ab. Dennoch gibt es eine Reihe allgemeingültiger Anhaltspunkte, die eine Differenzierung zwischen einem Tod durch eigene oder fremde Hand zulassen.

Im Allgemeinen weisen folgende Feststellungen auf einen Suizid hin:
- Türen und Fenster von innen verschlossen und unbeschädigt,
- geordneter Leichenfundort,
- pedantisches Zurechtlegen von Urkunden für den Sterbefall, insbesondere Testament und Bestattungsvertrag,
- Abschiedsbrief (Schrifturheberschaft!) oder andere Aufzeichnungen, in denen eine Suizidabsicht dokumentiert ist,
- Kombination mehrerer Suizidmethoden,
- Mitnahme anderer Personen in den Tod,
- vorangegangene Suizidversuche oder früher geäußerte Selbsttötungsabsichten,
- Vorbereitungshandlungen, wie Schenkungen, Abschiedsbesuche und Beschaffung des Suizidmittels (z. B. Gift, Schusswaffe),
- Persönlichkeit, Lebensumstände und gegebenenfalls Krankengeschichte (z. B. Depression, Abhängigkeit von Alkohol, Drogen oder Medikamenten, Krebserkrankung) mit Hinweisen auf ein mögliches Suizidmotiv.

Auch wenn der Täter einen Verschleierungsversuch unternommen hat, kann der Tat-/Fundort einige der wesentlichen Anhaltspunkte für eine Fremdeinwirkung bieten:
- Beschädigungen an Türen und an Fenstern als Hinweis auf gewaltsames Eindringen,
- offensichtliche Unordnung, wie umgestürzte Einrichtungsstücke, herausgerissene Schubladen, durchwühlte Schränke und Behältnisse oder auf dem Fußboden verstreut liegende Gegenstände,
- Spuren eines Kampfes, insbesondere Blutspuren,
- Fundsituation der Leiche, wie in Teppich eingerollt, in Plastiksack verpackt, im Bettkasten oder in einem Gewässer,
- Auffindung zerstückelter Leichen und von Leichenteilen,
- Lage des Körpers und Stellung der Gliedmaßen (sog. Lustmordstellung),
- Schleifspuren und bei Fundorten im Freien widersprüchliche Reifen- oder Schuhspuren,
- Hinweise auf mitgenommene, meist wertvolle Gegenstände.

Abgesehen von der Begründung eines Straftatverdachts, kann die Abschlussentscheidung im Ergebnis polizeilicher Ermittlungen in Sterbefällen wie folgt lauten:
- Nachweis eines Suizids, einschließlich seiner Ursachen und Motive,

- Nachweis eines Unfalls (ohne Fremdverschulden),
- Nachweis eines natürlichen Todes.

Es liegt in der Verantwortung des Ermittlungsbeamten, die Abschlussentscheidung erst dann zu treffen, wenn ein Fremdverschulden mit der gebotenen Sicherheit auszuschließen ist. Bleiben vernünftige Zweifel zurück, sollte der Beamte seine Bedenken in geeigneter Form dokumentieren. Unter Umständen ergeben sich daraus später zum Erfolg führende Ermittlungsansätze.

6. Identifizierung unbekannter Toter

Unbekannte Tote sind Leichen oder Leichenteile, die nicht im Auswertungsangriff identifiziert werden können. Die Sachbearbeitung und der Informationsaustausch zur Identifizierung unbekannter Toter sind in der PDV 389 geregelt. Danach ist es Aufgabe der Polizei,
- alle Maßnahmen zu treffen, die zur Identifizierung unbekannter Toter oder zur Zuordnung aufgefundener wesentlicher Körperteile zu bekannten oder unbekannten Toten führen können,
- die Ursache und die Umstände des Todes zu klären bzw. bei der Klärung mitzuwirken.

Die Identifizierungsmaßnahmen beginnen bereits am Leichenfundort. Der Leichnam sowie Bekleidung und mitgeführte Gegenstände sind die entscheidenden Merkmalsträger. Um keine Hinweise auf die Identität des Unbekannten zu übersehen, muss der Fundort gründlich abgesucht werden. Auch bei Bergung und Transport der Leiche ist darauf zu achten, dass keine Ansatzpunkte für die Identifizierung verloren gehen. Das gilt nicht nur für die Sicherstellung sämtlicher Bekleidungsstücke und Effekten, sondern ebenso für die Identitätsmerkmale am Körper. Insbesondere bei fäulnisveränderten Leichen muss für eine unverzügliche Abnahme der Fingerabdrücke gesorgt werden.

Bei der Leichenschau sind alle Identitätsmerkmale festzustellen und schriftlich zu dokumentieren. Das Beschreiben der Leiche soll unter Verwendung der dafür vorgesehenen Vordrucke erfolgen. Ergänzend zur schriftlichen Befundaufnahme sind Fotografien zu fertigen.

Für die Identifizierung müssen zunächst die äußerlich feststellbaren Körpermerkmale erfasst werden. Das Geschlecht lässt sich zumeist ohne Weiteres an den äußeren Geschlechtsmerkmalen erkennen. Von einer alleinigen Berücksichtigung der Bekleidung ist abzuraten.

Die Altersschätzung wird vor allem dadurch erschwert, dass biologisches und kalendarisches Alter bei vielen Menschen nicht übereinstimmen. Mit anderen Worten: Eine Person sieht älter oder jünger aus, als es ihrem Lebensalter entspricht. Folglich liefern Faltenbildungen der Haut, insbesondere im Gesicht, graue Haare, Haarverlust und Alterspigmentflecke nur grobe Anhaltspunkte für die Altersschätzung. Weil nur eine Schätzung möglich ist, sollte die Altersangabe für die Ermittlungen nicht zu eng ausgelegt werden.

Die Körpergröße lässt sich durch Messen und das Körpergewicht durch Wiegen ziemlich genau bestimmen. Allerdings ist eine gewisse Toleranz zu berücksichtigen, da die Ergebnisse aufgrund postmortaler Einflüsse nicht unbedingt den zu Lebzeiten ermittelten Werten entsprechen. Auch an Messfehler ist zu denken.

Der Körperbau (Gestalt) kann nur hinreichend genau beurteilt werden, solange noch keine Dunsung durch Leichenfäulnis eingetreten ist.

Mitunter ergeben sich aus der äußeren Erscheinung Hinweise auf die ethnische Zugehörigkeit.

Als weitere Identifizierungskriterien können herangezogen werden: Merkmale des Kopfes, einschließlich Charakteristika der Kopfhaare, des Gesichts, der Augengegend, der Nase, der Ohren, der Mund- und Kinnpartie, sowie Merkmale von Hals, Rumpf und Gliedmaßen.

Bedingt durch Leichenerscheinungen, kann sich die Haarfarbe auf natürliche Weise verändern. So werden durch Fäulnis und Mumifikation die Haare fuchsrot, während bei Moorleichen eine blonde bis rot-braune Farbe auftreten kann.

Bedeutsam für die Identifizierung sind die besonderen Kennzeichen eines Menschen. Hierzu gehören angeborene und erworbene Körpermerkmale (z. B. Missbildungen, Muttermale, Tätowierungen).

Alle Kleidungsstücke, auch Kopfbedeckung und Schuhwerk, einer unbekannten Leiche sind genau zu beschreiben und zu fotografieren. Der Tascheninhalt ist mit zu erfassen und sicherzustellen. Von jedem Kleidungsstück ist eine Probe für die Kleiderkarte zu entnehmen.

Mitgeführte Gegenstände sind aufzulisten, zu beschreiben, zu fotografieren und zu asservieren. Zu einer wichtigen Identifizierungshilfe wurden in den letzten Jahren die Plastikkarten mit personenbezogenen Daten, deren Verbreitung immer noch zunimmt. Dazu zählen ec-Karten, Kreditkarten, Krankenversichertenkarten, Kundenkarten, Benutzer- und Mitgliedskarten. Auch Scheckvordrucke weisen über die Kontonummer auf bestimmte Personen hin. Allerdings muss überprüft werden, ob es sich bei dem unbekannten Toten um den Karten- bzw. Kontoinhaber handelt.

Als weitere Ansatzpunkte für Ermittlungen können Schriftstücke und Dokumente, wie Notizbücher, Kalender, Telefonverzeichnisse, Bestellkarten (Arzt, Zahnarzt), Nothilfepass und Fahrzeugschein, sowie Mobiltelefone dienen. Brauchbar sind mitunter auch Kassenzettel, Rechnungen, Fahrscheine, Eintrittskarten und Reklamegegenstände (Feuerzeuge, Kugelschreiber, Taschenmesser, Flaschenöffner).

Für eine Identifizierung eignen sich unter bestimmten Voraussetzungen auch Schmuckgegenstände (Gravuren!), Uhren, Schlüssel, Brillen, Hörgeräte, Medikamente, Abzeichen und Gepäckstücke.

Mit Nachdruck sei darauf hingewiesen, dass sämtliche Kleidungsstücke und mitgeführte Gegenstände nach Personalpapieren sorgfältig zu durchsuchen sind. Vom Leichenschauarzt darf nicht unbedingt erwartet werden, dass er mit der gebotenen Gründlichkeit sucht. Erfahrungsgemäß werden Ausweise vor allem in Brustbeuteln, Gürteltaschen und anderen verdeckten Taschen übersehen.

Die Leichendaktyloskopie erlaubt bei der geforderten Merkmalsübereinstimmung eine zuverlässige Identifizierung unbekannter Toter. Meist ist es ohne Weiteres möglich, an einer gut erhaltenen Leiche die Fingerabdrücke abzunehmen und diese mit vorliegenden Abdrücken zu vergleichen. Bei fortgeschrittenen Leichenveränderungen können verschiedene Präparationstechniken eingesetzt werden, um die Leistenhaut für das Abnehmen von Fingerabdrücken vorzubereiten.

Im Verlauf des Identifizierungsverfahrens müssen nicht sämtliche Methoden in jedem Fall eingesetzt werden, sondern es ist unter Berücksichtigung der erhaltenen Identitätsmerkmale sachverhaltsangemessen vorzugehen.

Die Befunderhebung an der Leiche und deren Bekleidung sowie an den mitgeführten Gegenständen schafft nur die Voraussetzungen für die eigentliche Identifizierung. Entscheidend ist es, Vergleichsmaterialien und/oder Anerkennungszeugen zu beschaffen bzw. zu ermitteln. Dazu eignen sich:

- Abgleich der festgestellten Identitätsmerkmale mit Vermisstenvorgängen,
- Recherche im Automatisierten Fingerabdruck-Identifizierungs-System (AFIS),
- Auswertung von Dateien/Karteien,
- Benachrichtigung anderer Polizeidienststellen,
- Ausschreibung im Bundes-/Landeskriminalblatt und gegebenenfalls international (Schengener Informationssystem, Interpol),
- Veröffentlichungen in Publikationsorganen (Massenmedien, Fachzeitschriften),
- Plakataktionen,
- Befragung von Personen, die in unmittelbarer Nähe des Leichenfundortes wohnen.

Sind Anerkennungszeugen ermittelt worden, muss sorgfältig erwogen werden, ob ihnen die direkte Konfrontation mit der Leiche zugemutet werden darf. Zu denken ist an die Möglichkeit, die Leiche zu fotografieren und nur die Bilder vorzulegen. Die Anerkennungszeugen sollten die zu identifizierende Person gut und über einen längeren Zeitraum gekannt haben (Angehörige, Bekannte, Arbeitskollegen).

Wenn kriminalistische Methoden nicht zum Ziel führen oder nicht anwendbar sind, kann eine Identifizierung durch rechtsmedizinische Untersuchungen gelingen. Das wird vor allem notwendig sein bei
- fäulnisveränderten Leichen,
- Brandleichen mit ausgedehnter Brandzehrung,
- starker mechanischer Zerstörung des Körpers, z. B. nach Eisenbahnüberfahrung, Flugzeugabsturz, Explosion, krimineller Leichenzerstückelung,
- Skelettierung und Tierfraß.

Zu den herkömmlichen rechtsmedizinischen Identifizierungsmethoden gehören:
- Leichenschau und Leichenöffnung,
- Vergleich von Gebiss- und Kiefermerkmalen (odontologischer Vergleich),
- Röntgenbildvergleich,
- Knochenuntersuchung.[17]

Der Einsatz der DNS-Analytik zur Identifizierung unbekannter Toter hat ganz neue Möglichkeiten eröffnet. Wesentliche Vorteile

17 Näheres s. *Wirth/Schmeling*, Rechtsmedizin, 3. Aufl., S. 292 ff.

dieser molekularbiologischen Untersuchung sind der hohe Informationsgehalt der Merkmale, die geringe Menge an erforderlichem Untersuchungsmaterial, die Zuverlässigkeit der Methode und die Stabilität der DNS gegenüber Umwelteinflüssen. Sowohl an fäulnisveränderten als auch an verbrannten Leichen kann der Nachweis entsprechender Merkmale gelingen.

Die Klärung der Identität erfordert DNS-haltiges Vergleichsmaterial, das von Gebrauchsgegenständen aus dem Wohnbereich gewonnen werden kann. In Betracht kommen beispielsweise Kämme und Haarbürsten, Zahnbürsten, Zahnprothesen, Nasen- und Ohrenbügel von Brillen, Rasierapparate, körpernah getragene Kleidungsstücke, Schuhe, benutzte Taschentücher, Tabakspfeifen, Zigarettenreste, benutzte Trinkgefäße, Getränkeflaschen, Armbanduhren und Schmuckgegenstände. Aus Ritzen von Sitz- und Liegemöbeln können Haare und abgeschilferte Hautzellen gesichert werden. Weiterhin sollte bei behandelnden Ärzten nach aufbewahrten Blut- und Gewebeproben (z. B. Blutkonserven, Gewebeteilchen von histologischen Untersuchungen, Zellausstriche von Krebsvorsorgeuntersuchungen) gefragt werden. Auch die Einbeziehung Blutsverwandter (Eltern, Geschwister) kann die erforderlichen Vergleichsangaben erbringen.

Eine Konsultation mit einem Sachverständigen der zuständigen kriminaltechnischen Einrichtung oder mit einem Rechtsmediziner ist unbedingt empfehlenswert. Gemeinsam können die Möglichkeiten und die Notwendigkeit von DNS-Untersuchungen im Zusammenhang mit den sonstigen Ermittlungsergebnissen beraten werden.

Literatur

Girod, H., Die kriminalistische Untersuchung verdächtiger Todesfälle, 1990.

Grassberger, M., Schmid, H., Todesermittlung. Befundaufnahme & Spurensicherung. Ein praktischer Leitfaden für Polizei, Juristen und Ärzte, 2009.

Krause, D., Schneider, V., Blaha, R., Leichenschau am Fundort. Ein rechtsmedizinischer Leitfaden, 4. Aufl., 1998.

Leopold, D. (Hrsg.), Identifikation unbekannter Toter. Interdisziplinäre Methodik, forensische Osteologie, 1998.

Mätzler, A., Todesermittlung. Polizeiliche Aufklärungsarbeit. Grundlagen und Fälle, 4. Aufl., 2009.

Scheib, K., Kriminologie des Suizids, 2000.

*Wirth, I. (*Hrsg.), Kriminalistik-Lexikon, 4. Aufl., 2011.

Wirth, I., Schmeling, A., Rechtsmedizin. Grundwissen für die Ermittlungspraxis, 3. Aufl., 2012.

IV. Internetkriminalität

von *Peter Hirsch*

1. Einleitung

Das rasant wachsende Medium Internet bietet vielfältige und faszinierende Chancen. Neben dem Informationsgewinn, dem Angebot bzw. dem Ersteigern von Waren über kommerzielle Plattformen oder dem Einkauf bei Online-Warenhäusern, dem Tätigen von Bankgeschäften, dem Bezug von Musik, Filmen, Software oder Spielen von seriösen Anbietern steht vor allem die Kommunikation im Vordergrund. Durch die Weiterentwicklung der Anwendungen hinsichtlich der interaktiven Nutzung des Internets (Schlagwort „Web2.0" oder das so genannte „Mitmach-Web") wurde die Attraktivität Mitte der 2000er Jahre noch einmal gesteigert. Der Internetnutzer steigt zu dieser Zeit vom passiven Konsumenten angebotener Inhalte zum Gestalter eigener Inhalte auf (User generated content). Anwendungen wie Wiki, Podcasts, soziale Netzwerke (zum Beispiel Facebook, SchülerVZ, icq u. a.), social news oder media-sharing-Plattformen bieten die Möglichkeiten der aktiven Beteiligung, der Selbstdarstellung sowie der Knüpfung von Kontakten. Allerdings wurden nicht alle Bereiche gleichermaßen von den Nutzern angenommen. Der gewünschte Mehrwert durch die Anteilnahme bzw. Einbringung möglichst vieler User trat bislang nicht bei Wikis, Weblogs, Videoportalen oder Fotocommunitys ein. Dagegen wurden die „Social networking sites" von der breiten Masse aufgenommen und werden intensiv genutzt (vgl. Ergebnisse der ARD/ZDF-Onlinestudie 2010[18]).

Mit dem Wandel des Nutzungsverhaltens und dem damit verbundenen vielfältigen Angebot an Services stiegen auch die kommerziellen Interessen der Anbieter. Viele nationale wie internationale Unternehmen haben Interesse daran, im Netz vertreten zu sein und mittelbar oder unmittelbar mit diesem Medium Geld zu verdienen. Vor Allem durch das Anbieten von Waren auf Onlineplattformen oder

18 Vgl. *Busemann/Gscheidle*, Web 2.0: Nutzung steigt – Interesse an aktiver Teilhabe sinkt, in: Ergebnisse der ARD/ZDF-Onlinestudie 2010, http://www.ard-zdf-onlinestudie.de/fileadmin/Online10/07-08-2010_Busemann.pdf (zuletzt aufgerufen 15.10.2011).

das Einbauen von Werbebannern auf Internetseiten, für die der Kunde Provisionen bezahlt, schaffen diese Möglichkeiten. Der Umsatz hat laut einer Studie des Bundesverbandes Digitale Wirtschaft (BVDW) e.V. und des RIAS – Rhein-Ruhr Institut für angewandte Systeminnovation e.V. im Jahr 2010 erstmals die 100-Millionen-Euro-Marke überschritten.[19] Der Umgang mit den Onlinemedien wird aber nicht allein von wirtschaftlichen Interessen beflügelt. Auch verschiedene staatliche Organisationen fördern die Entwicklung hin zur Informationsgesellschaft mit einer weiten Verbreitung und Nutzung des Internets. So sieht zum Beispiel das Bundesministerium für Wirtschaft und Technologie den kompetenten Umgang mit dem Internet als eine Schlüsselqualifikation und als Bestandsgarantie der deutschen Wirtschaft im internationalen Wettbewerb.[20] In der Folge der geschaffenen Möglichkeit, im Netz Geld zu verdienen, sowie der weiten Verbreitung des „neuen" Mediums, blieb auch dieser Raum nicht von Kriminalität verschont. Für diesen illegalen Gebrauch hat sich in Deutschland der Begriff „Internetkriminalität" geformt. Doch was genau ist unter diesem Begriff zu verstehen?

2. Was ist Internetkriminalität?

Zunächst muss festgestellt werden, dass es keine einheitliche Begrifflichkeit gibt. Neben der Formulierung „Internetkriminalität" haben sich viele Bezeichnungen herausgebildet, die versuchen, das Phänomen mehr oder weniger exakt zu benennen. So fallen Begriffe wie Internetstraftaten, Computerkriminalität, Cybercrime, Onlinekriminalität, Computerstraftaten, IuK-Kriminalität, Computer Crime, Kriminalität im Cyberspace, IT-Crime oder Underground Economy. Bei der Wortwahl kommt es entscheidend darauf an, wer sich

19 Vgl. *Bundesverband Digitale Wirtschaft (BVDW) e.V. und RIAS – Rhein-Ruhr Institut für angewandte Systeminnovation e.V.,* Studie „Die digitale Wirtschaft in Zahlen von 2006 bis 2012 – Umsatz und Beschäftigung in der hochdynamischen Internetbranche", http://www.bvdw.org/presseserver/bvdw_digitale_wirtschaft_zahlen_2011/Die_digitale_Wirtschaft_in_Zahlen_von_2008_bis_2012.pdf (zuletzt aufgerufen 15.10.2011).

20 Vgl. *Bundesministerium für Wirtschaft und Technologie*, Beitrag „Digitale Gesellschaft", http://www.bmwi.de/BMWi/Navigation/Technologie-und-Innovation/Digitale-Welt/digitale-gesellschaft.html (zuletzt aufgerufen 15.10.2011).

in welchem Kontext zu den Möglichkeiten der Kriminalität rund um den Computer äußert.

Neben der fehlenden einheitlichen Bezeichnung gibt es auch keine einheitliche Definition des Phänomens. Je nachdem, welche Person bzw. Institution eine Auslegung formuliert, ist die Herangehensweise und begriffliche Festlegung unterschiedlich gewichtet. So definieren etwa *Brodowski/Freiling* Cyberkriminalität allgemein als den „[…] Oberbegriff für alle Verhaltensweisen, die verfassungsrechtlich legitim unter Strafe gestellt sind oder werden könnten, und die entweder als Angriffsobjekt oder als Begehungsmittel informationstechnische Systeme einsetzen. Das Computerstrafrecht thematisiert dabei alle Aspekte des Strafrechts und Strafprozessrechts, welche eine Cyberkriminalität betreffende Strafdrohung anordnen und durchzusetzen versuchen."[21] Ausgehend vom Angriffsziel bzw. Begehungsmittel Informations- und Kommunikationstechnologie setzen sie zur Ahndung der jeweiligen Tatbestände das „Computerstrafrecht", für sie bestehend aus Strafrecht und Strafprozessrecht, mit ein. Festzustellen bleibt an dieser Stelle, dass es „das" Computerstrafrecht nicht gibt. Vielmehr werden unter diesem Begriff bereits bestehende Tatbestände vor allem des Strafgesetzbuches zusammengefasst.

Konkreter äußert sich *Geschonneck*, der zum Themenkreis der Computerkriminalität „[…] im Wesentlichen die Ausführung von Taten in Kenntnis bzw. unter Einsatz von Computer- bzw. Kommunikationstechnologie, die Verletzung von Eigentum an Sachwerten sowie Verfügungsrechten an immateriellen Gütern und die Beeinträchtigung von Computer- bzw. Kommunikationstechnologien."[22] zählt und damit die allgemein gehaltenen Tatbestände um Schadensfolgen ergänzt.

Bei beiden beispielhaft aufgeführten Definitionen werden unterschiedliche Wortbedeutungen für Handlungsweisen gebraucht, bei denen der Computer als „Tatwerkzeug" eingesetzt wird und das Medium Internet als quasi virtueller „Tatort" fungiert. Dem Terminus nach kann es sich bei „Internetkriminalität" um Kriminalität im, mit dem, durch das und auf das Medium Internet handeln.

21 *Brodowski/Freiling*, Cyberkriminalität, Computerstrafrecht und die digitale Schattenwirtschaft, in: Forschungsforum Öffentliche Sicherheit, Schriftenreihe Sicherheit Nr. 4/2011, S. 30.

22 *Geschonneck*, Computer-Forensik, Computerstraftaten erkennen, ermitteln, aufklären, 2010, S. 25.

Generell lassen sich daraus drei Kategorien von strafrechtlich relevanten Tathandlungen herausarbeiten:

1. Straftaten, zu deren Begehung das Internet als „Tatwerkzeug“ genutzt wird und vorhandene Daten genutzt werden. Einige Schlagwörter hierzu sind Phishing, Betrug beim Internethandel wie zum Beispiel betrügerisches Anbieten von Waren und Dienstleistungen, Urheberrechtsverletzungen, Kreditkartenmissbrauch oder Propagandastraftaten, Mobbing respektive Cyberbullying.
2. Straftaten, zu deren Begehung das Internet als „Tatwerkzeug“ genutzt wird und neue Daten generiert bzw. veröffentlicht werden (Veröffentlichung illegaler Inhalte) wie Verbreitung von (Kinder-)Pornographie, Gewaltdarstellungen, Aufstachelung zum Rassenhass oder Verbreitung von terroristischen Ideologien.
3. Angriffe auf das Internet selbst. Hierunter fallen zum Beispiel Angriffe auf elektronische Netze mit Viren, Würmer und Trojanern, „Hacken“ von PC zur Datenänderung, Datenlöschung sowie Datendiebstahl oder um Rechner, Server oder Netzkomponenten arbeitsunfähig zu machen („Denial of Service“) und ggf. eine aus diesen Tathandlungen resultierende Erpressung.

Eine auf den ersten Blick einfachere Möglichkeit, sich dem Phänomen Internetkriminalität zu nähern, ist die Definition verschiedener Tathandlungen über den Täter. Hier kommen vor allem zwei Gruppen in Betracht:

1. Die Personen, welche Daten ins Netz stellen, und damit kriminelle Handlungen begehen. Hierunter fallen zum Beispiel das Verbreiten von kinderpornographischen Inhalten, das Bereitstellen von Plattformen für den Austausch urheberrechtlich geschützter Dateien, die Verbreitung verbotener Schriften (z. B. Texte, Musik), Angriffe auf Datennetze oder Hardware mit dem Ziel, diese zu sabotieren, für eigene Handlungen zu nutzen oder Informationen zu erlangen sowie Betrug bei Tausch- respektive Verkaufsbörsen.
2. Die Personen, die Daten aus dem Netz ziehen und dadurch kriminelle Handlungen begehen. Darunter ist beispielsweise der Bezug bzw. das Verschaffen von kinderpornographischen oder anderer verbotener Schriften, das Laden von Musik oder Filmen von nicht zugelassenen Tauschbörsen oder der Warenkreditbetrug zu verstehen.

Bei dieser Variante scheint die Unterscheidung in Quell- bzw. Zieltatmittel Computer einfacher gelagert. Schwierig bleibt aber auch hier die Zuordnung einzelner Tatbestände bzw. einzelner Tathandlungen. Denn auch hier verwischen sich die Konturen einer eindeutigen Kategorisierung. So zum Beispiel wenn sich der Täter zunächst aus dem Internet Daten verschafft, um diese dann anschließend im Netz gleich wieder einzusetzen wie beispielsweise beim Identitätsdiebstahl oder beim Kreditkartenbetrug.

3. Computerkriminalität im engeren und weiteren Sinn

Eine weitere Möglichkeit der Einordnung bietet die Unterscheidung in Computerkriminalität im engeren und im weiteren Sinn. Bei Computerkriminalität im engeren Sinn handelt es sich um Delikte, bei denen in den Tatbestandsmerkmalen der jeweiligen Norm (Straftat oder auch Ordnungswidrigkeit) Elemente der elektronischen Datenverarbeitung (PC, Datenverarbeitungs- bzw. Kommunikationsprozesse und/oder gespeicherten Daten) genannt sind.[23]

Darunter fallen insbesondere:

- Vorbereitung der Fälschung von Geld und Wertzeichen (§149 StGB),
- Ausspähen und Abfangen von Daten (§§ 202a und 202b StGB) sowie die Vorbereitungshandlungen hierzu (§ 202c StGB),
- Computerbetrug (§ 263a StGB),
- Erschleichen von Leistungen (§ 265a StGB),
- Fälschung beweiserheblicher Daten (§ 269 StGB),
- Täuschung im Rechtsverkehr bei Datenverarbeitung (§270 StGB),
- Mittelbare Falschbeurkundung (§ 271 StGB),
- Urkundenunterdrückung (§ 274 StGB),
- Datenveränderung (§ 303a StGB),
- Computersabotage (§ 303b StGB),
- Störung öffentlicher Betriebe (§ 316b StGB).

Die Bestimmungen wurden durch verschiedene Strafrechtsänderungsgesetze in das StGB aufgenommen, verändert bzw. präzisiert. Damit reagierte der Gesetzgeber einerseits auf den dynamischen Fortschritt der EDV-Technik aber auch auf Rahmenvorgaben der

23 Vgl. BKBl. Nr. 38/2002.

EU. Beispielsweise wurde der Tatbestand des Computerbetrugs (§ 263a StGB) am 18.12.2003 aufgrund des 35. Strafrechtsänderungsgesetzes zur Umsetzung des Rahmenbeschlusses des Rates der Europäischen Union vom 28.5.2001 zur Bekämpfung von Betrug und Fälschung im Zusammenhang mit unbaren Zahlungsmitteln (35. StrÄndG) paraphiert.[24] Am 11.8.2007 tritt mit dem 41. Strafrechtsänderungsgesetz zur Bekämpfung der Computerkriminalität der Tatbestand der Computerspionage (§§ 202a ff. StGB) in Kraft. Damit wurde das Übereinkommen des Europarats über Computerkriminalität aus dem Jahr 2001 (Cybercrime Convention)[25] sowie der Rahmenbeschluss des Rates der Europäischen Union über Angriffe auf Informationssysteme[26] aus dem Jahre 2005 umgesetzt.[27]

Neben den Bestimmungen im Strafgesetzbuch gibt es noch weitere Gesetze, die sich dem Begriff der Computerkriminalität im engeren Sinn zuordnen lassen. Seit der Nutzung des Internets durch breite Bevölkerungsschichten und insbesondere durch Jugendliche[28] rückte das Gesetz über Urheberrecht und verwandte Schutzrechte (UrhG) stärker in den Fokus straf- und zivilrechtlicher Ermittlungen. Vor allem die Rechteinhaber gehen verstärkt gegen Personen vor, welche die technischen Möglichkeiten, Musikstücke, Filme, Hörbücher, Bilder oder auch Software aus dem Netz zu laden, auf Datenspeicher zu kopieren, um sie anschließend weiter zu veräußern oder wieder über Tauschbörsen zu verbreiten, nutzen.

Insbesondere folgende Tatbestände kommen im Zusammenhang mit der Internetkriminalität zum Tragen:
- Schutz technischer Maßnahmen (§ 95a UrhG),
- unerlaubte Verwertung urheberrechtlich geschützter Werke (§ 106 UrhG),

24 S. BGBl Nr. 65/2003, I S. 2838.

25 Vgl. Council of Europe, „Convention on Cybercrime“, vom 23.11.2001, http://conventions.coe.int/treaty/en/treaties/html/185.htm (zuletzt aufgerufen 15.10.2011) bzw. siehe auch Europarat, „Übereinkommen über Computerkriminalität“ vom 23.11.2001, bereinigte Übersetzung, http://conventions.coe.int/treaty/ger/treaties/html/185.htm (zuletzt aufgerufen 15.10.2011).

26 Vgl. Amtsblatt der Europäischen Union Abl. L 69 vom 16.3.2005, S. 67-71.

27 S. BGBl Nr. 38/2007, I S. 1786.

28 Vgl. *Medienpädagogischer Forschungsverbund Südwest – mpfs*, JIM-Studie 2010, Jugend, Information, (Multi-)Media. Basisstudie zum Medienumgang 12- bis 19-Jähriger in Deutschland, http://www.mpfs.de/fileadmin/JIM-pdf10/JIM2010.pdf (zuletzt aufgerufen 15.10.2011).

- unerlaubte Eingriffe in verwandte Schutzrechte (§ 108 UrhG),
- gewerbsmäßige unerlaubte Verwertung (§ 108a UrhG),
- unerlaubte Eingriffe in technische Schutzmaßnahmen und zur Rechtswahrnehmung erforderliche Informationen (§ 108b UrhG).

Allerdings bestehen im Gesetz einige Ausnahmen, die es zu beachten gilt. Demnach ist das Kopieren von geschützten Werken grundsätzlich verboten (§ 95a UrhG). Dennoch sind einzelne Vervielfältigungen eines Werkes durch eine natürliche Person zum privaten Gebrauch auf beliebigen (Daten-) Trägern zulässig, wenn sie weder mittel- noch unmittelbar Erwerbszwecken dienen und zur Vervielfältigung keine offensichtlich rechtswidrig hergestellte Vorlage verwendet wird. Dabei dürfen die Vervielfältigungsstücke weder verbreitet noch zu öffentlichen Wiedergaben benutzt werden. Darunter fallen im Regelfall Bild- und Tonvervielfältigungen im Sinne der so genannten Privatkopie.[29] Allerdings gilt diese Ausnahme nicht für Datenbankwerke, deren Elemente mit Hilfe elektronischer Mittel einzeln zugänglich sind und auch nicht für Software.[30]

Ebenso von Relevanz, allerdings nicht in dem Maße wie bei beiden oben genannten Komplexen, können beispielsweise sein das
- Bundesdatenschutzgesetz (BDSG) mit den §§ 1, 3, 43 BDSG,
- Telekommunikationsgesetz (TKG) mit den §§ 148, 149 TKG,
- Gesetz gegen den unlauteren Wettbewerb (UWG) mit den §§ 17, 18 UWG,
- Gesetz über den Schutz von Marken und sonstigen Kennzeichen (Markengesetz – MarkenG) mit dem § 143 MarkenG.

Unter Computerkriminalität im weiteren Sinn zählen Straftaten, die durch eine physische Handlung am PC, also unter Einbezug von Informations- und Kommunikationstechnik, in den Phasen der Planung, Vorbereitung oder Ausführung einer Straftat erfolgt. In der Regel handelt es sich um Straftatbestände, die auch ohne die Unterstützung der EDV begangen werden können. Als Beispiel seien genannt Warenkreditbetrug, Raubkopien oder Versenden von Kinderpornographie, das Schreiben und Versenden von Beleidigungen oder Verleumdungen, das Offerieren von Waren oder Dienstleistungen, die es nicht gibt oder Propagandastraftaten aus extremistischen Kreisen.

29 Vgl. § 53 Absatz 1, Satz 1 UrhG.
30 Vgl. § 69 Absatz 5 UrhG.

Zur Computerkriminalität im weiteren Sinne werden insbesondere gerechnet:
- Volksverhetzung (§ 130 StGB),
- Anleitungen zu Straftaten (§ 130a StGB),
- Gewaltdarstellung (§ 131 StGB),
- Verbreitung pornographischer Schriften (§ 184 StGB),
- Verbreitung gewalt- oder tierpornographischer Schriften (§ 184a StGB),
- Verbreitung, Erwerb und Besitz kinderpornographischer Schriften (§ 184b StGB),
- Verbreitung, Erwerb und Besitz jugendpornographischer Schriften (§ 184c StGB),
- Beleidigung (§ 185 StGB),
- Verletzung des höchstpersönlichen Lebensbereichs durch Bildaufnahmen (§ 201a StGB),
- Betrug (§ 263 StGB),
- Unerlaubte Veranstaltung eines Glückspiels (§ 284 StGB) und die Beteiligung daran (§ 285 StGB).

4. Convention on Cybercrime

Eine Festlegung ohne Straftatbestände trifft die von Deutschland ratifizierte und am 1.7.2009 in Kraft getretene „Cybercrime Convention" des Europarates (siehe Fußnote 25). Stattdessen werden Kategorien gebildet, die es erlauben, Tatbestände zuzuordnen. Dies liegt einerseits in der Natur der Konvention, mit der der Europarat die Unterzeichnerstaaten dazu verpflichtet, ihre Tatbestände zu überprüfen und die notwendigen Gesetze jeweils noch zu schaffen. Andererseits können diese Kategorien auch als Raster dienen, bestehende Straftatbestände den einzelnen, in der Konvention vorgegebenen Tatbeständen zuzuordnen und somit das Vorliegen von Straftaten der „Cybercrime" feststellen zu können. Dabei kann es vorkommen, dass ein Tatbestandsmerkmal auch auf mehrere Kategorien zutrifft. Dies trägt auch der Dynamik der Internetkriminalität Rechnung, bei der eindeutige Klassifizierungen der Tathandlung nicht immer trennscharf möglich sind.

In der „Convention on Cybercrime" sowie dem Zusatzprotokoll vom 28.1.2003 zum Übereinkommen über Computerkriminalität betreffend die Kriminalisierung mittels Computersystemen began-

gener Handlungen rassistischer und fremdenfeindlicher Art[31] sind folgende Kategorien aufgeführt:
- Straftaten gegen die Vertraulichkeit, Unversehrtheit und Verfügbarkeit von Computerdaten und -systemen,
- Computerbezogene Straftaten,
- Inhaltsbezogene Straftaten,
- Straftaten in Zusammenhang mit Verletzungen des Urheberrechts und verwandter Schutzrechte,
- Rassistische und fremdenfeindliche Handlungen.

5. Computerkriminalität in der PKS

In der Polizeilichen Kriminalstatistik (PKS) werden seit 2009 die relevanten Tatbestände über die Rubrik „Tatmittel" mit dem Schlagwort „Internet" erfasst. Dabei stellt der bundeseinheitliche vierstellige Schlüssel (einzelne Länder können die jeweiligen Delikte breiter mit zwei zusätzlichen Ziffern erfassen) sicher, dass alle Straftaten, die der Polizei im so genannten Hellfeld bekannt werden, registriert und einer Auswertung zugeführt werden.

In der PKS werden die Delikte der Computerkriminalität wie folgt dargestellt bzw. verschlüsselt erfasst:
- Schlüsselzahl 516300: Betrug mittels rechtswidrig erlangter Debitkarten mit PIN § 263a StGB
- Schlüsselzahl 517500: Computerbetrug § 263a StGB (soweit nicht unter den Schlüssel 5163 bzw. 5179 zu erfassen)
- Schlüsselzahl 517900: Betrug mit Zugangsberechtigungen zu Kommunikationsdiensten §§ 263, 263a StGB
- Schlüsselzahl 543000: Fälschung beweiserheblicher Daten, Täuschung im Rechtsverkehr bei Datenverarbeitung §§ 269, 270 StGB

31 Vgl. *Council of Europe*, Additional protocol to the convention on cybercrime, concerning the criminalization of acts of a racist and xenophobic nature committed through computer systems, vom 28.1.2003, http://conventions.coe.int/Treaty/Commun/QueVoulezVous.asp?NT=189&CM=1&CL=GER (zuletzt aufgerufen 15.10.2011) bzw. siehe auch *Europarat*, Zusatzprotokoll vom 28.1.2003 zum Übereinkommen über Computerkriminalität betreffend die Kriminalisierung mittels Computersystemen begangener Handlungen rassistischer und fremdenfeindlicher Art, bereinigte Übersetzung, http://conventions.coe.int/Treaty/GER/Treaties/Html/189.htm (zuletzt aufgerufen 15.10.2011).

- Schlüsselzahl 674200: Datenveränderung, Computersabotage §§ 303a, 303b StGB
- Schlüsselzahl 678000: Ausspähen, Abfangen von Daten einschl. Vorbereitungshandlungen gemäß §§ 202a, 202b, 202c StGB
- Schlüsselzahl 715100: Softwarepiraterie (private Anwendung z. B. Computerspiele)
- Schlüsselzahl 715200: Softwarepiraterie in Form gewerbsmäßigen Handelns

6. Definition der Internetkriminalität

Eine Definition bzw. Festlegung des Begriffes „Internetkriminalität" gestaltet sich äußerst schwierig. Diese Schwierigkeiten liegen darin, dass der Begriff kriminologisch nicht hinlänglich bestimmt ist. Dadurch ist der Begriff auslegungsfähig – und diese Fähigkeit wird je nach inhaltlicher Anforderung intensiv genutzt. Mit einhergehend demonstrieren die Ergebnisse dieser Auslegungsfähigkeit aber auch das große Feld, welches beschrieben werden muss. Das mag an der Fülle der bestehenden Strafrechtsnormen sowie dem schnell schreitenden technischen Fortschritt auf den Gebieten der Computertechnik, der digitalen Medien sowie der Übermittlungswege zwischen beiden liegen. Damit trotzdem eine möglichst große Schnittmenge beschrieben werden kann, werden „der Internetkriminalität" Phänomene der bestehenden Strafrechtsnormen zugeordnet und ein Repertoire an Begriffen benutzt, welche als Schlagworte die jeweiligen Phänomene in Überschriften zusammenfassen. Dies wird versucht, hier aufzuzeigen.

Dem weiten Feld der Möglichkeiten, die sich Straftätern bei der Begehung ihrer Taten im, mit dem, durch das und auf das Medium Internet gerichtete Handlungen – gleich ob mit einem PC oder einem mobilen Endgerät begangen – bieten soll, auch in diesem Beitrag Rechnung getragen werden. So werden losgelöst von einer dogmatischen Begriffsbestimmung nicht Straftatbestände genannt und Beispiele daran geknüpft, sondern Phänomene der Internetkriminalität vorgestellt und diesen dann die jeweiligen Straftatbestände zugeordnet. Allerdings liegt in dieser Vorgehensweise auch der Fluch, der analog die Sachbearbeiter des polizeilichen Einzeldienstes, der Beamten im Kommissariat 2 der Kriminaldienststellen sowie der zuständigen Staatsanwaltschaften vorwiegend trifft: Ist ein Phänomen bekannt, ist der Straftäter mindestens schon wieder einen Schritt voraus, um seine Methode zu verfeinern. So hat auch die Aktualität seine Grenzen und es wird sicherlich vorkommen, dass bei der Lektüre der ein oder andere Leser abwinkt und den „alten Hut“ gar nicht lesen möchte.

7. Phänomene

Wie oben erläutert, wird in der Beschreibung der Phänomene der Internetkriminalität versucht, zeitlich aktuelle Kriminalitätserscheinungen darzustellen. Dabei wird es bei verschiedenen Delikten Nuancen der Abweichung bei der Durchführung geben. Diese werden dann thematisiert, wenn sich neue Straftatbestände daraus ergeben.

Die Darstellung der möglichen Gesetzesnormen wurde bewusst straff gehalten. Eine Subsumtion aller möglich erscheinenden Straftatbestände würde nicht nur den Rahmen des Kapitels sprengen, sondern auch einen strafrechtlichen Schwerpunkt bilden, den andere Publikationen bereits abhandeln. Tiefere Einblicke gewähren u. a. die Fachbücher von *Gercke/Brunst,* Praxishandbuch Internetstrafrecht, sowie *Marberth-Kubicki,* Computer und Internetstrafrecht.

7.1 Phishing

7.1.1 Beschreibung

Für den Begriff des „phishing“ gibt es unterschiedliche Interpretationen. So erläutert beispielsweise das Bundesamt für Sicherheit in der Informationstechnik (BSI) den Begriff als ein aus dem Englischen stammendes Kunstwort: *password* und *fishing*, was übersetzt „Passwortangeln“ heißt[32]. Für andere Autoren (zum Beispiel *Fox*[33]) geht der Begriff auf das „*fishing* – Fischen“ von Kriminellen nach Passwörtern und Kreditkarteninformationen bei Internet-Nutzern

32 Vgl. *Bundesamt für Sicherheit in der Informationstechnik (BSI),* Phishing – Gefährliche Umleitung für Ihre Passwörter, https://www.bsi-fuer-buerger.de/BSIFB/DE/GefahrenImNetz/Phishing/phishing_node.html (zuletzt aufgerufen 15.10.2011).

33 *Fox*, Phising, in: Datenschutz und Datensicherheit – Recht und Sicherheit in der Informationsverarbeitung und Kommunikation, Ausgabe 6/2005, S. 365.

zurück. Anstatt des ersten Buchstabens ‚f' wurde in Anlehnung an die Manipulation von Telefonverbindungen in den 1970er bis 1990er Jahren, dem so genannten *phreaking*, das ‚ph' gewählt. Dem allen widerspricht die Anti-Phishing Working Group (APWG; www.antiphishing.org), einer Vereinigung, die es sich zur Aufgabe gemacht hat, Betrug, Kriminalität und Identitätsdiebstahl zu bekämpfen, die u. a. durch Phishing verursacht wurden. Deren Darstellung zufolge handelt es sich beim Begriff tatsächlich um das Wort *fishing*, welches wie in Hackerkreisen üblich, in der Schreibweise mit „ph" anstatt mit „f" geschrieben wird[34]. Erstmalig soll der Begriff im Januar 1996 im Hackermagazin „2600" benutzt worden sein.

Als das eigentliche Phishing wird der Versand von E-Mails verstanden, die den Empfänger dazu verleiten sollen, sensible Daten seiner Bankverbindung oder seiner Handelsplattform preiszugeben. Dies geschah zu Beginn der Phishing-Attacken mit gefälschten Mails, die den Eindruck erweckten, von offiziellen Stellen – meist Banken – versandt worden zu sein. Im Inhalt wurde der Adressat im Zuge einer angeblichen Datenüberprüfung bzw. einer Datenbereinigung aufgefordert, seine Personalien, die Bankdaten, wie Kontonummer und Bankleitzahl, sowie seine persönliche Identifizierungsnummer (PIN) und eine bestimmte Anzahl von Transaktionsnummern (TAN) zur Abwicklung des Online-Bankings einzutragen und an den Absender zurückzusenden. Mit diesen Daten wurden dann von Täterseite aus Geldgeschäfte zum Nachteil des Bankkunden getätigt.

Im Zuge der Verfeinerung der Technik wurde der Empfänger in der zugesandten Mail aufgefordert, einem Link zu folgen. Auf der dann geöffneten gefälschten Internetseite, welche dem offiziellen Design einer Bank entsprechend gestaltet war, sollte er in vorgesehenen Formularfeldern die geforderten Daten eingeben. Auch hier war es Zielrichtung der Täter, mit den erlangten Daten Geldabhebungen bzw. -umbuchungen vorzunehmen. Um die Vorgehensweise möglichst effizient gestalten zu können, werden tausendfach so genannte Spammails versandt. Die Hoffnung der Täter ruht einmal darauf, möglichst viele Opfer zu erreichen, die tatsächlich Kunde bei der Bank sind, deren Corporate Design sie gefälscht haben. Und zum Anderen ist es notwendig, dass möglichst viele dieser „Treffer" der Mail Glauben schenken und tatsächlich die gewünschten Eingaben

34 Vgl. *Anti-Phishing Working Group (APWG)*, Origins of the Word „Phishing", http://www.antiphishing.org/word_phish.html (zuletzt aufgerufen 15.10.2011).

tätigen. Die erlangten PIN und TAN sind letztendlich die Grundlage für die Bereicherung.

Mittlerweile wird eine weitere Variante angewandt: Dem Betroffenen wird nach seiner Anmeldung im Onlinebanking-Account seiner Bank eine Information eingeblendet, die einer offiziellen Bankmitteilung täuschend ähnlich sieht. Darin wird ihm mitgeteilt, dass ihm versehentlich ein bestimmter Betrag gutgeschrieben wurde. Gleichzeitig wird er aufgefordert, den Betrag wieder zurück zu überweisen, damit sein Konto freigeschaltet werden könne. Die Schadsoftware manipuliert in der Zwischenzeit die Auflistung der Umsatzanzeige, indem der vermeintlich gutgeschriebene Betrag in der Saldoübersicht tatsächlich angezeigt wird. Dieser Betrag ist auf dem Konto de facto aber nie eingegangen. Wird der Aufforderung Folge geleistet, den Betrag rück zu überweisen, öffnet die Malware eine vorausgefüllte Maske der Onlineüberweisung. Alle Sicherungsmaßnamen, beispielsweise TAN-Generator oder SMS-TAN, welche die Banken für das Onlinebanking eingeführt haben, bleiben wirkungslos, da der Betroffene die Transaktion selbst ausfüllt. Ein „Abfischen" von PIN oder TAN erfolgt nicht. Der vom leichtgläubigen Bankkunden angewiesene Betrag wird dem angegebenen Täterkonto gutgeschrieben. Für die Mühen des Kunden entschuldigt sich die „Bank" förmlich.

Aufgrund der erkannten Sicherheitsmängel schaffen die deutschen Banken nach und nach das papierhafte iTAN-Verfahren ab und ersetzen es durch andere Verfahren. Neben dem länger praktizierten HBCI-Verfahren (Homebanking Computer Interface) mit allen seinen technischen Weiterentwicklungen durch die Einführung eines so genannten TAN-Generators oder durch „Mobile Tan" (mTAN) bzw. „SMS-TAN". Beim TAN-Generator (Produktnamen bei den Banken beispielsweise „chip TAN comfort, sm@rt TAN plus bzw. sm@rt TAN optic) wird die Transaktionsnummer in einem externen Generator erzeugt. Nach Einschub der Bankkarte werden am Display die Art der Überweisung (Inland oder Ausland), die Kontonummer und Bankleitzahl des Empfängerkontos sowie der Betrag angezeigt. Erst nach jeweiliger Bestätigung durch den Kunden wird die TAN generiert und mit Lichtsignalen (dem Flickercode) vom Bildschirm auf den Generator übertragen. Die so erzeugte Transaktionsnummer ist temporär gültig. Beim SMS-TAN-Verfahren erfolgt ein ähnlicher Ablauf wie beim TAN-Generator mit einer Kurzmeldung auf das registrierte Handy. Beide Methoden gelten als relativ sicher vor Phishingangriffen.

Auf den verbesserten Sicherheitsstandard reagierte auch die Täterseite. Deshalb sind die beschriebenen Tatmöglichkeiten ein Musterbeispiel für die Flexibilität der Internetstraftäter: Wurden zunächst E-Mails versandt, schwenkten die Täter nach entsprechenden Warnungen von Banken, Verbraucherschützern und Polizei auf gefälschte Internetseiten um. Nachdem technische Vorkehrungen durch die Banken getroffen wurden, entwickelten sie eine weitere Variante des Phishing, indem die relevanten Daten über Telefon abgefragt werden. Der Anrufer gibt sich beispielsweise als Bankmitarbeiter aus, der im dienstlichen Auftrag die Daten des Bankkunden zu Zwecken des Datenschutzes, der Revision oder aus sonstigen Sicherheitsgründen am Telefon überprüft. Durch teils geschicktes und teils massives Nachfragen werden Kontodaten des Angerufenen abgefragt und im Anschluss für Geldabhebungen, Überweisungen oder Onlineeinkäufe genutzt.

Dass auch andere Daten Ziel von Phishing-Attacken sind, zeigt die Pressemitteilung des Amtsgerichts Duisburg vom 11.7.2011:[35]

Beispiel: Das Jugendschöffengericht in Duisburg verurteilte am 16.6. 2011 zwei Hacker zu je eineinhalb Jahren Haft, die bei den 18 und 23 Jahre alten Männern zur Bewährung ausgesetzt wurden – beim Jüngeren allerdings unter Auflagen. Sie hatten unter anderem bei Lady Gaga, Justin Timberlake und Kesha per Phishing-Attacke über tausend noch nicht veröffentliche Songs heruntergeladen und mit dem teilweisen Verkauf der Lieder ca. 15000 Euro verdient. Die Urteile sind rechtskräftig

.

7.1.2 Strafrechtsnormen

Auf den ersten Blick könnte für Phishing der Straftatbestand der Vorbereitung eines Computerbetruges (§ 263a Absatz 3 StGB) gegeben sein. Diese Strafrechtsnorm scheitert jedoch sehr vereinfacht dargestellt daran, dass weder das Versenden der Phishing-Mail noch das Fälschen der Homepage einer Bank auf ein Computerprogramm zugreift, wie es das Tatbestandsmerkmal des § 263a StGB fordert.

Die §§ 202a und 202b StGB (Ausspähen bzw. Abfangen von Daten) kommen ebenfalls nicht in Frage, da der Täter die Daten nicht „ausspäht", sondern sie ihm vom Geschädigten übermittelt werden. Dabei spielt es keine Rolle, dass er vor der Übermittlung darüber ge-

35 Quelle: NRW-Justiz, AG Duisburg, http://www.justiz.nrw.de/JM/Presse/presse_weitere/PresseOLGs/11_07_2011/index.php (zuletzt aufgerufen 2.9. 2011).

täuscht wurde, die Daten würden von einer autorisierten Stelle abgefragt. Auch „abgefangen“ werden die Daten vom Täter nicht, da die Datenübermittlung, also die Übersendung beispielsweise von PIN und TAN, Teil der Kommunikation zwischen Täter und seinem Opfer ist.

Im Gegensatz dazu sind beide Strafvorschriften relevant, wenn die für den Täter zur Begehung weiterer Straftaten erforderlichen Informationen mit einem im Hintergrund ablaufenden Schadprogramm erlangt wurden. Ohne dass der Geschädigte selbst aktiv die Eingabe an der Tastatur getätigt hat, werden PIN, TAN und Kontodaten beispielsweise durch Schadprogramme oder unter Ausnutzung von Sicherheitslücken mit eingeschmuggelten fehlerhaften Programmcodes erlangt (Cross Site Scripting). Ebenfalls zu prüfen ist in diesem Fall der Computerbetrug hinsichtlich des Tatbestandes einer strafbaren Vorbereitungshandlung. Sowohl das Ausspähen als auch das Abfangen von Daten wird nur auf Antrag verfolgt, es sei denn, dass die Strafverfolgungsbehörde wegen des besonderen öffentlichen Interesses an der Strafverfolgung ein Einschreiten von Amts wegen für geboten hält (§ 205 StGB).

Der „bloße“ Betrug nach § 263 StGB ist hingegen nicht erfüllt, da mit der Preisgabe der Zugangsdaten zu Online-Bankdiensten durch den Geschädigten noch keine Verfügung vorgenommen wurde, die sich unmittelbar vermögensmindernd bei ihm auswirkt.

Eine Strafbarkeit nach den §§ 303a und 303b StGB (Datenveränderung bzw. Computersabotage) scheidet für den Täter aus, da er Daten weder löscht, unterdrückt, unbrauchbar macht oder verändert.

Sowohl mit dem Versand der Phishing-Mail als auch mit dem Einrichten einer gefälschten Internetseite ist jedoch der Tatbestand des § 269 StGB (Fälschung beweiserheblicher Daten) erfüllt. In beiden Fällen können die Daten Gegenstand eines rechtlichen Verfahrens werden und sind deshalb beweiserheblich im Sinne der Strafvorschrift. Mit dem Öffnen der Mail durch den Geschädigten nimmt er eine rechtlich relevante und zum Beweis im Rechtsverkehr bestimmte Gedankenerklärung wahr. Diese stellt sich in der Form dar, dass der Absender beim Empfänger den Eindruck erweckt, er müsse den Geschäftsbedingungen der im Absender explizit genannten (Haus-) Bank nachkommen. Der Tatbestand der Speicherung ist ebenfalls erfüllt, da die Mail auf dem Mailserver des Dienstanbieters und/oder im Speicher des Empfängers abgelegt wird.

Die Darstellung der Anwendbarkeit des § 269 StGB auf das Versenden der Phishing-Mail lässt sich auch auf die gefälschte Internetseite der Bank anwenden. Auch hier wird beim Geschädigten der Eindruck erweckt, die Abfrage der Daten erfolgt durch eine hierzu legitimierte Stelle (Bankhaus) und beruht auf vertraglich vereinbarte Regelungen, zum Beispiel der Geschäftsbedingungen.

Weiter kommt eine Strafbarkeit der Täterschaft nach §§ 106 ff. UrhG und nach §§ 143 und 143a MarkenG zum Tragen, wenn bei der Erstellung der Phishing-Mail sowie der gefälschten Website Firmenlogos oder Geschäftsbezeichnungen verwendet wurden, die urheberrechtlich geschützt respektive markenrechtlich eingetragen sind.

Ebenso in Betracht kommt ein Verstoß gegen § 44 Absatz 1 i. V. m. § 43 Absatz 2 Nr. 1 BDSG, wenn der Täter tatsächlich die von ihm geforderten Daten für das Internetbanking (beispielsweise Kontoverbindung, PIN und TAN) bekommt. Diese Daten fallen unter den Schutzbegriff des BDSG (§ 3 Absatz 1), da es sich um persönliche Daten handelt. Da dem Geschädigten nicht erläutert wird, wozu die Daten tatsächlich gefordert werden, liegt eine wirksame Einwilligung zur Erhebung der Daten nicht vor.[36] Kritisch zu sehen ist die Vorschrift des § 44 Absatz 1 i. V. m. § 43 Absatz 2 Nr. 4 BDSG (Erschleichen der Übermittlung personenbezogener Daten durch unrichtige Angaben). Diese Variante setzt nach § 3 Absatz 4 Nr. 3 BDSG beim „Übermitteln" voraus, dass die Daten zuvor gespeichert oder erhoben werden müssen. Beides ist bei TAN, PIN oder anderer Kontodaten in der Regel nicht gegeben.

Weitere Delikte sind dann zu prüfen, wenn der Täter die von ihm erlangten Daten tatsächlich zur Durchführung beispielsweise einer Onlineüberweisung zum Einsatz bringt. Zunächst kommt das Ausspähen von Daten nach § 202a StGB in Betracht, da er sich Zugang zu den Grunddaten des Kontos des Geschädigten verschafft. Dabei umgeht er die in der Rechtsvorschrift geforderte besondere Sicherung durch PIN und TAN. Ohne Relevanz dabei ist, dass er sie zuvor vom Geschädigten erhalten hat. Objektiv sind PIN und TAN geeignet, unbefugten Zugriff auf das Konto zu verhindern. Dass hier der Geschädigte im guten Glauben mitgewirkt hat und dem Täter die verschiedenen Nummern verschafft hat, ist unerheblich zur Ver-

36 Vgl. §§ 4 Absatz 1, 4a Absatz 1 BDSG.

wirklichung des Tatbestandes. Das Delikt des Ausspähens von Daten wird nach § 205 StGB auf Antrag verfolgt.

Gelingt es dem Täter mit den abgefischten Daten Geld abzubuchen, liegt der Tatbestand des Computerbetrugs nach § 263a Absatz 1, 3. Variante StGB vor. Ähnlich wie ein Personalausweis dienen die Identifikationsnummern zum Nachweis der legitimen Kontonutzung. Der unbefangene Beobachter kann davon ausgehen, dass derjenige, der PIN und TAN anwendet, auch der rechtmäßige Kontoinhaber ist, der dazu berechtigt ist, Verfügungen vorzunehmen. Über das täuscht der Täter und verwendet Daten unbefugt. Es ist anzunehmen, dass der mutmaßliche Wille des Geschädigten über die Verwendung seiner Identifikationsnummern und damit der Kontoverfügung durch den Täter entgegensteht. Infolge ergibt sich mit der Verwendung auch die Beeinflussung eines automatisierten Datenverarbeitungsvorgangs, der sich auch vermögensmindernd auswirkt.

§ 269 StGB würde auf den ersten Blick nicht zutreffen, da der Täter durch den Einsatz der PIN bzw. TAN zwar einen Datensatz generiert, den die Bank als Überweisungsauftrag auch akzeptiert, da für die Bank ein Verfügungsberechtigter handelt. Allerdings ist bei dieser Vorschrift der Tatbestand der Täuschung im Rechtsverkehr notwendig. Dies ist beim Onlinebanking nicht der Fall, da es sich um einen automatisierten Vorgang handelt. Aus diesem Grund muss auf das Konstrukt aus § 270 StGB zurückgegriffen werden, wonach die „fälschliche Beeinflussung einer Datenverarbeitung im Rechtsverkehr" der Täuschung im Rechtsverkehr gleich steht. Somit ist eine Strafbarkeit der Fälschung beweiserheblicher Daten gegeben.

Das oben Erläuterte gilt auch für das Phishing von Zugangsdaten für den Account von Handelsplattformen. Nur wird hier mit dem Einsatz der erlangten Daten keine unmittelbare Barverfügung vorgenommen, sondern der Anschein erweckt, ein seriöser Händler bietet seine Artikel an. Werden diese von einem Interessenten gekauft oder ersteigert, werden diese bzw. können diese nicht geliefert werden. Der Schaden trifft für den Käufer dann ein, wenn er per Vorauskasse die Waren bezahlt.

7.1.3 Zivilrecht

Aufgrund der Regelungen des Schadenersatzes infolge einer missbräuchlichen Verwendung von PIN und TAN durch den Täter nach einer fahrlässigen Weitergabe durch den Kontoinhaber ist zu ermitteln, bei wem der Vermögensschaden eingetreten ist. Dies kann sowohl beim Kunden als auch bei der Bank geschehen sein. Vgl. hierzu §§ 675u Abs. 2, 675 v Abs. 1, 2, 675l BGB.

7.1.4 Strafbarkeit des Finanzagenten

Nachdem der Täter sich das Geld nicht auf das eigene Konto transferieren lassen kann, ohne Ziel polizeilicher Ermittlungen zu werden, bedient er sich eines Mittelsmannes, des Finanzagenten. Dieser wird meist über (SPAM-)Mails oder „Stellenanzeigen" in Annoncenblättern für einen „lukrativen Nebenverdienst" als Finanzkurier oder Finanzagent geworben. Die so gewonnene Person stellt dem Phisher sein Konto zur Verfügung. Dieser überweist die mittels TAN und PIN erlangten Geldmittel auf dieses Konto. Der Finanzagent behält einen vereinbarten Prozentsatz des Geldes für seine Tätigkeit und weist den Rest zur Barauszahlung einem Geldtransferservice wie zum Beispiel „Western Union" an. In deren Filialen kann das Geld unter Vorlage bzw. Nennung der übermittelten Transaktionsnummer abgehoben werden.

Der Finanzagent muss sich in der Folge allerdings Ermittlungen nach § 261 Abs. 1 Nr. 4, Abs. 5 StGB (leichtfertige Geldwäsche) und § 54 Abs. 1 Nr. 2 KWG (Kreditwesengesetz; Verbotene Geschäfte, Handeln ohne Erlaubnis) sowie ggf. nach §§ 263a, 27 StGB (Beihilfe zum Computerbetrug) gefallen lassen. Während die Entscheidung, den Finanzagenten wegen Beihilfe zum Computerbetrug[37] zu verurteilen, strittig ist[38], sind Verfahren nach § 261 StGB und § 54 KWG gängige Strafrechtpraxis[39]. Zudem können gegen ihn zivilrechtliche Schadenersatzansprüche geprüft werden[40].

37 Siehe näheres zum Urteil des AG Hamm vom 5.9.2005 unter www.jurpc.de/rechtspr/20060091.pdf (zuletzt aufgerufen 15.10.2011).

38 Vgl. Aufsatz von Gruhl, Nicht nur Geheimagenten leben gefährlich – sondern auch ‚Finanzagenten', unter www.jurpc.de/aufsatz/20070020.htm (zuletzt aufgerufen 15.10.2011).

39 Vgl. AG Überlingen, Az.: 1 Cs 60 Js 26466/05 AK 183/06, vom 1.6.2006; AG Neunkirchen, Az. 11 Ds 33 Js 1148/06, 27/07 vom 13.3.2007; AG Darmstadt, Az. 212 Ls 360 Js 33848/05 vom 11.1.2005.

40 Vgl. LG Hamburg, Urteil vom 18.5.2006, Az.: 334 O 10/06.

7.1.5 Möglichkeiten der Beweissicherung

Anhand der E-Mail, mit deren Hilfe der Täter dem Geschädigten die Kontodaten entlockt bzw. ihn auf die gefälschte Website „seiner“ Bank gelockt hat, bestehen grundsätzlich einige Möglichkeiten, Personalien zu ermitteln, die ggf. zum Täter führen. Allerdings ist bei den Ermittlungen Eile geboten, da Provider, die ihrer Tätigkeit im Geltungsbereich des Telekommunikationsgesetzes nachgehen, Verbindungsdaten aus datenschutzrechtlichen Gründen sowohl im Umfang als auch in der Dauer nur eingeschränkt beim Kunden erheben und speichern. Kein Ergebnis wird erzielt werden, wenn ein Zugangsanbieter mit seinem Kunden eine Flatrate vereinbart hat. In diesem Fall ist er zur Löschung der Daten nach Beendigung der Internetverbindung gezwungen bzw. speichert er sie aus ökonomischen Gründen gar nicht.

Fast ebenso wenig aussichtsreich ist die Datenermittlung, wenn Zugang ins Netz über einen Anbieter im Ausland erfolgt. Bis der Provider einem förmlichen Rechtshilfeersuchen nachkommt, können die Speicherfristen bereits verstrichen und die Logdateien gelöscht sein – wenn er überhaupt reagiert.

Ermittlungsansatz über die E-Mail-Adresse
Hier ist zunächst notwendig, anhand der Endungen (.de, .eu, .at, .st, .com, .net) zu unterscheiden, ob es sich um einen deutschen oder einen internationalen Anbieter handelt. Bei einer Adresse mit der Endung „.de“ kann der Anbieter mit Hilfe der zentralen Registrierung für Domains unterhalb der Top-Level-Domain „.de“ DENIC (Deutsches Network Information Center) ermittelt werden. Nach dem Aufruf der Homepage der DENIC (www.denic.de) wird in das vorgesehene Datenfeld der Teil der Adresse der Phishing-Mail eingetragen, der zwischen dem Schriftzeichen „at“ (@) und .de steht, beispielsweise „web“. Sollte die zugehörige Domain registriert sein, erscheint ein entsprechender Hinweis zusammen mit den Nutzungsbedingungen für die entsprechende Auskunft. Werden diese mit dem Button „Akzeptieren“ anerkannt, wird zunächst eine Zeichenfolge (Captcha) generiert, die als Sicherheitsabfrage in das angegebene Feld einzutragen ist. Nach der Eingabe dieser Zeichenfolge werden u. a. die Anschrift und ein aktueller Ansprechpartner des Domaininhabers angezeigt. An diesen kann nun eine schriftliche Anfrage mit der Bitte nach den aktuellen Daten zur vorliegenden E-Mail-Adresse gestellt werden. Ein richterlicher Beschluss ist für das Er-

suchen nicht notwendig, da es sich um Bestandsdaten handelt, die nach § 113 TKG angefordert werden können.

Definition

Bestandsdaten (§ 3 Nr. 3 TKG): Bestandsdaten sind Daten eines Teilnehmers, die für die Begründung, inhaltliche Ausgestaltung, Änderung oder Beendigung eines Vertragsverhältnisses über Telekommunikationsdienste erhoben werden. Unterschieden wird in Diensteanbieter Telekommunikation (§ 3 Nr. 6 TKG) und in Diensteanbieter Telemedien (§ 2 Nr. 1, 2 TMG; hier wird auch eine eigene Definition der Bestandsdaten unter § 14 Abs. 1 TMG geboten, die sich inhaltlich nicht eklatant von der des TKG unterscheidet). Konkret können über §§ 112, 113 TKG bzw. § 14 Abs. 2 TMG angefragt werden: Name, Anschrift, Geburtsdatum des Anschlussinhabers bei natürlichen Personen, Rufnummer, Anschlusskennung, Formulare die bei bzw. zum Vertragsabschluss vorgelegt wurden (Ausweiskopien), Kontodaten, IMEI-Nummer eines Mobiltelefons, sofern dieser Person bei Vertragsabschluss ein Gerät überlassen wurde.

Verkehrsdaten (§ 3 Nr. 30 TKG): Verkehrsdaten sind Daten, die bei der Erbringung eines Telekommunikationsdienstes erhoben, verarbeitet oder genutzt werden. Die Rechtsgrundlage für den Anbieter zur Erhebung und Verwendung der Daten ergibt sich aus § 96 Abs. 1 TKG, für die Speicherung der Daten sowie die Speicherfristen aus § 97 Abs. 1, 3 TKG. Für das Auskunftsersuchen an den Anbieter zur Herausgabe dieser Daten ist ein richterlicher Beschluss nach § 100g StPO notwendig.

Handelt es sich um einen internationalen Anbieter (zum Beispiel mit den Endungen .eu, .at, .st, .com, .net) muss zunächst dieser ebenfalls ermittelt werden. Dies geschieht zum Beispiel über die Serviceseite der Fa. Hexillion (www.centralops.net/co/DomainDossier.aspx). In das vorgesehene Dialogfeld wird die vorhandene Adresse des Anbieters komplett eingetragen und das Feld „domain whois record" angeklickt und mit dem Befehl „GO" abgeschickt. Im Anschluss erscheinen ebenfalls die Anschrift sowie ein aktueller Ansprechpartner des Domaininhabers. Erscheint im Ergebnis eine übergeordnete Seite, ist das Prozedere mit dieser Adresse nochmals zu wiederholen. In beiden Fällen kann die zuständige Staatsanwaltschaft mit einem Rechtshilfeersuchen die entsprechenden Ermittlungen beim Anbieter einleiten. Allerdings ist zu beachten, dass nicht bei allen Anbietern – in- und ausländische – eine Plausibilitätsprüfung der angegebenen Personalien durchführt. So kann der Treffer auch einen Phantasienamen oder eine „gephishte" Identität ergeben und der eigentliche Täter kann entweder gar nicht oder nur unter hohem Aufwand auf anderem Wege ermittelt werden.

Ermittlungsansatz über die E-Mail
Ein weiterer Ermittlungsansatz besteht im Auslesen der Rahmendaten der Mail (dem so genannten Header[41]) der Phishing-Mail. Hier kann entweder der Anbieter direkt ausgelesen oder die IP-Adresse des Rechners festgestellt werden, von dem aus die E-Mail versandt wurde. Die IP-Adresse besteht aus vier Zifferblöcken, die jeweils durch Punkte getrennt sind (zum Beispiel [194.20.136.55]) und im Regelfall in eckiger Klammer stehen. Über die Website des Réseaux IP Européens Network Coordination Centre (RIPE NCC)[42], der Organisation, die für die Vergabe u. a. von IP-Adressebereichen in Europa, den Mittleren Osten und Zentralasien zuständig ist, sowie verschiedene andere Websites[43] kann nach dem Provider dieser IP-Adresse recherchiert werden. Da es sich zumindest bei statischen IP-Adressen um so genannte Bestandsdaten handelt, kann ein Auskunftsersuchen gem. § 113 TKG formlos an den Anbieter gestellt werden. Mit diesem Ersuchen können auch weitere Informationen eingeholt werden (siehe oben). Dynamisch vergebene IP-Adressen fallen unter die Rubrik Verkehrsdaten. Zur Erlangung dieser Daten ist im Regelfall ein richterlicher Beschluss nach § 100g StPO erforderlich. Allerdings wurde im Sommer 2012 das bisherige IPv4-Internetprotokoll durch das neue Protokoll IPv6 abgelöst. Das neue Protokoll hat einen unerschöpflichen Adressraum und es können unbeschränkt Internetadressen vergeben werden. Jedes Endgerät kann eine eigene IP-Adresse erhalten. Für Ermittler wird der Vorteil darin liegen, dass mit Etablierung von IPv6 jedes Endgerät eine eindeutige Adresse erhält und damit eine Zuordnung möglich ist. Dynamische Adressen sind dann nicht mehr notwendig, um die bisher knappen Ressourcen zu schonen.

41 Zum Auslesen des Header gibt es je nach benutztem Programm verschiedene Möglichkeiten. Beim Programm „Outlook/Outlook Express" wird die betreffende Mail markiert und danach die rechte Taste der PC-Maus gedrückt. Hier wird das Feature „Nachrichtenoptionen" gewählt und damit der Header geöffnet. Bei Mails vom Anbieter „gmx.de" wird die Mail geöffnet und in der Leseansicht auf den entsprechende Funktionsbutton (ähnlich einem Briefumschlag) in der Kopfleiste geklickt. Bei Mails des Anbieters „web.de" wird die Mail ebenfalls geöffnet und auf die Option „erweiterter Header" geklickt.

42 https://apps.db.ripe.net/dbweb/search/query.html?form_type=simple&full_query_ string=&searchtext=& do_search=Search (zuletzt aufgerufen 15.10. 2011).

43 Beispielsweise www.heise.de; www.ipchekking.com; www.ip-adress.org; www.dnsstuff.com.

Ebenso kann mit der Mailadresse der gefälschten Seite der Bank verfahren werden. Die Adresse wird aus der Adresszeile kopiert und in das entsprechende Fenster der Rechercheseite eingetragen. Fraglich ist, ob neben den gefälschten Daten der Internetseite nicht auch diese Daten verschleiert sind, so dass an dieser Stelle ggf. die Ermittlungen nicht weitergeführt werden können. Einen Versuch ist es aber allemal wert.

7.1.6 Präventionsmöglichkeiten

In erster Linie gilt, E-Mails von unbekannten oder zweifelhaften Absendern nicht zu öffnen. Noch nicht überall durchgedrungen ist, dass weder Banken noch bei einer etwaigen Anzeigeerstattung die Polizei PIN, TAN und Kontodaten benötigt bzw. abfragt. Auch wenn die Mail und in Folge die gefälschte Internetseite einen offiziellen Charakter haben, sollte sich vor Preisgabe solch brisanter persönlichen Daten beim vermeintlich Anfordernden rückversichert werden, ob die Daten dort tatsächlich benötigt werden. Große Skepsis ist bei der Abfrage höchstpersönlicher Daten, hierzu zählen auch Anschrift, Telefonnummer, Geburtsdatum und Erreichbarkeiten, per Telefon oder Computer immer angebracht. Sind vom Täter Kreditkartennummer oder Girokartendaten erlangt worden, muss die jeweilige Karte sofort gesperrt werden. Dies verhindert nicht nur Abbuchungen, sondern hat auch haftungsrechtliche Gründe.

Darüber hinaus sind in technischer Hinsicht eine Firewall und ein aktuelles Virenschutzprogramm notwendig. Auch sollten regelmäßig die Sicherheits-Patches für das Betriebssystem heruntergeladen und installiert werden. In regelmäßigen Abständen müssen die Daten auf dem PC mit dem entsprechenden Programm nach Schadprogrammen gescannt werden. Auch ein Spamfilter sollte installiert sein, um unliebsame Massenmails von vornherein vom Rechner fernzuhalten.

7.2 Identitätsdiebstahl

7.2.1 Beschreibung

Uneinigkeit herrscht bei der Verwendung des Begriffes des „Identitätsdiebstahls“. Während es einerseits neben dem Phishing eigenständig zur Erlangung der Personalien von Mitgliedern von Onlinehandelsplattformen sowie deren Zugangsdaten gesehen wird,[44] kann andererseits „Identitätsdiebstahl" als eigentlicher Einsatz der Daten nach dem Phishing definiert werden.[45] *Borges et al.* hingegen unterscheiden „Identitätsdiebstahl" als Vorgang zur Erlangung der Daten sowie den „Identitätsmissbrauch" als Einsatz der illegal erlangten Daten.[46] Während der Begriff „Identitätsdiebstahl" als Oberbegriff für unterschiedliche Begehungsformen steht, erfährt der Terminus „Identitätsmissbrauch" die eindeutige Zuordnung zum unbefugten Einsatz der erlangten Daten.

Grundsätzlich werden die Daten bei einer natürlichen Person ausgespäht und vom Täter entweder selbst benutzt oder weitergegeben. Dabei ist es Ziel des Täters, einen finanziellen Vorteil zu erlangen oder den Ruf des rechtmäßigen Datenbesitzers zu schädigen. Die erlangten personenbezogenen Daten können Kunden- bzw. Anmeldedaten zum Beispiel bei sozialen Netzwerken oder Handelsplattformen sein, also Name, Geburtsdatum, Anschrift, Familienstand, Bank- oder/und Kreditkartennummern oder Zugangsdaten zu Onlinediensten oder auch der *nickname* in Foren. Mit diesen Angaben täuscht der Täter über seine wahre Identität und „schlüpft" in die Person des Geschädigten.

Unter dessen Namen kann er nun unter Verschleierung seiner eigenen Identität andere Personen verunglimpfen, beleidigen oder belästigen. Diese Angriffe auf die persönliche Integrität kann jede Person treffen, gleichgültig welcher Gesellschaftsschicht sie angehört: Schüler, ehemalige Partner einer Beziehung, Lehrer, Vorgesetzte, Geschäftsleute, Polizeibeamte usw. Ebenso kann der Täter die Daten einsetzen um selbst beispielsweise bei einer Handelsplattform ein Konto zu eröffnen und über dieses Konto Waren einkaufen. Diese kann er an eine Packstation liefern lassen, die er ggf. mit der falschen Identität angemietet hat. Alternativ kann er die Ware auch an einen so genannten Warenagenten liefern lassen, der das Gut entgegennimmt, umverpackt und weiter versendet. Eine weitere Varian-

44 Vgl. die Broschüre der Initiative D 21 e. V. in Kooperation mit dem Bayer. Staatsministerium der Justiz und Verbraucherschutz, Gut zu wissen! Sicher surfen – sicher handeln, S. 10.

45 Vgl. *Gercke*, Die Strafbarkeit von „Phishing" und Identitätsdiebstahl – Eine Analyse der Reichweite des geltenden Strafrechts, in: Computer & Recht, 21. Jahrgang, Nr. 8/2005, S. 606-612.

46 *Borges et al.*, Identitätsdiebstahl und Identitätsmissbrauch im Internet – Rechtliche und technische Aspekte, 2011, S. 4 ff.

te ist das Anbieten von Waren die es gar nicht gibt bzw. er nicht in seinem Besitz hat. So werden begehrte Produkte der Unterhaltungselektronik angeboten. Der gutgläubige Kunde ersteigert bzw. kauft die angebotene Ware. Im Zuge der vereinbarten Vorauszahlung überweist dann der „Käufer" den geforderten/vereinbarten Geldbetrag. Die Ware wird im Gegenzug aber nicht geliefert. Die Geschädigten, deren Daten missbräuchlich verwendet wurden, merken erst spät, dass ihr Ruf respektive ihre Finanzen auf diese Art und Weise attackiert wurden.

Als Möglichkeiten der Datenbeschaffung bieten sich das Hacken eines Computers, Spoofing bzw. Pharming oder das oben beschriebene Phishing. Aber auch ungeschützte WLAN-Netze schaffen die Voraussetzungen für Straftäter, sich Log-in-Daten zu verschaffen.

7.2.2 Strafrechtsnormen

Einen eigenständigen Tatbestand „Identitätsmissbrauch" gibt es nicht. Vielmehr muss auf die vorhandenen Tatbestände des Strafrechts und seinen Nebengesetzen zurückgegriffen werden. Das Verschaffen einer falschen Identität ist im Regelfall nicht strafbewehrt. Allerdings unterliegt der elektronische Umgang mit personenbezogenen Daten dem BDSG. In diesem ist umfassend geregelt, wie sowohl öffentliche als auch nichtöffentliche Stellen (§ 1 Abs. 2 BDSG) mit personenbezogenen Daten zu verfahren haben (§§ 3 Abs. 3, Abs. 4, 4 Abs. 1, 44 i. V. m. § 43 Abs. 2 BDSG). Aus § 4 des BDSG ergibt sich ein Verbot der Datenerhebung und -verarbeitung, wenn keine gesetzlichen Datenverarbeitungsbefugnisse oder aber die Einwilligung des Betroffenen vorliegen, sog. Erlaubnisvorbehalt.

Werden die Daten jedoch mit fingierten Mails, gefälschten Internetseiten oder mit Hilfe von Schadprogrammen erlangt, greifen grundsätzlich dieselben Strafvorschriften wie unter Punkt 7.1.2 beschrieben. Darüber hinaus greift für etwaige Vorbereitungshandlungen zudem § 202c StGB. Ebenfalls zu prüfen ist die Strafvorschrift der Datenveränderung nach § 303a StGB. Ebenso kommen aber für die Erlangung der Daten auch Delikte in Betracht, die unter „Eigentumskriminalität" (beispielsweise §§ 242, 246, 253, 263 u. a. StGB) einzuordnen sind.

Kommen die Daten zum Einsatz, ist die Zielrichtung des Täters entscheidend. Liegt der finanzielle Aspekt im Vordergrund, kommt eine Strafbarkeit nach § 269 StGB (Fälschung beweiserheblicher Daten) in Betracht, wenn sich der Täter mit falschen Personalien bei einer Handelsplattform anmeldet. § 263 StGB (Betrug) ist zu prüfen, wenn tatsächlich über das eingerichtete Konto beim Onlinehändler Waren bestellt werden bzw. Waren angeboten und verkauft wurden, die der Täter faktisch gar nicht in seinem Eigentum hatte. Ebenso können in den unterschiedlichsten Konstellationen ein Computerbetrug (§ 263a StGB), eine Urkundenfälschung (§ 267 StGB) und ggf. eine Täuschung im Rechtsverkehr bei Datenverarbeitung nach § 270 StGB in Betracht kommen.

Beim Einsatz der Daten zu immateriellen Zwecken, vor allem unter zwischenmenschlichen Gesichtspunkten, dominieren die Beleidigungsdelikte der §§ 185 bis 200 aus dem 14. Abschnitt des besonderen Teils des StGB. Hier reicht die Palette von der Beleidigung über üble Nachrede bis zur Verleumdung. Ergänzend kann noch § 238 Abs. 1, Nr. 3, 5 StGB (Nachstellung) zum Tragen kommen.

7.2.3 Zivilrecht

Neben der strafrechtlichen Verfolgung kann auch zivilrechtlich gegen den Täter vorgegangen werden. Ebenso wie bei strafrechtlichen Ermittlungen sind bei der Prüfung der Haftung für entstandene Schäden sowie Möglichkeiten der Unterlassung jeder Fall eigenständig zu betrachten. Herangezogen können hierzu insbesondere die § 823 Abs. 1 BGB (Schadenersatzpflicht – allgemeine Haftungsgrundlagen), § 823 Abs. 2 BGB (Schadenersatzpflicht – Verletzung von Schutzgesetzen; unter Schutzgesetz fällt beispielsweise das BDSG) sowie § 1004 BGB (Beseitigungs- und Unterlassungsanspruch; soweit nicht speziellere gesetzliche Ansprüche greifen). In Anspruch zu nehmen ist regelmäßig der so genannte Störer. Dies kann neben dem Täter auch eine andere Person sein. So kann der Betreiber eines sozialen Netzwerkes zur Löschung eines gefälschten Profils verpflichtet werden.

7.2.4 Möglichkeiten der Beweissicherung

Sollten für die Datenerlangung E-Mails versandt oder gefälschte Internetseiten eingerichtet worden sein und der Geschädigte gab aufgrund der Täuschung durch den Mail- bzw. Seiteninhalt seine Daten preis, kommen die Ermittlungsansätze analog des Phishings[47] in

47 S. Punkt 7.1.5.

Betracht. Darüber hinaus besteht ggf. die Möglichkeit, Daten beim Anbieter der Handelsplattform oder auch beim Kunden zu sichern und daraus Ermittlungsansätze zu gewinnen.

Um feststellen zu können, ob über ein Schadprogramm auf den PC zugegriffen wurde, sind forensische Untersuchungen am PC notwendig. Dies geschieht mit Analysetools wie zum Beispiel „EnCase" „Forensic Tool Kit (FTK)" oder „X-Ways-Forensic". In jedem Fall wird die Festplatte des Rechners physikalisch untersucht. Dabei ist höchste Sorge dafür zu tragen, dass kein Bit verändert wird. Um dies auszuschließen wird zwischen auszuwertender Festplatte und dem Auswerte-PC ein so genannter Write-Blocker geschaltet. Dieser Write-Blocker verhindert alle Schreibvorgänge auf die inkriminierte Festplatte. Danach wird ein Image der Platte hergestellt. Im Anschluss gibt es verschiedene Möglichkeiten, die je nach Provenienz des Forensikers am Image angewandt werden. Beispielsweise kann zunächst ein Virenscanner die Festplatte analysieren. Mit Hilfe des Forensic-Tools können im Anschluss alle gefundenen ausführenden Dateien (.exe, .bat, .com oder .doc mit eingebetteten Makros) nach dem Zeitstempel geordnet werden. Nachdem festgelegt wurde, wann sich das Virus installiert hat, können die aufgefundenen Dateien in diesem Zeitraum daraufhin untersucht werden, welchen Vorgang sie nach dem unbeabsichtigten Download im Rechner bzw. im Netz auslösen.

Alternativ hierzu können mit Hilfe des Analyse-Tools alle ausführenden Dateien separiert und dann die den entsprechenden Zeitraum betreffenden ebenfalls auf ihre Wirkung auf dem Rechner untersucht werden. Wichtig bei dieser Untersuchung ist ebenfalls die lückenlose Dokumentation dessen, was der forensische Sachverständige am Rechner wann gemacht hat, der Urzustand des Rechners vor der Untersuchung sowie die Arbeitsumgebung. Im Regelfall wird vom Forensiker auf einem Datenträger eine Ordnerstruktur eingerichtet, mit deren Hilfe die einzelnen Arbeits- und Untersuchungsschritte gerichtsverwertbar aufgezeichnet werden. Am Ende der Untersuchung steht im besten Fall fest, auf welchem Wege das Virus auf den betreffenden PC gelangt ist und welche Verzeichnisse und Programme er übernommen hat. Mit Glück kann auch eine IP-Adresse ermittelt werden. Diese wird aber in den meisten Fällen nicht zum eigentlichen Versender des Computervirus führen, sondern ggf. zu einem weiteren Geschädigten: Dem Besitzer, dessen Rechner in einem Botnetz zur Verteilung der Schadsoftware missbraucht wurde. Grundsätzliches zum Thema Computerforensik siehe auch unter Punkt 8.

7.2.5 Präventionsmöglichkeiten

In erster Linie gelten dieselben Ratschläge, die unter Punkt 7.1 „Phishing" bereits erläutert wurden. Zudem sollten in der Systemsteuerung die Einstellungen so vorgenommen werden, dass die Endungen der mitversandten Dateien komplett angezeigt werden. So kann vor dem Öffnen nachgelesen werden, ob es sich eine ausführende Datei handelt. Unerlässlich ist es zudem, für jede Anwendung (E-Mailkonto, Handelsplattform, Internetbanking) ein eigenes Passwort zu vergeben. Dieses Passwort sollte aus Buchstaben mit Groß- und Kleinschreibung, Ziffern sowie Sonderzeichen bestehen und mindestens 8 Stellen aufweisen. Das Passwort darf nicht notiert (ggf. auf einem Klebezettel am Computerbildschirm) werden. Stattdessen kann ein Merksatz verwendet werden. Dies kann zum Beispiel sein: „Ich brauche ein neues Kennwort für das Internetbanking". Daraus ergibt sich das Passwort „!benKfdI".

Besondere Vorsicht ist bei Programmdateien mit den Endungen .exe, .com, .bat oder .vbs im Anhang einer E-Mail geboten. Die Standartkonfiguration sollte so eingestellt sein, dass der Dateityp zu erkennen ist.

7.3 Online-Erpressungen (Ransom-Ware)

7.3.1 Beschreibung

Bei Ransom-Ware bzw. dem so genannten „Ukash- oder BKA-Trojaner" handelt es sich um Schadsoftware, die sich mit der Methode „Drive-by-Download" – also dem unbewussten und unbeabsichtigten Herunterladen der Software – auf dem Rechner ebenfalls unbemerkt installiert und den Autostart des Systems manipuliert. Damit wird erreicht, dass der Trojaner bei jedem Hochfahren des Rechners neu gestartet wird. Zudem erschwert es die Entfernung des Schadprogramms. Der Begriff setzt sich aus dem englischen Wort „*ransom*" für Lösegeld und der Zugehörigkeit zur Kategorie „*Malware*" zusammen.

Zu Beginn der Schadenswelle wurden die betroffenen Rechner vornehmlich auf Seiten mit pornographischen Inhalten infiziert. Um auf den entsprechenden Computer zu gelangen, nutzt der Angreifer

Schwachstellen im System. Hierzu platziert er seine Schadsoftware versteckt in einem Download oder einem Link auf einer Internetseite. Mittlerweile verbreitet sich die Malware auch über soziale Netzwerke, indem die Malware in einen Anhang des Absenders integriert ist. Bei dieser Methode ist die Wahrscheinlichkeit der Infizierung des eigenen Rechners besonders hoch, da die Nachricht samt Anhang von einem Freund aus dem Netzwerk stammt. Eine verwandte Methode ist die Versendung des Trojaners als E-Mail-Anhang.

Während des Surfens auf den betroffenen Seiten oder nach dem Öffnen des Anhangs öffnet sich unvermittelt ein Popup-Fenster. Das Fenster ist mit dem Stern der Bundespolizei versehen. Im dazugehörigen Text wird dem User mitgeteilt, dass der PC mit Straftaten in Zusammenhang mit Kinderpornographie, sodomistischen Handlungen oder Gewalt in Erscheinung getreten sei. Darüber hinaus seien vom betroffenen Computer Mails mit terroristischen Inhalten versandt worden. Aus diesem Grund sei der PC vom Bundeskriminalamt zur weiteren Benutzung gesperrt worden. Um die Seriosität der vorgeblich amtlichen Meldung zu unterstreichen, sind in der Nachricht die IP-Adresse des betreffenden Computers, dessen Betriebssystem sowie der verwendete Browser vermerkt. Damit die Sperre wieder aufgehoben wird, solle der Betroffene innerhalb von 24 Stunden den Betrag von 100 Euro und mehr per Ukash-Voucher[48] übermitteln. Dies solle über die Eingabe des Gutscheincodes in das auf der angezeigten Seite eingerichtete Textfeld geschehen. Sollte der Zahlungsaufforderung keine Folge geleistet werden, wird angedroht, die Festplatte des Rechners zu löschen. Der Täter verschlüsselt mit Hilfe der Software die Dateien – überwiegend Officeanwendungen – auf dem PC und gibt an, diese wieder freizuschalten, wenn die entsprechende Geldleistung erfolgt ist. Zur Untermauerung seiner Forderung kann er zudem ankündigen, in gewissen Zeitabständen Daten zu löschen. In den meisten Fällen wird die Blockade nicht aufgehoben, wenn bezahlt wird. Im Gegenteil: Es werden manchmal auch Nachforderungen erhoben.

48 Ukash ist ein Bezahlsystem, bei dem bei registrierten Verkaufsstellen (Tankstellen, Kioske) Gutscheine erworben werden können. Diese Gutscheine sind mit einem 19-stelligen Code versehen. Der Gutschein kann zum Bezahlen bei verschiedenen Akzeptoren zum Erwerb von Waren oder Dienstleistungen online eingesetzt werden. Zudem kann der Wert des Gutscheins auch ins Ausland transferiert werden.

Der modus operandi, Ransomware zu versenden, ist nicht allein auf Deutschland beschränkt. Ausgehend von Großbritannien verbreitete sich die so genannte „Metropolitan-Police-Ramsomware". Zudem ist die Methode nicht neu. Bereits vor dem BKA-Trojaner verschlüsselte ein Virenprogramm Daten auf fremden Rechnern. Diese wurden vom Virus aber so präpariert, dass sie für den User als beschädigt angezeigt wurden. Gleichzeitig wurde dem Geschädigten angeboten, die freie Version einer Reparatursoftware herunterzuladen (Data Doctor 2010). Nachdem diese Software installiert wurde, werden tatsächlich einige Dateien wieder freigegeben. Der Rest bleibt verschlüsselt bzw. „beschädigt". Diese „Beschädigung" könne angeblich nur die kostenpflichtige Vollversion der Reparatursoftware wieder instand setzen.

7.3.2 Strafrechtsnormen

Einschlägig sind hier der Tatbestände der §§ 303a Abs. 1 (Datenveränderung) sowie 303b StGB (Computersabotage). Im ersten Fall kommt die Variante der Unterdrückung der Daten in Betracht. Der PC des Users wird durch das Schadprogramm gesperrt und ist nicht mehr nutzbar, bis entweder der geforderte Betrag bezahlt wurde (was die unwahrscheinliche Lösung sein wird) oder das Virus entfernt und der Rechner neu gestartet wurde. Dass die Daten auf Dauer unterdrückt werden müssen, fordert der Gesetzgeber nicht. Der Versuch ist nach § 303a Abs. 2 StGB strafbar.

Im zweiten Fall rückt der Tatbestand der Störung der Datenverarbeitung eines anderen in den Fokus der Betrachtung. Zu prüfen ist das Merkmal „für einen anderen von wesentlicher Bedeutung". Hier ist es fragwürdig, ob ein „normaler" PC-User Daten verarbeitet, die so wesentlich für einen anderen sind, dass der Tatbestand verwirklicht werden würde. Im Einzelfall wird es darauf ankommen, welche Daten vom Nutzer benötigt wurden, was er mit diesen anfangen wollte und ob ggf. ein Nachteil aus der zeitlich beschränkten Blockade des PC entstanden ist. Darüber hinaus scheidet der Tatbestand aus, wenn die Daten ohne großen eigenen Aufwand wiederhergestellt werden können. Der Versuch ist hier ebenfalls strafbar (§ 303b Abs. 3 StGB).

Wird bei einer individuellen Tatbeurteilung festgestellt, dass der Täter doch eine Datenverarbeitung von wesentlicher Bedeutung gestört hat, trifft der Qualifikationstatbestand des § 303b Abs. 1 Nr. 1

StGB zu und § 303a Abs. 1 StGB tritt gegenüber dieser Norm zurück.

Wird das Computervirus programmiert, sich oder einem anderen verschafft, verkauft, einem anderen überlassen, verbreitet oder sonst zugänglich gemacht (§ 202c Abs. 1, Nr. 2 StGB), um eine Computersabotage zu begehen, so ist nach § 303b Abs. 5 StGB auch dieser Versuch strafbar. Zudem ist nach § 303c StGB ein Strafantrag notwendig, wenn die Tatbestände aus § 303b Abs. 1 bis 3 StGB verwirklicht sind.

Zu prüfen wird auch der § 253 StGB (Erpressung) sein, da dem Computernutzer mit einem empfindlichen Übel (Löschung der Daten auf dem PC) gedroht wird und er mit dieser Drohung genötigt wird, über ein Gutscheinsystem Geld zu bezahlen. Dadurch entsteht dem Geschädigten in Bezug auf sein Vermögen ein Nachteil, in dessen Folge sich der Täter zu Unrecht bereichert hat.

7.3.3 Zivilrecht

Wie unter Ziffer 7.2.3 beschrieben, kann der Täter für die Computerblockade für entstandene Schäden haftbar gemacht werden. Einschlägig wird hier der § 823 Abs. 1 BGB (Schadenersatzpflicht – allgemeine Haftungsgrundlagen) sein. Ob ggf. Absatz 2 dieser Vorschrift zum Tragen kommt (Schadenersatzpflicht – Verletzung von Schutzgesetzen), unterliegt der Einzelfallentscheidung in der Prüfung, ob die §§ 253, 303a und 303b StGB ein entsprechendes Schutzgesetz darstellen.

7.3.4 Möglichkeiten der Beweissicherung

Da sich die Malware über infizierte Internetseiten, Links oder auch E-Mail-Anhänge verbreiten kann, ergeben sich prinzipiell dieselben Ermittlungsansätze analog des Phänomens des Phishing[49]. Auch eröffnen sich die Möglichkeiten der forensischen Untersuchung des Rechners bzw. der Festplatte. Hier gelten grundsätzlich die Erläuterungen unter Punkt 7.2.4. Ebenfalls wird auf die grundsätzlichen Möglichkeiten der Computerforensic unter Punkt 8 hingewiesen.

49 S. Punkt 7.1.5.

7.3.5 Präventionsmöglichkeiten

Auch hier gilt, dass am PC Antivirensoftware installiert ist und diese regelmäßig aktualisiert wird. Ebenso regelmäßig sollte ein Scan aller Speichermedien durchgeführt werden. Zweckmäßig ist es auch, USB-Stick oder CD/DVDs vor dem Öffnen ebenfalls auf Viren zu prüfen. Das Betriebssystem sollte sich durch regelmäßige Updates auf dem aktuellsten Stand befinden. Zugleich sollte eine Firewall installiert sein. Passwörter sollten für jede Anwendung unterschiedlich sein und regelmäßig gewechselt werden. Eine Speicherung auf dem PC verbietet sich von selbst.

E-Mails von unbekannten Absendern sollten nicht geöffnet werden. Auch beim Surfen im Netz gilt es, genau zu lesen, was in der Adresszeile steht. Links auf Websites sollten nicht wahllos angeklickt werden. Die Daten auf dem PC sollten in regelmäßigen Abstand gesichert werden. Dies kann auf externen Festplatten oder DVDs, bei kleineren Datenmengen auf CD oder USB-Stick geschehen. Auf dem PC sollte ein Administrator eingerichtet sein. Allen anderen, die mit dem PC arbeiten, sollten lediglich Benutzerkonten ohne Administratorenrechte eingerichtet werden. Siehe auch die Grafik „Basisschutz" des BSI unter 7.4.4.

7.4 Botnetz

7.4.1 Beschreibung

Als Botnetz wird ein Netzwerk von Computern bezeichnet, die nach der Installation von Schadprogrammen zusammengeschlossen werden und untereinander kommunizieren. Dies ist mit Hilfe des *Bot*, einem Computerprogramm, möglich, das ohne Interaktion wiederkehrende Aktionen selbständig ausführt, ohne dass der User dies bemerkt bzw. Einfluss darauf hat. Aufgrund dieser Eigenschaft wird das Wort „Bot" auch von „*Roboter*" abgeleitet. Als Aktionen kommen das millionenfache Versenden von Spam-Mails[50] oder „Denial-of-Service-" bzw. „Distributed-Denial-of-Service-Attacken"[51] in Be-

50 Spam-Mails sind Werbemails oder Mails, die massenhaft versandt werden, um persönliche Daten abzufischen; siehe auch unter Nummer 7.1.

51 Als Denial-of-Service wird das gezielte Zusenden von Mails bezeichnet, um Rechner, Server oder Netzkomponenten arbeitsunfähig zu machen, so dass das System abstürzt oder vom Netz genommen werden muss. Distributed-

tracht. Durch den Zusammenschluss von Computern wird die Durchschlagskraft der genannten Aktionen erhöht. Den Befehl zum Ausführen der Aktionen erhält das System vom so genannten Botnetz-Operator oder Bot-Master. Eine weitere Möglichkeit, das Botnetz zu nutzen, ist die Vermietung eines kreierten Netzwerkes an Dritte, die das Netz dann für ihre Zwecke nutzen.

Die Verbreitung der Bots läuft in derselben Weise ab wie beim *Phishing*, das heißt durch das unkritische Anklicken von Links auf Websites oder durch das Öffnen von E-Mail-Anhängen installiert sich im Hintergrund die Schadsoftware auf dem Rechner und kann per Befehl von außen jederzeit gestartet werden.

7.4.2 Strafrechtsnormen

Mit der unbemerkten Installation eines Virenprogrammes auf einem fremden Rechner ist der Tatbestand der Datenveränderung nach § 303a Abs. 1 StGB zu prüfen. Das Programm greift auf Systemdateien, wie zum Beispiel die Registry, zu und verändert diese. Eine Funktionsstörung ist vom Gesetzgeber nicht gefordert. Auch nicht, dass der User die Datenveränderung sofort bemerkt. Werden mit den zusammengeschlossenen Rechnern auf Befehl des „Botnet-Masters" Distributed-Denial-of-Service-Attacken (DDoS) ausgeführt und der angegriffene Rechner, Server oder sonstiges Teil eines Datennetzes wird in seiner Funktion beeinträchtigt („Systemabsturz") oder muss vom Netz genommen werden, ist zusätzlich § 303b Abs. 1 StGB zu prüfen. Im Übrigen gilt dasselbe zum Tatbestandsmerkmal „für einen anderen von wesentlicher Bedeutung", zum Qualifikationstatbestand sowie zum Strafantrag wie unter Punkt 7.3.2 beschrieben.

Ebenfalls zur Qualifizierung führt der Tatbestand, wenn die Varianten des Abs. 4 des § 303b StGB vorliegen, indem der Täter einen Vermögensverlust großen Ausmaßes herbeiführt (Abs. 4 Nr. 1), gewerbsmäßig oder als Mitglied einer Bande handelt, die sich zur fortgesetzten Begehung von Computersabotage verbunden hat (Nr. 2) oder durch die Tat die Versorgung der Bevölkerung mit lebenswichtigen Gütern oder Dienstleistungen oder die Sicherheit der Bundesrepublik Deutschland beeinträchtigt (Nr. 3).

Denial-of-Service-Attacke (DDoS-Attacke) bezeichnet die beschriebene Vorgehensweise unter Einbindung eines oder mehrerer Botnetze.

Erfolgt die Generierung des Virus, der Kauf, das sich oder einem anderen Verschaffen, das Überlassen, die Verbreitung oder das Sonstzugänglich-machen, um damit mehrere Rechner zu infizieren und diese zu einem Botnetz zusammenzustellen, ist dieser Versuch strafbar, § 303b Abs. 5 StGB i. V. m. § 202c Abs. 1, Nr. 2 StGB. Zum Erfordernis eines Strafantrages siehe Punkt 7.3.2.

Wird zum Beispiel einem Internetprovider mit einer DDoS-Attacke gedroht, die durch Zahlung einer Geldleistung abgewehrt werden kann, ist die Erpressung (§ 253 StGB) zu erwägen. Das empfindliche Übel, mit dem gedroht wird, ist die Schaffung der Funktionsuntüchtigkeit des Hosts, von Rechnern oder Netzwerkkomponenten in deren Folge das Unternehmen seinem Geschäftszweck nicht mehr oder nicht mehr vollständig nachkommen kann.

Wird diese Attacke bei ausbleibender Zahlung bzw. auch trotz Zahlung trotzdem durchgeführt, kommt noch § 317 StGB (Störung einer Telekommunikationsanlage) zur Prüfung. Geschützt ist hier der ungestörte Betrieb von öffentlichen Zwecken dienenden Telekommunikationsanlagen, also beispielsweise die zum reibungslosen Betrieb erforderlichen technischen Komponenten von E-Mail- und Access-Providern sowie Domain-Host-Servern. Als strafwürdige Tathandlung ist die Unbrauchbarmachung oder die Veränderung notwendig. Eine dauerhafte Unbrauchbarmachung ist jedoch nicht gefordert. Die Tat ist unter verschiedenen Voraussetzungen sowohl vorsätzlich als auch fahrlässig zu begehen.

7.4.3 Zivilrecht

Die Ausführungen zur zivilrechtlichen Betrachtungsweise gelten grundsätzlich die unter Nummer 7.3.3 beschriebenen Möglichkeiten.

7.4.4 Möglichkeiten der Beweissicherung

Nach der Abklärung, auf welchem Weg das Bot auf den Rechner gelangt ist (beispielsweise über einen E-Mailanhang oder über einen Internetlink) kommen die Ermittlungsansätze analog des Phishing[52] in Betracht. Um feststellen zu können, ob über ein Schadprogramm auf den PC zugegriffen wurde, sind forensische Untersuchungen am PC notwendig. Hier wird auf die Ausführungen unter Punkt 7.2.4 sowie Punkt 8 verwiesen.

52 Siehe Punkt 7.1.5.

7.4.5 Präventionsmöglichkeiten[53]

1. Virenschutzprogramm und Anti-Spyware-Programm installiert und aktualisiert?
2. Personal Firewall installiert und regelmäßig aktualisiert?
3. Sicherheitsupdates für Betriebssystem und Software auf dem neuesten Stand?
4. Unterschiedliche Benutzerkonten eingerichtet?
5. Sorgfältiger Umgang mit Zugangsdaten: Kennwörter, Benutzernamen, Zugangscodes unter Verschluss? Wechsel der Passwörter in regelmäßigen Abständen?
6. Vorsicht bei E-Mail-Anhängen. Im Zweifelsfall beim Absender nachfragen, ob der Anhang tatsächlich von ihm stammt.
7. Downloads von Webseiten. Ist die Quelle vertrauenswürdig?
8. Vorsicht bei Weitergabe persönlicher Informationen.
9. Voice over IP (VoIP), Wireless LAN (WLAN). Verschlüsselung der Kommunikation?
10. Sicherungskopien der wichtigsten Daten auf CD-ROM/DVD oder externen Festplatten?

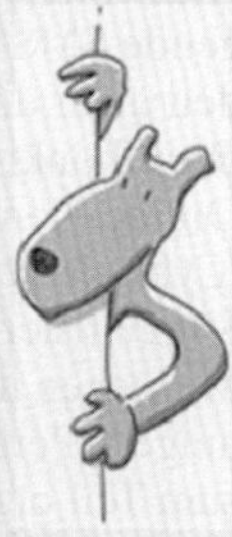

Quelle: Bundesamt für die Sicherheit in der Informationstechnik; www.bsi-fuer-buerger.de

Darüber hinaus kann der heimische PC auf Befall mit Bots überprüft werden und gefundene Programme von der Festplatte gelöscht werden.[54] Zudem kann am PC die Sperre der ausführenden IP-Adresse eingerichtet werden. Diese Sperre ist aber ab dem Zeitpunkt obsolet, an dem der Angreifer eine andere Absender-IP benutzt.

7.5 Cybermobbing

7.5.1 Beschreibung

Cybermobbing ist die Weiterentwicklung des persönlichen (face-to-face) Schülermobbings auf elektronischen Weg. Es ist darunter dasselbe zu verstehen. Es handelt sich auch beim Cybermobbing um das absichtliche Beleidigen, Bloßstellen, Belästigen und Bedrohen von anderen über einen längeren Zeitraum. Lediglich der direkte persönliche Kontakt wird durch moderne, vermeintlich anonyme Kom-

53 Quelle: Bundesamt für die Sicherheit in der Informationstechnik; www.bsi-fuer-buerger.de.

54 Beispielsweise mit dem „DE-Cleaner", siehe unter www.botfrei.de/decleaner.html (zuletzt aufgerufen 15.10.2011).

munikationsmittel ersetzt, wie das Internet (beispielsweise Schmähungen auf sozialen Netzwerken, Hochladen kompromittierender Kurzfilme bei Videoportalen) oder Mobiltelefon (hier etwa beleidigende SMS oder Anrufe). Parallel zum Terminus Cybermobbing finden auch die Begriffe Cyberbullying oder E-Mobbing Verwendung. *Beck* konkretisiert das Phänomen in seinem Beitrag im Handbuch Online-Kommunikation: „Zu beobachten sind auch Formen von ‚Cyber-Mobbing' und ‚Cyberbullying', also die üble Nachrede und Stigmatisierung, ja Beleidigungen und Bedrohungen von ‚realen' Menschen im virtuellen Raum durch verbale oder grafische Darstellungen. Personen werden dann online über längere Zeiträume und zum Teil ohne deren Wissen öffentlich verächtlich gemacht und aus Gruppen (Schule, Arbeitsplatz, Vereine) heraus gedrängt, ohne sich dagegen wehren zu können."[55]

Im Gegensatz zum Mobbing in der von *Beck* beschriebenen „realen Welt", wo Kinder und Jugendliche im Regelfall dann Ruhe vor dem Angreifer haben, wenn sie zuhause sind, kann Cybermobbing aufgrund des Mediums zu jeder Zeit auf das Opfer einwirken. Die Refugiumsfunktion der Wohnung oder des Familienhauses wird ausgehebelt und deren Schutzfunktion geht verloren. Während sich beim direkten Mobbing das Ausmaß meist auf eine erkennbare Gruppe (zum Beispiel den Freundeskreis, die Klasse oder die Wohngegend) beschränkt, ist diese Eingrenzung mit der Nutzung der elektronischen Kommunikationsmittel aufgehoben. Beleidigungen, Bedrohungen oder Belästigungen, die mittels Internet kommuniziert werden, verbreiten sich sehr schnell und nahezu unkontrollierbar im Netz. Sobald der Täter die Daten versandt hat, verliert er die Kontrolle über sie. Er hat es nicht mehr leitend in der Hand, wer diese Daten liest und wer diese Daten auf welchem Weg und vor allem wann weiterverbreitet. Sie können auch wieder öffentlich werden, wenn sie bereits einige Zeit nicht mehr vom Opfer wahrgenommen worden sind. Ein weiterer Punkt ist das anonyme Handeln des Täters. Durch die Verschleierung seiner Identität ist der Verursacher für das Opfer nicht greifbar. Dies stärkt einerseits den Täter, der sich vor jedweder Verfolgung und damit auch Verantwortungsübernahme geschützt sieht und trägt andererseits zur weiteren Verunsicherung des Opfers bei, da es in Unkenntnis über die Person des Täters

55 *Beck*, Ethik der Online-Kommunikation, in: Schweiger/Beck (Hrsg.), Handbuch Online-Kommunikation, 2010, S. 145.

nicht beginnen kann, das Geschehen persönlich bzw. auch strafrechtlich aufzuarbeiten. Zudem sinkt für den Täter die Hemmschwelle, andere online anzugreifen.

Das Ausmaß von Cybermobbing in Deutschland beschreibt beispielhaft der medienpädagogische Forschungsverband Südwest in der „JIM-Studie 2010"[56].

7.5.2 Strafrechtsnormen

Wie bei der Tathandlung des *Identitätsdiebstahles* zu immateriellen Zwecken überwiegen auch im Fall von Cybermobbing die Beleidigungsdelikte (§§ 185, 186, 187 StGB). Daneben können beispielsweise die Verletzung der Vertraulichkeit des Wortes (§ 201 StGB), Verletzung des höchstpersönlichen Lebensbereiches durch Bildaufnahmen (§ 201a StGB), Verletzung des Briefgeheimnisses (§ 202 StGB), Nachstellung – Stalking – (§ 238 StGB), Nötigung (§ 240 StGB), Bedrohung (§ 241 StGB), Erpressung (§ 253 StGB) sowie das Recht am eignen Bild (§ 22 f. KunstUrhG), das Recht am Gebrauch des eigenen Namens (§ 12 BGB) oder Kreditgefährdung (§ 824 BGB) u. Ä. in Betracht kommen. Die Tatsache, dass Handlungen des Cybermobbings nicht nur einen Teil der Bestimmungen des Strafgesetzbuches erfassen, sondern auch Tatbestände anderer Gesetze mit tangieren, zeigt die vielfältigen Möglichkeiten auf, die sich einem Mobbingtäter bieten.

Als Nebenfolge der Tat können Gegenstände, die zum Zeitpunkt der Tat dem Täter gehörten und zur Tatausführung benutzt wurden, eingezogen werden. Das heißt, dass der Täter im Falle von Cybermobbing das Eigentum an PC, Notebook, Smartphone oder Handy auf Dauer verliert (§ 74 Abs. 1 StGB).

7.5.3 Möglichkeiten der Beweissicherung

Zunächst ist zu unterscheiden, mit welchem Tatmittel Cybermobbing gegen eine Person betrieben wurde. Kam ein PC zum Einsatz können grundsätzlich alle Ermittlungsansätze angewandt werden, die unter Punkt 7.1.5 beschrieben worden sind. Wurde dagegen ein Handy oder Smartphone als Tatmittel eingesetzt, kann zwar versucht

56 Siehe unter http://www.mpfs.de/fileadmin/JIM-pdf10/JIM2010.pdf (zuletzt aufgerufen 15.10.2011).

werden, über entsprechende Lesegeräte die SIM-Karte sowie die Speicherkarte auszulesen und die dort gespeicherten Daten zusammenzuführen. Essentieller und weniger aufwändig ist die Anwendung eines Auswertungsprogramms wie beispielsweise XRY, Oxygen Forensic oder Mobile Master Forensic. Für diese Auswertung wird das Handy mit dem Auswerte-PC verbunden. Danach wird mit Hilfe des Programms definiert, was ausgelesen werden soll. Möglich sind Filter zur Auswahl von Textdateien (SMS), Bildformaten bzw. Movies, Musikdateien, Kalendereinträge, Adressbücher oder Zeitbereiche, die mit Hilfe des Zeitstempels eingegrenzt werden können. Bei besonders kapitalen Delikten kann auch der Speicherchip des Mobiltelefons ausgelötet und physikalisch interpretiert werden.

Das Handy ist als Beweismittel im Strafverfahren anzusehen. Die Rechtsgrundlage zur Sicherstellung des Mobiltelefons ergibt sich aus dem §§ 94 Abs. 1 StPO. Sollte das Telefon nicht freiwillig herausgegeben werden, so bedarf es nach §§ 94 Abs. 2, 98 Abs. 1 und 2 StPO der Beschlagnahme. Zur Anordnung der Beschlagnahme ist grundsätzlich der Richter befugt. Bei Gefahr im Verzug sind auch die Staatsanwaltschaft sowie die Ermittlungsbeamten berechtigt, das Telefon zu beschlagnahmen. Aufgrund der vorangegangenen Sicherstellung/Beschlagnahme ist auch eine Auswertung des Beweismittels notwendig und unter unterschiedlichen Voraussetzungen zulässig. Haben Daten, die mobil versandt werden können (beispielsweise Kurznachrichten), den Empfänger noch nicht erreicht, unterliegen diese dem Fernmeldegeheimnis und zur Auswertung ist ein Beschluss nach § 100g StPO erforderlich. Sind die Daten dagegen schon versandt worden, liegt im Regelfall eine Durchsicht von Papieren (§ 110 StPO) vor, die der Staatsanwaltschaft und auf deren Anordnung den Ermittlungsbeamten vorbehalten ist. Die Durchsicht erstreckt sich nach § 110 Abs. 3 StPO auch auf Speichermedien. Stimmt der Betroffene der Durchsicht zu, kann diese die Polizei durchführen. Im Regelfall ist von den Beamten bei der für die Ermittlungen örtlich zuständigen Staatsanwaltschaft die Zustimmung zum Auslesen der Daten einzuholen. Bei einer mündlich erteilten Zustimmung ist das Verfassen eines Aktenvermerks obligatorisch. Ist der Betroffene nicht einverstanden, so haben sie [die Polizeibeamten; Anm. d. Verf.] gem. § 110 Abs. 2 StPO die Papiere, deren Durchsicht sie für geboten erachten, in einem Umschlag, der in Gegenwart des Inhabers mit dem Amtssiegel zu verschließen ist, an die Staatsanwaltschaft abzuliefern.

Kann die Polizei die Durchsicht der Daten vornehmen, ist zu beachten, dass zur Auswertung der auf dem Handy gespeicherten Daten das Telefon eingeschaltet sein muss. Sollte das Handy mit einer zeitlich automatisch aktivierten Tastensperre oder einem Energiesparmodus ausgestattet sein, der ebenfalls nur durch die Eingabe der PIN überwunden werden kann, muss der auswertenden Dienststelle bzw. dem Beamten die PIN bekannt sein.

Mittlerweile bieten viele Hersteller von Mobiltelefonen die Möglichkeit an, die Daten des Handys bei Verlust über einen PC löschen zu können, so dass der Dieb bzw. Finder nichts mit den gespeicherten elektronischen Angaben anfangen kann. Hier ist in geeigneter Weise Vorsorge zu treffen, damit die Daten vor der Auswertung nicht aus der Ferne gelöscht werden können. Als eine geeignete Möglichkeit erscheint das Entnehmen der SIM-Karte.

Der von Cyberbullying Betroffene sollte zur Dokumentation entweder die betreffenden Textpassagen ausdrucken oder mittels Screenshots sichern bzw. fotokopieren. Danach kann er den Anbieter der betreffenden Seite schriftlich auffordern, die entsprechenden Passagen (Bilder und Texte) zu löschen. Zur Vermeidung der Störerhaftung (vgl. § 1004 BGB) wird er in besonders eklatanten Fällen aus eigenem Interesse die entsprechenden Daten entfernen. Ergänzend sollte der Täter auch dem Anbieter gemeldet werden. Dieser kann nach entsprechender Prüfung die Person verwarnen, vorübergehend oder vollständig sperren. Im Anschluss sollte der Angreifer von allen Kontakt- und Freundeslisten gestrichen werden. So ist es dem Täter nicht mehr möglich, an Informationen zu kommen bzw. mit seinem Opfer über ein soziales Netzwerk in Kontakt zu treten. Zudem sollte bei der Polizei Strafanzeige gestellt werden. Bei verschiedenen Delikten ist ein Strafantrag notwendig. Bei Minderjährigen erfolgt die Strafantragstellung durch die Erziehungsberechtigten. Die Strafanzeige stellt sicher, dass vorhandene Daten von den Providern an die Ermittlungsbehörden herausgegeben wird. Der Erstatter der Anzeige erhält über seinen Anwalt Akteneinsicht. Mit den so erlangten Daten kann er auch zivilrechtlich gegen den Mobber vorgehen und auf Unterlassung sowie Schadenersatz klagen.[57]

57 Siehe auch Nummer 7.2.3.

7.5.4 Präventionsmöglichkeiten

Um Mobbing im Allgemeinen und Cybermobbing im Besonderen präventiv begegnen können, müssen im Hinblick auf den gesamtgesellschaftlichen Ansatz von Prävention mehrere Akteure zusammenwirken. Als ein solcher Akteur zählt die Schule. Hier können insbesondere folgende Tipps umgesetzt werden:[58] Wissen schaffen; Verhaltenskodex (Schulordnung) und Kultur des respektvollen Umgangs; Anti-Mobbing-Beauftragter und Streitschlichterkonzept; Hilfe von außen suchen; Integration des Themas in den Unterricht; Weiterbildung für Lehrende zu Konfliktthemen; die positive Nutzung der Neuen Medien fördern. Für Lehrkräfte stehen folgende Hinweise zur Verfügung: Schüler/-innen in ihrem Selbstbewusstsein stärken; Empathie der Schüler/-innen steigern; Klassenklima verbessern; Wertschätzung füreinander lernen; positives Feedback geben; gutes Verhältnis zwischen Lehrenden und Schüler/-innen schaffen. Die letztgenannten Punkte gelten nicht nur für Lehrkräfte, sondern auch für Eltern.

Darüber hinaus ist es für Eltern wichtig, ihre Kinder in der schwierigen Phase während Mobbingattacken zu unterstützen und Beistand zu leisten. Ggf. sollten sie sich von außen Hilfe holen, um ihr Kind zielgerichtet zu unterstützen.

Die folgenden Seiten dienen zur Information für Eltern (Auswahl):
www.mobbingberatung.info
http://www.bundespruefstelle.de/bpjm/Jugendmedienschutz-Medienerziehung/internet-handy,did=113870.html
http://schau-hin.info/medienerziehung/internet/eltern-tipps-zum-umgang-mit-cybermobbing.html

Folgende Internetadressen stehen für Kinder und Jugendliche zur weiteren Information und z. T. auch online-Beratung zur Verfügung (Auswahl):
www.juuuport.de
www.nummergegenkummer.de/cms/website.php
www.saferinternet.at

Diese Seiten bieten neben Informationen auch Materialien für Lehrer zum Einsatz im Unterricht an (Auswahl):
www.klicksafe.de/themen/kommunizieren/cyber-mobbing/index.html
www.teachtoday.de
www.lehrer-online.de

58 Die folgenden Angaben stammen von der Plattform www.Saferinternet.at.

7.6 Filesharing; „Tauschbörsen"

7.6.1 Beschreibung

Der Begriff *filesharing* steht für das Teilen von Dateien, treffender für gemeinsamen Datenzugriff und bezeichnet die direkte Weitergabe von Dateien unter Nutzern des Internets. In einem Peer-to-Peer-Netzwerk werden Dateien, vornehmlich Musikdateien, aber auch Filme, Textdateien oder Computerprogramme, von einem Nutzer in das Netz gestellt (Hochgeladen) und von anderen Nutzern aus dem Netz bezogen (Heruntergeladen). Dabei können die Daten auf einem Server oder einer heimischen Festplatte „liegen", das heißt gespeichert sein. Mit speziellen Programmen, Browsern oder erweiterten Browsern (Add-on) können User auf die Speichermedien zugreifen. Dies geschieht sowohl im legalen als auch im illegalen Bereich.

Im legalen Bereich bieten v. a. noch unbekannte Künstler ihre Musik an, um ihren Bekanntheitsgrad zu erhöhen oder sich Geld für Serverkapazitäten zu sparen. Aber auch bekanntere Musiker geben Titel per filesharing frei, um für eine neue CD zu werben. Ebenfalls legal sind Datenangebote, die in einer freien Lizenz veröffentlicht werden, wenn es sich um so genannte *shareware*, also freier Software, handelt oder im seltenen Fall solche, deren Schutzfristen abgelaufen sind. Werden jedoch urheberrechtlich geschützte Musiktitel angeboten, stellt dies einen Verstoß gegen das Urheberrechtsgesetz (UrhG) dar.

7.6.2 Strafrechtsnormen

Das Bereitstellen von Musikdateien auf Tauschplattformen bzw. das zur Verfügung stellen auf der eigenen Festplatte zum Herunterladen über P2P-Netzwerke stellt einen unerlaubten Eingriff in verwandte Schutzrechte nach §§ 108 Abs. 1 Nr. 4 und 5, 77, 78 Nr. 1, 85, 16, 19a, 109 UrhG i. V. m. § 52 StGB dar. Die Strafbarkeit begründet sich auf die nicht vorhandene Einwilligung der Rechteinhaber (Komponisten, Textdichter, ausübende Künstler, Tonträgerhersteller).

Das Herunterladen von Musikdateien von Tauschbörsen ist zulässig, sofern sie weder unmittelbar noch mittelbar Erwerbszwecken dienen, soweit nicht zur Vervielfältigung eine offensichtlich rechtswidrig hergestellte oder öffentlich zugänglich gemachte Vorlage verwendet wird. Das Urheberrecht gestattet bestimmte Nutzungshandlungen ausdrücklich. So ist das Kopieren von offensichtlich nicht rechtswidrig hergestellten oder öffentlich zugänglich gemachten Vorlagen zum privaten Gebrauch (Privatkopie) eine Schranke, welche die Rechte der Urheber einschränkt. Dieser Kopierzweck ist ausdrücklich erlaubt. Eine Schranke, das Bereitstellen von Musiktiteln und Filmen auf Tauschbörsen anzubieten, gibt es dagegen nicht. Das bedeutet, dass weder Musikstücke noch Filme aus dem Netz geladen werden dürfen, die für jedermann erkennbar rechtswidrig online gestellt wurden. Werden die Songs oder Movies trotzdem geladen, stellt dies einen Verstoß nach §§ 53 Abs. 1, 106 Abs. 1 UrhG dar. Der Versuch ist nach Abs. 2 strafbar. Zur Verfolgung der Tat ist ein Strafantrag notwendig (§ 109 UrhG).

Der so genannte Kopierschutz darf zur Erstellung von Privatkopien von beispielsweise CD/DVD nicht umgangen werden. Wird er trotzdem „geknackt" und ein Werk kopiert, so stellt dies einen Tatbestand nach § 108b Abs. Nr. 1 UrhG (Unerlaubte Eingriffe in technische Schutzmaßnahmen und zur Rechtewahrnehmung erforderliche Informationen) dar.

Als Nebenfolge der Tat können die Gegenstände, die zum Kopieren der geschützten Werke gebraucht wurden (PC, Notebook) eingezogen werden. Die Einziehung ist im Urheberrecht explizit geregelt, §§ 110, 106 UrhG i. V. m. § 74a StGB. Ebenso sind verschiedene andere bürgerlich-rechtliche Vorschriften, wie zum Beispiel der Anspruch auf Unterlassung und Schadenersatz (§ 97 UrhG), die Abmahnung im Vorfeld einer gerichtlichen Auseinandersetzung (§ 97a UrhG) sowie der Anspruch auf Vernichtung, Rückruf und Überlassung (§ 98 UrhG).

7.6.3 Möglichkeiten der Beweissicherung

Bei der Auswertung eines Rechners nach Hinweisen, ob beispielsweise Musiktitel, auf der PC-eigenen Festplatte in einem geläufigen Format (z. B. mp3) bereitgehalten wurde, um sie mit Hilfe von P2P-Netzwerken zum Abruf für Teilnehmer von Filesharing-Systemen zum Download zur Verfügung zu halten, muss das Gerät wie unter Punkt 7.2.4 beschrieben zunächst vorbereitet werden (Anschluss Write-Blocker etc.). Auch die gerichtsverwertbare Dokumentation darf nicht vernachlässigt werden. Eine Möglichkeit, festzustellen, ob Musikdateien aus dem Netz geladen wurden, ist der Originalstart des Rechners. Zuvor ist, wie bei jeder Auswertung auch, der Schreibschutz auf dem zu untersuchenden Rechner sicherzustellen. Zur gerichtsverwertbaren Beweissicherung darf kein Bit auf der Platte oder im Arbeitsspeicher verändert werden. Im Anschluss kann im Downloadordner des entsprechenden Programms nachvollzogen werden, ggf. welche Stücke geladen wurden und zu welchem Zeitpunkt.

7.6.4 Präventionsmöglichkeiten

Bei Computernutzern, die dazu tendieren, Musiktitel und Videodateien auf Tauschbörsen anzubieten bzw. ihr Repertoire dort herunterladen, ist das Bewusstsein der Illegalität ihres Tuns zu wecken. Auch die Tatsache, dass viele Menschen diese (illegalen) Ressourcen nutzen, ändert nichts am Straftatbestand. Vielmehr sind legale Möglichkeiten anzubieten (musikload, iTunes oder amazon mp3) und zu kommunizieren.

7.7 Benutzung fremder offener WLAN-Netze (vs. Wardriving)

7.7.1 Beschreibung

Das benutzen *fremder offener WLAN-Netze* (Wireless Local Area Network) wird umgangssprachlich als „Schwarzsurfen" bezeichnet. Dabei werden Wohn- bzw. Industriegebiete vor allem nachts nach offenen, also unverschlüsselten, WLAN-Netzen durchforstet. Dazu genügt ein netzwerkfähiger Laptop, PDA oder ein netzfähiges Smartphone. Wichtig dabei ist lediglich, dass die in die Netzwerkkarte integrierte Antenne eine möglichst große Reichweite hat. Allerdings kann die Reichweite mit einer Zusatzantenne erheblich erhöht werden. Die „Schwarzsurfer" nutzen die Bequemlichkeit oder auch Unwissenheit der Netzwerkbetreiber aus. Aufgrund der benutzerfreundlichen Konfiguration der Hardware (Access-Point oder Router) verbindet diese sich nach der Installation im Netzwerk im Regelfall selbständig mit dem Internet. Wurde vom Hersteller der Hardware kein Passwort vergeben, wird meist auch keines eingerichtet. Für die Verschlüsselung gilt dasselbe. Somit wurde ein offenes Netzwerk errichtet, das auch von unbefugten Personen genutzt wird, sich mit dem Internet zu verbinden und sich so kostenlos Daten zu laden.

Vermischt mit der Tätigkeit des Schwarzsurfens wird das sogenannte „Wardriving". Dieser Begriff leitet sich vom „*Wardialing*" ab, dem

Probieren verschiedener Telefonnummernkombinationen zum Auffinden offener Modemzugänge. Nach seinem Selbstverständnis hat der Wardriver hehre Ziele. So beschränken sich echte Wardriver auf das Auffinden und Katalogisieren offener Funknetze, um auf Sicherheitslücken aufmerksam zu machen, diese dem Betreiber zu melden um die Anzahl unverschlüsselter Netzwerke zu reduzieren. Gleichzeitig befriedigen sie damit ihren Entdeckertrieb. Aber auch eine Grauzone zwischen Schwarzsurfen und Wardriving ist vorhanden. Durch die Kennzeichnung aufgefundener WLAN-Netze durch ähnlich den so genannten „Gaunerzinken" angebrachten Zeichen („*Warchalking*") eröffnen die „wahren" Wardriver Möglichkeiten für andere, offene Zugänge nicht nur zum normalen Surfen zu nutzen, sondern auch für Angriffe auf das Netz oder auf die verbundenen Rechner, um Daten auszulesen.

Zeichen für so genannten *Warchalking*[59]

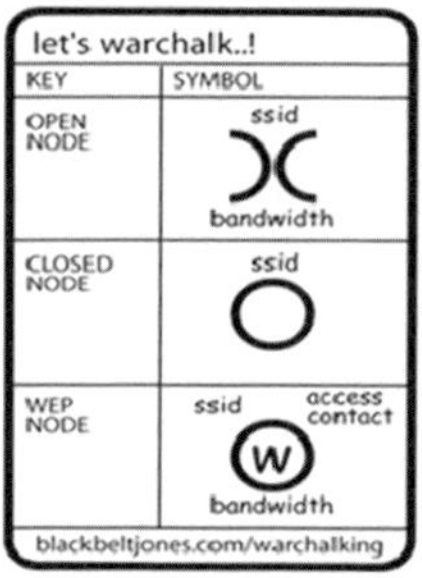

Open Node
Zwei gegeneinander aufgestellte Halbkreise symbolisieren einen offenen Node. Hier befindet sich ein offenes WLAN-Netzwerk, welches direkten Zugang ins Internet liefert und IP-Adressen per DHCP verteilt.

Close Node
Ein Kreis symbolisiert einen geschlossenen Node. Hier befindet sich ein geschlossenes WLAN-Netzwerk, wo entweder kein Internetzugang besteht oder nicht ohne weitere Vorgehensweisen angeboten wird.

WEP Node
Ein „w" in einem geschlossenen Kreis gibt an, dass der Knoten die so genannte WEP-Verschlüsselung aktiviert hat. Hier ist der Zugang erst möglich, wenn der WEP-Code geknackt worden ist.

59 Quelle: http://www.blackbeltjones.com/warchalking/index2.html.

7.7.2 Strafrechtsnormen

Nach einem Beschluss des Landgerichts Wuppertal vom 19.10.2010[60] stellt das Schwarzsurfen keinen Tatbestand dar.[61] Das Gericht sah keinen Verstoß nach §§ 89, 148 Abs. 1 Nr. 1 TKG, da keine Kommunikation zwischen zwei Kommunikationspartnern stattfand, was Voraussetzung für den Bruch des Fernmeldegeheimnisses sei, in dessen Abschnitt die Norm des § 89 Satz 1 TKG zu finden sei. Zudem stelle die dem Schwarzsurfer zugeteilte IP-Adresse keine Nachricht im Sinne des TKG dar. Daneben nehmen die Richter den Betreiber mit in die Pflicht, indem sie konstatieren, dass es ein Leichtes wäre, durch entsprechende Einstellungen des Routers ein unbefugtes Einwählen fremder PC zu verhindern. Ebenso sieht das Gericht keine Strafbarkeit nach §§ 43 Abs. 2 Nr. 3, 44 BGSG, da durch das Nutzen eines fremden WLAN-Netzwerkes keine personenbezogenen Daten abgerufen würden. Die vom Router ausgegebene IP-Adresse stelle kein personenbezogenes Datum dar. Auch einen Verstoß gegen §§ 202a StGB (Ausspähen von Daten) liege nicht vor, da das Netzwerk nicht gegen unberechtigten Zugang geschützt gewesen sei. Ebenfalls scheidet eine Strafbarkeit nach § 202b StGB (Abfangen von Daten) aus, da die Datenübermittlung nicht nur für einen bestimmten Nutzerkreis bestimmt gewesen sei und der Angeschuldigte den Kommunikationsprozess selbst angestoßen habe. Auch liege keine Täuschungshandlung vor, so dass der Tatbestand des Computerbetruges nach § 263a StGB ebenfalls nicht vorliegt. Den Richtern fehlte es am Täuschungswert beim Einwählen des PC des Angeschuldigten in den Router, da durch die nicht vorhandene Verschlüsselung keine Prüfung der Berechtigung stattgefunden habe. Und aufgrund der fehlenden Umgehung der von Berechtigten gegen unerlaubte Benutzung geschaffenen Sicherungsvorkehrungen lehnte das Gericht auch eine Strafbarkeit des Erschleichens von Leistungen nach § 265a StGB ab. Mangels Sicherung des Netzwerkes durch eine Verschlüsselung könne die Sicherung auch nicht umgangen werden.

60 Az. 25 Qs 10 Js 1977/08.

61 Vollständige Besprechung des Urteils siehe *Kargar*, Einloggen in ungeschützte Funknetzwerke zur kostenfreien Internetnutzung – Keine strafrechtlichen Konsequenzen für so genannte „Schwarzsurfer“?, in: Polizeispiegel, Ausgabe 9/2011, 45. Jahrgang, S. 23-24.

7.7.3 Zivilrecht

Durch die unerlaubte Nutzung des WLAN-Netzes durch (in der Regel unbekannte) Dritte kann bei Rechtsverletzungen der Betreiber des Funknetzes in Haftung genommen werden. Die zur Tatzeit zugeteilte IP-Adresse kann beim Provider ermittelt werden. Kann sie dem Nutzer nicht eindeutig zugeteilt werden, steht zunächst der WLAN-Betreiber im Fokus der Ermittlungen. Dann gelten die Normen der so genannten Störerhaftung.

7.7.4 Präventionsmöglichkeiten

Ähnlich wie bei Tauschbörsen gilt es auch bei Schwarzsurfern die nichtsozialadäquate Handlung zu thematisieren und den (moralischen) Unrechtsgehalt des Tuns herauszustellen. Mit dem Abstellen auf die Einsichtsfähigkeit des Nutzers fremder ungesicherter Funknetzwerke sind die Präventionsmöglichkeiten nahezu schon ausgeschöpft. Auch wenn der Betreiber des privaten oder betrieblichen Funknetzes seine Hardware nicht entsprechend abgesichert hat (quasi „selber schuld an diesem Zustand trägt“), darf dies nicht als Aufforderung verstanden werden, das ungeschützte WLAN-Netz für fremde Zwecke zu nutzen.

8. Grundsätze der Ermittlungen der Computerforensik

Die immer ausgefeilteren Methoden der Hacker und Cracker, in Computersysteme einzudringen, sie für ihre (kriminellen) Zwecke zu manipulieren und im Anschluss ihre digitalen Spuren wieder zu verwischen, macht es auch notwendig, die Ermittlungsmethoden zu verfeinern. Auch machen es die technisch immer anspruchsvoller werdenden Schadprogramme erforderlich festzustellen, ob ein Programm den betreffenden Rechner infiziert hat, wie es darauf gelangt ist und vor allem, welche Funktionen es übernommen bzw. ausgeführt hat. So gewinnen in letzter Zeit die Ermittlungsmöglichkeiten der Computer-Forensik immer mehr an Bedeutung.

Dabei sind nach *Geschonneck* Ziele einer Ermittlung[62]

- Erkennen der Methode oder der Schwachstelle, die zum Systemeinbruch geführt haben könnte,

62 *Geschonneck*, Computer-Forensik – Computerstraftaten erkennen, ermitteln, aufklären, 2011, S. 65.

- Ermittlung des entstandenen Schadens nach einem Systemeinbruch,
- Identifikation des Angreifers und
- Sicherung der Beweise für weitere juristische Aktionen.

Damit diese Ziele erreicht werden können, ist eine Untersuchung des inkriminierten Gerätes unumgänglich. In den oben angeführten Punkten wurden wesentliche Dinge, die bei der Untersuchung von Bedeutung sind, bereits angesprochen. Bevor diese Untersuchung jedoch vorgenommen werden kann, ist die Sicherstellung des betroffenen Systems notwendig. Damit hier Fehler vermieden werden und Daten nicht unwiederbringlich verloren sind, ist oberstes Gebot, überlegt zu handeln. Zunächst gilt der Grundsatz: Das Gerät läuft – dann bleibt es eingeschaltet, das Gerät läuft nicht – dann bleibt es ausgeschaltet. Danach gilt es, die Situation sowie den Standort der Komponenten vor der Sicherstellung photographisch zu dokumentieren und ggf. zu skizzieren. Bei ausgeschaltetem System dieses vom Stromnetz und vom Netzwerk trennen. Zuvor ist sicherzustellen, dass sich der vermeintlich ausgeschaltete PC nicht lediglich im Ruhemodus befindet. Bei eingeschaltetem Gerät ist eine fotographische Sicherung des Bildschirminhaltes notwendig. Vor der Berührung der einzelnen Komponenten, insbesondere Tastatur und Maus, sind beim Administrator Erkundigungen über die Reaktionsweise der Bauteile einzuholen. Sollten durch Berührungen Prozesse ausgelöst worden sein, ist es notwendig, die genaue Uhrzeit dieser Aktion festzuhalten. Ggf. kann anhand des Zeitstempels nachvollzogen werden, was sich auf dem System zu dieser Zeit verändert hat. Flüchtige Daten, speziell die des Arbeitsspeichers, sind auf einen externen Datenträger zu sichern (Live Response). Danach kann das System ebenfalls vom Stromnetz und dem Netzwerk getrennt werden.

Es ist selbstredend, dass zur beweisfesten Dokumentation alle Geräte genau beschriftet und zum Schutz vor Beschädigungen verpackt werden. Zur Erfassung aller Geräte ist zudem ein Sicherstellungsverzeichnis zu fertigen. Damit die Rechner zur Untersuchung wieder gestartet werden können, sind Passwörter, Systemeigenheiten und besondere benutzerbezogene Konfigurationen zu erfragen. Die Antworten sind zu notieren und auch den entsprechenden Rechnern bzw. Komponenten zuzuteilen. Nach der Sicherstellung ist es notwendig, sich den Standort des Rechners anzusehen. Hierbei ist besonders auf externe Speichermedien (Speicherkarten, USB-Sticks,

CD/DVD, externe Festplatten), Softwarebeschreibungen, anlassbezogene handschriftliche Aufzeichnungen, vorhandene Programme sowie Ausdrucke zu achten. Ggf. sind auch diese Gegenstände bzw. Unterlagen sicherzustellen und einer Auswertung zuzuführen.

Grundsätzlich ist für die Auswertung die Haupteinheit des Rechners notwendig. Daneben können auch Systeme wichtig sein, die außerhalb des Rechners zur Kommunikation notwendig sind und zum Nachweis einer Verbindung von Bedeutung sind. Zu denken sind dabei an Modi, WLAN-Router, ISDN-Adapter und in wenigen Fällen auch externe ISDN-, WLAN- oder Ethernet-Netzwerk-Karten. Dazu kommen können besondere, nicht standardisierte Geräte mit speziellen Funktionen sowie Strom- und sonstige Verbindungskabel, die für die Funktion der Rechnereinheit unbedingt notwendig sind.

Literaturverzeichnis

Ackermann/Clages/Roll, Handbuch der Kriminalistik – für Praxis und Ausbildung, 4. Aufl. 2011.

Ackermann/Koristka/Leonhardt u. a., Zum Stellenwert der Kriminalistik, in: Kriminalistik 9/00, 10/00, 11/00, 12/00.

Ackermann, Kriminalistische Fallanalyse, Lehr- und Studienbriefe Kriminalistik/Kriminologie Bd. 13, 2010.

ders., Lehr- und Studienbriefe Kriminalistik/Kriminologie, Nr. 15. Kriminalistische Fallanalyse, 2010.

ders. u. a., Zum Stellenwert der Kriminalistik, in: Kriminalistik 9/00, S. 595 ff.

Adam, Kriminalistische Untersuchung von Boden- und Staubspuren, 1982.

Arntzen, Vernehmungspsychologie, 3. Aufl. 2008.

ders., Psychologie der Zeugenaussage, 4. Aufl. 2007.

Artkämper/Schilling, Vernehmung, 2. Aufl. 2012.

Artkämper, Fehlerquellen der Beschuldigtenvernehmung, in: Kriminalistik 6/96 u. 7/96.

ders., Sofortfahndung und Wiedererkennen – Einzelgegenüberstellung und richterliche Überzeugungsbildung, in: Kriminalistik 7/97.

Bange/Körner (Hrsg), Handwörterbuch Sexueller Missbrauch, 2002.

Baurmann, Sexualität, Gewalt und psychische Folgen. Eine Längsschnittuntersuchung bei Opfern sexueller Gewalt und sexueller Normverletzung anhand von angezeigten Sexualkontakten, in: BKA-Forschungsreihe, Bd. 15. Bundeskriminalamt, 1996.

Beck, Ethik der Online-Kommunikation, in: Schweiger/Beck (Hrsg.), Handbuch Online-Kommunikation, 2010.

Belitz, Wege der Aufklärung, Theorien und Methoden der Ermittlungspsychologie, in: Musolff/Hoffmann (Hrsg.), Täterprofile bei Gewaltverbrechen. Mythos, Theorie und Praxis des Profilings, 2002.

Bender/Wartemann, Vernehmung, in: Kube/Störzer/Timm (Hrsg.), Kriminalistik – Handbuch für Praxis und Wissenschaft, Bd. 1, 1992.

Blumenthal/Kohlhof/Thiel, Beschreibung und Identifizierung von Bekleidung, Lehr und Studienbrief Kriminalistik/Kriminologie, Band 9, 2008.

Borges u. a., Identitätsdiebstahl und Identitätsmissbrauch im Internet-Rechtliche und technische Aspekte, 2001.

Brodowski/Freiling, Cyberkriminalität, Computerstrafrecht und die digitale Schattenwirtschaft, in: Forschungsforum Öffentliche Sicherheit, Schriftenreihe Sicherheit Nr. 4., 2011.

Brockmann, Vernehmungstechniken, in: Stein (Hrsg.), Brennpunkte der Polizeipsychologie, 1990.

Büchler/Meywirth/Vogt, Kriminalpolizeiliche Auswertung, in: Kriminalistik, 4/97.

Bundeskriminalamt (Hrsg.), Methoden der Fallanalyse. Ein internationales Symposium, in: BKA-Forschungsreihe, Bd. 38.1. Bundeskriminalamt, 1998.

Bundeskriminalamt (Hrsg.), Polizeiliche Bearbeitung von Vermisstensachen, 2003.

Büring, Tatrekonstruktion, 1992.

Burrath, Visuelle Personenidentifizierung und polizeiliche Personenbeschreibung, 2009.

Busemann/Gscheidle, Web 2.0: Nutzung steigt – Interesse an aktiver Teilhabe sinkt, in: Ergebnisse der ARD/ZDF-Onlinestudie 2010, http://www.ard-zdf-onlinestudie.de/fileadmin/Online 10/07-08.

Civelli, Analysepsychologie, in: Kriminalistik 11/12 2010.

Conrad/Stier (Hrsg.), Grundlagen, Methoden und Ergebnisse der Forensischen Schriftuntersuchung, Festschrift für Lothar Michel, 1989.

Clages, Polizeiliche Tatortarbeit, in: Kriminalistik, 2/02, S. 144, 3/02, S. 216, 4/02, S. 280.

ders., Kriminalistik – Lehrbuch für Ausbildung und Praxis, 3. Aufl. 1997.

Clages/Schlieper, Polizeiliche Bearbeitung von Vermisstenfällen – Ein Leitfaden, 1995.

Clages/Nisse, Bearbeitung von Jugendsachen, Lehr- und Studienbriefe Kriminalistik/Kriminologie, Bd. 12, 2009.

Dern, Operative Fallanalysen bei Tötungsdelikten oder: Eine notwendige Abgrenzung zum „Täter-Profiling“, in: Kriminalistik 8/00.

Dettenborn, Täter, Opfer, Zeuge – Streifzüge durch die Gerichtspsychologie, 1988.

Deusinger/Haase, Psychologische Probleme der Personenbeschreibung. Zur Aufnahme und Beurteilung von Zeugenaussagen, BKA-Forschungsreihe Bd. 5., 1977.

Diemer/Schatz/Sonnen, Jugendgerichtsgesetz, Heidelberger Kommentar, 6. Aufl. 2011.

Dorsch, Psychologisches Wörterbuch, Stichwortbeitrag „Hypothese“, 1982.

Duden, Deutsches Universalwörterbuch, 7. Aufl. 2011.

Dürwald, Gerichtliche Medizin, 4. Aufl. 1990.

Egg, Brennpunkte der Rechtspsychologie, 1991.

Eser, Internet und Internationales Strafrecht, in: Leiphold (Hrsg.), Rechtsfragen des Internet und der Informationsgesellschaft, 2002.

Fischer, Strafgesetzbuch und Nebengesetze, 57. Aufl. 2010.

Fox, Phising, in: Datenschutz und Datensicherheit – Recht und Sicherheit in der Informationsverarbeitung und Kommunikation, 6/2005.

Fröhlich, Psychologische Voraussetzungen von Aussagen, in: Kriminalistik und forensische Wissenschaften 38/1979.

ders., Lüge und Geständnis bei Vernehmungen, in: Kriminalistik und forensische Wissenschaften 30/1980.

Füllgrabe/Hornthal/Meier-Welser u. a., Polizeipsychologie, 1990.

Geerds, Kriminalistik, 1980.

Gercke, Die Strafbarkeit von „Phishing“ und Identitätsdiebstahl – Eine Analyse der Reichweite des geltenden Strafrechts“, in: Computer & Recht, Nr. 8, 2005.

Gercke, in: Julius u. a., Strafprozessordnung, Heidelberger Kommentar, 4. Aufl. 2009.

Geschonneck, Computer-Forensik – Computerstraftaten erkennen, ermitteln, aufklären, 2011.
Girod, Die kriminalistische Untersuchung verdächtiger Todesfälle, 1990.
Grasmeier, Polizeiliche Fachfotografie, 1980.
Grassberger/Schmid, Todesermittlung, Befundaufnahme und Spurensicherung – Ein praktischer Leitfaden für Polizei, Juristen und Ärzte, 2009.
Große/Schürmann, Wohnungsdurchsuchung nach vorläufiger Festnahme, in: Kriminalistik 11/94.
Groß/Geerds, Handbuch der Kriminalistik Bd. 1 u. 2. begr. als Handbuch für Untersuchungsrichter, 10. Aufl. 1977/78.
Haas, Kriminalistik und Beschuldigtenvernehmung, in: Kriminalistik 2/96.
Habschick, Erfolgreich Vernehmen, Kompetenz in der Kommunikations-, Gesprächs- und Vernehmungspraxis, 2. Aufl. 2009.
Hecker, Forensische Handschriftenuntersuchung, 1993.
Heidelberger Kommentar zur StPO, bearb. v. *Julius/Gerke/Kurth* u. a., 4. Aufl. 2009.
Hermanutz, Psychologische Beeinflussungsmöglichkeiten bei der Vernehmung von Zeugen und Beschuldigten, in: Kriminalistik 3/94.
Hermanutz u. a., Polizeiliche Vernehmung und Glaubhaftigkeit, 3. Aufl. 2011.
Hermanutz/Litzcke, Vernehmung in Theorie und Praxis, 2. Aufl. 2009.
Hoffmann/Musolff, Fallanalyse und Täterprofil, in: BKA-Forschungsreihe, Bd. 52. Bundeskriminalamt, 2000.
Howorka, Kriminaltechnik, in: Wirth (Hrsg.), Kriminalistik-Lexikon, 4. Aufl. 2011.
Huelke, Spurenkunde, 4. Aufl. 1977.
Hunger/Dürwald/Tröger (Hrsg.), Lexikon der Rechtsmedizin, 1993.
Jansen, Zeuge und Aussagepsychologie, 4. Aufl. 2012.
Jamin, Vermisst- und manchmal Mord, 2007.
Julius, Strafprozessordnung, Heidelberger Kommentar, 4. Aufl. 2009.
Kaefer, Vernehmung von Zeugen, Repetitorium an Hand von praktischen Fällen aus dem Strafprozessrecht, in: Kriminalistik 6 u. 7/95.
Kaiser, Kriminologie – Ein Lehrbuch, 3. Aufl. 1996.
Kargar, Einloggen in ungeschützte Funknetzwerke zur kostenfreien Internetnutzung, Keine strafrechtlichen Konsequenzen für so genannte „Schwarzsurfer“? In: Polizeispiegel, Ausgabe 9/2011.
Köhnken, Gegenüberstellung, Fehlerquellen bei der Identifizierung durch Augenzeugen, in: Kriminalistik, 4/93.
Krause/Schneider/Blaha, Leichenschau am Fundort, Ein rechtsmedizinischer Leitfaden, 4. Aufl. 1998.
Krehl, in: Julius u. a., Strafprozessordnung, Heidelberger Kommentar, 4. Aufl. 2009.
Kruse/Oehmichen (Hrsg.), Kindesmisshandlung und sexueller Missbrauch, 1993.
Kube/Störzer/Brugger (Hrsg.), Wissenschaftliche Kriminalistik, Teilband 1 u. 2. Forschungsreihe BKA, Bd. 16/1 u. 2, 1983/84.
Kube/Störzer/Timm (Hrsg.), Kriminalistik, Handbuch für Praxis und Wissenschaft, Bd. 1, 1992.

Kühne, Strafprozessrecht – Eine systematische Darstellung des deutschen und europäischen Strafverfahrensrechts, 8. Aufl. 2010.
Krause/Schneider/Blaha, Leichenschau am Fundort, Ein rechtsmedizinischer Leitfaden, 4. Aufl. 1998.
Laubenthal, Sexualstraftaten – Die Delikte gegen die sexuelle Selbstbestimmung, 2000.
Lange, Fehlerquellen im Ermittlungsverfahren, 1980.
Lemke, in: Julius u. a., Strafprozessordnung, Heidelberger Kommentar, 4. Aufl. 2009.
Leonhardt/Roll/Schurich, Kriminalistische Tatortarbeit, 1995.
Leopold (Hrsg.), Identifikation unbekannter Toter, Interdisziplinäre Methodik, forensische Osteologie, 1998.
Lohs/Elstner/Stephan (Hrsg.), Fachlexikon Toxikologie. 4. Aufl. 2009.
Lösel, Kriminalpsychologie, Grundlagen und Anwendungsbereiche, 1983.
Luthe, Forensische Psychopathologie, 1988.
Luther, 1. Allunionskonferenz zu Problemen der gerichtlichen Psychologie in Moskau, Staat und Recht H. 11/71.
Madea, Die Ärztliche Leichenschau, Rechtsgrundlagen, praktische Durchführung, Problemlösungen, 2006.
ders., Praxis Rechtsmedizin, Befunderhebung, Begutachtung, 2007.
Magulski, Fallbeurteilung, Fallbearbeitung und kriminalistisches Denken, 1982.
Maresch, Atlas der Gerichtsmedizin, 1988.
Mätzler, Todesermittlung, Polizeiliche Aufklärungsarbeit, Grundlagen und Fälle, 4. Aufl. 2009.
Meinert, Exekutive und Kriminaltechnik, in: Die Polizei 50/59.
Meyer, Brandstiftungen an Kraftfahrzeugen, in: Kriminalistik 10/2011.
Mergen, Die Kriminologie, Eine systematische Darstellung, 3. Aufl. 1995.
Mertn/Schwarz/Walser, Wiedererkennungsverfahren, in: Kriminalistik 6/98.
Meyer-Goßner, Strafprozessordnung, 54. Aufl. 2011.
Michaelis-Arntzen, Die Vergewaltigung aus kriminologischer, viktimologischer und aussagepsychologischer Sicht, 2. Aufl. 1994.
Michel, Gerichtliche Schriftvergleichung, 1982.
Milke, Vermisst – was nun? Sachbearbeitung – Rechtslage. Problematik – Schicksal, 1994.
Mohr, Kriminalstrategie, in: Möllers (Hrsg.), Wörterbuch der Polizei, 2. Aufl. 2010.
Möllers (Hrsg.), Wörterbuch der Polizei, 2. Aufl. 2010.
Musolff/Hoffmann (Hrsg.), Täterprofile bei Gewaltverbrechen – Mythos, Theorie und Praxis des Profilings, 2001.
Nack, Vernehmungslehre, in: Kriminalistik 6/95.
ders., Glaubwürdigkeit und Glaubhaftigkeit, Kriterien zur Prüfung, ob eine Auskunftsperson lügt, in: Kriminalistik 4/95.
Nedopil, Forensische Psychiatrie – Klinik, Begutachtung und Behandlung zwischen Psychiatrie und Recht, 2000.
ders./Krupinski, Beispiel-Gutachten aus der Forensischen Psychiatrie, 2001.

Neidhardt (Hrsg.), Handbuch für Führung und Einsatz der Polizei, Kommentar zur PDV 100, Loseblatt-Sammlung.
Niewald, in: Neidhardt (Hrsg.), Handbuch für Führung und Einsatz der Polizei, Kommentar zur PDV 100, Loseblattsammlung.
Odenthal, Die Gegenüberstellung im Strafverfahren, 3. Aufl. 1999.
PDV 100, Führung und Einsatz der Polizei, Ausgabe 1999, Stand 5/2010.
PDV 382, Bearbeitung von Jugendsachen.
PDV 384.1, Polizeiliche Fahndung, VS-NfD, Ausg. 2004, Stand 12/2009.
Penning, Rechtsmedizin systematisch, 1997.
Peters, Strafprozess, 5. Aufl. 1985.
ders., Fehlerquellen im Strafverfahren, Bd. 2., 1972.
Pfefferli (Hrsg.), Die Spur, 5. Aufl. 2007.
Pfeiffer, Strafprozessordnung 2. Aufl. 1999.
Pohl, Handbuch der Naturwissenschaftlichen Kriminalistik, 1981.
Ratinov, Forensische Psychologie für Untersuchungsführer des Ministeriums des Innern der DDR, 1970.
Rasch, Forensische Psychiatrie, 1999.
Reinhardt/Mattern, Rechtsmedizin, in: Ökologisches Stoffgebiet, 3. Aufl. 1999.
Rudolphie u. a., Systematischer Kommentar zur Strafprozessordnung und zum Gerichtsverfassungsgesetz – Loseblattsammlung.
Rogall, Verbotene Vernehmungsmethoden, § 136a StPO, in: Rudolphie, u. a., Systematischer Kommentar zur Strafprozeßordnung und zum Gerichtsverfassungsgesetz – Loseblattsammlung.
Roll, Mathematische Aspekte in Kriminalistik und Kriminologie, in: Kriminalistik 1/94.
ders., Tatortarbeit, Lehr- und Studienbriefe Kriminalistik/Kriminologie, Bd. 8, 2008.
Römer, Über das Verhältnis der Kriminalistik zur Psychologie, in: Kriminalistik und forensische Wissenschaften, 37/1988.
ders., Wesen und Wert der Kriminalistischen Psychologie, in: Kriminalistik und forensische Wissenschaft, 1967.
Römpp-Lexikon: Lacke und Druckfarben, 1998
Rupprecht (Hrsg.), Polizei Lexikon, 2. Aufl. 1995.
Schäfer, Untersuchung und Spurensicherung bei Sexualdelikten, 1996.
Schatz, in: Diemer/Schatz/Sonnen, Jugendgerichtsgesetz, Heidelberger Kommentar, 6. Aufl. 2011
Schäfer, Untersuchung und Spurensicherung bei Sexualdelikten, 1996.
Scheib, K., Kriminologie des Suizids, 2000.
Schleyer/Oepen/Henke (Hrsg.), Humanbiologische Spuren, 1995.
Schlieper (Hrsg.), Zur Bekämpfung von Sexualstraftaten, Berlin, Ministerium des Innern der DDR, 1986.
Schneider, Farbatlas der Rechtsmedizin, 1991.
Schönke/Schröder, Strafgesetzbuch, Kommentar, 28. Aufl. 2010.
Schurich, Zur Definition des Begriffes „Spur", in: Kriminalistik und forensische Wissenschaften, 14/1974.

ders., Kriminalistische Identifizierung und angrenzende Begriffe, Kriminalistik und forensische Wissenschaften, in: Kriminalistik und forensische Wissenschaften, 46/1982.

Schwarzenegger, Die Grenzen des Strafrechts im grenzenlosen Internet, 2000; s. a. http://www.google.de

Schwerd, Gerichtliche Medizin und Kriminalistik, in: Rechtsmedizin, 1989.

Siegert, Das Internet-Grundlagenwissen für die Polizei, 2002.

Tegtmeyer/Vahle, Polizeigesetz Nordrhein-Westfalen mit Erläuterungen, 10. Aufl. 2011.

Trube-Becker, Gewalt gegen das Kind – Vernachlässigung, Misshandlung, sexueller Missbrauch und Tötung von Kindern, 2. Aufl. 1987.

Vahle, Anforderungen an Wohnungsdurchsuchungen, in: Kriminalistik 7/2001 – Recht aktuell.

Venzlaff/Foerster, Psychiatrische Begutachtung – Ein praktisches Handbuch für Ärzte und Juristen, 2000.

Volckhart, Maßregelvollzug – Das Recht des Vollzuges der Unterbringung nach §§ 63, 64 StGB in einem psychiatrischen Krankenhaus und in einer Entziehungsanstalt, 1997.

Walder/Hansjakob, Kriminalistisches Denken, 8. Aufl. 2009.

Weber/Berresheim, Polizeiliche Vernehmung, oder: Schon aus Erfahrung gut? In: Kriminalistik 12/01.

Westphal, Der kriminalistische Beweis, Lehr- und Studienbriefe Kriminalistik/Kriminologie, Bd. 14, 2010.

ders., Ernst Gennat (1880–1939) und die moderne Kriminalistik, in: Kriminalistik 8/99.

Wirth/Schmeling, Rechtsmedizin. Grundwissen für die Ermittlungspraxis, 3. Aufl. 2012.

Witt/Dern, Operative Fallanalyse bei Tötungsdelikten, in: Egg (Hrsg.), Tötungsdelikte – mediale Wahrnehmung, kriminologische Erkenntnisse, juristische Aufarbeitung, in: Kriminologie und Praxis (KUP), Schriftenreihe der Kriminologischen Zentralstelle, Bd. 36, 2002.

Wolf, Zur Konstruktion kriminalistischer Standardversionen – Ergebnisse und Probleme, in: Jähnig/Littmann, Kriminalpsychologie und Kriminalpsychopathologie. Medizinisch-juristische Grenzfragen, Bd. 16, 1985, S. 56 ff.

ders., Ergebnisse und theoretisch-methodologische Probleme einer psychologischen Analyse von Tötungsstraftaten gemäß § 112 StGB – ein Beitrag zur Entwicklung von Standardversionen über das Tatgeschehen und den Täter. Thesen zur Dissertation A. Humboldt-Universität zu Berlin.

Zimbardo, Psychologie. 5. Aufl. 1992.

Zöller, in: Julius u. a., Strafprozessordnung, Heidelberger Kommentar, 4. Aufl. 2009.

Stichwortverzeichnis